Hajime Motegi

茂木 創 [著]

エンサイクロペディア
現代経済学
入門

唯学書房

Encyclopedia
Introduction to Contemporary
Economics

はしがき

　不況から抜け出すにはどうしたらよいのでしょうか？
　高齢化する社会において，社会保障の負担はどうしたらよいのでしょうか？
　増加する若年者の失業はどうしたら解決するのでしょうか？

　——私たちの生活には経済に関する問題が山積みされています．こうした問題に応えるための道具が経済学 (economics) です．本書は，経済学を初めて学ぶ読者を対象として，筆者のこれまでの講義経験をもとに作成された初学者向けの経済学の入門書です．
　経済学の入門書は，洋の東西を問わず，すでに多くの書籍が店頭に並んでいます．それらをみると，記号も図表も使わない「読み物スタイルの入門書」から，経済学部の学生を意識し，ある程度の予備知識を前提とする「アカデミックな入門書」まで，同じ「入門」を謳いながらも，かなり大きなレベルの幅があることがわかります．あまりに「入門」にすぎると，図表や数学を使うより上のレベルの教科書に進むことができませんし，大学卒業レベルと謳っている各種試験問題には歯が立ちません．逆に，予備知識を前提とする入門書では，なかなか先に進めず，関心のある経済問題に立ち向かう前に息切れしてしまうでしょう．
　本書は，予備知識がなくとも可能な限り一読して内容が理解できるよう配慮しながら，図表や数学などを使う大学卒業レベルの経済学が理解できるよう随所に工夫を凝らしました．本書の特徴をまとめると以下のようになっています．

特徴

1 予備知識が要りません
- ▶ 1冊で予備知識なく大学で学習する入門レベルの経済学の知識が身に付きます．

2 学問的関心を促します
- ▶ ミクロ経済学・マクロ経済学の基礎知識を学びながら，財政学，金融論，経済史，経済学説や経済思想などへの関心を促します．

3 直観的な理解ができます
- ▶ 図や表を多用し，その読み取り方も含めて直観的な説明を心掛けましたが，説明が簡単になると思われる場合にはあえて数学表現を使い，その意味や図による解説を併記しました．

4 数学が苦手な読者に配慮しました
- ▶ 第1章では，経済学でなぜ数学を使うのか，数学を使うと何がわかるのかを意識しながら，使用頻度の高い基本的な数学概念について詳しく解説し，数学が苦手という読者に配慮しました．

5 ポイント・チェックで節ごとに理解できます
- ▶ 各節ごとにおかれたポイント・チェックで，覚えるべきことを確実に覚えて読み進めることができます．

6 3ステップの練習問題で知識を定着させます
- ▶ 各章ごとに設置されたYes・Noチェックで理解を深める「内容を理解しているかな？」，一問一答形式の「用語確認」，そして大卒レベルの経済学問題に挑戦する「問題演習」の3ステップで，内容の理解を確実なものにできます．

7 公務員試験をはじめ各種試験への準備ができます
- ▶ 「問題演習」の問題は，大学卒業レベルの公務員試験や各種試験に実際に出題された問題をもとに作成しました．中小企業診断士試験や経済学検定試験（ERE）にも対応できます．

8 **COLUMN に多くの機能を盛り込みました**

- ▶ 初学者には数学的にすぎる内容や，難解と思われる内容については，大胆に COLUMN に入れましたので，初学者はあえて COLUMN を読み飛ばすことで経済学の全体像を早く掴むことができます．もちろん，COLUMN には，やや高度な内容だけでなく，人物伝，経済史，経済人類学，ゲーム理論など様々なジャンルから取り上げられていますので，勉強の合間に読むことで，より一層経済学への興味や関心が促されると思います．

9 **人物紹介を充実させました**

- ▶ 代表的な経済学者については漏れなく経済学者の写真を添付しました．誰がどのような概念を考えたのか，イメージしやすくなるよう工夫しました．

10 **より進んだ学習への橋渡しを考えました**

- ▶ 入門書としてはやや多く参考文献や引用を用いています．アカデミックな関心をさらに深められるよう工夫しました．

こうした特徴を持った本書は，これまでにない分量をもった入門書となりました．この重さが皆さんの経済学の知識の重さになることを祈りつつ，はしがきとさせていただきます．

以下に本書の利用方法を書いておきますのでご参考ください．

本書の利用方法

本書は第2章から第8章までがミクロ経済学，第9章から第14章までがマクロ経済学の内容になっています．第1章から第14章まで通して読まれることをお勧めしますが，ミクロ経済学のみを学習したい方は，経済学の基本的な世界観と，必要となる数学的な手法について記述された第1章に加え，第2章から第8章を，マクロ経済学のみを学習したい方は，第1章に加えて第9章から第14章までを読まれるとよいでしょう．

本文の各節の終わりにはポイント・チェックが設けられています．重要

な概念，覚えておかねばならない内容などは節ごとに理解できるよう工夫されています．

さらに，理解を確かなものにするために，各章ごとに3ステップの練習問題が設置されています．

ステップ1「内容を理解しているかな？」では，Yes・Noチェックで内容の理解をより深められるよう配慮しています．質問に答えられない場合には，本文の節ごとの内容を要約したポイント・チェックで重要な点を理解してください．さらに不明な場合，本文に戻って内容を理解すれば，確実に内容を定着させることができるでしょう．

ステップ2「用語確認」では，一問一答形式で重要語句の確実な理解を深められるよう配慮しています．

ステップ3の「問題演習」では，大卒レベルの経済学の問題に挑戦します．問題の多くは公務員試験問題などに出題されたものを改題して採用しました．問題のレベルは★の数で示してあります．入門レベルに対して，

  ★★★ … やや難しい問題
  ★★ …… 標準的な問題
  ★ ……… 易しい問題

という基準で★をつけています．★★★の問題でも，解説を読み，本文を参照すれば，本書だけで解答できるよう配慮しました．

目次

はしがき … iii

第1章 経済学の世界

POINT … 002

はじめに … 007

1 「経済学」の対象とする世界　009
1. 経済とは何か … 009
2. 経済への接近方法 … 011

2 道具としての「数学」　013
1. 行動や経済システムをモデルで考える──説明変数と被説明変数 … 014
2. 行動や経済的な関係を目に見える形にする──グラフの読み方, 考え方 … 016
3. 行動や経済システムの落ち着く先を考える──連立方程式 … 020
4. 行動や経済システムの「変化」を考える──微分 … 023
5. 制約のある世界で「欲望」を最大化する──制約付き最適化 … 028

3 経済学の体系と学派　032

4 経済学の門は開かれた　033

問題演習 … 034

COLUMN 1
1. 「経済学」の由来 … 008
2. エコノミストに騙されないために!? … 010
3. 経済学者の意見が様々なのは? … 012

第2章 市場

POINT … 036

- はじめに … 039

1 完全競争市場と不完全競争市場　044
- 1 完全競争市場 … 044
- 2 不完全競争市場 … 045

2 需要関数　048
- 1 需要曲線 … 050
- 2 需要の価格弾力性 … 052

3 供給関数　055
- 1 供給曲線 … 057
- 2 供給の弾力性 … 058

4 市場価格の決定　061

5 市場均衡　063
- 1 ワルラスの安定条件 … 065
- 2 マーシャルの安定条件 … 067

内容を理解しているかな？ … 073

用語確認 … 077

問題演習 … 080

COLUMN 2
1. 名目(nominal)と実質(real) … 041
2. 産業の集中度を測る指標 … 047
3. ディズニー・ランドの大人料金・子供料金 … 055
4. 弾力的(elastic)と弾力性(elasticity) … 060
5. クモの巣理論とその安定性 … 069

第3章 家計の行動

POINT … 090

■ はじめに … 093

1 家計による財の需要量の決定 … 093

1. 効用関数 … 094
2. 無差別曲線 … 098
3. 限界代替率 … 100
4. 予算制約条件 … 104
5. 効用最大化と需要量の決定 … 107
6. 価格・所得の変化と需要量の変化 … 111

2 家計による労働供給量の決定 … 122

内容を理解しているかな？ … 128

用語確認 … 132

問題演習 … 134

COLUMN 3
1. 基数的効用と序数的効用 … 098
2. 限界代替率と限界効用の関係 … 102
3. 計算による最適消費点(需要量)の求め方 … 109
4. 上級財・下級財・代替財・補完財 … 119
5. 代替効果と所得効果 … 120
6. 異時点間の効用最大化 … 125

第 4 章 企業の行動

POINT … 146

- はじめに … 149

1 企業による財の供給量の決定　149
1. 経済学における費用 … 151
2. 費用関数 … 154
3. 利潤最大化と財の供給量の決定 … 160

2 企業による労働需要量の決定　166
1. 生産関数 … 167
2. 利潤最大化と労働需要量の決定 … 170

内容を理解しているかな？ … 176

用語確認 … 179

問題演習 … 181

COLUMN 4
1. R. コース「企業の本質」… 152
2. 経済学における長期と短期 … 158
3. 計算による最適生産点（供給量）の求め方 … 163
4. 損益分岐点と操業停止点 … 164
5. 規模に関する収穫 … 169
6. 生産要素が2つある場合の利潤最大化と要素需要量の決定 … 172

第 5 章 経済厚生と資源配分

POINT … 192

- はじめに …195

1 余剰分析——1つの市場についての資源配分 　195
- 1 消費者余剰 …196
- 2 生産者余剰 …198
- 3 政府の活動と経済政策の効果 …203

2 一般均衡分析——2つの市場についての資源配分 　206
- 1 エッジワース・ボックスとパレート効率性 …206
- 2 厚生経済学の基本定理 …212

内容を理解しているかな？ …219

用語確認 …222

問題演習 …224

COLUMN 5
1. 余剰の計算問題 …200
2. 従量税や従価税を課した場合の供給曲線の変化 …205
3. 生産要素市場における資源配分の効率性 …217

第6章 不完全競争市場 1

POINT …232

- はじめに …236

1 不完全競争市場の種類と特徴 　236

2 不完全競争市場での利潤最大化 　239

3 独占企業の利潤最大化 … 240

4 独占市場の経済厚生 … 245

5 自然独占・費用逓減産業と価格規制 … 250

内容を理解しているかな？ … 255

用語確認 … 258

問題演習 … 260

COLUMN 6
- ❶ 独占的競争 … 244
- ❷ ラーナーの独占度 … 248

第7章 不完全競争市場2

POINT … 266

はじめに … 269

1 複占市場 … 269
1. クールノー・モデル … 270
2. ベルトラン・モデル … 280
3. シュタッケルベルグの不均衡 … 284

2 ゲーム理論とナッシュ均衡 … 293
1. 利得行列とゲーム・ツリー … 295
2. ナッシュ均衡と囚人のジレンマ … 297
3. ゼロ・サム・ゲームと混合戦略 … 307

内容を理解しているかな？ … 313

用語確認 … 318

問題演習 … 321

COLUMN 7
① クールノーの先駆的業績 … 278
② ゲーム理論の国際貿易への応用——戦略的貿易政策 … 292
③ ジレンマの物語 … 304
④ J. ノイマン … 309
⑤ エスパーは有利？ … 312

第8章 市場の失敗と政府の役割

POINT … 328

はじめに … 332

1 外部効果 … 332
1 ピグー税と補助金 … 337
2 コースの定理 … 340

2 公共財 … 344
1 公共財の性質 … 344
2 公共財の最適供給 … 346

3 情報の不完全性 … 354
1 性質に関する情報の非対称性 … 355
2 行動に関する情報の非対称性 … 356

内容を理解しているかな？ … 359

目次 xiii

用語確認 … 363

問題演習 … 365

COLUMN 8
① 恋愛の外部効果 … 336
② Out of the darkness light!(暗黒から光明を！) … 339
③ P. サミュエルソン … 351
④ コモンズ（共有地）の悲劇とアンチ・コモンズの悲劇 … 352
⑤ K. J. アローとL. サマーズ … 358

第9章 国民経済計算

POINT … 372

はじめに … 376

1 マクロ経済体系　376

2 国民経済活動水準の測定　380

1. 国内総生産と関連する諸概念 … 380
2. 実質表示とGDPデフレーター … 390
3. 三面等価の原則とI-Sバランス … 394
4. 産業別国内総生産とペティ＝クラークの法則 … 396
5. 経済成長と寄与度・寄与率の測定 … 403
6. 所得の分配と不平等度の測定 … 405

3 国民経済計算　409

1. 国民所得勘定 … 409
2. 産業連関表 … 412
3. 資金循環表 … 426
4. 国民貸借対照表 … 426

5 国際収支表 … 426

内容を理解しているかな？ … 430

用語確認 … 436

問題演習 … 438

COLUMN 9
❶ フローとストック … 379
❷ コブ＝ダグラス型生産関数 … 382
❸ J. M. ケインズ … 386
❹ GDPは幸せを測る指標？ … 389
❺ ラスパイレス式とパーシェ式 … 391
❻ 産業構造の長期経済分析 … 401
❼ クズネッツの逆U字仮説 … 408

第10章 財市場と財政政策

POINT … 444

■はじめに … 448

1 財市場の均衡 … 448

2 ケインズ型消費関数 … 450

3 45度線分析――均衡GDPと完全雇用GDP … 456

4 インフレ・ギャップ，デフレ・ギャップと財政政策 … 460

5 乗数効果 … 465
　❶ 政府部門の導入 … 465

2 海外部門の導入 … 470

6 財政の機能と問題点　475

1 マスグレイブの3機能 … 475
2 財政学の歴史と理論 … 481

内容を理解しているかな？ … 488

用語確認 … 496

問題演習 … 499

COLUMN 10
① 消費の三大仮説と様々な消費効果 … 454
② プロクルステスの寝台 … 459
③ 潜在GDPの推計方法とGDPギャップ … 462
④ 租税がGDPに依存するケースとマスグレイブ＝ミラー指標 … 473
⑤ 日本の財政（2012年度） … 479

第11章 貨幣市場と金融政策

POINT … 502

はじめに … 506

1 貨幣の機能　506

2 貨幣需要の理論　514

1 貨幣数量説 … 515
2 流動性選好説 … 521

3 貨幣供給の理論　532

1 日本銀行の役割 … 532

2 マネーサプライの定義 … 536
3 伝統的金融政策・非伝統的金融政策 … 538
4 マネーサプライとハイパワードマネー … 543

4 貨幣市場の均衡と債券市場　546

補論 近代貨幣史の概略——金本位制から管理通貨制度へ　550

1 金本位制の確立 … 550
2 管理通貨制へ … 558

内容を理解しているかな？ … 564

用語確認 … 571

問題演習 … 574

COLUMN 11
① W. S. ジェボンズ … 508
② 子安貝 … 512
③ ヤップ島の石貨 … 513
④ I. フィッシャー … 518
⑤ 割引現在価値とコンソル債 … 526
⑥ ポートフォリオ … 527
⑦ 日本が堕ちた罠——P. クルーグマン … 530
⑧ 日本における紙幣の源流 … 535
⑨ M. フリードマン … 548
⑩ 日本資本主義の父・渋沢栄一 … 557
⑪ 明治初期の金流出 … 562

第12章 財・貨幣市場と総需要

POINT … 578

- はじめに … 582

1 財市場の均衡とIS曲線　583
- 1 IS曲線の導出 … 583
- 2 IS曲線とその形状 … 595

2 貨幣市場の均衡とLM曲線　602
- 1 LM曲線の導出 … 604
- 2 LM曲線とその形状 … 606

3 財・貨幣市場の同時均衡と財政政策・金融政策の効果　612
- 1 財・貨幣市場の同時均衡 … 612
- 2 財政政策の効果 … 618
- 3 金融政策の効果 … 625
- 4 財政・金融政策の計算問題 … 627

4 総需要曲線　631

内容を理解しているかな？ … 635

用語確認 … 643

問題演習 … 646

COLUMN 12
1. 資本の限界効率 … 585
2. 投資関数の理論 … 587
3. ケインズ・サーカス … 593
4. 名目利子率と実質利子率の関係——フィッシャー式 … 616
5. ヒックスと『価値と資本』 … 617
6. 甦る日銀引受け議論 … 624
7. 行列を用いた財政政策・金融政策の分析 … 629

第13章 労働市場と総供給

POINT … 650

- はじめに … 655

1 労働と生産面からみたGDPの関係　655

2 労働市場と失業　657
1. 労働市場 … 657
2. 失業 … 658
3. 失業の種類 … 660

3 総供給曲線　665
1. 古典派の総供給曲線 … 665
2. ケインズ派の総供給曲線 … 666

4 総需要・総供給分析（AD-AS分析）　668
1. 需要サイドの要因──財政政策や金融政策の効果など … 669
2. 供給サイドの要因──生産費用の増加と技術進歩の効果など … 670

5 フィリップス曲線　672
1. フィリップス曲線 … 672
2. 名目賃金版とインフレ版フィリップス曲線 … 675
3. 自然失業率仮説 … 678

6 インフレ型総需要・インフレ型総供給曲線　681
1. オークン法則とインフレ型総供給曲線 … 681
2. インフレ型総需要曲線とインフレ型総供給曲線 … 684

目次　xix

7 合理的期待形成と政策の無効性　686

- **1** 金融政策の無効性——LSW命題 … 688
- **2** 財政政策の無効性——バローの中立命題 … 690

内容を理解しているかな？ … 696

用語確認 … 704

問題演習 … 707

COLUMN 13
- ❶ ニュー・ケインジアン … 663
- ❷ UVアプローチによるフィリップス曲線の導出 … 674
- ❸ インフレ型総需要曲線の導出 … 686
- ❹ 様々な期待形成 … 694

第14章 景気循環と経済成長

POINT … 710

■ はじめに … 717

1 景気循環　718

- **1** 景気循環とは何だろう … 718
- **2** 景気循環の種類 … 719
- **3** 景気循環の要因 … 729

2 経済成長　736

- **1** 経済成長とは何だろう … 736
- **2** 成長会計 … 737
- **3** ハロッド＝ドーマー・モデル … 744
- **4** 新古典派成長モデル … 754

5　『成長の限界』と悲観論を超えて … 765

　内容を理解しているかな？ … 769

　用語確認 … 774

　問題演習 … 776

　COLUMN **14**　❶ 柴田敬と赤松要 … 721
　　　　　　　　❷ 戦後の景気循環 … 724
　　　　　　　　❸ 景気動向指数──コンポジット・インデックス(CI)と
　　　　　　　　　　　　　　　　　 ディフュージョン・インデックス(DI)について … 726
　　　　　　　　❹ 乗数・加速度因子相互作用モデル … 731
　　　　　　　　❺ 1人あたり成長率 … 740
　　　　　　　　❻ J. シュンペーターと創造的破壊 … 742
　　　　　　　　❼ 『東アジアの奇跡』と神話論争 … 743
　　　　　　　　❽ 下村治と国民所得倍増計画 … 751
　　　　　　　　❾ 内生的成長理論 … 762
　　　　　　　　❿ T. マルサスとD. リカード … 767

あとがき … 781

リーディングリスト … 789

索引 … 793

Chapter 1: The World of Economics

第 1 章

経済学の世界

POINT

この章で学ぶ内容

❶ 「経済学」の対象とする世界
　経済学という学問，そしていかに経済へ接近するかを学習します．

❷ 道具としての「数学」
　経済学を学ぶ上で必要となる基礎的な数学的知識，手法について学びます．

❸ 経済学の体系と学派
　経済学にはどのような専門領域・発展的分野があるのかを学ぶとともに，本書で述べられる経済学について説明します．

この章のポイント

❶ 「経済学」の対象とする世界
　経済学の基本的な考え方として「**希少な資源をどのように配分したら最も望ましいか**」という命題があります．この命題への接近方法として経済学では，データや数量的な分析を用いて事実関係を明らかにする**実証分析**と，価値判断を伴って経済のあるべき姿を分析する**規範分析**があります．

❷ 道具としての「数学」
　(1) 行動や経済システムをモデルで考える──説明変数と被説明変数
　経済学の世界では，複雑な経済を単純化した経済モデルで考えます．たとえば「ビールの価格がビールの消費量に影響を与えている」と考えることにしましょう．ビールの消費量をx，ビールの価格をpと表記することにすれば，この関係は，関数$F(\cdot)$を用いて，$x=F(p)$と書けます．ビールの価格のように，独立的に変化するものを**独立変数**または**説明変数**といい，ビールの消費量のように伴って変化するものを**従属変数**

または**被説明変数**といいます．

(2) 行動や経済的な関係を目に見える形にする── グラフの読み方，考え方

経済的な関係を明らかにするための方法として，表を用いることはとても便利です．引き続き，ビールの消費量 (x) と価格 (p) の関係 $x=F(p)$ について考えてみましょう．いま，調査の結果，価格と消費量との間に以下のような関係があったとしましょう．

価格 (p)	0	…	100	200	300	400	…	1,000
消費量 (x)	2,000	…	1,800	1,600	1,400	1,200	…	0

この表から「❶価格が上昇すると，❷消費量が減少する」という関係がわかります．この経済的な関係は，**グラフ**を用いると直観的に理解しやすいです．

独立変数である価格が変化したとき，従属変数である消費量がどのように変化するかを表したものを変化の割合といいます．**変化の割合**とは，「従属変数の変化量（差）を独立変数の変化量（差）で割ったもの」，または，「独立変数を1単位あたり変化させたときの従属変数の変化量」をいい，以下のように定義されます．

$$\text{変化の割合} = \frac{\text{従属変数の変化量}}{\text{独立変数の変化量}} = \frac{\text{消費量}(x)\text{の差}}{\text{価格}(p)\text{の差}} = \frac{\Delta x}{\Delta p}$$

(3) 行動や経済システムの落ち着く先を考える── 連立方程式

経済学では，いくつかの経済的な関係が同時に行われるとき，どのような状態に落ち着くか考えます．このようなときに使われる手法が**連立方程式**です．

連立方程式を解く手法として，❶**代入法**，❷**消去法**（加減法），そして

❸**行列を使う方法**の3つがあります．

(4) 行動や経済システムの「変化」を考える―― 微分
　経済活動の世界では，ある変数が1単位変化したとき，それに伴って変数がどの程度変化するかを考えます．これが微分の考え方です．これから学習していく経済学では，限界効用，限界費用，限界消費性向など，微分の概念を用いた用語が頻出します．

(5) 制約のある世界で「欲望」を最大化する―― 制約付き最適化
　私たちは，様々な制約の中で，自分自身の欲望を最大化したり，費用を最小化したりしながら行動しています．これを経済学では，**制約付き最適化問題**として考えます．制約付き最適化問題には，**最大化問題**と**最小化問題**とがあります．最大化ないし最小化する関数を**目的関数**といいます．目的関数 $z=f(x, y)$ を制約条件 $g(x, y)=c$（c は定数）の下で最適化する場合，最大化の場合には，

　　　Max.　　　$z=f(x, y)$
　　　Subject to　$g(x, y)=c$

と表記し，最小化の場合，

　　　Min.　　　$z=f(x, y)$
　　　Subject to　$g(x, y)=c$

と表記します．
　Max.は「以下の関数を最大化する」，Min.は「以下の関数を最小化する」ことを意味しており，Subject toとは「〜の制約の下で」という意味で使われています．

❸　経済学の体系と学派

　本書で述べられる経済学（現代経済理論）は，大きく（1）**ミクロ経済学**

と (2) **マクロ経済学**とよばれる分野に分けることができます.
　ミクロ経済学は,経済活動をしている主体——後述する家計や企業や政府の個別経済活動について学習し,市場取引を通じて資源が配分されるメカニズムを明らかにすることに主眼が置かれます.これに対してマクロ経済学は,一国全体の経済活動を分析の対象とします.経済をみる上では,ミクロ経済学,マクロ経済学両方の視点が重要です.

これが理解できれば合格

実証分析・規範分析・説明変数・被説明変数・変化の割合・微分・制約付き最適化・ミクロ経済学・マクロ経済学

POINT

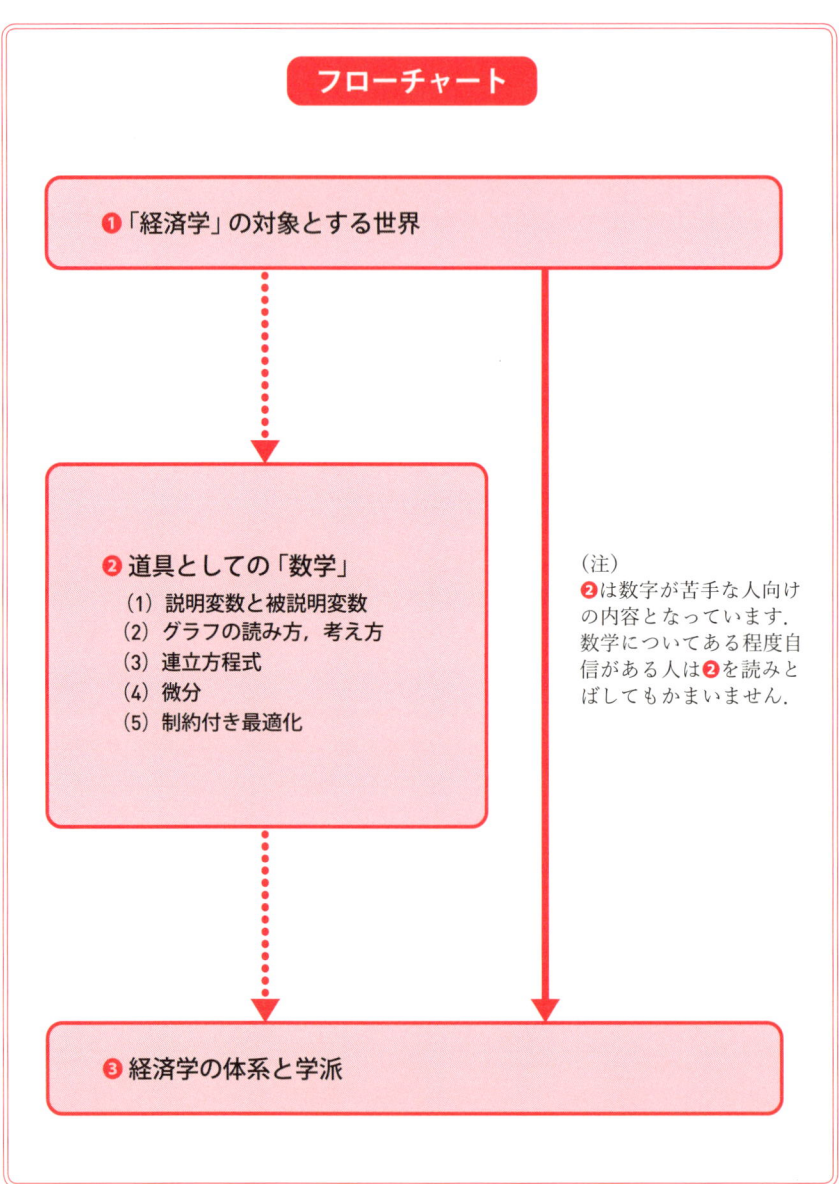

はじめに

　皆さんは，どんな思いでこの本を手にしたでしょうか．

　「経済ってどうなっているのだろう」とか，「経済をもっと詳しく知りたい」とか，その思いは様々でしょう．いま読者の皆さんの多くが感じているように，**経済** (economy) はとても複雑です．

　この複雑な経済の仕組みを理解するために，これから皆さんは**経済学**を学んでいきます．学問としての「経済学」は，一般に，**アダム・スミス** (Adam Smith, (英)，1723年〜1790年) の『国富論』(1776年) に始まるといわれていますが，人間の生活，営みを考えるという意味においては，人類の営みと同じ歴史をもっているといってもよいでしょう．

　そもそも，**エコノミクス** (Economics) という言葉は，古代ギリシア語の**オイコノミア** (Oikonomia) という言葉に由来するといわれています．オイコノミアは，「家」を表す**オイコス** (oikos) と，「規則」や「法則」を意味する**ノモス** (nomos) からなる合成語で，もともとは「家庭の管理学」というような意味合いで使われていました[1]．

　古代ギリシアの時代から，日々の営みについて考えるという行為があったことを考えると，毎日の営みや社会とのかかわり合いについて考えることは，誰にでもある根源的な知的欲求の1つといえるかもしれません．こうした知的欲求を原動力として，経済学は長足の進歩を遂げてきました．

　20世紀に入ると，学問体系として経済の基礎理論が確立され，その拡張と理論の精緻化が急速に進みました．基礎理論が「教科書」という形で教えられ，専門領域はますます細分化されていったのです．もちろん，こうした細分化には批判もありました．しかし，かつて特殊な能力をもった一部の人間だけしか論じることができなかった経済学は，今日，誰もが習得できる経済学へと変化を遂げるに至りました．私たちは，世界共通の「教科書」で学んだ経済学の基礎理論を共通言語として，「経済学」を学ぶ世界中の仲間と会話をすることができるのです．

　さあ，経済学の扉を一緒に開きましょう．

---

1) COLUMN 1-❶を参照してください．

COLUMN 1-❶ 「経済学」の由来

　国家レベルの経済活動を考えるという意味での「経済学」は，17世紀フランスの経済学者 **A. モンクレチアン**（Antoine de Montchrestien,（仏），1574年～1621年）が，**エコノミー・ポリティーク**（économie politique）という言葉を用いたことに始まるといわれています．それが英語の**ポリティカル・エコノミー**（political economy）と翻訳されました．また，ポリティカル・エコノミーに「経済」という言葉を当てたのは，**神田孝平**（1830年～1898年）や福澤諭吉（1835年～1901年）といわれています．

　「経済」という言葉は，中国・隋の王通による『文中子』礼楽篇にある「経世済民」（世を経め，民を済う）という言葉から作られた和製漢語です．江戸時代の儒学者，**太宰春台**（1680年～1747年）が1729年に著した『経済録』に「天下国家を治むるを経済と云い，世を経め，民を済う義なり」とあり，これが初出といわれています[2]．

　また，「経済学」をポリティカル・エコノミーから**エコノミクス**（economics）へと翻訳したのは **A. マーシャル**（Alfred Marshall,（英），1842年～1924年）『産業の経済学』Alfred Marshall and Mary Paley Marshall (1879) *The Economics of Industry*, London:macmillan. です．A. マーシャルについては第2章以降，本書でも頻繁に登場します．

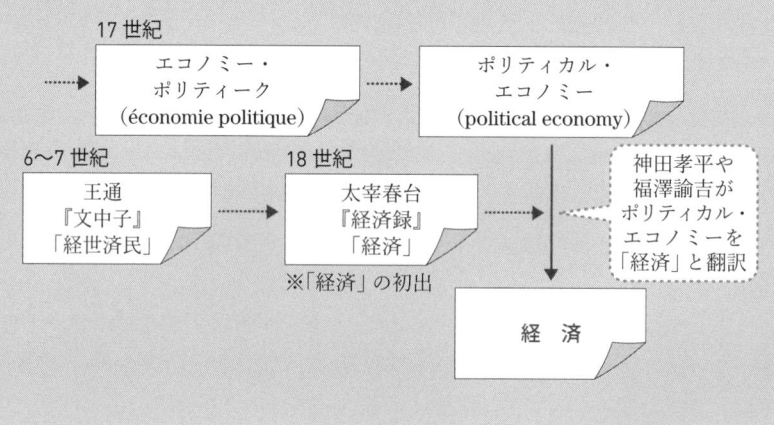

---

2) 井澤秀記 (2011)「経済と経済学の語源について」『RIEBニュースレター』No.103 (神戸大学経済経営研究所) を参照.

1 「経済学」の対象とする世界

1 経済とは何か

　経済というと皆さんの中には，為替や株の動き，GDP（国内総生産）などの難しい経済用語を思い浮かべる人がいるかもしれませんね．しかし，こうした専門用語は，経済のある一部分を説明するために用いられているにすぎません．ここでは，そういった難しい専門用語を覚える前に，経済とは，私たちの「日々の生活そのもの」だということをまずしっかり頭に入れておきましょう．

　私たちは，日々の生活の中で，何かを**生産**（produce）し，**消費**（consume）して生きています．これが経済活動です．この過程の中で，私たちは，何をどれだけ生み出し，どれだけ消費したらよいのかを考えなければなりません．たとえば，パン屋さんがパンを作るとき，無制限にパンを作ったりはしませんね．これはパンを作るための小麦粉，砂糖，バターの購入や，それを作る人の雇用を無制限に行うことができないからです．私たちがパンを購入することについても，これも無制限に行うことはできません．というのも，購入するために必要な所得が無制限にあるわけではないからです．

　このように考えると，私たちは，限りある**資源**（resource）——例に挙げた小麦粉，砂糖，バター，そして所得など——を実にうまく使って生産したり消費したりしているかがわかります．

　私たちの学習する経済の世界においては，「資源に限りがある」という事実認識からスタートします．定食屋の日替わりランチ，ZARA（ザラ）のカットソー，ニホンウナギ，ロレックス（ROLEX）のデイトジャスト（時計），ウィーン・フィルのニューイヤーコンサートのチケット，私たちの人生そのものですら，すべて限りがあります．資源が有限だからこそ，それをいかにうまく使うか，ということを考える必要があるのです．

　資源に限りがあること——これを経済学では**希少性**（scarcity）といいます．イギリスの経済学者**L. C. ロビンズ**（Lionel Charles Robbins,（英），1898年～1984年）は，この希少性に注目し，経済学を「**様々な用途をもつ希少性のある資源に関して，**

人間行動を研究する科学」と定義しました[3].

また，アメリカの経済学者 **P. サミュエルソン**（Paul Anthony Samuelson,（米），1915年～2009年）は，「貨幣を使うか否かを問わず，人々ないし社会が，様々な財の生産に利用可能な希少な生産資源をどれほど用いて生産したらよいか，また，生産された財を，社会を構成するグループや個人の間で消費するために配分するのは，いまがいいのか，それとも将来がいいのかを研究するのが経済学である．経済学は資源配分のパターンを改善するための**費用**（cost）と**便益**（benefit）を分析する学問である．」と述べています．

経済学者によって若干の違いはあるものの，「**希少な資源をどのように配分したら最も望ましいか**」について学ぶのが経済学の基本的な考え方といえます[4].

COLUMN 1-❷　エコノミストに騙されないために!?

1441年に設立されて以来，数多の俊英を生み出したイギリス・ケンブリッジ大学キングス・カレッジにおいて，女性で初めてカレッジ・フェロー（fellow）[5]となったのが **J. V. ロビンソン**（Joan Violet Robinson,（英），1903年～1983年）女史です．彼女は，不完全競争理論，経済成長論，国際経済学など幅広い領域に多大な貢献を行った経済学者で，幾度となくノーベル経済学賞の候補となりました．

彼女は自身が著した『現代経済学への貢献』の中で，経済学を学ぶ目的を以下の

---

[3] Robbins, L. C.（1932）*An Essay on the Nature and Significance of Economic Science*（邦訳：辻六兵衛（1957）『経済学の本質と意義』東洋経済新報社）．ただし，訳は原文を筆者が訳出したものである．

[4] もっとも，近年，経済学で用いられる考え方は，社会学，政治学，心理学などにも多大な影響を与えており，2007年にノーベル経済学賞を受賞した **R. B. マイヤーソン**（Roger Bruce Myerson,（米），1951年～）は，経済学を，「すべての社会的な制度における個人のインセンティブに関する分析」と定義しています．Myreson, R. B.（1999）"Nash Equilibrium and the History of Economic Theory," *Journal of Economic Literature*, Vol. 37, No. 3, pp. 1067–1082. **インセンティブ**（incentive）とは，人々の意思決定や行動を変化させるような「誘因」を意味する経済用語です．インセンティブは第8章でも登場します．

[5] カレッジ・フェローとは，カレッジに属する正式な構成員（教員）であることを指す職位です．

ように述べています[6].

J. V. ロビンソン

The purpose of studying economics is not to acquire a set of ready-made answers to economic questions, but to learn how to avoid being deceived by economists.
（経済学を学ぶ目的は，経済問題に対する既成の答を得るためではなく，エコノミストたちからいかに騙されないようするかを学ぶためである.）

Wikimedia Commons より

　グローバル化が進展し，私たちが享受する経済情報は多くなりました．しかしその一方で，一見正しいようにみえる情報や意見も，経済学的にみると疑問が残るものが多くなってきました．以前にもまして，自らの頭で考えねばならない時代に私たちは生きています．ロビンソン女史の言葉は，自らの頭で経済を考えることの重要性を示唆しています.

2 経済への接近方法

　経済が私たちの日々の生活そのものであり，経済学がそれを対象とする以上，様々な接近方法があって当然です．経済学の礎を築いたイギリスの経済学者，**J. M. ケインズ**（John Maynard Keynes,（英），1883年～1946年）は，こう述べました.

「経済学者は，ある程度まで数学者であり，歴史家であり，政治家であり，哲学者でなければならない．彼は記号を理解し，しかも言葉で語り，特殊なものを一般的な形で考え，その思考の過程で，具体的なものにも，抽象的なものにも触れなければならない．彼は未来の目的のために，過去に照らして現在を研究しなければならない[7].」

---

6) Robinson, J. V. (1978) *Contributions to Modern Economics*, Oxford, Blackwell, in Chapter 7, Marx, Marshall and Keynes, p. 75.

皆さんは，経済学と聞くと，「数学を使う」というイメージがあるかもしれませんね．しかし，「数学も使う」というのが正しい理解といえます．ケインズの言うように，経済への接近方法は数学だけではありません．歴史や思想・哲学，心理学，社会学，政治学，地理学，地域言語や文化人類学等々に加え，ときには古典や漢文の知識だって必要となる場合があります．経済への接近方法は多種多様に存在するのです．数学で解明できるのは，経済という大きな学問領域のごく一部にすぎません．経済学は数学ではないのですから，数学ができないというだけで経済学を断念するのはとてももったいないことです．

　もちろん，接近方法が多様にあるからといって，現代経済学を学ぶ上で，数学を利用しない手はありません．数学は，経済学を学ぶ上で非常に役立つ道具（ツール）として活用できるからです．次の節では，経済学において数学がどのように使われているのか説明しながら，（もしかして皆さんがもっているかもしれない）数学への苦手意識を取り除いていくことにしましょう．

ポイント・チェック　経済学の対象とする世界

❶ 資源に限りがあることを希少性という
❷ 経済学は希少な資源をどのように配分したら最も望ましいかを学ぶ学問である
❸ データや数量的な分析を用いて事実関係を明らかにすることを実証分析という
❹ 価値判断を伴って経済のあるべき姿を分析することを規範分析という

COLUMN 1-❸　経済学者の意見が様々なのは？

　いま，2人の経済学者が「非正規雇用」をテーマに意見を述べています．非正規雇用とは，正社員ではない社員として雇用される形態だと考えてください．

---

7) Keynes, J. M. (1924) "Alfred Marshall, 1842–1924," *The Economic Journal*, Vol.34, No.135, (Sep., 1924), pp.311–372. 引用箇所はp.322. なお，J. M. ケインズについては，COLUMN 9-❸ を参照ください．

> 経済学者A氏：「日本では，2000年代に入って非正規雇用割合の大きいサービス産業が増加したので，**非正規雇用が増加したと考えられる**」
> 経済学者B氏：「日本では，2000年代に入って非正規雇用割合の大きいサービス産業が増加したので，**サービス産業での正規雇用を促進させるべきだ**」

　A氏もB氏も，前半の「日本では，2000年代に入って非正規雇用割合の大きいサービス産業が増加したので」という部分に関しては同じ意見です．しかし，後半になると，A氏は「非正規雇用が増加したと考えられる」と事実のみを述べているのに対して，B氏は「サービス産業での正規雇用を促進させるべきだ」と自らの価値判断を含めた政策提言を行っています．後半のA氏の事実は，データを用いて反証することが可能です．これを**実証的**（positive）な主張ということがあります．これに対して，B氏の提言は，「～すべきだ」という価値判断を伴っており，これはデータを用いて明らかにすることができません．このような主張を**規範的**（normative）な主張といいます．経済学では，データや数量的な分析を用いて事実関係を明らかにする**実証分析**（positive analysis）と，価値判断を伴って経済のあるべき姿を分析する**規範分析**（normative analysis）とがあります．

　経済学者の意見が，同じ「経済」を見つめながらもときとして一致しないのは，経済学者の価値観の相違が，それぞれの規範的な主張に現れることにも一因があるといわれています．

2 道具としての「数学」[8]

　経済学は，数学それ自体を究明する学問ではありません．あくまで私たちの関心は「経済」にあることを忘れてはいけません．しかし，経済分析をする上で，数学を分析の「道具」として用いることは極めて有効です．それは以下の

---

[8] この節は，経済学で使われる数学について説明しています．「どうしても数学は苦手だ」という読者は読み飛ばしても構いませんが，全体を読み終えた後，あるいは，本書で数学的な表現が出てきて困ったときなどには，ぜひここに立ち返ってみることをお勧めします．

ようなメリットがあるからです．
- ❶ 言葉で説明するのに比べて，数学表記には曖昧さや冗長さがありません．
- ❷ 数学は世界共通の言語なので，理解する上で言葉の壁がありません．反証も容易です．
- ❸ 複雑な経済を，経済モデルを用いてシンプルに表現することが可能です．
- ❹ 仮定から演繹的に結果を求めるという手法を用いることで，論理矛盾のない提言が可能です．

より抽象度の高い経済理論を習得しようとすれば，それに対応した高度な数学知識も必要となり，それ相応の労力が必要です．しかし，私たちが学習する入門レベルの経済学では，「どのような場面で，どのような数学的な手法が使われるのか」を知っておくだけでも，経済学の理解には非常に役立ちます．

それでは，経済学における数学の役割を具体的にみていきましょう．

1 行動や経済システムをモデルで考える —— 説明変数と被説明変数

経済学の世界では，複雑な経済を単純化した経済**モデル** (model; 模型) で考えます．経済モデルとは，現実の経済を単純化したものであり，当面の課題とは無関係な事象を捨象した世界を表します[9]．私たちは，モデルを使って考えることによって，複雑な経済は単純化され，経済問題の本質を明らかにすることができるのです．

前節で登場したJ. V. ロビンソン女史は，「現実のすべてを考慮したモデルというものは，1/1スケールの地図と同じぐらい不要なものである」と述べましたが[10]，至極名言です．複雑なものを複雑なままで考えていては，何が重要で何が不要なのかがわからず，結果として何もわからないからです．数学は，現実を単純化したモデルを作るときに強力な道具(ツール)となります．

具体的にわかりやすい例を挙げてモデルを考えることにしましょう．いま，ある酒屋の店長が，今年のビールの消費量[11]がいくらになるか考えているとし

---

[9] Sam Ouliaris (2011) "What Are Economic Models? How economists try to simulate reality," *Finance & Development*, June 2011, Vol. 48, No. 2, pp. 46–47.
[10] Robinson, J. V. (1962) *Essays in the Theory of Economic Growth*, London: Macmillan, p. 33 より引用．

ましょう．ビールの消費量を決定する要因は様々です．すぐに思いつくだけでも，ビールの品質，ビールの価格，天候，CM，（ビールの代替となるであろう）発泡酒や日本酒，ウイスキーの価格……など，枚挙に暇がありません．おそらく，現実的には，ビールの消費量はこうした様々な要因によって決定されているのでしょう．しかし，これらすべての要因を同時に考えることはとても難しい作業です．要因どうしにも何らかの関係があるかもしれません．そこで，こうした要因の中から，ビールの消費量に最も影響を与えるであろう要因をいくつか抽出する作業を行います．どれが最も影響を与える要因かを判断するのは，経済学者の腕の見せどころでもあるのですが，ここでは，「ビールの価格がビールの消費量に影響を与えている」と考えることにしましょう．経済学では数学記号を用いて，

ビールの消費量＝F（ビールの価格）

と書きます．ここで，$F(\cdot)$は関数 (function) を表しています．関数とは，「伴って変わる変数間の関係」を表すものです．ビールの消費量＝F（ビールの価格）と表すとき，ビールの価格が変化するとビールの消費量もそれに伴って変化すると考えているのです．ビールの価格のように，独立的に変化するものを独立変数または説明変数といい，ビールの消費量のように伴って変化するものを従属変数または被説明変数といいます．ビールの消費量をx，ビールの価格をpと表記することにすれば，この関係は，

$x = F(p)$

と表すことができます．もちろん，もし他の要因——ビールの品質 (q)，天候 (w)，CM (c)，発泡酒の価格 (p_1)，日本酒の価格 (p_2)，ウイスキーの価格 (p_3)——という説明変数がビールの消費量 (x) に影響を与えているとすれば，

$x = F(p, q, w, c, p_1, p_2, p_3, \cdots)$

と表すことになります．このように，何かしらの経済的な関係を「関数」という形でシンプルに表現することができるのは，数学のメリットといえるでしょう．

---

11) ここでいう消費量は，第2章で学習する「需要量」と同じです．

2 行動や経済的な関係を目に見える形にする ── グラフの読み方,考え方

引き続き,ビールの消費量 (x) と価格 (p) の関係 $x=F(p)$ について考えてみましょう.この関係だけでは,具体的にどのような関係があるかわかりません.そこで,価格が与えられたときに消費量がいくらになっているかを調査する必要があります.このような調査も経済学の重要な仕事の1つです.いま,調査の結果,価格と消費量との間に以下のような関係があったとしましょう.数量関係を表すには<ruby>表<rt>ひょう</rt></ruby>(table) を使うと便利です.

価格 (p)	0	…	100	200	300	400	…	1,000
消費量 (x)	2,000	…	1,800	1,600	1,400	1,200	…	0

この表から「❶価格が上昇するにつれて,❷消費量が減少している」という関係がわかります.より直観的に理解するためには,グラフ (graph) を用いて図示すると視覚的にはっきりとします.グラフは,縦軸に価格 (p),横軸に消費量 (x) をとることにしましょう[12].価格と消費量の組み合わせを座標 (coordinate) に点として描画 (プロット) します.座標は組み合わせを示す「番地」のようなものです.具体的には,価格が100のとき消費量 (x) が1,800,価格が200のとき消費量が1,600……とそれぞれ対応する組み合わせをプロットしていきます.これらプロットした各点を結ぶとグラフがあられます.この関係の場合は直線が描かれています (図1-1 (a)) が,曲線の場合であっても描き方は同じです.このグラフから,「❶価格が上昇するにつれて,❷消費量が減少している」関係は一目瞭然となります (図1-1 (b)).

経済学ではグラフを多用しますが,それは経済的な関係を明らかにするための方法として非常に便利だからです.

ここで,価格が変化したとき,消費量がどのように変化するかを考えてみましょう.伴って変わる数量の変化をみることは経済学ではとても重要です.この関係がわかると,私たちは,値上げしたときにどの程度の消費が減少する

---

[12] 数学的には,独立変数 (この場合は価格) を横軸に,従属変数 (この場合は消費量) を縦軸にとりますが,経済学では慣例に従って,価格を縦軸にとっていますので注意が必要です.

図1-1

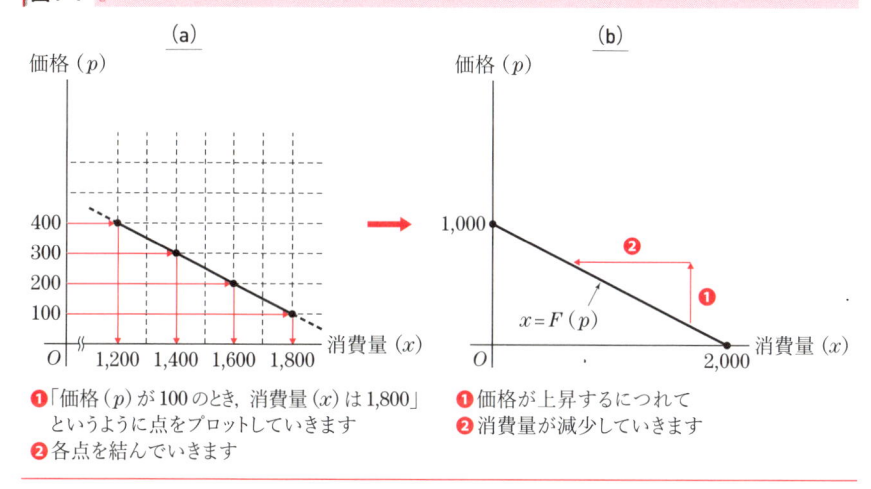

(a)

価格(p)軸と消費量(x)軸のグラフ。点(1,200, 400), (1,400, 300), (1,600, 200), (1,800, 100)をプロットし、直線で結ぶ。

❶「価格(p)が100のとき、消費量(x)は1,800」というように点をプロットしていきます
❷各点を結んでいきます

(b)

価格(p)軸と消費量(x)軸のグラフ。切片が価格軸で1,000、消費量軸で2,000の右下がりの直線 $x = F(p)$。

❶価格が上昇するにつれて
❷消費量が減少していきます

か，逆に値下げをするとどれだけ消費が増加するか考えることができます．

再び先ほどの表を詳しく見ると，

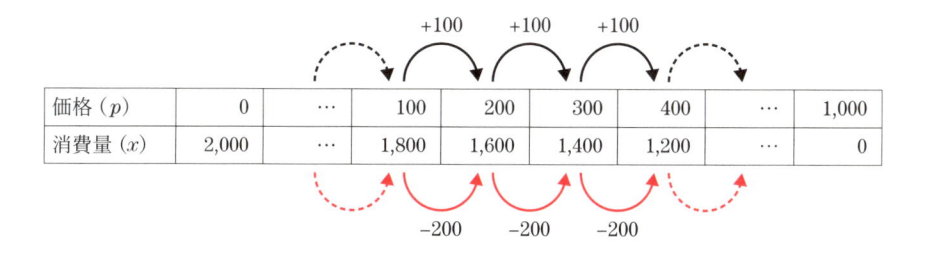

価格(p)	0	…	100	200	300	400	…	1,000
消費量(x)	2,000	…	1,800	1,600	1,400	1,200	…	0

（価格は +100 ずつ増加，消費量は -200 ずつ減少）

となっていることがわかります．独立変数である価格(p)が100ずつ増加すると，それに伴って従属変数である消費量(x)は200ずつ減少しています．

ここで，**変化の割合**(rate of change)という概念を導入しましょう．変化の割合とは，「従属変数の変化量(差)を独立変数の変化量(差)で割ったもの」，言い換えれば，「独立変数を1単位あたり変化させたときの従属変数の変化量」をいいます．つまり，

$$\text{変化の割合} = \frac{\text{従属変数の変化量}}{\text{独立変数の変化量}}$$

図1-2

価格 (p)

1,000

$\dfrac{\Delta x}{\Delta p} = -2$

Δp

Δx

$x = -2p + 2,000$

O　　　　2,000　消費量 (x)

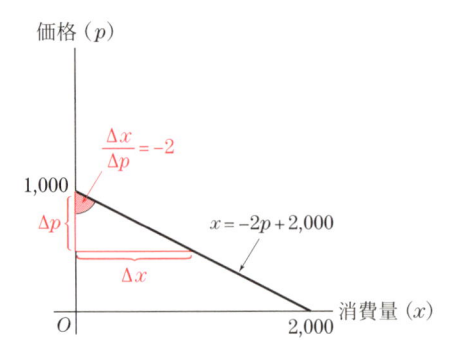

です．ここでは，

$$\text{変化の割合} = \frac{\text{従属変数の変化量}}{\text{独立変数の変化量}} = \frac{\text{消費量}(x)\text{の差}}{\text{価格}(p)\text{の差}} = \frac{1,600 - 1,800}{200 - 100}$$

$$= \frac{-200}{100} = -2$$

となります．

ここで，「差」を表す Δ（デルタ）という記号を使い表記を一般化してみましょう．**消費量 (x) の差は Δx，価格 (p) の差は Δp** と表せますから，

$$\text{変化の割合} = \frac{\text{従属変数の変化量}}{\text{独立変数の変化量}} = \frac{\text{消費量}(x)\text{の差}}{\text{価格}(p)\text{の差}} = \frac{\Delta x}{\Delta p} = \frac{-200}{100} = -2$$

となります．変化の割合は，価格の変化量（差）に対する消費量の変化量（差）ですから，**変化の割合は，直線の傾き (slope) に等しい**ことがわかります（図1-2）．

価格 (p) が変化することによって消費量 (x) が変化するという関係が直線のグラフで表されるとき[13]，その関係は，a, b を任意の数（**定数**）として，

$$x = F(p) = ap + b$$

と表すことができます[14]．独立変数である価格 (p) にかかる a は，「価格が1

---

[13] このような関係を**一次関数** (linear function) といい，そのグラフは**線形** (linear) であるといいます．

018　chapter **1** The World of Economics

図1-3

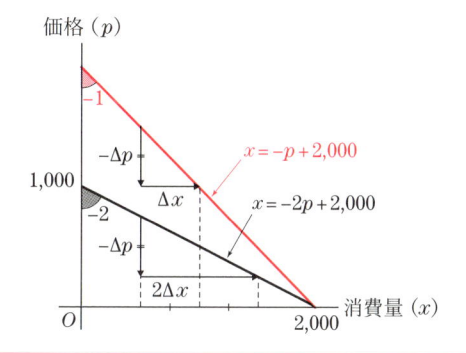

単位あたり変化したとき消費量がどれだけ変化するか」を示しており，aは変化の割合に等しくなっています．つまり，

$$a = \frac{\Delta x}{\Delta p} = -2$$

です．$a=-2$を$x=ap+b$に代入すると，$x=-2p+b$となります．価格（p）が0のとき，消費量（x）は2,000なので，$2,000=-2\times 0+b$より$b=2,000$となり，消費量と価格の関係は，

$$x=-2p+2,000$$

となります．そうした関係を導けるようになれば，❶**価格に応じた消費量がいくらなのか**，❷**価格が上昇したとき，消費量がどれだけ減少するのか**，という極めて重要な情報を私たちは得ることができます．

たとえば，消費量と価格が，

$$x=-2p+2,000$$

という関係である場合と，

$$x=-p+2,000$$

とを比べてみましょう．この2つの関係式の違いは，変化の割合です．

---

14) モデルの中で変化する価格（p）や消費量（x）に対して，定数であるa,bは変化しません．モデルの中で変化する数量を**内生変数**（endogenous variable），モデルの外部で決定される数を**外生変数**（exogenous variable）といいます．

$x=-2p+2,000$ の変化の割合は -2 ですから，価格が1下れば消費量は2増加し，10下がれば消費量は20増加します．これに対して，$x=-p+2,000$ の変化の割合は -1 ですから，価格が1下れば消費量は1しか増加しませんし，10下がれば消費量は10しか増加しません．図1-3をみてください．この両者の価格の下落は $-\Delta p$ で表されていますが，それに伴って $x=-p+2,000$ の消費量は Δx 増加しますが，$x=-2p+2,000$ の消費量は $2\Delta x$ 増加していることがわかります．

3 行動や経済システムの落ち着く先を考える —— 連立方程式

経済学では，いくつかの経済的な関係が同時に行われるとき，どのような状態に落ち着くか考えます．

第2章では，どのようなメカニズムによって市場で価格が決定されるのかを考えますが，その際に，**需要**(demand)と**供給**(supply)という価格と数量の経済的な関係を想定して，価格の落ち着く先を考えるのはその好例といえるでしょう．このようなときに使われる手法が**連立方程式**(System of linear equations)です[15]．需要と供給という2つの経済関係を表す式から，その両者を満たすような状況——価格や数量——を求めることができます[16]．

需要と供給がいま，以下のような式によって表されているとしましょう．

$$\begin{cases} 【需要】x=-2p+2,000 \\ 【供給】x=0.25p+200 \end{cases}$$

この2つの式を同時に満たす価格 (p) と数量 (x) を求める方法には，**❶代入法**，**❷消去法**（加減法），そして**❸行列を使う方法**の3つがあります．

❶代入法

代入法は以下の手段で行います．まず，2つの式のうち，どちらか片方の式に注目し，その式の1つの変数を他の変数で表します．それをもう片方の式に

---

[15] 他にも，第7章の反応関数，第10章の45度線分析などでは，複数の経済的な関係を同時に満たすことが要求されます．このときにも連立方程式が使用されます．
[16] 第2章で詳しく説明されますので，第2章を読み終えてから読み返すとより一層効果的です．

図1-4

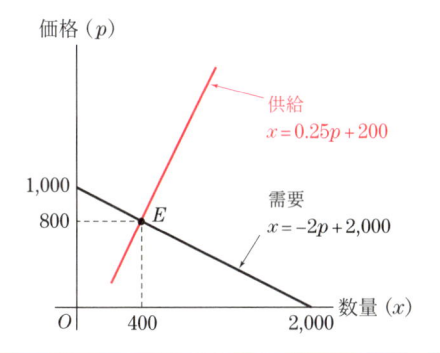

価格 (p)

供給
$x = 0.25p + 200$

需要
$x = -2p + 2{,}000$

点 E では需要と供給の両方の経済的関係を同時に満たす価格と数量の組み合わせが決まっています

代入して変数を消去して変数を求め，最終的に2つの変数を求める方法です．言葉で説明すると少しわかりにくいので，具体的に問題を解いてみましょう．

【需要】$x = -2p + 2{,}000$ は，数量 (x) が $-2p + 2{,}000$ に等しいことを示しています．代入法では，この $-2p + 2{,}000$ が，【供給】$x = 0.25p + 200$ の $0.25p + 200$ に等しいと考えるのです．つまり，

$$-2p + 2{,}000 = 0.25p + 200$$

が成り立ちます．この式で p のある項を左辺(=の左側)に，数字の項を右辺(=の右側)にまとめると，

$$-2p - 0.25p = 200 - 2{,}000$$

となります．=の反対側にいくと（移項すると），+は-に，-は+になることに注意しましょう[17]．これをまとめると，$(-2 - 0.25)p = -1{,}800$ すなわち，$-2.25p = -1{,}800$ となりますので，両辺を -2.25 で割ると，

$$p = 800$$

を求めることができます．また，このとき，$p = 800$ を【需要】$x = -2p + 2{,}000$ または【供給】$x = 0.25p + 200$ いずれかの式に代入することによって，

---

17) これは，「=（等号）の両側（両辺）では，同じ数を足しても，引いても，掛けても，割っても等号は成立する」という性質を利用しています．本来は，
$$-2p - 0.25p + 2{,}000 - 2{,}000 = 0.25p - 0.25p + 200 - 2{,}000$$
を行っているのです．

第1章 経済学の世界　021

$$x = 400$$

を求めることができます．参考までに図示すると，図1-4のようになります．

❷ 消去法（加減法）

　消去法は，2つの方程式に同じ数を掛けたり割ったりして同じ項を作成し，それを加減して文字を1つ消去することで変数を求める方法です．❶代入法で用いた，

$$\begin{cases} 【需要】x = -2p + 2{,}000 \\ 【供給】x = 0.25p + 200 \end{cases}$$

を使って考えてみましょう．この例の場合，【需要】にも【供給】にも，左辺に同じ項xがあるので，【需要】－【供給】を行うことでxを消去することができます．

$$\begin{array}{r} x = -2p + 2{,}000 \\ -)\ x = 0.25p + 200 \\ \hline 0 = (-2 - 0.25)p + 2{,}000 - 200 \end{array}$$

これより，$p = 800$ が求まりますので，$p = 800$ を【需要】または【供給】の式に代入して，$x = 400$ を求めることができます．

❸ 行列を使う方法[18]

　連立方程式を解く方法として，最後に，行列を使う方法を述べておきたいと思います．再び，

$$\begin{cases} 【需要】x = -2p + 2{,}000 \\ 【供給】x = 0.25p + 200 \end{cases}$$

を用いて考えましょう．
　まず変数のついている項を左辺に，定数項を右辺に置きます．

---

[18] やや難しいので，行列に馴染みのない読者は読み飛ばしても構いません．行列についてより詳しく知りたい読者は，高等学校の数学C「行列」に詳しく載っていますので参照ください．また，A.C.チャン，K.ウエインライト（2010）『現代経済学の数学基礎（上・下）』（シーエーピー出版），E.ドウリング（1996）『例題で学ぶ入門経済数学（上・下）』（シーエーピー出版）なども大変わかりやすく書かれています．

$$\begin{cases} \text{【需要】} x+2p=2{,}000 \\ \text{【供給】} x-0.25p=200 \end{cases}$$

また，計算を容易にするために，【供給】の両辺を4倍して小数をなくします．すると，

$$\begin{cases} \text{【需要】} x+2p=2{,}000 \\ \text{【供給】} 4x-p=800 \end{cases}$$

となります．この連立方程式を，行列を使って書くと，

$$\begin{pmatrix} 1 & 2 \\ 4 & -1 \end{pmatrix} \begin{pmatrix} x \\ p \end{pmatrix} = \begin{pmatrix} 2{,}000 \\ 800 \end{pmatrix}$$

と書けます．この行列の両辺の左側から，$\begin{pmatrix} 1 & 2 \\ 4 & -1 \end{pmatrix}$ の逆行列を乗じれば，$\begin{pmatrix} x \\ p \end{pmatrix}$ が求まります．$\begin{pmatrix} 1 & 2 \\ 4 & -1 \end{pmatrix}$ の逆行列は，

$$\frac{1}{1\times(-1)-2\times 4}\begin{pmatrix} -1 & -2 \\ -4 & 1 \end{pmatrix} = -\frac{1}{9}\begin{pmatrix} -1 & -2 \\ -4 & 1 \end{pmatrix}$$

となります[19]．よって，

$$\begin{pmatrix} x \\ p \end{pmatrix} = -\frac{1}{9}\begin{pmatrix} -1 & -2 \\ -4 & 1 \end{pmatrix}\begin{pmatrix} 2{,}000 \\ 800 \end{pmatrix} = -\frac{1}{9}\begin{pmatrix} (-1)\times 2{,}000 + (-2)\times 800 \\ (-4)\times 2{,}000 + 1\times 800 \end{pmatrix}$$

$$= -\frac{1}{9}\begin{pmatrix} -3{,}600 \\ -7{,}200 \end{pmatrix} = \begin{pmatrix} \frac{-3{,}600}{-9} \\ \frac{-7{,}200}{-9} \end{pmatrix} = \begin{pmatrix} 400 \\ 800 \end{pmatrix}$$

と，$p=800$ と，$x=400$ を求めることができます．

4 行動や経済システムの「変化」を考える──微分

経済活動の世界では，ある変数が1単位変化したとき，伴って変わる変数が

---

[19] 2行2列の行列 $A=\begin{pmatrix} a & b \\ c & d \end{pmatrix}$ の逆行列 A^{-1} は，行列式 $ad-bc\neq 0$ のとき，

$$A^{-1}=\frac{1}{ad-bc}\begin{pmatrix} d & -b \\ -c & a \end{pmatrix}$$

となります．

図1-5

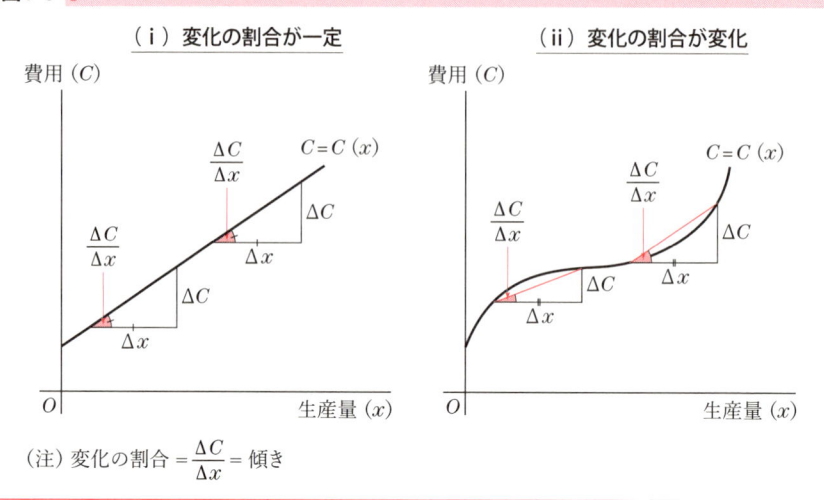

(ⅰ) 変化の割合が一定　　　　　(ⅱ) 変化の割合が変化

費用 (C)　　　　　　　　　　　費用 (C)

[グラフ(ⅰ): 直線 $C = C(x)$ 上に傾き $\frac{\Delta C}{\Delta x}$ を示す三角形]
[グラフ(ⅱ): 曲線 $C = C(x)$ 上に異なる位置での傾き $\frac{\Delta C}{\Delta x}$ を示す三角形]

生産量 (x)

（注）変化の割合 $= \dfrac{\Delta C}{\Delta x} =$ 傾き

どの程度変化するかを考えます．「ある財を1単位追加的に消費したとき，どれだけ満足度が上がるか」，「生産量を1単位増加させると，それに伴ってどれだけ費用が増加するか」などといった考え方[20]は，経済学における重要な考え方の1つです．

実は，「ある変数が1単位変化したとき，伴って変わる変数がどの程度変化するか」という考え方は，**2**のところで，皆さんはすでに「（独立変数である）価格が1単位あたり変化したとき，（従属変数である）消費量がどれだけ変化するか」という例を用いて学習しています．「独立変数を1単位あたり変化させたときの従属変数の変化量」を「変化の割合」といいましたね．しかし，変化の割合は，学習したようにいつも一定であるとは限りません．

図1-5をみてください．ここには，生産量 (x) と費用 (C) の関係 $C = C(x)$ が描かれています．図1-5（ⅰ）は直線，（ⅱ）は曲線で描かれていますが，直線で表されている（ⅰ）の変化の割合（$\Delta C/\Delta x$, 傾き）は一定であるのに対して，曲線で表されている（ⅱ）の変化の割合（傾き）は，小さくなったり大きくなったりしているのがわかると思います．関係が曲線で表されている場合，変化の

---

[20] この考え方は，第4章で詳しく学習します．

図1-6

(ⅰ)

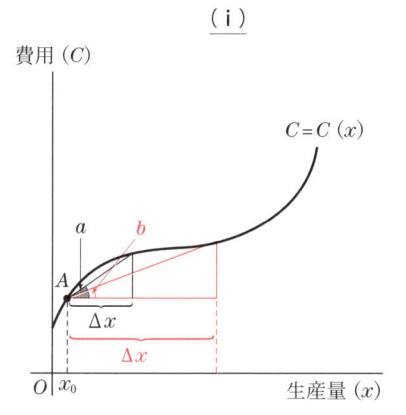

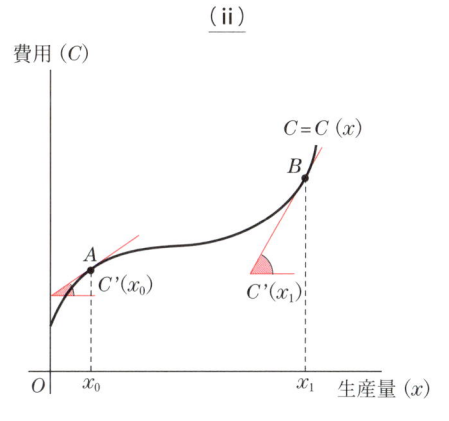

このグラフでは Δx のとり幅が小さい傾き a の方が，Δx のとり幅の大きい傾き b より大きくなってしまいます

(ⅱ)

割合も一定ではないのです．

しかも，厄介なことに，Δx の大きさによって変化の割合も変わっていますね．図1-6(ⅰ)をみてください．点 A において，Δx のとり幅が異なると，変化の割合(傾き)の大きさも変化しているのがわかると思います．そこで，Δx を限りなく小さくしたとき変化の割合($\Delta C/\Delta x$)がどのようになっているかを考えるのです．これを，

$$\lim_{\Delta x \to 0} \frac{\Delta C}{\Delta x}$$

と表します．$\lim_{\Delta x \to 0}$ は Δx を限りなく小さくするという意味で，数学ではこれを**微分**(differentiation, derivation)といいます．さらに，$\lim_{\Delta x \to 0} \Delta C/\Delta x$ は，

$$\lim_{\Delta x \to 0} \frac{\Delta C}{\Delta x} = \frac{dC}{dx}$$

とか，

$$\lim_{\Delta x \to 0} \frac{\Delta C}{\Delta x} = C'(x)$$

と書くことがあります．dC/dx は「ディーエックス分のディーシー」と読み，

$C'(x)$ は「シー・ダッシュ・エックス」または「シー・プライム・エックス」と読みます[21]．グラフ $C=C(x)$ のある点 A における $x=x_0$ で微分した $C'(x_0)$ とは，**グラフ上の点 A における接線の傾き**を表しています．

　微分は経済学の様々な場面で用いられます．これから学習していく経済学では，限界効用，限界費用，限界消費性向など，「限界」という用語が頻出します．実はこの「限界」概念のすべてが，微分の概念──つまり，ある変数をわずかに変化させたとき，それに伴って変わる量がどうなるのか──に対応しています．

　なお，関数が具体的に示されているとき，その微分は以下の公式によって簡単に求めることができます．

【微分の公式1】 $f(x)=ax^n$ を x について微分すると，$f'(x)=anx^{n-1}$ となる[22]．

❶ x にかかっている**指数**(exponent)[23]の n を変数 x の前に出してきます．
❷ 指数から1を引きます．

以下の例を各自やってみてください．

（例1）$f(x)=-2x^3$ を x について微分すると，$f'(x)=-2(3)x^{3-1}=-6x^2$ となります．

（例2）$f(x)=2x$ を x について微分すると，$f'(x)=2(1)x^{1-1}=2$ となります．（$x^0=1$ です．）

（例3）$f(x)=3x^{1/6}$ を x について微分すると，$f'(x)=3(1/6)x^{1/6-1}=(1/2)x^{-5/6}$ となります．

（例4）$f(x)=1/x^2$ を x について微分すると，$f(x)=1/x^2=x^{-2}$ なので，$f'(x)=(-2)x^{-2-1}=-2x^{-3}$ となります．（$1/x^m=x^{-m}$ です．）

（例5）$f(x)=\sqrt{x}$ を x について微分すると，$f(x)=\sqrt{x}=x^{1/2}$ なので，$f'(x)=$

---

21) このように微分の表記方法が異なるのは，同時期に複数の数学者によって微分法が生み出されたことによります．dC/dx という表記方法は **G. W. ライプニッツ** (Gottfried Wilhelm Leibniz,（独），1646年〜1716年）が，$C'(x)$ という表記方法は **J. L. ラグランジュ** (Joseph-Louis Lagrange,（伊），1736年〜1813年）によるものです．また，**I. ニュートン** (Sir Isaac Newton,（英），1642年〜1727年）は時間 (t) に関する微分表記方法として，$\lim_{\Delta t \to 0} \Delta C/\Delta t$ を $\dot{C}$ 「シー・ドット」と表記しました．これは経済成長理論などでしばしば使われる表記方法です．

$(1/2)x^{1/2-1}=(1/2)x^{-1/2}$ となります．（x の m 乗根である $\sqrt[m]{x}$ は，$\sqrt[m]{x}=x^{1/m}$ です．また，$\sqrt[2]{x}=\sqrt{x}$ です．）

【微分の公式2】$f(x)=c$（c は定数）を（x について）微分すると，$f'(x)=0$ となる．

定数は変化しない数ですから，微分してもゼロです．

（例）$f(x)=-2x^3+x+12$ を x について微分すると，$f'(x)=-2(3)x^{3-1}+(1)x^{1-1}+0=-6x^2+1$ となります．（$x^0=1$ です．）

【微分の公式3】$z(x)=f(x)g(x)$ を x について微分すると，$z'(x)=f'(x)g(x)+f(x)g'(x)$ となる（積の微分）．

$z(x)=(x+2)(x^2-3)$ という式があったとしましょう．$z(x)$ を x について微分するには，いったん，$z(x)=(x+2)(x^2-3)=x^3+2x^2-3x-6$ と展開してから**【微分の公式1】**を用いて，$z'(x)=3x^2+4x-3$ と求めることができます．

しかし，このまま微分する方が簡単な場合もあります．$f(x)=(x+2)$,

---

22) この公式の導出については**二項定理**などの知識など，やや数学的に難しい知識を必要とするので，初学者は公式として暗記しておいてよいのですが，以下に簡単に説明しておきましょう．$f(x)=ax^n$ を x について微分すると，

$$f'(x)=\lim_{\Delta x \to 0}\frac{f(\Delta x+x)-f(x)}{\Delta x}=\lim_{\Delta x \to 0}\frac{a(\Delta x+x)^n-ax^n}{\Delta x}$$

となる（ただし，$\Delta x=x_0-x$）．ここで，二項定理より，

$$a(\Delta x+x)^n=a\sum_{i=0}^{n}\binom{n}{i}(\Delta x)^{n-i}x^i$$

$$=a\left[\binom{n}{0}(\Delta x)^{n-0}x^0+\binom{n}{1}(\Delta x)^{n-1}x^1+\cdots+\binom{n}{n-1}(\Delta x)^{n-(n-1)}x^{n-1}+\binom{n}{n}(\Delta x)^{n-n}x^n\right]$$

$$=a\left[(\Delta x)^n+n(\Delta x)^{n-1}x^1+\cdots+n(\Delta x)x^{n-1}+x^n\right]$$

である（ただし，$\binom{n}{i}={}_nC_i=\frac{n!}{(n-i)!i!}$ であり，$n!=n\times(n-1)\times(n-2)\times\cdots\times1$（階乗）を表しています）．したがって，

$$f'(x)=\lim_{\Delta x \to 0}\frac{a\{[(\Delta x)^n+n(\Delta x)^{n-1}x^1+\cdots+n(\Delta x)x^{n-1}+x^n]-x^n\}}{\Delta x}$$

$$=\lim_{\Delta x \to 0}\{a[(\Delta x)^{n-1}x^1+(\Delta x)^{n-2}x^1+\cdots+nx^{n-1}]\}=anx^{n-1}$$

を得ます．
23) 冪数，冪指数ともいいます．

$g(x) = (x^2 - 3)$ とすると,$f'(x) = 1$,$g'(x) = 2x$なので,
$$z'(x) = f'(x)g(x) + f(x)g'(x)$$
$$= (1)(x^2 - 3) + (x + 2)(2x)$$
$$= x^2 - 3 + 2x^2 + 4x$$
$$= 3x^2 + 4x - 3$$

が求まります.$f(x)$ や $g(x)$ が複雑な式の場合,展開してから微分するよりも,この公式を使った方がはるかに簡単に微分を求めることができます.

5 制約のある世界で「欲望」を最大化する —— 制約付き最適化

前節では,経済学を「**希少な資源をどのように配分したら最も望ましいか**」について学ぶ学問であるとお話ししました.私たちを取り巻く資源——たとえば,時間や化石燃料,自然環境など,そのほとんどすべてが有限です.私たちは,様々な制約の中で,自分自身の欲望を最大化したり,費用を最小化したりしながら行動しているといえます.これを経済学では,**制約付き最適化問題** (constraint optimization) といいます.

制約付き最適化問題には,**最大化問題** (maximize problem) と**最小化問題** (minimize problem) とがあります.最大化ないし最小化する関数を**目的関数** (objective function) といいます.目的関数 $z = f(x, y)$ を制約条件 $g(x, y) = c$ (c は定数) の下で最適化する場合,最大化の場合には,

  Max. $z = f(x, y)$
  Subject to $g(x, y) = c$

と表記し,最小化の場合,

  Min. $z = f(x, y)$
  Subject to $g(x, y) = c$

と表記します.ただし,Max.は「最大化する」,Min.は「最小化する」を意味し,Subject to は「〜の制約の下で」という意味を表しています.制約付き最適化問題を解くということは,制約条件を満たしながら,目的関数を最大化 (ないし最小化) するような変数 x を求める作業です.以下に代表的な制約付き最適化問題を解く方法を2つ挙げてみましょう.

（ⅰ）代入して変数を消去し，微分する方法

いま，x, y という2つの変数からなる目的関数 $z = xy$ を，$2x + y = 100$ という制約の下で最大化する問題を考えてみよう．この問題は，

  Max. $z = xy$
  Subject to $2x + y = 100$

と表すことができます．この問題は，以下の手順で解くことができます．この手順は，最小値を求めるときにも全く同様に使うことができます．

手順	解き方	解
❶	制約条件を $y = \sim$（または $x = \sim$）の形にします．	$y = 100 - 2x$
❷	❶で求めた y（または x）を目的関数に代入します．	$z = xy = x(100 - 2x) = 100x - 2x^2$
❸	❷で求めた z を x（または y）で**微分してゼロ**と置いて x（または y）を求めます．	$z' = 100 - 4x = 0$ より，$x = 25$
❹	❸で求まった x（または y）を❶の制約条件に代入して y（または x）を求めます．	$y = 100 - 2 \times 25 = 50$
❺	最適な変数の組み合わせが求まります．	$(x, y) = (25, 50)$

この解法で重要な点を2つほど挙げておきましょう．第1は，制約条件を変形して目的関数に代入することで変数を1つ消去している，という点です（手順❷）．第2は，**微分してゼロと置く**点です（手順❸）．微分してゼロと置くことで最大値（や最小値）が求まる理由は，微分するということが関数の傾きを求めることに他ならないからです．最大値や最小値をとるような x は，その点における傾きがゼロになっているということを利用するのです．図1-7をみてください．最大値，最小値，そのいずれをとるときでも，関数の傾きはゼロになっていることがわかると思います．最大値になるか最小値になるかは関数の形によります．

図1-7

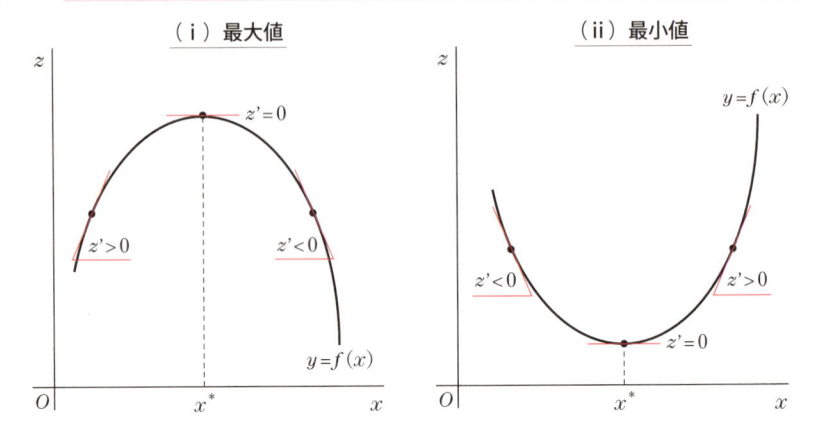

(i) 最大値 / (ii) 最小値

最大値（極大値）や最小値（極小値）をとるとき，関数の傾きはゼロになっている

(ii) ラグランジュ乗数法[24]

(i) 代入して変数を消去し，微分する方法では，目的関数や制約条件が複雑だったりすると，代入すること自体が難しくなってしまったり，微分が複雑になったりする場合があります．より一般的に制約付き最適化問題を解く方法として，**ラグランジュ乗数法**（method of Lagrange multiplier）とよばれる手法があるので，その利用方法を簡単に説明しておきましょう．使用する問題は先ほどと同じ，

  Max. $z = xy$
  Subject to $2x + y = 100$

です．

この解法の最大の特徴は，**ラグランジュ関数**（Lagrange function; L）とよばれる新しい関数を作るという点です．ラグランジュ乗数法を用いた最適化問題の解き方は以下の通りです．

---

[24] やや難しいので，数学に馴染みのない読者は読み飛ばしても構いません．なお，ここではその利用方法にのみ言及し，厳密な説明を省略しています．詳しくは，A. C. チャン，K. ウエインライト（2010）前掲書，西村清彦（1990）『経済学のための最適化理論入門』（東京大学出版会），A. K. ディキシット（1997）『経済理論における最適化』（勁草書房）などを参照してください．

手順	解き方	解
❶	制約条件 $g(x,y)=c$ を $0=c-g(x,y)$ の形にします.	$0=100-2x-y$
❷	ラグランジュ乗数を λ とし,ラグランジュ関数 (L) を作成します. ラグランジュ関数は, $L=f(x,y)+\lambda[c-g(x,y)]$ と表せます.	$L=xy+\lambda[100-2x-y]$
❸	ラグランジュ関数 $L=f(x,y)+\lambda[c-g(x,y)]$ を,x,y,λ で(偏)微分してゼロと置きます. $\frac{\partial L}{\partial x}=\frac{\partial f(x,y)}{\partial x}-\lambda\frac{\partial g(x,y)}{\partial x}=0$ $\frac{\partial L}{\partial y}=\frac{\partial f(x,y)}{\partial y}-\lambda\frac{\partial g(x,y)}{\partial y}=0$ $\frac{\partial L}{\partial \lambda}=c-g(x,y)=0$ (注)偏微分とは,他の変数を定数とみなして微分することです.微分を表す d の代わりに ∂ を用います.	$\frac{\partial L}{\partial x}=\frac{\partial f(x,y)}{\partial x}-\lambda\frac{\partial g(x,y)}{\partial x}=y-2\lambda=0$ $\frac{\partial L}{\partial y}=\frac{\partial f(x,y)}{\partial y}-\lambda\frac{\partial g(x,y)}{\partial y}=x-\lambda=0$ $\frac{\partial L}{\partial \lambda}=100-2x-y=0$
❹	❸より,λ を消去します.	$y-2\lambda=0$ と $x-\lambda=0$ より, $y/x=2$ なので,$y=2x$
❺	❹で求めた x と y の関係を $c-g(x,y)=0$ に代入して x と y を求めます.	$100-2x-y=0$ に❹で求めた $y=2x$ を代入すると,$100-2x-2x=0$ なので,$x=25$ また,$y=2x$ なので,$y=50$ $(x^*,y^*)=(25,50)$

> **ポイント・チェック** 道具としての「数学」
>
> ❶ 独立的に変化するものを独立変数または説明変数,これに伴って変化するものを従属変数または被説明変数という
> ❷ 独立変数を1単位あたり変化させたときの従属変数の変化量を変化の割合という
> ❸ 経済学では変化の割合を調べるときに微分を用いる
> ❹ 制約付き最適化問題とは様々な制約の中で,自分自身の欲望を最大化したり,かかる費用を最小化すること

3 経済学の体系と学派

本書で述べられる経済学（現代経済理論）は，**ミクロ経済学**（microeconomics）と**マクロ経済学**（macroeconomics）とよばれる分野に分けることができます．

ミクロ経済学では，経済活動をしている主体——後述する家計や企業や政府の個別経済活動について学習し，市場取引を通じて資源が配分されるメカニズムを明らかにすることに主眼が置かれます．これに対してマクロ経済学は，一国全体の経済活動を分析の対象とします．ミクロ経済学もマクロ経済学も，どちらが重要ということではなく，経済をみる上では両方の視点が重要です．

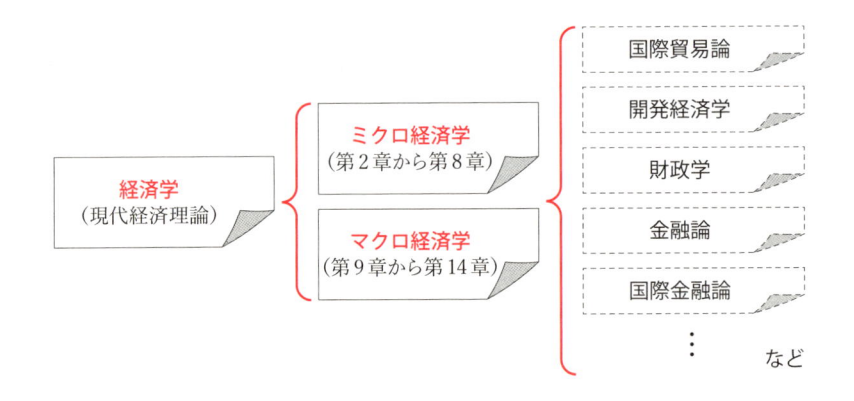

```
                    ┌ ミクロ経済学      ┌ 国際貿易論
                    │ (第2章から第8章)   │ 開発経済学
経済学              │                   │ 財政学
(現代経済理論)      ┤                   ┤ 金融論
                    │ マクロ経済学      │ 国際金融論
                    └ (第9章から第14章) │  ⋮
                                        └     など
```

経済学は，ミクロ経済学やマクロ経済学で学習する基礎理論を土台として，さらなる専門領域——国際貿易論，財政学，金融論など——に細分化されます．皆さんが興味をもっている専門領域を学習する上でも，本書で学習するミクロ経済学やマクロ経済学の基礎理論はとても重要です．

また，経済学の世界では，同じ経済現象をみながらも，異なる考え方をもついくつかのグループが形成されることがあります．このグループを**学派**（school）といいます．学派には，第2章で学習する**市場**（market）の役割を重視する学派もあれば，市場メカニズムは不完全であると考える学派もあります．異なる学派では，**経済政策**（economic policy）への考え方も当然変わってきます．あ

る経済学者は現在の景気回復に公共投資は無効であると主張するかもしれませんが，別の経済学者は公共投資を増やすべきだと主張するかもしれません．これは「現状の経済をどうみているか」による違いであり，広い意味では学派の違いといえます．

　学派ごとに考え方の特徴はありますが，初学者の皆さんは，本書を通じてまずミクロ経済学・マクロ経済学の基礎をしっかりと固めることから始めていきましょう．

> **ポイント・チェック** 経済学の体系と学派
> ❶ ミクロ経済学では，市場取引を通じて資源が配分されるメカニズムを明らかにする
> ❷ マクロ経済学では，一国全体の経済活動を分析する
> ❸ 同じ経済学の中でも，異なる考え方をもつ学派が形成される

4 経済学の門は開かれた

　この章では，経済学とはどのような学問なのか，そして，そこで使われる数学の役割とはどのようなものなのか，経済学の体系はどのようになっているのか説明しました．限りある資源をどのように配分したら最も望ましいかについて考えるのが経済学の中心的なテーマです．制約の中で人々がどのように最適な行動をとるのか，経済変数間にはどのような関係があるのか，これらを私たちは数学的な表記方法を用いてモデルにし，分析していきます．

　経済学の門はすでに皆さんの前に開かれています．経済学は，母国語，外国語に続く「第三の言語」です．人類の英知が生み出した世界共通の言語です．経済学的な思考を身につけ世界に向け発言できるよう，頑張っていきましょう．

問題演習

1 次の関数を微分してみよう ★

(1) $f(x) = 4x^3$
(2) $f(x) = 2x^2 - 6x^{1/2} + 4$
(3) $f(x) = (x+2)(x^2+3)$

▶解答

(1) $f'(x) = 3(4)x^{3-1} = 12x^2$

(2) $f'(x) = 2(2)x^{2-1} - 6\left(\dfrac{1}{2}\right)x^{\frac{1}{2}-1} + 0 = 4x - 3x^{-\frac{1}{2}}$

(3) $f'(x) = (1)(x^2+3) + (x+2)(2x) = 3x^2 + 4x + 3$

Chapter 2: Market

第 2 章

市場

POINT

この章で学ぶ内容

第2章では，経済活動が行われる場である「市場」について学習します．市場はこれから皆さんが経済学を学習する上で，最も基本となる考え方です．以下の内容を学びます．

❶ 完全競争市場と不完全競争市場
完全競争市場と不完全競争市場の特徴について学習します

❷ 需要関数
需要関数の性質について学習します

❸ 供給関数
供給関数の性質について学習します

❹ 市場価格と市場均衡
市場価格の決定とそのメカニズムについて学びます

この章のポイント

❶ **完全競争市場**とは，**需要者と供給者が多数存在**していて価格をそれぞれが勝手に決めることができない市場です．需要者と供給者が多数存在しているという条件の他に，**情報の完全性**，**財の同質性**，**市場参入退出の自由**という特徴があります．

その一方，**不完全競争市場**では，経済活動を行う主体によって価格をコントロールすることが可能です．

不完全競争市場として，**独占市場**，**独占的競争市場**，**寡占市場**などがあります．

❷ **需要関数**とは需要量と価格を関係づける関数であり，一般に，価格が上昇すると需要量は減少し，逆に，価格が下落すると需要量は増加します．これを縦軸に価格，横軸に数量をとった平面に図示すると，右下が

りの需要曲線が得られます．需要曲線は，価格以外のプラスの要因で右方にシフトし，マイナスの要因で左方にシフトします．

　また，価格の変化が需要量にどれだけ影響を与えるかについては，**需要の価格弾力性**という概念で説明されます．

❸　**供給関数**とは供給量と価格を関係づける関数であり，一般に，価格が上昇すると供給量は増加し，価格が下落すると供給量は減少します．これを縦軸に価格，横軸に数量をとった平面に図示すると，右上がりの供給曲線が得られます．供給曲線は，価格以外のプラスの要因で右方にシフトし，マイナスの要因で左方にシフトします．

　また，価格の変化が供給量にどれだけ影響を与えるかについては，**供給の弾力性**という概念で説明されます．

❹　需要量と供給量が均衡する点で**市場（均衡）価格**が決定されます．需要量が供給量を上回っている場所では**超過需要**が発生しており，需要量が供給量を下回っている場所では**超過供給**が発生しています．

　財・サービスなどの価格の伸縮的な変動により均衡価格が実現するプロセスを，**ワルラスの調整過程**，数量の伸縮的な変動により均衡価格が実現するプロセスを，**マーシャルの調整過程**といいます．

これが理解できれば合格

完全競争市場の特徴・需要関数・供給関数・価格弾力性・市場価格の決定・市場の調整過程

POINT

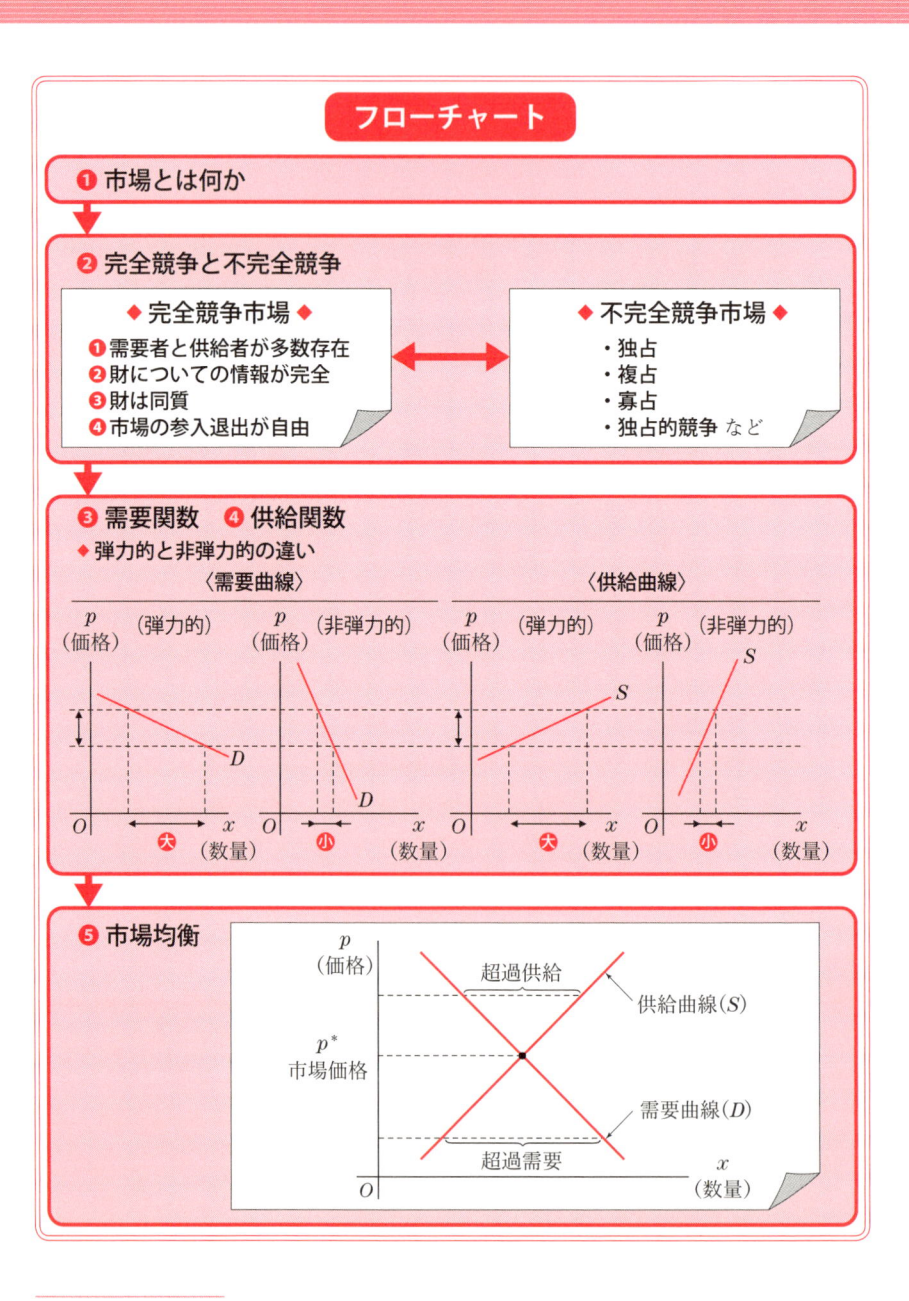

フローチャート

❶ 市場とは何か

❷ 完全競争と不完全競争

◆ 完全競争市場 ◆
- ❶ 需要者と供給者が多数存在
- ❷ 財についての情報が完全
- ❸ 財は同質
- ❹ 市場の参入退出が自由

◆ 不完全競争市場 ◆
- 独占
- 複占
- 寡占
- 独占的競争 など

❸ 需要関数　❹ 供給関数

◆ 弾力的と非弾力的の違い

〈需要曲線〉　　　　　　　　　〈供給曲線〉

（弾力的）　（非弾力的）　　　（弾力的）　（非弾力的）

p（価格）　　　　　　　　　　x（数量）

大　小　　　　　　　大　小

❺ 市場均衡

p（価格）

超過供給

供給曲線(S)

p^* 市場価格

需要曲線(D)

超過需要

x（数量）

はじめに

　前章で学習したように，経済とは，簡単にいえば，人間の様々な活動のうち，「作る」行為と「使う」行為の無限の繰り返し(営み)です．「作る」という行為を，経済学では**生産**(production)とか**供給**(supply)といい，「使う」行為を**消費**(consumption)とか**需要**(demand)といいます．ですから，より経済学的な言い方をすれば，経済とは，人間の生産(供給)と消費(需要)の無限の繰り返し，ということになるでしょう．

　世界的な音楽家，レディ・ガガ(Lady Gaga, (米), 1986年～)がコンサートを開催するにあたって，チケットを3万枚販売(生産)し，そのチケットを私たちが買う(消費)という行為も，「コンサート・チケットを生産して消費する」という意味で経済活動そのものですから，私たちが勉強する経済学の守備範囲ということになります．

　同様に，生産されたものが消費されるという点では，レディ・ガガのコンサートも，学園祭で販売されるポップコーンや焼きそばも，その根本的なメカニズムは同じです．私たちは，作ったものがどのように消費されていくのか，その根本的なメカニズムを詳しく勉強していくのです．

　さて，レディ・ガガのコンサート・チケット．いったいどのように私たちの手に渡るのでしょうか？　私たちの手に渡る際に重要な役割を果たしているのが**価格**(price)です．ここでの価格とは，コンサート・チケットの値段ということになります．価格があまりに安ければ，コンサートを開催するためにかかる**費用**(cost)を回収することができなくなってしまいますし，かといって，あまりに価格が高ければ，今度は私たちが購入することが難しくなってしまいます．価格を決める，ということは，すべての経済活動に携わっている人の利害関係にかかわる問題ですから，これを人為的に決定するということは極めて難しいのです．

　こうした問題を，解決するメカニズムの1つとして，**市場**(しじょう)(market)という概念があります．ポップコーン，焼きそばといった目に見える商品(これを**財**(goods, commodities)といいます)や，コンサート・チケットのように目に見えない商品(これを**サービス**(service)といいます)を売りたいと思っている**生産者**(producer)

や，**消費者**(consumer)が1つの場所に集まって，それぞれ価格を**提示**(offer)しあって，双方が納得するところで価格を決める，という方法です．この場はいまでも市場という言葉として残っていますね．

経済活動の規模が小さかった時代——たとえば，1つの集落内だけで経済活動が完結していたような時代には，生産者や消費者が一堂に集まるということも可能だったかもしれませんが，経済活動が拡大した今日では，それは物理的に不可能です．

しかし，一堂に集まらずとも，財やサービスの取引は行われています．具体的な場所はなくとも，取引が行われる仮想の場として，私たちは市場を考えるのです．市場において価格が決まることによって，生産者は「何をどれだけ，どのように生産したらよいのか」わかりますし，他方，消費者も「何をどれだけ，どのように消費したらよいのか」わかるのです．

かつては，命令によって人為的に「何をどれだけ，どのように生産するか」が指示され，その結果，価格が人為的に決まっていた経済もありました．これを**計画経済**(planned economy)とか，**指令経済**(command economy)といいます．しかし，この経済体制をめざした国の多く(たとえばソ連，東ドイツ，ポーランド，モンゴルなど)は20世紀末には崩壊しましたし，現在，この経済体制を基本原則としている国の多くも，**市場経済**(market economy)を部分的に取り入れています(中国やベトナムなど)．

この章では，市場経済のメカニズムについて学習します．市場でどのように価格が決まって，財やサービスが交換されるのか考えます．

どのような市場にも生産者(供給者)と消費者(需要者)がいて，彼らは価格を指標として交換を行っています．様々な市場がありますが，経済学ではまずはじめに，2つの市場について考えます．

1つ目の市場は，**財市場**(goods market, commodity market)です[1]．財市場においては，供給者は財を生産(供給)し，需要者は財を消費(需要)しています．財市場における生産者を**企業**(firm)といい，消費者を**家計**(household)といいます．企業や家計の行動が，市場全体に与える影響が少ない場合，財の需要と供給に

---

[1]サービス市場を含みます．

よって財価格が決定されます．この価格を**市場価格** (market price)，または**均衡価格** (equilibrium price) といいます．均衡というのは，これから学んでいく経済学ではよく使われる用語ですが，意味として，「需要と供給が等しくなる」という意味だと考えてください．家計や企業は，市場価格をもとに，「何をどれだけどのように」生産，消費するか決めているのです．

2つ目の市場は，財の生産に使われる**資本** (capital) や**労働** (labor) の価格が決定する市場です．資本というと，「お金」のイメージがあるかもしれません．これは間違いやすいのですが，経済学でいう資本とは，具体的には，工場や設備などの**資本ストック** (capital stock) を指します．1,000万円の資本とは，1,000万円がそこにあるのではなく，1,000万円の設備を用いて生産をしていることを意味しています．また，労働とは，皆さんが職場で働くことです．資本，労働を合わせて**生産要素** (production factor) といいますので，2つ目の市場は**生産要素市場** (production factor market) とよばれています．ここでは，**生産要素価格** (factor price) が決定されます．

資本の価格は，それを1単位調達するための単価である**資本レント** (capital rent) です．資本の調達は金融機関を通じて行うことが一般的なため，これは市場で決まる**名目利子率** (nominal interest rate) に等しくなっています．また，労働の単価は市場で決まる**名目賃金率** (nominal wage rate) です[2]．

COLUMN 2-❶

名目 (nominal) と実質 (real)

「月給40,961円」と聞いたら，皆さんはどう思いますか？　「1カ月のアルバイト代？」とか，「正社員ならあり得ないでしょ？」と感じるかもしれませんね．

実はこの40,961円，1970年の大卒男子の平均初任給なのです．これに対して，2000年の平均初任給*は201,389円．初任給だけを比べれば30年間で，4.9倍になっています．

ただ，「へぇ．昔の月給って少なかったんだ」と思った人．経済学的に考える上

---

[2] 名目の意味については COLUMN 2-❶ を参照ください．

第2章 市場　041

では要注意です．というのも，1970年のラーメン1杯の価格は平均100円．当時の初任給40,961円は，当時のラーメンなら409杯食べてちょっとお釣りがくる金額です．これに対して，2000年のラーメン1杯の価格は543円．2000年の初任給201,389円ではラーメンを370杯しか食べられないことになります．

私たちの行動が，価格表示だけの評価に左右されてしまうことを**貨幣錯覚**(money illusion)といいます．貨幣錯覚を回避するために，その数値が実際にどのような価値をもっていたのかを経済学では考えます．もちろん，基準となる価格をラーメン1杯の価格にするか，卵1個の価格にするのか，意見は様々でしょう．そこで，集計された**物価指数**(price index)で表された数値（名目数値）を割って，実質数値に直して評価しています．

$$実質数値 = \frac{名目数値}{物価}$$

と覚えておくとよいでしょう．

＊1986年より男女雇用機会均等法が施行されたため，男女別の初任給データはありません．

財の生産を**産出**(output)と考えれば，生産要素は**投入**(input)と考えることができます．財市場はアウトプットの市場，生産要素市場はインプットの市場です．

生産要素市場は，**労働市場**(labor market)と**資本市場**(capital market)に分けることができますが，どちらも同じロジックで考えることができますから，ここでは，労働市場について考えてみましょう．

企業は労働を使って財を生産します．労働をどれだけ投入したら最も望ましいか考えながら，何人の労働者を**雇用**(employment)しようか考えます．その意味で，（財市場では企業は財の生産者でしたが，）労働市場において企業は労働の消費者（需要者）ということになります．労働を多く投入すればするほど，アウトプットである財は多く生産されます．しかし，より多くの労働投入は，企業にとっての費用の増加となります．ですから，賃金率が低くなるほど労働需要は増加し，逆に，賃金率が高くなるほど需要が減少していきます．

同様に，家計は労働を供給することによって，その対価として**所得**(income)を得ます．ですから，（財市場では家計は財の消費者でしたが，）労働市場において家計は労働の生産者（供給者）ということになります．所得とは，賃金率に労働を

図2-1 経済の仕組み（財市場と生産要素市場）

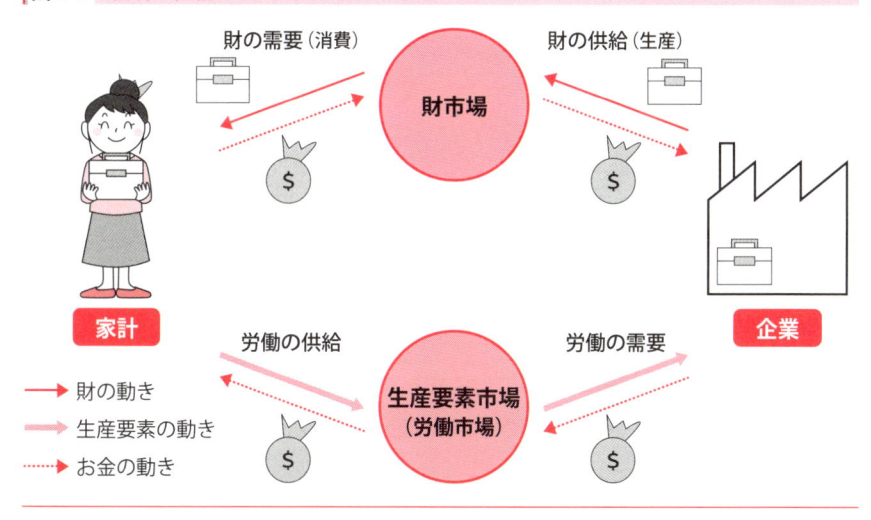

財の需要（消費） 財市場 財の供給（生産）
家計 企業
労働の供給 生産要素市場（労働市場） 労働の需要

→ 財の動き
→ 生産要素の動き
⋯→ お金の動き

乗じたものですから，労働を供給すればするほど，所得は増えていきます．たとえば，時給（賃金率）1,000円のアルバイトを5時間すれば5,000円，10時間すれば1万円，という具合です．しかし，労働はわれわれにとって苦痛でもあります．あまりに安い賃金率では，働きたいと思う気持ち（**誘因**^{インセンティブ}）がなくなってしまうかもしれません．ですから，企業とは逆に，一般に，賃金率が低くなるほど労働供給は減少し，逆に，賃金率が高くなるほど供給は増加していきます．

すでに述べましたように，もう1つの生産要素市場である資本市場も同様に考えることができます．生産要素市場においては，生産要素の需要と供給によって生産要素の価格が決定されているのです．

以上2つの市場，財市場と生産要素市場について説明をしてきました．両市場における重要な点は，経済活動を行う**主体**(economic agent)である家計も企業も，ともに市場で決定される財の価格（コンサート・チケットの値段）や生産要素の価格（アルバイトの時給）などをもとに行動している，という点です．初学者が陥りやすいミステイクは，「コンサート・チケットの値段は売り手が，アルバイトの時給はお店が決めているんじゃないの？」と考えてしまうことです．確かに，値札をつけているのは売り手であり，「時給○○○円だよ」というのはお

第2章 市場　043

店の経営者かもしれません．ですが，それもやみくもにつけているわけではありません．同じような財・サービスを供給している企業が無数にあって，財・サービスを需要する消費者も無数にいる状況では，自分に有利な価格を勝手につけてしまうと，市場から淘汰されてしまうからです．ですから，市場の価格動向を反映する形で価格をつけているのです．

もちろん，財・サービスの供給者が1社だったりする場合には，こうした議論は成り立たなくなります．企業が自分に有利な価格をつけることも可能になるかもしれません．しかし当分の間，私たちは，経済を構成する家計も企業も，市場価格を受け入れて行動する**価格受容者**（プライステイカー）(price taker)であり，自らは価格をコントロールできないものとして考えていくことにしましょう．

1 完全競争市場と不完全競争市場

経済学では，その特徴から市場を2つに大別しています．1つは**完全競争市場**(perfect competition market)もう1つは**不完全競争市場**(imperfect competition market)です．それぞれの特徴を見ていきましょう．

1 完全競争市場

完全競争市場では，需要者や供給者が多数存在しています．このとき，需要者や供給者は**価格受容者**（プライステイカー）として行動します．

また，取引される財・サービスや生産要素に関してその品質などの情報が無償で入手できるという**情報の完全性**を満たしています．情報の完全性に関しては第8章で詳しく学習しますが，中古車市場などでは売り手と買い手の間で，財（自動車）の品質に関してもつ情報が異なっていることが多いのが一般的で，このようなケースでは，需要者の価格と供給者の価格が一致しない状況が発生します．このようなケースは完全競争市場から除外します．つまり，情報が完全であるがゆえに，**一物一価の法則**(law of one price)が成り立っている世界を考えるのです．

さらに，取引される財や生産要素がブランド等によって**差別化**されていない

> **表2-1　完全競争市場の特徴**
>
> ❶ 需要者と供給者が多数存在　→　需要者も供給者も価格受容者として行動
> ❷ 情報の完全性　→　一物一価の法則
> ❸ 財の同質性　→　差別化が存在しない
> ❹ 市場参入・退出の自由　→　超過利潤がゼロ

という点があります．コメ，といっても生産している地域が異なれば同じ「コシヒカリ」でも全く別物と考えるのが一般的です．完全競争市場では，このような**製品差別化**（product differentiation）がない，と仮定するのです．

最後に，市場への参入退出の自由が保証されている，という点が挙げられます．これは，誰もが市場に自由に参入して財や生産要素を販売したり購入したりすることができるという仮定です．たとえば，政府による何かしらの**規制**（regulation）があったり，市場が数社によって占有されていたりする場合には，その数社によって利潤が独占されてしまい[3]，自由な参入退出ができなくなることがあるからです．以下，完全競争市場の要件をまとめておきます．

> **ポイント・チェック　完全競争市場の特徴**
>
> ❶ 需要者や供給者が多数存在
> ❷ 情報の完全性
> ❸ 製品差別化がない
> ❹ 市場への参入退出が自由

2　不完全競争市場

財の供給者が1社で需要者が多数存在する（供給）**独占市場**（monopoly market）や，ブランドなどによって財が差別化される**独占的競争市場**（monopolistic competition market），供給者が少数で需要者が多数存在する**寡占市場**（oligopoly market）などは，完全競争ではないという意味で**不完全競争市場**（imperfect

---

[3] 詳しくは第6章で説明します．

表2-2 主な産業の市場占有率

自動車（世界シェア）		
1位	トヨタ自動車（日）	11.2%
2位	ゼネラル・モーターズ（米）	10.9%
3位	フォルクスワーゲン（独）	9.6%
4位	ルノー日産自動車（日・仏）	9.1%
5位	現代自動車（韓）	8.0%
	その他	51.2%

携帯電話端末		
1位	ノキア（フィンランド）	32.6%
2位	サムスン電子（韓）	20.2%
3位	LG電子（韓）	8.4%
4位	ZTE（中）	3.6%
5位	リサーチ・イン・モーション（加）	3.5%
	その他	31.7%

ビール系飲料		
1位	アンハイザー・ブッシュ・インベブ（ベルギー）	22.1%
2位	SABミラー（英）	12.4%
3位	ハイネケン（蘭）	10.0%
4位	カールスバーグ（デンマーク）	7.6%
5位	華潤雪花（中）	4.7%
	その他	43.2%

パソコン		
1位	ヒューレット・パッカード（米）	18.5%
2位	デル（米）	12.5%
3位	台湾宏碁（台湾）	12.4%
4位	レノボ・グループ（米）	9.8%
5位	東芝（日）	5.5%
	その他	41.3%

太陽電池		
1位	サンテックパワー（中）	6.5%
2位	JAソーラー（中）	6.0%
3位	ファーストソーラー（米）	5.8%
4位	トリナソーラー（中）	4.6%
5位	インリー・グリーン・ホールディングス（中）	4.6%
	その他	72.5%

液晶パネル		
1位	サムスン電子	22.9%
2位	LGディスプレイ	21.6%
3位	奇美電子（台湾）	14.3%
4位	友達光電（台湾）	14.1%
5位	SHARP（日）	10.8%
	その他	16.3%

プラズマパネル		
1位	パナソニック（日）	42.8%
2位	サムスンSDI（韓）	31.8%
3位	LG電子（韓）	23.1%
4位	四川長虹電器（中）	2.2%
	その他	0.1%

有機ELパネル		
1位	サムスンモバイルディスプレイ（韓）	79.7%
2位	ライトディスプレイ（台）	5.1%
3位	パイオニア（日）	4.6%
4位	TDK（日）	2.9%
5位	ビジョノックス（中）	2.6%
	その他	5.1%

（資料）日経産業新聞編（2012）『日経シェア調査195　2012年版』（日本経済新聞出版社）より作成．

competition market）とよばれています．

　現実経済をみると，不完全競争市場であると考える方がむしろ自然かもしれませんね．表2-2には主要業界の**市場占有率**（market share）が示されています．市場占有率は，

$$市場占有率 = \frac{ある企業の販売額(量)}{市場全体の販売額(量)} \times 100\%$$

と定義されます.

　現実の経済をみると,不完全競争市場であることが多いにもかかわらず,経済学では,最初に完全競争市場から学んでいくのが一般的です.その理由は何でしょうか.それは,理想的な市場(完全競争市場)がどのようなものなのかを先に学習することで,(現実に近い)不完全競争市場の問題点をより明らかすることができるからです.

　皆さんは理科準備室にあるガイコツ模型を見たことがあるかもしれません.あれほどプロポーションのよい(?!)ガイコツをもった人間なんて実際にはそうはいません.右手が左手より長かったり,足が短かったりと,千差万別です.けれども,プロポーションのよい理想的なガイコツを使って骨格の勉強をすることで,私たちは正常ではない骨格が何なのかわかるのです.経済学の勉強も,まさにそんなスタイルをとっていると考えるとわかりやすいかもしれません.

ポイント・チェック　不完全競争市場の特徴と市場占有率

❶ 財の供給者が1社で需要者が多数の市場＝独占市場
❷ ブランドなどの財の差別化された市場＝独占的競争市場
❸ 財の供給者が少数で需要者が多数の市場＝寡占市場
❹ $市場占有率 = \dfrac{ある企業の販売額(量)}{市場全体の販売額(量)} \times 100\%$

COLUMN 2-❷　産業の集中度を測る指標

　市場占有率をもとにして,その産業において企業の独占がどの程度進んでいるかを示した指標に,ハーフィンダール・ハーシュマン・インデックス(Herfindahl-Hirschman Index, *HHI*)というのがあります.これは,産業を構成している企業の市場占有率の二乗和として定義されます.

> つまり，5社が20%ずつ市場を占有している状況では，
> $$HHI = (20\%)^2 + (20\%)^2 + (20\%)^2 + (20\%)^2 + (20\%)^2 = 2{,}000$$
> 2社で占有され，1社が80%，もう1社が20%を占有している状況では，
> $$HHI = (80\%)^2 + (20\%)^2 = 6{,}800$$
>
> となります．独占では$HHI = (100\%)^2 = 10{,}000$となります．10,000に近づくほど寡占度が高まっていきます．
>
> 近年，日本では，企業の国際競争力を高めようと，企業の吸収合併（M&A, merger and acquisition）が行われ，業界再編，企業の統廃合が盛んに行われていますが，行きすぎた寡占化は経済に悪影響を与える可能性が高いことから，日本では，「私的独占および公正取引の確保に関する法律（**独占禁止法**）」を根拠にして，公正取引委員会が審査にあたっています．2007年3月28日より，公正取引委員会は「『企業結合審査に関する独占禁止法の運用指針』等の一部改正」を行い，HHIを用いて，当該の合併が法律に抵触するかどうかを判断することにしています．

2 需要関数

ポップコーンをどれだけ需要するか，アルバイトを何人雇用するか（労働需要量をいくらにするか）といった決定は，それぞれ市場で決定されるポップコーンの価格（財価格）や賃金率（時給，要素価格）の変化に伴って変化していきます．

市場で決定される財・サービスの価格や生産要素の価格と，それに対応する需要量とを関連づける関数を**需要関数**（demand function）といいます．いま，需要量をx，その価格をpとすると，需要関数$D(\cdot)$は，

$$x = D(p)$$

と表されます．

一般に，価格が上昇すると需要量が減少し，反対に価格が下落すると需要量は増加します[4]．これを**需要の法則**（law of demand）といいます．需要の法則は，需要曲線上の変化です．需要の法則が満たされるとき，もし価格がp_0からp_1に上昇したとすると，需要量はx_0からx_1へと減少することになります．つまり，価格の変化分を$\Delta p (= p_1 - p_0)$[5]，需要量の変化分を$\Delta D (= x_1 - x_0)$とすると，

図2-2 需要曲線（直線のケース）

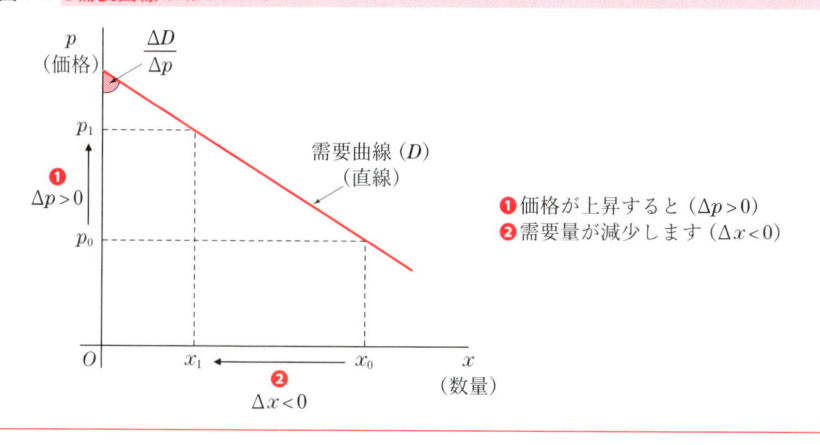

$$\frac{\Delta D}{\Delta p} < 0$$

が成り立っていることになります[6]．価格が上昇したとき（分母がプラスになったとき），需要量が減少する（分子がマイナスになる）からです．これを図示したものが図2-2です．$\Delta D/\Delta p$ は，**需要関数の（接線の）傾き**[7]となっています．

---

4) この法則が成り立たないケースとして，**ギッフェン財**（Giffen goods）とよばれる特殊な財があります．ギッフェン財とは，価格が上昇すると需要量が増加する財のことです．たとえば，将来購入する権利を現時点で購入する**先物取引**（Futures contract）とよばれる手法で売買される原油価格などは，価格が上昇局面にあるとき，需要量が増加することが観察されています．こうした性質をもっている財をギッフェン財といいます．原油がギッフェン財，というのではなく，（この場面において）原油がギッフェン財としての性格をもっていると解釈してください．最初にこの研究を行った経済学者 **R. ギッフェン**（Sir Robert Giffen,（英），1837年〜1910年）にちなんでつけられました．
5) Δ をデルタとよびます．Δ はギリシア文字で「差」を表す記号として使っています．経済学では頻繁に使われるので，しっかりと覚えてください．
6) 需要関数が微分可能である場合，$\Delta D/\Delta p<0$ は微分したことを表す記号 d を用いて，$dD/dp<0$ と表すこともできます．
7) 需要曲線が曲線の場合，需要曲線上の接線の傾きになっています．

> **ポイント・チェック** 需要関数の特徴
>
> ❶ 需要関数とは市場で決定される価格と需要量を関連づける関数
> ❷ 価格が上昇(下落)すると需要量が減少(増加)することを，需要の法則という
> $$\frac{需要量の変化分}{価格の変化分} < 0$$
> ❸ $\frac{需要量の変化分}{価格の変化分} =$ 需要関数の(接線の)傾き

1 需要曲線

　横軸に需要量D，縦軸に価格pをとって，需要関数を平面上に図解したものを**需要曲線**(demand curve)といいます．需要の法則が満たされるとき，需要関数は右下がりの曲線として表されます．

　ここで注意しなければならないのは，経済学特有の表記方法です．数学では，関数を図解する場合，横軸に変化する数(独立変数)，縦軸には伴って変わる数(従属変数)をとるのが一般的です．皆さんも，$y=2x$という比例のグラフを図に書いた小学生のころを思い出してください．確か，横軸にx(独立変数)，縦軸にy(従属変数)をとったはずです．経済学では反対に，横軸に従属変数である需要量x，縦軸に独立変数である価格pをとるのです．これは経済学では，一般に，名目的な変数を縦軸にとり，実質的な変数を横軸にとるという「慣行」があるからです．目線として，「縦軸(の価格)が変化した後に，横軸(の数量)が変化する」という点に注意してください．

　もちろん，価格以外の要因でも，需要量が変わることはあり得ます．価格が変わらなくても，たとえば，所得が増えたり，広告に人気歌手が起用されたりすれば，需要量が増えることはあるでしょう．猛暑になれば，価格は同じでもビールの売り上げは増加しますし，冷夏では減少してしまいます．このような状況は需要曲線上の変化ではなく，需要曲線全体の動きとして表されます．これを需要曲線が**シフト**(shift)するといいます．

　需要曲線が右方にシフトするときは，同じ価格の下での需要量が増加していることを意味し，反対に左方にシフトするときはその価格の下での需要量が減少していることを意味しています．

図2-3 需要曲線のシフト

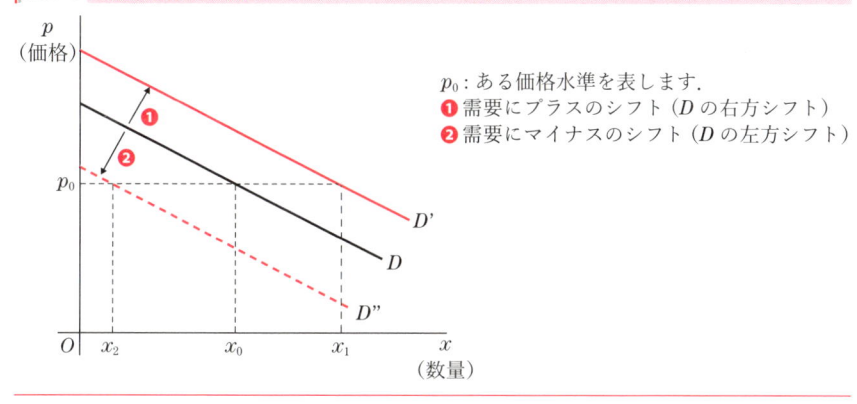

p_0：ある価格水準を表します．
❶ 需要にプラスのシフト（D の右方シフト）
❷ 需要にマイナスのシフト（D の左方シフト）

図2-4 市場需要曲線は個別需要曲線の水平和

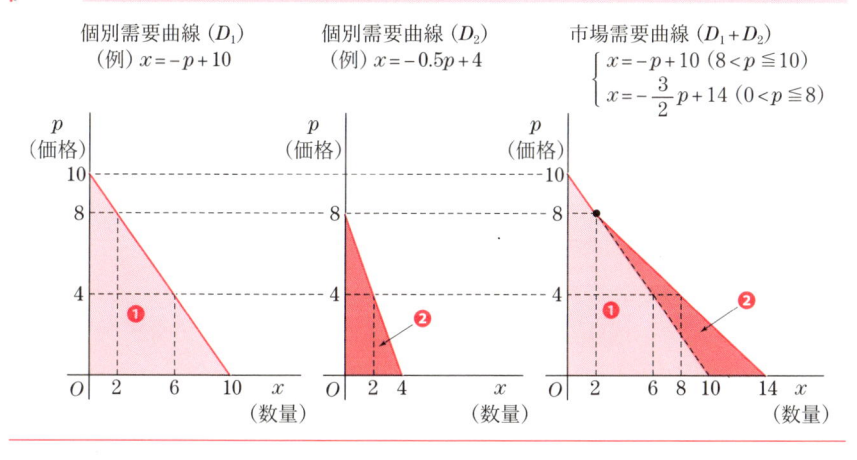

個別需要曲線（D_1）
（例）$x = -p + 10$

個別需要曲線（D_2）
（例）$x = -0.5p + 4$

市場需要曲線（$D_1 + D_2$）
$$\begin{cases} x = -p + 10 & (8 < p \leq 10) \\ x = -\dfrac{3}{2}p + 14 & (0 < p \leq 8) \end{cases}$$

家計それぞれ個々の需要関数は特に**個別需要関数**（individual demand function）といい，市場全体の集計された需要関数は**市場需要関数**（market demand function）といいます．市場需要曲線は個別需要曲線を水平に足し合わせたもの（水平和）と考えます．

> **ポイント・チェック** 需要曲線の特徴
>
> ❶ 需要曲線とは横軸に需要量，縦軸に価格をとって，需要関数を平面上に図解したもの
> ❷ 価格や所得などの変化による，需要曲線全体の動きを需要曲線のシフトという
> ❸ 需要曲線が右方にシフト＝同じ価格の下で需要量の増加
> 需要曲線が左方にシフト＝同じ価格の下で需要量の減少
> ❹ 家計それぞれ個々の需要関数は特に個別需要関数という
> ❺ 市場全体の集計された需要関数は市場需要関数といい，個別需要関数を水平に足し合わせたもの

2 需要の価格弾力性

　価格と需要量の関係が需要関数でした．ここではより詳細にその関係をみていきましょう．価格が変化したとき，需要量が大きく変化する場合もあれば，あまり変化しない場合もあるでしょう．変化を考える際，変化前後の「差」をとって比較する場合もありますが，変化の割合（変化率）をとって比較すると，単位などを気にせず比較することができます．

　ある量（X）の変化率は以下のように定義されます．

$$\text{変化率} = \frac{\text{変化後の数量}(X_1) - \text{変化前の数量}(X_0)}{\text{変化前の数量}(X_0)} = \frac{\Delta X}{X}$$

経済学では，経済成長率やインフレ率など，すべてこの計算式で表現されていますので重要です．この定義を使うと，価格の変化率は$\Delta p/p$，需要量の変化率は$\Delta x/x$と表されます．

　ここで，価格が1%変化したとき，需要量が何%変化するのかを考えてみましょう．価格の変化率に対する需要量の変化率の割合にマイナスの符号をつけた値を需要の価格弾力性（price elasticity of demand）といいます．マイナスの符号をつけるのは，需要の価格弾力性を正の値で定義したいためです．需要の価格弾力性をe_dと書くことにすると，$x=D(p)$で示される需要曲線上の価格弾力性は，

$$e_d = -\frac{\Delta x/x}{\Delta p/p} = -\frac{\Delta x}{\Delta p} \times \frac{p}{x}$$

図2-5 需要の価格弾力性(e_d)

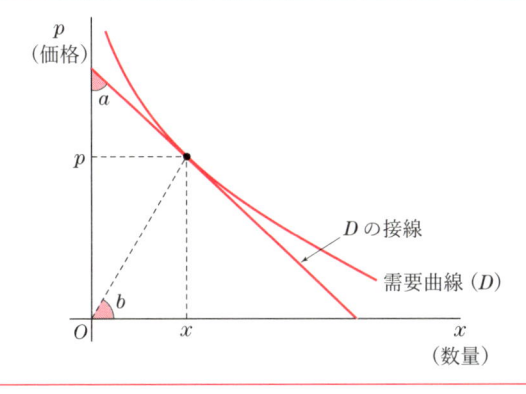

となります．この式の右辺にある$\Delta x/\Delta p$は，需要曲線の(接線の)傾きの逆数で，図2-5の傾きaの大きさを表しています．また，p/xは需要の価格弾力性を計測する需要曲線上の点と，原点とを結んだ直線の傾きですから，図2-5では傾きbの大きさを示しています．

この定義からも明らかなように，需要の価格弾力性については，それが需要曲線の傾きだけによって定義されるのではない点に注意してください．

このことは，特に需要曲線が右下がりの直線である場合を考えるとわかりやすいと思います．この場合，需要曲線の中点においては，需要の価格弾力性は1となっています．

図2-6をみてください．需要曲線が縦軸と交わる点の座標を$B(0, B)$，横軸と交わる点の座標を$A(A, 0)$とします．すると，需要曲線の傾きの逆数$\Delta x/\Delta p$は，$-A/B$となります．また，この直線の中点の座標は$M(A/2, B/2)$です．この点と原点とを結んだ直線の傾きはB/Aですから，需要曲線上の中点$M(A/2, B/2)$における需要の価格弾力性e_dは，

$$e_d = -\frac{\Delta x}{\Delta p} \times \frac{p}{x} = -\frac{-A}{B} \times \frac{B/2}{A/2} = 1$$

となります．その中点より左上の(需要曲線上の)点では，需要の価格弾力性は1よりも大きくなっています．$\Delta x/\Delta p$が$-A/B$と変わらないのに，この点と原点とを結んだ直線の傾きはB/Aよりも大きくなっているからです．これは図

図2-6 需要の価格弾力性(e_d)：需要曲線が直線のケース

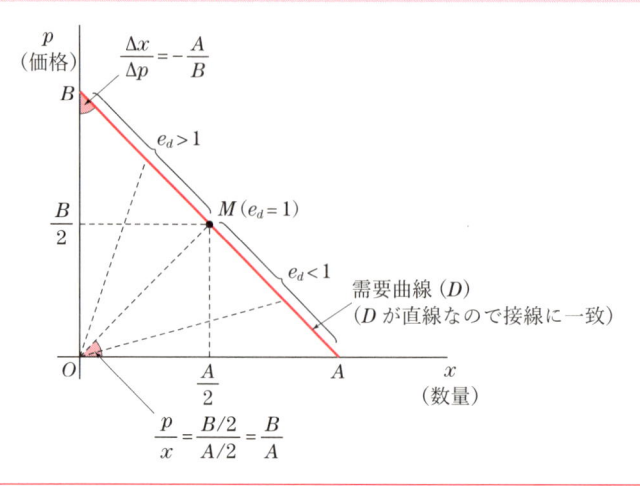

より明らかでしょう．反対に，その中点より右下の（需要曲線上の）点では，需要の価格弾力性は1よりも小さくなっています．

ポイント・チェック 需要の価格弾力性

❶ 需要の価格弾力性 → 価格が1%変化したとき，需要量が何％変化するか

❷ 変化率 $= \dfrac{\text{変化後の数量}(X_1) - \text{変化前の数量}(X_0)}{\text{変化前の数量}(X_0)} = \dfrac{\Delta X}{X}$

❸ 需要の価格弾力性(e_d) $= -\dfrac{\text{需要量変化率}\left(\frac{\Delta x}{x}\right)}{\text{価格変化率}\left(\frac{\Delta p}{p}\right)} = -\dfrac{\Delta x}{\Delta p} \times \dfrac{p}{x}$

❹ $\Delta x/\Delta p$ ＝ 需要曲線の（接線の）傾きの逆数
p/x ＝ 需要の価格弾力性を計測する需要曲線上の点と，原点とを結んだ直線の傾き

COLUMN 2-❸ ディズニー・ランドの大人料金・子供料金

　東京ディズニー・ランドの1デーパスポートは，18歳以上が7,400円，12歳〜17歳が6,400円，4歳〜11歳が4,800円と3段階に分かれています（2018年5月1日現在）．なぜ，このように段階的な価格設定をしているのでしょうか．経済学的に考えてみましょう．

　経営者が大人料金と子供料金を分ける理由の1つが，学習した需要の価格弾力性です．図をみてもわかるように，大人と子供を比較してみると，同じパスポート価格，数量のもとでの価格弾力性は，需要曲線の傾き（の逆数）に依存していることがわかります．子供の方が，価格に対して敏感に反応する（弾力性が高い）ので，価格を低廉に抑えることが，より多くの子供の入場を促すのです．逆に，大人は価格が多少変化しても，パスポートの需要量にはあまり影響を与えません．このため，パスポート価格は高めに設定されているのです．

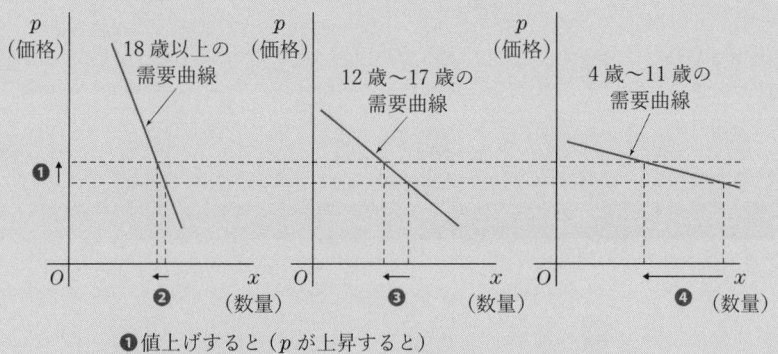

❶値上げすると（p が上昇すると）
❷よりも❸，❹の方が需要の減少は大きいことがわかります

3 供給関数

　ポップコーンをどれだけ供給するか，アルバイトを何時間行うか（労働供給量を何時間にするか）といった決定は，それぞれ市場で決定されるポップコーンの価格（財価格）や賃金率（時給，要素価格）の変化に伴って変化していきます．市場

図2-7 供給曲線（直線のケース）

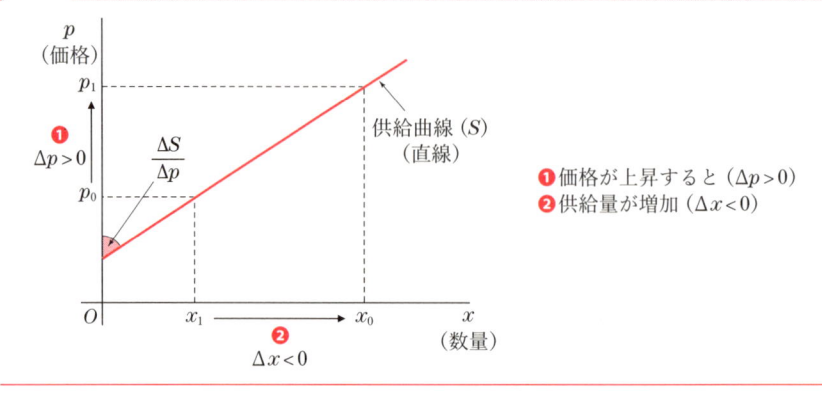

❶価格が上昇すると（$\Delta p > 0$）
❷供給量が増加（$\Delta x < 0$）

で決定される財・サービスの価格や生産要素の価格と，それに対応する供給量とを関連づける関数を**供給関数**（supply function）といいます．いま，供給量をx，その価格をpとすると，供給関数$S(\cdot)$は，

$$x = S(p)$$

と表されます．

一般に，価格が上昇すると供給量は増加し，反対に価格が下落すると供給量は減少します．これは，供給曲線上の変化です．価格の変化分を$\Delta p (= p_1 - p_0)$，供給量の変化分を$\Delta S (= x_1 - x_0)$とすると，

$$\frac{\Delta S}{\Delta p} > 0$$

が成り立っていることになります[8]．価格が上昇したとき（分母がプラスになったとき），供給量も増加する（分子がプラスになる）からです．これを図示したものが図2-7です．$\Delta S/\Delta p$は，供給関数の（接線の）傾きとなっています[9]．

需要曲線の場合と同様に，**市場供給関数**（market supply function）は**個別供給関数**（individual supply function）を水平方向に足し合わせたものとなっています．

---

[8] 価格が上昇すると需要量が減少することを需要の法則といいましたが，これに対して供給の法則という言葉はないので注意してください．
[9] 需要曲線が曲線の場合，需要曲線上の接線の傾きになっています．

> **ポイント・チェック** 供給関数の特徴
>
> ❶ 供給関数とは市場で決定される価格と供給量を関連づける関数
> ❷ 一般的に，価格が上昇(下落)すると供給量が増加(減少)する
> $$\frac{供給量の変化分}{価格の変化分} > 0$$
> ❸ $\frac{供給量の変化分}{価格の変化分} =$ 供給関数の(接線の)傾き
> ❹ 需要曲線と同様に，市場供給関数は個別供給関数を水平に足し合わせたもの

1 供給曲線

　横軸に供給量 S，縦軸に価格 p をとって，供給関数を平面上に図解したものを**供給曲線**(supply curve)といいます．一般に供給関数は右上がりの曲線として表されます．

　供給曲線も価格以外の要因でシフトします．供給曲線の右方シフトはそれぞれの価格の下での供給量の増加を意味し，反対に左方シフトはそれぞれの価格の下での供給量の減少を意味しています．たとえば，**技術進歩**(technological progress)が起こって財の**生産性**(productivity)が改善したとしましょう．同じ価格のもとでも，より多くの財を供給できるようになったのです．この場合，供給曲線は右方にシフトします．逆に，原油価格の高騰など，生産費用が上昇すると供給曲線が左方にシフトします．

> **ポイント・チェック** 供給曲線の特徴
>
> ❶ 供給曲線とは横軸に供給量，縦軸に価格をとって，供給関数を平面上に図解したもの
> ❷ 価格や技術進歩などの変化による，供給曲線全体の動きを供給曲線のシフトという
> ❸ 供給曲線が右方にシフト＝同じ価格の下で供給量の増加
> 　 供給曲線が左方にシフト＝同じ価格の下で供給量の減少

図2-8 供給曲線のシフト

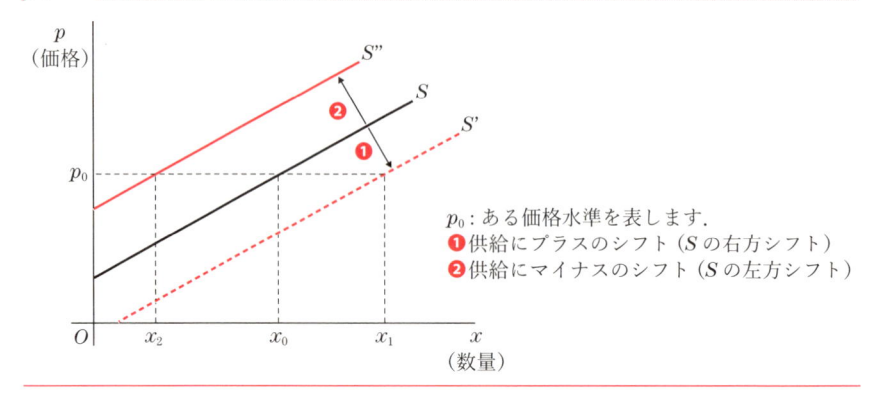

p_0：ある価格水準を表します．
❶ 供給にプラスのシフト（Sの右方シフト）
❷ 供給にマイナスのシフト（Sの左方シフト）

2 供給の弾力性

　需要の価格弾力性と同様に，価格が1%変化したとき，供給量が何%変化するのかを考えてみましょう．価格の変化率に対する供給量の変化率の割合の値を**供給の弾力性**（elasticity of demand）といいます．需要の価格弾力性に倣うと「供給の価格弾力性」ということになりますが，供給については簡略化して「供給の弾力性」ということが一般的です．供給の弾力性をe_sと書くことにすると，$x=S(p)$で示される供給曲線上の弾力性は，

$$e_s = \frac{\Delta x/x}{\Delta p/p} = \frac{\Delta x}{\Delta p} \times \frac{p}{x}$$

となります．この式の右辺にある$\Delta x/\Delta p$は，供給曲線の（接線の）傾きの逆数で，図2-9の傾きaの大きさを表しています．また，p/xは供給の弾力性を計測する供給曲線上の点と，原点とを結んだ直線の傾きですから，図2-9では傾きbの大きさを示しています．

　供給曲線が右上がりの直線で示されるときを考えてみよう．供給曲線が原点を通るとき，供給曲線の任意の点において（供給曲線上ならどの点でも），供給の弾力性は1となっています．

　図2-10をみてください．図2-10には，（ⅰ）供給曲線が原点を通る場合，（ⅱ）横軸と交わる場合，（ⅲ）縦軸と交わる場合の3つの状況が描かれています．最初に，（ⅰ）供給曲線が原点を通る場合を考えてみましょう．供給曲線

図2-9 供給曲線の弾力性(e_s)

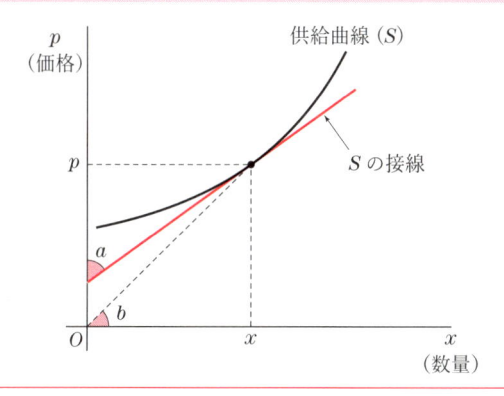

図2-10 供給曲線の弾力性(e_s)：供給曲線が直線のケース

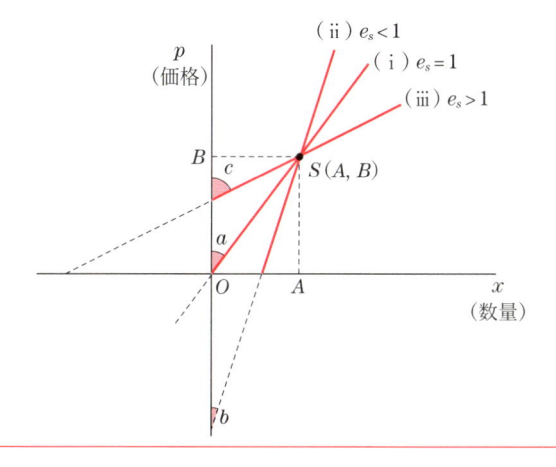

上の任意の点の座標を$S(A, B)$とします．すると，供給曲線の傾きの逆数である$\Delta x / \Delta p$は，図2-10の傾きaで表され，その大きさはA/Bです．よって，供給曲線上の任意の点$S(A, B)$における供給の弾力性e_sは，

$$e_s = \frac{\Delta x}{\Delta p} \times \frac{p}{x} = a \times \frac{B}{A} = \frac{A}{B} \times \frac{B}{A} = 1$$

となります．
次に，(ⅱ) 横軸と交わる場合を考えてみましょう．(ⅰ)との比較のために，

第2章 市場 059

（ⅰ）と同じ点$S(A, B)$における供給の弾力性を求めてみましょう．ただし，（ⅱ）の場合，図2-10の傾きbで表される供給曲線の傾きの逆数$\Delta x/\Delta p$は，供給曲線が原点を通る（ⅰ）の場合のaよりも小さいですから，（ⅱ）の場合の任意の点$S(A, B)$における供給の弾力性e_sは，

$$e_s = \frac{\Delta x}{\Delta p} \times \frac{p}{x} = b \times \frac{B}{A} < a \times \frac{B}{A} (= 1)$$

と，1よりも小さくなります．

同様に（ⅲ）縦軸と交わる場合も考えることができます．（ⅰ）との比較のために，（ⅰ）と同じ点$S(A, B)$における供給の弾力性を求めてみましょう．ただし，（ⅲ）の場合，図2-10の傾きcで表される供給曲線の傾きの逆数$\Delta x/\Delta p$は，供給曲線が原点を通る（ⅰ）の場合のaよりも大きいですから，（ⅲ）の場合の任意の点$S(A, B)$における供給の弾力性e_sは，

$$e_s = \frac{\Delta x}{\Delta p} \times \frac{p}{x} = c \times \frac{B}{A} > a \times \frac{B}{A} (= 1)$$

と，1よりも大きくなります．

ポイント・チェック　供給の弾力性

❶ 供給の弾力性→価格が1％変化したとき，供給量が何％変化するか

❷ 供給の弾力性$(e_s) = \dfrac{供給量変化率\left(\frac{\Delta x}{x}\right)}{価格変化率\left(\frac{\Delta p}{p}\right)} = \dfrac{\Delta x}{\Delta p} \times \dfrac{p}{x}$

❸ $\Delta x/\Delta p =$ 供給曲線の（接線の）傾きの逆数
$p/x =$ 供給の弾力性を計測する供給曲線上の点と，原点とを結んだ直線の傾き

COLUMN 2-❹　弾力的(elastic)と弾力性(elasticity)

経済学では頻繁に使われる「弾力的」という言葉．この「弾力的」という言葉と「弾力性」という言葉はとても混同されやすいので注意が必要です．

「この需要曲線は弾力的だ」などというとき，それは，価格がちょっと変化したとき，どれだけ敏感に需要量に跳ね返ってくるか（影響を与えるか）という意味で使われています．この場合，需要曲線が水平に近づくほど弾力的となります（水平のときは「完全弾力」といいます）し，垂直に近づくほど非弾力的となります（垂直のときは「完全非弾力」といいます）．簡単にいえば，需要曲線の「形状」に関する表現です．

これに対して，すでに私たちが学習した需要の価格弾力性という概念は，需要曲線上のある点における弾力性の「値」を表す言葉です．直線の需要曲線の場合，傾き（の逆数）は同じでも，需要曲線上の点の位置によって需要の価格弾力性が異なっているのはこのためです．

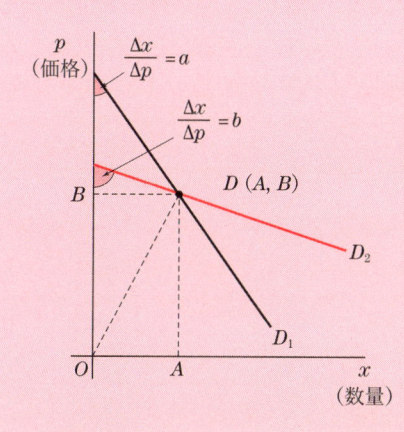

同じ点で比較すると $D(A, B)$ における D_1 の価格弾力性 (e_d) は，

$$e_d = a\frac{B}{A}$$

D_2 の価格弾力性 (e_d) は，

$$e_d = b\frac{B}{A}$$

となります．$a < b$ なので D_2 は D_1 よりも弾力的な需要曲線です．

4 市場価格の決定

完全競争市場では，需要と供給が一致する点，すなわち，需要量と供給量が等しくなる点で，**市場価格** (market price) が決定されます．市場価格はまた，**均衡価格** (equilibrium price) ともよばれ，その交点を均衡点 (equilibrium point) といいます．均衡価格を p^* とすると，均衡点では，

$$D(p^*) = S(p^*)$$

が成り立っています．こうした状況では，生産者によって供給された財が完全に消費者によって需要され，市場には何もなくなりますので，市場が一掃された（市場がクリアーされた）という表現を使うことがあります．

市場価格は，市場メカニズムによって自動的に達成されます．右下がりの需要曲線と右上がりの供給曲線を考えると，均衡価格よりも高い価格では供給量が需要量を上回っている状態が発生しています．これを**超過供給** (excess supply)といいますが，この状況はいわば作りすぎて売れ残っている状況です．こうした状況においては，価格は下落していきます．

　反対に均衡価格よりも低い価格では，需要量が供給量を上回っている状態が発生しています．これを**超過需要** (excess demand)といいます．超過需要では品不足が発生しているために価格は上昇していきます．

　需要曲線が右方シフトすると均衡点は供給曲線上を右上に移動するため，均衡価格は上昇して均衡需給量は増加します．反対に，需要曲線が左方にシフトすると均衡点は供給曲線上を左方に移動するため，均衡価格は下落して均衡需給量は減少していきます．

　供給曲線についても同様に考えることができます．供給曲線が右方シフトすると均衡点は需要曲線上を右下に移動するため，均衡価格は下落して均衡需給量は増加します．反対に，供給曲線が左方シフトすると均衡点は需要曲線上を左上に移動するため，均衡価格は上昇して，均衡需給量が減少していきます．

ポイント・チェック　市場価格の決定

❶ 市場価格とは，完全競争市場において，需要量と供給量が等しくなる点の価格
❷ 需要曲線が右方(左方)シフトすると，均衡価格は上昇(下落)して均衡需要量は増加(減少)する
❸ 供給曲線が右方(左方)シフトすると，均衡価格は下落(上昇)して均衡需要量は増加(減少)する

図2-11 様々な需要曲線と供給曲線

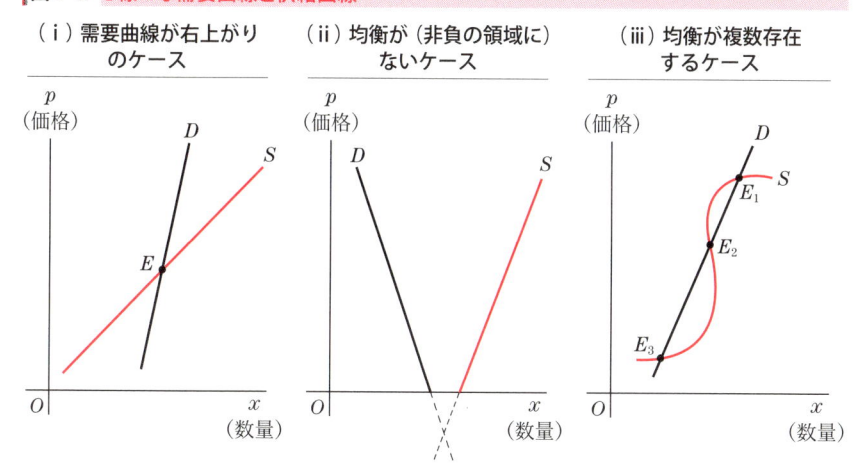

（ⅰ）需要曲線が右上がりのケース

（ⅱ）均衡が（非負の領域に）ないケース

（ⅲ）均衡が複数存在するケース

5 市場均衡

　これまで，右下がりの需要曲線，右上がりの供給曲線，その交点が均衡点，と，あまり深く考えずに学習してきました．しかし，すでにみてきましたように，価格が上昇するとかえって需要量が増加する――ギッフェン財のようなケースだと，需要曲線は右上がりとなり，右下がりの需要曲線という（見慣れた）図を用いて分析する意味がなくなってしまいます．

　ここまでお話ししてきながらこんなことをいうのもどうかとは思いますが，偉大な経済学者の誰一人として，需要曲線や供給曲線を見たことがある人はいません．需要曲線や供給曲線とは，あくまで概念上のものだからです．ですから，需要曲線がどのような形をしているかなんて誰にもわからないし，その交点である均衡点が本当にあるのかどうかなんて，そう簡単にわかるものではないのです．

　図2-11をみてください．様々な需要曲線と供給曲線があります．需要曲線が右上がりのケース，均衡点がないケース，均衡点が複数あるケースなどが描かれています．もし，均衡がなかったとしたらどうでしょうか．均衡がなけれ

アダム・スミス　　　　　K. J. アロー　　　　　G. デブルー

Wikimedia Commons より　　photo by Linda A. Cicero / Stanford News Service, Wikimedia Commons より　　Konrad Jacobs, Erlangen, Copyright is with MFO, Wikimedia Commons より

ば財やサービスの市場価格が決まりませんから，何かしらの政策を行って価格を決定しなければならない状況かもしれません．

また，均衡が複数あるケースでは，その均衡価格が何かしらの拍子で偶然に達成された価格にすぎず，ひとたび均衡価格から離れてしまうと，もはや市場メカニズムでは自動的な回復が望めなくなってしまう可能性があります．そのような場合にも，政策によって価格を維持する必要が生まれてくるかもしれません．

経済学において，市場メカニズムの働きは極めて重要です．しかし，均衡それ自体が本当に**存在**するかどうか (existence)，存在するとしたらその均衡は1つなのか (**一意性**を満たすのか) (uniqueness)，さらに，その均衡は**安定**的なのかどうか (stability) を考えなければなりません．

アダム・スミス (Adam Smith, (英), 1723年〜1790年) は，その著書，『**国富論**[10]』において，**見えざる手** (invisible hand) によって市場で資源配分の調整がなされる（つまり，市場価格が決定される）ことを述べましたが，完全競争市場において，市場均衡が存在するかどうかを説明するには，**K. J. アロー** (Kenneth Joseph Arrow, (米), 1921年〜) と **G. デブルー** (Gérard Debreu, (仏), 1921年〜2004年) による数学的な

---

10) Adam Smith (1776) *An Inquiry into the Nature and Causes of the Wealth of Nations*（邦訳：水田洋監訳，杉山忠平訳 (2000〜2001)『国富論』岩波書店).

証明がなされる1954年まで待たねばならなかったのです[11].

本書の性質上，均衡の存在や複数均衡について詳細に立ち入ることはできません．関心があれば，巻末の参考文献を参考にしてください．ここでは，安定性について3つの調整過程について理解していきましょう．

L. ワルラス

Wikimedia Commons より

1 ワルラスの安定条件

L. ワルラス (Marie Esprit Léon Walras, (仏), 1834年〜1910年) は価格メカニズムを通じて需給均衡が成立するような均衡の安定条件を考えました．

いま，ある財の需要関数を $D(p)$，供給関数を $S(p)$ で表すと，**超過需要** (shortage, excess demand) $E(p)$ は，

$$E(p) = D(p) - S(p)$$

と表されます．

超過需要が正の場合とは，市場で需要量が供給量を上回っている状況，つまり，品不足がある状況です．この場合価格は上昇します．逆に超過需要が負の場合[12]，市場では供給が需要を上回っているため，売れ残りが発生しています．この場合，価格は下落していきます．これは，しばしば**ワルラスの調整過程** (Walrasian price adjustment process, Walras' tatonnement process) とよんでいます．

---

11) このアローとデブルーによるメモリアルな論文は，K. J. Arrow and G. Debreu. (1954), "Existence of an equilibrium for a competitive economy," *Econometrica*, Vol. 22, pp. 265–290 です．アローは1972年に，デブルーは1983年にアルフレッド・ノーベルを記念したスウェーデン銀行賞（ノーベル経済学賞）を受賞しました．この論文では，日本人の世界的数学者，角谷静夫（1911年〜2004年）による**角谷の不動点定理** (Kakutani's fixed point theorem) が用いられています．大学の専門課程や大学院修士課程で**数理経済学** (Matheomatical Economics) とよばれる領域を学ぶと目にするかもしれません．筆者も，位相数学 (topology) や解析学の基礎を学びながら，半年間ぐらいかけてこの不動点定理について勉強したことがあります．Kakutani, Shizuo (1941) "A generalization of Brouwer's fixed point theorem," *Duke Mathematical Journal*, Vol. 8, No. 3, pp. 457–459.

12) これを，**超過供給** (surplus, excess supply) といいます．

図2-12 ワルラス安定・不安定

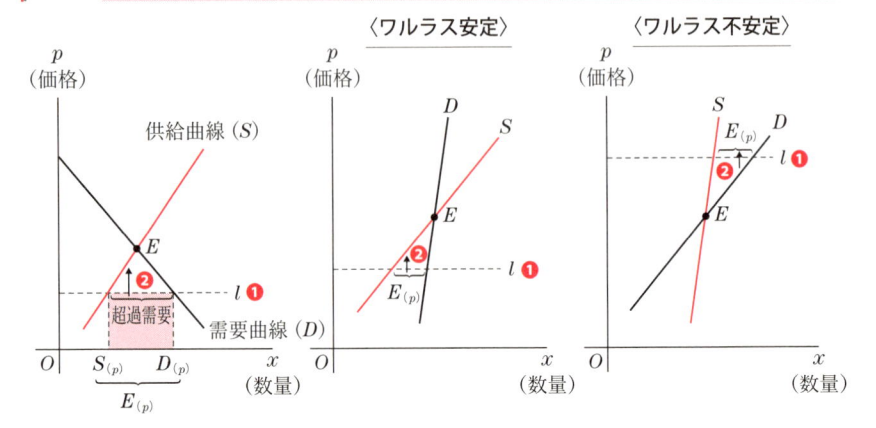

〈考え方〉
❶ 超過需要のところに横線 l を引く
❷ (超過需要が発生すると) 価格が上昇するので、その先に均衡点 E があれば「ワルラスの意味で安定な市場」という

つまり、均衡の近傍で、超過需要が発生すると価格が上昇しますが、その先にある均衡は、ワルラスの意味で安定的な均衡であるといいます。

価格が伸縮的に変動することによって、均衡価格が実現するかどうかというワルラス調整過程は、超過需要関数を価格で微分したものが負となる (つまり、価格が上昇したとき、超過需要が減少する) ことによっても確かめられます。すなわち、

$$\frac{dE(p)}{dp} = \frac{dD(p)}{dp} - \frac{dS(p)}{dp} < 0$$

より、

$$\frac{dD(p)}{dp} < \frac{dS(p)}{dp}$$

となります。言葉で説明すると、

需要曲線の勾配の逆数＜供給曲線の勾配の逆数

が満たされるとき、ワルラスの意味で市場は安定であるといいます。ワルラスの調整過程は**価格調整過程**ともいいます。

> **ポイント・チェック** ワルラスの安定条件
>
> ❶ ワルラスの安定条件とは，価格メカニズムを通じて需給均衡が成立するような均衡の安定条件
> ❷ 超過需要関数($E(p)$)＝需要関数($D(p)$)－供給関数($S(p)$)←ワルラスの調整過程
> 　超過需要($E(p)$)＞0→品不足のため，価格上昇
> 　超過需要($E(p)$)＜0→売れ残るため，価格下落
> ❸ 需要曲線の勾配の逆数＜供給曲線の勾配の逆数←ワルラス安定

2 マーシャルの安定条件

価格調整を考えたワルラスに対して，**A. マーシャル**（Alfred Marshall,（英），1842年～1924年）は，数量調整による均衡の達成メカニズムを考えました．

ある数量xのもとでの需要価格を$p_d(x)$，供給価格を$p_s(x)$としましょう．需要価格とは消費者がこの数量ならば支払ってもよいと考える価格です．同様に，供給価格とは生産者がこの数量ならば売ってもよいと考える価格です．数量xのもとでの**超過需要価格**（shortage, excess demand price）を$E_p(x)$とすると，

A. マーシャル

Wikimedia Commonsより

$$E_p(x) = p_d(x) - p_s(x)$$

と表されます．

超過需要価格が正の場合には，消費者がつける需要価格が生産者のつける供給価格を上回っているのですから，生産者は増産を始めるでしょう．逆に超過需要価格が負の場合[13]には，供給価格が需要価格を上回っているため，生産者は減産をすることになるでしょう．こうした調整メカニズムを**マーシャルの調整過程**（Marshallian quantity adjustment process）といいます．

---

13) これを，**超過供給価格**（surplus, excess supply price）といいます．

図2-13 マーシャル安定・不安定

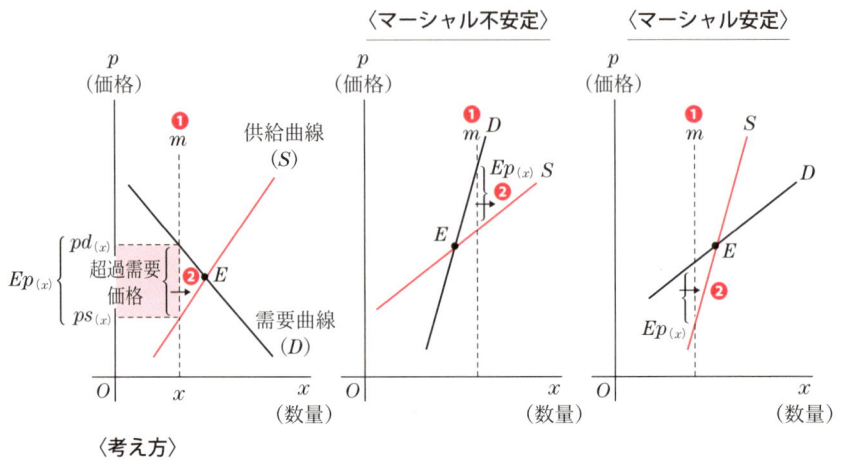

〈マーシャル不安定〉　〈マーシャル安定〉

〈考え方〉
❶ 超過需要のところに縦線 m を引く
❷ (超過需要価格が発生すると) 数量が増加するので，その先に均衡点 E があれば「マーシャルの意味で安定な市場」という

　数量が伸縮的に変動することによって，均衡が実現するかどうかというマーシャル調整過程は，超過需要関数を数量で微分したものが負となる (つまり，数量が上昇したとき，超過需要価格が下落する) ことによっても確かめられます．すなわち，

$$\frac{dE_p(x)}{dx} = \frac{dp_d(x)}{dx} - \frac{dp_s(x)}{dx} < 0$$

より，

$$\frac{dp_d(x)}{dx} < \frac{dp_s(x)}{dx}$$

となります．言葉で説明すれば，

　　需要曲線の勾配＜供給曲線の勾配

が満たされるとき，マーシャルの意味で市場は安定であるといいます．マーシャルの調整過程は**数量調整過程**ともいいます．

> **ポイント・チェック** マーシャルの安定条件
>
> ❶ マーシャルの安定条件とは，数量調整による均衡の達成メカニズムを考えた安定条件
> ❷ 超過需要価格($E_p(x)$)＝需要価格($P_d(x)$)－供給価格($P_s(x)$)← マーシャルの調整過程
> 超過需要価格($E_p(x)$)＞0→需要価格が供給価格を上回っているため，増産する
> 超過需要価格($E_p(x)$)＜0→供給価格が需要価格を上回っているため，減産する
> ❸ 需要曲線の勾配＜供給曲線の勾配←マーシャル安定

以上，この章では，市場メカニズムについてお話ししてきました．

需要曲線と供給曲線の交わるところで市場価格が決まる——．

中学校の公民や高校の政治・経済で，皆さんはこんなことを覚えた（覚えさせられた？）かもしれませんね．教科書に書かれていた図では，右下がりの需要曲線と右上がりの供給曲線が，あたり前のように真ん中あたりで交わっていたはずです．けれども，すでに述べましたように，需要曲線も供給曲線も，誰も見たことがありませんし，そもそもそれが交わるなんていう保証はどこにもないのです．誰も見たことのない「市場」のモデルを使って，複雑怪奇な経済の「何が問題なのか」を明らかにしていくのが私たちの学ぶ「経済学」です．

次の章では，需要曲線がそもそも「どのように導かれるのか」について，一緒に考えていきます．

COLUMN 2-❺ クモの巣理論とその安定性

クモの巣モデル（cobweb theory）とは，時間tを通じて，生産者が供給量をどのように決定するか考えるモデルです．消費者は，今期（t期）の価格p_tのもとで需要量を決定しますが，生産者は今期の価格p_tが，前期（$t-1$期）の価格p_{t-1}と同じであるという予測[14]のもとに供給価格を決定します．

図をみてください．1期前の価格がp_0で与えられたとしましょう．すると，その価格をもとに，生産者は今期の供給量x_0を決定します．市場にx_0の供給量がある

クモの巣安定　　　　　　クモの巣不安定

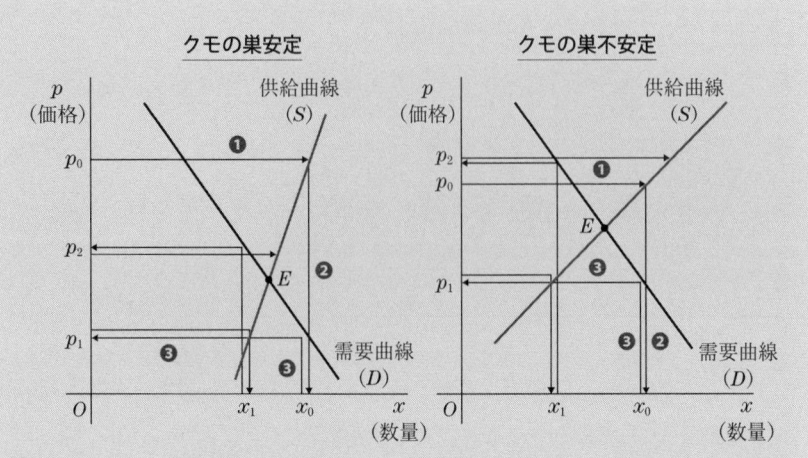

❶ p_0 が与えられると
❷ p_0 に応じて生産者は供給数量 x_0 を決めます
❸ x_0 が与えられると消費者は価格 p_1 を決めます
（以上その繰り返し）

と，消費者は p_1 の価格をつけます．すると，生産者は p_1 をもとにして次期の供給量 x_1 を決定します．これを無限に繰り返していったとき，その過程はあたかもクモの巣のような形となって現れます．これがクモの巣理論とよばれる所以（ゆえん）です．この過程の結末として，均衡価格に収束する場合，この市場はクモの巣モデルにおいて安定的な市場であるといい，逆に発散していく場合，クモの巣モデルにおいて不安定な市場であるといいます．

クモの巣モデルの安定条件を，より厳密にモデルを作って考えてみましょう．いま，t 期の**期待価格**（expectation price）を上付き添え字 e を用いて p_t^e で表すことにすると，そのモデルは以下の式によって示されます．

均衡条件　$S_t = D_t$
供給関数　$p_t^e = \alpha + \beta S_t$
需要関数　$p_t = a - bD_t$
静態的期待　$p_t^e = p_{t-1}$

---

14) 経済学ではこの予想のことを**期待**（expectation）といいます．今期の価格 p_t が，前期（$t-1$ 期）の価格 p_{t-1} と同じであるという期待形成の方法を，**静態的期待**（static expectation）といいます．詳しくはCOLUMN 13-❹を参照してください．

ここで，p_tはt期の価格，S_tはt期の供給量，D_tはt期の需要量を表しています．また，α, β, a, bは正の定数です．均衡条件に需要関数，供給関数を代入して整理すると，

$$\beta p_t + b p_{t-1} - (\alpha b + a\beta) = 0 \qquad \text{❶}$$

となりますね．ここで，最終的には均衡価格p^*が達成されたとすると，$p_{t-1}=p_t=p^*$となります．このとき，❶式は，

$$\beta p^* + b p^* - (\alpha b + a\beta) = 0 \qquad \text{❷}$$

となりますから，❷式をp^*について解くと，最終的な均衡価格p^*は，

$$p^* = \frac{\alpha b + a\beta}{\beta + b}$$

となります．また，❶から❷を引くと，$\beta(p_t - p^*) + b(p_{t-1} - p^*) = 0$となりますので，これを整理すると，

$$p_t - p^* = -\frac{b}{\beta}(p_{t-1} - p^*) \qquad \text{❸}$$

となります．❸式は$\{p_t - p^*\}$のt期および$t-1$期の関係を表す等比数列で，その初項は$p_0 - p^*$，公比は$-b/\beta$です[15]．これを解くと，

$$p_t = \left(-\frac{b}{\beta}\right)^t (p_0 - p^*) + p^*$$

となります．ここで，時間tの変化に伴って，p_tがどのように変化するか考えてみましょう．p_tの変化は公比$-b/\beta$の値がどのように変化するかに大きく依存していることがわかるでしょう．

たとえば，$-b/\beta$が2の場合には$p_t = (2)^t(p_0 - p^*) + p^*$となりますので，$p_t$は$p_0$（$t=0$のとき）から一様に発散していってしまい，価格が均衡価格に収束することはありません．また，$-b/\beta$が-2の場合には$p_t = (-2)^t(p_0 - p^*) + p^*$となりますので，$p_t$は$p_0$（$t=0$のとき）から振動しながら発散してしまいます．

しかし，$-b/\beta$がその絶対値$|b/\beta|$において$|b/\beta|<1$を満たすとき（たとえば，$-b/\beta = 1/2$や$-b/\beta = -1/2$のときなど）は，次第にp_tがp^*に収束していくことがわかります．

以下の表には，$-b/\beta$が様々な値をとるときに，時間の経過とともにp_tがどのような動きをするのか示されています．

---

15) これを2項間漸化式といいます．詳しくは高等学校の数学Bの教科書を参照してください．

$-\dfrac{b}{\beta}$ の値	$\left(-\dfrac{b}{\beta}\right)^t$ の例	$\left(-\dfrac{b}{\beta}\right)^t$ の値				収束状況
		$t=0$	$t=1$	$t=2$	$\cdots$	
$-\dfrac{b}{\beta}>1$	2^t	1	2	4	$\cdots$	一様発散
$-\dfrac{b}{\beta}=1$	1^t	1	1	1	$\cdots$	一定
$0<-\dfrac{b}{\beta}<1$	$\left(\dfrac{1}{2}\right)^t$	1	$\dfrac{1}{2}$	$\dfrac{1}{4}$	$\cdots$	一様収束
$-\dfrac{b}{\beta}=0$	0^t	0	0	0	$\cdots$	一定
$-1<-\dfrac{b}{\beta}<0$	$\left(-\dfrac{1}{2}\right)^t$	1	$-\dfrac{1}{2}$	$\dfrac{1}{4}$	$\cdots$	振動収束
$-\dfrac{b}{\beta}=-1$	$(-1)^t$	1	-1	1	$\cdots$	循環
$-\dfrac{b}{\beta}<-1$	$(-2)^t$	1	-2	4	$\cdots$	振動発散

この表からも明らかなように，$|b/\beta|<1$，すなわち，

$|b|<|\beta|$

が成り立つとき，クモの巣モデルでの市場調整過程において，時間の経過とともに均衡価格へと収束していくことがわかります．これを言葉で書けば，

　　需要曲線の傾きの絶対値＜供給曲線の傾きの絶対値

が満たされるとき，クモの巣モデルにおける調整過程において安定な市場であるといいます．

内容を理解しているかな？

問題に答えられたらYES！ わからなければNO！

1 完全競争市場と不完全競争市場

1 完全競争市場

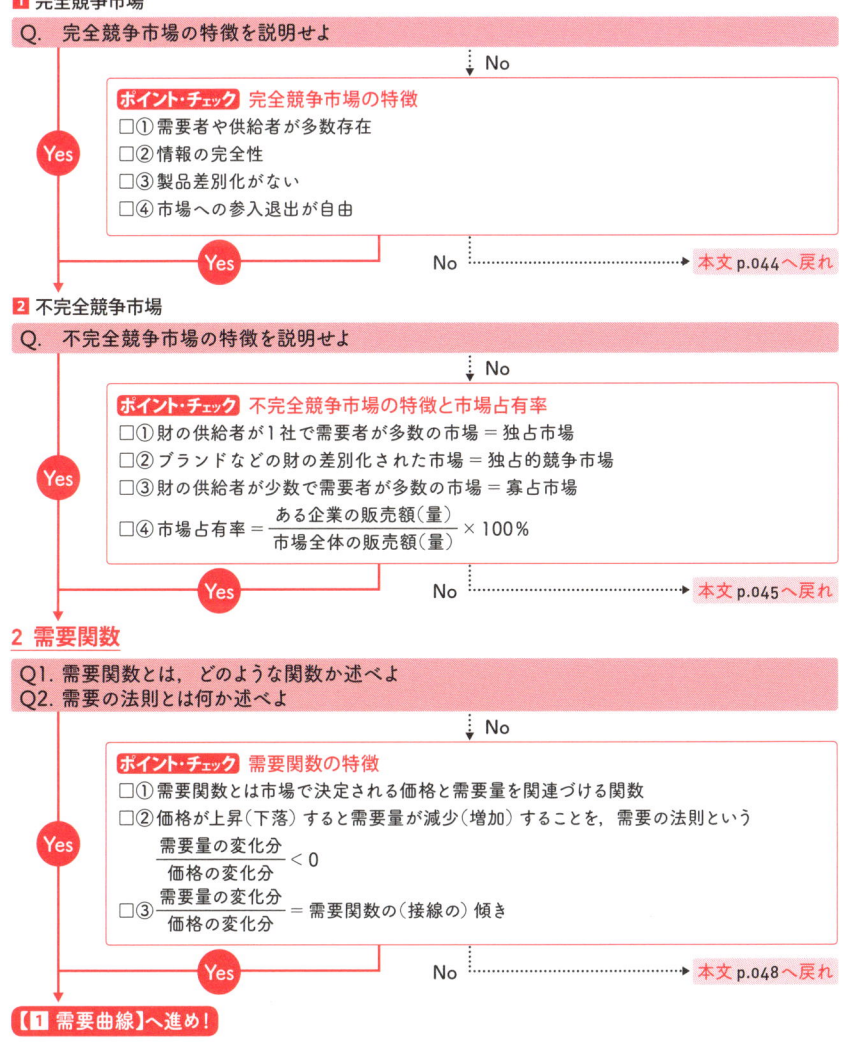

Q. 完全競争市場の特徴を説明せよ

→ No

ポイント・チェック 完全競争市場の特徴
- □① 需要者や供給者が多数存在
- □② 情報の完全性
- □③ 製品差別化がない
- □④ 市場への参入退出が自由

Yes → Yes / No → 本文 p.044 へ戻れ

2 不完全競争市場

Q. 不完全競争市場の特徴を説明せよ

→ No

ポイント・チェック 不完全競争市場の特徴と市場占有率
- □① 財の供給者が1社で需要者が多数の市場 = 独占市場
- □② ブランドなどの財の差別化された市場 = 独占的競争市場
- □③ 財の供給者が少数で需要者が多数の市場 = 寡占市場
- □④ 市場占有率 = $\dfrac{ある企業の販売額（量）}{市場全体の販売額（量）} \times 100\%$

Yes → Yes / No → 本文 p.045 へ戻れ

2 需要関数

Q1. 需要関数とは、どのような関数か述べよ
Q2. 需要の法則とは何か述べよ

→ No

ポイント・チェック 需要関数の特徴
- □① 需要関数とは市場で決定される価格と需要量を関連づける関数
- □② 価格が上昇（下落）すると需要量が減少（増加）することを、需要の法則という
  $\dfrac{需要量の変化分}{価格の変化分} < 0$
- □③ $\dfrac{需要量の変化分}{価格の変化分}$ = 需要関数の（接線の）傾き

Yes → Yes / No → 本文 p.048 へ戻れ

【1 需要曲線】へ進め！

第2章 市場 073

1 需要曲線

Q1. 需要曲線はどのようなとき，シフトするのか述べよ
Q2. 需要曲線が右にシフトすると，需要量はどのような変化をするか述べよ

ポイント・チェック　需要曲線の特徴

- □① 需要曲線とは横軸に需要量，縦軸に価格をとって，需要関数を平面上に図解したもの
- □② 価格や所得などの変化による，需要曲線全体の動きを需要曲線のシフトという
- □③ 需要曲線が右方にシフト＝同じ価格の下で需要量の増加
  需要曲線が左方にシフト＝同じ価格の下で需要量の減少
- □④ 家計それぞれ個々の需要関数は特に個別需要関数という
- □⑤ 市場全体の集計された需要関数は市場需要関数といい，個別需要関数を水平に足し合わせたもの

No → 本文 p.050 へ戻れ

2 需要の価格弾力性

Q1. 需要の価格弾力性とは何か説明せよ
Q2. 需要の価格弾力性の定義を示しなさい

ポイント・チェック　需要の価格弾力性

- □① 需要の価格弾力性 → 価格が1%変化したとき，需要量が何%変化するか
- □② 変化率 $= \dfrac{変化後の数量(X_1) - 変化前の数量(X_0)}{変化前の数量(X_0)} = \dfrac{\Delta X}{X}$
- □③ 需要の価格弾力性$(e_d) = -\dfrac{需要量変化率(\frac{\Delta x}{x})}{価格変化率(\frac{\Delta p}{p})} = -\dfrac{\Delta x}{\Delta p} \times \dfrac{p}{x}$
- □④ $\Delta x / \Delta p =$ 需要曲線の（接線の）傾きの逆数
  $p/x =$ 需要の価格弾力性を計測する需要曲線上の点と，原点とを結んだ直線の傾き

No → 本文 p.052 へ戻れ

【3 供給関数】へ進め！

3 供給関数

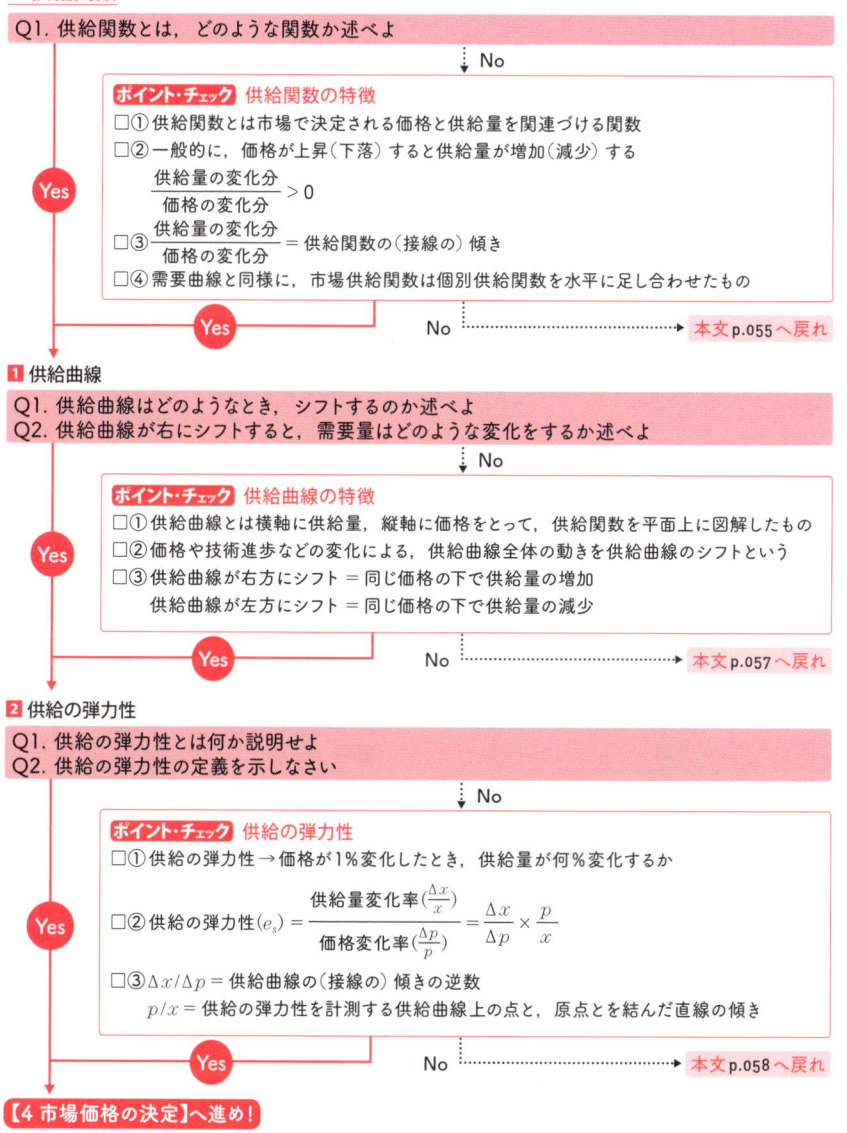

Q1. 供給関数とは，どのような関数か述べよ

> **ポイント・チェック** 供給関数の特徴
> - ① 供給関数とは市場で決定される価格と供給量を関連づける関数
> - ② 一般的に，価格が上昇（下落）すると供給量が増加（減少）する
> $$\frac{供給量の変化分}{価格の変化分} > 0$$
> - ③ $\frac{供給量の変化分}{価格の変化分} =$ 供給関数の（接線の）傾き
> - ④ 需要曲線と同様に，市場供給関数は個別供給関数を水平に足し合わせたもの

No → 本文 p.055 へ戻れ

1 供給曲線

Q1. 供給曲線はどのようなとき，シフトするのか述べよ
Q2. 供給曲線が右にシフトすると，需要量はどのような変化をするか述べよ

> **ポイント・チェック** 供給曲線の特徴
> - ① 供給曲線とは横軸に供給量，縦軸に価格をとって，供給関数を平面上に図解したもの
> - ② 価格や技術進歩などの変化による，供給曲線全体の動きを供給曲線のシフトという
> - ③ 供給曲線が右方にシフト ＝ 同じ価格の下で供給量の増加
>   供給曲線が左方にシフト ＝ 同じ価格の下で供給量の減少

No → 本文 p.057 へ戻れ

2 供給の弾力性

Q1. 供給の弾力性とは何か説明せよ
Q2. 供給の弾力性の定義を示しなさい

> **ポイント・チェック** 供給の弾力性
> - ① 供給の弾力性 → 価格が1％変化したとき，供給量が何％変化するか
> - ② 供給の弾力性$(e_s) = \dfrac{供給量変化率(\frac{\Delta x}{x})}{価格変化率(\frac{\Delta p}{p})} = \dfrac{\Delta x}{\Delta p} \times \dfrac{p}{x}$
> - ③ $\Delta x / \Delta p =$ 供給曲線の（接線の）傾きの逆数
> $p/x =$ 供給の弾力性を計測する供給曲線上の点と，原点とを結んだ直線の傾き

No → 本文 p.058 へ戻れ

【4 市場価格の決定】へ進め！

4 市場価格の決定

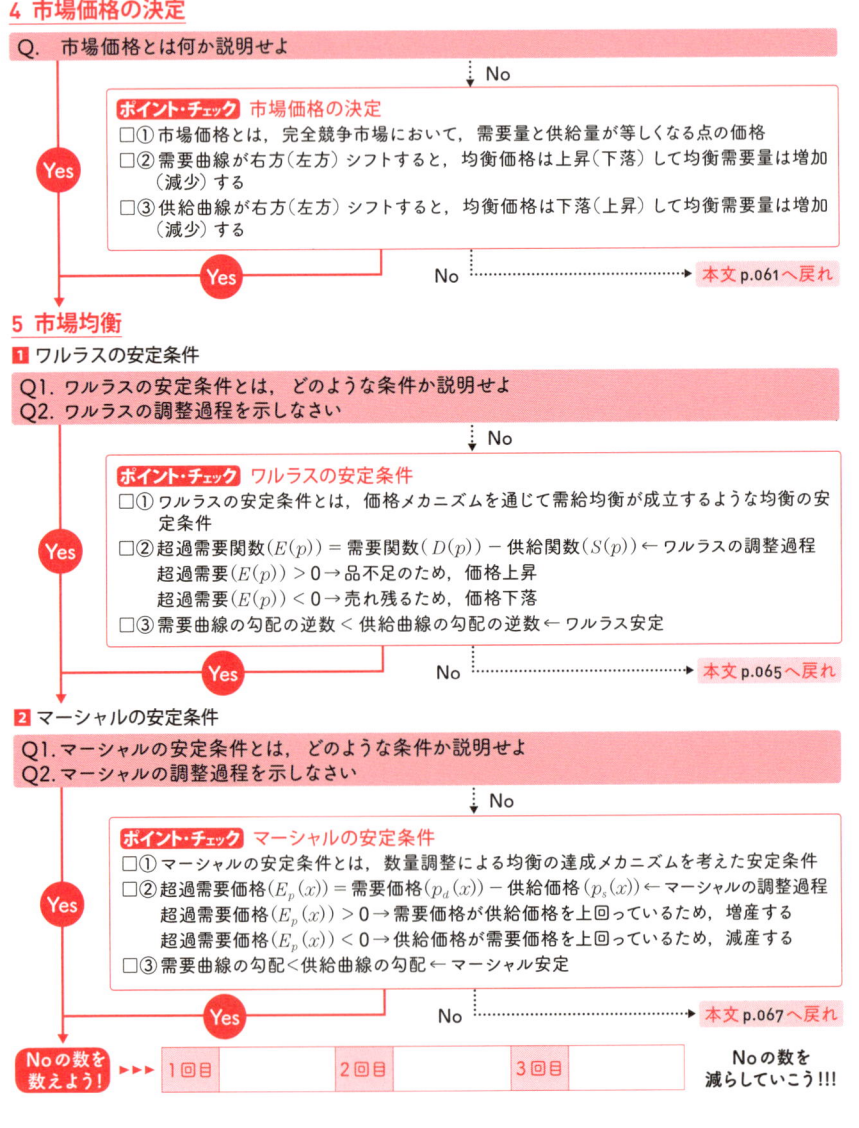

Q. 市場価格とは何か説明せよ

ポイント・チェック 市場価格の決定
- □① 市場価格とは，完全競争市場において，需要量と供給量が等しくなる点の価格
- □② 需要曲線が右方（左方）シフトすると，均衡価格は上昇（下落）して均衡需要量は増加（減少）する
- □③ 供給曲線が右方（左方）シフトすると，均衡価格は下落（上昇）して均衡需要量は増加（減少）する

→ 本文 p.061 へ戻れ

5 市場均衡

1 ワルラスの安定条件

Q1. ワルラスの安定条件とは，どのような条件か説明せよ
Q2. ワルラスの調整過程を示しなさい

ポイント・チェック ワルラスの安定条件
- □① ワルラスの安定条件とは，価格メカニズムを通じて需給均衡が成立するような均衡の安定条件
- □② 超過需要関数 $(E(p))$ ＝ 需要関数 $(D(p))$ − 供給関数 $(S(p))$ ← ワルラスの調整過程
  超過需要 $(E(p)) > 0$ → 品不足のため，価格上昇
  超過需要 $(E(p)) < 0$ → 売れ残るため，価格下落
- □③ 需要曲線の勾配の逆数＜供給曲線の勾配の逆数 ← ワルラス安定

→ 本文 p.065 へ戻れ

2 マーシャルの安定条件

Q1. マーシャルの安定条件とは，どのような条件か説明せよ
Q2. マーシャルの調整過程を示しなさい

ポイント・チェック マーシャルの安定条件
- □① マーシャルの安定条件とは，数量調整による均衡の達成メカニズムを考えた安定条件
- □② 超過需要価格 $(E_p(x))$ ＝ 需要価格 $(p_d(x))$ − 供給価格 $(p_s(x))$ ← マーシャルの調整過程
  超過需要価格 $(E_p(x)) > 0$ → 需要価格が供給価格を上回っているため，増産する
  超過需要価格 $(E_p(x)) < 0$ → 供給価格が需要価格を上回っているため，減産する
- □③ 需要曲線の勾配＜供給曲線の勾配 ← マーシャル安定

→ 本文 p.067 へ戻れ

Noの数を数えよう！ ▶▶▶ 1回目　2回目　3回目　**Noの数を減らしていこう!!!**

用語確認

おぼえたかな？

問題

1. 経済には様々な市場がありますが，経済学ではまず2つの市場について考えます．1つ目の市場は，（　　）①です．（　　）①においては，供給者は財を生産(供給)し，需要者は財を需要(消費)しています．（　　）①における生産者を企業といい，消費者を家計といいます．企業や家計の行動が，市場全体に与える影響が少ない場合，財の需要と供給によって財価格が決定されます．この価格を（　　）②，または（　　）③といいます．

　2つ目の市場は，財の生産に使われる資本や労働の価格が決定する市場です．経済学でいう資本とは，具体的には，工場や設備などの（　　）④を指します．1,000万円の資本とは，1,000万円がそこにあるのではなく，1,000万円の設備を用いて生産をしていることを意味しています．

　また，労働とは，皆さんが職場で働くことです．資本，労働を合わせて（　　）⑤といいますので，2つ目の市場は（　　）⑥とよばれています．ここでは，（　　）⑦が決定されます．

2. 経済学では，市場をその特徴から2つに大別しています．1つは（　　）⑧市場，もう1つは（　　）⑨市場です．

　（　　）⑧市場では，需要者や供給者が多数存在しています．このとき，需要者や供給者は（　　）⑩として行動します．

解答

❶ 財市場

❷ 市場価格
❸ 均衡価格

❹ 資本ストック

❺ 生産要素
❻ 生産要素市場
❼ 生産要素価格

❽ 完全競争
❾ 不完全競争

❿ 価格享受者（プライステイカー）

また，取引される財・サービスや生産要素に関してその品質などの情報が無償で入手できるという（　　　）⑪を満たしています．さらに，取引される財や生産要素がブランド等によって（　　　）⑫されていないという点があります．そして，最後に，（　　　）⑬が保証されているという点が挙げられます．これは誰もが，市場に自由に参入して財や生産要素を販売したり購入したりすることができるという仮定です．

　一方，財の供給者が一社で需要者が多数存在する（　　　）⑭や，独占でも市場への参入が比較的容易でブランドなどによって財が差別化される（　　　）⑮市場，供給者が少数で需要者が多数存在する（　　　）⑯市場などは，完全競争ではないという意味で（　　　）⑰市場とよばれています．

⑪ 情報の完全性

⑫ （製品の）差別化

⑬ 市場への参入退出の自由

⑭ 独占市場
⑮ 独占的競争
⑯ 寡占
⑰ 不完全競争

3. 市場で決定される財・サービスの価格や生産要素の価格と，それに対応する需要量とを関連づける関数を（　　　）⑱といいます．一般に，価格が上昇すると需要量が減少し，反対に価格が下落すると需要量は増加します．これを（　　　）⑲といいます．

　市場で決定される財・サービスの価格や生産要素の価格と，それに対応する供給量とを関連づける関数を（　　　）⑳といいます．一般に，価格が上昇すると供給量は増加し，反対に価格が下落すると供給量は減少します．

⑱ 需要関数

⑲ 需要の法則

⑳ 供給関数

4. 完全競争市場では，需要と供給が一致する点，すなわち，需要量と供給量が等しくなる点で，（　　　）㉑が決定されます．（　　　）㉑はまた，（　　　）㉒ともよばれ，そ

㉑ 市場価格（㉒と順不同）

㉒ 均衡価格（㉑と順不同）

の交点を（　　）23といいます． ❷❸均衡点

　市場価格は，市場メカニズムによって自動的に達成されます．右下がりの需要曲線と右上がりの供給曲線を考えると，均衡価格よりも高い価格では供給量が需要量を上回っている状態が発生しています．これを（　　）24といいますが，この状況は売れ残りのある状況です．こうした状況においては，価格は下落していきます． ❷❹超過供給

　反対に均衡価格よりも低い価格では，需要量が供給量を上回っている状態が発生しています．これを（　　）25といいますが，こうした状況では品不足が発生しているために価格は上昇していきます． ❷❺超過需要

問 題 演 習

1 需要の価格弾力性と供給の弾力性 ★★ (国Ⅱ 1995)

ある財について，需要関数と供給関数が

$D = 12 - p$

$S = p/3$

［D：需要量　S：供給量　p：価格］

で示されているとするとき，市場均衡点における需要の価格弾力性（絶対値）と供給の弾力性の組み合わせとして，正しいのはどれか．

	需要の価格弾力性	供給の弾力性
1.	1/3	3
2.	1	2
3.	1	1
4.	3	1
5.	3	3

▶解法の糸口

❶市場均衡点⇔「需要量と供給量が等しい」と置いた連立方程式を作ってpについて解く

❷需要の価格弾力性（e_d）と供給の価格弾力性（e_s）をしっかり暗記すること！

$$e_d = -\frac{\Delta D/D}{\Delta p/p} = -\frac{\Delta D}{\Delta p} \times \frac{p}{D}$$

$$e_s = \frac{\Delta S/S}{\Delta p/p} = \frac{\Delta S}{\Delta p} \times \frac{p}{S}$$

▶**解答**　**4**

▶**解説**

　まず，市場均衡点における価格を求めよう．市場均衡点では，需要と供給が等しい（$D=S$）ので，需要関数と供給関数を連立して，

$$12-p=p/3$$

が得られます．これを解くと，

$$36-3p=p$$
$$4p=36$$
$$p=9$$

が求められます．これを需要曲線または供給曲線に代入すると，$D=S=3$ となります．また，

$$\frac{\Delta D}{\Delta p}=-1 \quad \frac{\Delta S}{\Delta p}=\frac{1}{3}$$

であることから（つまりは，需要曲線，供給曲線の傾きに等しいので(注)），需要の価格弾力性（e_d）は，

$$e_d=-\frac{\Delta D}{\Delta p}\times\frac{p}{D}=-(-1)\times\frac{9}{3}=3$$

供給の価格弾力性（e_s）は，

$$e_s=\frac{\Delta S}{\Delta p}\times\frac{p}{S}=\frac{1}{3}\times\frac{9}{3}=1$$

となり，正解は選択肢4となります．

(注)　$\frac{\Delta D}{\Delta p}=-1$ は需要関数：$D=12\,\boxed{-1}\times p$　←この部分

　　　$\frac{\Delta S}{\Delta p}=\frac{1}{3}$ は供給関数：$S=\frac{p}{3}=\boxed{\frac{1}{3}}p$　←この部分

からわかります！

2 需要の価格弾力性 ★★ (中北型 1987 改題)

需要の価格弾力性に関する記述のうち，正しいのはどれか．

1. 需要の価格弾力性が小さい財は，一般的に弾力性の大きい財より価格が変化したときの影響を受けやすい．
2. 需要曲線の傾きが急な財ほど弾力的な財であり，需要の価格弾力性は大きい．
3. 生活必需品などは弾力的な財であり，需要の価格弾力性は1より小さい．
4. 需要関数 $D(p) = -0.5p + 5$ 上において価格 (p) が6のとき，需要の価格弾力性は3/2である．
5. 需要の価格弾力性が一定である財の需要曲線は，その傾きを一定の直線で表すことができる．

▶ 解法の糸口

「需要の価格弾力性」とは1%の価格の変化によって何%の需要量が変化したかを表す指標．その定義，

$$e_d = -\frac{\Delta x/x}{\Delta p/p} = -\frac{\Delta x}{\Delta p} \times \frac{p}{x}$$ （xは需要量　pは価格）

を覚えておくこと！

▶**解答**　**4**

▶**解説**

1…×　「需要の価格弾力性が小さい」ということは，価格の変化に付して需要量があまり変化しないことを意味しています．逆に「需要の価格弾力性が大きい」ということは，わずかな価格の変化に対しても需要量が大きく変化することを意味しています．よって需要の価格弾力性が小さい財は需要の価格弾力性が大きい財より価格の変化の影響を受けにくいといえます．

2…×　需要の価格弾力性が大きい財は需要曲線の傾きが緩やかです．一方，需要の価格弾力性が小さい財は需要曲線の傾きが急となります．

3…×　生活必需品は，価格がわずかに変化しても需要量がほぼ一定な財です．この財は需要曲線が垂直になり価格の需要弾力性は非弾力的となります．

4…◯　その通り．

　　$p=6$ のとき，$x=D(p)=-0.5\times 6+5=2$

　　$e_d=-\dfrac{\Delta x}{\Delta p}\times\dfrac{p}{x}=-(-0.5)\times\dfrac{6}{2}=3/2$

5…×　需要曲線が直角双曲線（反比例のグラフ）のとき，需要の価格弾力性は一定となります．

　　需要曲線を $D(p)=\dfrac{a}{p}$ としましょう．この曲線上のある点 $\left(\dfrac{a}{p},p\right)$ における接線の傾き $\dfrac{\Delta x}{\Delta p}$ は（$D(p)$ を微分した）$-\dfrac{a}{p^2}$ となります（詳しくは第1章を参照）．

　　よって需要の価格弾力性 (e_d) は

$$e_d=-\dfrac{\Delta x}{\Delta p}\times\dfrac{p}{x}=-\left(-\dfrac{a}{p^2}\right)\times\left(\dfrac{p}{a/p}\right)=-\left(-\dfrac{a}{p^2}\right)\times\left(\dfrac{p^2}{a}\right)=1$$

と常に1になります．

需要曲線 $D(p) = \dfrac{a}{p}$

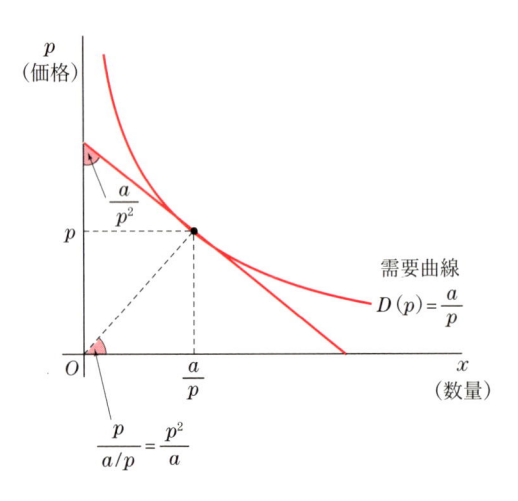

3 市場の安定性 ★★（関東型 1984）

下図に関するマーシャル的調整およびワルラス的調整による均衡の安定性の説明として，正しいのは次のうちどれか．

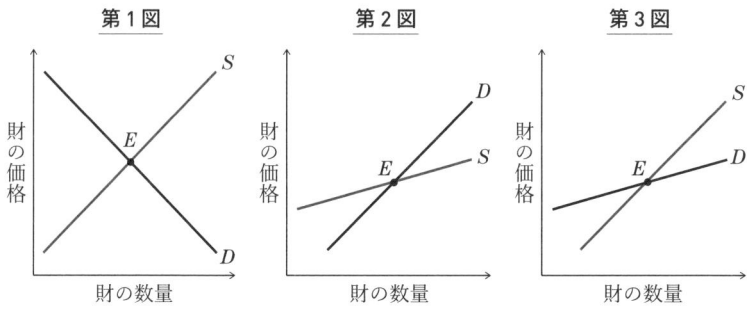

第1図　　　　　　　第2図　　　　　　　第3図

[D：需要曲線　S：供給曲線]

1. 第1図の均衡点は，マーシャル的には不安定であるが，ワルラス的には安定である．
2. 第2図の均衡点は，マーシャル的には不安定であるが，ワルラス的には安定である．
3. 第2図の均衡点は，マーシャル的にもワルラス的にも安定である．
4. 第3図の均衡点は，マーシャル的には不安定であるが，ワルラス的には安定である．
5. 第3図の均衡点は，マーシャル的にもワルラス的にも不安定である．

▶解法の糸口

ワルラス安定

超過需要に横線 →価格が上昇→その先に均衡点があればワルラス安定！

マーシャル安定

超過需要価格に縦線 →数量が増加→その先に均衡点があればマーシャル安定！

▶**解答** 2

▶**解説**
〈ワルラス的調整過程〉

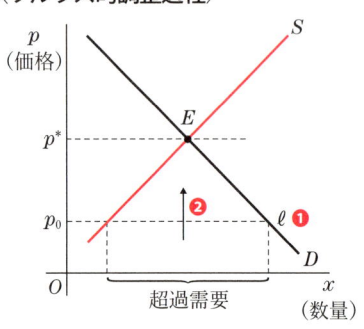

❶超過需要(Dの方がSより右にあるところ)に横線 ℓ をひきます。
❷価格が上昇します。
❸その先にEがあるのでワルラス安定であるといえます。

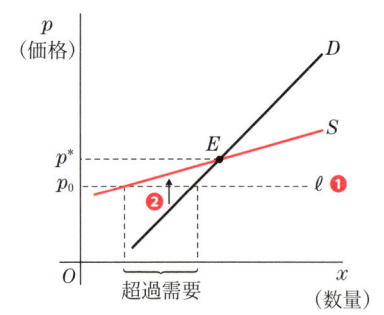

❶超過需要(Dの方がSより右にあるところ)に横線 ℓ をひきます。
❷価格が上昇します。
❸その先にEがあるのでワルラス安定であるといえます。

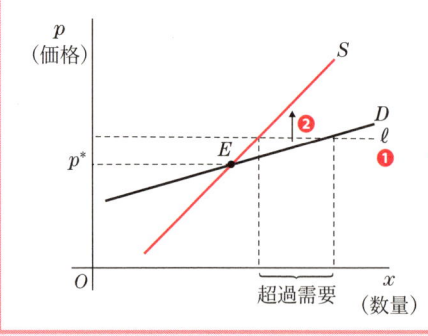

❶超過需要(Dの方がSより右にあるところ)に横線 ℓ をひきます。
❷価格が上昇します。
❸Eから遠ざかるためワルラス不安定であるといえます。

〈マーシャル的調整過程〉

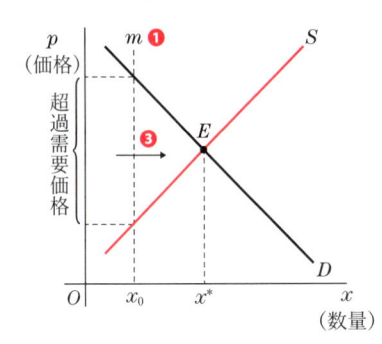

❶ 超過需要価格（Dの方がSよりも上にあるところ）に縦線mをひきます．
❷ 数量が増加します．
❸ その先にEがあるのでマーシャル安定であるといえます．

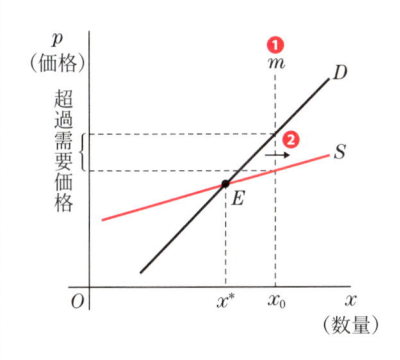

❶ 超過需要価格（Dの方がSよりも上にあるところ）に縦線mをひきます．
❷ 数量が増加します．
❸ Eから遠ざかるためマーシャル不安定であるといえます．

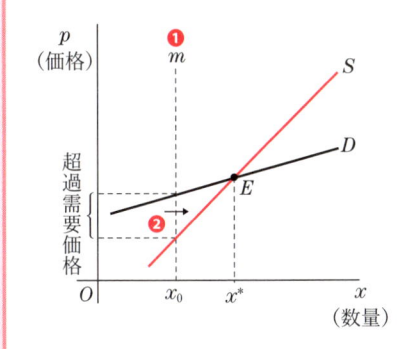

❶ 超過需要価格（Dの方がSよりも上にあるところ）に縦線mをひきます．
❷ 数量が増加します．
❸ その先にEがあるのでマーシャル安定であるといえます．

Chapter 3: Household Behavior

第 3 章

家計の行動

POINT

この章で学ぶ内容

第3章では，それぞれの市場において，家計がどのように行動しているのかを詳しく学習します．

❶ **家計による財の需要量の決定**
(1) 効用関数
(2) 無差別曲線
(3) 限界代替率
(4) 予算制約条件
(5) 効用最大化と需要量の決定
(6) 価格・所得の変化と需要量の変化

❷ **家計による労働供給量の決定**

この章のポイント

❶ 経済学においては，**経済主体は合理的な選択を行う意思決定者**であると仮定されています．この章で扱う「**家計**」は効用を最大化するような合理的な選択を行うという仮定の下にあります．

(1) 効用指標と消費する財との関係を表したものを**効用関数**といいます．消費する財を1単位変化させたときの追加的な効用の増分を**限界効用**といいます．

(2) 効用水準が一定となるような財の組み合わせの軌跡を，等しい効用を与える組み合わせの集合という意味で，これを**無差別曲線**といいます．

(3) **限界代替率**とは，ある財を1単位変化させたとき，変化させる以前の効用を保つために必要なもう一方の財の変化量のことです．

(4) 家計の効用を制約するものに**予算**があります．家計はこの予算の範囲内でしか消費を行うことができません．これを**予算制約**といい，そ

れは**支出額と収入額が等しくなる**という条件です．
(5) 家計は，購買可能で，なおかつ最も効用水準が高くなるような組み合わせを選択します．これを家計の**効用最大化行動**といいます．このとき，家計は，**限界代替率が限界効用の比と相対価格に等しくなるように，最適な財の組み合わせ**（需要量）を決定します．
(6) 市場で与えられる価格が変化すると，財の最適な消費量（需要量）も変化します．この関係を財の**需要関数**といいます．

　需要曲線は縦軸に価格，横軸に数量をとった平面に需要関数を描いたもので，一般的に**右下がり**に描かれます（需要の法則）．ただし，**ギッフェン財**の場合は右上がりに描かれます．

❷　予算制約の下で効用を最大化するという家計の行動原理は，労働市場において，どれだけ労働を供給したらよいかを決定する際にも同じように用いられます．

　市場で与えられる実質賃金率の変化と，最適な労働供給量の関係を表したものを**労働供給曲線**といいます．労働供給曲線は縦軸に実質賃金率，横軸に労働をとった平面で，一般的に**右上がり**に描かれます．ただし，あまりに賃金率が高くなると，労働よりも余暇をより多く好むようになり，労働供給曲線は**後方屈曲的**な形状になります．

これが理解できれば合格

効用関数・限界効用・無差別曲線・限界代替率・予算制約線・相対価格・効用最大化の条件

POINT

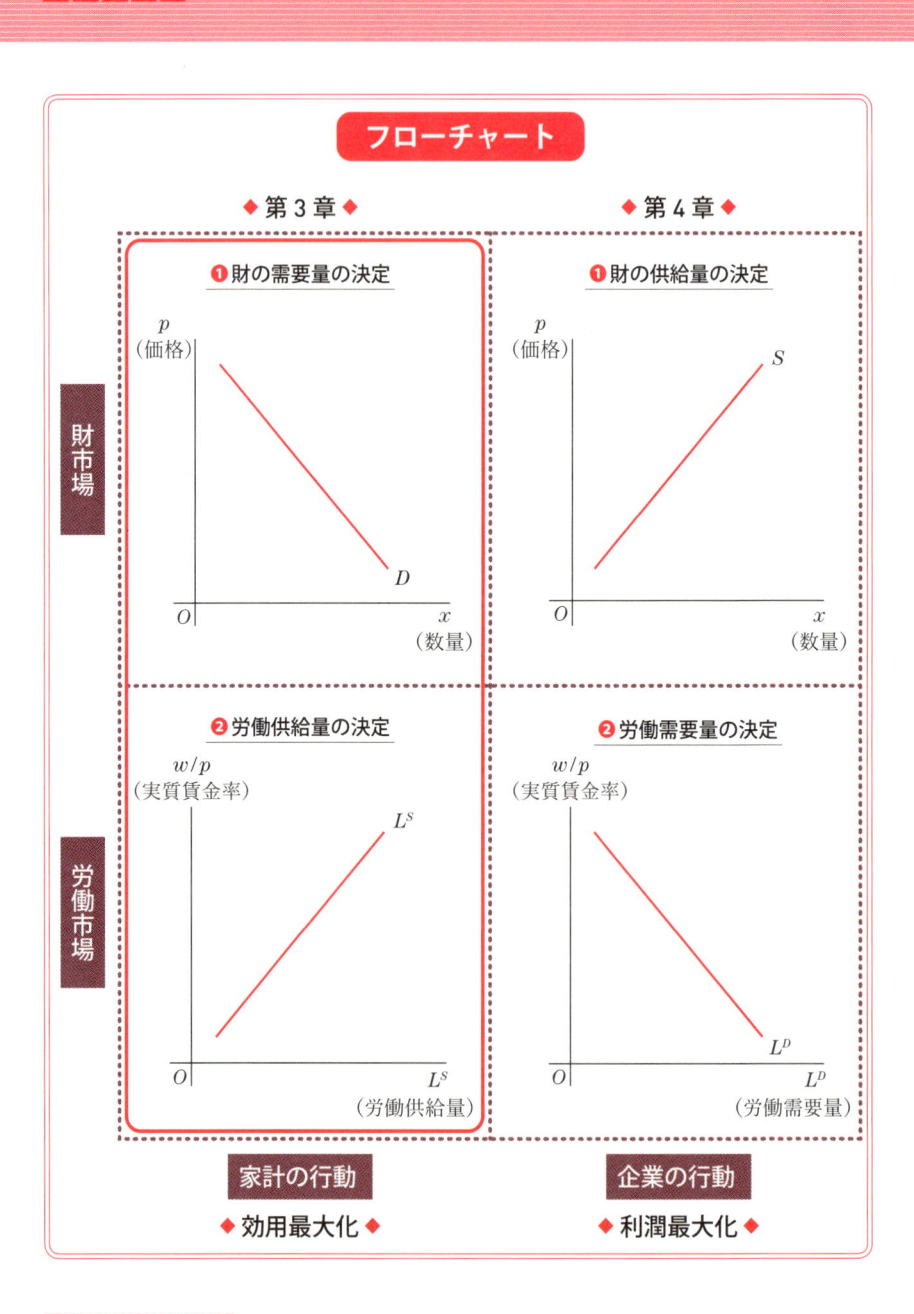

フローチャート

◆ 第3章 ◆ / ◆ 第4章 ◆

財市場

❶ 財の需要量の決定

縦軸: p（価格）、横軸: x（数量）、右下がりの需要曲線 D

❶ 財の供給量の決定

縦軸: p（価格）、横軸: x（数量）、右上がりの供給曲線 S

労働市場

❷ 労働供給量の決定

縦軸: w/p（実質賃金率）、横軸: L^S（労働供給量）、右上がりの L^S 曲線

❷ 労働需要量の決定

縦軸: w/p（実質賃金率）、横軸: L^D（労働需要量）、右下がりの L^D 曲線

家計の行動 ◆ 効用最大化 ◆

企業の行動 ◆ 利潤最大化 ◆

はじめに

　第2章では市場について学習しました．バッグやネクタイといったモノ（財）やサービスが取引される**財市場**（goods market），労働が取引される**労働市場**（labor market）がありましたね．そこでは，財の**価格**（price）や，労働の価格である**実質賃金率**（real wage）が決定されました．この章では，それぞれの市場で**家計**（household）がどのように行動しているのか，より詳しく学習することにしましょう．

　家計を考えるときには，私たち一人一人の行動をイメージすると理解がしやすいかもしれません．私たちは財市場でどれだけ財を需要すればよいのか考えていますし，労働市場ではどれだけ労働を供給しようか考えています．

　私たちが，財を需要したり，労働を供給したりする**意思決定**（decision making）を行う際に最も重要となるのが，財市場で決定される価格や労働市場で決定される賃金率です．皆さんがバッグやネクタイを購入するとき，値段（価格）をみないで購入することはちょっと考えにくいですし，アルバイトを決めるときにも，時給（賃金率）をみないで決めることはありませんよね．

　この章では，私たち家計が，価格をもとにどのように財の需要量を決定するか（家計による財の需要量の決定）や，賃金率をもとにどのように労働の供給量を決定するのか考えていきます．

1　家計による財の需要量の決定

　経済学で想定される**経済主体**（家計や企業）は，**合理的な選択**（rational choice）を行う**意思決定者**（decision maker）であると仮定されています．ここでいう合理的とは，制約の下で自らの欲望を最大限実現するように行動する，ということを意味しています．このような合理的な意思決定の結果として，財の最適な消費量（需要量）が決定されるのです．

　それでは，家計の欲望とは何か，そして制約とは何か，それぞれ考えていきましょう．

1 効用関数

　消費者の欲望，すなわち，満足の度合いを表す方法として，経済学では効用（utility）という概念が使われます．効用とは財を消費することから個人が得る満足度であり，それを数値で表したものを，**効用指標**（utility index）ということがあります[1]．効用指標と消費する財との関係を表したものを**効用関数**（utility function）といいます．

　最初に，最も簡単な例として消費する財の種類は1種類，その数量をxとして，そこから得られる効用をuで表すことにしましょう．このとき，効用関数は，

$$u = u(x)$$

と表現することができます．この関係を，縦軸に効用，横軸に消費される財の数量をとって図示したものが図3-1です．ここで重要なのは，「効用には際限がない」と仮定している点です．つまり，消費する財の数量が多くなればなるほど効用が高まっていくと考えるのです．

　「効用には際限がない」と聞くと皆さんは，ちょっと現実的ではないと感じるかもしれませんね．これはいわば，牛丼屋で牛丼を食べれば食べるほど効用が上がる状況です．普通の人だったら「満腹になって，逆に効用が下がってしまうのでは？」と考えてしまうかもしれません．しかし，経済学では「効用には際限がない」という仮定を置いて考えるのです．消費するのが牛丼ではなく，お金だったらどうでしょう．牛丼と違って，そう簡単に満腹にはならないのではないでしょうか．

　経済学では，**仮定**（assumption）をおいて議論をしていきます．このように自分の欲望に忠実な経済主体を仮定して議論をするのは，経済主体が欲望に忠実にふるまっても，第2章で学習した均衡価格や実質賃金率が市場で決定されることが明らかになるからです．

　とはいえ，経済学にとって，どのような仮定において分析された結果なのかはとても重要です．分析を行う経済学者は，目の前の経済現象と，理論上の仮定とのギャップがいかに少なくなるか常に腐心しています．

---

[1] 詳しくはCOLUMN 3-❶を参照ください．

図3-1 様々な効用関数

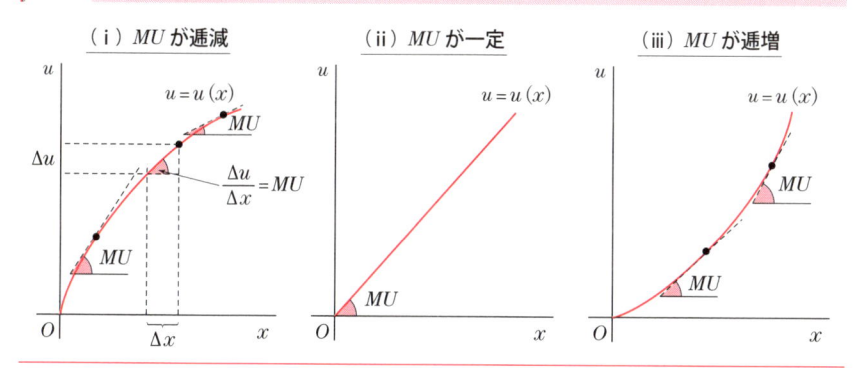

（ⅰ）MU が逓減　　（ⅱ）MU が一定　　（ⅲ）MU が逓増

さて，図3-1にも示されているように，効用関数には様々なケースが考えられます．「効用には際限がない」のですから，そのすべてのケースにおいて，消費する財の数量が増加するにつれ，効用は増加しています．けれども，その増加の仕方は異なっていることが読み取れるでしょう．

消費する財の数量を1単位変化させたとき，それに伴って増加する効用の増分を**限界効用**（marginal utility; MU）といいます．これを記号で表すと，

$$MU = \frac{\Delta u}{\Delta x}$$

となります．ここでΔxは消費する財の数量の変化分，Δuは効用の変化分を表しています．図3-1に示されているように，すべての場合において，限界効用は常にプラスとなっています（$MU>0$）．消費する財の数量の変化分Δxを限りなく小さくしていくと，限界効用MUは，$u=u(x)$のある点における接線の傾き，

$$MU = \frac{du}{dx}$$

となります．接線の傾きは効用関数$u=u(x)$をxで微分することによって得られます．

この限界効用の概念を用いれば，図3-1の3つのケースはそれぞれ，（ⅰ）限界効用が逓減する場合，（ⅱ）限界効用が一定の場合，（ⅲ）限界効用が逓増する場合，ということができます．

第3章 家計の行動　095

特に（ⅰ）のケースは，**限界効用逓減の法則**（law of diminishing marginal utility）[2]
ということがあります[3]．

財の種類が1種類というのはとても理解はしやすいのですが，経済活動の中では複数の財が存在する状況を考える方がより現実的でしょう．本来であれば，世の中にあるすべての財の種類（n種類とする）を同時に考えるべきなのでしょうが，いきなりn種類を考えるのはとても難しいので，ここでは財が第1財と第2財という2種類あるケースに着目しましょう．2種類の財を考えることで，少なくとも，ある財の価格や数量の変化が他の財に与える影響などを考えることができるからです[4]．

いま，家計が第1財と第2財をそれぞれx_1個，x_2個消費することから効用を得る状況を考えましょう．第1財と第2財の組み合わせ(x_1, x_2)から効用uを得るのです．このとき効用関数は，

$$u = u(x_1, x_2)$$

と表すことができます．これを図に描くのは極めて難しいのですが，縦軸にx_2，横軸にx_1をとった平面を碁盤の目のようにおいて，その平面上の組み合わせ(x_1, x_2)を消費することによって得られる効用uを高さで測るのです．その状況は図3-2に表されています．こうした組み合わせ(x_1, x_2)とそれに対応する効用uは無数に存在していると考えられます．家計は消費する財の数量が多くなればなるほど効用が高まっていきますので，全体的には右上がりの立体となりますが，その形状は様々です．図3-2には先に学習した消費する財が1種類のケースに対応して，3つのケースが描かれています．

---

[2] これを考えた経済学者**H. H. ゴッセン**（Hermann Heinrich Gossen,（独・普）1810年〜1858年）の名前をとって，ゴッセンの第一法則（Gossen's first law）ということがあります．
[3] 消費量の変化に伴って限界効用が変化することを，記号を使って表せば，限界効用をxで微分した$dMU/dx = d^2u/dx^2$が（ⅰ）限界効用逓減の場合$dMU/dx < 0$，（ⅱ）限界効用一定の場合$dMU/dx = 0$，（ⅲ）限界効用逓増の場合$dMU/dx > 0$となります．
[4] このように，複数の市場を同時に分析する手法を，**一般均衡分析**（general equilibrium analysis）といいます．これに対して，**他の事情にして一定**（Ceteris paribus, all other things being equal）の仮定を置いて，1つの市場の動きのみを分析する手法を**部分均衡分析**（partial equilibrium analysis）といいます．詳しくは第5章で学習します．

図3-2

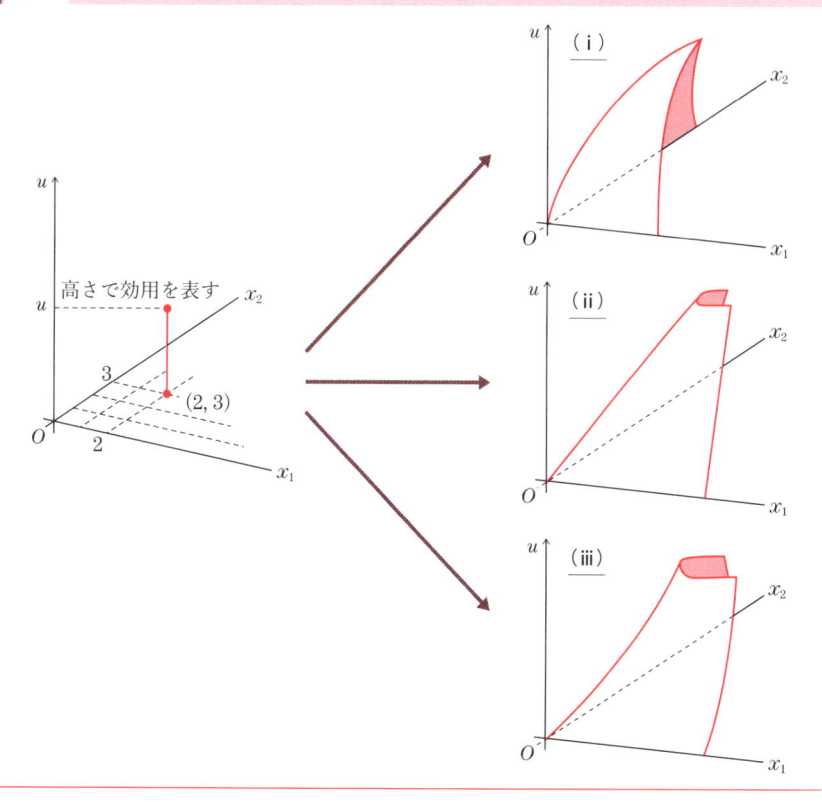

ポイント・チェック 効用関数の特徴

1. 財を消費することから個人が得る満足度を数値化したもの＝効用指標
2. 効用関数とは，効用指標と消費する財との関係を表したもの
3. $u=u(x)$ ←効用関数
4. 限界効用→消費する財の数量を1単位変化させたとき，伴って増加する効用の増分
5. 限界効用$(MU) = \dfrac{効用の変化分(\Delta u)}{消費する財の変化分(\Delta x)}$

    $= \dfrac{(du)}{(dx)}$ ← $u=u(x)$のある点における接線の傾き
6. 限界効用が逓減する場合＝限界効用逓減の法則

第3章 家計の行動 097

COLUMN 3-❶ 基数的効用と序数的効用

　日本人に馴染みにくい数の概念として，序数と基数という概念があります．序数とは，順序を表すときに使う数です．たとえば，運動会などの順位に使われる1位，2位，3位というのは，単に1位の方が2位や3位よりも良い成績であるということを表しているだけで，1位は3位の3倍良いというようなことを意味するものではありません．

　これに対して，基数とは，数字相互を比較することが可能な概念です．たとえば，1リットル，2リットル，3リットルというようなときに使う1, 2, 3というのは，1リットルは3リットルの1/3であるというような文脈で使うことが可能です．つまり，基数であれば足したり引いたりすることが可能になるのです．

　効用についても，序数的効用と基数的効用という概念があります．ある財をいくばくか消費したときに得られる効用が10だったとしましょう．また別の財（ないし異なる数量）を消費したときに得られた効用が20だったとします．このとき，10の効用と20の効用の大小関係（順序）だけを問題にするのが**序数的効用**（ordinal utility），20の効用は10の効用の2倍ある，と考えるのが**基数的効用**（cardinal utility）の考え方です．

　かつて効用は足したり引いたりすることが可能な基数的概念ととらえられていましたが，現在は序数的概念として考えられています．

2 無差別曲線

　2種類の財（第1財および第2財）を消費する状況は，消費する財が1種類の場合に比べて現実的ですが，毎回立体的な図を描いて分析するのはとても不便ですし，分析ツールとして信憑性に欠けます．

　ここで，$u = u(x_1, x_2)$ で示される効用関数の効用の水準を $u = u_0$ と固定して，その一定水準の効用を達成するための第1財と第2財の消費量の組み合わせを考えてみましょう．効用の水準を $u = u_0$ で固定するとは，$u = u_0$ の水準で効用を切断することと同じです．このとき，その切り口には，$u = u_0$ を実現するような組み合わせ (x_1, x_2) が現れます．

　効用水準が一定となるような財の組み合わせの軌跡を，等しい（無差別に）効

図3-3

効用関数　　　　　　　　　　　無差別曲線

視点

$u = u_1$
$u = u_0$

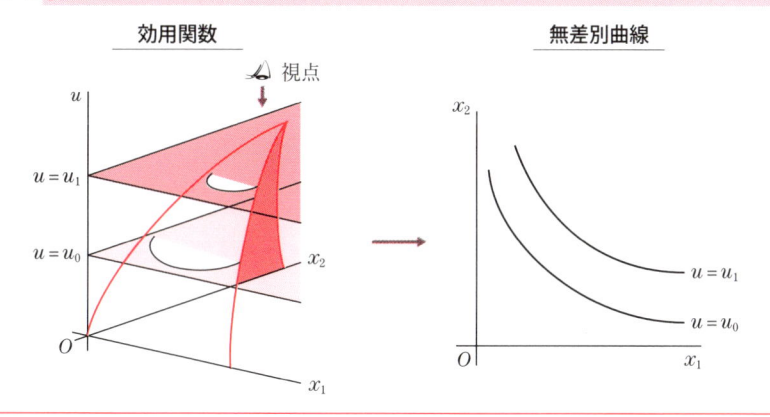

用を与える組み合わせの集合という意味で，**無差別曲線** (indifference curve) といいます．

図3-3には，図3-2（ⅰ）のケースに対応した無差別曲線が描かれています．無差別曲線とは地図でいう等高線や，天気図における等高線のようなものであるとイメージするとわかりやすいでしょう．

様々な効用の水準に応じて無差別曲線が描けます．しかし，無差別曲線が同じ効用水準を与える点の集合である以上，交わることは決してありません．さらに，$u = u_0$ よりも高い効用水準 $u = u_1$ に対応する無差別曲線は，縦軸に x_2，横軸に x_1 をとった平面において，右上方に位置します[5]．

この他，無差別曲線に関しては，いくつかの基本的性質があります．まず，無差別曲線は右下がりの性質をもっています．これは同一の効用を維持しようとすれば，第1財の消費量を増加させた場合，第2財の消費量を減少させなければならないことを意味しています．また，様々な効用水準に対応して，稠密（ぎっしりと詰まった状態）に描かれます．

ポイントチェックに無差別曲線の特徴をまとめておきましょう．

---

[5] これは，消費者の「好み」（経済学ではこれを**選好** (preference) といいます）に依存する性質です．たとえば，x_1 や x_2 に，消費すればするほど効用が下がるような財（たとえば，筆者にとってのスイカなど）があると，（消費量は少ない方がいいので）無差別曲線は左下方（原点より）になるほど効用が高まります．

> **ポイント・チェック** **無差別曲線の特徴**
>
> ❶ 無差別曲線とは，効用水準が一定となるような財の組み合わせの軌跡のこと
> ❷ 交わることはない
> ❸ 効用水準が高くなるに従い，右上方に位置する
> ❹ 右下がりの性質をもつ
> ❺ 効用水準に対応して，稠密に描かれる

3 限界代替率

　無差別曲線上の点はどの点でも得られる効用は同じです．図3-4 (a) に描かれている無差別曲線上の点 $A(x_1, x_2)$ という組み合わせを消費しても，点 $B(x_1', x_2')$ という組み合わせを選んでも得られる効用は同じです．これは，x_1 と x_2 に代替的な関係があることを意味しています．

　たとえば，x_1 をビール，x_2 をやきとりとし，いつも3杯のビールを注文するお客がいたとしましょう．お店から「今日はビール2杯しかないよ」と言われた場合，このような無差別曲線をもっているお客は，ビールの減少に伴う効用の減少分を，やきとりの本数の増加による効用の増加によってカバーできることになります．このようなときに，ビールとやきとりには代替関係があるといいます．

　x_1 を増加したときに，同じ効用を維持するために x_2 がどれだけ減少すればよいかを表したものを**代替率**(rate of substitution)といいます．具体的には，x_2 の変化量 (Δx_2) を x_1 の変化量 (Δx_1) で割った値 ($\Delta x_2/\Delta x_1$) にマイナスをつけた

$$-\frac{\Delta x_2}{\Delta x_1} (=MRS)$$

で表します．ただし，変化量 (Δx_1) はとり方によって大きくも小さくもできてしまうので，厳密には，x_1 の変化量 (Δx_1) を限りなく小さくしたときの，x_2 の変化量 (Δx_2) をみる必要があります．これを**限界代替率**(marginal rate of substitution, MRS) といい，微分の記号 d を用いて，

$$MRS = -\frac{dx_2}{dx_1}$$

図3-4

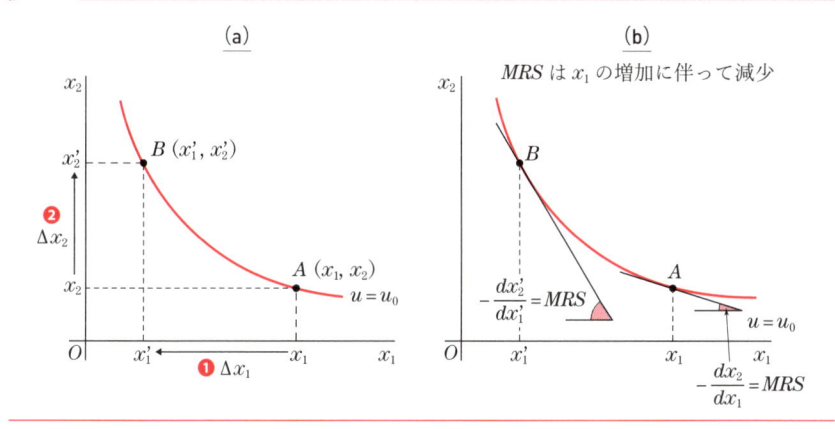

(a)　　　　　　　　　　　(b) MRS は x_1 の増加に伴って減少

と表します．これは，具体的には**無差別曲線上の点における接線の傾き**を表しています．

　また，図3-4 (b) で示されたように，**無差別曲線が原点に対して凸**(convex) の形状をもっているとき，無差別曲線上の点 $B(x_1', x_2')$ から点 $A(x_1, x_2)$ へと，x_1 の消費量が増加していくに伴って，その接線の傾きは（絶対値で）小さくなっていることがわかります．このような性質を**限界代替率逓減の法則**(law of diminishing marginal rate of substitution) といいます[6]．つまり，無差別曲線が原点に対して凸であることと，限界代替率が逓減することは同じことをいっているわけです．

　また**限界代替率** (MRS) は，**第1財の限界効用 (MU_1) と第2財の限界効用 (MU_2) の比に等しい**という関係があります[7]．

$$MRS = -\frac{dx_2}{dx_1} = \frac{MU_1}{MU_2}$$

この関係は重要ですが，数学に自信がない初学者はとりあえず，この関係を覚えておいて，一通り学習してからもう一度理解することをお勧めします．

---

6) 数学的には，限界代替率 MRS を x_1 で微分した $dMRS/dx_1 = -d^2x_2/dx_1^2 < 0$ となることを意味しています．
7) COLUMN 3-❷を参照ください．

> **ポイント・チェック** 限界代替率の特徴
>
> ❶ 限界代替率とは，財x_1の変化量を限りなく小さくしたときの，同じ効用を維持するために必要な財x_2の変化率を表したもの
> ❷ 限界代替率$(MRS) = -\dfrac{dx_2}{dx_1}$ ←無差別曲線上の点における接線の傾き
> ❸ 無差別曲線が原点に対して凸の形状のとき，財x_1の消費量が増加していくに伴って，接線の傾きが小さくなることを，限界代替率逓減の法則という
> ❹ 限界代替率$(MRS) = -\dfrac{dx_2}{dx_1} = \dfrac{x_1\text{の限界効用}\,(MU_1)}{x_2\text{の限界効用}\,(MU_2)}$

COLUMN 3-❷　限界代替率と限界効用の関係

無差別曲線を$u = u(x_1, x_2) = u_0$とし全微分すると，

$$du = \frac{\partial u}{\partial x_1} dx_1 + \frac{\partial u}{\partial x_2} dx_2 = 0$$

となります．ここで$\partial u / \partial x_1$は効用$u$を第1財$x_1$で偏微分したことを表しています．$\partial$はラウンドデルタ，ラウンド，パーシャルなどいろいろな読み方があります．記号の意味は，「第2財を動かさずに，第1財だけを変化させたとき，効用がどれだけ変化するか」という意味であり，第1財の限界効用(MU_1)を表しています．$\partial u / \partial x_2$も同様に，効用$u$を第2財$x_2$で偏微分したものを指しており，第2財の限界効用$(MU_2)$を表しています．これを変形すると，

$$MRS = -\frac{dx_2}{dx_1} = \frac{MU_1}{MU_2}$$

という，本文で学習した関係を導くことができます．では，なぜ，$u = u(x_1, x_2)$を全微分すると，

$$du = \frac{\partial u}{\partial x_1} dx_1 + \frac{\partial u}{\partial x_2} dx_2$$

となるのでしょうか．図をみてください．いま，点$A\,(x_1^0, x_2^0)$が選ばれたとしましょう．このときの効用はu_0です．全微分するということは，x_1とx_2を同時に動かしたとき，効用uがどれだけ変化するかを考えることです．とはいえ，いきなり同時に考えるのは大変なので，まず，x_2を$x_2 = x_2^0$という水準で固定しておきます．

すると，x_1がx_1^0からx_1^1まで増加したとき（この増加分$x_1^1-x_1^0$をdx_1とすると），効用は図のU_1まで増加していることがわかります．同時に，$U_1/dx_1 = \partial u/\partial x_1$という関係があるので[8]，

$$U_1 = \frac{\partial u}{\partial x_1} dx_1$$

という関係が導けます．同様に今度は，x_1をx_1^1という水準で固定しておきます．すると，x_2がx_2^0からx_2^1まで増加したとき（この増加分$x_2^1-x_2^0$をdx_2とすると），効用は図のU_2まで増加することがわかります．$U_2/dx_2 = \partial u/\partial x_2$という関係があるので，

$$U_2 = \frac{\partial u}{\partial x_2} dx_2$$

となります．x_1とx_2を同時に動かしたとき，効用uの全体の変化分（du）は，

$$du = U_1 + U_2$$

となるので，結果として，

$$du = \frac{\partial u}{\partial x_1} dx_1 + \frac{\partial u}{\partial x_2} dx_2$$

となります[9]．

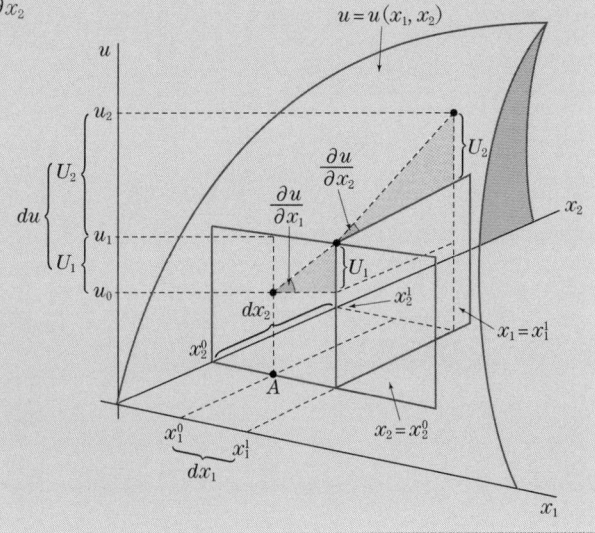

[8) これは「直角三角形の斜辺と底辺のなす角度の大きさが，高さ÷底辺である」という関係を使っています．これについては，高等学校の数学Ⅰ「三角関数」に詳しく載っています．もう一度読み直してみてください．
9) 経済学における数学の利用方法などについては，A. C. チャン，K. ウエインライト（2010）『現代経済学の数学基礎（上・下）』（シーエーピー出版）などを参考にするとよいでしょう．

4 予算制約条件

「効用には限りがない」と仮定しても，現実的には無限に財を消費できないことは明らかです．お店に入って，「この店にあるもの全部ください」という豪気な買い方は，いつでも（誰にでも！）できるわけではありません．所得（予算）の範囲内でしか購入することができないからです．支出額と収入額が等しくなる条件[10]を**予算制約条件**（budget constraint）といいます．

いま，市場で決まる第1財および第2財の市場価格をそれぞれp_1およびp_2とします．家計は，一定の所得Mを保有し，この価格のもとで，2つの財の組み合わせ(x_1, x_2)を消費して効用uを得ていると考えましょう．同時に，家計は貯蓄も借入も行わない（つまり，すべて今期限りで消費する）と仮定しておきます．

家計が合理的な経済主体であれば，保有する所得を超えることなく，かつ効用を最大化すべく，できる限り多くの財を購入しようと購入計画を立てるはずです．つまり，家計は，第1財への支出額（第1財の価格×第1財の消費量：$p_1 x_1$）と第2財への支出額（第2財の価格×第2財の消費量：$p_2 x_2$）を合計した支出額の合計$p_1 x_1 + p_2 x_2$が，収入額の合計であるMと等しくなる，

$$p_1 x_1 + p_2 x_2 = M$$

を満たすように財の需要量を決定するはずです．この式が記号で表した予算制約条件となります．たとえば，第1財の価格（p_1）が500，第2財の価格（p_2）が100，所得が10,000円だったとしましょう．このとき，予算制約条件は$500 x_1 + 100 x_2 = 10{,}000$となります．

より直観的に理解するために，予算制約条件$p_1 x_1 + p_2 x_2 = M$を図に表してみましょう．予算制約条件をx_2について解くと，

$$x_2 = -\frac{p_1}{p_2} x_1 + \frac{M}{p_2}$$

となります．これは，縦軸にx_2，横軸にx_1をとった平面において，傾き$-p_1/p_2$，x_2切片がM/p_2の右下がりの直線として表されます．これを予算制約

---

[10] より厳密には「支出額が収入額を超えない条件」ということになります．第1財および第2財の市場価格をそれぞれp_1およびp_2とし，所得をMとすると，不等号を用いて$p_1 x_1 + p_2 x_2 \leq M$となります．

図3-5 予算制約線

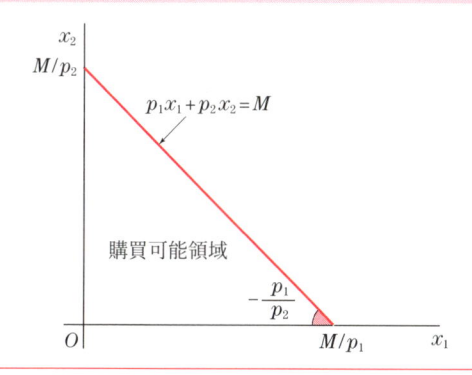

線といい，図3-5のように右下がりの直線として描くことができます．予算制約線の傾きの絶対値 p_1/p_2 は第2財で測った第1財の価格を表しています．これを**相対価格** (relative price) といいます．

また，予算制約線と縦軸，横軸とで囲まれる三角形は，予算の範囲内を示しており，家計はこの領域の中でしか財を消費することができません．この三角形の領域を**購買可能領域** (budget set) ということがあります．

予算制約線は価格が上下したり，所得が増減したりすることによって変化します．図3-6を用いて，(ⅰ) 第1財の価格 (p_1) の変化，(ⅱ) 第2財の価格 (p_2) の変化，(ⅲ) 所得 (M) の変化についてそれぞれ考えてみましょう．

まず，(ⅰ) 第1財の価格 (p_1) の変化について考えます．この場合，第2財の価格 (p_2) に変化はありませんから，図3-6 (ⅰ) の点 $A\,(0, M/p_2)$ を軸として予算制約線が変化することになります．第1財の価格 (p_1) が上昇すると，相対価格は絶対値で増加しますので，予算制約線の傾きは急になり，予算制約線は点 $A\,(0, M/p_2)$ を軸として内側にシフトします．逆に，第1財の価格 (p_1) が下落すると，相対価格が絶対値で減少しますので，予算制約線の傾きは緩やかになり，予算制約線は点 $A\,(0, M/p_2)$ を軸として外側にシフトします．

次に，(ⅱ) 第2財の価格 (p_2) の変化について考えます．この場合，第1財の価格 (p_1) に変化はありませんから，図3-6 (ⅱ) の点 $B\,(M/p_1, 0)$ を軸として予算制約線が変化することになります．第2財の価格 (p_2) が上昇すると，相対価格は絶対値で減少しますので，予算制約線の傾きは緩やかになり，予算

図3-6 予算制約線のシフト

（ⅰ）第1財価格（p_1）の変化　　（ⅱ）第2財価格（p_2）の変化　　（ⅲ）所得（M）の変化

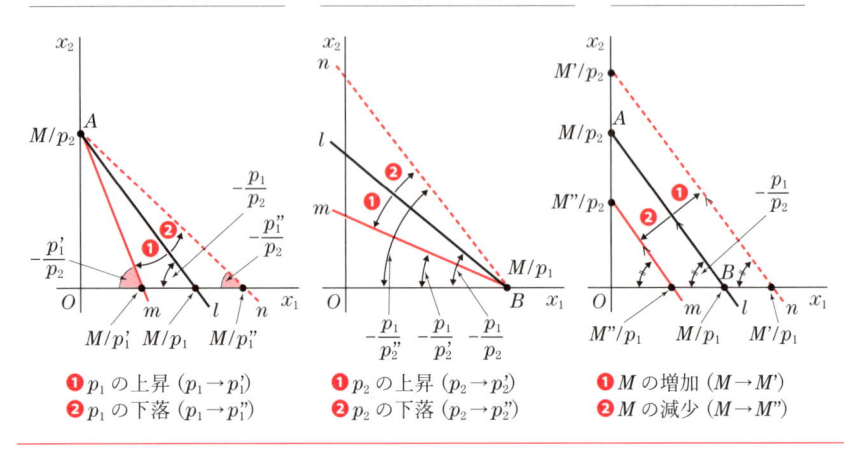

❶ p_1 の上昇（$p_1 \to p_1'$）　　❶ p_2 の上昇（$p_2 \to p_2'$）　　❶ M の増加（$M \to M'$）
❷ p_1 の下落（$p_1 \to p_1''$）　　❷ p_2 の下落（$p_2 \to p_2''$）　　❷ M の減少（$M \to M''$）

制約線は点 $B\,(M/p_1, 0)$ を軸として内側にシフトします．逆に，第2財の価格（p_2）が下落すると，相対価格が絶対値で増加しますので，予算制約線の傾きは急になり，予算制約線は点 $B\,(M/p_1, 0)$ を軸として外側にシフトします．

　価格が上昇するときには，購買可能領域が小さくなるという点は重要です．これは直観的にも無理なく理解できると思います．価格上昇によって購買可能領域が小さくなるということは，簡単にいえば，「値段が上がったら買える量が少なくなる」ということに他なりません．逆に，価格が下落するときは購買可能領域が大きくなりますが，これは「値段が下がったからいっぱい買えるようになった」ことを意味しています．

　最後に（ⅲ）所得（M）の変化について考えてみましょう．この場合，第1財の価格（p_1）や第2財の価格（p_2）に変化はなく，予算制約線が縦軸と交わる点 $A\,(0, M/p_2)$ と，横軸と交わる点 $B\,(M/p_1, 0)$ の M が同じだけ変化するので，結果的に，予算制約線は平行にシフトします．

　所得（M）が増加するときには右方に平行シフトしますし，減少するときには左方にシフトします．

> **ポイント・チェック** 予算制約条件
>
> ❶ 予算制約条件とは，支出額と収入額が等しくなる条件
> ❷ 第1財の支出額(p_1x_1) + 第2財の支出額(p_2x_2) = 収入額(M) ← 予算制約条件
> ❸ $p_1x_1 + p_2x_2 = M$ ← 予算制約線
> ❹ p_1/p_2は，第2財で測った第1財の価格 = 相対価格
> ❺ 予算制約線と縦軸，横軸で囲まれる三角形 = 購買可能領域
> ❻ 価格変化による予算制約線のシフト
>   (1) 第1財の価格の変化
>   価格が上昇→傾きは急になり，購買可能領域が小さくなる
>   価格が下落→傾きは緩やかになり，購買可能領域が大きくなる
>   (2) 第2財の価格の変化
>   価格が上昇→傾きは緩やかになり，購買可能領域が小さくなる
>   価格が下落→傾きは急になり，購買可能領域が大きくなる
> ❼ 価格が上昇(下落)するときには，購買可能領域が小さく(大きく)なる
> ❽ 所得が増加(減少)するとき，予算制約線は右方(左方)に平行シフトする

5 効用最大化と需要量の決定

　合理的に行動する家計は，予算制約条件の下で自らの効用が最大になるような2つの財の組み合わせ(x_1, x_2)を選択します．これを家計の**効用最大化行動**(utility maximizing behavior)といいます[11]．

　いま，効用関数$u = u(x_1, x_2)$において2財の限界効用は正であり，その無差別曲線に関しては，限界代替率逓減の法則が成立しているものと仮定しましょう．これは，無差別曲線が原点に対して凸の形状をしているのと同じことでしたね．

　図3-7には予算制約線に加えて，無差別曲線が効用の高い順にu_2，u_1，u_0と3つ描かれています．予算制約条件のところで説明しましたように，最も高い効用水準に対応する無差別曲線u_2は購買可能領域の外に存在しているために，実現することはできません．また，無差別曲線u_0は図3-7のABの範囲，たと

---

[11] これを数学的に解くことで最適な消費量を決定することを，効用最大化問題を解くといいます．

図3-7 最適消費点(需要量)の決定

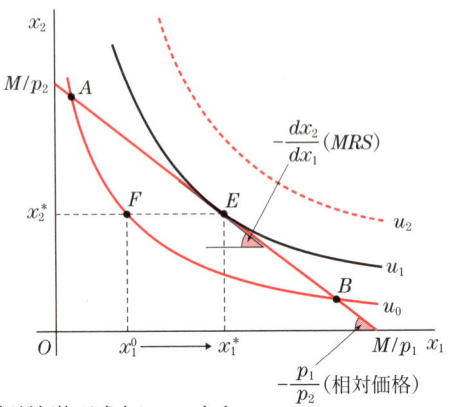

E 点では MRS =相対価格が成立しています．
家計は MRS =相対価格となるように，2財の最適な組み合わせ (x_1^*, x_2^*) を選びます．

えば点 $F(x_1^0, x_2^*)$ のような点ならば購買可能領域内なので，消費することはできるのですが，このような点は，たとえば x_2 を x_2^* のままにして，x_1 を x_1^* に増加させることで，点 F が乗っている無差別曲線 u_0 よりも高い効用水準に対応する無差別曲線 u_1 を実現することができます．他の財 (ここでは第2財) の数量を減少させることなく当該の財 (ここでは第1財) の数量を増加させ，効用を改善することができるという意味で，点 F は (実現は可能だが) 最適な選択とはいえません．

消費者は，購買が可能で，なおかつ最も効用水準が高くなるような組み合わせを選択します．これを満たすような財の組み合わせは，図3-7の点 $E(x_1^*, x_2^*)$ で示される2財の組み合わせです．これが実現するとき，無差別曲線と予算制約線は接していることがわかります．

無差別曲線と予算制約線が接するということは，無差別曲線の接線の傾きである限界代替率 (MRS) と予算制約線の傾きである相対価格 (p_1/p_2) が等しいということに他なりません．限界代替率は限界効用 (MU) の比に等しかったので，家計は，限界代替率が限界効用の比と相対価格に等しくなる，

$$MRS = \frac{MU_1}{MU_2} = \frac{p_1}{p_2}$$

が成り立つように，最適な財の組み合わせ (需要量) (x_1^*, x_2^*) を決定するのです．

またこの式を，

$$\frac{MU_1}{p_1} = \frac{MU_2}{p_2}$$

と変形すると，家計が予算制約のもとで効用を最大化する際には，価格で測った限界効用が各財でともに等しくなるという条件が導けます．これを**(加重)限界効用均等の法則**(law of equalization of marginal utility)[12]といいます．

ポイント・チェック　効用最大化と需要量の決定

❶ 効用最大化行動とは，予算制約条件の下で，効用が最大となる2つの財の組み合わせを選択すること

❷ 限界代替率$(MRS) = \dfrac{\text{第1財の限界効用}(MU_1)}{\text{第2財の限界効用}(MU_2)} = \dfrac{\text{第1財の価格}(p_1)}{\text{第2財の価格}(p_2)}$

❸ $\dfrac{\text{第1財の効用}(MU_1)}{\text{第1財の価格}(p_1)} = \dfrac{\text{第2財の効用}(MU_2)}{\text{第2財の価格}(p_2)}$ ←(加重)限界効用均等の法則

COLUMN 3-❸　計算による最適消費点(需要量)の求め方

　「家計は限界代替率が限界効用の比と相対価格に等しくなるように財の需要量を決定する」といっても，具体的にどれだけの財が需要されるのかわかりにくいかもしれません．その理由の1つは，効用関数が$u = u(x_1, x_2)$とよくわからない形をしていることも一因です．ここでは，効用関数に具体的な形を指定して，予算制約の下で効用を最大化するような財の需要量を求めてみましょう．

　いま，効用関数が$u = x_1 x_2$と2つの財の数量の積で表されるとしましょう．また，第1財の価格$p_1 = 500$，第2財の価格$p_2 = 100$，所得$M = 10,000$とします．このときの需要量の求め方は以下の手順で解くことができます．

---

[12] これを考えた経済学者H. H. ゴッセンの名前をとって，**ゴッセンの第2法則**(Gossen's second law)ということがあります．

手順	解き方	解
❶	予算制約条件を求めます.	$500x_1 + 100x_2 = 10{,}000$
❷	❶を$x_1 = \sim$（または$x_2 = \sim$）の形にします.	$x_2 = 100 - 5x_1$
❸	❷で求めたx_1（またはx_2）を効用関数に代入します.	$u = x_1 x_2 = x_1(100 - 5x_1)$ $= 100x_1 - 5x_1^2$
❹	❸で求めたuをx_1（またはx_2）で微分してゼロと置いてx_1（またはx_2）を求めます.	$u' = 100 - 10x_1 = 0$より, $x_1 = 10$
❺	❹で求まったx_1（またはx_2）を❷で求めた予算制約線に代入してx_2（またはx_1）を求めます.	$x_2 = 100 - 5 \times 10 = 50$
❻	最適な財の組み合わせ（需要量）が求まります.	$(x_1^*, x_2^*) = (10, 50)$

❹で「微分してゼロ」と置くのは，微分するということが「傾きを求めること」だからです．効用を最大化するようなところでは，効用関数の傾きがゼロになっているという性質を利用しています[13]．

また，限界効用均等の法則$MU_1/p_1 = MU_2/p_2$を覚えておくと，もう少し簡単に解くこともできます．

手順	解き方	解
❶	効用関数$u = x_1 x_2$の第1財の限界効用（MU_1），第2財の限界効用（MU_2）をそれぞれ求めます．限界効用はそれぞれの財の数量で偏微分して求めることができます．	$MU_1 = \dfrac{\partial u}{\partial x_1} = x_2$ $MU_2 = \dfrac{\partial u}{\partial x_2} = x_1$
❷	❶で求めた限界効用，問題文で示されたそれぞれの価格を，限界効用均等の法則$MU_1/p_1 = MU_2/p_2$に代入して，$x_1 = \sim$（または$x_2 = \sim$）の形にします．	$\dfrac{MU_1}{p_1} = \dfrac{MU_2}{p_2}$ $\dfrac{x_2}{500} = \dfrac{x_1}{100}$ $x_2 = 5x_1$
❸	予算制約条件を求めます.	$500x_1 + 100x_2 = 10{,}000$

---

[13] ただし，すべての効用関数についてこの手法が使えるわけではありません．より一般的な解法を学びたい学生は，ラグランジュ乗数法（Lagrange multiplier）とよばれる手法を取得する必要があります．本書では必要はありませんが，学部の専門課程では，このような手法を習得していることが要求される場合があります．詳しくはA. C. チャン，K. ウエインライト（2010）前掲書や西村和雄（1982）『経済数学早わかり』（日本評論社）などを参考にしてください．

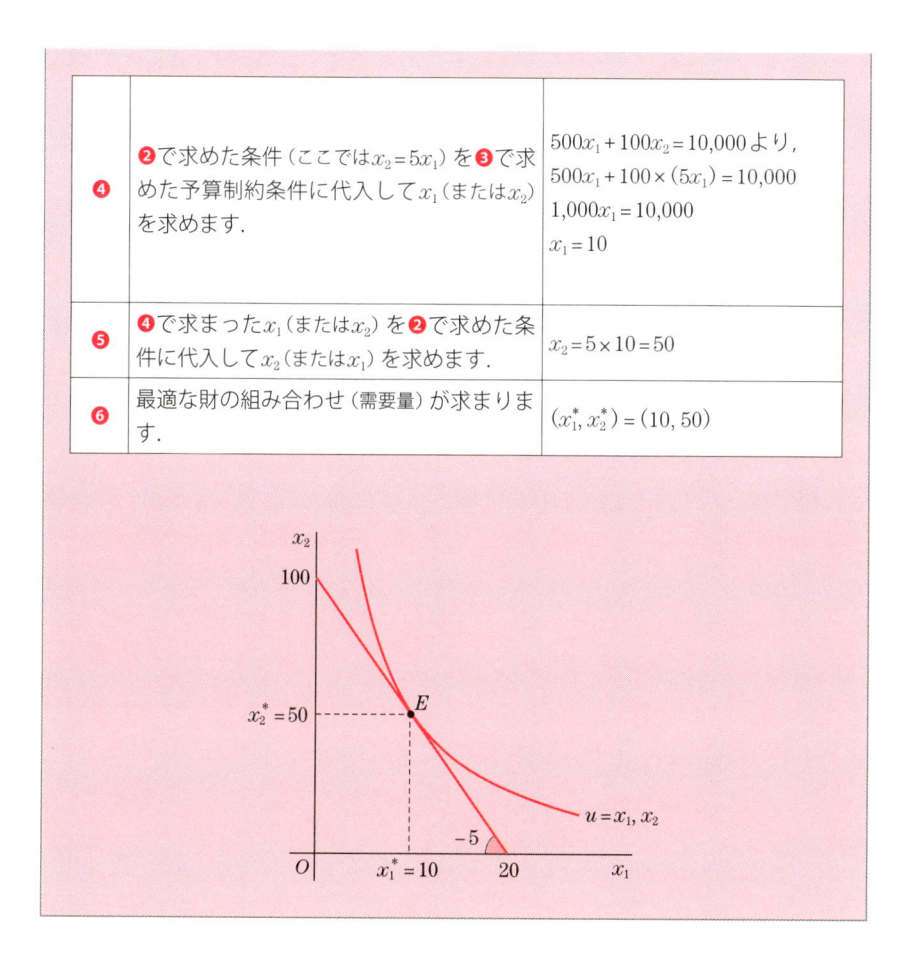

❹	❷で求めた条件（ここでは$x_2=5x_1$）を❸で求めた予算制約条件に代入してx_1（またはx_2）を求めます．	$500x_1 + 100x_2 = 10,000$より， $500x_1 + 100 \times (5x_1) = 10,000$ $1,000x_1 = 10,000$ $x_1 = 10$
❺	❹で求まったx_1（またはx_2）を❷で求めた条件に代入してx_2（またはx_1）を求めます．	$x_2 = 5 \times 10 = 50$
❻	最適な財の組み合わせ（需要量）が求まります．	$(x_1^*, x_2^*) = (10, 50)$

6 価格・所得の変化と需要量の変化

　前節で学習しましたように，家計は，無差別曲線の接線の傾きである限界代替率（MRS）と予算制約線の傾きである相対価格（p_1/p_2）が等しくなる点で，最適な消費量（需要量）を決定しています．これは，図で表せば，家計の無差別曲線（u）の接線の傾きと予算制約線$p_1 x_1 + p_2 x_2 = M$の傾きが一致する点Eが最適な消費量の組み合わせ(x_1^*, x_2^*)ということになります．この状況を示したのが図3-8の左図です．ここでは無差別曲線と予算制約線が接する点Eにおいて，最適な消費量の組み合わせ(x_1^*, x_2^*)が決定されています．

ここでは，この最適な消費量が決定している状況で，第1財の価格p_1が変化する状況を考えてみましょう．価格が変化すると，予算制約線の傾きが変化することはすでに学習しましたね[14]．

❶ 価格の変化と需要の変化

まず，第1財の価格p_1が上昇するケースを考えてみましょう．この状況は図3-8の中央上図に描かれています．p_1が上昇すると，予算制約線が点Aを軸として内側にシフトします．これに伴って，最適な消費点は，新しい予算制約線と無差別曲線の接点E'で決定されます．ここでは，第1財の数量がx_1^*からx_1'へと減少していることが読み取れます．

価格の変化に伴う最適な消費点を結んだ線（ここでは点Eと点E'通るcc線）を**価格消費曲線** (price-consumption curve) または**オファー・カーブ** (offer curve) といいます．

第1財の価格p_1が上昇して，第1財の数量x_1が減少するということは，縦軸に第1財の価格p_1，横軸に第1財の数量x_1をとった平面を考えれば，価格と数量の間の右下がりの関係を表しています．これは第2章で学習した需要曲線です．価格と数量の右下がりの関係は需要の法則といいましたね．

皆さんは，無差別曲線，予算制約線，効用最大化，価格変化と学習を積み重ねてきた結果，右下がりの需要曲線を導くことに成功したわけです．これは図3-8右図に需要曲線D_1として描かれています．

第1財の価格p_1が下落するケースも同様に考えることができます．これは図3-8の中央下図に描かれています．p_1が下落すると，予算制約線が点Aを軸として外側にシフトします．これに伴って，最適な消費点は，新しい予算制約線と無差別曲線の接点E'で決定されます．第1財の数量がx_1^*からx_1'へと増加していることが読み取れるでしょう．

第1財の価格p_1が下落して，第1財の数量x_1が増加するということは，第1財の価格が上昇したときに第1財の数量が減少することと同義ですから，価格が上昇したときにも需要の法則を導くことができるのです．

---

14) 1❹を参照ください．

図3-8　第1財価格(p_1)の変化と最適消費点(需要量)の変化

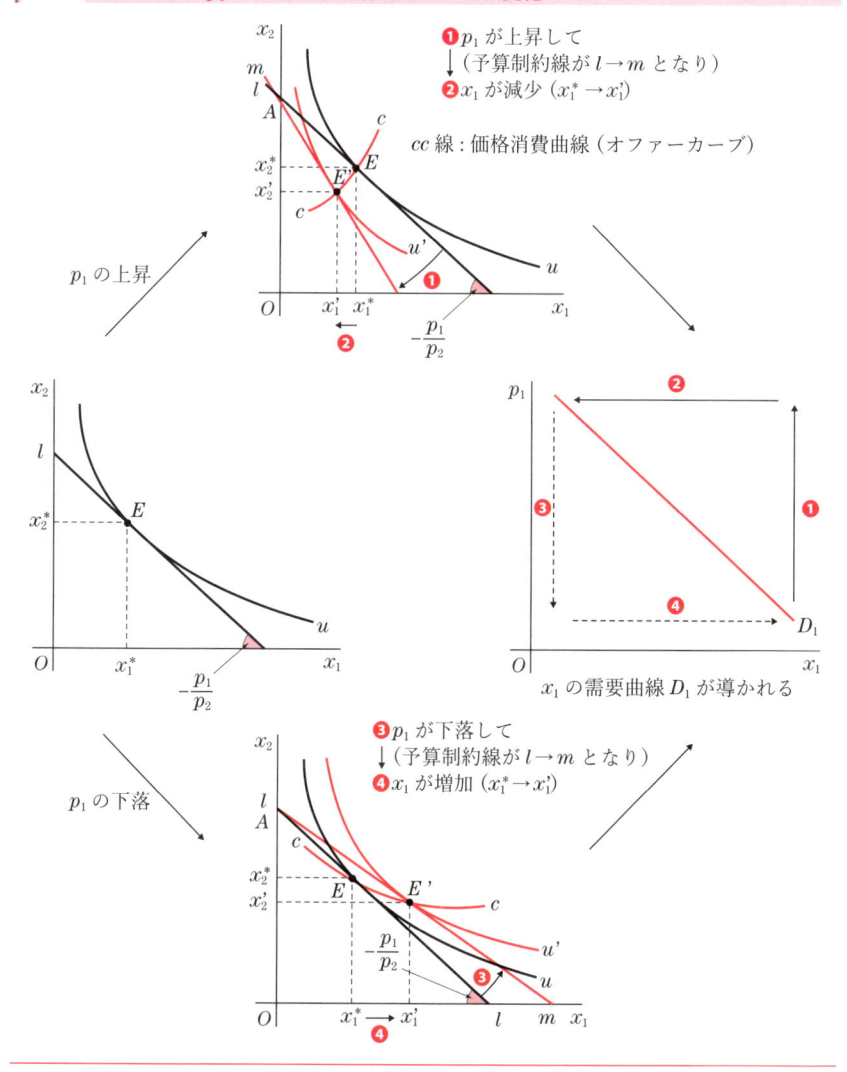

❶ p_1 が上昇して
↓（予算制約線が $l \to m$ となり）
❷ x_1 が減少（$x_1^* \to x_1'$）

cc 線：価格消費曲線（オファーカーブ）

p_1 の上昇

x_1 の需要曲線 D_1 が導かれる

❸ p_1 が下落して
↓（予算制約線が $l \to m$ となり）
❹ x_1 が増加（$x_1^* \to x_1'$）

p_1 の下落

　こうした議論は，第2財の価格p_2が変化したときにも同様に考えることができます．図3-9中央には，p_2が上昇するケース（上図）と，下落するケース（下図）が描かれています．p_2が上昇すると，予算制約線が点Bを軸として内側にシフトします．最適な消費点は，点E'へと移り，ここでは，第2財の数量がx_2^*か

第3章　家計の行動　113

図3-9 第2財価格(p_2)の変化と最適消費点(需要量)の変化

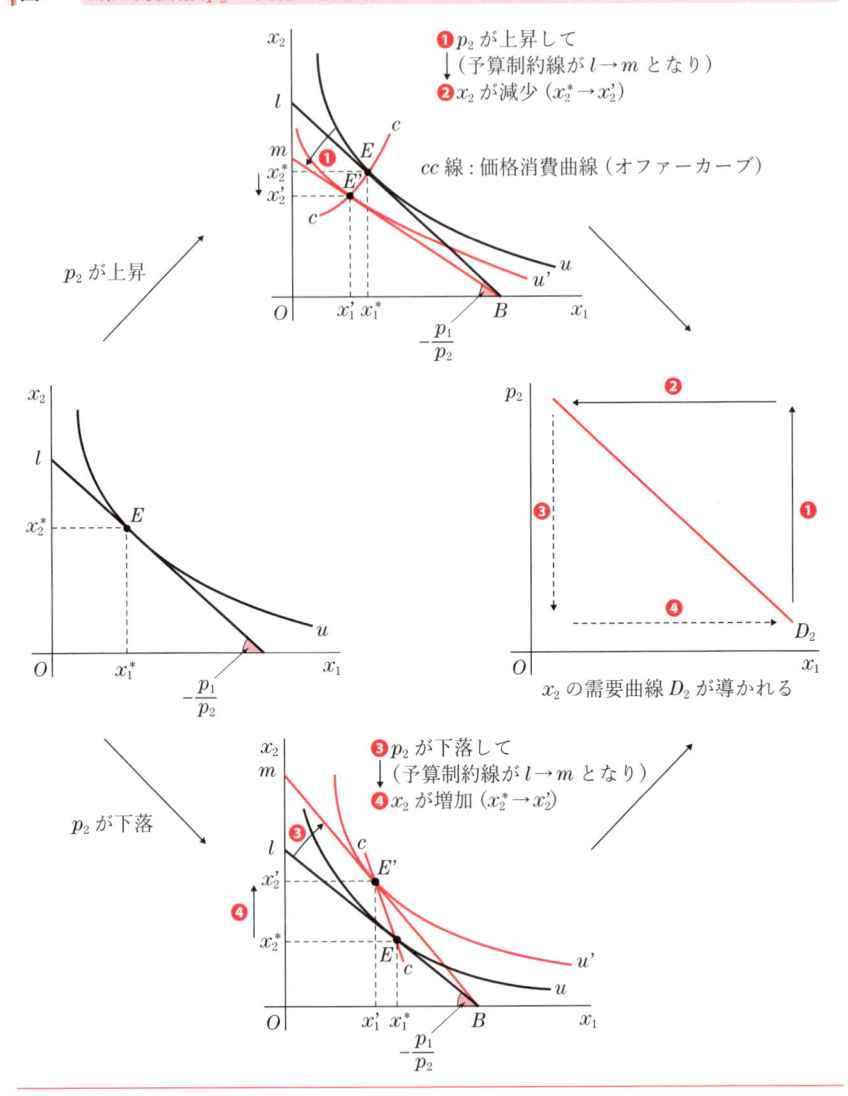

❶ p_2 が上昇して
 （予算制約線が $l \to m$ となり）
❷ x_2 が減少（$x_2^* \to x_2'$）

cc 線：価格消費曲線（オファーカーブ）

p_2 が上昇

x_2 の需要曲線 D_2 が導かれる

p_2 が下落

❸ p_2 が下落して
 （予算制約線が $l \to m$ となり）
❹ x_2 が増加（$x_2^* \to x_2'$）

ら x_2' へと減少していることが読み取れます．また，p_2 が下落すると，予算制約線が点 B を軸として外側にシフトします．最適な消費点は，点 E' へと移り，ここでは，第2財の数量が x_2^* から x_2' へと増加しています．

図3-10 第1財価格(p_1)が上昇すると……

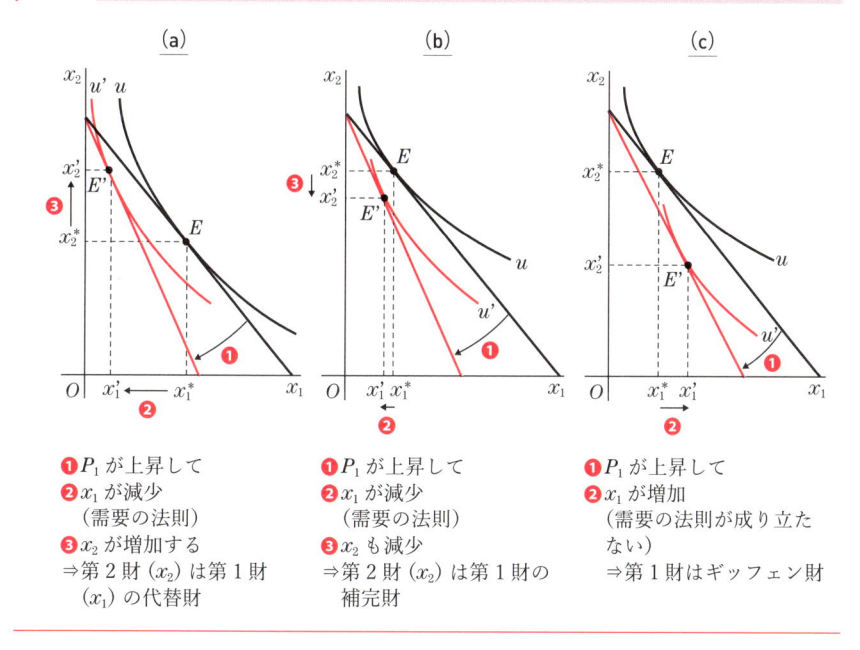

(a)
❶ P_1 が上昇して
❷ x_1 が減少
（需要の法則）
❸ x_2 が増加する
⇒ 第2財 (x_2) は第1財 (x_1) の代替財

(b)
❶ P_1 が上昇して
❷ x_1 が減少
（需要の法則）
❸ x_2 も減少
⇒ 第2財 (x_2) は第1財の補完財

(c)
❶ P_1 が上昇して
❷ x_1 が増加
（需要の法則が成り立たない）
⇒ 第1財はギッフェン財

　こうした価格変化に伴う数量の変化を，縦軸に第2財の価格p_2，横軸に第1財の数量x_2をとった平面に図示したものが図3-9の右図に示されている需要曲線D_2です．

　価格変化が財の需要量にどのような影響を与えるか，もう少し詳しくみてみましょう．図3-10には第1財の価格p_1が上昇するケースが描かれています．それぞれの違いは，図の(a)および(b)のケースでは，第1財は，財の価格が上昇すると最適な消費量が減少するという需要の法則を満たしているのですが，(c)のケースでは，第1財の価格の上昇に伴って，逆に第1財の消費量が増加しているのがわかります．このようなケースは**ギッフェン財**(Giffen's goods)といいましたね．

　さらに，(a)のケースと(b)のケースでは，第1財は需要の法則を満たしている点は同じですが，第2財の数量が(a)のケースでは増加し，(b)のケースでは減少していることがわかります．第1財の価格が上昇したとき，それに伴って，第2財の数量が増加するならば，第2財は第1財の**代替財**

図3-11 第2財価格(p_2)が上昇すると……

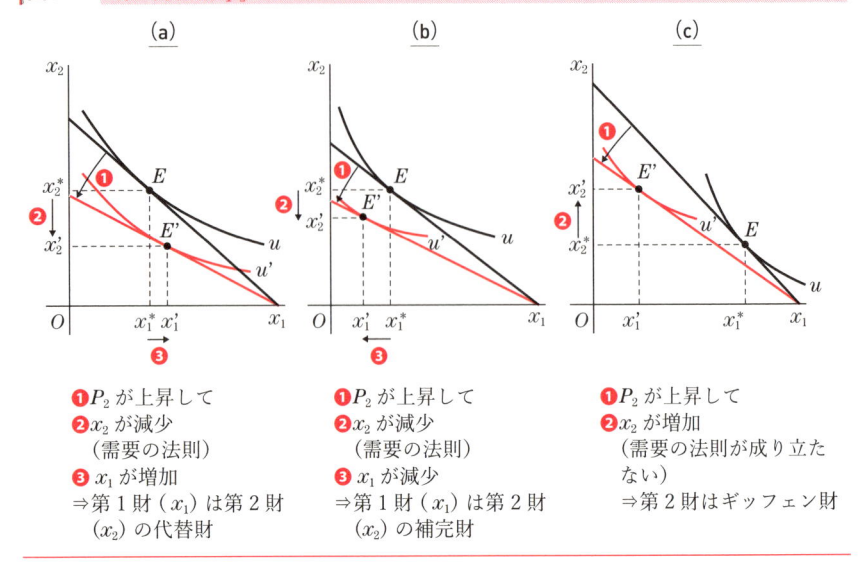

(a)
- ❶ P_2 が上昇して
- ❷ x_2 が減少（需要の法則）
- ❸ x_1 が増加
⇒ 第1財 (x_1) は第2財 (x_2) の代替財

(b)
- ❶ P_2 が上昇して
- ❷ x_2 が減少（需要の法則）
- ❸ x_1 が減少
⇒ 第1財 (x_1) は第2財 (x_2) の補完財

(c)
- ❶ P_2 が上昇して
- ❷ x_2 が増加（需要の法則が成り立たない）
⇒ 第2財はギッフェン財

(substitution goods) といい，逆に，第2財の数量が減少するとき，第2財は**補完財** (complement goods) といいます．直観的に考えると，たとえば，第1財をケーキとすると，ケーキが値上がりすると，ケーキの消費分がプリンの消費へと回って，プリンの需要量が増加するかもしれません．このようなとき，プリンはケーキの代替財といいます．また，ケーキが値上がりすると，ケーキの需要が減って，牛乳や砂糖の需要が減るかもしれません．このとき，牛乳や砂糖は，ケーキの補完財といいます．

これは第2財の価格が変化した場合でも同じように議論することができます．その状況は図3-11に示されています．

ポイント・チェック　価格の変化と需要の変化

❶ 価格消費曲線（オファー・カーブ）とは，価格の変化に伴う最適な消費点を結んだ線のこと
❷ 第1財の価格の上昇に伴って，第1財の消費量が増加する財＝ギッフェン財
❸ 第1財の価格の上昇に伴って，第2財の消費量が増加する財＝代替財
❹ 第1財の価格の上昇に伴って，第2財の消費量が減少する財＝補完財

図3-12 所得の変化と最適消費点(需要量)の変化

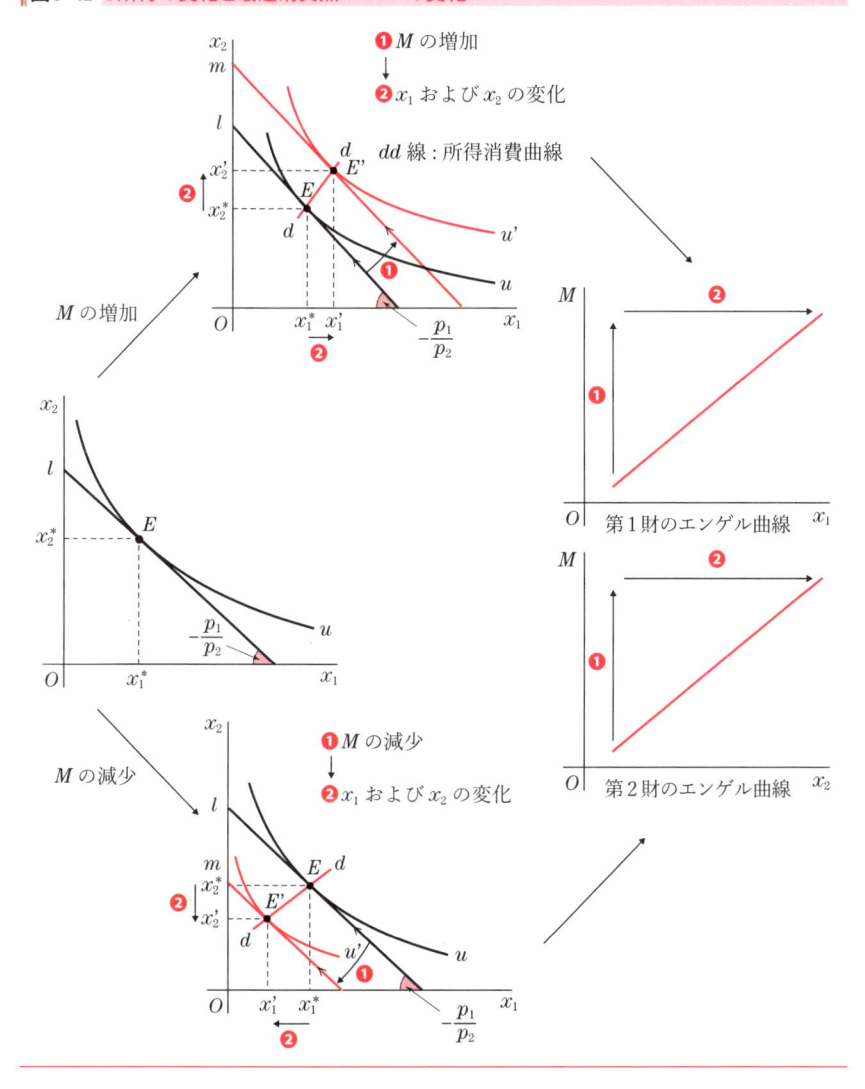

❷ 所得の変化と需要の変化

次に，予算制約条件 $p_1x_1+p_2x_2=M$ において，所得 M のみが変化した場合の最適な消費量の変化を考えてみましょう．

すでに予算制約線のところで学んだように，所得 M が増加すると，予算制

図3-13

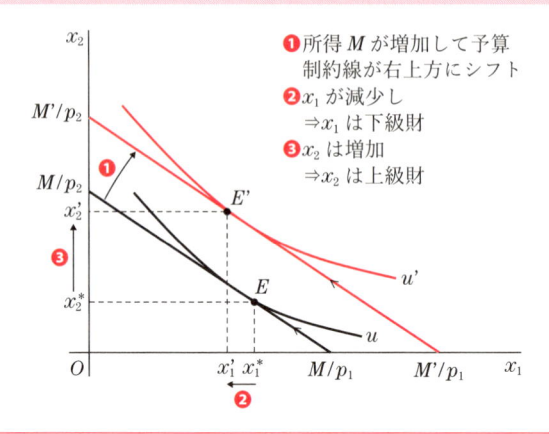

❶ 所得 M が増加して予算制約線が右上方にシフト
❷ x_1 が減少し ⇒ x_1 は下級財
❸ x_2 は増加 ⇒ x_2 は上級財

約線は右方へ平行シフトします．この状況は図3-12の中央上図に描かれています．図3-12の中央上図では，所得の増加によって購買可能集合が増大し，最適な消費点は点Eから点E'へと変化します．家計は第1財の数量をx_1^*からx_1'に，第2財の数量もx_2^*からx_2'へと増加させていることがわかります．

所得の変化に伴う最適な消費点を結んだ線（ここでは点Eと点E'通るdd線）を**所得消費曲線**（Income-consumption curve）といいます．

同様に，図3-12の中央下図には所得Mが減少した場合が描かれています．この場合，予算制約線は左方へ平行シフトし，家計は第1財の数量をx_1^*からx_1'に，第2財の数量もx_2^*からx_2'へと減少させています．

所得の増加（減少）に伴って，家計は第1財も第2財も増加（減少）させているので，縦軸に所得，横軸に財の数量をとった平面において，その所得で実現する各財の最適な消費量の組み合わせを描いた線は右上がりになります．この線を**エンゲル曲線**（Engel curve）といいます．各財のエンゲル曲線は図3-12の右図に描かれています．

所得変化が財の需要量にどのような影響を与えるか，もう少し詳しくみてみましょう．図3-13には所得が増加したときの最適消費量の変化が示されています．所得が上昇すると，予算制約線が右方に平行シフトします．最適な消費点は，点Eから点E'へと移り，第2財の数量がx_2^*からx_2'へと増加しているこ

とが読み取れます．しかし，第1財の数量はx_1^*からx_1'へと減少しています．

所得が増加したとき，需要量が増加する財を**上級財**（superior goods），または**正常財**（normal goods）といい，需要量が減少する財を**下級財**または**劣等財**（inferior goods）といいます．また，所得の変化に対して需要量が全く変化しない財を**中級財**または**中立財**（neutral goods）といいます．上級財の例として「ステーキ」，下級財として「牛丼」などが挙げられるかもしれませんね．

ポイント・チェック　所得の変化と需要の変化

❶ 所得消費曲線とは，所得の変化に伴う最適な消費点を結んだ線のこと
❷ エンゲル曲線とは，縦軸に所得，横軸に財の消費量をとった平面において，その所得で実現できる各財の最適な消費量の組み合わせを描いた線
❸ 所得が増加したとき，需要量が増加する財＝上級財または正常財
❹ 所得が増加したとき，需要量が減少する財＝下級財または劣等財
❺ 所得の変化に対して，需要量が全く変化しない財＝中級財または中立財

COLUMN 3-❹ 上級財・下級財・代替財・補完財

上級財・下級財を分ける指標として，**需要の所得弾力性**（income elasticity of demand; e_i）という概念があります．これは，

$$e_i = \frac{\Delta x / x}{\Delta M / M} = \frac{\Delta x}{\Delta M} \times \frac{M}{x}$$

と定義されます．所得の変化率と需要量の変化率を比較したもので，

❶ $e_i < 0$のとき（所得が増加したとき，需要量が減少する場合），xは下級財
❷ $e_i = 0$のとき（所得が増加したとき，需要が変化しない場合），xは中級財
❸ $e_i > 0$のとき（所得が増加したとき，需要が増加する場合），xは上級財

といいます．また，❸はさらに，

（ⅰ）$0 < e_i < 1$のとき（所得が増加すると需要は増加するが，所得の増分ほどではない場合），xは**必需品**（necessary goods）といい，
（ⅱ）$1 < e_i$のとき（所得が増加すると需要は所得の増分以上に増加する場合），xは**奢侈品**

（ぜいたく品）(luxury goods) といいます．

また，代替財・補完財を分ける指標として，**需要の交差弾力性**（cross-price elasticity of demand; e_c）という概念があります．これは，第1財の価格が変化したとき，第2財の需要量がどれだけ変化するかを表したもので，

$$e_i = \frac{\Delta x_2 / x_2}{\Delta p_1 / p_1} = \frac{\Delta x_2}{\Delta p_1} \times \frac{p_1}{x_2}$$

と定義されます[15]．

❶ $e_c > 0$ のとき（第1財の価格が上昇したとき，第2財の需要量が増加する場合），第2財は第1財の**代替財**といい，

❷ $e_c < 0$ のとき（第1財の価格が上昇したとき，第2財の需要量が減少する場合），第2財は第1財の**補完財**といいます．

COLUMN 3-❺ 代替効果と所得効果

価格変化に伴う需要量の変化を**代替効果**（substitution effect）と**所得効果**（income effect）に分解することを**スルツキー分解**（Slutsky decomposition）といいます[16]．

簡単にいえば，価格が変化したときの満足度（効用）の変化を，所得で表したとしたらどうなるか考えたいのです．左図をみてください．左図には第1財の価格 p_1 が下落して，最適な消費点が点 A から点 C へと移った状況が描かれています．効用は u から u' へと改善しているのがわかります．u' は第1財の価格下落によって（実質的な所得増加で）得られた効用ですが，u' を価格の下落ではなく所得の増加によって得ようと思ったら，どれだけの所得が必要だったのでしょうか．

それはもとの予算制約線 l に平行で，u' に接する予算制約線 l' を引くことによって求めることができます．つまり，u から u' への効用の変化は，価格が下がるだけでなく，所得が増加して，最適な消費点が点 A から点 B へと変化することによって

---

15) 第2財の価格が変化したとき，第1財の需要量がどれだけ変化するかを表した場合，
$$e_i = \frac{\Delta x_1 / x_1}{\Delta p_2 / p_2} = \frac{\Delta x_1}{\Delta p_2} \times \frac{p_2}{x_1}$$
となります．

も得られます．点Bと点Cは同じ無差別曲線上の点ですから，点Bと点Cも，その組み合わせ(x_1, x_2)が異なっているだけで，同じ効用を与える点であることに変わりありません．

価格変化に伴う点Aから点Cへの変化を，所得で表した点Aから点Bへの変化（所得効果）と，第1財と第2財の組み合わせの変化（代替効果）に分解することができるのです．

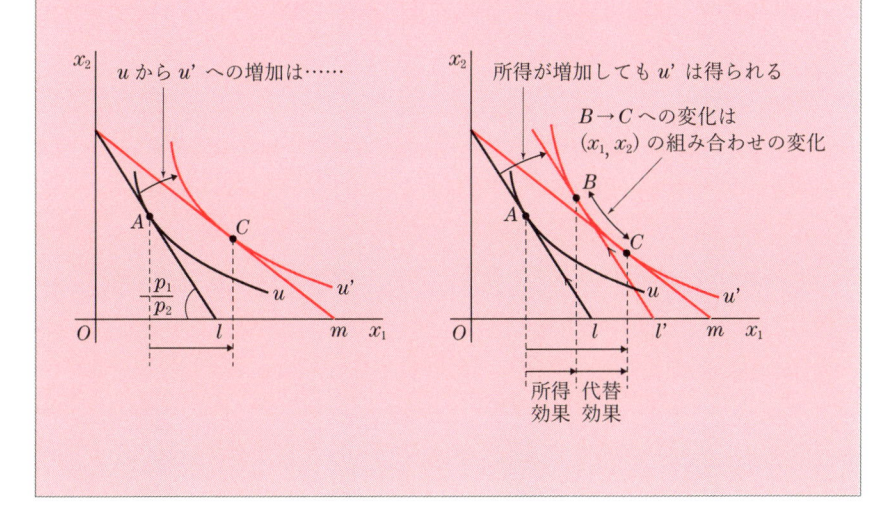

---

16) **E. E. スルツキー**（Evgeny Eugen Slutsky,（ソ連・ウクライナ），1880年〜1948年）が1915年にイタリア語で書いたSlutsky, E. E. (1915) "Sulla Teoria del Bilancio del Consumatore," *Giornale Degli Economisti,* 51, pp.1–26によって，代替効果と所得効果が初めて明らかになりましたが，イタリア語で書かれていたことや，第1次世界大戦の混乱によって広く普及するには至りませんでした．この普及に貢献したのが，**R. アレン**卿（Sir Roy George Douglas Allen,（英），1906年〜1983年）と**J. R. ヒックス**卿（Sir John Richard Hicks,（英），1904年〜1989年）によって書かれた，Hicks, J. R. and R. G. D. Allen (1934) "A Reconsideration of the Theory of Value," *Economica,* (Part I by J. R. Hicks), Vol.1, No.1 (Feb., 1934), pp.52–76, (Part II by R. G. D. Allen), Vol.1, No.2, (May, 1934), pp.196–296，および，R. G. D. Allen (1936) "Professor Slutsky's Theory of Consumers' Choice." *Review of Economic Studies,* Vol.3, No.2, pp.120–129です．これらの成果は，Hicks, J. R. (1939) *Value and Capital: An Inquiry into Some Fundamental Principles of Economic Theory,* Oxford: Clarendon Press（邦訳：安井琢磨，熊谷尚夫（1995）『価値と資本（上・下）』岩波書店）にまとめられています．ヒックス卿は一般均衡理論および福祉理論に対する先駆的貢献が称えられ，1972年にノーベル経済学賞を受賞しました．

2 家計による労働供給量の決定

予算制約の下で効用を最大化するという家計の行動原理は、財市場における財の最適な数量を決定するだけではありません．労働市場において、どれだけ労働を供給したらよいかを決定する際にも同じように用いられます．

いま、家計は、消費する財の数量 (x) と余暇 (l) の組み合わせから効用を得るものとして、その効用関数を、

$$u = u(l, x)$$

としましょう．縦軸に消費する財 (x)、横軸に余暇 (l) をとった平面において、その無差別曲線は原点に対して凸の形状をもっていると仮定しておきます．

この家計が直面する予算制約条件は、支出と収入が等しくなるという条件です．その支出は、財を購入する代金ですから、消費財の価格 (p) と消費量 (x) の積 (px) で表すことができます．

また、収入に関しては、労働 (L) を供給することによって、得られるものとしましょう．家計は、**名目賃金率**[17] (nominal wage rate; w) に時間で測った労働 (L) を乗じたものを収入として得ることができます．つまり、収入の合計は (wL) となります．

したがって、家計の予算制約条件は、

$$px = wL$$

となります．ここで、余暇 (l) と時間で測った労働 (L) との間には、「L = 利用可能な時間 − l」という関係があります．利用可能な時間とは、1日ならば24時間となりますし、1週間なら168時間ということになります．ここでは、利用可能な時間 = 24時間として考えましょう．すると、L = 24 − l となりますので、予算制約条件は、

$$px = w(24 - l)$$

となります．

家計は、予算制約の下で効用を最大化するように余暇 (l) と消費財 (x) の組

---

[17] ここでは名目賃金率を、時給と考えるとわかりやすいでしょう．

図3-14

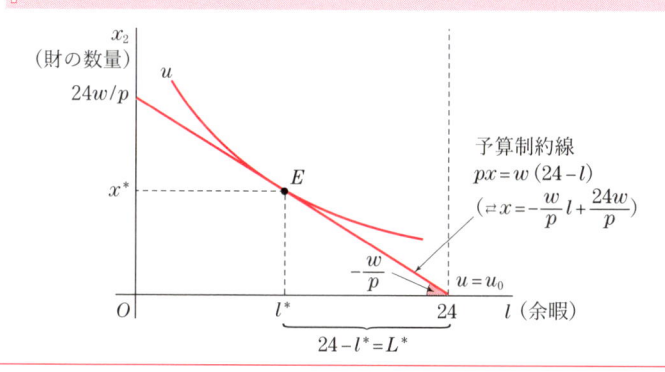

```
x_2
(財の数量)
24w/p
          u
       x*  ┊  E
           ┊          予算制約線
           ┊          px = w(24-l)
           ┊          (⇔ x = -w/p·l + 24w/p)
           ┊    -w/p
           ┊          u = u_0
   O       l*    24      l (余暇)
           └─24-l* = L*─┘
```

み合わせを選択します．これを図示したのが図3-14です．財市場のときと同じように，家計は予算制約線の傾きと無差別曲線の（接線の）傾きが等しくなるように最適な余暇と消費財の組み合わせを選択します．その点は，図3-14の点Eで表されています．

予算制約線の傾き（の絶対値）はw/pで表されます．w/pは名目賃金率を財の価格（物価）で割ったもので，**実質賃金率**（real wage rate）といいます．無差別曲線の（接線の）傾きは，余暇と消費財の間の限界代替率ですから，家計は，限界代替率が実質賃金率に等しくなるように消費財と余暇の最適な消費量を決定していると言い換えることができます．

最適な余暇（l^*）が決定されれば，最適な労働供給量（L^*）も$L^* = 24-l^*$と自動的に決定されます．

実質賃金率（w/p）が変化したとき，労働供給量はどのように変化するのでしょうか．実質賃金率が上昇したときに，労働供給量がどのように変化するのかを示したのが図3-15です．予算制約線がm_0からm_1，m_2と変化しているのがわかります．これに対応して，最適な余暇と消費財の組み合わせもE_0からE_1，E_2と変化しますので，実質賃金率の上昇によって労働供給量がL_0からL_1，L_2と増加していることがわかります．

いま，縦軸に実質賃金率（w/p），横軸に労働（L）をとった平面を考えると，実質賃金率が増加するにつれて労働供給量は増加するのですから，労働供給曲線（L^s）は右上がりの曲線として表すことができます．

図3-15

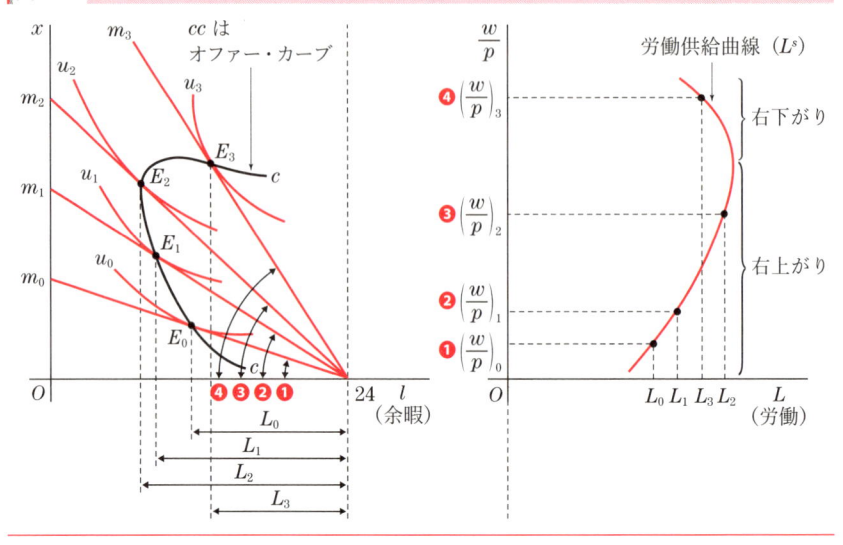

ただし，賃金率があまりに高い水準になると（たとえば，予算制約線がm_3となると），労働よりも余暇を選択するようになってしまう可能性が出てきます．このときは，最適な余暇と消費財の組み合わせがE_3となりますので，実質賃金率の上昇が労働供給量を減少させてしまい，労働供給曲線が右下がりとなってしまうことがあります．これを**後方屈曲的な労働供給曲線**（backward bending labor supply curve）といいます．

ポイント・チェック　家計による労働供給量の決定

❶ 消費財の価格と消費量の積(px)＝収入の合計(wL)←家計の予算制約条件
❷ $\dfrac{\text{名目賃金率}(w)}{\text{消費財の価格}(p)}$＝実質賃金率
❸ 限界代替率が実質賃金率に等しくなるように消費財と余暇の最適な消費量を決定している
❹ 実質賃金率が上昇すると，労働供給量は増加するため，労働供給曲線は右上がり
❺ 実質賃金率の上昇が労働供給量を減少する労働供給曲線＝後方屈曲的な労働供給曲線

COLUMN 3-❻　異時点間の効用最大化

　予算制約の下で効用を最大化する家計の行動は，今期と来期の消費をどのように決定するか，といった問題も扱うことができます．これを使うと，たとえば，年金問題や貿易不均衡問題といった現実の経済問題を論理的に考えることができます．
　ここでは基本となるモデルを示しておきましょう．家計は，2期間（今期と来期）の間だけ経済活動をするものとします．今期の消費額をc_1，来期の消費額をc_2とし，家計は消費額の組み合わせ(c_1, c_2)から効用uを得るとしましょう[18]．このとき効用関数は，

$$u = u(c_1, c_2)$$

と表すことができます．
　いま，今期の所得をM_1とし，来期の所得をM_2としましょう．2期間にわたって経済活動をするので，これまでのように，（今期の）所得をすべて使う必要がありません．今期の所得をいくらか残して貯蓄として，来期の消費に回すことができるのです．貯蓄(saving; S)とは，今期の所得(M_1)から今期の消費額(c_1)を引いたものと定義できるので，

$$S = M_1 - c_1$$

と表せます．したがって来期には，来期の所得M_2に貯蓄が加わることになります．しかし，ここで注意しなければならないのは，今期の貯蓄は，来期になると，その分利息が付くということです．銀行にお金を預けると，引き出すときには利息が付いてきますよね．この利息を経済学では利子収入といいます．つまり，来期に使える収入総額は，

　　来期に使える収入総額＝来期の所得＋貯蓄＋貯蓄の利子収入

となります．利子をrで書くことにすると，貯蓄の利子収入はrSとなりますので，来期に使える収入総額を記号で書くと，

　　来期に使える収入総額 $= M_2 + S + rS = M_2 + (1+r)S$

となります．貯蓄は$S = M_1 - c_1$と表せましたから，

　　来期に使える収入総額 $= M_2 + (1+r)(M_1 - c_1)$

となります．来期の支出総額はc_2ですから，来期でみた予算制約条件は，

---

18) これまでは，第1財と第2財の「数量」の組み合わせ(x_1, x_2)から効用uを得ていましたね．ここでは，説明を簡便化するために「金額」で表しているのです．

$$c_2 = M_2 + (1+r)(M_1 - c_1)$$
となります．整理すると，
$$c_2 = -(1+r)c_1 + (1+r)M_1 + M_2$$
となりますので，縦軸に来期の消費額c_2，横軸に消費額c_1をとった平面において，傾き$-(1+r)$の右下がりの直線として表せます．この予算制約線は$c_1 = M_1$のとき，つまり，貯蓄がゼロ（$S = 0$）のとき，来期の収入総額は来期の所得のみM_2になりますから，$c_2 = M_2$となります．つまり，予算制約線は必ず，点(M_1, M_2)を通ります．

最適な消費点は，今期の消費量と来期の消費量の限界代替率の絶対値が（1＋利子率）に等しくなる点において決定されます．これは図の点Eや点E'で示されています．

図の点Eでは，$S > 0$が成り立っています．このような状況で最適な消費量が決定するとき，家計は来期に備えて貯蓄をしていることを示しています．また，点E'では，$S < 0$が成り立っています．このような状況で最適な消費量が決定するとき，家計は今期の所得を上回る消費をしている状況にあります．

このモデルはマクロ経済学や国際経済学でも使いますので，覚えておくといいでしょう．

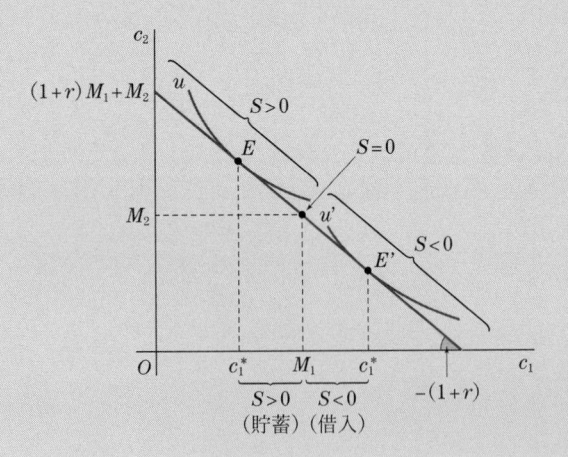

この章では，家計が予算制約の下で効用最大化を行うことによって，

❶財市場では，財の需要量が決定されて需要曲線が導かれること，

❷労働市場では，労働供給量が決定されて，労働供給曲線が導かれること

を学習しました．新しい概念がたくさん出てきて覚えることも多かったと思います．無差別曲線，予算制約線，効用最大化については，これからの学習でも使いますのでしっかりと復習してください．

内容を理解しているかな？

問題に答えられたらYES！ わからなければNO！

1 家計による財の需要量の決定

1 効用関数

Q1. 効用指標とは何か説明せよ
Q2. 効用関数とは何か説明せよ
Q3. 限界効用とは何か説明せよ
Q4. 限界効用の定義を示しなさい

ポイント・チェック 効用関数の特徴
- □① 財を消費することから個人が得る満足度を数値化したもの ＝ 効用指標
- □② 効用関数とは，効用指標と消費する財との関係を表したもの
- □③ $u = u(x)$ ← 効用関数
- □④ 限界効用 → 消費する財の数量を1単位変化させたとき，伴って増加する効用の増分
- □⑤ 限界効用 $(MU) = \dfrac{効用の変化分(\Delta u)}{消費する財の変化分(\Delta x)}$

  $= \dfrac{du}{dx} \to u = u(x)$ のある点における接線の傾き
- □⑥ 限界効用が逓減する場合 ＝ 限界効用逓減の法則

No → 本文 p.094 へ戻れ

2 無差別曲線

Q. 無差別曲線の特徴を説明せよ

ポイント・チェック 無差別曲線の特徴
- □① 無差別曲線とは，効用水準が一定となるような財の組み合わせの軌跡のこと
- □② 交わることはない
- □③ 効用水準が高くなるに従い，右上方に位置する
- □④ 右下がりの性質をもつ
- □⑤ 効用水準に対応して，稠密に描かれる

No → 本文 p.098 へ戻れ

【3 限界代替率】へ進め！

3 限界代替率

Q1. 限界代替率とは何か説明せよ
Q2. 限界代替率の定義を示せ

> **ポイント・チェック** 限界代替率の特徴
> - ①限界代替率とは，財 x_1 の変化量を限りなく小さくしたときの，同じ効用を維持するために必要な財 x_2 の変化率を表したもの
> - ②限界代替率 $(MRS) = -\dfrac{dx_2}{dx_1}$ ←無差別曲線上の点における接線の傾き
> - ③無差別曲線が原点に対して凸の形状のとき，財 x_1 の消費量が増加していくに伴って，接線の傾きが小さくなることを，限界代替率逓減の法則という
> - ④限界代替率 $(MRS) = -\dfrac{dx_2}{dx_1} = \dfrac{x_1 の限界効用 (MU_1)}{x_2 の限界効用 (MU_2)}$

No → 本文 p.100 へ戻れ

4 予算制約条件

Q1. 予算制約条件とは何か説明せよ
Q2. 予算制約条件の定義を示せ
Q3. 予算制約線の特徴を説明せよ

> **ポイント・チェック** 予算制約条件
> - ①予算制約条件とは，支出額と収入額が等しくなる条件
> - ②第1財の支出額 $(p_1 x_1)$ ＋第2財の支出額 $(p_2 x_2)$ ＝収入額 (M) ←予算制約条件
> - ③ $p_1 x_1 + p_2 x_2 = M$ ←予算制約線
> - ④ p_1/p_2 は，第2財で測った第1財の価格＝相対価格
> - ⑤予算制約線と縦軸，横軸で囲まれる三角形＝購買可能領域
> - ⑥価格変化による予算制約線のシフト
>   - (1) 第1財の価格の変化
>   - 価格が上昇→傾きは急になり，購買可能領域が小さくなる
>   - 価格が下落→傾きは緩やかになり，購買可能領域が大きくなる
>   - (2) 第2財の価格の変化
>   - 価格が上昇→傾きは緩やかになり，購買可能領域が小さくなる
>   - 価格が下落→傾きは急になり，購買可能領域が大きくなる
> - ⑦価格が上昇（下落）するときには，購買可能領域が小さく（大きく）なる
> - ⑧所得が増加（減少）するとき，予算制約線は右方（左方）に平行シフトする

No → 本文 p.104 へ戻れ

Yes →【5 効用最大化と需要量の決定】へ進め！

5 効用最大化と需要量の決定

Q1. 効用最大化行動とは何か説明せよ
Q2. 加重限界効用均等の法則の定義を示せ

ポイント・チェック 効用最大化と需要量の決定
- □① 効用最大化行動とは，予算制約条件の下で，効用が最大となる2つの財の組み合わせを選択すること
- □② 限界代替率 $(MRS) = \dfrac{\text{第1財の限界効用}(MU_1)}{\text{第2財の限界効用}(MU_2)} = \dfrac{\text{第1財の価格}(p_1)}{\text{第2財の価格}(p_2)}$
- □③ $\dfrac{\text{第1財の効用}(MU_1)}{\text{第1財の価格}(p_1)} = \dfrac{\text{第2財の効用}(MU_2)}{\text{第2財の価格}(p_2)}$ ←（加重）限界効用均等の法則

No → 本文 p.107 へ戻れ

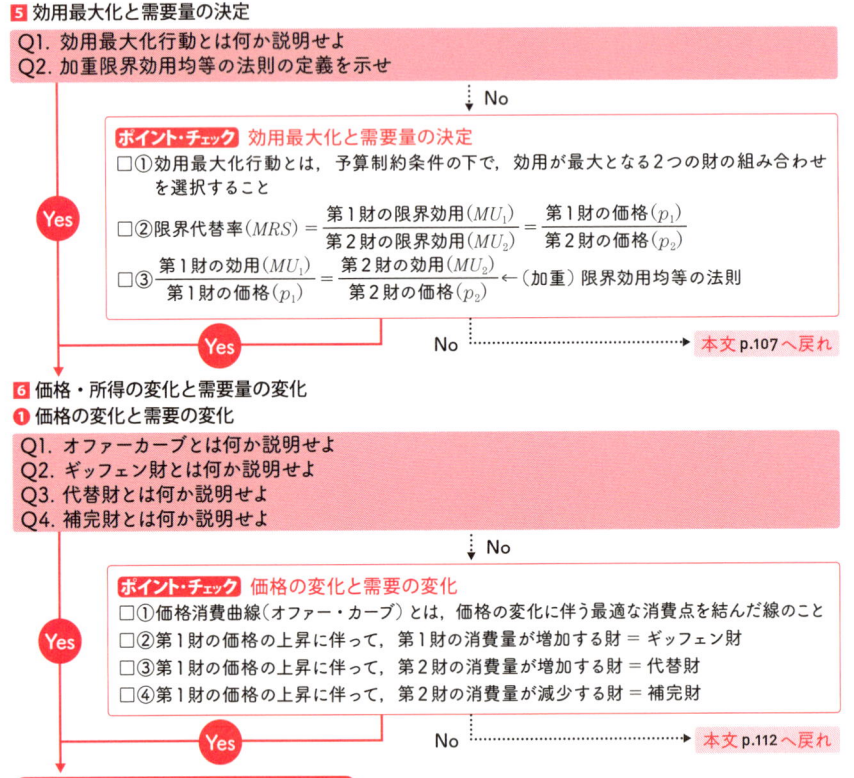

6 価格・所得の変化と需要量の変化

❶ 価格の変化と需要の変化

Q1. オファーカーブとは何か説明せよ
Q2. ギッフェン財とは何か説明せよ
Q3. 代替財とは何か説明せよ
Q4. 補完財とは何か説明せよ

ポイント・チェック 価格の変化と需要の変化
- □① 価格消費曲線（オファー・カーブ）とは，価格の変化に伴う最適な消費点を結んだ線のこと
- □② 第1財の価格の上昇に伴って，第1財の消費量が増加する財 ＝ ギッフェン財
- □③ 第1財の価格の上昇に伴って，第2財の消費量が増加する財 ＝ 代替財
- □④ 第1財の価格の上昇に伴って，第2財の消費量が減少する財 ＝ 補完財

No → 本文 p.112 へ戻れ

【❷ 所得の変化と需要の変化】へ進め！

❷ 所得の変化と需要の変化
Q1. 所得消費曲線とは何か説明せよ
Q2. エンゲル曲線とは何か説明せよ
Q3. 上級財とは何か説明せよ
Q4. 下級財とは何か説明せよ
Q5. 中級財とは何か説明せよ

Yes ↓　　　　　　　　　　↓ No

ポイント・チェック 所得の変化と需要の変化
- □①所得消費曲線とは，所得の変化に伴う最適な消費点を結んだ線のこと
- □②エンゲル曲線とは，縦軸に所得，横軸に財の消費量をとった平面において，その所得で実現できる各財の最適な消費量の組み合わせを描いた線
- □③所得が増加したとき，需要量が増加する財 = 上級財または正常財
- □④所得が増加したとき，需要量が減少する財 = 下級財または劣等財
- □⑤所得の変化に対して，需要量が全く変化しない財 = 中級財または中立財

Yes ↓　　　　　　　　　　No ……▶ 本文 p.117 へ戻れ

2　家計による労働供給量の決定

Q1. 家計の予算制約条件の定義を示せ
Q2. 実質賃金率の定義を示せ
Q3. 消費財と余暇の最適な消費量はどのように決定しているか説明せよ
Q4. 後方屈曲的な労働供給曲線とはどのような曲線か説明せよ

Yes ↓　　　　　　　　　　↓ No

ポイント・チェック 家計による労働供給量の決定
- □①消費財の価格と消費量の積 (px) = 収入の合計 (wL) ← 家計の予算制約条件
- □② $\dfrac{名目賃金率(w)}{消費財の価格(p)}$ = 実質賃金率
- □③限界代替率が実質賃金率に等しくなるように消費財と余暇の最適な消費量を決定している
- □④実質賃金率が上昇すると，労働供給量は増加するため，労働供給曲線は右上がり
- □⑤実質賃金率の上昇が労働供給量を減少する労働供給曲線 = 後方屈曲的な労働供給曲線

Yes ↓　　　　　　　　　　No ……▶ 本文 p.122 へ戻れ

Noの数を数えよう！　　1回目　　2回目　　3回目　　**Noの数を減らしていこう！！！**

第3章 家計の行動　131

用語確認

おぼえたかな？

問題

1. 消費者の欲望，すなわち，満足の度合いを表す方法として，経済学では（　　　）❶という概念が使われます．これは財を消費することから個人が得る満足度を数値で表したものです．

　効用指標と消費する財との関係を表したものを（　　　）❷といいます．また，効用水準が一定となるような財の組み合わせの軌跡を，等しい（無差別に）効用を与える組み合わせの集合という意味で，（　　　）❸といいます．同じ効用を与える点の集合であることから，決して（　　　）❹しません．

　また，（　　　）❸は（　　　）❺の性質をもっています．これは同一の効用を維持しようとすれば，第1財の消費量を増加させた場合，第2財の消費量を減少させなければならないことを意味しています．これを（　　　）❻といいます．

2. 支出額と収入額が等しくなる条件を（　　　）❼といいます．また，価格が上昇するときには，購買可能領域が（　　　）❽という点は重要です．価格上昇によって購買可能領域が（　　　）❾ということは，「価格が上がったら買える量が少なくなる」ということに他なりません．逆に，価格が下落するときは購買可能領域が（　　　）❾なります．そして，合理的に行動する家計は，予算制約条件の下で自らの効用が（　　　）❿になるような2つの財の組み合わせを選択します．これを家計の（　　　）⓫といいます．消費者は，購買が可能で，なおかつ最も効用水準が高くな

解答

❶ 効用

❷ 効用関数

❸ 無差別曲線

❹ 交差

❺ 右下がり

❻ 限界代替率逓減の法則

❼ 予算制約条件

❽ 小さくなる

❾ 大きく

❿ 最大

⓫ 効用最大化行動

るような組み合わせを選択します．これが実現するとき，（　　）₃と（　　）₁₂は接していることがわかります．これは，無差別曲線の接線の傾きである（　　）₁₃と予算制約線の傾きである（　　）₁₄が等しいということと同じです．

⓬ 予算制約線
⓭ 限界代替率
⓮ 相対価格

3. 価格の変化に伴う最適な消費点を結んだ線を（　　）₁₅といいます．価格の変化に伴う需要量の変化によって，様々なケースが考えられます．そのケースごとに財のよび名も変わってきます．第1財をケーキとすると，ケーキが値上がりすると，ケーキの消費分がプリンの消費へと回って，プリンの需要量が増加するかもしれません．このようなとき，プリンはケーキの（　　）₁₆といいます．また，ケーキが値上がりすると，ケーキの需要が減って，牛乳や砂糖の需要が減るかもしれません．このとき，牛乳や砂糖は，ケーキの（　　）₁₇といいます．また，第1財の価格の上昇に伴って，逆に第1財の消費量が増加するような財のことを（　　）₁₈といいます．また，所得の変化も同じように需要量に変化を与えます．所得が増加したとき，需要量が増加する財を（　　）₁₉といい，需要量が減少する財を（　　）₂₀といいます．また，所得の変化に対して需要量が全く変化しない財を（　　）₂₁といいます．

⓯ 価格消費曲線（オファー・カーブ）

⓰ 代替財

⓱ 補完財

⓲ ギッフェン財

⓳ 上級財（正常財）
⓴ 下級財（劣等財）
㉑ 中級財（中立財）

4. 家計による労働供給も予算制約条件の下で効用を最大化することによって求まります．予算制約条件は（　　）₂₂と収入が等しくなるという条件です．収入は，（　　）₂₃に労働を掛けたものとして表されます．また，労働は利用可能な時間から（　　）₂₄を引いたものとして表されます．

㉒ 支出
㉓ 名目賃金率

㉔ 余暇

問題演習

1 最適消費 ★★ (国Ⅱ 1996 改題)

x財とy財を消費するある個人の効用関数が，

$$u = xy^2$$

と示され，この個人の所得は60，x財とy財の価格はそれぞれ2，4とする．またこの個人を所得のすべてをx財，y財を消費するために使うとする．この個人が効用を最大化するとき，各財の需要量はいくらか．

	x財の需要量	y財の需要量
1.	6	12
2.	8	11
3.	10	10
4.	12	9
5.	14	8

▶ 解法の糸口

手順	解き方
❶	予算制約条件を求めよ．
❷	❶を$x_1 = \sim$（または$x_2 = \sim$）の形に変形．
❸	❷で求めたx（またはy）を効用関数に代入．
❹	❸で求めたuをx（またはy）で微分してゼロと置いてx（またはy）を求める．
❺	❹で求まったx（またはy）を❷で求めた予算制約線に代入してy（またはx）を求める．
❻	最適な財の組み合わせ（需要量）が求まる．

▶**解答**　3

▶**解説**
　解法の糸口の❶から❻の手順にしたがって，まず個人の予算制約式を求めましょう．これができないと，この問題は解くことができません．

❶ この個人は，所得のすべてをx財，y財を消費するために使うため予算制約式は，以下のように書くことができます．
$$2x + 4y = 60$$

❷ これをxについて解いてみましょう．すると
$$x = 30 - 2y$$
と書き直すことができます．

❸ 次に❷で求めた$x = 30 - 2y$を効用関数に代入すると，
$$u = (30 - 2y)y^2 = 30y^2 - 2y^3$$
となります．

❹ 最大値を求めるため❸で求めたuをyについて微分してゼロと置くと，
$$u' = 60y - 6y^2 = 0$$
となります．これを解くと，
$$6y(10 - y) = 0$$
より，$y \neq 0$なので，
$$y = 10$$
が求まります．

❺ ❹で求まった$y = 10$を❷で求めた予算制約線に代入してxを求めると，
$$x = 30 - 2 \times 10 = 10$$
となり，

❻ 最適な財の組み合わせ (需要量) が $(x, y) = (10, 10)$
と求まります．よって，正解は選択肢3となります．

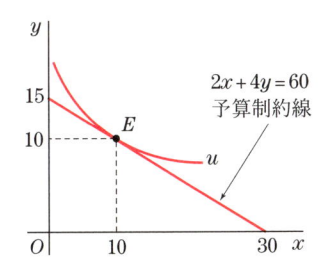

2 価格の変化 ★★ (特別区 1988)

図はx, yの2財に一定額を支出している消費者の無差別曲線である．x財の価格が下落して，予算制約線がシフトして，均衡点が変化した．このとき，代替効果と所得効果を示す変化として正しいのはどれか．

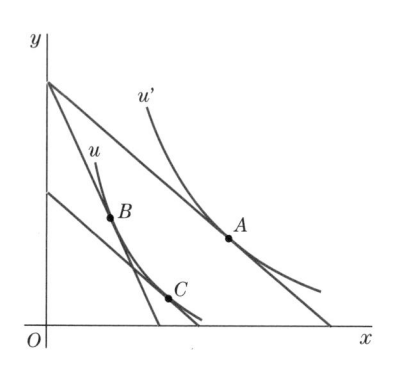

	代替効果	所得効果
1.	AからB	BからC
2.	AからC	CからB
3.	CからB	AからC
4.	BからC	AからB
5.	BからC	CからA

▶ 解法の糸口

図の読み方がすべて．
(1) 代替効果とは，一定の効用水準を維持するときの，価格変化による消費量の変化．
(2) 所得効果とは，価格の変化による実質所得の変化が財の消費に与える影響．

▶**解答** 5

▶**解説**
　まず代替効果を考えてみましょう．代替効果とは，一定の効用水準を維持するときの，価格変化による消費量の変化です．いま，x財の価格が下落したとき，効用水準が一定のもとでxの需要量は増加，y財の需要量は減少します．よって代替効果によりまず均衡点はBからCへ移ります．

　次に所得効果を考えましょう．所得効果とは，価格の変化による実質所得の変化が財の消費量に与える影響です．いま，x財の価格が下落したため実質所得は増加します．実質所得の増加により効用水準は増加（右上にシフト）するため，所得効果により均衡点はCからAへ移ります．

　よって正解は5となります．

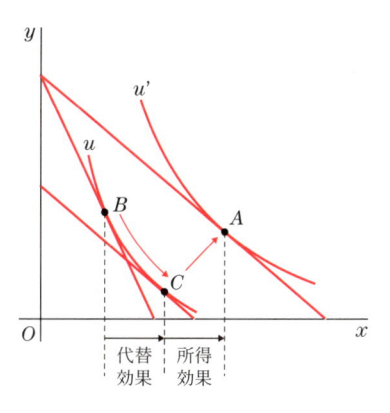

3 価格の変化 ★★★ (国Ⅱ 1993 改題)

ある個人は所得のすべてをx財とy財の消費に支出するものとする．またx財は上級財，y財は下級財であるとする．いま，y財の価格のみが上昇したとすると，この消費者のx財とy財の需要量はどう変化するか．以下の記述のうち，正しいものはどれか．

1. x財の需要量は，代替効果によって増加し，所得効果によって減少する．
2. x財の需要量は，代替効果によって増加し，所得効果によって増加する．
3. y財の需要量は，代替効果によって増加し，所得効果によっても増加する．
4. y財の需要量は，代替効果によって減少し，所得効果によっても減少する．
5. y財の需要量は，代替効果によって増加し，所得効果によって減少する．

▶解法の糸口
(1) 上級財（所得が増加すると需要が増加する財），下級財（所得が増加すると需要が減少する財）の関係からまず図を作成．
(2) 次にy財の価格のみが下落した状況を作図して代替効果と所得効果による変化を読み取る．

▶**解答** 1

▶**解説**
　まず「x財は上級財，y財は下級財である」状況を図示してみよう．所得が増加したときに，需要量が増加する財を上級財，需要量が減少する財を下級財といいます．これを図示すると，以下のようになります．

(i)

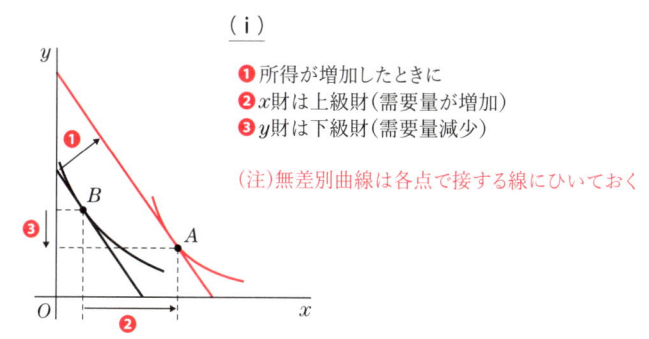

❶所得が増加したときに
❷x財は上級財(需要量が増加)
❸y財は下級財(需要量減少)

(注)無差別曲線は各点で接する線にひいておく

　次に，「y財の価格のみが上昇した状況」を作図し，選択肢の正誤を確認していけばよいのです．

(ii)

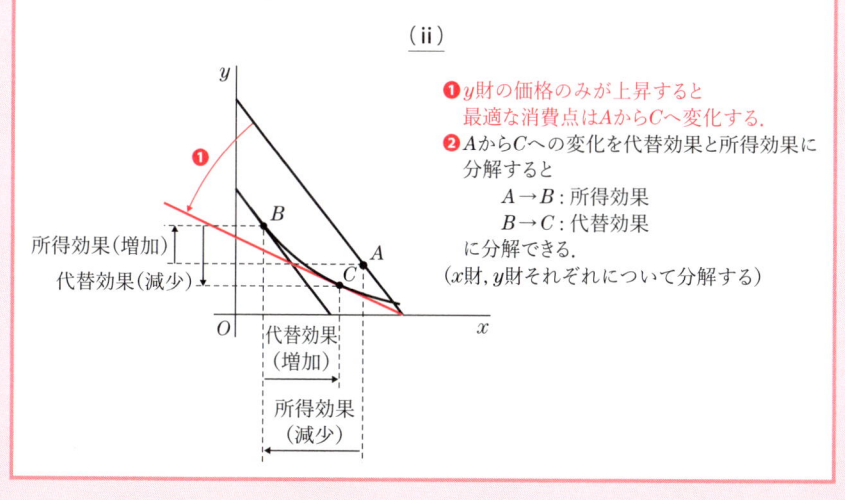

❶y財の価格のみが上昇すると最適な消費点はAからCへ変化する．
❷AからCへの変化を代替効果と所得効果に分解すると
　　$A \to B$：所得効果
　　$B \to C$：代替効果
に分解できる．
(x財，y財それぞれについて分解する)

第3章 家計の行動　139

1…◯　その通り．
2…×　y 財の価格が上昇したとき，代替効果により x 財の需要量は増加しますが，所得効果により需要量は減少します．
3, 4, 5…×　y 財の価格が上昇したとき，代替効果により y 財の需要量は減少します．また y 財は下級財であるため，所得効果により需要量は増加します．

4 最適消費 ★★★ (国Ⅱ 1992)

x財とy財を消費するある個人の効用関数が，

$u = xy$

で示されるとする．この個人が当初x財とy財を20個ずつ所有しており，各財の価格は，x財が2，y財が1とする．この消費者が行う市場での取引のうち正しいものはどれか．ただしこの個人は当初，所得を全くもっておらず，各財はそれぞれの市場で自由に売買できるものとする．

1. x財を5個購入し，y財を10個売却する．
2. x財を3個購入し，y財を6個売却する．
3. x財，y財ともに売買しない．
4. x財を5個売却し，y財を10個購入する．
5. x財を3個売却し，y財を6個購入する．

▶解法の糸口

(1)「各財の価格と数量を掛け合わせたもの＝所得」が糸口
(2) 予算制約線が出せればあとは

手順	解き方
❶	予算制約条件を求めよ．
❷	❶を$x =$ ~（または$y =$ ~）の形に変形．
❸	❷で求めたx（またはy）を効用関数に代入．
❹	❸で求めたuをx（またはy）で微分してゼロと置いてx（またはy）を求める．
❺	❹で求まったx（またはy）を❷で求めた予算制約線に代入してy（またはx）を求める．
❻	最適な財の組み合わせ（需要量）が求まる．

で解ける．

▶**解答**　4

▶**解説**

　まず個人の予算制約式について考えてみよう．個人は当初，所得をもっておらず，x財，y財を市場で売却することで得た収入を，x財，y財の購入にあてます．したがって，この個人の所得は，

　　所得＝x財の価格×当初もっていたx財の数量＋y財の価格×
　　　　　当初もっていたy財の数量

　　　＝$2 \times 20 + 1 \times 20 = 60$

なので，個人の予算制約式は以下のように書けます．

　　$2x + y = 60$

ここまでできれば，あとは**解法の糸口**の (2) の手順❷以降の手続きで解いていけばよいのです．

❷求めた予算制約式 $2x + y = 60$ を y について解きます．

　　$y = -2x + 60$

❸この変形した予算制約式を効用関数に代入すると，

　　$u = x(-2x + 60) = -2x^2 + 60x$

　となります．

❹最大値を求めるため，効用関数 $-2x^2 + 60x$ を x について微分してゼロと置くと，

　　$u' = -4x + 60 = 0$

　　$x = 15$

　となります．

❺❷で求めた $y = -2x + 60$ に $x = 15$ を代入することによって，

　　$y = 30$

　を求めることができます．

❻最適な財の組み合わせ（需要量）が $(x, y) = (15, 30)$

と求まります.

したがって，当初，x財を20個，y財も20個もっていたので，この個人が効用を最大化するのであれば「x財を5個売却し，y財を10個購入する」ことになります.

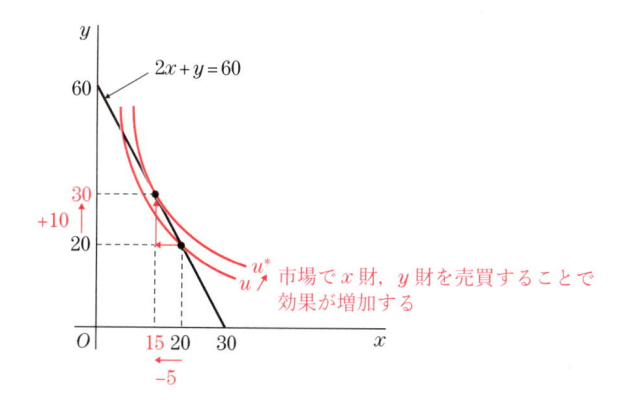

Chapter 4: Firm Behavior

第 **4** 章

企業の行動

POINT

この章で学ぶ内容

第4章では以下の内容を学習します．
❶ 企業による財の供給量の決定
費用の概念，費用関数，利潤最大化と財の供給量の決定
❷ 企業による労働需要量の決定
生産関数，利潤最大化と労働需要量の決定

この章のポイント

❶ 費用の概念について学習します．ここでは，**総費用，平均費用，限界費用**などについて理解することが重要です．

❷ 企業の**利潤**は，**利潤＝総収入－総費用**と表されます．生産量を増やせば総収入は増えますが，同時に総費用も増加してしまいます．ですから企業は，費用関数で表される技術的な制約の下で，利潤を最大化するように財の最適な生産量（供給量）を決めようと考えます．

❸ 企業が利潤最大化行動を行うことによって，市場で決まる価格と自社の限界費用とが等しくなるように財の供給量が決定されます（**完全競争市場での利潤最大化条件（生産物市場）**）．

❹ **生産関数**とは，**生産要素**の投入量と，**生産量**との間の**技術的な関係**を表しています．投入する労働を1単位追加的に増加させたとき，それに伴って変化する生産量の変化分を労働の**限界生産性**といい，企業は利潤を最大化すべく，限界生産性が実質賃金率に等しくなるように労働需要量を決定します（**完全競争市場での利潤最大化条件（生産要素市場）**）．

これが理解できれば合格

利潤・総収入・総費用（費用関数）・可変費用・固定費用・平均費用・限界費用・完全競争市場での利潤最大化条件（生産物市場）・生産関数・限界生産性・完全競争市場での利潤最大化条件（生産要素市場）

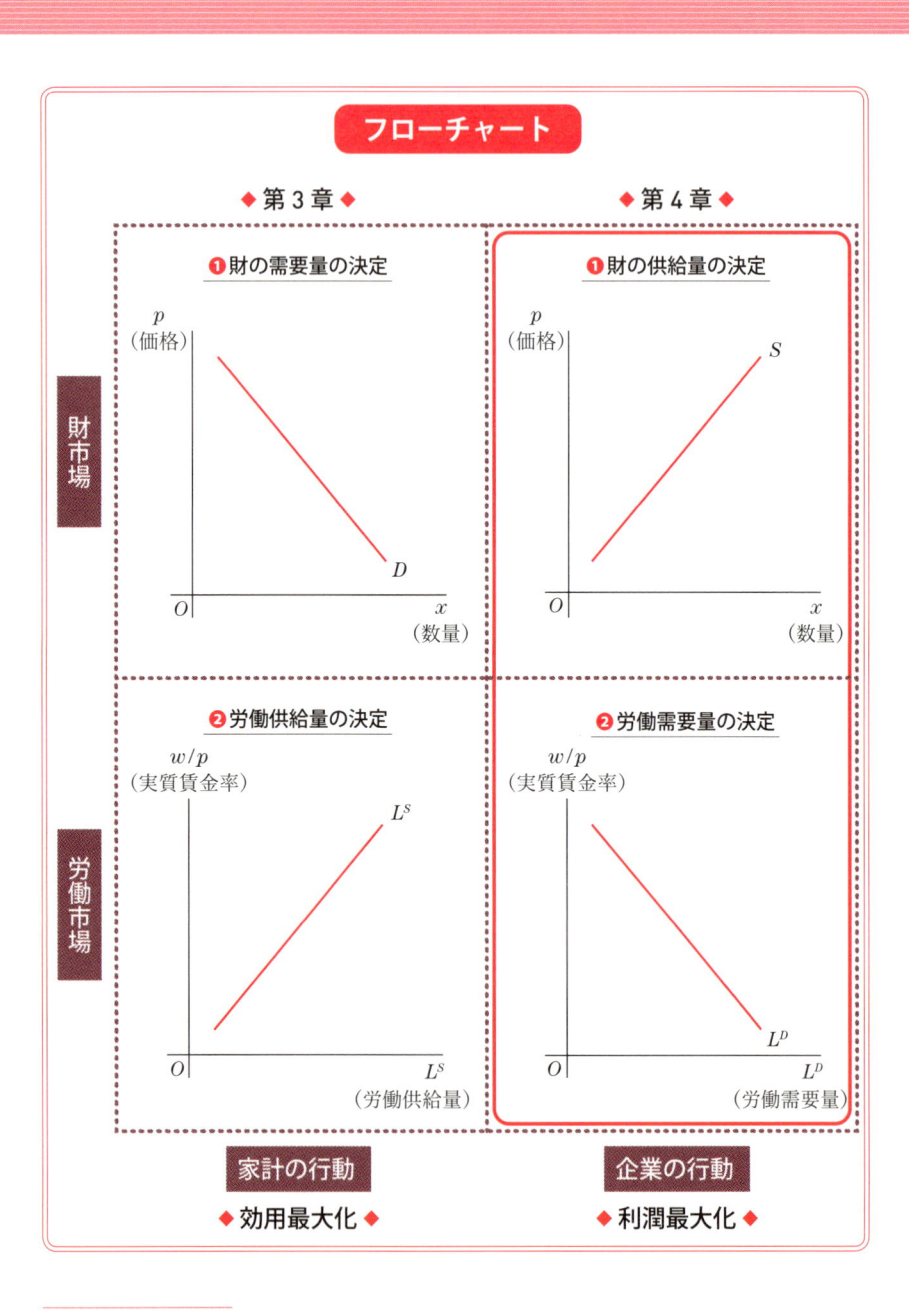

POINT

フローチャート

◆第3章◆

❶ 財の需要量の決定

縦軸: p（価格）、横軸: x（数量）、右下がりの需要曲線 D

❷ 労働供給量の決定

縦軸: w/p（実質賃金率）、横軸: L^S（労働供給量）、右上がりの L^S 曲線

◆第4章◆

❶ 財の供給量の決定

縦軸: p（価格）、横軸: x（数量）、右上がりの供給曲線 S

❷ 労働需要量の決定

縦軸: w/p（実質賃金率）、横軸: L^D（労働需要量）、右下がりの L^D 曲線

財市場／労働市場

家計の行動 ◆効用最大化◆

企業の行動 ◆利潤最大化◆

chapter 4 Firm Behavior

はじめに

第3章では家計の行動について学習しました．家計は「予算制約の下で効用を最大化する」という行動仮説をもとに財市場では財を需要し，労働市場では労働を供給していました．ここでは，もう1つの経済主体，**企業**（firm）について学習しましょう．

企業の行動を考えるときには，パン屋さんのオーナーや，会社の経営者などをイメージするとわかりやすいと思います．彼らは，財市場にどれだけ財を供給すればよいのか考えていますし，労働市場ではどれだけ労働を需要しようか考えています．

企業が，財を供給したり，労働を需要したりする意思決定を行う際に最も重要となるのは，家計の行動と同様に，価格や賃金率です．企業は市場で決まった価格をもとにどれだけのバッグやネクタイ，機械部品などを生産（供給）しようか考えていますし，また，何人のアルバイトを雇うか，時給（名目賃金率）をみながら決定します．

この章では，企業が，価格をもとにどのように財の供給量を決定するか（企業による財の供給量の決定），また，賃金率をもとにどのように労働の需要量を決定するのか考えていきます．

1 企業による財の供給量の決定

経済学における**企業**（firm）は，**生産技術**（production technique）の制約の下で**利潤**（profit; π）を最大化するような合理的な行動をとる経済主体です．利潤とは，財を生産し，供給することで得られた**総収入**（total revenue; TR）から，生産にかかった**総費用**（total cost; TC）を引いた

利潤（π）＝**総収入**（TR）－**総費用**（TC）

と定義されます．

総収入は，財の価格（p）と生産量（x）の積で現れます．たとえば，学園祭で1皿500円の焼きそばを100皿売り上げれば，総収入は$TR = 500 \times 100 = 50{,}000$

円ということになりますね．これを記号で表せば，

　　総収入(TR)＝財の価格×生産量＝px

となります．

　他方，総費用は生産にかかったすべての費用を表しています．ただし，この章で学習する費用に関しては，本章の1と2では，費用に対する考え方・視点がちょっと違うので注意が必要です．

　図4-1をみてください．パン屋さんのオーナーが何やら悩んでいますね．オーナーはもちろん利潤を最大化します．その際，考え方として，「何個のパンを作ったら利潤が最大化されるのかな？」という視点と，もう1つ，「何人雇ったら利潤が最大になるのかな？」という視点の2つの見方があります．

　1では，**財の生産量に応じてどれだけ費用がかかったか**，という生産物の視点で考えます．これは，図4-1の「何個のパンを作ったら利潤が最大化されるのかな？」という視点に該当します．この場合，費用の概念に生産技術が含まれます．詳しくは後述しますが，総費用(TC)を生産量(x)に依存して決まる**費用関数**(cost function; $C(x)$)という形で表すのです．このとき総費用は，

　　総費用(TC)＝費用関数＝$C(x)$

となりますから，企業の利潤は，

　　利潤(π)＝総収入(TR)－総費用(TC)＝$px-C(x)$

となります．

　利潤の式をみると，総収入にも総費用にも生産量(x)が入っていますね．生産量を増やせば総収入は増えますが，同時に総費用も増加してしまいます．ですから企業は，費用関数で表される技術的な制約の下で，利潤を最大化するように財の最適な生産量(供給量)を決めようと考えるのです．

　これに対して2では，**生産に使われる生産要素にいくら支払うのか**という点に注目して費用を考えます．これは，図4-1の「何人雇ったら利潤が最大になるのかな？」という視点で費用を考えていることになります．

　企業は，利潤が最大となるように，財市場では財の最適な生産量(供給量)を決定し[1]，労働市場(＝生産要素市場)では最適な労働需要量(雇用者数)を決定しているのです[2]．

---

[1] 1で学習します．

図4-1 悩めるパン屋さんのオーナーの利潤最大化

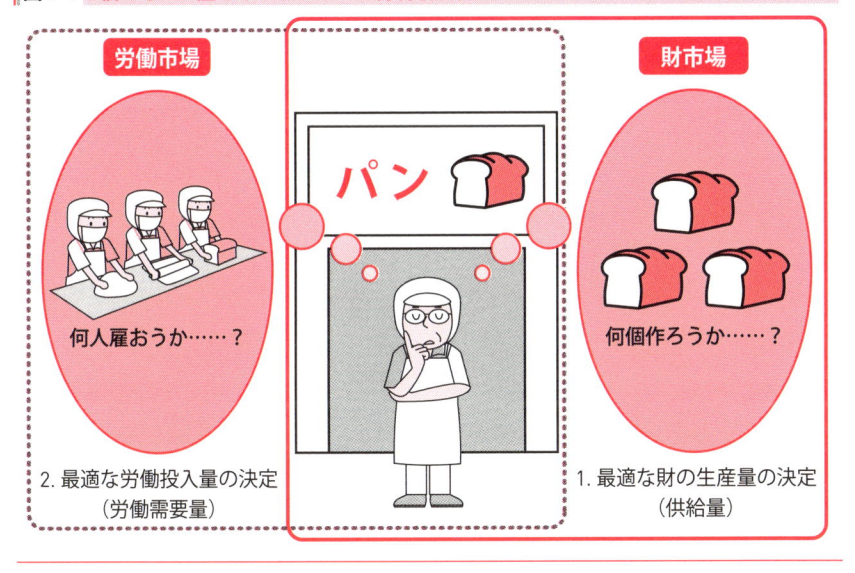

労働市場
何人雇おうか……？
2. 最適な労働投入量の決定（労働需要量）

財市場
何個作ろうか……？
1. 最適な財の生産量の決定（供給量）

ポイント・チェック　企業による財の供給量の決定

❶ 利潤（π）＝総収入（TR）－総費用（TC）＝$px - C(x)$
❷ 総収入（TR）＝財の価格（p）×生産量（x）
❸ 総費用（TC）＝費用関数＝$C(x)$
❹ 企業による財の供給量の決定と労働需要量の決定では，費用に対する考え方・視点が違う

1 経済学における費用

　総費用という概念が出てきましたが，経済学における費用の概念には，大きく分けて2つあります．**直接費用**（direct cost）と**間接費用**（indirect cost）です．直接費用とは，経済活動に伴う実質的な費用です．先の例にも挙げましたよう

---

2) **2**で学習します．

第**4**章 企業の行動　151

に，企業が雇用すれば，労働の対価として賃金を払わねばなりませんし，設備などの資本を借りれば，それに対する支払いをしなければなりません．皆さんが大学に入って講義を受ける際にかかる，入学金や学費なども直接費用です．

これに対して間接費用とは，ある経済活動を行った際に失われた収益機会を表します．奥歯にものの挟まったような言い方ですが，たとえば，皆さんは，大学の授業に出るという経済活動を行うと同時に，アルバイトや仕事の機会を犠牲にします．講義を休んでアルバイトをすれば，もしかしたら時給1,000円をもらえたかもしれません．間接費用とは，失われた収益を表すことから**機会費用**（opportunity cost）ともいいます．

ポイント・チェック　経済学における費用

❶ 費用の概念には，直接費用と間接費用の2つの概念がある
❷ 間接費用とは，失われた収益を表すことから機会費用ともいう

COLUMN 4-❶　R. コース「企業の本質」

皆さんは「企業」というと，「総務部」や「営業部」，「人事課」や「庶務課」などといった組織を思い浮かべるかもしれません．企業はなぜこのような組織を形成するのでしょうか．

第2章で登場した**アダム・スミス**（Adam Smith, (英), 1723年〜1790年）は，『国富論』（1779年）の中でピン工場の例を挙げ，**分業**（division of labor）の利益について述べました．18の行程に分かれるピンの生産について，すべての工程を1人で行うよりも，それぞれが工程を分担すれば，より多くの生産を行うことができることを例示しました．これを念頭に置けば，「企業がより多くの利益を得るためには，企業の行う業務をいくつかの部局に分けた方がいいんじゃないの？」と思う人もいるかもしれませんね．

しかし，これでは，分業のメリットは説明できても，なぜ，「企業」という組織形態で生産した方がよいのかという疑問への解答にはなりません．

先に挙げたピン工場の例では,「針金を伸ばす工程」,「まっすぐにする工程」,「切断する工程」,「先をとがらす工程」……という18の工程すべてを1つの工場内で行っていますが,この工程の一部分を他の企業にお願いすることも可能なはずです.そうであるにもかかわらず,なぜ,企業内でこれを行っているのでしょうか.

　この疑問に答えたのが,**R. コース**[3] (Ronald H. Coase, (米), 1910年〜) です.彼は1937年に「企業の本質」という論文を発表しました.彼は機会費用の概念をベースとした**取引費用** (transaction cost) という概念を用いて,「企業を設立することがなぜ有利かという主要な理由は,価格メカニズムを利用するための費用が存在する,ということにあるように思われる」と主張しました.ピン工場の例を挙げれば,ピン工場内で工程間分業を行うべきか,外部に委託するべきか (つまり一部の工程で得られる製品を,市場を通じて入手するかどうか) という決断は,そのどちらがより少ない費用で実現できるかによるとコースは考えたのです.取引費用の大小比較によって,たとえば,「企業内ですべての生産工程を行うか,それとも,一部を外注 (アウト・ソーシング) するか」といった問題や,「問屋制家内工業か,工場制手工業 (マニュファクチュア) か」といった問題も理論的に説明ができます[4].

---

[3] R. コースは制度上の構造と経済機能における取引コストと財産権の発見と明確化が称えられて1991年にノーベル経済学賞を受賞しました.「企業の本質」は,Coase, R. H. (1937) "The nature of the firm," *Economica*, Vol. 4, No. 16, pp. 386–405に掲載されました.この論文は,Coase, R. H. (1988) *The Firm, the Market, and the Law*, University of Chicago Press, pp. 33–55 (邦訳:宮沢健一・後藤晃・藤垣芳文 (1992)『企業・市場・法』東洋経済新報社,pp. 39–64) にも収録されています.

[4] 日本のマニュファクチュアの発生は江戸時代後期から明治初期にかけて桐生,足利,結城など北関東の絹織物や,大阪,尾張の綿織物などでみられたというのが通説となっています.ただし,これは単に分業の利益や取引費用の大小関係だけでないことが荒井 (1974) によって指摘されています.生産技術を隠す目的で作業場に板囲いをして外部から見えないようにし,労働者を作業場に囲い込んでいたことが,結果として問屋制家内工業から工場制手工業への転換を促進させたとしています.しかし,理由はどうであれ,分業に基づく協業の一貫作業がこの時期に始まったことは事実であり,これをもって「日本のマニュファクチュア時代」とみなしてよいと結論づけていて面白いです (荒井孝昌 (1974)「桐生絹織物業におけるマニュファクチュアについて」『三田商学研究』第17巻第1号,pp. 114-132).

2 費用関数

　まず，企業による財の供給量がいかにして決定されるか考えるために，財の生産量に応じて費用がどれだけかかったか考えてみましょう．

　生産量 (x) と総費用 (TC) との間の関係を費用関数 (cost function; $C(x)$) といい，

　　総費用 (TC) ＝費用関数＝$C(x)$

で表します．

　総費用は，生産活動が活発になるにつれて増加していく**可変費用** (variable cost; $VC(x)$) と，生産活動とは無関係にかかる**固定費用** (fixed cost; FC) から構成されています．たとえば，パン屋さんを始めようと思っても，最初に店舗やオーブンなどの設備 (資本) を用意しなければなりませんよね．このような初期費用も固定費用に入ります．総費用と可変費用，固定費用との間には，

　　総費用 (TC) ＝$C(x)$＝$VC(x)$＋FC

という関係があります[5]．たとえば，総費用関数が $TC=2x^3-3x^2+5$ と表されているときには，可変費用は $VC(x)=2x^3-3x^2$ となり，固定費用は $FC=5$ となります．これは，生産量 (x) がゼロであっても固定費用として常に5だけかかる，ということを意味しています．

　縦軸に総費用，横軸に生産量をとった平面にこの費用関数を図示すると，一般に，図4-2のような**逆S字型** (inverse S-shaped cost function) になります[6]．この曲線を**総費用曲線** (total cost curve) といいます．生産量がゼロであっても固定費用がかかるので，縦軸は固定費用と交わっています．生産量が増加するにつれ

---

[5] 経済学の世界では，すべての生産要素 (資本や労働) が調整可能となる期間を長期 (long-run) といい，調整可能ではない生産要素がある期間を短期 (short-run) といいます．固定費用があるということは，短期の世界を考えている，ということになります．したがって，長期の場合には，**総費用** (TC) ＝$C(x)$＝$VC(x)$ となります．

[6] 費用曲線の形状については，なぜこのような逆S字型になるのかと疑問をもたれる方もいるかもしれません．このような逆S字型を想定しているのは，生産量が増加するにつれて，最初は追加的な費用があまりかからないけれども，生産量がさらに増加していくと，追加的な費用が急激に増えていくという仮定を置いているからです．費用関数の形状は様々です．直線の場合も，またS字型の場合もあり得ますが，あくまでも「一般的にこうなる」というような意味合いで理解しておくとよいでしょう．

図4-2

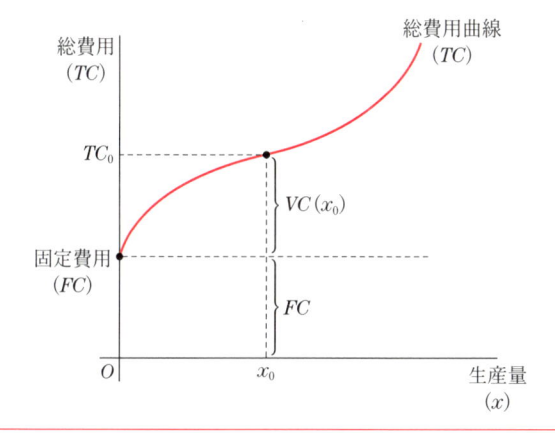

総費用 (TC) / 総費用曲線 (TC) / TC_0 / $VC(x_0)$ / 固定費用 (FC) / FC / O / x_0 / 生産量 (x)

て，総費用は緩やかに増加していきますが，途中から総費用が急増しているのがわかると思います．

生産量を1単位追加的に変化させると，それに伴って総費用が増加します．これを**限界費用**（marginal cost; MC）といいます．**限界費用は総費用曲線の接線の傾きと同じ**です．これを図示したのが図4-3上図です．限界費用が総費用曲線の傾きを表していることから，限界費用は，総費用を生産量で微分することによって求めることができます．記号で書くと，

$$MC = \frac{dTC}{dx}$$

となります．たとえば，総費用関数が $TC = 2x^3 - 3x^2 + 5$ で表されるとき，この費用関数上の点 x_0 における限界費用は $MC = 6x_0^2 - 6x_0$ となります．たとえば，生産量が $x_0 = 2$ のときの限界費用は，$MC = 6(2)^2 - 6(2) = 12$ となります．総費用曲線が右肩上がりに描かれているということは，限界費用が正であることと同じです．また，総費用曲線が逆S字型をしているということは，最初は生産量の増加に伴って限界費用が減少し[7]，その後，生産量の増加に伴って限界費用が増加[8]していることを意味しています[9]．

---

[7] これを限界費用が**逓減**（decreasing）しているといいます．

図4-3

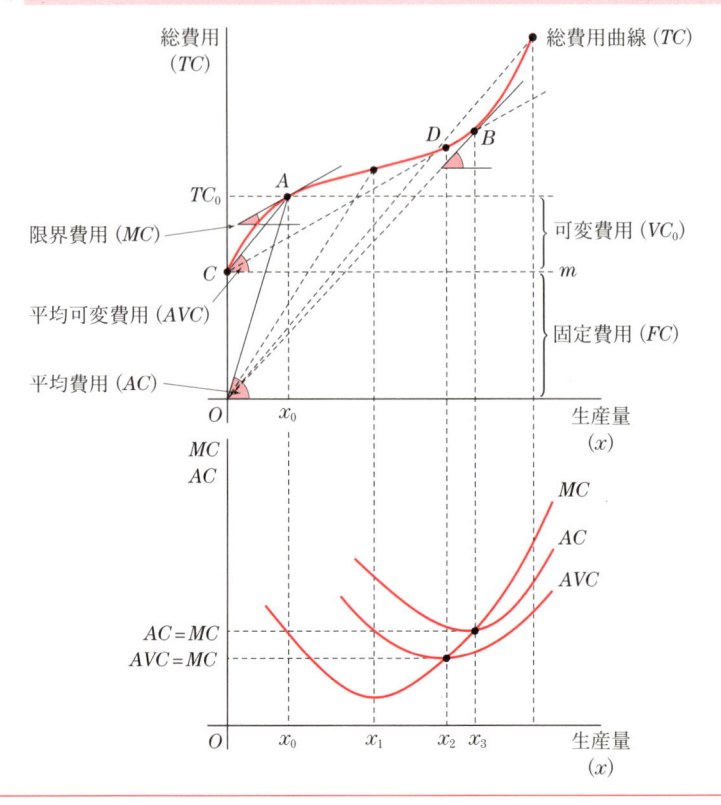

縦軸に限界費用をとった平面を考えたのが図4-3下図です．限界費用が逓減から逓増へと変化していることから，限界費用曲線はU字型となります．

これに対して，生産量1単位あたりどれだけの生産費用がかかるかを考えた概念を**平均費用**（average cost; AC）といいます．限界費用が「生産量を追加的に1単位追加したときの費用」であるのに対し，平均費用は「生産量1単位あたりの費用」を意味しています．この違いは重要です．平均費用は，総費用を生産量で割ることによって求められます．記号で書くと，

---

8) これを限界費用が**逓増**（increasing）しているといいます．
9) 限界費用が逓減から逓増へ変わる点を**変曲点**（inflection point）といいます．

$$AC = \frac{TC}{x}$$

と表せます．たとえば，総費用関数が $TC = 2x^3 - 3x^2 + 5$ で表されるとき，平均費用は $AC = (2x^2 - 3x + 5)/x$ となります．図 4-3 をみてください．生産量が x_0 のとき，総費用は TC_0 となっていますね．このときの平均費用は，$AC = TC_0/x_0$ です．これは，ちょうど，**原点と総費用曲線上の点（A）を結んだ線分と横軸との作る傾きと同じ**です．原点と総費用曲線上の様々な点を結んでいくと，平均費用（傾き）は，最初は減少していきますが，点 B を過ぎると増加に変わっていくのがわかります．このため，縦軸に平均費用をとった平面を考えた図 4-3 下図のように，平均費用曲線も U 字型をしています．また，点 B では平均費用が，総費用曲線上の接線の傾き（つまり，限界費用）と等しくなっていることがわかります．これは，**限界費用曲線が平均費用曲線の最下点で交わっている**ことを意味しています．

また，前述しましたように，総費用は可変費用と固定費用に分けることができます．生産量 1 単位あたり，どれだけの可̇変̇費用がかかるかを考えた概念を**平均可変費用**（average variable cost; AVC）といいます．平均可変費用は，可変総費用を生産量で割ることによって求められます．記号で書くと，

$$AVC = \frac{VC}{x}$$

と表せます．再び図 4-3 をみてください．平均費用の考え方と同じように，今度は可変費用についてその平均値を求めるのです．たとえば，生産量が x_0 のとき，可変費用は VC_0 となっています．このとき平均可変費用は，$AVC = VC_0/x_0$ です．これは，ちょうど，点 C と総費用曲線上の点（A）を結んだ線分と，横軸に水平な図中の直線 m とが作る傾きと同じです．

平均可変費用（傾き）は，最初は減少していきますが，点 D を過ぎると増加に変わっていくのがわかります．このため，平均費用曲線も U 字型となっています．また，点 D では平均可変費用が，総費用曲線上の接線の傾き（つまり，限界費用）と等しくなっていることがわかります．これは，**限界費用曲線が平均可変費用曲線の最下点で交わっている**ことを意味しています．また，生産量が x_0 のときの平均可変費用と平均費用を比べると，（傾きの大小を比較しても明らかなよう

に,) 平均可変費用の方が (固定費用がない分) 小さくなっているのがわかりますね. つまり, 平均可変費用曲線は, 平均費用曲線よりも下方に位置することになります.

> **ポイント・チェック 費用関数の特徴**
>
> ❶ 費用関数とは, 生産量と総費用との間の関係を表したもの
> ❷ 総費用 (TC) = 費用関数 ($C(x)$) = 可変費用 ($VC(x)$) + 固定費用 (FC)
> ❸ 総費用曲線 (縦軸に総費用, 横軸に生産量をとった平面に費用関数を図示したもの) は, 一般に, 逆S字型になる
> ❹ 限界費用→生産量を1単位追加的に変化させたときの総費用の増分
> ❺ 限界費用 (MC) = $\dfrac{dTC}{dx}$ = 総費用曲線の接線の傾き
> ❻ 平均費用→生産量1単位あたりの生産費用
> ❼ 平均費用 (AC) = $\dfrac{総費用\,(TC)}{生産量\,(x)}$
> ❽ 平均可変費用→生産量1単位あたりの可変費用
> ❾ 平均可変費用 (AVC) = $\dfrac{可変費用\,(VC)}{生産量\,(x)}$
> ❿ 平均費用 (AC) = 原点と総費用曲線上の点を結んだ線分と横軸の傾き
> ⓫ 平均可変費用 (AVC) = 可変費用の原点と総費用曲線上の点を結んだ線分と, 横軸に水平な固定費用の直線とが作る傾き
> ⓬ 限界費用曲線, 平均費用曲線, 平均可変費用曲線は, U字型の曲線になっている
> ⓭ 平均可変費用曲線は, 平均費用曲線より下方に位置している

COLUMN 4-❷ 経済学における長期と短期

費用関数における固定費用は具体的には何を指すのでしょうか. 固定費用とは, 生産量がゼロであってもかかる費用です. 本文でも述べましたが, パン屋さんにおける店舗や設備といった**資本** (capital) は, 生産量がゼロであっても必要となる費用です. しかし, こうした費用が発生するのは, 資本を調整するだけの十分な時間的余裕がないという前提に立っています.

経済学では，資本や**労働**（labor）を，生産に使われるものという意味で**生産要素**（production factor）といいますが，すべての生産要素が調整可能となるだけの期間を**長期**（long-run）といい，調整できない生産要素——たとえば，固定費用となる資本——があるような期間を**短期**（short-run）といいます．長期と短期という概念は，具体的な時間の長さを意味しているのではない点に注意が必要です．

また，長期の総費用曲線は，原点を通る逆S字型となり，短期の総費用曲線の**包絡線**（envelope）となっています．このため，長期の平均費用曲線も短期の平均費用曲線の包絡線となっています[10]．

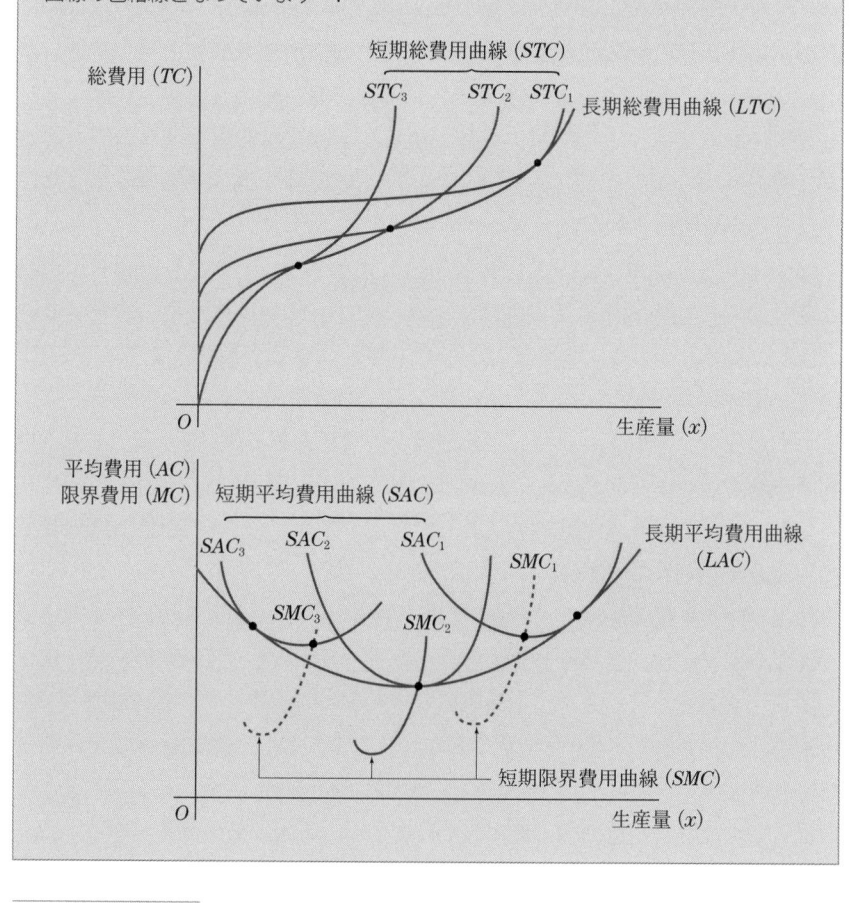

---

10) なぜ包絡線となるかについては，ミクロ経済学の教科書，たとえば，西村和雄（1995）『ミクロ経済学入門』（岩波書店）などを参照してください．

3 利潤最大化と財の供給量の決定

すでに述べましたように，企業は利潤を最大化する経済主体です．利潤（π）は，

利潤（π）＝総収入（TR）－総費用（TC）

ですから，財の価格をp，生産量をx，費用関数を$C(x)$とすると，

利潤（π）＝$px - C(x)$

と表されます．生産量を増やせば増やすほど総収入は増加しますが，それに伴って総費用も増加します．企業にとって最適な生産量はいくらでしょうか．図4-4をみてください．縦軸に総収入をとり，横軸に生産量をとった平面において，総収入（TR）は$TR = px$なので，傾きpで原点を通る直線（比例のグラフ）として描かれます．この図に，前節で学習した総費用曲線を重ねます．すると，利潤は，総収入と総費用の差ですから，その差が一番大きくなるような生産量こそが最適な生産量ということになります．

図4-4からもわかるように，利潤が最大となるのは，傾きpの総収入曲線と平行な線mが総費用曲線と接するときです．直線mの傾きは，総費用曲線に接していることから，限界費用（MC）に等しいことがわかります．つまり，価格と限界費用が等しくなるとき，企業は利潤を最大化する生産量（x^*）を決定していることがわかります．この最適な生産量を財の供給量（supply）といいます．繰り返しになりますが，企業は，市場で決まる価格と，自社の限界費用とが等しくなるように供給量を決定しているのです．$p = MC$を**完全競争市場での利潤最大化条件**（生産物市場）といいます．

市場で与えられる価格と，自社の限界費用が一致するように財の供給量を決めるということは，市場価格が変化したとき，それに伴って財の供給量が変化することを意味しています．市場価格と供給量の間の関係を，**供給曲線**（supply curve; S）といいます．第2章でも学習しましたように，一般的には右上がりに描かれます．

図4-5には財の供給曲線が描かれていますが，市場価格が与えられると限界費用に等しくなるような供給量が選ばれることから，限界費用曲線は供給曲線に等しくなる点も重要です[11]．

供給曲線が右上がりになることは，直観的に理解できますが，数値例を用い

図4-4

総収入 (TR)
総費用 (TC)

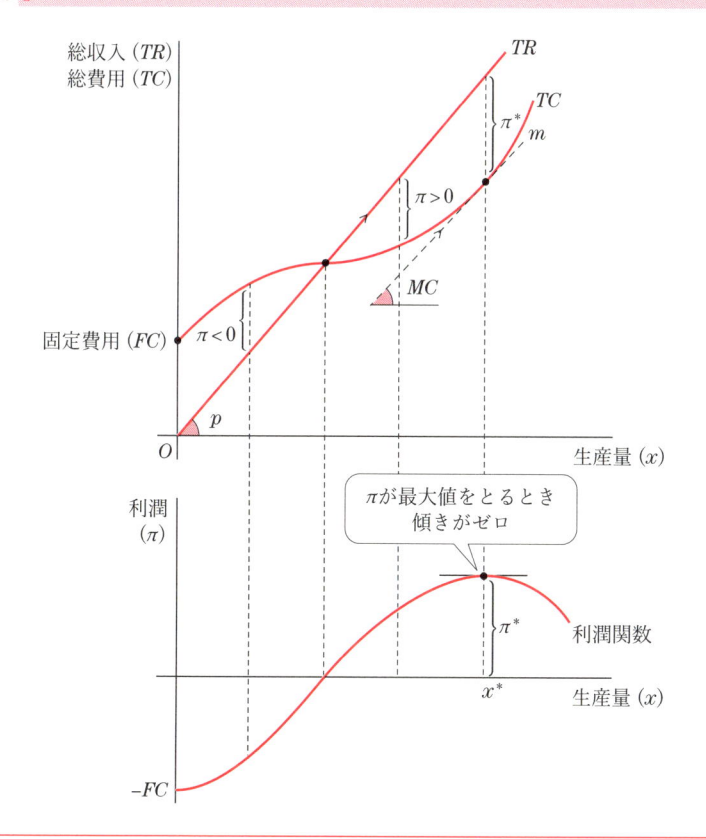

TR
TC
π^*
m
$\pi > 0$
MC
固定費用 (FC)
$\pi < 0$
p
O
生産量 (x)

利潤 (π)

πが最大値をとるとき傾きがゼロ

π^*
利潤関数
x^*
生産量 (x)

$-FC$

11) ただし，厳密には，供給曲線は平均可変費用 (AVC) の最低点より右上の限界費用曲線上を指します．また，AVCの最低点より低い部分では（生産を行わないので），縦軸上の直線となります．これを，**短期の供給曲線** (short-run supply curve) といいます．一方，企業の参入・退出が自由な長期においては，平均費用 (AC) の最低点より低い点では生産を行いません．なぜなら，参入しても得られる利潤がマイナスならば企業はそもそも参入しないからです．よって，**長期の供給曲線** (long-run supply curve) は，ACの最低点より右上の限界費用曲線上に現れ，ACの最低点より低い部分では（生産を行わないので），縦軸上の直線となります．これを，長期の供給曲線といいます．詳しくはCOLUMN 4-❹を参照ください．

図4-5

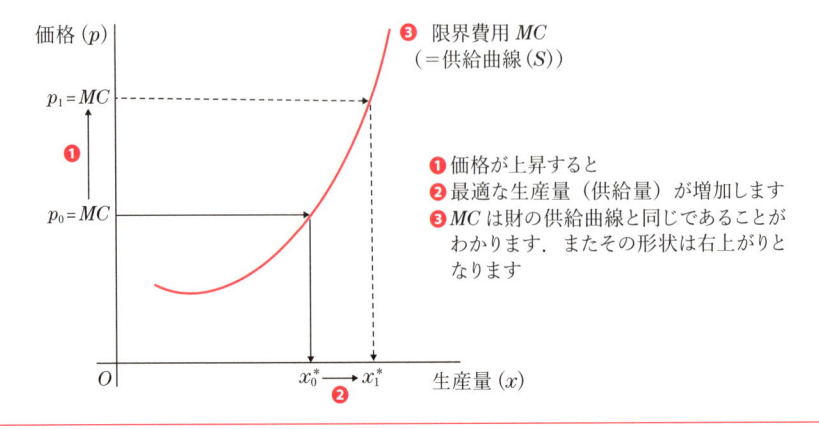

価格 (p)

$p_1 = MC$

$p_0 = MC$

限界費用 MC
（＝供給曲線（S））

❶ 価格が上昇すると
❷ 最適な生産量（供給量）が増加します
❸ MC は財の供給曲線と同じであることがわかります．またその形状は右上がりとなります

O　　x_0^*　x_1^*　生産量 (x)

て考えるとより具体的になります．たとえば，市場価格を p，生産量を x，費用関数を $C(x) = 2x^3 - 3x^2 + 5$ とするとき，利潤を最大化する生産量は，価格と限界費用が等しくなることから，$p = 6x^2 - 6x$ となります．これより供給量 x を求めてみましょう．$p = 6x^2 - 6x$ を，$6x^2 - 6x - p = 0$ と変形するとこれは二次方程式．$x > 0$ であることに注意をすれば，二次方程式の解の公式[12)]から供給曲線の式は，

$$x = \frac{1}{2} + \frac{\sqrt{9+6p}}{6}$$

となります．p が 0，1，2，3……と増加していくと，明らかに x は増加していますね．つまり，価格が上昇することによって，供給量が増加していくことがわかり，右上がりの供給曲線が導かれます[13)]．これを図示したのが図4-6です．

---

12) 二次方程式 $ax^2 + bx + c = 0, (a \neq 0)$ の解は $x = \dfrac{-b \pm \sqrt{b^2 - 4ac}}{2a}$ で表されます．詳しくは中学校の数学の教科書を参照ください．

13) 供給曲線 $x = \dfrac{1}{2} + \dfrac{\sqrt{9+6p}}{6}$ を p で微分すると，$\dfrac{dx}{dp} = \dfrac{1}{2\sqrt{9+6p}} > 0$ となるので，価格が上昇すると供給量が増加することが確かめられます．

図4-6

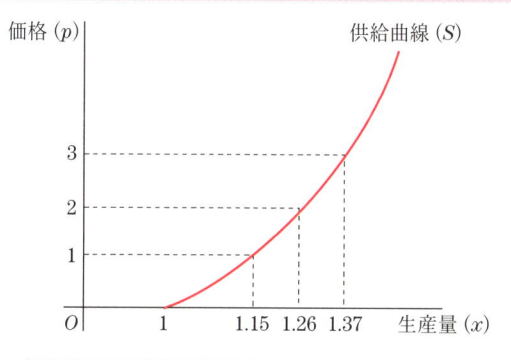

p	0	1	2	3	…
x	$\frac{1}{2}+\frac{\sqrt{9}}{6}$ $=1$	$\frac{1}{2}+\frac{\sqrt{15}}{6}$ $\fallingdotseq 1.15$	$\frac{1}{2}+\frac{\sqrt{21}}{6}$ $\fallingdotseq 1.26$	$\frac{1}{2}+\frac{\sqrt{27}}{6}$ $\fallingdotseq 1.37$	…

ポイント・チェック 利潤最大化と財の供給量の決定

❶ 利潤が最大となるのは，総収入曲線と平行な線が総費用曲線と接するときで，総収入曲線と平行な線の傾きは，限界費用に等しい
❷ 生産物市場での利潤最大化条件は，価格＝限界費用である
❸ 限界費用曲線は供給曲線に等しくなる

COLUMN 4-❸ 計算による最適生産点(供給量)の求め方

　利潤を最大化する生産量は，代数的には利潤 $(\pi)=px-C(x)$ を生産量 x で微分してゼロと置くことによって求めることができます．これは，利潤が最大となるとき，利潤関数の傾きがゼロとなることを応用しています．
　たとえば，財の価格を $p=36$，生産量を x，費用関数が $C(x)=2x^3-3x^2+5$ と表されるとき，利潤を最大化する生産量は以下の手順で求めることができます．

手順	解き方	解
❶	利潤(π)を導きます.	利潤(π) $= px - C(x)$ $= 36x - (2x^3 - 3x^2 + 5) = -2x^3 + 3x^2 + 36x - 5$
❷	❶で求めたπをxについて微分してゼロと置き,最適な生産量(供給量)x^*を求めます.	$\pi' = -6x^2 + 6x + 36 = 0$より,$-6(x^2 - x - 6) = 0$なので,これを因数分解すると,$-6(x-3)(x+2) = 0$となります. 生産量$x$は必ず正の数なので,これを満たす最適な生産量(供給量)x^*は,$x^* = 3$となります.

参考までにこれを図示すると,以下のようになります.

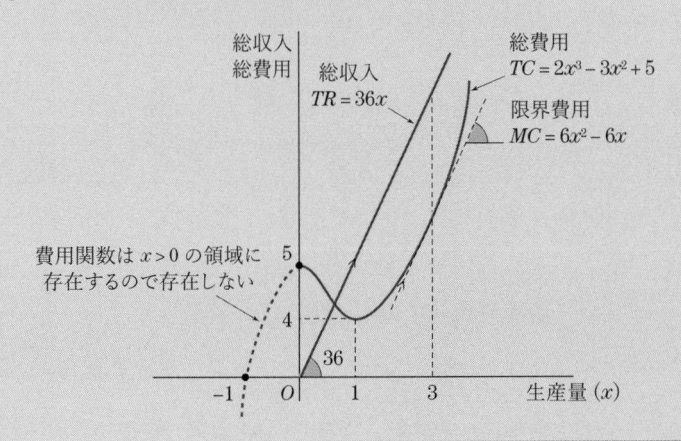

総収入
総費用

総収入
$TR = 36x$

総費用
$TC = 2x^3 - 3x^2 + 5$

限界費用
$MC = 6x^2 - 6x$

費用関数は$x > 0$の領域に存在するので存在しない

5

4

36

-1　O　1　3　　生産量(x)

COLUMN 4-❹　損益分岐点と操業停止点

　企業が利潤を最大化するとき,価格と限界費用が一致するところで生産量(供給量)を決定することを学習しました.しかし,あまりに価格が低いと企業は生産を行いません.少し難しく聞こえるかもしれませんが,実は,「価格＝限界費用」という利潤最大化条件は,企業が利潤を最大化する生産量を求めるための**必要条件**(necessary condition)であって,**十分条件**(sufficient condition)ではないからです[14].つまり,利潤を最大化するといっても,その利潤が正になるという保証はないのです.
　上の図をみてください.いま,価格がp_0で与えられたとしましょう.この価格の下で利潤を最大化する生産量は$p_0 = MC$となるような生産量x_0です.ここで,企

業の総収入が価格×生産量であったことを思い出しましょう．価格p_0でx_0だけ生産している状況での総収入は，$p_0 \times x_0$となります．つまり，

　　総収入＝□Op_0Cx_0の面積

となります．また，企業がx_0だけ生産するときの平均費用はAC_0です．平均費用の定義は，総費用（TC）を生産量で割ったもの（$AC=TC/x$）ですから，x_0だけ生産している状況での総費用は，$AC_0 \times x_0$となります．つまり，

　　総費用＝□OAC_0Dx_0の面積

です．利潤の定義は利潤（π）＝総収入（TR）－総費用（TC）でしたから，

　　利潤＝総収入－総費用
　　　　＝□Op_0Cx_0の面積－□OAC_0Dx_0の面積
　　　　＝□p_0AC_0DCの面積

となります．

価格（p）が平均費用（AC）よりも高いとき，利潤は常に正になります．しかし，価格が平均費用を下回ると利潤は消失してしまいます．中央の図では，価格が平均費用と平均可変費用（AVC）の間にある状況が描かれています．このとき，□p_1AC_1FEの損失が発生していることがわかります．価格と平均費用が一致する点を**損益分岐点**（break-even point）といいます．図ではそれぞれA点で表されています．この価格以下になると，企業がこの市場に新規に参入することはありません．しかし，すでに参入している企業は，すでに投入した固定費用が回収できるので，生産を続けることになります．企業が生産を停止するのは価格と平均可変費用が一致する水準で，これを**操業停止点**（shut-down point）といいます．図ではそれぞれB点で表されています．それぞれ，利潤と総収入，総費用がどのようになっているか確認してみてください．

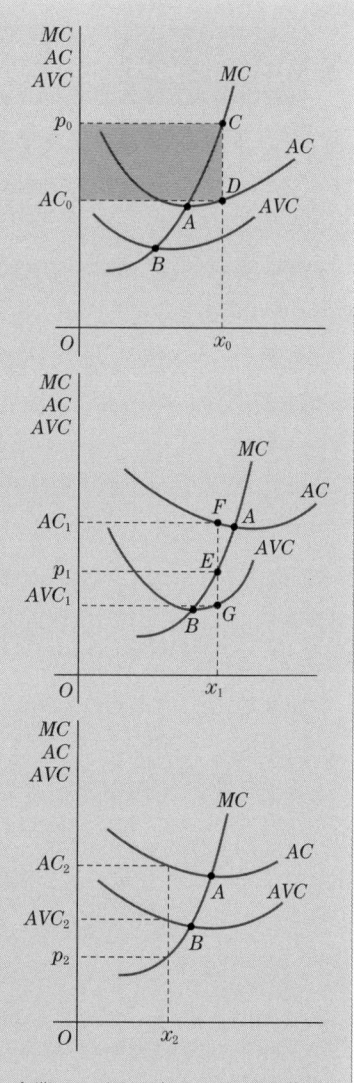

2 企業による労働需要量の決定

1では，**利潤を最大化する生産量はいくらなのか**について考えました．これに対して，この節では，**利潤を最大化する労働投入量はいくらなのか**について考えます．

前節においては，企業の利潤（π）は，価格をp，生産量をx，費用関数を$C(x)$とすると，

利潤（π）＝総収入（TR）－総費用（TC）＝$px - C(x)$

と表せましたね．費用関数は生産量の関数になっている点を覚えておいてください．

これに対して，この節では，費用関数の代わりに生産要素にどれだけ支払ったかをもって費用と考えます．たとえば，生産要素が労働（L）のみの場合，労働者を雇用したときに発生する総費用は，名目賃金率（w）と労働（L）の積で表されます．名目賃金率を時給と考えると，1,000円で5時間働けば，総費用はTC＝1,000×5＝5,000円ということになりますね．これを記号で表せば，

総費用（TC）＝名目賃金率（w）×労働（L）＝wL

となります．

しかし，前節では費用関数の中に含まれていた生産技術の制約がこれには表されていませんね．企業が直面する生産技術の制約は，生産物の生産過程に反映されます．この生産過程を**生産関数**（production function; $x=f(L)$）で表します．

---

14)「企業が利潤を最大化している（A）」ならば「価格＝限界費用が成り立つ（B）」という命題は，$A \Rightarrow B$と書きます．このとき，BはAの必要条件，AはBの十分条件といい，両方が成り立っている場合，**必要十分条件**（necessary and sufficient condition）といいます．たとえば，「ビール」ならば「アルコール飲料」という命題があるとき，「ビール⇒アルコール飲料」と書きます．このとき，「アルコール飲料」というのは「ビール」であるための必要条件ではありますが，十分条件とはいえません．なぜなら，「アルコール飲料」にはウイスキーもあればワイン，焼酎，日本酒，ウォッカ，ジンなど，様々なものが含まれるからです．したがって，「アルコール飲料」ならば，「ビール」は成り立ちません．したがって，十分条件が満たされていない，と考えるのです．包含関係という言葉を知っている読者は，必要条件が十分条件に含まれていると考えればいいでしょう．

このとき企業の利潤は,

利潤（π）＝総収入（TR）－総費用（TC）＝$px-wL=pf(L)-wL$

となります．収入にも総費用にも労働（L）が入っているのがわかると思います．労働投入量を増やせば総収入は増えますが，同時に総費用も増加してしまいます．ですから企業は，生産関数で表される技術的な制約の下で，利潤を最大化するように労働の最適な投入量（需要量）を決めようと考えるのです．

最適な労働需要量を考える前に，生産関数について少し詳しく考えることにしましょう．

ポイント・チェック　企業による労働需要量の決定

❶ 総費用（TC）＝名目賃金率（w）×労働（L）＝wL
❷ 利潤（π）＝総収入（TR）－総費用（TC）＝$px-wL=pf(L)-wL$

---

1 生産関数

生産関数とは，**生産要素の投入量**と，**生産量との間の技術的な関係**（technological relationship between inputs and output）を表すもので，経済学における重要な概念の1つです．投入される生産要素には，労働や資本，土地など様々なものが考えられます．しかし，以下の議論では，話をわかりやすくするために，生産要素が労働1種類だけであると仮定して話を進めましょう[15]．

生産要素が労働（L）のみの場合，生産関数は，

$x=f(L)$

と表されます．これだけでは，ちょっとわかりにくいかもしれませんね．そこで，労働投入量と生産量の間にどのような関係があるか，図を用いて考えてみましょう．

図4-7の上の段には，3つの生産関数が描かれています．（ⅰ）のケースをみてください．生産関数が原点を通る直線として描かれています．これは，投入される労働が1，2，3……と増加するにつれて，生産量が比例的に（この図では

---

[15] 生産要素が2種類ある場合についてはCOLUMN 4-❻を参照ください．

図4-7 様々な生産関数

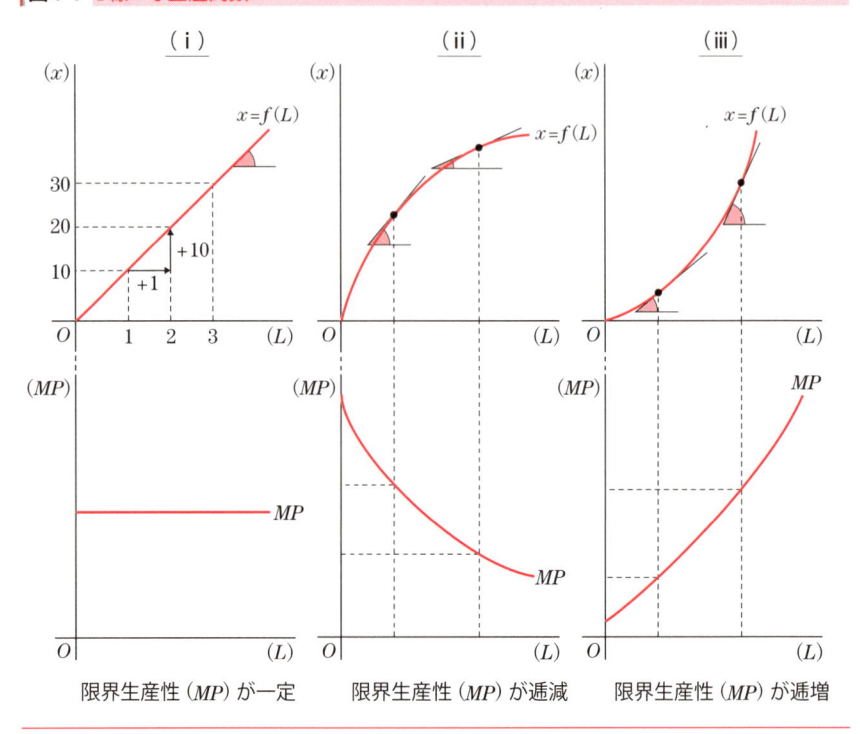

(ⅰ) 限界生産性 (*MP*) が一定
(ⅱ) 限界生産性 (*MP*) が逓減
(ⅲ) 限界生産性 (*MP*) が逓増

例として10, 20, 30……) と増加しているのがわかります.

投入する生産要素（ここでは労働）を1単位追加的に増加させたとき，それに伴って変化する生産量の増分を，**限界生産性**（marginal product; *MP*）といいます. ここでは労働しか投入されていませんから，より厳密には**労働の限界生産性**（marginal product of labor; *MPL*）といえます. **限界生産性は，生産関数上の接線の傾きと同じ**です.

労働の限界生産性の概念を用いると，図4-7の上の段に描かれた（ⅰ）から（ⅲ）の生産関数は，それぞれ，労働の限界生産性が（ⅰ）一定のケース，（ⅱ）逓減するケース，（ⅲ）逓増するケース，ということができます. それぞれの限界生産性 (*MP*) 曲線は，図4-7の下に描かれたように，横軸（労働）に（ⅰ）水平，（ⅱ）右下がり，（ⅲ）右上がりに描かれます.

> **ポイント・チェック** 生産関数の特徴
>
> ❶ 生産関数とは，生産要素の投入量と，生産量との間の技術的な関係を表すもの
> ❷ 限界生産性とは，投入する生産要素を1単位追加的に増加させたとき，それに伴って変化する生産量の増分
> ❸ 限界生産性は，生産関数上の接線の傾きを表す

COLUMN 4-❺ 規模に関する収穫

生産要素が2つのとき——たとえば，労働 (L) に加えて資本 (K) がある場合には，生産関数 (F) は，

$$x = F(K, L)$$

という形になります．いま，この生産関数の資本 (K) と労働 (L)，それぞれを同じ倍率 (α) で増やしたとしましょう．すると，$F(\alpha K, \alpha L)$ となりますね．このとき，出てくる生産量はどうなっているでしょうか．

$$F(\alpha K, \alpha L) = \alpha^k x$$

となるとき[16]，もし $k = 1$ ならば，

$$F(\alpha K, \alpha L) = \alpha x$$

となります．生産要素の投入量をそれぞれ同時に2倍，3倍……としたとき，産出量も2倍，3倍……となる場合，生産関数は**規模に関して収穫一定** (constant returns to scale) であるといいます[17]．$k > 1$ ならば，**規模に関して収穫逓増** (increasing returns to scale) といい，$k < 1$ ならば，**規模に関して収穫逓減** (decreasing returns to scale) といいます．

たとえば，生産関数が，

$$x = K^{0.4} L^{0.6}$$

と表されたとしましょう．このとき，K と L をそれぞれ α 倍すると，

$$x = (\alpha K)^{0.4} (\alpha L)^{0.6} = \alpha^{(0.4+0.6)} (K^{0.4} L^{0.6}) = \alpha^1 x$$

となります．α についている指数の1は $k = 1$ を表しているので，この関数は規模に関して収穫一定の生産関数であることがわかります．

---

16) この生産関数を k **次同次関数**といいます．
17) 1次同次関数ともいいます．

2 利潤最大化と労働需要量の決定

企業は生産関数で表される技術制約のもとで，利潤を最大化します．その利潤（π）は，価格をp，生産量をx，名目賃金率をw，労働をLとし，生産関数を$x=f(L)$とすると，

利潤（π）＝総収入（TR）－総費用（TC）＝$px-wL=pf(L)-wL$

で表せました．生産関数の限界生産性 —— これは生産関数上の接線の傾きで表されました —— が逓減するケースを考えると，利潤は，**総収入（TR）＝$pf(L)$と総費用（TC）＝wL**との差ですから，図4-8に示したπの大きさということになります．企業は，このπが最大となるように，労働投入量（労働需要量）を決定するのです．

図4-8からも明らかなように，最大となる利潤π^*が得られるのは，原点を通る直線で表されている総費用（TC）＝wLの傾きである名目賃金率（w）と，総収入（TR）＝$pf(L)$上の接線の傾き$pf'(L)=pMP$[18]とが等しくなるように労働投入量を選んだときです．つまり，$w=pMP$が成り立つように労働投入量を選んだとき，企業は利潤を最大化できるのです．この条件$w=pMP$を整理すると，

$$MP = \frac{w}{p}$$

となります．w/pは，名目賃金率を価格（物価）で除したもので，**実質賃金率**（real wage rate）とよばれているものです．企業は利潤を最大化すべく，**限界生産性が実質賃金率に等しくなるように**労働需要量を決定しているのです．$MP=w/p$を**完全競争市場での利潤最大化条件（生産要素市場）**といいます．

企業は，限界生産性（MP）が実質賃金率（w/p）に等しくなるように労働需要量を決定します．すでに図4-7（ⅱ）で示したように，限界生産性が正で逓減することを考えると，限界生産性曲線は右下がりに描かれます．実質賃金率を構成している名目賃金率（w）および財の価格（p）はそれぞれ労働市場，財市場で決定されるものであり，完全競争市場においては企業がこれを決める

---

[18] 価格×限界生産性で表されるpMPを，**限界生産物価値**（value of the marginal product）ということもあります．

図4-8

総収入 (TR)
総費用 (TC)

価格 (p) × 限界生産性 (MP)

$TC = wL$

pMP

$TR = pf(L)$

π^*

π

w

O　L_0　L^*　労働 (L)

利潤 (π)

π　π^*

O　L_0　L^*　労働 (L)

π

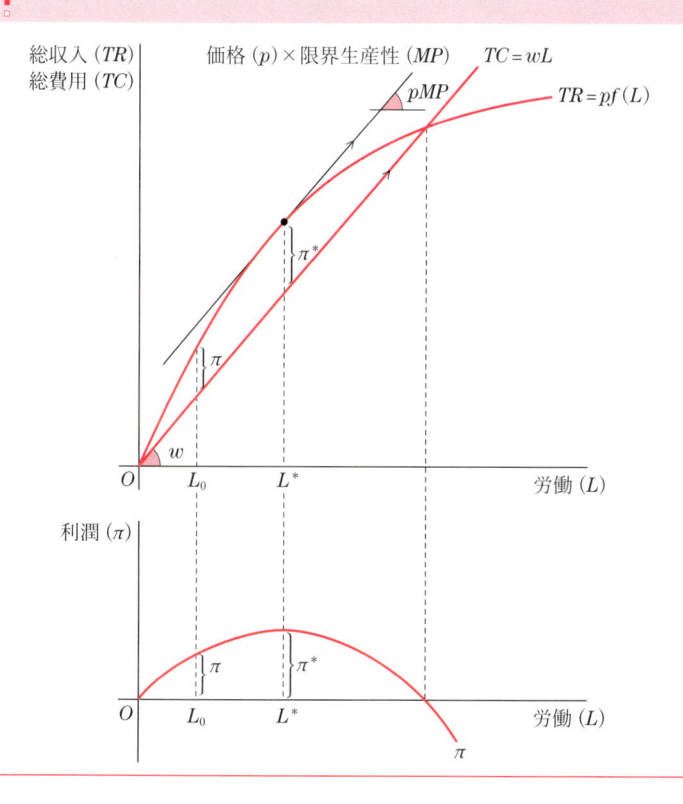

図4-9

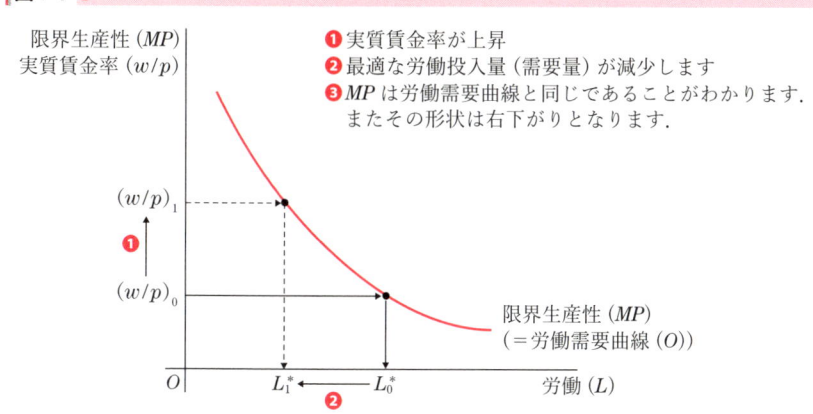

限界生産性 (MP)
実質賃金率 (w/p)

❶ 実質賃金率が上昇
❷ 最適な労働投入量（需要量）が減少します
❸ MP は労働需要曲線と同じであることがわかります．またその形状は右下がりとなります．

$(w/p)_1$

❶

$(w/p)_0$

限界生産性 (MP)
（＝労働需要曲線 (O)）

O　L_1^*　L_0^*　労働 (L)

❷

第4章 企業の行動

ことはできません．したがって，図4-9に示したように，右下がりの限界生産性曲線と，労働 (L) をとった横軸に水平な実質賃金率水準 (w/p) とが一致するところ（交わるところ）で企業が利潤を最大化する労働需要量 (L^*) が決まります．たとえば，実質賃金率が $(w/p)_0$ で与えられるとき，企業の労働需要量は L_0^* となります．

実質賃金率が与えられたとき，労働需要量が決定することから，労働の限界生産性曲線は労働需要曲線とみなすことができます．実質賃金率が $(w/p)_0$ から $(w/p)_1$ へと上昇すると，労働需要量も L_0^* から L_1^* へと減少します．生産関数において，限界生産性が逓減するときには，右下がりの労働需要曲線を得ることができます．

ポイント・チェック 利潤最大化と労働需要量の決定

❶ $w=pMP$ が成り立つような労働投入量を選んだとき，利潤を最大化できる
❷ 限界生産性 (MP) = $\dfrac{\text{名目賃金率}(w)}{\text{価格}(p)}$ = 実質賃金率
❸ 生産要素市場での利潤最大化条件は，限界生産性＝実質賃金率である
❹ 労働の限界生産性曲線は労働需要曲線に等しくなる

COLUMN 4-6 生産要素が2つある場合の利潤最大化と要素需要量の決定

生産要素が労働 (L) だけではなく資本 (K) もある場合，企業の生産関数は，$x=F(K, L)$ となります．名目賃金率を w，資本レント[19]を r とすると，利潤 (π) は，

利潤 (π) ＝総収入 (TR) －総費用 (TC) ＝ $px-(rK+wL)=pF(K, L)-(rK+wL)$

となります．企業は，利潤を最大化するように生産要素 (K や L) の投入量（需要量）を決定します．具体的には，利潤を資本 (K) および労働 (L) で微分したものがゼ

---

[19] 資本1単位借りるときに必要な費用のことです．通常は**名目利子率** (nominal interest) が使われます．

ロとなるように資本や労働の需要量を決定します[20]．つまり，

$$p\frac{\partial F(K,L)}{\partial K} - r = 0$$

$$p\frac{\partial F(K,L)}{\partial L} - w = 0$$

が成り立つように資本や労働を決定します．ここで用いられている∂はデルタとか，パーシャルとよばれている記号で，$\partial F(K,L)/\partial K$とは，資本（$K$）で生産関数$F(K,L)$を偏微分したことを表しています．また，$\partial F(K,L)/\partial K$は資本の限界生産性に他なりませんから，$\partial F(K,L)/\partial K = MP_K$と表すことにしましょう．同様に，労働の限界生産性$\partial F(K,L)/\partial L$も，$\partial F(K,L)/\partial L = MP_L$と表すことにすると，上式は，

$$pMP_K = r$$
$$pMP_L = w$$

となります．この2つの関係から比をとると，

$$(MP_L)/(MP_K) = w/r$$

という関係が導き出されます．したがって，生産要素が2つある場合，企業が利潤を最大化するならば，**限界生産性の比**（MP_L/MP_K）**が要素価格比**（w/r）**に等しくなるように生産要素**（資本（K）および労働（L））**の投入量を決定する**ことがわかるのです．

また，生産量を一定としたとき——たとえば，生産量を$x=10$とするとき，生産関数は$x=F(K,L)=10$となりますね．この生産量$x=10$を実現するための資本と労働の組み合わせは無数に描くことができます．同じ生産量を実現する資本と労働の組み合わせの軌跡を，**等量曲線**（isoquant）といいます．図には等量曲線が描かれています．この等量曲線上の点で，たとえば，労働を増加させると，同じ生産量$x=10$を維持するためには，資本を減らさなければなりません．ある生産要素（ここでは労働）を1単位増加したとき，同じ生産量を維持するために犠牲となる他の生産要素（ここでは資本）の量を**技術的限界代替率**（Marginal Rate of Technical Substitution; MRTS）といい，等量曲線の傾きで表すことができます．この傾きを記号で書くと，dK/dLとなります．

資本や労働が変化したときの等量曲線上の変化をみるために，$x=F(K,L)=10$を

---

[20] 微分するということは，傾きを求めることと同じです．最大値をとるとき，利潤の傾きはゼロとなっていることを利用しているのです．

全微分してみましょう．すると，

$$dx = \frac{\partial F(K,L)}{\partial K}dK + \frac{\partial F(K,L)}{\partial L}dL = 0$$

となります．$\partial F(K,L)/\partial K = MP_K$ とし，$\partial F(K,L)/\partial L = MP_L$ とすると，上式は，$MP_K dK + MP_L dL = 0$ となりますので，

$$-\frac{dK}{dL} = \frac{MP_L}{MP_K}$$

となります．$-dK/dL = MRTS$ なので，**技術的限界代替率は限界生産性の比に常に等しいことがわかります．**

以上のことから，生産要素が2つある場合，企業が利潤を最大化するならば，以下の関係が成り立つように企業は投入する生産要素の需要量（K^*やL^*）を決定するのです．

$$MRTS = \frac{MP_L}{MP_K} = \frac{w}{r}$$

（技術的限界代替率＝限界生産性の比＝要素価格比）

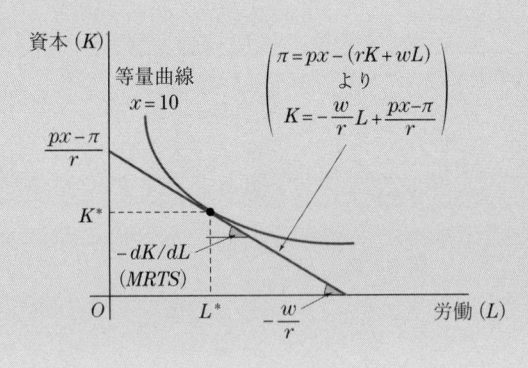

この章では，企業が技術制約の下で利潤最大化を行うことによって，

❶財市場では，財の供給量が決定されて供給曲線が導かれること，

❷労働市場では，労働需要量が決定されて，労働需要曲線が導かれることを学習しました．第3章で学習した家計の行動に対して，企業の行動は馴染みがない分，難しく感じたかもしれません．

ですが，利潤とは何だったのか，費用についてどのように考えたのか，とい

う点さえしっかり理解していれば，この章は理解しやすくなります．完全競争市場では，価格と限界費用が一致するように生産量(供給量)を決定すること，実質賃金率と限界生産性が等しくなるように投入する労働(需要量)を決定すること，この2点は極めて重要です．もう一度しっかり復習しておきましょう．

内容を理解しているかな？

問題に答えられたらYES！　わからなければNO！

1 企業による財の供給量の決定

Q1. 利潤の定義を示しなさい
Q2. 総収入の定義を示しなさい

ポイント・チェック 企業による財の供給量の決定
- □ ① 利潤 (π) ＝ 総収入 (TR) － 総費用 (TC) ＝ $px - C(x)$
- □ ② 総収入 (TR) ＝ 財の価格 (p) × 生産量 (x)
- □ ③ 総費用 (TC) ＝ 費用関数 ＝ $C(x)$
- □ ④ 企業による財の供給量の決定と労働需要量の決定では，費用に対する考え方・視点が違う

→ 本文 p.149 へ戻れ

1 経済学における費用

Q1. 費用の2つの概念を答えなさい
Q2. 間接費用の別名を答えなさい

ポイント・チェック 経済学における費用
- □ ① 費用の概念には，直接費用と間接費用の2つの概念がある
- □ ② 間接費用とは，失われた収益を表すことから機会費用ともいう

→ 本文 p.151 へ戻れ

【2 費用関数】へ進め！

2 費用関数

Q1. 費用関数とは何か説明せよ
Q2. 総費用の定義を示しなさい
Q3. 限界費用と平均費用，平均可変費用とは何か説明せよ
Q4. 限界費用と平均費用，平均可変費用の定義を示しなさい

↓ No

ポイント・チェック 費用関数の特徴

- □① 費用関数とは，生産量と総費用との間の関係を表したもの
- □② 総費用(TC) = 費用関数($C(x)$) = 可変費用($VC(x)$) + 固定費用(FC)
- □③ 総費用曲線(縦軸に総費用，横軸に生産量をとった平面に費用関数を図示したもの)は，一般に，逆S字型になる
- □④ 限界費用 → 生産量を1単位追加的に変化させたときの，総費用の増分
- □⑤ 限界費用(MC) = $\dfrac{dTC}{dx}$ = 総費用曲線の接線の傾き
- □⑥ 平均費用 → 生産量1単位あたりの生産費用
- □⑦ 平均費用(AC) = $\dfrac{総費用(TC)}{生産量(x)}$
- □⑧ 平均可変費用 → 生産量1単位あたりの可変費用
- □⑨ 平均可変費用(AVC) = $\dfrac{可変費用(VC)}{生産量(x)}$
- □⑩ 平均費用(AC) = 原点と総費用曲線上の点を結んだ線分と横軸の傾き
- □⑪ 平均可変費用(AVC) = 可変費用の原点と総費用曲線上の点を結んだ線分と，横軸に水平な固定費用の直線とが作る傾き
- □⑫ 限界費用曲線，平均費用曲線，平均可変費用曲線は，U字型の曲線になっている
- □⑬ 平均可変費用曲線は，平均費用曲線より下方に位置している

Yes ↓　　　No → 本文 p.154 へ戻れ

3 利潤最大化と財の供給量の決定

Q1. 利潤が最大となるときは，どのようなときか説明せよ
Q2. 企業が利潤を最大化する生産量はどのように決定するか説明せよ

↓ No

ポイント・チェック 利潤最大化と財の供給量の決定

- □① 利潤が最大となるのは，総収入曲線と平行な線が総費用曲線と接するときで，総収入曲線と平行な線は，限界費用に等しい
- □② 生産物市場での利潤最大化条件は，価格 = 限界費用である
- □③ 限界費用曲線は供給曲線に等しくなる

Yes ↓　　　No → 本文 p.160 へ戻れ

【2 企業による労働需要量の決定】へ進め！

第4章 企業の行動　177

2 企業による労働需要量の決定

Q1. 総費用の定義を示しなさい
Q2. 利潤の定義を示しなさい

ポイント・チェック 企業による労働需要量の決定
- □① 総費用(TC) ＝ 名目賃金率(w) × 労働(L) ＝ wL
- □② 利潤(π) ＝ 総収入(TR) － 総費用(TC) ＝ $px - wL = pf(L) - wL$

No → 本文 p.166 へ戻れ

1 生産関数

Q1. 生産関数とは何か説明しなさい
Q2. 限界生産性とは何か説明しなさい

ポイント・チェック 生産関数の特徴
- □① 生産関数とは，生産要素の投入量と，生産量との間の技術的な関係を表すもの
- □② 限界生産性とは，投入する生産要素を1単位追加的に増加させたとき，それに伴って変化する生産量の増分
- □③ 限界生産性は，生産関数上の接線の傾きを表す

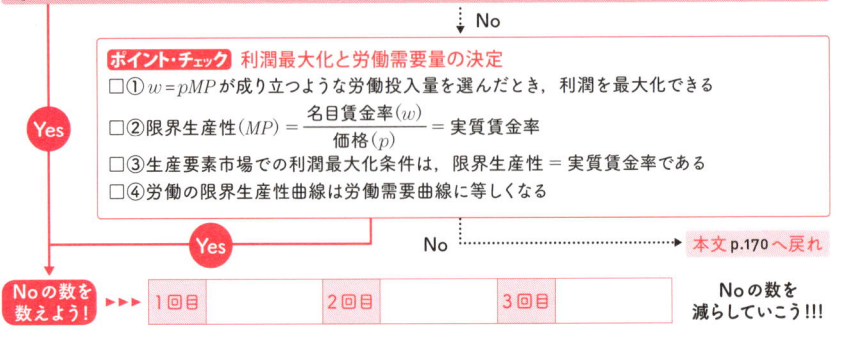

No → 本文 p.167 へ戻れ

2 利潤最大化と労働需要量の決定

Q1. 利潤を最大化できる労働投入はどのようなときか説明しなさい
Q2. 限界生産性の定義を示しなさい

ポイント・チェック 利潤最大化と労働需要量の決定
- □① $w = pMP$ が成り立つような労働投入量を選んだとき，利潤を最大化できる
- □② 限界生産性(MP) ＝ $\dfrac{名目賃金率(w)}{価格(p)}$ ＝ 実質賃金率
- □③ 生産要素市場での利潤最大化条件は，限界生産性 ＝ 実質賃金率である
- □④ 労働の限界生産性曲線は労働需要曲線に等しくなる

No → 本文 p.170 へ戻れ

Noの数を数えよう! ▶▶▶ 1回目 ☐　2回目 ☐　3回目 ☐　　**Noの数を減らしていこう!!!**

用語確認

おぼえたかな？

問題

1. 経済学における企業は，（　　　）❶の制約の下で利潤を最大化するような合理的な行動をとる経済主体です．利潤とは，

$$利潤(\pi) = (　　　)❷ - (　　　)❸$$

と定義されます．

　総収入は，（　　　）❹と（　　　）❺の積で現れ，総収入曲線の傾きは（　　　）❻と等しくなります．

　総費用は，生産活動が活発になるにつれて増加していく（　　　）❼と，生産活動とは無関係にかかる（　　　）❽から構成されています．生産量を1単位追加的に変化させると，それに伴って総費用が増加します．これを（　　　）❾といいます．（　　　）❿は総費用曲線の接線の傾きと同じです．これに対して，生産量1単位あたり，どれだけの生産費用がかかるかを考えた概念を（　　　）⓫といいます．

　企業は，（　　　）⓬で表される技術的な制約の下で，利潤を最大化するように財の最適な（　　　）⓭を決めようと考えるのです．

　利潤が最大となるのは，傾きpの総収入曲線の接線mと（　　　）⓮が接するときです．直線mの傾きは，総費用曲線に接していることから，（　　　）⓯に等しいことがわかります．つまり，（　　　）⓰と（　　　）⓱が等しくなるとき，企業は利潤を最大化する生産量（x^*）を決定することがわかります．

解答

❶ 生産技術

❷ 総収入
❸ 総費用
❹ 財の価格
❺ 生産量
❻ 財の価格
❼ 可変費用
❽ 固定費用
❾ 限界費用
❿ 限界費用
⓫ 平均費用

⓬ 生産関数
⓭ 生産量

⓮ 総費用曲線
⓯ 限界費用
⓰ 価格
⓱ 限界費用

第4章 企業の行動

2. 生産関数とは，生産要素の投入量と，生産量との間の技術的な関係を表すもので，経済学における重要な概念の1つです．投入される生産要素には，労働や資本，土地など様々なものが考えられます．

　投入する生産要素（ここでは労働）を1単位追加的に増加させたとき，それに伴って変化する生産量の増分を，（　　　）⑱といいます．また（　　　）⑲は，生産関数上の接線の傾きと同じです．ある生産要素（ここでは労働）を1単位増加したとき，同じ生産量を維持するために犠牲となる他の生産要素（ここでは資本）の量を（　　　）⑲といい，（　　　）⑳の傾きで表すことができます．

　生産関数とは，（　　　）㉑と，（　　　）㉒との間の技術的な関係を表しています．生産要素が労働の1つだけである場合，企業は（　　　）㉓を最大化すべく，（　　　）㉔が（　　　）㉕に等しくなるように労働需要量を決定しているのです．

⑱ 限界生産性

⑲ 技術的限界代替率
⑳ 等量曲線
㉑ 生産要素の投入量
　（㉒と順不同）
㉒ 生産量（㉑と順不同）
㉓ 利潤
㉔ 限界生産性
㉕ 実質賃金率

問題演習

1 最適生産 ★ (東京都 1990)

下図はある企業の生産物の生産量，総収入，総費用の関係を表している．このとき妥当なのはどれか．

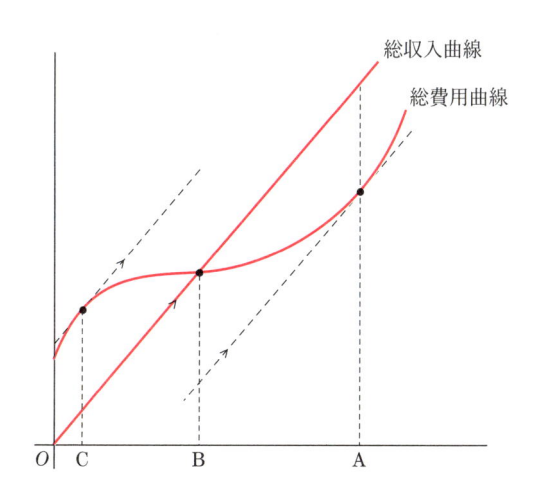

1. 生産量がAのとき，生産物の価格より限界費用が大きく，企業の利潤はマイナスとなる．
2. 生産量がAのとき，生産物の価格と限界費用が等しく，企業の利潤は最大となる．
3. 生産量がBのとき，生産物の価格と限界費用が等しく，企業の利潤は最大となる．
4. 生産量がCのとき，生産量の価格より限界費用が大きく，企業の利潤は最大となる．
5. 生産量がCのとき，生産物の価格と限界費用が等しく，企業の利潤はゼロとなる．

▶**解法の糸口**

❶利潤は,「総収入と総費用の差」.その差が一番大きくなるような生産量が最適な生産量.

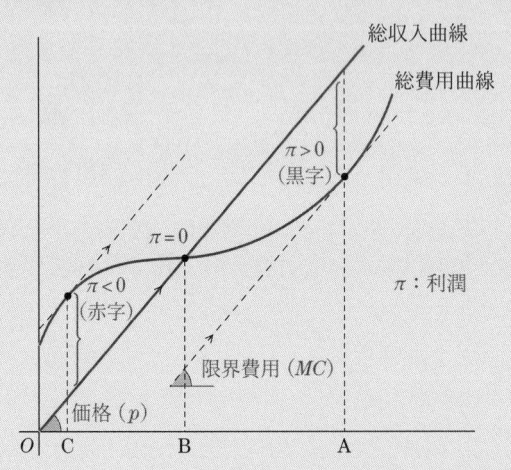

(注) C でも価格＝限界費用は成り立っているが,諸費用が総収入を上回っており,利潤は赤字となっている.

❷総収入曲線の傾きは価格に等しい.総費用曲線の傾きは限界費用.価格と限界費用が等しくなるとき,企業は利潤を最大化している.

▶**解答**　2

▶**解説**

1…×　生産量がAのとき，総収入曲線の傾きである価格と総費用曲線の傾きである限界費用が等しくなり，利潤は最も大きくなります．

2…○　その通り．

3…×　生産量がBのとき，総収入曲線と総費用曲線が交わるため利潤はゼロになります．

4…×　生産量がCのとき，総収入曲線よりも総費用曲線の方が大きいため，利潤はマイナスとなります．

5…×　生産量がCのとき，総収入曲線の傾きである価格と総費用曲線の傾きである限界費用は等しいですが，総収入曲線よりも総費用曲線の方が大きいため，利潤はマイナスとなります．

2 最適生産 ★★ (国税 1994)

完全競争市場において，ある財を生産する企業の総費用曲線が
$$C = x^3 - 6x^2 + 24x \quad [\,C：総費用,\ x：産出量\,]$$
で示されるものとする．財の価格が60で与えられたとき，この企業の利潤が最大となる産出量はいくらか．

1. 3
2. 4
3. 6
4. 8
5. 10

▶ **解法の糸口**

❶ 完全競争市場の利潤最大化条件は $P = MC$．
❷ 限界費用 (MC) は総費用 (TC) を生産量 (x) で微分したもの ($MC = TC'$)．

▶解答　**3**

▶解説

　まず限界費用を求めてみよう．限界費用は総費用曲線の傾きであるため，総費用を微分することで得られます．

$$MC = \frac{dTC}{dx} = 3x^2 - 12x + 24$$

　次に完全競争市場の利潤最大化条件について考えましょう．完全競争市場では総収入曲線の傾きである価格と(p)総費用曲線の傾きである限界費用(MC)が等しくなるところ$(p=MC)$で利潤は最大化します．よって

$$3x^2 - 12x + 24 = 60$$

という式が得られます．この式を解くと

$$3x^2 - 12x + 24 - 60 = 0$$
$$x^2 - 4x - 12 = 0$$
$$(x-6)(x+2) = 0$$

$x=6, -2$が求められます．$x>0$なので，$x=6$となり，正解は選択肢3となります．

3 最適生産 ★★ (国税 1991)

完全競争市場において，ある財を生産する企業の平均費用が，

$$AC = \frac{2}{3}x^2 - 16x + 140 \quad [AC：平均費用，x：産出量]$$

で示されるとする．財の価格が12で与えられたとき，利潤が最大になる生産量は次のうちどれか．

1. 5
2. 8
3. 10
4. 16
5. 20

> ▶ **解法の糸口**
>
> (1) 完全競争市場の利潤最大化条件は $P = MC$．
>
> (2) 平均費用 (AC) は総費用 (TC) を生産量で割ったもの $\left(AC = \dfrac{TC}{x}\right)$．
>
> (3) 限界費用 (MC) は総費用 (TC) を生産量 (x) で微分したもの ($MC = TC'$)．

▶**解答** 2

▶**解説**
　まず平均費用（AC）に産出量（x）を掛けることで総費用（TC）を求めます．

$$TC = AC \times x = \frac{2}{3}x^3 - 16x^2 + 140x$$

求めた総費用を産出量（x）で微分し，限界費用（MC）を求めます．

$$MC = TC' = 2x^2 - 32x + 140$$

　次に完全競争市場の利潤最大化条件について考えましょう．完全競争市場では総収入曲線の傾きである価格と総費用曲線の傾きである限界費用が等しくなるところ（$P=MC$）で利潤は最大化しています．$P=12$，$MC = 2x^2 - 32x + 140$ですから，$P=MC$は，

$$2x^2 - 32x + 140 = 12$$

と書けます．この式を解くと，

$$x^2 - 16x + 64 = 0$$
$$(x-8)^2 = 0$$
$$x = 8$$

となり，正解は選択肢2となります．

4 最適生産 ★★★ (国Ⅱ 2004 改題)

完全競争市場において，ある生産物Yの生産関数が，$Y=800L^{0.5}$で示され，生産物の価格は5，名目賃金率は1,000であるとする．ただしLは労働である．

企業が利潤最大化を図る場合，企業の労働需要量として正しいのはどれか．

1. 2
2. 4
3. 10
4. 15
5. 20

▶解法の糸口

生産要素（この場合は労働）を考えた場合の完全競争市場の利潤最大化条件は，労働の限界生産性（MP_L）が実質賃金率（w/p）に等しいという条件である．
（wは名目賃金率，pは価格）

$$MP_L = \frac{w}{p}$$

▶**解答** **2**

▶**解説**

労働の限界生産性MP_Lを求めるために生産関数$Y=800L^{0.5}$を労働Lで微分します．

$$MP_L = Y' = 0.5 \times 800 L^{0.5-1} = 400 L^{0.5-1} = 400 \left(\frac{1}{L}\right)^{0.5} = 400 \sqrt{\frac{1}{L}}$$

です．これが実質賃金率（w/p）に等しく，かつ，問題文より「生産物の価格は5，名目賃金率は1,000である」ので，$p=5$，$w=1,000$なので，

$$400 \sqrt{\frac{1}{L}} = \frac{1,000}{5} \leftrightarrow \sqrt{\frac{1}{L}} = \frac{1}{2}$$

なので，両辺を2乗して，

$$\frac{1}{L} = \frac{1}{4}$$

よって，最適な労働需要量は$L=4$となり，正解は選択肢2となります．

▶**補足**

$X^{0.5} = X^{\frac{1}{2}} = \sqrt{X}$という性質を使っています．この性質を使うと，生産関数$Y=800L^{0.5}$は，$Y=800\sqrt{L}$と書くこともできます．

Chapter 5: Economic Welfare and Resource Allocation

第 5 章

経済厚生と資源配分

POINT

この章で学ぶ内容

❶ **余剰分析**——1つの市場についての資源配分
　ある特定の1つの市場について，需要曲線や供給曲線を用いて資源配分の効率性を分析する手法を学習します．

❷ **一般均衡分析**——2つ以上の市場についての資源配分
　本書では2つの財市場に限定し，エッジワース・ボックスを用いた一般均衡分析について学習します．

この章のポイント

❶ **余剰分析**——1つの市場についての資源配分
　市場価格と留保価格の差から生じる消費者の「得（トク）」した部分を**消費者余剰**といい，市場価格と生産者価格の差から生じる生産者の利潤を**生産者余剰**とよびます．余剰分析とは，ある特定の1市場に注目し，需要曲線や供給曲線を用いて資源配分の効率性を分析する手法です．これを用いると，政府の経済活動が市場に与える影響を分析することができます．

　消費者余剰と生産者余剰と政府収入の和を**社会的総余剰**とよびます．政府の介入などによって完全競争市場が損なわれた場合に生じる経済厚生の損失を**死重的損失**とよびます．

❷ **一般均衡分析**——2つの市場についての資源配分
　いくつもの市場を同時に分析することを**一般均衡分析**といいます．この章では2つの財市場に限定して，**エッジワース・ボックス**を用いて一般均衡分析を行います．

　相手の効用水準を下げることなしには，もはや自らの効用水準を改善することができない配分を，**パレートの意味で効率的な配分**または，パ

レート最適な資源配分といいます．こうした配分点はエッジワース・ボックス上に無数に存在しており，パレート最適な点を結んだ線を**契約曲線**といいます．

これが理解できれば合格

消費者余剰・生産者余剰・死重的損失・余剰の計算・パレート最適な資源配分

POINT

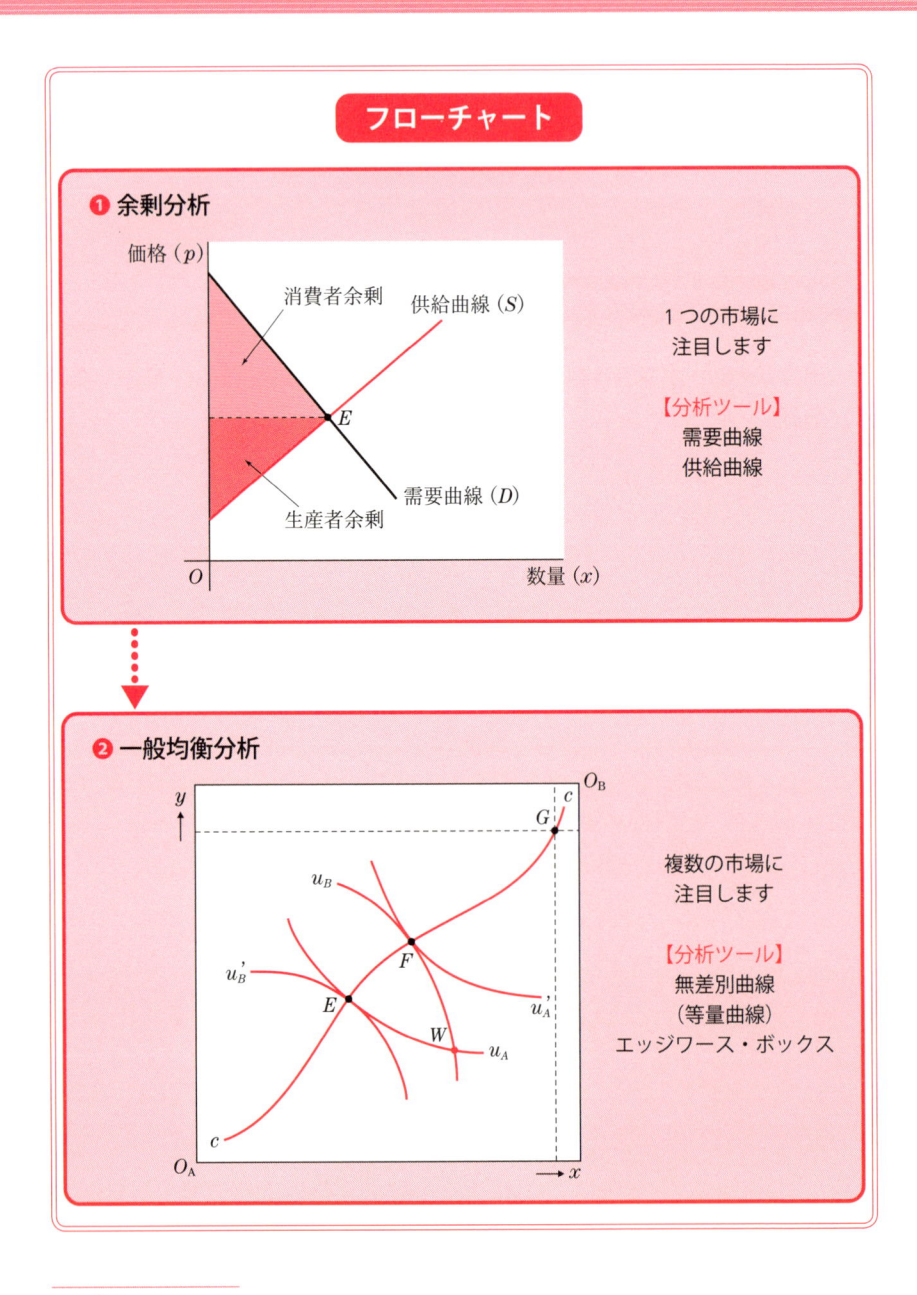

フローチャート

❶ 余剰分析

価格(p)／消費者余剰／供給曲線(S)／E／需要曲線(D)／生産者余剰／数量(x)

1つの市場に注目します

【分析ツール】
需要曲線
供給曲線

❷ 一般均衡分析

複数の市場に注目します

【分析ツール】
無差別曲線
（等量曲線）
エッジワース・ボックス

はじめに

第3章では家計がどのように財の需要量や労働供給量を決めるのか，また，第4章では企業がどのように財の供給量や労働需要量を決定するのかについて学習しました．財市場や労働市場の背後に，どのような経済主体（家計や企業）の行動が潜んでいるのかを明らかにしてきました．市場メカニズムは価格や名目賃金率を決定します．同時に市場メカニズムは，経済主体間での希少な資源を効率的に配分する方法を教えてくれます．

ここでは，財が1種類のケース，2種類のケースについて，それぞれ資源配分の効率性という観点から市場経済の資源配分メカニズムについて考えていきましょう．なお，この章では財市場についてのみ説明していますが，労働市場についても同様に分析することが可能です．

1 余剰分析── 1つの市場についての資源配分

市場取引によって，3つの**経済主体**（economic agents）──**家計**（household），**企業**（firm），そして**政府**（government）──がどれだけの利益を得ることができるのかを考える分析手法として，**余剰分析**というものがあります．余剰分析は，ある特定の1つの市場について，需要曲線や供給曲線を用いて資源配分の効率性を分析する手法です[1]．**余剰**（economic surplus）とは，簡単にいえば，経済学的な喜びの度合いや利益を客観的かつ数値として表したもので，より広い意味では，**経済厚生**（economic welfare）の同義語です．

---

[1] この章では，需要曲線，供給曲線はともに直線（線形）で示されるものとします．また，需要曲線は右下がり，供給曲線は右上がりに描かれ，必ず市場均衡が価格・数量の両方において非負の領域にあるものと仮定します．これは余剰の概念を直感的に理解するためです．需要曲線や供給曲線が非線形の場合については**等価変分**（Equivalent Variation）や**補償変分**（Compensating Variation）といった概念を用いて分析することができますが，このテキストのレベルを超えていますので，詳しくはミクロ経済学の教科書，たとえば，西村和雄（1995）『ミクロ経済学入門』（岩波書店）などを参照してください．

3つの経済主体それぞれが市場取引を通じて利益を得ています．したがって，社会全体の利益である**社会的総余剰**(total economic surplus)は，以下の式によって表すことができます．

社会的総余剰＝(1)消費者余剰＋(2)生産者余剰＋(3)政府収入

消費者余剰，生産者余剰，政府収入についてそれぞれ学習していきましょう．

> **ポイント・チェック** 余剰分析──1つの市場についての資源配分
>
> ❶ 余剰分析とは，経済主体(家計，企業，政府)それぞれがどれだけの利益を得ることができるのかを考える分析手法で，1つの市場について，需要曲線や供給曲線を用いて資源配分の効率性を分析
> ❷ 余剰とは，経済学的な喜びの度合いや利益を客観的かつ数値として表したもの
> ❸ 社会的総余剰とは，社会全体の利益のこと
> ❹ 社会的総余剰＝消費者余剰＋生産者余剰＋政府収入

1 消費者余剰

消費者余剰を説明する前に，留保価格とよばれる概念を説明しましょう．第3章でも学習してきましたが，需要曲線は，それぞれの価格の下での効用が最大となる消費量を示しています．これは，縦軸に示された価格の下で消費量がどのようになっているかという視点で読んでいます(図5-1(ⅰ))．しかし，これを逆に，ある特定の数量だけ需要する際に，その家計がいくらまでなら支払う用意があるか，というように読むことも可能です(図5-1(ⅱ))．家計が支払ってもよいと心の中で思っている価格を**留保価格**(reservation price)といいます．

消費者余剰(consumer's surplus)とは，家計が市場取引を通じて「得(トク)」をした気持ちを数量化した概念といえます．家計は，その消費量に応じて，支払ってもよいと思っている留保価格をもっています．

図5-2(ⅰ)をみてください．図にはあるTシャツの市場での需要と供給が描かれています．いま，Aさんは，このTシャツに1万円を払ってもよい，と考えていました．しかし，市場価格は2,000円．払ってもよいと

図5-1

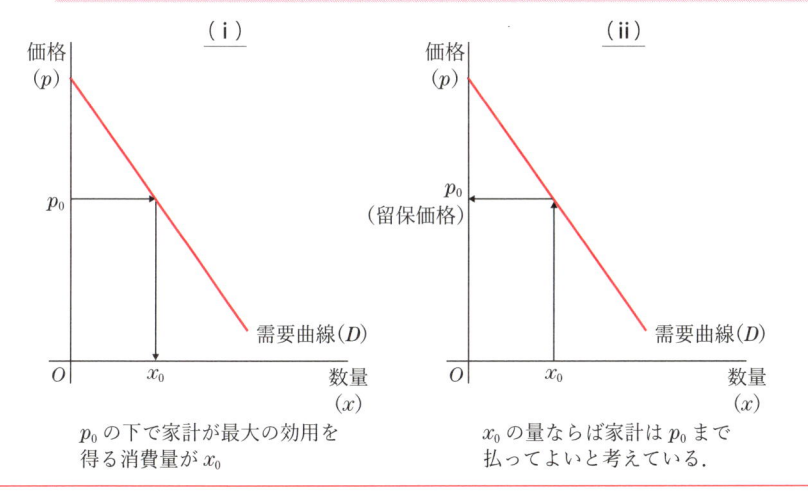

(ⅰ) p_0 の下で家計が最大の効用を得る消費量が x_0

(ⅱ) x_0 の量ならば家計は p_0 まで払ってよいと考えている．

図5-2

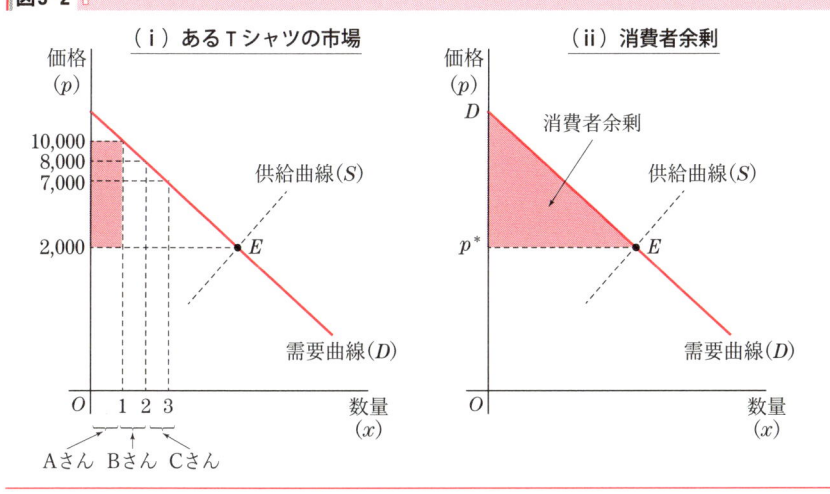

(ⅰ) あるTシャツの市場

(ⅱ) 消費者余剰

思っていた留保価格よりも市場価格の方が安かったわけですから，Aさんは（10,000－2,000＝8,000）円分の「得」をしたわけです．この「得」した部分を図では塗りつぶして示しています．

同様に，留保価格が8,000円のBさん，留保価格が7,000円のCさんについて「得」した部分を示していくと，市場全体として家計が「得」をした部分の

合計は，市場価格と需要曲線で囲まれる部分の面積となります．これは，図5-2（ⅱ）における塗りつぶした部分の三角形の面積（△Dp^*E）で表されます．

> **ポイント・チェック　消費者余剰**
> ❶ 留保価格とは，ある特定の数量だけ需要する際に，家計が支払ってもよいと心の中で思っている価格
> ❷ 消費者余剰とは，家計が市場取引を通じて「得（トク）」をした気持ちを数量化した概念
> ❸ 市場全体として家計が「得」をした部分の合計は，市場価格と需要曲線で囲まれる部分の面積

2 生産者余剰

　生産者余剰も消費者余剰と同様に考えることができます．考え方は消費者余剰と同様ですが，**生産者余剰**（producer's surplus）は企業にとって「得」した気分といった抽象的な概念ではなく，「利潤」そのものとなります．これを理解するには，第4章で学習した「供給曲線が限界費用曲線に等しい」ということを用います．

　図5-3（ⅰ）をみてください．企業は価格と限界費用（すなわち供給曲線）が一致するように生産量を決定します．いま，価格がp_0で与えられるとき，利潤最大化条件$p_0=MC$を満たす生産量は図よりx_0です．逆に言えば，企業がx_0だけ生産しているときには，価格はp_0であれば利潤が最大化されているわけです．しかし，市場価格はp_0よりも高いp^*で与えられています．したがって，企業がx_0の生産を行うとき，(p^*-p_0)の「得」をしているといえますが，この得をしている部分（□Bp^*AC）が「利潤」に等しいのです．

　図5-3（ⅰ）をみてください．このとき，企業の総収入（TR）は，

　　$TR=p^*x_0$

となります．これは，□Op^*Ax_0で与えられる部分の面積です．

　これに対して生産量がx_0のときの総費用（TC）は，固定費用を無視すれば，限界費用曲線（すなわち供給曲線）の下の部分で，生産量がOからx_0まで変化した部分の面積に等しくなっています．そもそも，限界費用（MC）は総費用を微

図5-3

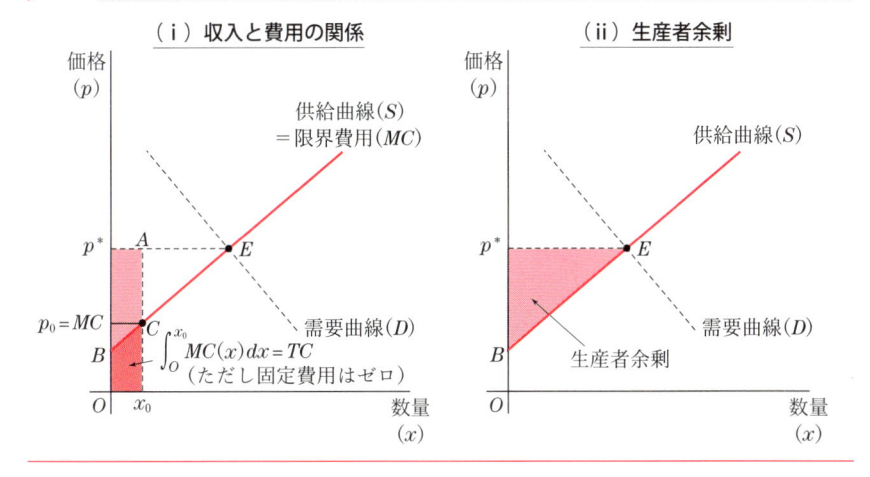

（ⅰ）収入と費用の関係

縦軸：価格 (p)、横軸：数量 (x)

供給曲線(S) ＝ 限界費用(MC)、需要曲線(D)

p^*、A、E、$p_0 = MC$、C、x_0、B

$\int_0^{x_0} MC(x)\,dx = TC$（ただし固定費用はゼロ）

（ⅱ）生産者余剰

縦軸：価格 (p)、横軸：数量 (x)

供給曲線(S)、需要曲線(D)

p^*、E、B、生産者余剰

分したものなので，逆に限界費用をOからx_0まで積分すると総費用（TC）となります[2]．積分記号を用いるとこれは，

$$TC = \int_0^{x_0} MC(x)\,dx$$

となります．これは，□$OBCx_0$で表される部分の面積です．利潤（π）は，総収入と総費用の差なので，

利潤（π）＝総収入（TR）－総費用（TC） $= px_0 - \int_0^{x_0} MC(x)\,dx$

$= $ □Op^*Ax_0の面積 $-$ □$OBCx_0$の面積

$= $ □Bp^*ACの面積

となります．

 生産量を均衡数量まで増加すると，生産者余剰は図5-3（ⅱ）で表される斜線部分の三角形の面積（△Bp^*E）で表されることになります．

 政府の活動がない場合，**社会的総余剰は，消費者余剰と生産者余剰の和**となりますので，これを図示すると図5-4となります．

---

[2] 固定費用をゼロと考えているので，積分定数はゼロとなります．固定費用をゼロと考えているということは，第4章で学習しましたように，長期の状態を考えているということと同じです．

図5-4 社会的総余剰

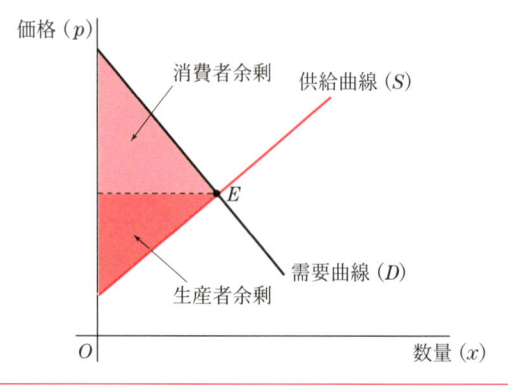

価格 (p)／消費者余剰／供給曲線 (S)／E／需要曲線 (D)／生産者余剰／数量 (x)

ポイント・チェック　生産者余剰

① 生産者余剰とは，企業が市場取引を通じてどれだけ「利潤」を得たかを知る概念

② 限界費用を積分すると総費用になる（ただし，固定費用はゼロと仮定）

$$総費用(TC) = \int_{O}^{x_0} MC(x)\, dx$$

③ 利潤(π)＝総収入(TR)－総費用$(TC) = p^* x_0 - \int_{O}^{x_0} MC(x)\, dx$

④ 政府活動がない場合，社会的総余剰は，消費者余剰と生産者余剰の和となる

COLUMN 5-① 余剰の計算問題

余剰は面積によって表されますから，その大きさを計算によって求めることができます．ここでは，以下の問題を解いて理解を深めましょう．

〈設問〉

ある財の需要曲線，供給曲線はともに直線であり，価格が4のとき需要量は12，供給量は6となっています．また価格が10のときには需要量は6，供給量は18に

なっています．財市場が完全競争にあるとき，消費者余剰と生産者余剰をそれぞれ求めなさい．

〈解〉

「余剰」を計算で求める場合，まず❶直線で表される需要曲線，供給曲線の式を特定することから始めねばなりません．❷図を描いて余剰部分を特定し，❸面積を計算します．

❶需要曲線と供給曲線の特定

需要曲線，供給曲線が直線で表されるということは，それぞれが，

【需要曲線】$D = ap + b$

【供給曲線】$S = cp + d$

と表されることを意味しています．ここで，aからdは定数，Dは需要量，Sは供給量，pは価格です．「価格が4のとき需要量は12，供給量は6」なので，

$12 = 4a + b$　　　（ア）

$6 = 4c + d$　　　（イ）

となります．また，「価格が10のとき需要量は6，供給量は18」なので，

$6 = 10a + b$　　　（ウ）

$18 = 10c + d$　　　（エ）

です．（ア）と（ウ），（イ）と（エ）を連立すると，

$\begin{cases} 12 = 4a + b \\ 6 = 10a + b \end{cases}$

$\begin{cases} 6 = 4c + d \\ 18 = 10c + d \end{cases}$

となります．これを解くと$a = -1$, $b = 16$, $c = 2$, $d = -2$となりますので，求める需要曲線および供給曲線は，

【需要曲線】$D = -p + 16$

【供給曲線】$S = 2p - 2$

となります．

❷図を描いて余剰部分を特定

次に需要曲線と供給曲線を図示しましょう．需要曲線は$D = 0$のとき$p = 16$となります．これは縦軸上の点Aです．また，$p = 0$のときは$D = 16$となりますが，これは

横軸上の点Bです．これを結ぶと，右下がりの需要曲線が導けます．また，供給曲線も同様にS=0のときp=1となります．これは縦軸上の点Cです．また，p=0のときはS=-2となりますが，これは横軸をマイナス方向に延長した点Dです．これを結ぶと右上がりの供給曲線が導けます．

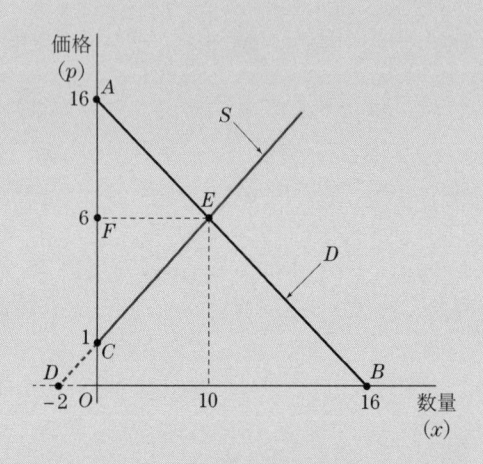

余剰の計算をするために，需要曲線と供給曲線を連立して均衡点を求めます．

$$\begin{cases} D = -p + 16 \\ S = 2p - 2 \end{cases}$$

均衡点では需要量と供給量が等しい（$D=S$）ので，$-p+16=2p-2$から均衡点$E(x^*, p^*)$は，

$$E(x^*, p^*) = (10, 6)$$

となります．

❸面積を計算

均衡点が求まり，図が描ければ余剰の計算は簡単です．

消費者余剰 $= \triangle AEF$**の面積** $= \dfrac{1}{2} \times \underbrace{10}_{底辺} \times \underbrace{(16-6)}_{高さ} = 50$

生産者余剰 $= \triangle CEF$**の面積** $= \dfrac{1}{2} \times \underbrace{10}_{底辺} \times \underbrace{(6-1)}_{高さ} = 25$

となります．

3 政府の活動と経済政策の効果

余剰分析を用いると，政府の経済活動[3]が市場に与える影響を分析することが可能になります．ここでは，政府が企業の供給する数量に対してt%の**税金**(tax)を課すケースを例として考えてみましょう．数量に課す税ということから，これを**従量税**(specific tax)といいます[4]．

図5-5（ⅰ）をみてください．最初に市場均衡が点E_0で与えられている状況を考えましょう．このとき，消費者余剰は$\triangle Ap_0^*E_0$，生産者余剰は$\triangle Bp_0^*E_0$で与えられますので，社会的総余剰は$\triangle AE_0B$となっています．

ここで，政府が企業の供給量1単位あたりにt%の従量税を課すことにしたとしましょう．企業にとって課税は費用負担の増加を意味しますから，供給曲線はtだけ上方（左方）に平行シフトします．このとき市場均衡は点E_1となり，市場価格は点p_1^*へ上昇し，数量は点x_1へと減少します．

課税後の消費者余剰は$\triangle Ap_1^*E_1$，生産者余剰は$Cp_1^*E_1$となっています．また，政府は市場で取引される数量x_1に対して税率t%の課税を賦課しますので，課税収入はtx_1となります．これを図示したのが図5-5（ⅱ）です．税収は$\square CE_1DB$で表される部分の面積に等しくなっています．ここで皆さんは，

社会的総余剰＝消費者余剰＋生産者余剰＋政府収入

であったことを思い出してください．政府収入は最終的には補助金などによって家計や企業に分配されると考えれば，課税後の社会的総余剰は$\square AE_1DB$となります．しかし，これは課税前の社会的総余剰（$\triangle AE_0B$）に比べると，$\triangle E_1E_0D$だけ減少していることがわかります．この$\triangle E_1E_0D$を**死重的損失**(dead weight loss; *DWL*)といいます[5]．死重的損失とは，政府による政策介入や，第6章で学習する独占市場のように，完全競争市場が損なわれた場合に生じる経済厚生の損失を指す経済用語です．

---

3) これを**経済政策**(economic policy)といいます．経済政策は様々です．政府の経済政策のうち代表的なものに**財政政策**(fiscal policy)があります．これは税金を課したり，補助金を交付したりする政策や，公園や橋，道路などを建設する公共事業なども含まれます．詳しくは第8章で学習します．
4) これに対して，価格に課す税を従価税(ad valorem tax)といいます．
5) **死荷重**ということもあります．

図5-5

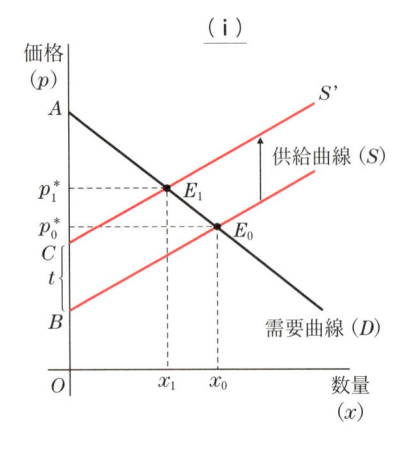

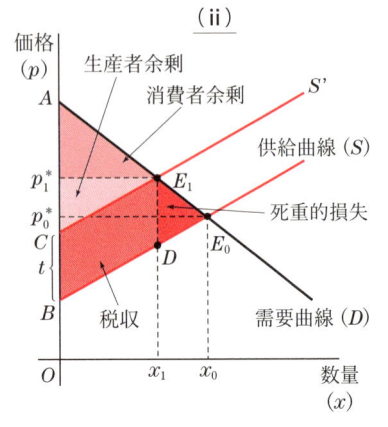

(i), (ii) のグラフ

△DE_1E_0 は死重的損失とよばれています

表5-1 従量税の効果

	課税前	課税後	増減
均衡点	E_0	E_1	―
価格	p_0^*	p_1^*	上昇
数量	x_0	x_1	減少
❶消費者余剰	△$Ap_0^*E_0$	△$Ap_1^*E_1$	減少
❷生産者余剰	△$Bp_0^*E_0$	△$Cp_1^*E_1$	減少
❸税収	なし	▱CE_1DB	増加
社会的総余剰(❶+❷+❸)	△AE_0B	▱AE_1DB	死重的損失分だけ減少
死重的損失	なし	△E_1E_0D	―

　表5-1に，学習した従量税の経済効果についてまとめておきましょう．

　政府によって何らかの経済政策が行われて市場価格が歪められると，経済厚生が損なわれてしまうということは，完全競争市場において市場価格が決定されるときに，経済厚生が最大になることを意味しています．

> **ポイント・チェック** 政府の活動と経済政策の効果
>
> ❶ 従量税とは，数量に課す税のこと
> ❷ 死重的損失とは，政府による政策介入や独占市場のように，完全競争市場が損なわれた場合に生じる経済厚生の損失のこと
> ❸ 政府によって何らかの経済政策が行われて市場価格が歪められると，経済厚生が損なわれる．完全競争市場において市場価格が決定されるときに，経済厚生が最大になる

COLUMN 5-❷ 従量税や従価税を課した場合の供給曲線の変化

　生産者に課税する場合，供給量1単位あたりに課税する従量税があることを本文の中で学びました．ここでは，供給価格1単位あたりに課税する**従価税**（Ad valorem tax）という税金についても考えてみましょう．従量税や従価税を課すと供給曲線は具体的にどのように変化するのでしょうか．

　新しい供給価格をp'とし，従量税をTとすると，p'はもとの価格pにTを加えたものとなります．また，従量税率をtとすると，p'はもとの価格pに$(1+t)$を乗じたものとなります．以下の関係を〈**公式**〉として覚えておくとよいでしょう．

〈**公式**〉
【従量税】$p' = p + T$
【従価税】$p' = (1+t)p$

　仮に，供給曲線が$S = 2p - 10$で表された場合を考えてみましょう．
　このとき，もし従量税として3を課税するならば，供給曲線を$p = \cdots$の形に変形して公式を利用すればよいのです．$p = (1/2)S + 5$，$T = 3$ですから，課税後の供給曲線は$p' = p + T = [(1/2)S + 5] + 3 = (1/2)S + 8$より，

$S = 2p' - 16$

となります（p'は課税後の価格として便宜的につけた記号なので，p'をpに戻して完成です）．
　また，従価税として20%課税する場合も同様に考えることができます．供給曲線を$p = \cdots$の形にして〈**公式**〉を利用します．$p = (1/2)S + 5$，$t = 0.2$より，課税後の

供給曲線は $p'=(1+t)p=(1+0.2)[(1/2)S+5]=0.6S+6$ より，

$S=(5/3)p'-10$

となります（p'をpに戻して完成です）．

価格 (p)

$S=\dfrac{5}{3}p-10$（従価税後の供給曲線）

$S=2p-16$（従量税後の供給曲線）

$T=3$

$S=2p-10$（もとの供給曲線）

O　　　　　　　数量 (S)

2 一般均衡分析——2つの市場についての資源配分

1 エッジワース・ボックスとパレート効率性

　学習した余剰分析は，1つの市場だけに注目し，需要曲線や供給曲線を使って経済厚生が経済主体間にどのように配分されているのかを考えるものでした．1つの市場に注目するということは，他の市場の動きについては不変であると暗黙のうちに仮定して考えていることと同じです．前節では，あるTシャツの市場を例にとり説明しましたが，このとき，競合する他のTシャツの存在や，他の衣料の価格変化といった市場以外で起こっている様々な事象や変化については考えていません．これを**他の事情にして一定の仮定**（Ceteris paribus〔ラテン語〕；all other things being equal）といいます．

　他の事情にして一定の仮定の下で，1つの市場だけに注目する手法は，**部分均衡分析**（partial equilibrium model）とよばれています．需要曲線，供給曲線を用

F. Y. エッジワース　　　V. F. パレート

Wikimedia Commons より　　　Wikimedia Commons より

いる部分均衡分析は，**A. マーシャル**によって考案されました．

　これに対して，複数の市場において，価格がどのように決まるのか，この価格の下で資源がどのように（効率的に）配分されるのかについて考えるのが**一般均衡分析**(general equilibrium model) です．

　一般均衡モデルの基本的な着想は**L. ワルラス**に始まります．その後，**F. Y. エッジワース** (Francis Ysidro Edgeworth,（英）, 1845年〜1926年) や**V. F. パレート** (Vilfredo Frederico Damaso Pareto,（伊）, 1848年〜1923年) らによって拡張，精緻化されました．

　ここでは，2つの資源（x財とy財）の効率的な配分について考えてみましょう．一般均衡分析では，いくつもの市場を同時に分析するために，高度に代数的な

---

6) 一般均衡分析を本格的に理解しようと考える読者は，代数学や解析学といった分野のさらなる知識の習得が必要です．丸山徹 (2002)『経済数学』知泉書館などを理解した上で，
　　(1) Debreu, G. (1972), *Theory of Value: An Axiomatic Analysis of Economic Equilibrium*, Yale University Press（邦訳：丸山徹 (1977)『価値の理論――経済均衡の公理的分析』東洋経済新報社）．
　　(2) Arrow, K. J. and Hahn, F. H. (1971), *General Competitive Analysis*（邦訳：福岡正夫・川又邦雄 (1976)『一般均衡分析』岩波書店）．
　　(3) 福岡正夫 (1979)『一般均衡論』創文社．
などに進むとよいと思います．この分野で使われる数学には，**角谷静夫**（1911年〜2004年）による**角谷の不動点定理**(Kakutani fixed point theorem) の習得が必要で，集合論や位相幾何学 (topology) などの知識も必要となってきます．

図5-6

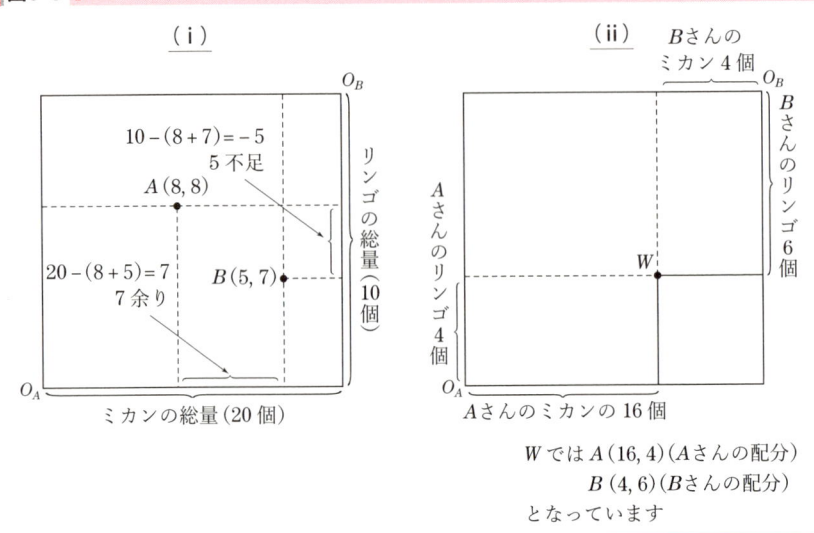

(ⅰ)

- O_B 右上
- $10-(8+7)=-5$ 5不足
- $A(8,8)$
- $20-(8+5)=7$ 7余り
- $B(5,7)$
- リンゴの総量（10個）
- ミカンの総量（20個）
- O_A 左下

(ⅱ)

- Bさんのミカン4個
- Bさんのリンゴ6個
- Aさんのリンゴ4個
- W
- Aさんのミカンの16個

W では $A(16,4)$（Aさんの配分）
$B(4,6)$（Bさんの配分）
となっています

手法がとられるのが一般的です[6]．しかし，市場を2つに限定すると図を用いて比較的平易に理解することが可能となります．ここでは，2つの財市場に限定して，平易に一般均衡分析を理解していきましょう．

いま，x財をミカン，y財をリンゴとし，それぞれ，ミカン20個，リンゴ10個があるとしましょう．これをAさんとBさんとで分けることを考えましょう．いろいろな分け方が考えられますね．

2つの資源（x財とy財）の配分を考える際，**エッジワース・ボックス**（Edgeworth Box）とよばれる分析を用いて考えるのが一般的です．図5-6（ⅰ）および（ⅱ）にはエッジワース・ボックスが描かれています．横軸にミカンの総量（ここでは20個），縦軸にリンゴの総量（ここでは10個）がとられ，Aさんの原点O_Aが左下に，Bさんの原点O_Bが右上にとられています．

エッジワース・ボックス内にある点は，Aさん，Bさんがそれぞれ独自に選択することができる資源の組み合わせを示しています．選択するリンゴ（x）とミカン（y）の組み合わせを(x, y)と表すことにすれば，たとえば，Aさんがミカン8個，リンゴ8個を選択したとすれば，$(x, y)=A(8, 8)$というエッジワース・ボックス内の点が選ばれます．

Bさんも，エッジワース・ボックス内であればどの点でも選択することは可能です．しかし，AさんがA(8, 8)を選んだとき，Bさんがミカン5個，リンゴ7個を選択する，つまり，B(5, 7)を選ぶことは可能でしょうか．

　ミカンの総量は20個であるのに対して，AさんとBさんのミカンの選択数の合計は，8+5=13個．つまり，20−13=7個の余りが出ています．もともとあったミカンの総量20個を供給量，AさんとBさんの欲するミカンの量の合計13個を需要量とすれば，20−13=7個の**超過供給**(excess supply)がミカン市場で起きていることになります．

　同様に，リンゴの総量は10個ですが，AさんとBさんのリンゴの選択数の合計は，8+7=15個．つまり，10−15=−5個の不足が出ています．つまり，10−15=−5個の**超過需要**(excess demand)がリンゴ市場にあることがわかります．Aさん，Bさんも，エッジワース・ボックス内にある点をそれぞれ選択することはできますが，同時に実現できるものではありません．

　Aさん，Bさん2人が資源（ミカンとリンゴ）を過不足なく分けることができるとき，それはたとえば，図5-6(ⅱ)の点Wのようなエッジワース・ボックス内の点が選ばれることになります．この点Wでは，Aさんは$(x, y)=A(16, 4)$，Bさんは$(x, y)=B(4, 6)$が選ばれていますが，このような配分であれば，過不足がないといえます．

　しかし，この点WがAさん，Bさんにとって望ましい配分かどうかは不明です．というのも，点Wという配分は実現可能な配分というだけで，Aさん，Bさんが，この配分からお互い高い満足（効用）を得ているかどうかわからないからです．少し難しいですね．直観的に説明しましょう．

　図5-7(ⅰ)をみてください．図5-7(ⅰ)には図5-6(ⅱ)でみた実現可能な配分点Wが描かれています．AさんとBさんがこの配分を選択したとき，どの程度の効用を得るかといえば，Aさんはu_A，Bさんはu_Bで表される無差別曲線で表される効用水準ということになります．u_Aもu_Bも点W上を通過していますね．

　また，Aさんの無差別曲線u_Aは，Aさんの原点であるO_Aに対して凸の形状をしており，Bさんの無差別曲線u_Bは，Bさんの原点であるO_Bに対して凸の形状をしています．したがって，Aさんの無差別曲線は右上にいくほど高い効

図5-7

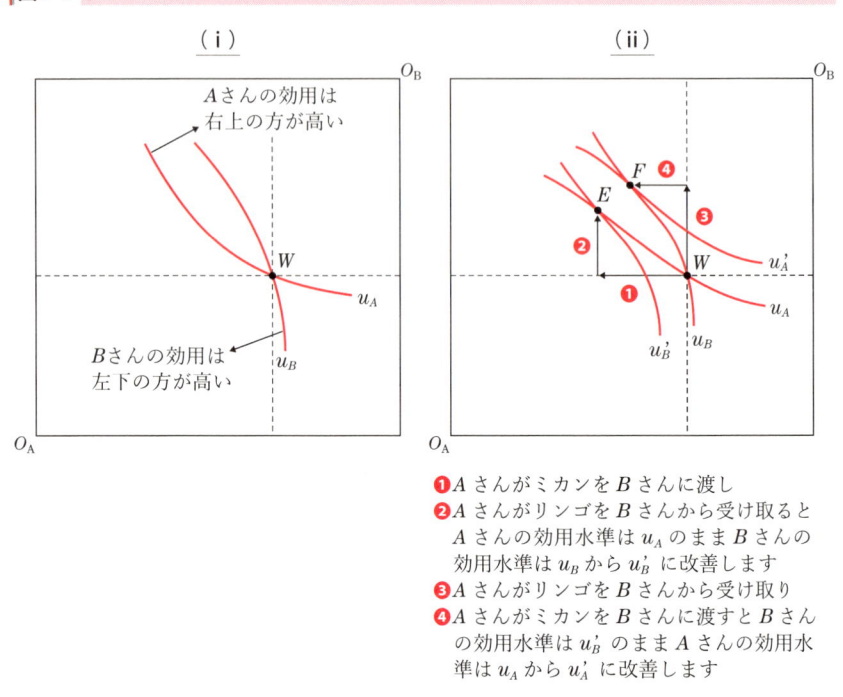

（ⅰ）

Aさんの効用は
右上の方が高い

W

Bさんの効用は
左下の方が高い

u_A
u_B

O_A, O_B

（ⅱ）

F ❹
E
❷ ❸
W
❶
u'_A
u_A
u'_B
u_B

O_A, O_B

❶ AさんがミカンをBさんに渡し
❷ AさんがリンゴをBさんから受け取るとAさんの効用水準はu_AのままBさんの効用水準はu_Bからu'_Bに改善します
❸ AさんがリンゴをBさんから受け取り
❹ AさんがミカンをBさんに渡すとBさんの効用水準はu'_BのままAさんの効用水準はu_Aからu'_Aに改善します

用水準に対応し，Bさんの無差別曲線は左下にいくほど高い効用水準に対応していることに注意が必要です．

図5-7（ⅰ）では点Wで2人の無差別曲線が交差していますね．このような点は実現可能な配分ではありますが，まだお互いの効用を改善する余地が残っています．図5-7（ⅱ）をみてください．お互いが交渉をして，たとえばAさんがBさんにミカンを渡し，リンゴを受け取ることによって，Aさんの効用水準u_Aはそのまま，Bさんは無差別曲線u_Bをより高い効用水準に対応するu'_Bへと改善することができます．このときの配分点は点Eで表されます．

同様に，交渉によってBさんの効用水準u_Bはそのまま，Aさんは無差別曲線u_Aをより高い効用水準に対応するu'_Aへと改善することができます．このときの配分点は点Fとなります．

点Eも点Fも，お互いの無差別曲線が背中合わせになっています．無差別曲

図5-8

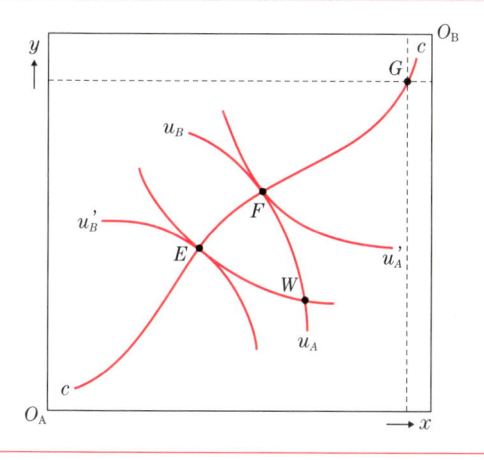

線の接線の傾きは限界代替率（MRS）といいましたから，点Eや点Fでは，限界代替率が一致していることがわかります[7]．実現された点Eや点Fでは，これ以上交渉しても相手の効用水準を低下させない限り自らの効用水準を改善することはできません．相手の効用水準を下げることなしには，もはや自らの効用水準を改善することができない配分を，考案した経済学者の名前をとって**パレートの意味で効率的な配分**とか，単に**パレート最適な資源配分**（Pareto efficiency, Pareto optimality）といいます．

こうしたパレート最適な資源配分点はエッジワース・ボックス上に無数に存在します．パレート最適な点を結んだ線を**契約曲線**（contract curve）といいます．契約曲線は図5-8のcc線として描かれています．ただし，契約曲線上の点Eや点F，点Gを比べた場合，どちらがより望ましい配分であるかという判断はできない点には注意してください．たとえば契約曲線上の点Gは，Aさんがミカン（x），リンゴ（y）ともにBさんよりも多く消費しており，一見すると不公平な感じがするかもしれません．しかし，公平性という概念は**効率性**（efficiency）とは無関係であり，図5-8の契約曲線上の点E，点F，点Gはどれも

---

[7] AさんがBさんの限界代替率が等しいのであって，点Eと点Fで限界代替率が等しいわけではないことに注意しましょう．

パレートの意味での効率性を満たしていますが，**公平性**（fairness）の観点からは疑問が残って当然です．

　公平性についてはこの経済を構成する政治体制，社会，文化や慣習，価値観などの影響によって変化する概念です．そのため，何をもって望ましい公平とするかという質問に対して，経済学では答えることはできないのです．他方，効率性については，パレート効率性などの基準をもって経済学的に優劣を判断することができるのです．

ポイント・チェック エッジワース・ボックスとパレート効率性

❶ 他の事情にして一定の仮定とは，他の市場の動きについては不変であると暗黙のうちに仮定すること
❷ 部分均衡分析とは，他の事情にして一定の下で，1つの市場だけに注目する手法
❸ 一般均衡分析とは，複数の市場において，価格がどのように決まるのか，この価格の下で資源がどのように（効率的に）配分されるのか考える手法
❹ エッジワース・ボックスは，2つの資源の配分を考える際に用いられる
❺ エッジワース・ボックス内であればどの点でも選択することができるが，同時に実現できるものではない
❻ パレート最適な配分とは，相手の効用水準を下げることなしには，もはや自らの効用水準を改善することができない配分のこと
❼ 契約曲線とは，エッジワース・ボックス内のパレート最適な点を結んだ線
❽ 契約曲線上の点を比べた場合，どちらがより望ましい配分であるという判断はできない
❾ 公平性と効率性は，無関係である

2　厚生経済学の基本定理

　完全競争市場では，価格が市場によって決定されます．この市場価格が資源配分を効率的に行い，経済厚生を最大化していることを説明しましょう．これは，余剰分析（部分均衡分析）で学習した「政府活動などによって価格に歪みがない場合に，経済厚生が最大となる」ということに対応しています．余剰分析では1つの財市場に注目しましたが，ここで学習する一般均衡分析では，2つの財市場でも，競争均衡による価格決定が経済厚生を最大化することを説明するのです．

図5-9

(i)　　　　　　　　　　　　(ii)

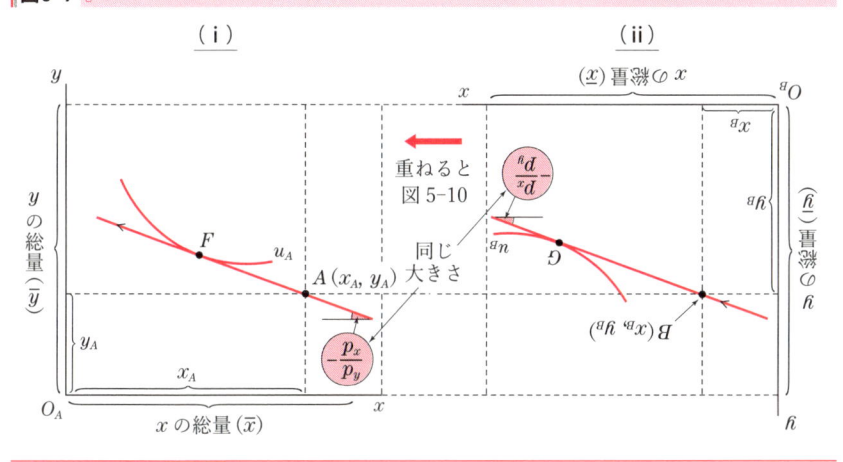

いま，AさんとBさんは，所得をもたない代わりに，x財とy財をそれぞれ最初に$(x, y) = A(x_A, y_A)$，$(x, y) = B(x_B, y_B)$だけもっているとしましょう[8]．社会全体のx財の総量(供給量)を$\bar{x}$，y財の総量(供給量)を$\bar{y}$とすると，

$x_A + x_B = \bar{x}$

$y_A + y_B = \bar{y}$

が成り立っています．

まず，Aさんの合理的な消費行動について注目しましょう．Aさんの無差別曲線をu_Aとし，x財の市場価格をp_x，y財の価格をp_yとすると，Aさんの直面する予算制約条件は，

$p_x x + p_y y = p_x x_A + p_y y_A$

となります．この左辺はx財とy財の支出額，右辺は所得の代わりに最初にもっているx_Aとy_Aを市場価格で評価したものです．たとえば，x財をミカン，y財をリンゴとしましょう．ミカンの市場価格を$p_x = 50$円，リンゴの市場価格を$p_y = 100$円とし，Aさんが当初，$x_A = 18$個，$x_B = 8$個もっていたとすれば，$p_x x_A + p_y y_A = 50 \times 18 + 100 \times 8 = 900 + 800 = 1,700$円を収入としてもっていることと同じです．予算制約線$p_x x + p_y y = p_x x_A + p_y y_A$は，

---

[8] これを初期保有量といいます．

$$y - y_A = -\frac{p_x}{p_y} \times (x - x_A)$$

と書き表すことができます．記号が多くて少しわかりにくいかもしれませんが，この式でわからないのは（変数）はxとyだけです．$x = x_A$のとき，$y = y_A$ですから予算制約線は必ず$A(x_A, y_A)$を通ります．またその傾きは相対価格$-p_x/p_y$ですから，その式は図5-9（ⅰ）のように右下がりの直線となります．

Aさんはこの予算制約の下で効用を最大化するようにx財とy財の消費量を決めます[9]．図5-9（ⅰ）では，Aさんの無差別曲線u_Aの限界代替率[10]と相対価格が等しくなる点Fにおいて最適な消費量が決定しています．

Bさんについても同様に考えることができます．同じ相対価格$-p_x/p_y$の下で，$B(x_B, y_B)$だけの初期保有量をもつBさんも，無差別曲線u_Bの限界代替率と相対価格が等しくなる点において最適な消費量を決定します．

Bさんの最適な消費点は図5-9（ⅱ）に描かれています．本書では以下の説明を簡便化するために，あえて逆さまに描いていますが，本書の上下をひっくり返してみると，図5-9（ⅰ）と同様に，最適消費点が点Gとなっていることがわかります．予算制約線の傾きは図5-9（ⅰ）と（ⅱ）で同じなので，初期保有点AとBが重なるように2つの図を重ね合わせると，図5-10のようになります．

図5-10をみながら，まず，横軸で表されるx財市場について考えてみましょう．x財市場では，Aさんのx財の需要量とBさんのx財の需要量の合計は，供給量$\bar{x}$よりも多くなっています．つまり，x財市場において超過需要が生じていると読むことができます．第2章で学習したワルラス調整過程に従えば，x財市場の超過需要は，x財価格p_xの上昇を引き起こします．

また，縦軸で表されるy財市場についてみると，y財市場では，Aさんのy財の需要量とBさんのy財の需要量の合計は，供給量$\bar{y}$よりも少なく，y財市場において超過供給が生じていると読むことができます．y財市場の超過供給

---

[9] ここでの議論がわからない読者は第3章に戻ってみましょう．
[10] 限界代替率とは，無差別曲線の接線の傾きで表されましたね．

図5-10

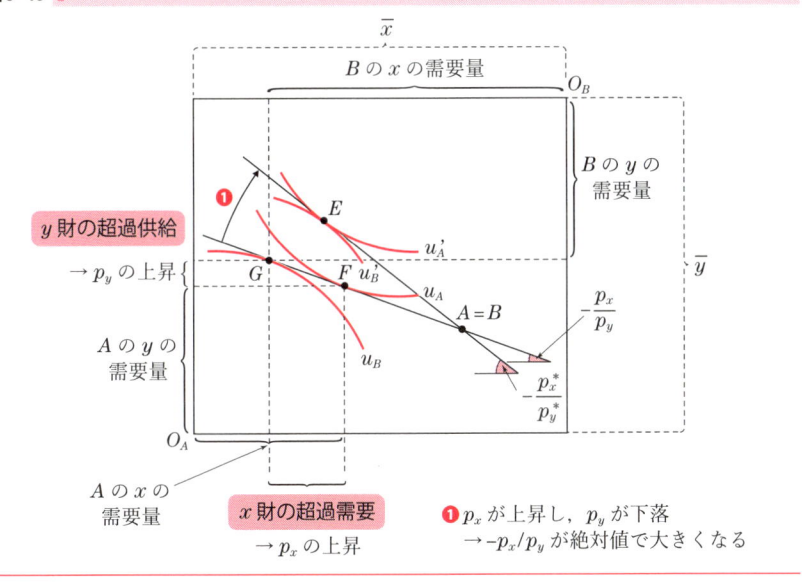

図中ラベル:
- $\bar{x}$
- B の x の需要量
- O_B
- B の y の需要量
- y 財の超過供給 → p_y の上昇
- E, u_A', u_A
- G, F, u_B', u_B
- $A = B$
- $-\dfrac{p_x}{p_y}$
- $-\dfrac{p_x^*}{p_y^*}$
- $\bar{y}$
- A の y の需要量
- O_A
- A の x の需要量
- x 財の超過需要 → p_x の上昇
- ❶ p_x が上昇し，p_y が下落 → $-p_x/p_y$ が絶対値で大きくなる

は，y 財価格 p_y の下落を引き起こします．

x 財価格 p_x が上昇し，y 財価格 p_y が下落するので，結果として，相対価格 $-p_x/p_y$ は（絶対値で）上昇します．市場の超過需要や超過供給を解消するように価格が伸縮的に動き，均衡（相対）価格 $-p_x^*/p_y^*$ が決定します[11]．これは図5-10の点 E で表されています．

均衡価格が決定している点 E をみると，A さんの無差別曲線 u_A' と，B さんの無差別曲線 u_B' が背中合わせに接していることがわかります．つまり，点 E は競争均衡の実現する点であるのと同時に，パレート最適な資源配分が実現している点ともいえるのです．「競争均衡はパレート最適な資源配分を実現する」という命題は，**厚生経済学の第1基本定理**（first fundamental theorem of welfare economics）とよばれています．

ところで，先ほど「望ましい公平とするかという質問に対して，経済学では答えることはできない」というお話をしました．図5-11をみてください．初

---

[11] 価格は変化しても，初期保有点は動いていないことに注意してください．

図5-11

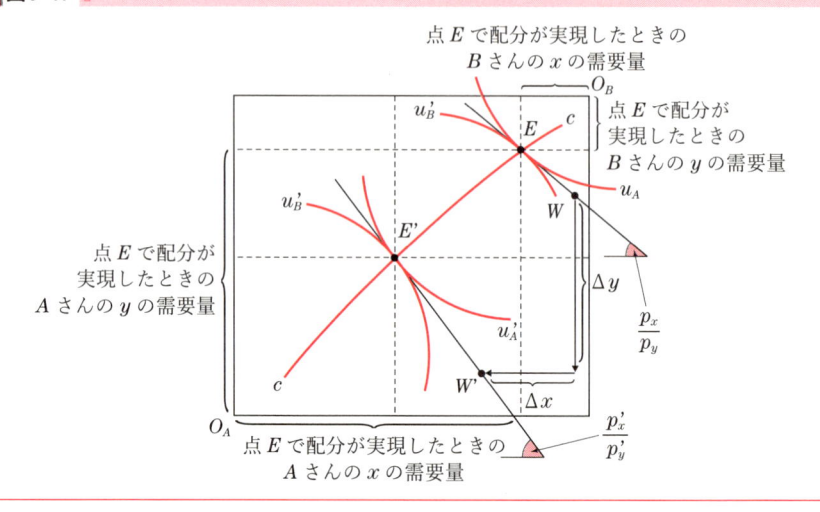

点Eで配分が実現したときのAさんのyの需要量

点Eで配分が実現したときのBさんのxの需要量

点Eで配分が実現したときのBさんのyの需要量

点Eで配分が実現したときのAさんのxの需要量

期保有が点Wで与えられたとき，AさんとBさんとの間で交渉が行われ，パレートの意味で効率的な資源配分が実現するとすれば，それは図中の点Eとなります．そして，この点で競争均衡が実現されています．しかし，点Eでの配分は，Aさんがu_Aとかなり高い効用を得ているのに対して，Bさんの効用はu_Bと相対的に低く，公平性という点からは疑問のある配分となっています．

当初，もしAさんとBさん以外の人——たとえば政府などが，初期保有点を点Wから点W'にもっていくことができれば，つまり，Aさんのもっているx財をBさんにΔx，y財をΔyだけ移転させることができれば，市場メカニズムによって新たな競争均衡点E'が実現できます．点Eも点E'も契約曲線cc上にのっていますので，どちらもパレートの意味で効率的な配分です．

初期保有点の移転は，このような交換経済においては所得の移転と同じです．したがって，「パレート効率的配分は，適当な所得分配を行うことによって競争均衡配分として実現可能である」という命題が導けます．これを，**厚生経済学の第2基本定理**(second fundamental theorem of welfare economics)といいます．

ポイント・チェック　厚生経済学の基本定理

❶ 厚生経済学の第1基本定理
「競争均衡はパレート最適な資源配分を実現する」という命題
❷ 厚生経済学の第2基本定理
「パレート効率的配分は，適当な所得分配を行うことによって競争均衡配分として実現可能である」という命題

COLUMN 5-❸ 生産要素市場における資源配分の効率性

　資本 (K) と労働 (L) からなる生産要素市場でも完全競争市場においてはパレート最適な資源配分が実現できます．
　いま，x財とy財を生産している企業を考えます．この企業は，それぞれの財を資本と労働を用いてx財とy財を生産しています．x財の生産に用いられる資本をK_x，労働をL_xとし，生産関数をFで表します．同様に，y財の生産に用いられる資本をK_y，労働をL_yとし，生産関数をGで表すと，生産関数は，

$$x = F(K_x, L_x)$$
$$y = G(K_y, L_y)$$

となります．また，資本の総量を$\bar{K}$，労働の総量を$\bar{L}$とすると，

$$K_x + K_y = \bar{K}$$
$$L_x + L_y = \bar{L}$$

となります．左下にx財の生産に使われる生産要素の原点O_xをとり，左上にy財の生産に使われる生産要素の原点O_yをとり，縦軸に資本，横軸に労働をとったエッジワース・ボックスを描くと，図のようになります．このときx財とy財の等量曲線は，それぞれの原点に対して凸に描かれます．
　財市場の場合と同様，パレート最適な生産要素の配分が実現するのは，x財とy財の等量曲線が接している点——つまり，互いの技術的限界代替率が等しくなっている点ということになります．これは図中の点Eや点Fで実現されます．
　完全競争市場において企業が利潤を最大化するとき，技術的限界代替率と要素価格比とは等しくなっていますので，生産要素市場においても，「競争市場において実現する均衡はパレート最適な資源配分が実現している」という厚生経済学の第1

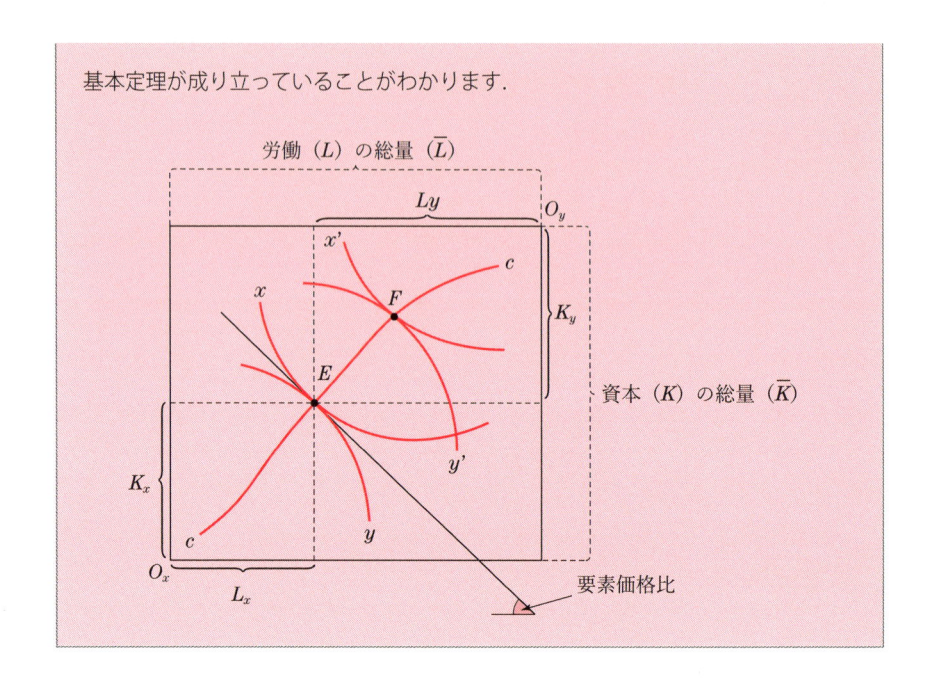

基本定理が成り立っていることがわかります.

　第5章では，完全競争市場において経済厚生や資源配分がどのように決定されるのか，そして，政府の行動によってどのように変化するのかについて学習しました．新しい概念がたくさん出てきました．しっかりと復習しておきましょう．

内容を理解しているかな？

問題に答えられたらYES！ わからなければNO！

1 余剰分析――1つの市場についての資源配分

Q1. 余剰分析とは何か説明しなさい
Q2. 社会的総余剰の定義を示しなさい

↓ No

ポイント・チェック 余剰分析――1つの市場についての資源配分
- □① 余剰分析とは，経済主体（家計，企業，政府）それぞれがどれだけの利益を得ることができるのかを考える分析手法で，1つの市場について，需要曲線や供給曲線を用いて資源配分の効率性を分析
- □② 余剰とは，経済学的な喜びの度合いや利益を客観的かつ数値として表したもの
- □③ 社会的総余剰とは，社会全体の利益のこと
- □④ 社会的総余剰 ＝ 消費者余剰 ＋ 生産者余剰 ＋ 政府収入

Yes → (Yes) ／ No → 本文 p.195 へ戻れ

1 消費者余剰

Q1. 留保価格とは何か説明しなさい
Q2. 消費者余剰とは何か説明しなさい

↓ No

ポイント・チェック 消費者余剰
- □① 留保価格とは，ある特定の数量だけ需要する際に，家計が支払ってもよいと心の中で思っている価格
- □② 消費者余剰とは，家計が市場取引を通じて「得(トク)」をした気持ちを数量化した概念
- □③ 市場全体として家計が「得」をした部分の合計は，市場価格と需要曲線で囲まれる部分の面積

Yes → (Yes) ／ No → 本文 p.196 へ戻れ

【2 生産者余剰】へ進め！

2 生産者余剰

Q1. 生産者余剰とは何か説明しなさい
Q2. 限界費用と総費用の関係を示しなさい
Q3. 利潤の定義を示しなさい

↓ No

ポイント・チェック 生産者余剰
- □① 生産者余剰とは，企業が市場取引を通じてどれだけ「利潤」を得たかを知る概念
- □② 限界費用を積分すると総費用になる（ただし，固定費用はゼロと仮定）

$$総費用(TC) = \int_{O}^{x_0} MC(x)\,dx$$

- □③ 利潤(π)＝総収入(TR)－総費用$(TC) = p^* x_0 - \int_{O}^{x_0} MC(x)\,dx$
- □④ 政府活動がない場合，社会的総余剰は，消費者余剰と生産者余剰の和となる

Yes / No → 本文 p.198 へ戻れ

3 政府の活動と経済政策の効果

Q1. 従量税とは何か説明せよ
Q2. 死重的損失とは何か説明せよ

↓ No

ポイント・チェック 政府の活動と経済政策の効果
- □① 従量税とは，数量に課す税のこと
- □② 死重的損失とは，政府による政策介入や独占市場のように，完全競争市場が損なわれた場合に生じる経済厚生の損失のこと
- □③ 政府によって何らかの経済政策が行われて市場価格が歪められると，経済厚生が損なわれる．完全競争市場において市場価格が決定されるときに，経済厚生が最大になる

Yes / No → 本文 p.203 へ戻れ

【2 一般均衡分析——2つの市場についての資源配分】へ進め！

2 一般均衡分析——2つの市場についての資源配分

1 エッジワース・ボックスとパレート効率性

Q1. 他の事情にして一定の仮定とは何か説明しなさい
Q2. 部分均衡分析と一般均衡分析とは何か説明しなさい
Q3. エッジワース・ボックスとは何か説明しなさい
Q4. パレート最適配分とは何か説明しなさい
Q5. 契約曲線とは何か説明しなさい

ポイント・チェック エッジワース・ボックスとパレート効率性
- □① 他の事情にして一定の仮定とは，他の市場の動きについては不変であると暗黙のうちに仮定すること
- □② 部分均衡分析とは，他の事情にして一定の下で，1つの市場だけに注目する手法
- □③ 一般均衡分析とは，複数の市場において，価格がどのように決まるのか，この価格の下で資源がどのように（効率的に）配分されるのか考える手法
- □④ エッジワース・ボックスは，2つの資源の配分を考える際に用いられる
- □⑤ エッジワース・ボックス内であればどの点でも選択することができるが，同時に実現できるものではない
- □⑥ パレート最適配分とは，相手の効用水準を下げることなしには，もはや自らの効用水準を改善することができない配分のこと
- □⑦ 契約曲線とは，エッジワース・ボックス内のパレート最適な点を結んだ線
- □⑧ 契約曲線上の点を比べた場合，どちらがより望ましい配分であるという判断はできない
- □⑨ 公平性と効率性は，無関係である

No → 本文p.206へ戻れ

2 厚生経済学の基本定理

Q1. 厚生経済学の第1基本定理とは何か説明しなさい
Q2. 厚生経済学の第2基本定理とは何か説明しなさい

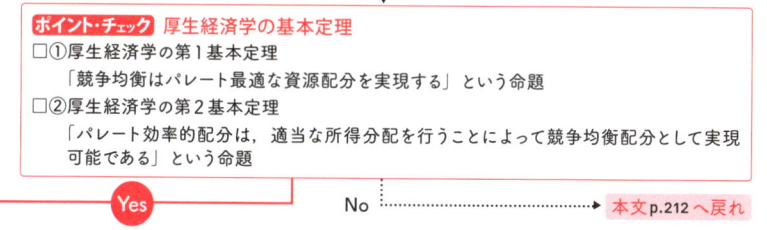

ポイント・チェック 厚生経済学の基本定理
- □① 厚生経済学の第1基本定理
  「競争均衡はパレート最適な資源配分を実現する」という命題
- □② 厚生経済学の第2基本定理
  「パレート効率的配分は，適当な所得分配を行うことによって競争均衡配分として実現可能である」という命題

No → 本文p.212へ戻れ

Noの数を数えよう！ ▶▶▶ 1回目　2回目　3回目　　Noの数を減らしていこう!!!

第5章 経済厚生と資源配分　221

用語確認

おぼえたかな？

問題

1. 市場取引によって，経済主体——家計，企業，そして政府——がどれだけの利益を得ることができるのかを考える分析手法として，（　　）❶というものがあります．（　　）❶は，ある特定の1つの市場について，需要曲線や供給曲線を用いて（　　）❷の（　　）❸を分析する手法です．

　（　　）❹とは，簡単にいえば，経済学的な喜びの度合いや利益を客観的かつ数値として表したもので，より広い意味では，（　　）❺の同義語です．

　3つの経済主体それぞれが市場取引を通じて利益を得ています．これを社会全体の利益である（　　）❻といいます．

　（　　）❼とは，家計が市場取引を通じて「得」をした気持ちを数量化した概念といえます．家計は，その消費量に応じて，支払ってもよいと思っている（　　）❽をもっています．

　（　　）❾は企業にとって「得」した気分といった抽象的な概念ではなく，企業の「利潤」になります．

　政府が企業の供給する数量に対して課す税を（　　）❿，価格に課す税を（　　）⓫といいます．このような政府による政策介入や，第6章で学習する独占市場のように，完全競争市場が損なわれた場合に生じる経済厚生の損失を（　　）⓬といいます．

2. 学習した余剰分析は，1つの市場だけに注目し，（　　）⓭や（　　）⓮を使って経済厚生が経済主体間にどのように

解答

❶ 余剰分析

❷ 資源配分

❸ 効率性

❹ 余剰

❺ 経済厚生

❻ 社会的総余剰

❼ 消費者余剰

❽ 留保価格

❾ 生産者余剰

❿ 従量税

⓫ 従価税

⓬ 死荷重

⓭ 需要曲線（⓮と順不同）

222　chapter 5　Economic Welfare and Resource Allocation

配分されているのかを考えるものでした．1つの市場に注目するということは，他の市場の動きについては不変であると暗黙のうちに仮定して考えていることと同じです．

これを（　　）⑮といいます．1つの市場だけに注目する手法は，（　　）⑯とよばれています．

これに対して，複数の市場において，価格がどのように決まるのか，この価格の下で資源がどのように(効率的に)配分されるのかについて考えるのが（　　）⑰です．いくつもの市場を同時に分析するために，高度に代数的な手法がとられるのが一般的ですが，市場を2つに限定すると図を用いて比較的平易に理解することが可能となります．2つの資源の配分を考える際，（　　）⑱とよばれる分析を用いて考えるのが一般的です

相手の効用水準を下げることなしには，もはや自らの効用水準を改善することができない配分を，考案した経済学者の名前をとって（　　）⑲とか，単に（　　）⑳といいます．

こうした配分点はエッジワース・ボックス上に無数に存在します．この点を結んだ線を（　　）㉑といいます．

3. 完全競争市場では，（　　）㉒が市場によって決定されます．この市場価格が資源配分を効率的に行い，（　　）㉓を最大化しています．

「競争均衡はパレート最適な資源配分を実現する」という命題は，（　　）㉔とよばれています．

「パレート効率的配分は，適当な所得分配を行うことによって競争均衡配分として実現可能である」という命題を，（　　）㉕といいます．

⑭ 供給曲線（⑬と順不同）

⑮ 他の事情にして一定の仮定

⑯ 部分均衡分析

⑰ 一般均衡分析

⑱ エッジワース・ボックス

⑲ パレートの意味で効率的な配分

⑳ パレート最適な資源配分

㉑ 契約曲線

㉒ 価格

㉓ 経済厚生

㉔ 厚生経済学の第1基本定理

㉕ 厚生経済学の第2基本定理

第5章 経済厚生と資源配分　223

問題演習

1 余剰分析 ★★ (国Ⅱ 1995 改題)

　ある財の需要曲線，供給曲線はともに直線であり，価格が4のときに需要量は10，供給量は4になり，また価格が8のときに需要量は2，供給量は8になるという．この市場が完全競争市場であるときの消費者余剰と生産者余剰に関する記述のうち正しいのはどれか．

1. 消費者余剰が18多い
2. 消費者余剰が9多い
3. 生産者余剰が18多い
4. 生産者余剰が9多い
5. 消費者余剰と生産者余剰はともに等しい

▶ 解法の糸口

手順	解き方
❶	「需要曲線，供給曲線はともに直線」 　⇒需要曲線：$D = ap + b$ 　　供給曲線：$S = cp + d$ と置く．
❷	連立方程式を解く．
❸	求めた需要曲線と供給曲線のグラフを描く．
❹	需要曲線と供給曲線を連立して均衡価格と均衡数量を求める．
❺	消費者余剰と生産者余剰に相当する部分の三角形の面積を計算する．

▶**解答** 4

▶**解説**

解法の糸口に従って解いてみよう.

❶ 需要曲線と供給曲線はともに直線なので，$D = ap + b$，$S = cp + d$と置きます．
$(D, p) = (10, 4), (2, 8)$
$(S, p) = (4, 4), (8, 8)$
を代入して連立方程式を解き，需要曲線と供給曲線を特定します．

❷ $\begin{cases} 10 = 4a + b \\ 2 = 8a + b \end{cases}$ および $\begin{cases} 4 = 4c + d \\ 8 = 8c + d \end{cases}$ となります．

これを解くと $a = -2$，$b = 18$，$c = 1$，$d = 0$ となりますので，求める需要曲線および供給曲線は，

【需要曲線】$D = -2p + 18$

【供給曲線】$S = p$

となります．

❸ 求めた需要曲線と供給曲線をグラフに描いてみましょう．

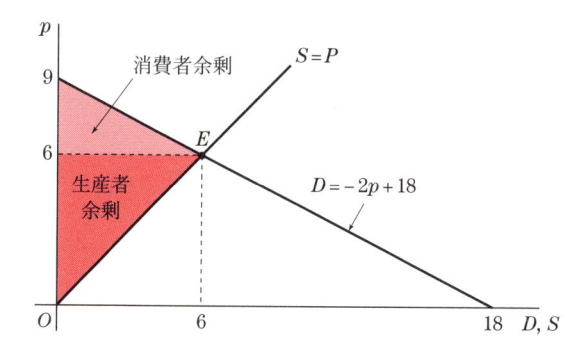

第5章 経済厚生と資源配分

❹ 需要曲線と供給曲線を連立して均衡価格 (P^*) と均衡数量 (x^*) を求めます.

$$\begin{cases} D = -2p + 18 \\ S = p \end{cases}$$

より均衡では需要量と供給量が等しい ($D=S$) ことを利用すると, $-2p+18=p$ から均衡価格は $P^*=6$ となります. これを需要曲線と供給曲線にそれぞれ代入すると,

$D = -2 \times 6 + 18 = 6$

$S = 6$

より $D = S = x^*$ とすると求める均衡点 $E(x^*, p^*)$ は,

$E(x^*, p^*) = (6, 6)$

となります.

❺ 消費者余剰, 生産者余剰に相当する部分の面積を計算します.

$$消費者余剰 = \frac{1}{2} \times 6 \times (9-6) = 9$$

$$生産者余剰 = \frac{1}{2} \times 6 \times (6-0) = 18$$

よって, 正解は選択肢4となります.

2 パレート最適 ★★（特別区 2002 改題）

　下の図は2人の個人1，2およびX財，Y財の2財からなる交換経済のエッジワーズ・ボックスである．図中のuは個人1の無差別曲線，vは個人2の無差別曲線，線分mmは契約曲線である．次の記述のうち正しいものはどれか．

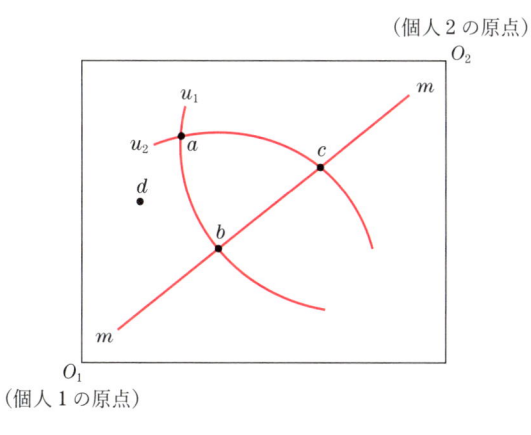

（個人2の原点）

（個人1の原点）

1. 契約曲線上のうち，b点ではパレート最適が成立するが，c点ではパレート最適が成立しない．
2. 契約曲線上では1，2それぞれの資源配分が効率的であるとともに，常に公平な配分が達成される．
3. b点では，1の限界代替率は，2の限界代替率より小さく，X財，Y財をより多く1に配分すれば，社会厚生は改善する．
4. a点からc点への移動は，パレート改善であり，これにより社会的厚生を増大させる．
5. a点からd点への移動は，パレート改善であり，これにより社会的厚生を増大させる．

▶**解法の糸口**

(1) **パレート最適な資源配分**とは，相手の効用水準を下げることなしには，もはや自らの効用水準を改善することができない配分．

(2) パレート最適な資源配分点は，エッジワース・ボックス上に無数に存在しており，パレート最適な点を結んだ線を**契約曲線**という．

▶ **解答** 4

▶ **解説**
　まずパレート最適な資源配分を確認しておきましょう．パレート最適な資源配分とは，相手の効用水準を低下させない限り自らの効用水準を改善することができない資源の配分です．パレート最適な資源配分点を結んだ曲線を契約曲線とよび，また契約曲線上では各消費者の限界代替率が等しくなるのが特徴です．

　契約曲線上では資源配分の効率性については判断できますが，配分の公平性については経済を構成する政治体制，社会，文化や慣習，価値観などの影響によって変化するため判断できません．

1…× 契約曲線上の点は，すべてパレート最適な資源配分を満たしています．
2…× 契約曲線上では資源配分の効率性については判断できますが，配分の公平性については経済を構成する政治体制，社会，文化や慣習，価値観などの影響によって変化するため判断できません．
3…× b点は契約曲線上にあるのでパレート最適な資源配分点です．そのため個人1，2の限界代替率は等しくなります．
4…○ その通り．a点からc点へ移動することで，パレート最適な資源配分が達成できるため社会的厚生も増大します．
5…× a点からd点への移動では個人2の効用は上昇しますが，個人1の効用が減少するため，パレート改善したかどうかは判断できません．

　よって正解は選択肢4になります．

Chapter 6: Imperfect Competition Market I

第 6 章

不完全競争
市場 1

POINT

この章で学ぶ内容

❶ **不完全競争市場の種類と特徴**
　独占や複占,寡占などの不完全競争市場のもつ特徴について学習します.

❷ **不完全競争市場での利潤最大化**
　不完全市場において企業はどのようにして利潤を最大化するかについて逆需要関数や費用関数を用いて学習します.

❸ **独占市場の経済厚生**
　独占市場における経済厚生について前章で学習した余剰分析を用いて学習します.

❹ **自然独占・収穫逓減産業と価格規制**
　自然独占・費用逓減産業などが有する規模の経済性という特徴,およびこれらの不完全競争市場を改善する方法について学習します.

この章のポイント

❶ 市場を構成する企業の数が極めて少ない場合,その市場は不完全競争市場とよばれます.その種類としては独占,複占,寡占が存在しています.不完全競争市場にある企業は,供給量の増減を通じて価格に影響を与えることができるため,**価格設定者**(プライスメイカー)として自らの利潤を最大化するような生産量(供給量)を決定しています.

❷ 独占市場における超過利潤は独占利潤とよばれ,**利潤＝総収入－総費用**$=p(x)x-C(x)$ と表されます.
　企業は,利潤を最大化するように生産量 (x) を決定しますので,
$$\pi = p(x)x - C(x)$$
を x で微分してゼロと置くと,

$$\pi' = \underbrace{p(x) + p'(x)x}_{MR} - \underbrace{C'(x)}_{MC} = 0$$

となります．これは独占市場における利潤を最大化するとき，

限界収入（MR）＝ 限界費用（MC）

という条件が成り立つことを意味しています．

❸　独占市場では完全競争市場よりも市場に供給される財の数量が過少になり，市場が縮小してします．その結果，価格は完全競争の場合よりも高くなってしまいます．このように，独占によって完全競争市場が損なわれた場合に生じる経済厚生の損失を，独占による**死重的損失**といいます．

❹　産業や生活を支える**インフラストラクチャー**（産業基盤）に関連する企業の多くは，独占になりやすい性格をもっており，**自然独占**とよばれています．自然独占の特徴としては，①固定費用が大きい，②限界費用が一定，③平均費用が逓減していくなどが挙げられます．

　また，ある産業では設備の建設や研究開発にかかる初期投資に比べ，財を追加的に1単位生産する費用は極めて小さくかつ一定で，生産量が増えるほど財の生産に含まれる固定費用の比重が低下し，平均費用が逓減する状態になることもあります．これを**規模の経済性**が働いているといいます．一般的に，平均費用が逓減する産業を**費用逓減産業**といいます．また，規模の経済性が存在する場合，生産関数は**規模に関して収穫逓増**となります．

　自然独占を改善するための政策として，①市場取引量を維持するため価格を限界費用と等しくするように規制する**ファースト・ベスト政策**（**限界費用価格形成原理**）や②企業に赤字を発生させず，かつ供給量を増やすため価格を平均費用と等しくするように規制する**セカンド・ベスト政**

策（平均費用価格形成原理）などがあります．

> **これが理解できれば合格**
>
> 独占や複占，寡占などの不完全競争市場・不完全競争市場における企業の利潤最大化・不完全競争市場における経済厚生・ファースト・ベスト政策（限界費用価格形成原理）・セカンド・ベスト政策（平均費用価格形成原理）

POINT

フローチャート

❶ 不完全競争市場の種類と特徴

完全競争市場 ⟷ **不完全競争市場**

完全競争市場：市場が多数の企業によって構成
→ 企業はプライス・テイカーとして行動

不完全競争市場：
- 独占　市場が1社によって占有
- 複占　市場が2社によって占有
- 寡占　市場が数社によって占有
- 独占的競争

→ 企業はプライス・メイカーとして行動

❷ 不完全競争市場での利潤最大化　限界収入(MR) = 限界費用(MC)

❸ 独占市場の経済厚生

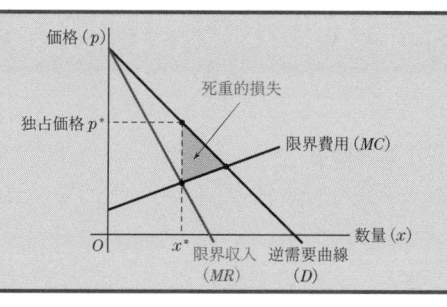

縦軸：価格(p)、横軸：数量(x)
独占価格 p^*、死重的損失、限界費用(MC)、限界収入(MR)、逆需要曲線(D)、x^*

❹ 自然独占・収穫逓増と価格規制

セカンド・ベスト政策：$p = AC$
ファースト・ベスト政策：$p = MC$

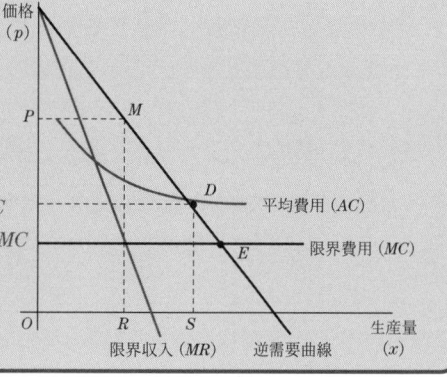

縦軸：価格(p)、横軸：生産量(x)
点 P, M, D, E、R, S
平均費用(AC)、限界費用(MC)、限界収入(MR)、逆需要曲線

▎はじめに

　第2章から第5章までの分析では，完全競争市場を対象として経済主体の合理的な行動を考えました．完全競争市場の最大の特徴は，市場で決定する価格をもとに経済主体（家計や企業）が行動するという点にありました．ところが，第2章でもお話ししましたように，現実の経済をみると，いくつかの市場においては，市場が数社の企業によって占有されているような状況が見受けられます．こうした市場を不完全競争市場といいます．不完全競争市場では，企業が価格に対して大きな影響力をもち，完全競争市場とは違った視点が必要になります．本章では，最初に不完全競争市場の種類と特徴について述べ，次に，市場に企業が1社しか存在しない独占市場について考えます．

1 不完全競争市場の種類と特徴

　第2章1で学習しましたように，市場を構成する企業の数が極めて少ない場合，市場は**不完全競争** (imperfect completion) となります．財の生産が1社によって占有されている状況を**独占** (monopoly) といい，2社によって占有されている状況を**複占** (duopoly) といいます．また，いくつかの企業によって占有されている状況を**寡占** (oligopoly) といいます．

　企業は**市場占有率** (market share)[1] が高いほど，生産量をコントロールすることが容易になりますし，後述するように，それによって**独占利潤** (monopoly profit) を得ることができます．しかし，市場への参入・退出が容易である場合，その独占利潤を狙ってライバル企業が次々に参入することが可能です．この場合，当初は独占市場であっても，次第に同種の財を生産する企業が増加していき，長期的には完全競争市場に近づきます[2]．これを**独占的競争** (monopolistic competition) といいます．

---

[1] ある企業の売上高や生産量が，市場全体どの程度占めているかを示す指標です．詳しくは第2章を参照してください．

[図6-1]

完全競争市場
市場が多数の
企業によって構成

→ 企業はプライス・テイカーとして行動

⇔

不完全競争市場
独占　市場が1社によって占有
複占　市場が2社によって占有
寡占　市場が数社によって占有
独占的競争

→ 企業はプライス・メイカーとして行動

　また，企業数が多くても，取引される財が微妙に異なっていると不完全競争となる場合があります．これを**財の差別化**(product differentiation)といいます．

　もちろん，市場に1社しかない独占では，完全競争市場と同じく財の差別化は存在しません．しかし，寡占や独占的競争といった市場においては，財のデザインや品質などをライバル企業の財と微妙に変えることで，多くの消費者を獲得することができます．このため，財の差別化が行われます[3]．

　ところで皆さんは，「独占企業や寡占企業は，自分の好きなだけ価格を釣り上げることができるんじゃないの？」と思うかもしれません．結論からいえば，答は「NO」です．というのも，不完全競争市場の価格は，企業が供給する財の数量をもとに，社会全体の需要曲線に沿って決まるからです．不完全競争市場にある企業は，供給量の増減を通じて価格に影響を与えることができるため，**価格設定者**(price maker)（プライスメイカー）として自らの利潤を最大化するような生産量(供給量)を決定しているのです．独占をはじめとする不完全競争市場では，企業が勝手に価格を決めているのではない点をおさえておきましょう．

　不完全競争市場では，企業が利潤を最大化する数量を決定し，その数量が市場に供給されたときに，需要曲線にしたがって価格が決定されます．数量が決

---

2) しかし，完全競争市場では財の差別化が行われていませんので，独占的競争市場の長期均衡が完全競争の均衡に等しくなるわけではありませんので注意してください．
3) 第3章では，消費する財の量が多くなればなるほど消費者の効用は高まると仮定して議論してきました．これに対して，量よりも財の種類が多くなるほど消費者の効用が高まることもあり得るでしょう．このような消費者の行動仮定を**多様性選好**(love of variety)の仮定といいます．

定されて需要価格が決定するということで，この需要曲線はこれまでの需要曲線とは逆の関係となっています．

数量 (x) が決まると価格 (p) が決定するという関係から，これを**逆需要関数** (inverse demand function) といい，

$$p = P(x)$$

と表します．

第2章で学習したように，これまでの需要関数が $x = D(p)$ と書けたことを思い出してください．たとえば，需要曲線が $x = -p + 16$ と表されている場合，これは「価格 p が与えられると，それに伴って数量 (需要量) x が $-p + 16$ として決まる」という関係を意味していましたね．これに対して $x = -p + 16$ を p について解いた $p = -x + 16$ という逆需要関数は，$x = \cdots$ という式を $p = \cdots$ と直しただけではありますが，「数量 x が与えられると，それに伴って価格 p が $-x + 16$ として決まる」という意味になります．

「価格が与えられて……」と考えるこれまでの需要関数に対して，逆需要関数は「数量が与えられて……」という点が異なっています．これは完全競争市場と不完全競争市場の決定的な違いになっているので，しっかりと理解しておいてください．

ポイント・チェック　不完全競争市場の種類と特徴

❶ 不完全競争市場とは，市場を構成する企業の数が極めて少なく，情報が不完全で，製品差別化があり，市場への参入退出が難しい市場
❷ 独占とは，財の生産が1社によって占有されている状況
❸ 複占とは，財の生産が2社によって占有されている状況
❹ 寡占とは，財の生産がいくつかの企業によって占有されている状況
❺ 独占的競争とは，当初は独占市場であっても，次第に同種の財を生産する企業が増加していき，長期的には完全競争市場に近づくこと
❻ 財の差別化とは，取引される財がブランド等により違いを出すこと
❼ 不完全競争市場にある企業は，価格設定者 (プライスメイカー) として自らの利潤を最大化するような生産量を決定している
❽ 逆需要曲線とは，数量が決まると価格が決定するという関係を示した関数
❾ 逆需要関数　$p = P(x)$

> ❿ 完全競争市場と不完全競争市場の決定的な違いは，完全競争市場は「価格が与えられて……」と考える需要関数に対して，不完全競争市場は「数量が与えられて……」と考える逆需要関数になること

2 不完全競争市場での利潤最大化

不完全競争市場における企業も利潤を最大化しています．価格をp，生産量をxで表すことにしましょう．第4章で学んだように，企業の利潤（π）は，

利潤（π）＝総収入（TR）－総費用（TC）

で表せました．総収入（TR）は，**財の価格×生産量**でしたから，総収入（TR）＝pxと表せます．しかし不完全競争市場では，企業は生産量をコントロールして価格を決定することができるので，市場が1社によって占有されていれば，生産量xと価格pは逆需要関数，

$$p = P(x)$$

で表される関係をもっています[4]．したがって，

総収入（TR）＝px＝$P(x)x$

となります．また，総費用（TC）を費用関数$C(x)$で表せば，

総費用（TC）＝費用関数＝$C(x)$

となります．したがって，不完全競争市場（ここでは独占市場における）企業の利潤は，

利潤（π）＝総収入（TR）－総費用（TC）＝$P(x)x - C(x)$

となります．

企業は利潤を最大化するように生産量（x）を決定します．$\pi = P(x)x - C(x)$をxで微分してゼロと置くと，

---

[4] もし，市場がA社，B社によって占有されているような複占市場では，それぞれの企業の生産量をx_A, x_Bとすると，市場で取引されている生産量xは$x = x_A + x_B$となります．この場合，逆需要関数は，

$$p = P(x_A + x_B)$$

となります．詳しくは第7章を参照してください．

$$\pi' = P(x) + P'(x)x - C'(x) = 0$$

となります．ここで，$P(x)+P'(x)x$ は総収入 $(TR) = P(x)x$ を x で微分したものです[5]．これは，生産量 (x) を1単位増加させたときの総収入の変化量を表したもので，**限界収入** (Marginal Revenue; MR) といいます．また，$C'(x)$ は総費用 $(TC) = C(x)$ を x で微分したもので，**限界費用** (Marginal Cost; MC) です．ですから，

$$\pi' = \underbrace{p(x)+p'(x)x}_{MR} - \underbrace{C'(x)}_{MC} = 0$$

となります．よって，不完全競争における利潤最大化条件は，

$$\underbrace{限界収入}_{MR} = \underbrace{限界費用}_{MC}$$

となります．

ポイント・チェック　不完全競争市場での利潤最大化

① 総収入 $(TR) = px = P(x)x$
② 総費用 $(TC) =$ 費用関数 $= C(x)$
③ 利潤 $(\pi) =$ 総収入 $(TR) -$ 総費用 $(TC) = P(x)x - C(x)$
④ $\pi' = \underset{限界収入(MR)}{p(x)+p'(x)x} - \underset{限界費用(MC)}{C'(x)} = 0$
⑤ 不完全競争における利潤最大化条件は，限界収入と限界費用が等しくなるとき

3　独占企業の利潤最大化

逆需要関数や費用関数を具体的な形にして独占企業の利潤最大化行動につい

---

[5] ここでは，第1章で学習した積の微分公式を用いています．ある2つの関数 $f(x)$ と $g(x)$ の積 $f(x)g(x)$ を x で微分すると，$f'(x)g(x)+f(x)g'(x)$ となります．言葉で表せば，(前を微分) × (後そのまま) + (前そのまま) × (後を微分) となります．この公式を用いて $P(x)x$ を微分すると，$P(x)+P'(x)x$ となるのです．また，$P'(x)$ は，$dP(x)/dx$ とも表せますから，$P(x)+P'(x)$ は $P(x)+[dP(x)/dx]x$ とも書き表せます．これは COLUMN 6-❷ で使います．

て考えてみましょう．いま，逆需要関数が

$$p = -x + 16$$

と表されるとしましょう．pは価格，xは生産量です．独占企業なので，xは市場に供給される財の総量を表しています．このとき総収入 (TR) は

総収入 $(TR) = px = (-x+16)x = -x^2 + 16x$

となります．したがって，限界収入 (MR) は，総収入 $(TR) = P(x)x$ を x で微分したものなので，

限界収入 $(MR) = -2x + 16$

となります．また，総費用 (TC) は，

総費用 $(TC) = C(x) = \dfrac{1}{4}x^2 + x + 39$

で表されるとしましょう．このとき，限界費用 (MC) は総費用 (TC) を x で微分したものなので，

限界費用 $(MC) = C'(x) = \dfrac{1}{2}x + 1$

となります．独占企業が利潤を最大化するとき，

$$\underbrace{\text{限界収入}}_{MR} = \underbrace{\text{限界費用}}_{MC}$$

が成り立っていますので，

$$-2x + 16 = \dfrac{1}{2}x + 1$$

より，独占企業が利潤を最大化する生産量 x^* は，これを x について解いた，$x^* = 6$ となります．独占企業が $x^* = 6$ を生産するとき，価格は逆需要関数 $p = -x + 16$ に沿って決まります．つまり，独占価格 p^* は

$$p^* = -(6) + 16 = 10$$

となります．

独占企業のこうした一連の利潤最大化行動について，図を用いて説明しましょう．逆需要関数 $p = -x + 16$ は，縦軸に価格 (p)，横軸に数量 (x) をとった平面において，切片 16，傾き -1 の直線で表されます．これは図6-2（ⅰ）のように右下がりの直線として表されます．

第6章 不完全競争市場1 241

図6-2

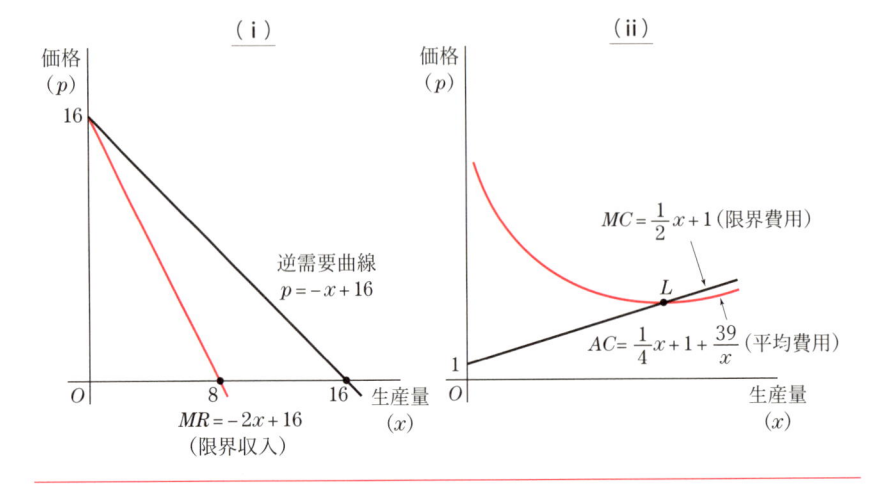

(i)

縦軸: 価格 (p)、横軸: 生産量 (x)
逆需要曲線 $p = -x + 16$
$MR = -2x + 16$（限界収入）

(ii)

縦軸: 価格 (p)、横軸: 生産量 (x)
$MC = \frac{1}{2}x + 1$（限界費用）
$AC = \frac{1}{4}x + 1 + \frac{39}{x}$（平均費用）
点 L

　また，限界収入は $MR = -2x + 16$ となります．限界収入は，逆需要曲線の切片は同じ16で，傾きが2倍（−2）となっている点に注目してください．このため，限界収入が横軸と交わる点は，逆需要曲線が横軸と交わる点の中点になっています．

　一方，限界費用は $MC = (1/2)x + 1$ で表されます．その形状は，縦軸上の切片が1，傾き1/2で表される右上がりの直線です．また，ここで，平均費用を求めると，平均費用 (AC) は総費用 (TC) を生産量で除したものなので，

$$\text{平均費用}(AC) = \frac{TC}{x} = \frac{C(x)}{x} = \frac{\left[\frac{1}{4}x^2 + x + 39\right]}{x} = \frac{1}{4}x + 1 + \frac{39}{x}$$

となります．この場合，平均費用曲線は限界費用曲線上で最下点Lを通り，U字型をしています．これは図6-2（ii）で表されています．

　図6-2（i）と（ii）を重ね合わせたものが図6-3です．独占企業は限界収入 (MR) と限界費用 (MC) が一致するように生産量を決定します．図6-3で $MR = MC$ となる点Nの生産量 $x^* = 6$ が独占企業の供給する生産量です．このとき，独占価格は企業がこの生産量を供給したとき逆需要関数に沿って決定されますから，点Mが独占均衡となり，独占価格は $p^* = -(6) + 16 = 10$ となり

図6-3

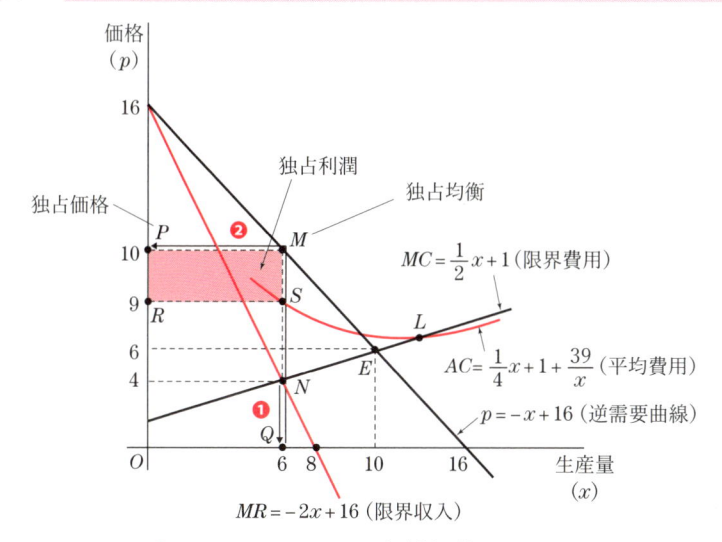

価格(p)

独占価格 独占利潤 独占均衡

$MC = \frac{1}{2}x + 1$(限界費用)

$AC = \frac{1}{4}x + 1 + \frac{39}{x}$(平均費用)

$p = -x + 16$(逆需要曲線)

$MR = -2x + 16$(限界収入)

生産量(x)

❶ $MR = MC$ となるように生産量が決まり
❷ その生産量の下で逆需要曲線に沿って独占価格が決まる

ます．

企業が利潤を最大化する $x^* = 6$ を生産したとき，価格は $p^* = 10$ なので総収入は，

　総収入(TR) = □$OPMQ$ の面積 = $p^* \times x^*$ = $10 \times 6 = 60$

となります．また，企業が $x^* = 6$ 生産するときの平均費用(AC)は $AC = (1/4) \times 6 + 1 + 39/6 = 9$ となります．総費用(TC)は，$TC = AC \times x^*$ なので，

　総費用(TC) = □$ORSQ$ の面積 = $AC \times x^*$ = $9 \times 6 = 54$

です．利潤の定義は利潤(π) = 総収入(TR) − 総費用(TC)でしたから，

　　利潤 = 総収入 − 総費用
　　　　= □$OPMQ$ の面積 − □$ORSQ$ の面積
　　　　= □$RPMS$ の面積
　　　　= $60 - 54 = 6$

となります．この利潤を独占利潤(monopoly profit)といいます．これは独占企業が得ることができる超過利潤です．というのも，独占市場では市場に独占企

業1社しか存在しないからです．これに対して，完全競争市場では，企業の生み出す利潤を誘因（インセンティブ）として次々に企業が参入しますので，その結果，市場全体としての利潤はゼロとなるからです．

独占利潤は図6-3の塗りつぶした部分によって表されています．この図から「独占価格が完全競争下での市場価格よりも高い」ことがわかります．というのも，完全競争均衡は，逆需要曲線（p）と限界費用（供給曲線）（MC）との交点 E で与えられるからです．$p=-x+16$, $MC=(1/2)x+1$ なので，点 E での市場取引量は，$p=MC$ より，$-x+16=(1/2)x+1$ なので，これを解くと，完全競争下での取引量 $x=10$ と市場価格 $p=6$ を得ます．独占価格は $p^*=10$ でしたから，独占価格が市場価格よりも高いことが図からわかるでしょう．

> **ポイント・チェック** **独占企業の利潤最大化**
>
> ❶ 縦軸に価格，横軸に数量をとった平面において，限界収入は逆需要関数の切片が同じで傾きが2倍になるため，限界収入が横軸と交わる点は，逆需要関数が横軸と交わる点の中点になっている
> ❷ 独占利潤とは，独占企業が得ることができる超過利潤のこと
> ❸ 独占価格は，供給量が完全競争下での場合より過少になるので，市場価格よりも高くなる

COLUMN 6-❶ 独占的競争

学習しましたように，独占市場においては独占利潤（超過利潤）が発生しています．この超過利潤をインセンティブとして，長期的には同種の財を生産しているライバル企業が参入してくることがあります．これを**独占的競争**（monopolistic competition）といいます．

図に示した長期均衡では，ライバル企業が参入してきたことによって独占企業の需要曲線が左方にシフトします．超過利潤がなくなるところは，需要曲線が平均費用曲線と接するところまでシフトしたときです．もちろん，このときでも，限界収入と限界費用は一致しています．

しかし，気をつけなくてはならないのは，独占的競争市場の長期均衡状態は，超

過利潤がないという意味では完全競争市場と同じですが，不完全競争市場であることには変わりないので，企業はプライスメイカーとして行動しているという点が異なっています．これは図に示してある独占的競争の長期均衡点Nと，完全競争均衡の長期均衡点Eを比べると一目瞭然です．

独占的競争はE. チェンバレン(Edward Hastings Chamberlin, (米), 1899年〜1967年)が1933年に著した*The Theory of Monopolistic Competition: A Re-orientation of the Theory of Value*, Harvard University Press（邦題：『独占的競争の理論』）によって初めて論じられました．

独占的競争の理論は，国際貿易理論でも広く使われています．基本となる部分については覚えておくとよいでしょう．

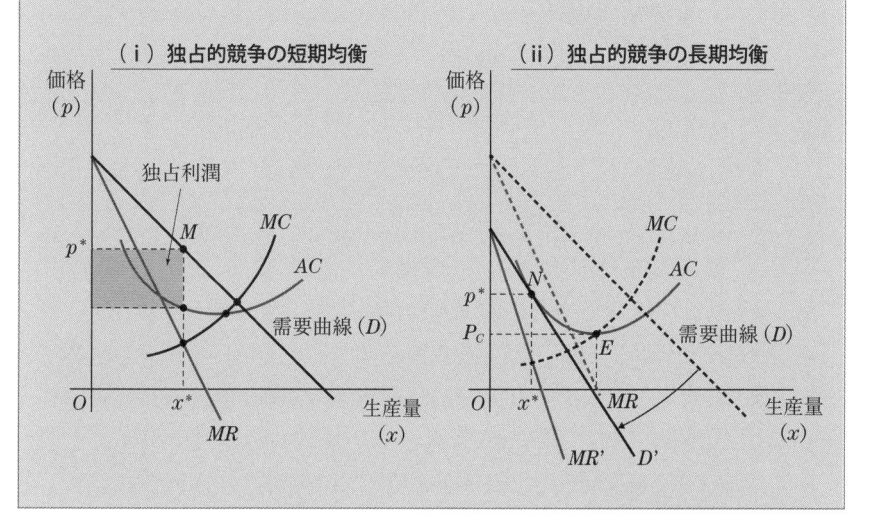

（i）独占的競争の短期均衡

（ii）独占的競争の長期均衡

4 独占市場の経済厚生

独占市場では完全競争市場よりも市場に供給される財の数量が過少になり，市場が縮小しています．その結果，価格は完全競争の場合よりも高くなってしまいます．日本では，1947年に制定された「私的独占の禁止及び公正取引の確保に関する法律」（いわゆる**独占禁止法**）によって，企業の市場支配力の過度の集中を防止して，公正で自由な競争を促進することがうたわれています[6]．

> **図6-4**

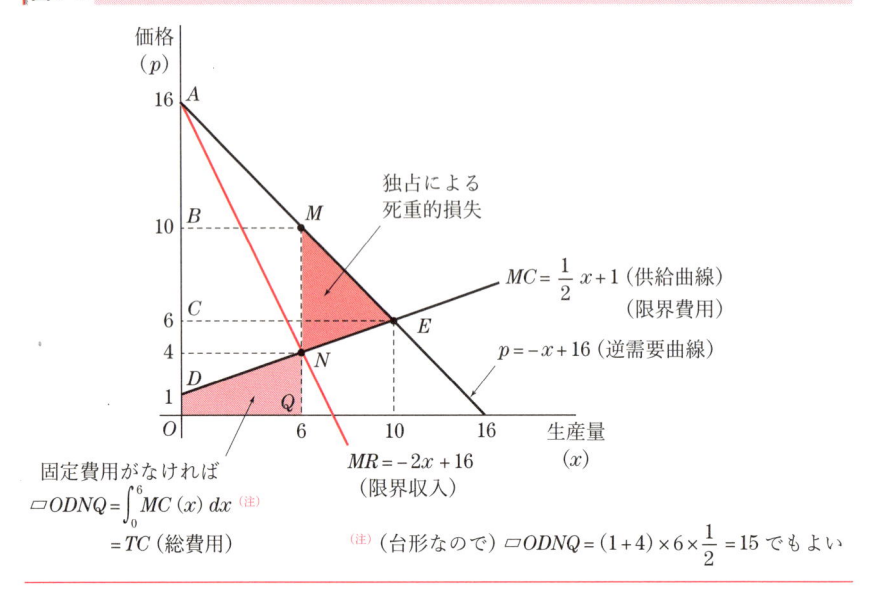

価格 (p) 軸上に $A=16$, $B=10$, $C=6$, $D=4$, 1, O が並び, 生産量 (x) 軸上に 6, 10, 16 が並ぶ. 点 $M(6,10)$, $E(10,6)$, $N(6,4)$, $Q(6,1)$.

$MC = \dfrac{1}{2}x + 1$ (供給曲線)（限界費用）

$p = -x + 16$ (逆需要曲線)

$MR = -2x + 16$ (限界収入)

独占による死重的損失

固定費用がなければ
$\square ODNQ = \displaystyle\int_0^6 MC(x)\,dx$ (注)
$= TC$ (総費用)

(注) (台形なので) $\square ODNQ = (1+4)\times 6 \times \dfrac{1}{2} = 15$ でもよい

しかし，独占は経済厚生にも大きな弊害をもたらします．前節で説明に用いたモデルを用いて，完全競争市場と独占市場を比較してみましょう．

逆需要曲線が $p=-x+16$，限界費用 (MC) を $MC=(1/2)x+1$ としましょう．これを図示したのが図6-4です．すると，完全競争均衡は価格と限界費用が一致する点で実現するので，$p=MC$ より，$-x+16=(1/2)x+1$ となります．これを解くと，完全競争下での取引量 $x=10$ と市場価格 $p=6$ が得られます．均衡点は図6-4の点 E で表されます．

第5章でも学習しましたように，このときの消費者余剰と生産者余剰は，それぞれ，

---

6) 第1章総則の第1条で独占禁止法の目的が以下のように述べられています．「この法律は，私的独占，不当な取引制限及び不公正な取引方法を禁止し，事業支配力の過度の集中を防止して，結合，協定等の方法による生産，販売，価格，技術等の不当な制限その他一切の事業活動の不当な拘束を排除することにより，公正且つ自由な競争を促進し，事業者の創意を発揮させ，事業活動を盛んにし，雇傭及び国民実所得の水準を高め，以て，一般消費者の利益を確保するとともに，国民経済の民主的で健全な発達を促進することを目的とする．」

$$\text{完全競争下での消費者余剰} = \triangle AEC \text{の面積} = \frac{1}{2} \times \underbrace{10}_{\text{底辺}} \times \underbrace{(16-6)}_{\text{高さ}} = 50$$

$$\text{完全競争下での生産者余剰} = \triangle CED \text{の面積} = \frac{1}{2} \times \underbrace{10}_{\text{底辺}} \times \underbrace{(6-1)}_{\text{高さ}} = 25$$

です．したがって，社会的総余剰は，

$$\text{完全競争下での社会的総余剰} = \triangle AEC \text{の面積} + \triangle CED \text{の面積} = 50 + 25 = 75$$

となります．

　これに対して独占市場では，逆需要曲線が $p = -x + 16$ で表されるとき，限界収入 (MR) は $MR = -2x + 16$ で表されます．$MC = (1/2)x + 1$ のとき，独占企業は $MR = MC$ となる点 N で生産し，その生産量は $x^* = 6$，独占価格は $p^* = 10$ となり，独占均衡は点 M で表されます．したがって，消費者余剰は，

$$\text{独占市場下での消費者余剰} = \triangle AMB \text{の面積} = \frac{1}{2} \times \underbrace{6}_{\text{底辺}} \times \underbrace{(16-10)}_{\text{高さ}} = 18$$

となります．

　一方，独占企業の総収入は，総収入 (TR) $= \square OBMQ$ の面積 $= p^* \times x^* = 10 \times 6 = 60$ です．説明を簡便化するために固定費用がないとすると，総費用は，限界費用を 0 から 6 まで積分したものです[7]．そしてこれは $\square ODNQ$ の面積で表されます．生産者余剰は利潤に等しいので，

$$\text{独占市場下での生産者余剰} = \text{総収入}(TR) - \text{総費用}(TC)$$
$$= \square OBMQ \text{の面積} - \square ODNQ$$
$$= p^* \times x^* - \int_0^6 MC(x)\,dx$$
$$= p^* \times x^* - \int_0^6 MC\left(\frac{1}{2}x + 1\right)dx$$
$$= p^* \times x^* - \left[\frac{1}{4}x^2 + x\right]_0^6$$

---

[7] 固定費用がないので，積分定数はゼロと仮定しています．また，総費用は $\square ODNQ$ の面積で表されることから，積分を用いずに，台形の面積の公式（上底＋下底）×高さ÷2 を使って解くこともできます．この場合，$(1+4) \times 6 \div 2 = 15$ となります．

$$= 60 - \left[\left(\frac{36}{4} + 6\right) - (0+0)\right] = 45 = \Box DBMN \text{の面積}^{[8]}$$

したがって，独占市場下での社会的総余剰は

独占市場下での社会的総余剰＝△AMBの面積＋□DBMNの面積
$$= 18 + 45 = 63$$

となります．完全競争と独占市場での社会的総余剰を比較すると，75−63＝12 だけ独占の方が小さくなっていることがわかります．この大きさは図6-4の△MENの面積に相当しています．これは，独占によって完全競争市場が損なわれた場合に生じる経済厚生の損失ですから，独占による死重的損失ということができます[9]．

社会的総余剰は経済厚生と同義ですから，以上のことから，独占は経済厚生を損なうことがわかります．

ポイント・チェック　独占市場の経済厚生

❶ 独占市場では完全競争市場より供給される財の数量が過小になり，市場が縮小するため，価格が完全競争の場合より高くなる
❷ 独占市場は，社会的総余剰を小さくする
❸ 社会的総余剰は経済厚生と同義のため，独占は経済厚生を損なってしまう
❹ 独占によって完全競争市場が損なわれた場合に生じる経済厚生の損失は，独占による死重的損失ということができる

COLUMN 6-❷　ラーナーの独占度

逆需要関数が価格をp，数量をxとしたとき，$p = p(x)$で表されるならば，総収入(TR)は$TR = p(x)x$となります．したがって限界収入は，

[8) 利潤が□DBMNの面積で表されることがわかっていれば，直接求めることもできます．この場合，台形の面積の公式を使って$[(10-4) + (10-1)] \times 6 \div 2 = 45$と利潤が求まります．
9) 死重的損失については第5章を参照ください．また，△MENの面積が死重的損失であるとわかれば$(10-4) \times (10-6) \div 2 = 12$と，直接その死重的損失を求めることもできます．

$$MR = p(x) + \frac{dp(x)}{dx}x$$

$$= p(x)\left(1 + \frac{dp(x)}{dx} \times \frac{x}{p(x)}\right)$$

となります．括弧の中の $dp(x)/dx \times x/p(x)$ は，第2章で学習した需要の価格弾力性 $e_d = -dp(x)/dx \times x/p(x)$ の逆数にマイナスをつけたものなので，

$$MR = p(x)\left(1 - \frac{1}{e_d}\right)$$

と表せます．学習しましたように，独占企業が利潤を最大化するとき，限界収入 (MR) と限界費用 (MC) が一致していますから，

$$p(x)\left(1 - \frac{1}{e_d}\right) = MC$$

です．これより，

$$\frac{p(x) - MC}{p(x)} = \frac{1}{e_d}$$

となります．需要の価格弾力性の逆数 ($1/e_d$) を経済学者の名前をとって**ラーナーの独占度** (Lerner's degree of monopoly) といいます．需要の価格弾力性が大きくなると，ラーナーの独占度は小さくなります．

また，左辺の分子が $MC - p(x)$ となっていることに注目してください．完全競争市場では，企業の利潤が最大化されるときには，価格と限界費用が一致していました．ラーナーの独占度が大きいということは，それだけ完全競争市場から乖離していることを表しているのです．

A. ラーナー (Abba P. Lerner, (米), 1903年〜1982年) はロシア生まれのアメリカの経済学者です．イギリスのロンドン・スクール・オブ・エコノミクス (LSE) やケンブリッジ大学で経済学を学び，また教鞭をとった後，晩年はアメリカで活躍しました．彼は，財政学や国際経済学の分野にも先駆的な業績を残していますので，これから皆さんもラーナーの名を耳にする機会があると思います．

なお，今回のラーナーの独占度は，彼が1937年に著したLerner, A. P. (1934) "The Concept of Monopoly and the Measurement of Monopoly Power," *Review of Economic Studies*, Vol. 1, No. 3, pp. 157-175に初出されました．

5 自然独占・費用逓減産業と価格規制

　独占は完全競争に比べて経済厚生を低下させてしまいます．しかし，現実をみると，産業によってはどうしても独占市場になりやすい業種があります．たとえば，電力会社を考えてみましょう．日本には一般向けの電力供給会社として，北海道電力，東北電力，東京電力，北陸電力，中部電力，関西電力，中国電力，四国電力，九州電力そして沖縄電力の計10社の電力会社があります．そして，それぞれの地域で独占的に電力を供給しています．

　独占となる理由は，電力供給設備の建設費用などの固定費用が非常に大きいという産業特性によります．ひとたび電力供給設備が建設されると，電力1Kwあたりの操業費用(つまり限界費用)はほぼ一定であるにもかかわらず，新規に企業が参入できないのは，参入のための固定費用が膨大だからです．ダムや火力発電所，原子力発電所の建設をイメージすると理解しやすいと思います．実際，世界をみると，国営もしくは政府の出資によって運営されている電力会社もあります．

　電力会社だけでなく，鉄道，空港，電信など，産業や生活を支える**インフラストラクチャー**(産業基盤；infrastructure)の多くは，産業として独占市場になりやすい性格をもっており，**自然独占**(natural monopoly)とよばれています．自然独占の特徴としては，❶**固定費用が大きい**，❷**限界費用は一定**という特徴があります．このため，供給する財やサービスの量が増えれば増えるほど❸**平均費用が逓減**していきます．

　平均費用が逓減する状況は，自然独占に限ったことではありません．開発費用の大きな産業や，多額の初期投資を必要とする産業では，固定費用が大きいのが特徴ですが，追加的な生産費用はあまり変化しない場合があります．半導体部品の製造や，ソフトウェアの開発などは平均費用が逓減する典型的な産業です．設備の建設や研究開発にかかる初期投資に比べ，財を追加的に1単位生産する費用は極めて小さくかつ一定で，生産量が増えるほど財の生産に含まれる固定費用の比重が低下し，平均費用が逓減するのです．これを**規模の経済性**(scale economy)が働いているといいます．規模の経済性が存在する場合，生産

図6-5

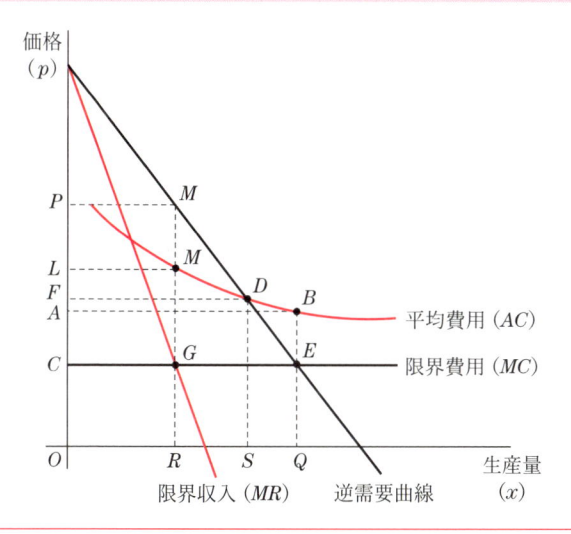

価格 (p), 生産量 (x), P, M, L, F, A, C, G, E, R, S, Q, 平均費用 (AC), 限界費用 (MC), 限界収入 (MR), 逆需要曲線

関数は**規模に関して収穫逓増**(increasing returns to scale)となります[10]．平均費用が逓減する産業を**費用逓減産業**(decreasing cost industry)といいます．

　自然独占や費用逓減産業の場合，平均費用が逓減します．加えて限界費用はほとんど変化しないので一定です．他方，逆需要関数は右下がりの直線，限界収入曲線は逆需要曲線の2倍の傾きをもつ右下がりの直線として表されています．これを図示したものが図6-5です．

　独占企業が利潤を最大化するように生産量を決定すれば，企業の限界収入と限界費用が一致します．これは図6-5の点Gにおける生産量Rとなります．このとき，独占均衡は点Mとなり，独占価格はPとなります．独占市場では完全競争に比べて供給量が少なくなります．

　しかし，すでに述べましたように，自然独占を生む企業の多くは，電力会社や鉄道，電信など，産業や生活を支えるインフラを供給する産業に多いのが

---

[10] A. マーシャル（Alfred Marshall，(英)，1842年～1924年）が$Principles\ of\ Economics$, 8th, ed., 1916, 初版は1890年（邦題：『経済学原理』第8版）の中で言及したことから**マーシャルの外部性**(Marshallian externalities)ともよばれています．

特徴です．したがって，こうした企業の合理的行動をそのままにしてしまうと，(企業は利潤が最大化されるものの) 独占によって財やサービスの供給量は少なくなってしまいます．初期投資に政府の出資が多いような産業で，独占企業の利潤最大化に任せてしまうとどのような問題が起こるでしょうか．

　政府が出資するということは，その産業ないし事業が，公共的，公益的な業務を行っているという認識があるからに他なりません．その事業によって得られる財やサービスは広く私たちへと還元されるべきものです．というのも，政府出資の財源は，いうまでもなく私たち国民の負担となる税金や国債 (国が国民に行う借金) だからです．しかし，もしこの企業が利潤を最大化するように行動するならば，私たちが得られる財やサービスは過少となってしまうことになります．

　こうした自然独占による過少供給を回避する方法はないでしょうか．1つは，完全競争が行われた場合の供給量を維持するように，価格規制をする方法があります．一般に，完全競争市場では，企業は限界費用 (MC) が市場価格 (p) と等しくなるように生産量を決定します．このときの市場取引量が維持されるように価格を限界費用と等しくするように規制するのです．$p = MC$ で規制する方法を**限界費用価格形成原理** (marginal cost pricing principle) といいます．

　価格と限界費用が一致する点は図6-5の点Eで表されています．このときの生産量はQとなっています．しかし，費用逓減産業がこの点で生産を行うとき，利潤はマイナスとなってしまいます．というのも，平均費用が逓減するとき，平均費用が限界費用を上回っているからです．生産量がQのとき，価格はCの水準になっています．したがって，総収入は□$OCEQ$の面積となっていますが，これに対して，生産量がQのときの平均費用はAの水準なので，総費用は□$OABQ$の面積で表されます．このため，限界費用価格形成を行うと，□$CABE$の面積の赤字が発生してしまいます．したがって，この水準で企業が生産を行うことはあり得ません．もし，政府が財の供給量をQの水準で維持しようと考えるのであれば，□$CABE$の面積で表される部分の赤字を補助金などで補填する必要があります．

　企業に赤字を発生させず，かつ供給量を増やすような価格規制はないでしょうか．その方法として，平均費用 (AC) が価格 (p) と等しくなるように規制

する方法があります．つまり，$p=AC$となるように規制するのです．これを**平均費用価格形成原理**(average cost pricing principle) といいます．

図6-5をみてください．$p=AC$で規制した場合，価格水準は点Fとなります．これは平均費用の水準とも同じです．このとき，市場取引量はSとなります．総収入＝総費用＝□$OFDS$の面積で表されます．企業には独占利潤も赤字も発生していません．限界費用価格形成原理を**ファースト・ベスト政策**(first-best policy) というのに対して，平均費用価格形成原理を**セカンド・ベスト政策**(second-best policy) といいます．

ただし，これらの価格規制については，政策を実行する上で大きな問題があります．というのも，企業内部で決定される費用構造はみえにくいために，費用を用いての価格規制を正確に行うことができないのです．第三者である政府は，費用が自然独占による構造的なものなのか，それとも企業の経営努力や勤労意欲の欠如によるものなのか判別しにくいのです．経済学の枠組みで説明することが困難な非効率性を**X非効率性**(X-inefficiency) といいますが[11]，このX非効率性が費用構造をみえにくくさせているのです．

> **ポイント・チェック　自然独占・費用逓減産業と価格規制**
> ❶ 自然独占とは，電力，交通，電信など，産業や生活を支えるインフラ産業にみられる，固定費用が大きく，限界費用が一定で，平均費用が逓減する状態
> ❷ 規模の経済性が働くとは，初期投資に比べ，財を追加的に1単位生産する費用は極めて小さくかつ一定で，生産量が増えるほど財の生産に含まれる固定費の比重が低下し平均費用が低下すること
> ❸ 規模の生産性が存在する場合，生産関数は規模に関して収穫逓増となる
> ❹ 費用逓減産業とは，平均費用が逓減する産業のこと
> ❺ 限界費用価格形成原理とは，価格を限界費用と等しくするように規制する方法
> ❻ 費用逓減産業が限界費用価格形成原理に基づいた場合，利潤がマイナスとなる場合がある

---

[11] 経済学者H. ライベンシュタイン (Harvey Leibenstein, (米), 1922年～1993年) によって指摘されました．Leibenstein, H. (1966) "Allocative Efficiency vs. X-Efficiency," *American Economic Review*, Vol. 56, No. 3, pp. 392–415.

> ❼ 平均費用価格形成原理とは，価格を平均費用と等しくするように規制する方法
> ❽ 限界費用価格形成原理＝ファースト・ベスト政策
> ❾ 平均費用価格形成原理＝セカンド・ベスト政策
> ❿ X非効率性とは，経済学の枠組みで説明することが困難な非効率性のこと

　この章では，不完全競争市場が完全競争市場とどこが違うのか，この違いが企業の利潤最大化行動にどのような影響を与えているのかについて学習しました．また，経済厚生への影響や自然独占のケースなどについても説明しました．次の章では，企業が2社存在する複占のケースやゲーム理論などについて説明します．

　不完全競争市場における利潤最大化条件――「限界収入＝限界費用」という関係は次章でも使いますので，しっかり理解しておきましょう．

内容を理解しているかな？

問題に答えられたらYES！ わからなければNO！

1 不完全競争市場の種類と特徴

Q1. 不完全競争市場とは何か説明しなさい
Q2. 不完全競争市場の種類を書き出しなさい
Q3. 独占的競争とは何か説明しなさい
Q4. 財の差別化とは何か説明しなさい
Q5. 逆需要関数とは何か説明しなさい
Q6. 逆需要関数の定義を示しなさい
Q7. 完全競争市場と不完全競争市場の違いを説明しなさい

ポイント・チェック 不完全競争市場の種類と特徴

- □①不完全競争市場とは，市場を構成する企業の数が極めて少なく，財の情報が不完全で，製品差別化があり，市場への参入退出が難しい市場
- □②独占とは，財の生産が1社によって占有されている状況
- □③複占とは，財の生産が2社によって占有されている状況
- □④寡占とは，財の生産がいくつかの企業によって占有されている状況
- □⑤独占的競争とは，当初は独占市場であっても，次第に同種の財を生産する企業が増加していき，長期的には完全競争市場に近づくこと
- □⑥財の差別化とは，取引される財がブランド等により違いを出すこと
- □⑦不完全競争市場にある企業は，価格設定者（プライスメイカー）として自らの利潤を最大化するような生産量を決定している
- □⑧逆需要曲線とは，数量が決まると価格が決定するという関係を示した関数
- □⑨逆需要関数　　$p = P(x)$
- □⑩完全競争市場と不完全競争市場の決定的な違いは，完全競争市場は「価格が与えられて……」と考える需要関数に対して，不完全競争市場は「数量が与えられて……」と考える逆需要関数になること

【2 不完全競争市場での利潤最大化】へ進め！

本文 p.236 へ戻れ

2 不完全競争市場での利潤最大化

Q1. 総収入の定義を示しなさい
Q2. 総費用の定義を示しなさい
Q3. 利潤の定義を示しなさい
Q4. 限界収入と限界費用の定義を示しなさい
Q5. 不完全競争における利潤最大化条件を示しなさい

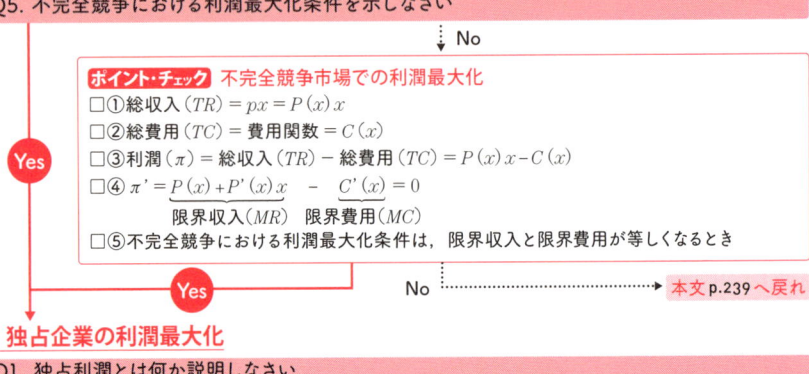

ポイント・チェック 不完全競争市場での利潤最大化
- ①総収入 $(TR) = px = P(x)x$
- ②総費用 $(TC) =$ 費用関数 $= C(x)$
- ③利潤 $(\pi) =$ 総収入 $(TR) -$ 総費用 $(TC) = P(x)x - C(x)$
- ④ $\pi' = \underbrace{P(x) + P'(x)x}_{限界収入(MR)} - \underbrace{C'(x)}_{限界費用(MC)} = 0$
- ⑤不完全競争における利潤最大化条件は，限界収入と限界費用が等しくなるとき

No → 本文 p.239 へ戻れ

3 独占企業の利潤最大化

Q1. 独占利潤とは何か説明しなさい
Q2. 独占価格と市場価格を比較するとどうなっているか説明しなさい

ポイント・チェック 独占企業の利潤最大化
- ①縦軸に価格，横軸に数量をとった平面において，限界収入は逆需要関数の切片が同じで傾きが2倍になるため，限界収入が横軸と交わる点は，逆需要関数が横軸と交わる点の中点になっている
- ②独占利潤とは，独占企業が得ることができる超過利潤のこと
- ③独占価格は，完全競争下での供給量より過小で，市場価格よりも高くなる

No → 本文 p.240 へ戻れ

【4 独占市場の経済厚生】へ進め！

4 独占市場の経済厚生

Q1. 独占市場では完全競争市場より価格が高くなるのはなぜか説明しなさい
Q2. 独占による死重的損失とは何か説明しなさい

ポイント・チェック 独占市場の経済厚生
- □① 独占市場では完全競争市場より供給される財の数量が過小になり，市場が縮小するため，価格が完全競争の場合より高くなる
- □② 独占市場は，社会的総余剰を小さくする
- □③ 社会的総余剰は経済厚生と同義のため，独占は経済厚生を損なってしまう
- □④ 独占によって完全競争市場が損なわれた場合に生じる経済厚生の損失は，独占による死重的損失ということができる

本文 p.245 へ戻れ

5 自然独占・費用逓減産業と価格規制

Q1. 自然独占とは何か説明しなさい
Q2. 規模の経済性が働くとは何か説明しなさい
Q3. 費用逓減産業とはどのような産業か説明しなさい
Q4. 限界費用価格形成原理とは何か説明しなさい
Q5. 平均費用価格形成原理とは何か説明しなさい
Q6. X非効率性とは何か説明しなさい

ポイント・チェック 自然独占・費用逓減産業と価格規制
- □① 自然独占とは，電力，交通，電信など，産業や生活を支えるインフラ産業にみられる，固定費用が大きく，限界費用が一定で，平均費用が逓減する状態
- □② 規模の経済性が働くとは，初期投資に比べ，財を追加的に1単位生産する費用は極めて小さくかつ一定で，生産量が増えるほど財の生産に含まれる固定費の比重が低下し平均費用が低下すること
- □③ 規模の生産性が存在する場合，生産関数は規模に関して収穫逓増となる
- □④ 費用逓減産業とは，平均費用が逓減する産業のこと
- □⑤ 限界費用価格形成原理とは，価格を限界費用と等しくするように規制する方法
- □⑥ 費用逓減産業が限界費用価格形成原理に基づいた場合，利潤がマイナスとなる場合がある
- □⑦ 平均費用価格形成原理とは，価格を平均費用と等しくするように規制する方法
- □⑧ 限界費用価格形成原理＝ファースト・ベスト政策
- □⑨ 平均費用価格形成原理＝セカンド・ベスト政策
- □⑩ X非効率性とは，経済学の枠組みで説明することが困難な非効率性のこと

本文 p.250 へ戻れ

Noの数を数えよう！ 1回目 / 2回目 / 3回目　　**Noの数を減らしていこう!!!**

用語確認

おぼえたかな？

問題

1. 市場を構成する企業の数が極めて少ない場合，市場は（　　　）① となります．財の生産が1社によって占有されている状況を（　　　）② といい，2社によって占有されている状況を（　　　）③ といいます．また，いくつかの企業によって占有されている状況を（　　　）④ といいます．

　不完全競争市場にある企業は，供給量の増減を通じて価格に影響を与えることができるため，（　　　）⑤ として自らの利潤を最大化するような生産量（供給量）を決定しているのです．不完全競争市場においては数量が決まると価格が決定するという関係から需要関数は（　　　）⑥ とよばれます．

2. 不完全競争における利潤最大化条件は，（　　　）⑦ =（　　　）⑧ となります．

　独占企業が得ることができる超過利潤を（　　　）⑨ とよびます．これに対して，完全競争市場では，企業の生み出す利潤を誘因（インセンティブ）として次々に企業が参入しますので，その結果，市場全体としての利潤は（　　　）⑩ となります．

3. 独占市場では完全競争市場よりも市場に供給される財の数量が（　　　）⑪ になり，市場が（　　　）⑫ してします．その結果，価格は完全競争の場合よりも（　　　）⑬ なります．

解答

① 不完全競争市場
② 独占
③ 複占
④ 寡占

⑤ 価格設定者（プライスメイカー）

⑥ 逆需要関数

⑦ 限界収入（⑧と順不同）
⑧ 限界費用（⑦と順不同）
⑨ 独占利潤
⑩ ゼロ

⑪ 過少
⑫ 縮小
⑬ 高く

4. 電力会社だけでなく，鉄道，空港，電信など，産業や生活を支える（　　）[14]の多くは，産業として独占市場になりやすい性格をもっており，（　　）[15]とよばれています．（　　）[15]の特徴としては，①（　　）[16]が大きい，②（　　）[17]は一定という特徴があります．このため，供給する財やサービスの量が増えれば増えるほど③（　　）[18]が逓減していきます．

　財を追加的に1単位生産する費用が極めて小さくかつ一定で，生産量が増えるほど財の生産に含まれる固定費用の比重が低下し，平均費用が逓減することを，（　　）[19]が働いているといいます．

　規模の経済性が存在する場合，生産関数は規模に関して（　　）[20]となります．平均費用が逓減する産業を（　　）[21]といいます．

　自然独占による過少供給を回避する価格規制として，価格を（　　）[22]と等しくするように規制する方法があります．これを（　　）[23]原理といいます．

　また企業に赤字を発生させず，かつ供給量を増やすような価格規制として，価格を（　　）[24]と等しくなるように規制する方法があります．これを（　　）[25]原理といいます．

[14] インフラストラクチャー
[15] 自然独占
[16] 固定費用
[17] 限界費用
[18] 平均費用
[19] 規模の経済性
[20] 収穫逓増
[21] 費用逓減産業
[22] 限界費用
[23] 限界費用価格形成
[24] 平均費用
[25] 平均費用価格形成

問題演習

1 独占 ★（国Ⅱ 1991 改題）

次の図は，ある独占企業の製品に対する需要曲線（D），限界収入曲線（MR），企業の平均費用曲線（AC）および限界費用曲線（MC）を示している．このとき，この企業が利潤を最大化するように行動した場合の製品の価格と独占利潤の組み合わせとして，正しいのはどれか．

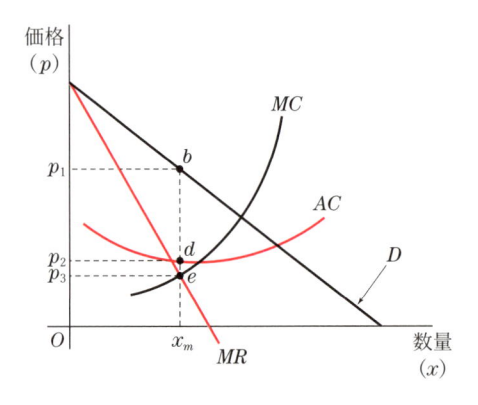

	製品の価格	独占利潤
1.	p_1	$p_1 p_2 db$
2.	p_1	$p_1 O x_m b$
3.	p_2	$p_1 p d b$
4.	p_2	$p_2 p_3 ed$
5.	p_3	$p_1 p_3 ed$

▶ **解法の糸口**
❶ 不完全競争市場下での利潤最大化条件は限界収入＝限界費用．
❷ 企業の利潤は総収入から総費用を引くことで求められる．

▶解答 1

▶解説

　不完全競争下での企業の利潤は限界収入＝限界費用なので，利潤を最大化する生産量が x_m のように決定されます．また生産量 x_m と需要曲線の交点で利潤を最大化する製品の価格 p_1 が決定されます．

　まずは総収入を求めましょう．企業の総収入は製品の価格と生産量の積で表されるため，

$$TR = p \times x = p_1 \times x_m$$

となります．また，これは □$p_1 O x_m b$ の面積に等しくなります．

　次に総費用を求めましょう．企業の総費用は平均費用と生産量の積で表されるため，

$$TC = AC \times x = p_2 \times x$$

となります．これは □$p_2 O x_m d$ の面積に等しくなります．

　最後にこの独占企業の利潤を求めましょう．独占利潤は総収入から総費用を引くことで求まります．

$$\pi = TR - TC = p_1 O x_m b - p_2 O x_m d = p_1 p_2 db$$

　つまり独占利潤は $p_1 p_2 db$ で表されます．

　よって正解は選択肢1となります．

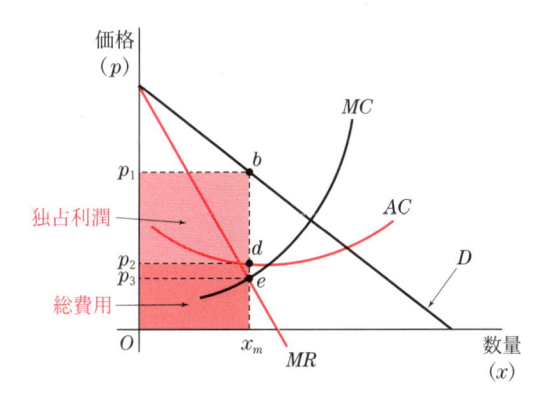

2 独占 ★★（国税 1994 改題）

ある独占企業の総費用関数が

$c = 2x^2 + 25$　　［c：総費用，x：生産量］

で示され，またこの企業が直面する需要関数は

$q = 60 - p$　　［q：需要量，p：生産価格］

で示されるとする．このとき，この独占企業の利潤が最大となる生産量を求めよ．

1. 5
2. 8
3. 10
4. 12
5. 13

▶解法の糸口

手順	解き方
❶	独占企業の利潤最大化条件　　限界収入（MR）＝限界費用（MC）
❷	$q = \sim$ を $p = \sim$ の形に変形．
❸	❷で求めた p から，$TR = p \times q$ を求める．
❹	TR を q，TC を x で微分することで MR と MC を求める．
❺	$q = x$ となるため，q を x に置き換える．
❻	❺で求めた MR と MC を利潤最大化条件に代入する．
❼	利潤を最大化する生産量が求まる．

▶**解答** 3

▶**解説**

解法の糸口に従って解いてみよう．

❶ 独占企業の利潤最大化条件を確認しましょう．独占企業の利潤最大化条件は，限界収入 (MR) ＝限界費用 (MC) です．

❷ 独占企業はプライスメイカーとして行動します．そのため需要関数を，
$$q = 60 - p \quad \Rightarrow \quad p = 60 - q$$
という形に変形させます．

❸ 総収入 (TR) と総費用 (TC) は，
$$\begin{cases} TR = p \times q = (60-q) \times q \\ TC = 2x^2 + 25 \end{cases}$$
となります．

❹ 総収入 (TR) を需要量 (q)，総費用 (TC) を生産量 (x) で微分することで限界収入 (MR) と限界費用 (MC) を求めましょう．
$$\begin{cases} MR = TR' = 60 - 2q \\ MC = TC' = 4x \end{cases}$$

❺ 総利潤が最大となる点では，需要量と供給量が等しくなる ($q=x$) ため，q を x に置き換えます．
$$\begin{cases} MR = TR' = 60 - 2x \\ MC = TC' = 4x \end{cases}$$

❻ ❺で求めた MR，MC を利潤最大化条件に代入します．
利潤最大化条件 ($MR = MC$) から，
$$60 - 2x = 4x$$
これを整理すると，
$$6x = 60$$
$$x = 10$$

となり，
❼ 利潤を最大化する生産量は$x=10$と求まります．
よって正解は選択肢3となります．

Chapter 7: Imperfect Competition Market II

第 7 章

不完全競争
市場 2

POINT

この章で学ぶ内容

❶ **複占市場**

複占市場の代表的な理論であるクールノー・モデルやベルトラン・モデルを用いて，お互いに影響を与え合う経済主体間の行動を分析する手法を学びます．

❷ **ゲーム理論とナッシュ均衡**

お互いに影響を与え合う複数の主体の間の関係について研究するゲーム理論と，各主体がそれぞれ相手の行動を予想し，それに基づき自らの利得を最大化するナッシュ均衡について学習します．

この章のポイント

❶ **複占市場**

2社からなる市場を**複占市場**といいます．複占市場では，企業は互いにライバル社の行動を考慮して行動します．（1）ライバル社の「生産量」を所与として自社の「生産量」を決定する**クールノー・モデル**，（2）ライバル社の「価格」を所与として自社の「価格」を決定する**ベルトラン・モデル**があります．

相手企業の生産量によって，もはや自らの生産量を変更する誘因が存在しないような均衡を，**クールノー均衡**または**クールノー＝ナッシュ均衡**といいます．

❷ **ゲーム理論とナッシュ均衡**

(1) 利得行列とゲーム・ツリー

お互いに影響を与え合う複数の主体の間の関係について研究する分野を，**ゲーム理論**といいます．これまで生産者や消費者を（経済）主体とよ

んできましたが，ゲーム理論では，そのゲームに参加する意思決定主体を**プレーヤー**とよびます．プレーヤーは，複数の選択肢の中から1つ，または一通りの組み合わせを選びます．その選択肢を**戦略**とよびます．そして，その戦略から得られる結果を**利得**（ペイオフ）といいます．その利得は，当該プレーヤーの選択した戦略のみならず，他のプレーヤーの選択した戦略に依存して決定するのが，ゲーム理論の特徴です．①プレーヤー，②戦略，③利得から構成されるゲームを表す方法として，**利得行列**または**ゲーム・ツリー**が用いられます．

(2) ナッシュ均衡と囚人のジレンマ

ゲーム理論では**ナッシュ均衡**の概念が重要です．ナッシュ均衡とは，各プレーヤーが他のプレーヤーの行動を予想し，それに基づき利得を最大化する戦略を選択した場合，予想と結果が一致するような均衡です．ナッシュ均衡が1つだけ存在しても，それがパレート最適でない，**囚人のジレンマ**とよばれるケースもあります．

		容疑者Bの戦略	
		黙秘	自白
容疑者Aの戦略	黙秘	(−1, −1)	(−3, **0**)
	自白	(**0**, −3)	(**−2**, **−2**)

(−2, −2) がナッシュ均衡です．

これが理解できれば合格

複占市場（クールノー・モデルとベルトラン・モデル）・ゲーム理論とナッシュ均衡

POINT

フローチャート

❶ 複占市場
クールノー・モデルとベルトラン・モデル

↓

❷ ゲーム理論とナッシュ均衡
利得行列の読み方

はじめに

　第6章では不完全競争市場として独占市場を取り上げました．第7章では自社の他にライバル社が存在する複占市場を取り上げます．複占市場における企業は，数量をコントロールして価格を決定するという点については，第6章の独占企業と同じです．しかし，複占市場においては，ライバル社の行動を考慮して自社の行動を決定するという点が独占企業と大きく異なっています．

　「ライバルの行動を考えて自らの行動を決定する」という発想が，この章でとても重要な役割を果たしています．というのも，これまで私たちが扱ってきた経済主体は，与えられた制約の中で，自らの効用や利潤を最大化するだけで，他の経済主体の行動が自らの行動に影響を及ぼすことについては全く考えてこなかったからです．

　こうしたお互いに影響を与え合う経済主体間の行動や相互関係を分析する手法は，一般的には**ゲーム理論**(game theory)とよばれています．ゲーム理論は，経済学だけでなく，生物学，政治学，社会学や心理学などにも用いられている有力なツールです．この章では，伝統的な複占理論について説明した後，経済学で用いられるゲーム理論の入門的な内容についてお話しします．

1　複占市場

　2社からなる市場を**複占市場**(duopoly market)といいます．複占市場では，企業は互いにライバル社の行動を考慮して行動します．このため，プライス・テイカーを前提とした完全競争市場や，独占市場とは異なった結論を得ることができます．複占市場については，

(1) ライバル社の「生産量」を所与として自社の「生産量」を決定する（**クールノー・モデル**）

(2) ライバル社の「価格」を所与として自社の「価格」を決定する（**ベルトラン・モデル**）

があります．

所与として行動するというのは，ライバル社が「生産量」や「価格」を決めた後に，それをみてから自社が行動をするということです．

> **ポイント・チェック** 複占市場の特徴
> ❶ 複占市場とは，2社からなる市場で，互いにライバル社の行動を考慮して行動する
> ❷ 複占市場の理論として，クールノー・モデルとベルトラン・モデルがある

1 クールノー・モデル

フランスの経済学者 **A. クールノー** (Antoine Augustin Cournot, (仏), 1801年～1877年)は，企業が相互に相手の生産量を所与として行動するという仮定を置いて，複占市場の分析を行いました．

いま，2つの企業A社とB社が差別化されていない同一の生産物を生産している複占市場を考えましょう．それぞれの企業が生産する財の量は下添え字を用いて，x_Aおよびx_Bと表すことにします．市場で取引されている財の総量をxとすれば，市場にはA社とB社の生産した財しかないので，

$$x = x_A + x_B$$

となっています．

また，この複占市場が直面する逆需要関数は，第6章で用いたように，

$$p = P(x)$$

と表すことにしましょう．さらにここでは説明を簡便化するために，逆需要関数を，

$$p = -x + 16$$

と特定しておきます．このとき，$x = x_A + x_B$なので，逆需要関数は，

$$p = -(x_A + x_B) + 16$$

となります．

しかし，この特定化によって本質的な部分を損なうことはありません．このとき，A社とB社の総収入は，

A社の総収入 $(TR_A) = px_A = [-(x_A + x_B) + 16]x_A$

B社の総収入 $(TR_B) = px_B = [-(x_A+x_B)+16]x_B$

となります．ここで，A社とB社の総費用を，費用関数を用いて，

　　　A社の総費用 $(TC_A) = C_A(x_A)$

　　　B社の総費用 $(TC_B) = C_B(x_B)$

と表すことにしましょう．これは，たとえば，A社の総費用はA社の生産量x_Aのみに依存していることを示しています（B社についても同じです）．ただ，これでは具体的な費用構造がわかりにくいので，直観的な説明を行うために，

　　　A社の総費用 $(TC_A) = 6x_A$

　　　B社の総費用 $(TC_B) = 8x_B$

と仮定します．つまり，A社もB社も総費用は可変費用のみからなり（固定費用はゼロ），その限界費用がA社は6，B社は8となっているのです．各企業の利潤は，

$$
\begin{aligned}
A社の利潤\,(\pi_A) &= 総収入\,(TR_A) - 総費用\,(TC_A) \\
&= px_A - C_A(x_A) \\
&= [-(x_A+x_B)+16]x_A - 6x_A \\
&= 16x_A - x_A^2 - x_A x_B - 6x_A \\
&= 10x_A - x_A^2 - x_A x_B
\end{aligned}
$$

$$
\begin{aligned}
B社の利潤\,(\pi_B) &= 総収入\,(TR_B) - 総費用\,(TC_B) \\
&= px_B - C_B(x_B) \\
&= [-(x_A+x_B)+16]x_B - 8x_B \\
&= 16x_B - x_A x_B - x_B^2 - 8x_B \\
&= 8x_B - x_A x_B - x_B^2
\end{aligned}
$$

となっています．記号が多いので複雑にみえるかもしれません．しかし，皆さんはここで，クールノーの行動仮定を思い出してください．クールノーは，「企業が相互に相手の生産量を所与として行動する」と考えましたね．これに従えば，A社は，B社の生産量x_Bを所与として利潤π_Aを最大化しているので，B社の生産量x_Bは「数」と同じように変化しないものと考えて利潤最大化を行えばいいのです．同様にB社も，A社の生産量x_Aは変化しないものと考えて利潤最大化を行います．具体的には，各社の利潤最大化条件は，自らの**利潤を生産量で偏微分してゼロと置いたもの**となります[1]．したがって，A社の利潤最大

化条件は，$\pi_A = 10x_A - x_A^2 - x_A x_B$ を x_A で偏微分してゼロと置いた，

$$\frac{\partial \pi_A}{\partial x_A} = 10 - 2x_A - x_B = 0$$

となります．したがって，A社が利潤を最大化する生産量 x_A は，

$$x_A = 5 - \frac{1}{2}x_B$$

と求まります[2]．この式をみてもわかるように，A社が利潤を最大化する生産量 x_A は，B社の生産量 x_B によって変わってきます．言い換えれば，A社の生産量はB社の生産量に依存しているのです．これはクールノー・モデルの行動仮定「相手の生産量を所与として行動する」を表しています．この $x_A = 5 - (1/2)x_B$ をA社の**反応関数** (reaction function) とよびます．

同様にB社の利潤最大化条件も求めることができます．B社の利潤最大化条件は，$\pi_B = 8x_B - x_A x_B - x_B^2$ を x_B で偏微分してゼロと置いた，

$$\frac{\partial \pi_B}{\partial x_B} = 8 - x_A - 2x_B = 0$$

となります．したがって，B社が利潤を最大化する生産量 x_B は，

$$x_B = 4 - \frac{1}{2}x_A$$

と求まります．これはB社の**反応関数**です．

各社の反応関数を，縦軸にB社の生産量 x_B，横軸にA社の生産量 x_A をとった平面に図示したものが図7-1です．それぞれの反応関数上では，各社の利潤が最大となっています．たとえば，図7-1のA社の反応関数上にある点Aは，B社が x_B^0 だけ生産したとき，それを所与としてA社が利潤を最大化する点と

---

[1] 偏微分は微分する変数以外を所与として分析する手法で，クールノー・モデルを考える際には有効です．ここで記号 ∂ は「偏微分しました」という意味で，「デル」，「ラウンドディー」とよぶことが一般的ですが，「パーシャル」とか「デルタ」とよぶこともあります．

[2] もちろん，この関係は第6章で学習しましたように不完全競争市場における利潤最大化条件が，限界収入＝限界費用であることからも求めることができます．総収入 (TR) から限界収入 ($MR = 16 - 2x_A - x_B$) を求め，これが限界費用 ($MC = 6$) と等しいと置けば，この関係式を導くことができます．

図7-1

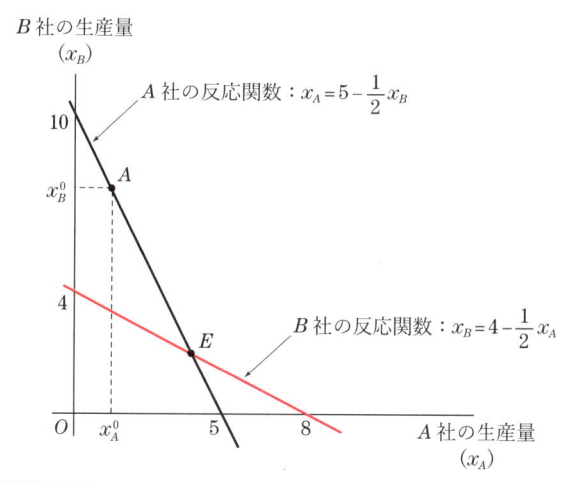

B社の生産量 (x_B)

A社の反応関数：$x_A = 5 - \dfrac{1}{2}x_B$

B社の反応関数：$x_B = 4 - \dfrac{1}{2}x_A$

A社の生産量 (x_A)

なっています．

図を用いてクールノー・モデルの特徴をより詳しくみましょう．図7-2（ⅰ）をみてください．いま，B社がx_B^0だけ生産したとしましょう．するとA社はB社のその生産量を所与として利潤を最大化します．A社の利潤は自らの反応関数上で最大となるので，反応関数に沿った形でA社は自らの生産量をx_A^0に決定します．A社の生産量が決定されると，今度は，B社が，A社の生産量を所与として自らの利潤を最大化するように生産量x_B^1を決定します．B社が生産量を決定すると，今度はその生産量をもとにA社は生産量x_A^1を決めます．こうした行動を繰り返していくと，最終的に両社の生産量の組み合わせは点Eに収束していくことがわかるかと思います．これはA社がx_A'だけ生産したときに……とA社から始めても同じように点Eに収束していくことがわかります．

点Eはどのような点なのでしょうか．点Eは両社が利潤を最大化している反応曲線が互いに交わっている点です．A社もB社もともに，相手企業の利潤が最大となる生産量を所与として自社の利潤が最大となるように行動していますから，その結果得られた生産量を変更する誘因はありません．両社が，相手企業の生産量によってもはや自らの生産量を変更する誘因が存在しないような均衡を，**クールノー均衡**（Cournot equilibrium），またはより広い概念として拡張し

図7-2

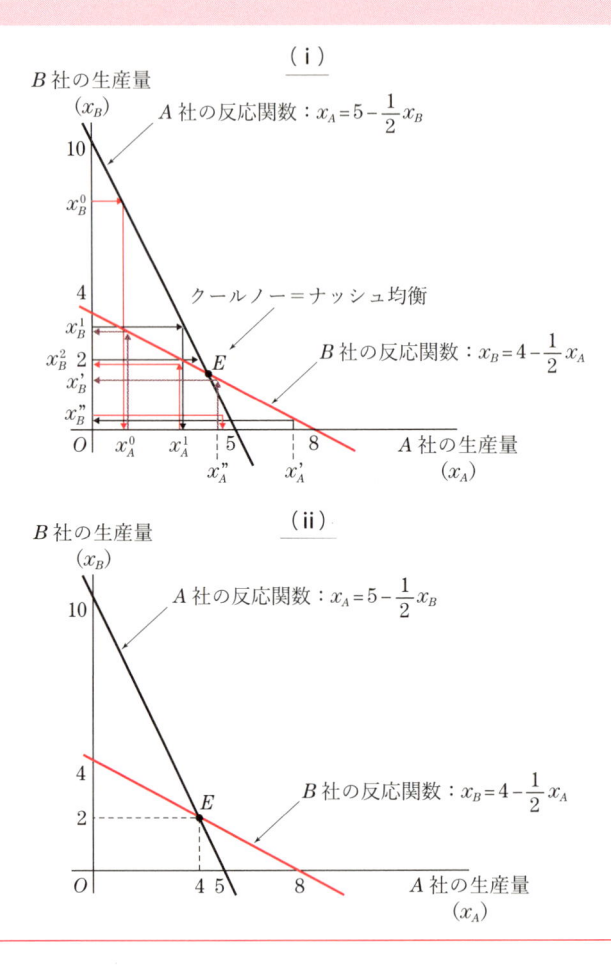

(i)

- B社の生産量 (x_B)
- A社の反応関数:$x_A = 5 - \frac{1}{2}x_B$
- クールノー＝ナッシュ均衡
- B社の反応関数:$x_B = 4 - \frac{1}{2}x_A$

(ii)

- B社の生産量 (x_B)
- A社の反応関数:$x_A = 5 - \frac{1}{2}x_B$
- B社の反応関数:$x_B = 4 - \frac{1}{2}x_A$

た数学者J. ナッシュ (John Forbes Nash, Jr., (米), 1928年〜)[3]の名前をとって，**クールノー＝ナッシュ均衡** (Cournot＝Nash equilibrium) とよぶこともあります．どの生産量から始めても点Eに収束することから，クールノー＝ナッシュ均衡は安定です．

---

[3] J. ナッシュは1994年に，R. ゼルテン (Reinhard Selten, (独), 1930年〜)，J. ハーサニ (John Charles Harsanyi, (ハンガリー), 1920年〜2000年) とともに1994年に非協力ゲームの均衡の分析に関する理論の開拓が称えられて，ノーベル経済学賞を受賞しました．

ところで，クールノー＝ナッシュ均衡である点Eは両社の反応関数の交点ですから，

$$\begin{cases} \text{【A社の反応関数】} x_A = 5 - \frac{1}{2}x_B \\ \text{【B社の反応関数】} x_B = 4 - \frac{1}{2}x_A \end{cases}$$

という連立方程式を解いた$E(4, 2)$となります．これは図7-2（ⅱ）に描かれています．クールノー均衡は安定的な均衡です．

次に，反応関数と各社の利潤との関係を考えてみましょう．ここでの議論はやや難しいですが，後述する議論で使う分析ツールを含んでいますから，しっかり理解しておきましょう．まず，A社の利潤 $\pi_A = 10x_A - x_A^2 - x_A x_B$ について考えてみます．もし，A社がある一定の利潤 $\bar{\pi}_A$ を得ると，A社の利潤は，

$$\bar{\pi}_A = 10x_A - x_A^2 - x_A x_B$$

となります．このように，ある一定の利潤を実現するような2財の生産量の組み合わせを**等利潤曲線**（iso-profit contour）といいます．等利潤曲線の特徴として，以下の2点が挙げられます．縦軸にB社の生産量x_B，横軸にA社の生産量x_Aをとった平面において，

❶ **等利潤曲線はその頂点を反応曲線上にもち，A社は上に凸の形状（B社は右に凸の形状）をとります．**

❷ **A社の等利潤曲線は下にいくほど高い利潤に対応し，B社の等利潤線は左にいくほど高い利潤に対応しています．**

A社の等利潤曲線 $\bar{\pi}_A = 10x_A - x_A^2 - x_A x_B$ を例にとって，具体的に等利潤曲線の形状を考えてみましょう．A社の等利潤曲線をx_Bについて解くと，

$$x_B = 10 - x_A - \frac{\bar{\pi}_A}{x_A}$$

となります．これをB社の生産量x_BをA社の生産量x_Aで微分すると，

$$\frac{dx_B}{dx_A} = -1 + \frac{\bar{\pi}_A}{x_A^2}$$

となりますが，これは，等利潤曲線の傾きを表しています．傾きがゼロとなるときが等利潤曲線の頂点なので，

図7-3

(ⅰ)

B 社の生産量 (x_B)

A 社の反応関数

$A(\sqrt{\pi_A}, 10-2\sqrt{\pi_A})$

$\pi_A = \bar{\pi}_A$

A 社の生産量 (x_A)

等利潤線は上に凸の形

$\dfrac{dx_B}{dx_A} = 0$

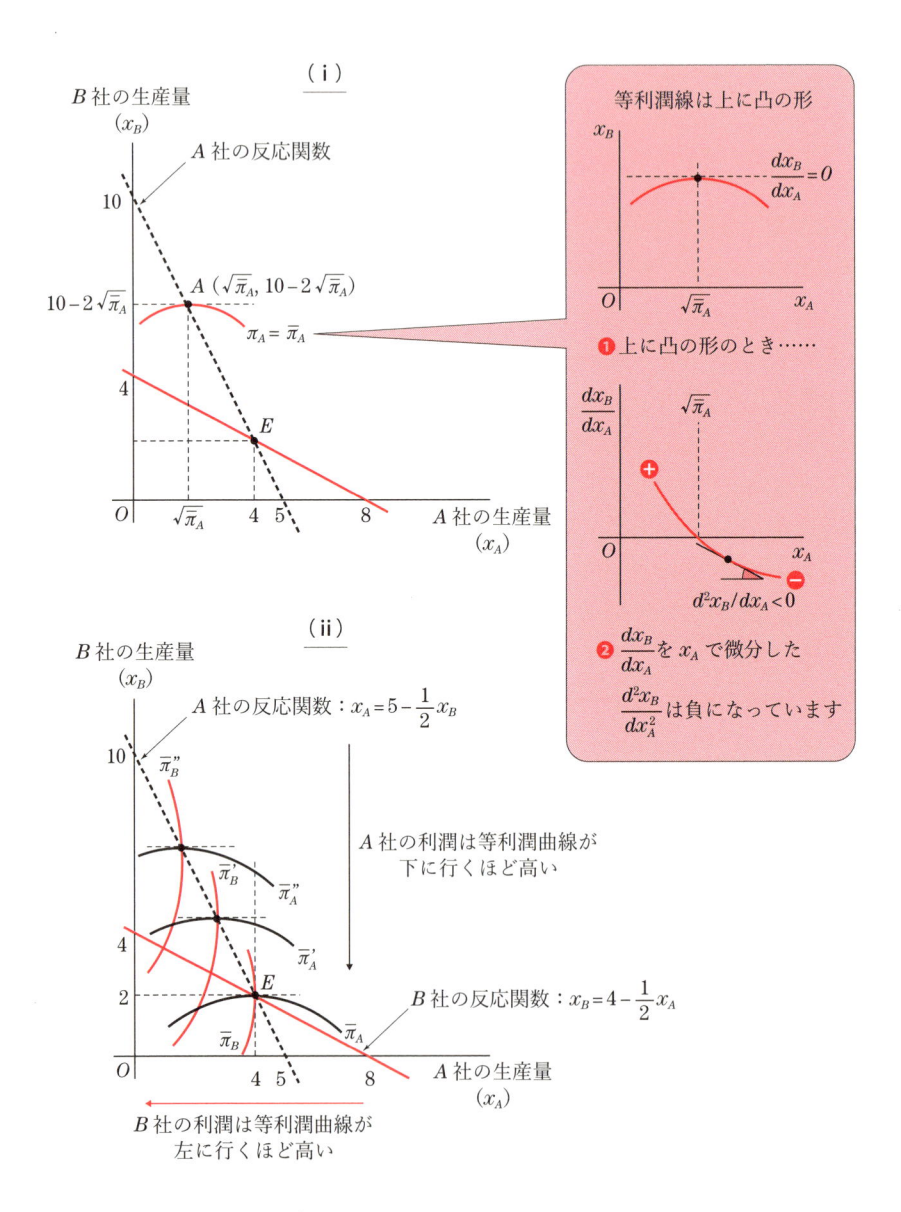

❶ 上に凸の形のとき……

$\dfrac{dx_B}{dx_A}$

$d^2 x_B / dx_A < 0$

❷ $\dfrac{dx_B}{dx_A}$ を x_A で微分した $\dfrac{d^2 x_B}{dx_A^2}$ は負になっています

(ⅱ)

B 社の生産量 (x_B)

A 社の反応関数：$x_A = 5 - \dfrac{1}{2}x_B$

$\bar{\pi}_B''$, $\bar{\pi}_B$, $\bar{\pi}_A''$, $\bar{\pi}_A'$, $\bar{\pi}_A$, $\bar{\pi}_B$

A 社の利潤は等利潤曲線が下に行くほど高い

B 社の反応関数：$x_B = 4 - \dfrac{1}{2}x_A$

A 社の生産量 (x_A)

← B 社の利潤は等利潤曲線が左に行くほど高い

276　chapter 7 Imperfect Competition Market II

$$\frac{dx_B}{dx_A} = -1 + \frac{\bar{\pi}_A}{x_A^2} = 0$$

と置いて$x_A > 0$に注意してこれを解くと，$x_A = \sqrt{\bar{\pi}_A}$が求まります．このとき，B社の生産量x_Bは，

$$x_B = 10 - \sqrt{\bar{\pi}_A} - \frac{\bar{\pi}_A}{\sqrt{\bar{\pi}_A}} = 10 - 2\sqrt{\bar{\pi}_A}$$

となりますので，頂点の座標は点$A(\sqrt{\bar{\pi}_A}, 10 - 2\sqrt{\bar{\pi}_A})$で表されます．これは図7-3（ⅰ）に表されています．点AはA社の反応関数$x_A = 5 - (1/2)x_B$上の点でもあります．というのも，A社の反応関数で，$x_A = \sqrt{\bar{\pi}_A}$と置くと，$x_B = 10 - 2\sqrt{\bar{\pi}_A}$となるからです．

また，等利潤線の形状（傾きの変化）を調べるために，$dx_B/dx_A = -1 + \bar{\pi}_A/x_A^2$をもう一度$x_A$で微分すると，

$$\frac{d^2 x_B}{dx_A^2} = -2\frac{\bar{\pi}_A}{x_A^3} < 0$$

となります．これは，傾き(dx_B/dx_A)の変化分が負になることを示しています．よって，A社の等利潤線の形状は，上に凸の曲線となっています．以上のことから，

❶ 等利潤曲線はその頂点を反応曲線上にもち，A社は上に凸の形状をもっている．

ことが説明されました．

次に，B社の生産量x_Bが変化したときのA社の等利潤曲線の変化をみるために，等利潤曲線$\bar{\pi}_A = 10x_A - x_A^2 - x_A x_B$を$x_B$で微分すると，

$$\frac{d\bar{\pi}_A}{dx_B} = -x_A < 0$$

となります．これは，B社の生産量が増加するほどA社の利潤は減少することを表しています．縦軸にB社の生産量x_B，横軸にA社の生産量x_Aをとった平面に等利潤線を描くと，上に行くほど利潤は減少し，下に行くほど利潤が増加することに対応しています．この結果，

❷ A社の等利潤曲線は下にいくほど高い利潤に対応する

ことが説明できます．B社についても同様に考えることができます．

図7-3 (ⅱ) をみてください．両社の等利潤曲線は，それぞれの反応関数上に頂点をもち，利潤に応じて無数に描けることがわかります．また，クールノー＝ナッシュ均衡である点Eでは，両社の等利潤曲線が交わっています．

> **ポイント・チェック クールノー・モデルの特徴**
>
> ❶ クールノー・モデルとは，企業が相互に相手の生産量を所与として行動するという仮定を置いて，複占市場を分析するモデル
> ❷ クールノー・モデルにおいての反応関数とは，ライバル社の生産量を所与として自らの利潤を最大化することで求めることができる
> ❸ クールノー＝ナッシュ均衡とは，相手企業の生産量によってもはや自らの生産量を変更する要因が存在しないような均衡のことで，2社の反応関数の交点
> ❹ 等利潤曲線とは，ある一定の利潤を実現するような2財の生産量の組み合わせ
> ❺ 等利潤曲線の特徴
> （ⅰ）頂点を反応関数上にもつ
> （ⅱ）横軸の生産量をもつ企業は下にいくほど高い利潤に対応し，縦軸の生産量をもつ企業は左にいくほど高い利潤に対応している
> ❻ クールノー・ナッシュ均衡では，両社の等利潤曲線が交わっている

COLUMN 7-❶　クールノーの先駆的業績

1801年にフランスのオート＝ソーヌ県に生まれたA. クールノーは，彼の代表作，Cournot, A. A. (1838) *Recherches sur les principes mathématiques de la théorie des richesses*（邦訳：中山伊知郎 (1936)『富の理論の数学的原理に関する研究』岩波文庫）をもって，**数理経済学** (mathematical economics)[4] の始祖ともよばれています．

しかし，『富の理論の数学的原理に関する研究』は，その真価が世に理解されるまでに，刊行から実に40年近い時間を要しました．けれども，**W. S. ジェボンズ**（William Stanley Jevons, (英), 1835年〜1882年）や**L. ワルラス**（Marie Esprit Léon Walras, (仏), 1834年〜1910年）らによってその価値が見出されると，この著作は不朽

[4) 経済現象に対して経済モデルを用いて分析し，数理的に解析する経済学の一分野です．

の名作となりました．厚生経済学に多大な業績を残した**F. Y. エッジワース**（Francis Ysidro Edgeworth,（アイルランド），1845年～1926年）は，「経済学における最高の法則性を数学的に表現した最良の叙述」と称賛し，**A. マーシャル**（Alfred Marshall,（英），1842年～1924年）は「クールノーの天才はその手を通る程のものに新たなる精神力を喚起せずにはやまない」と述べています．

この節で学習したクールノー・モデルは，原著第7章「生産者の競争について」に見受けられます．原著ではミネラル・ウォーターの複占市場が挙げられています．モデルでは，生産費用については無視されているものの，複占市場における均衡が両社の反応関数の交点として表され，均衡が安定的であることが説明されています．

A. クールノー

The Warren J. Samuels Portrait Collection at Duke University, New World Encyclopedia より

本書の驚くべき点は，1870年代に始まる経済学説史上の**限界革命**（Marginal revolution）[5]よりも40年も前に限界概念を用いて分析しているという点です．理論的解明に際して，関数解析学（微分や積分）を用いて，富の理論を数学的に究明しようと試みている点は約半世紀先を行く業績でした．数学を使う理由について，クールノーはこのように述べています．

「代数的記号法を理解する者は，……多大の労苦を以てしてのみ到達せられる諸々の結果を，方程式を一見して読み取ることができるのである．」

本書が上梓された1838年，日本はまだ天保年間．ペリー提督が黒船に乗って浦賀にやって来る前のお話です．

---

[5] 1870年代に**W. S. ジェボンズ**（William Stanley Jevons,（英），1835年～1882年），**L. ワルラス**（Marie Esprit Léon Walras,（仏），1834年～1910年），そして**K. メンガー**（Carl Menger,（オーストリア），1840年～1921年）の3人は，ほぼ同時に，それぞれ独立して限界効用理論を基礎にした経済学の体系を樹立しました．後世の経済学者はこれを限界革命とよび，近代経済学の黎明と位置づけました．

2 ベルトラン・モデル

　クールノー・モデルでは，各社はライバル社の「生産量」を所与として自社の利潤を最大化するように「生産量」を決定していました．これに対して，**F. ベルトラン**(Joseph Louis François Bertrand, (仏), 1822年〜1900年) は，企業はライバル社の「生産量」を正確に把握することは困難であり，むしろライバル社の「価格」を所与として自社の利潤が最大となるように「価格」を形成すると考えました[6]．

　いま，2つの企業A社とB社が差別化されていない同一の生産物を生産している複占市場を考えましょう．それぞれの企業が生産する財の価格は下添え字を用いて，p_Aおよびp_Bと表すことにします．各企業の需要関数は以下のようになっていると仮定しましょう．

　A社の需要量 $(x_A) = 12 - 3p_A + 2p_B$

　B社の需要量 $(x_B) = 30 + 2p_A - 3p_B$

　数値は説明を簡便化するためのものですが，たとえば，A社の需要関数に注目すると，A社の生産する財の価格p_Aが上昇すればA社の需要量x_Aが減少し，逆にB社の生産する財の価格p_Bが上昇するとA社の需要量x_Aが増加することを意味しています．その意味で，A社の生産する財とB社の生産する財は代替関係にあることがわかります．この関係は，B社の需要関数でも当てはまります．

　次に費用構造について考えてみましょう．直観的な説明を行うために，

　A社の総費用 $(TC_A) = 2x_A$

　B社の総費用 $(TC_B) = 4x_B$

と仮定します．クールノー・モデルと同様に，A社もB社も総費用は可変費用のみからなり（固定費用はゼロと考えています），その限界費用がA社は2，B社は4となっています．各企業の利潤は，

　A社の利潤 $(\pi_A) =$ **総収入** $(TR_A) -$ **総費用** (TC_A)

---

[6] ベルトランの批判は，Bertrand, J. (1883) "Book review of theorie mathematique de la richesse sociale and of recherches sur les principles mathematiques de la theorie des richesses," *Journal de Savants*, Vol. 67, pp. 499–508を参照ください．

$$= p_A x_A - 2x_A$$
$$= p_A(12 - 3p_A + 2p_B) - 2(12 - 3p_A + 2p_B)$$
$$= 18p_A - 3p_A^2 + 2p_A p_B - 4p_B - 24$$

B社の利潤（π_B）＝総収入（TR_B）－総費用（TC_B）
$$= p_B x_B - 4x_B$$
$$= p_B(30 + 2p_A - 3p_B) - 4(30 + 2p_A - 3p_B)$$
$$= 42p_B + 2p_A p_B - 3p_B^2 - 120 - 8p_A$$

となっています．ベルトランは，「企業が相互に相手の価格を所与として行動する」と考えました．クールノー・モデルと同様に，各社の利潤最大化条件は，**自らの利潤を価格で偏微分してゼロと置いたもの**となります．したがって，A社の利潤最大化条件は，$\pi_A = 18p_A - 3p_A^2 + 2p_A p_B - 4p_B - 24$を$p_A$で偏微分してゼロと置いた，

$$\frac{\partial \pi_A}{\partial p_A} = 18 - 6p_A + 2p_B = 0$$

となります．したがって，A社が利潤を最大化する価格p_Aは，

$$p_A = 3 + \frac{1}{3}p_B$$

と求まります．この式をみてもわかるように，A社が利潤を最大化する価格p_Aは，B社の価格p_Bによって変わってきます．言い換えれば，A社の価格はB社の価格に依存しているのです．これはベルトラン・モデルの行動仮定「相手の価格を所与として行動する」を表しています．この$p_A = 3 + (1/3)p_B$はA社の**反応関数**です．

同様にB社の利潤最大化条件も求めることができます．B社の利潤最大化条件は，$\pi_B = 42p_B + 2p_A p_B - 3p_B^2 - 120 - 8p_A$を$p_B$で偏微分してゼロと置いた，

$$\frac{\partial \pi_B}{\partial p_B} = 42 + 2p_A - 6p_B = 0$$

となります．したがって，B社が利潤を最大化する価格p_Bは，

$$p_B = 7 + \frac{1}{3}p_A$$

となります．これはB社の反応関数です．これを図示したものが図7-4（ⅰ）

図7-4

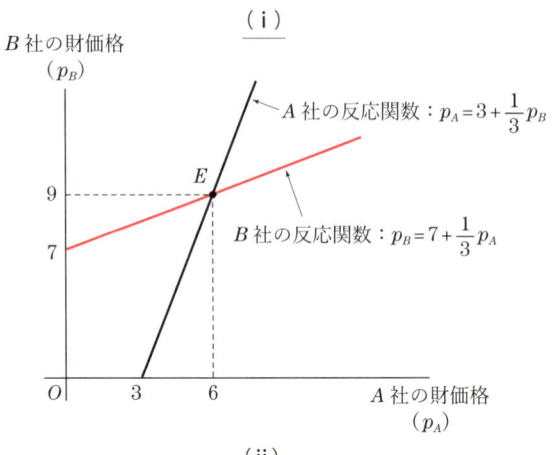

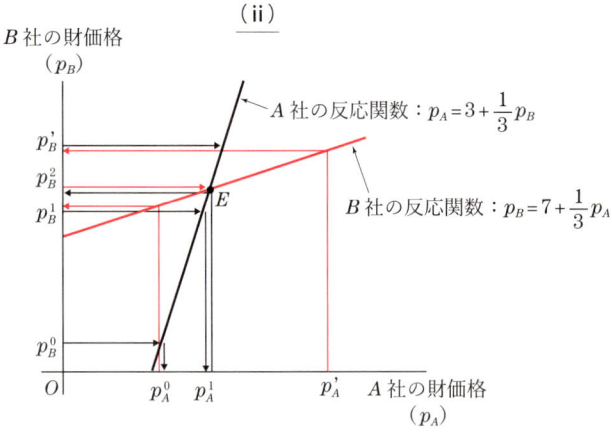

(ⅰ)

B社の財価格 (p_B) 縦軸、A社の財価格 (p_A) 横軸。A社の反応関数: $p_A = 3 + \frac{1}{3}p_B$、B社の反応関数: $p_B = 7 + \frac{1}{3}p_A$。交点 E は $(6, 9)$。

(ⅱ)

同じ反応関数の図に、$p_B^0, p_A^0, p_B^1, p_A^1, p_B^2, p_B', p_A'$ の調整過程が描かれている。

です.

反応関数の交点 E は,

$$\begin{cases} \text{【A社の反応関数】} p_A = 3 + \dfrac{1}{3}p_B \\ \text{【B社の反応関数】} p_B = 7 + \dfrac{1}{3}p_A \end{cases}$$

という連立方程式を解いた $E(6, 9)$ となります. 図7-4(ⅱ)をみてください. いま, B社が p_B^0 だけ生産したとしましょう. するとA社はB社のその価格を所

図7-5

B社の価格 (p_B)

A社の反応関数：$p_A = 3 + \frac{1}{3} p_B$

B社の反応関数：$p_B = 7 + \frac{1}{3} p_A$

等利潤線が上に行くほどA社の利潤は大きくなる

等利潤線が右に行くほどB社の利潤は大きくなる

A社の価格 (p_A)

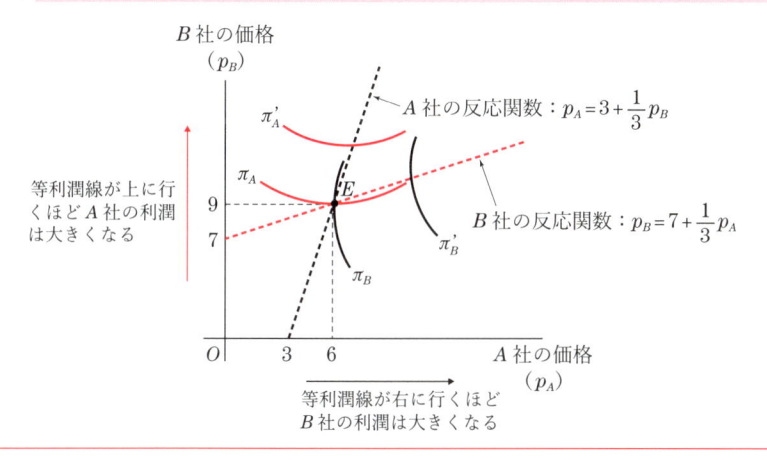

与として利潤を最大化します．A社の利潤は自らの反応関数上で最大となるので，反応関数に沿った形でA社は自らの価格をp_A^0に決定します．A社の価格p_A^0が決定されると，今度は，B社が，A社の価格p_A^0を所与として自らの利潤を最大化するように価格p_B^1を決定します．B社が価格を決定すると，今度はその価格をもとにA社は価格p_A^1を決定します．こうした行動を繰り返していくと，最終的に各社の価格の組み合わせは点Eに収束していきます．一方，A社がp_A'をつけたときに……とA社から始めても，同じように点Eに収束していくことがわかると思います．この点Eを，**ベルトラン均衡** (Bertrand equilibrium)，または**ベルトラン＝ナッシュ均衡** (Bertrand-Nash equilibrium) とよびます．どの価格から始めても点Eに収束することから，ベルトラン＝ナッシュ均衡は安定な均衡です．

ベルトラン・モデルにおいてもクールノー・モデルと同様に等利潤曲線を考えることができます．ベルトラン・モデルの等利潤曲線の特徴として，以下の2点が挙げられます[7]．縦軸にB社の価格p_B，横軸にA社の価格p_Aをとった平面において，

❶ 等利潤曲線はその頂点を反応曲線上にもち，A社は下に凸の形状（B社は左に

---

[7] ここでの議論は，クールノー・モデルと同様に考えることができます．

凸の形状）をとります．
❷ A社の等利潤曲線は上にいくほど高い利潤に対応し，B社の等利潤曲線は右にいくほど高い利潤に対応しています．

　図7-5をみてください．両社の等利潤曲線は，それぞれの反応関数上に頂点をもち，無数に描けることがわかります．また，ベルトラン＝ナッシュ均衡である点Eでは，両社の等利潤曲線が交わっています．

ポイント・チェック　ベルトラン・モデルの特徴

❶ ベルトラン・モデルとは，企業が相互に相手の価格を所与として行動するという仮定を置いて，複占市場を分析するモデル
❷ ベルトラン・モデルにおいての反応関数とは，ライバル社の価格を所与として自らの利潤を最大化することで求めることができる
❸ ベルトラン＝ナッシュ均衡とは，相手企業の価格によってもはや自らの価格を変更する要因が存在しないような均衡のことで，2社の反応関数の交点
❹ 等利潤曲線とは，ある一定の利潤を実現するような2財の価格の組み合わせ
❺ 等利潤曲線の特徴
　（ⅰ）頂点を反応関数上にもつ
　（ⅱ）横軸の価格をもつ企業は上にいくほど高い利潤に対応し，縦軸の価格をもつ企業は右にいくほど高い利潤に対応している
❻ ベルトラン・ナッシュ均衡では，両社の等利潤曲線が交わっている

---

3 シュタッケルベルグの不均衡

　クールノー・モデルでは，「両社が互いに相手の生産量をみて自社の利潤を最大化するような生産量を決定する」ことが仮定されていました．これは両社がともに，**追随者**(follower)として行動していると言い換えることもできます．一方，新たな行動様式として，「ライバル社が追随者であることを既知として自社の利潤を最大化するような生産量を決定する」企業を，**先導者**(leader)とよぶことにしましょう．すると，自社とライバル社の間には以下の4つのケースが考えられます．ただし，説明の便宜上，A社を自社，B社をライバル社とします．

	A社 (自社)	B社 (ライバル社)	
【ケース1】	追随者	追随者	クールノー・モデル
【ケース2】	先導者	追随者	A社(自社)が先導者のシュタッケルベルグ・モデル
【ケース3】	追随者	先導者	B社(ライバル社)が先導者のシュタッケルベルグ・モデル
【ケース4】	先導者	先導者	シュタッケルベルグの不均衡(ボーリー的複占)

　以下，**1**で導出した数値例を用いて説明しましょう．市場で取引されている財の総量をxとすれば，市場にはA社とB社の生産した財しかないので，

$$x = x_A + x_B$$

となっています．説明の簡便化のために逆需要関数を$p = -x + 16$，総費用については

　　A社の総費用 $(TC_A) = 6x_A$

　　B社の総費用 $(TC_B) = 8x_B$

と特定化します．もちろん，この特定化によって，モデルの本質が損なわれることはありません．以上の設定から，**1**で学習したように，A社の利潤，B社の利潤，A社の反応関数，B社の反応関数はそれぞれ，以下のように表されます．

　　A社の利潤 $(\pi_A) = [-(x_A + x_B) + 16]x_A - 6x_A = 10x_A - x_A^2 - x_A x_B$

　　B社の利潤 $(\pi_B) = [-(x_A + x_B) + 16]x_B - 8x_B = 8x_B - x_A x_B - x_B^2$

$$\begin{cases} 【A社の反応関数】 x_A = 5 - \frac{1}{2}x_B \\ 【B社の反応関数】 x_B = 4 - \frac{1}{2}x_A \end{cases}$$

【ケース1】A社(自社)・B社(ライバル社)ともに追随者のケース

　このケースでは，クールノー＝ナッシュ均衡が達成されます．クールノー＝ナッシュ均衡はA社，B社の反応関数の交点なので，$(x_A^*, x_B^*) = E(4, 2)$となります．このとき，

　　A社の利潤 $(\pi_A^*) = 10 \times 4 - 4^2 - 4 \times 2 = 16$

　　B社の利潤 $(\pi_B^*) = 8 \times 2 - 4 \times 2 - 2^2 = 4$

となっています.また,市場全体の供給量は,

$$x = x_A + x_B = 4 + 2 = 6$$

となります.

【ケース2】A社(自社)が先導者,B社(ライバル社)が追随者のケース

　A社が先導者で,B社が追随者のケースを考えてみましょう.ちょっと複雑に聞こえるかもしれませんが,「A社は,『B社がA社の生産量をみて自らの生産量を決定する』というB社の行動パターンを知っている状況で,A社自身の生産量を決定する」のです.「B社がA社の生産量をみて自らの生産量を決定する」というのは,B社の反応関数に表されますから,「A社はB社の反応関数を知っている」と考えることができるのです.

　A社はB社の反応関数$x_B = 4 - (1/2)x_A$を既知として,自社の利潤$\pi_A = 10x_A - x_A^2 - x_A x_B$を最大化するので,利潤の$x_B$に$B$社の反応関数を代入した,

$$\pi_A = 10x_A - x_A^2 - x_A x_B = 10x_A - x_A^2 - x_A\left[4 - \frac{1}{2}x_A\right] = 6x_A - \frac{1}{2}x_A^2$$

を最大化するようにx_Aを決定します.π_Aをx_Aで微分してゼロと置くと,

$$\frac{d\pi_A}{dx_A} = 6 - x_A = 0$$

より,$x_A = 6$を得ます.また$x_A = 6$をB社の反応関数$x_B = 4 - (1/2)x_A$に代入することによって,$x_B = 1$が得られます.この$(x_A^*, x_B^*) = S_A(6, 1)$を,初めて言及したH.シュタッケルベルグ(Heinrich Freiherr von Stackelberg,(独),1905年～1946年)の名にちなんで,A社が先導者,B社が追随者の場合のシュタッケルベルグ均衡(Stackelberg equilibrium)といいます.これを図示したのが,図7-6(ⅰ)です.$S_A(6, 1)$が選択されると,

　　A社の利潤$(\pi_A) = 10 \times 6 - 6^2 - 6 \times 1 = 18$
　　B社の利潤$(\pi_B) = 8 \times 1 - 6 \times 1 - 1^2 = 1$

となりますので,A社の利潤はクールノー＝ナッシュ均衡の16に比べてより2増加し,B社の利潤は4に比べて3減少していることがわかります.

　利潤の変化は図を用いても理解が可能です.A社の等利潤曲線π_Aは,A社の反応関数上に頂点をもちますが,B社の反応関数にS_Aで接している点に注意

図7-6

(i) A社が先導者のシュタッケルベルグ均衡

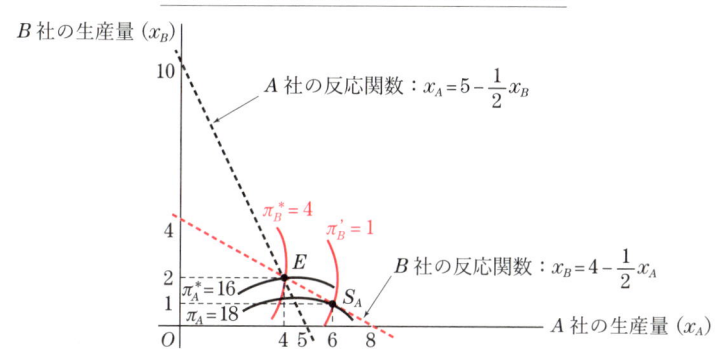

A社の反応関数：$x_A = 5 - \frac{1}{2}x_B$

$\pi_B^* = 4$, $\pi_B' = 1$

B社の反応関数：$x_B = 4 - \frac{1}{2}x_A$

$\pi_A^* = 16$, $\pi_A = 18$

点 E, S_A

(ii) B社が先導者のシュタッケルベルグ均衡

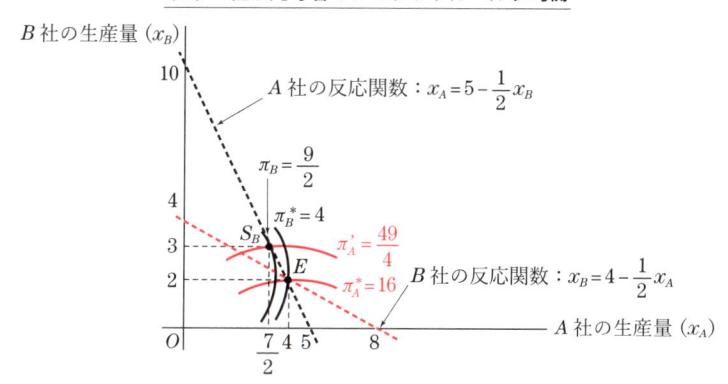

A社の反応関数：$x_A = 5 - \frac{1}{2}x_B$

$\pi_B = \frac{9}{2}$, $\pi_B^* = 4$

$\pi_A' = \frac{49}{4}$, $\pi_A^* = 16$

B社の反応関数：$x_B = 4 - \frac{1}{2}x_A$

点 S_B, E

$\frac{7}{2}$, 4, 5, 8

(iii) シュタッケルベルグの不均衡（ボーリー的複占）

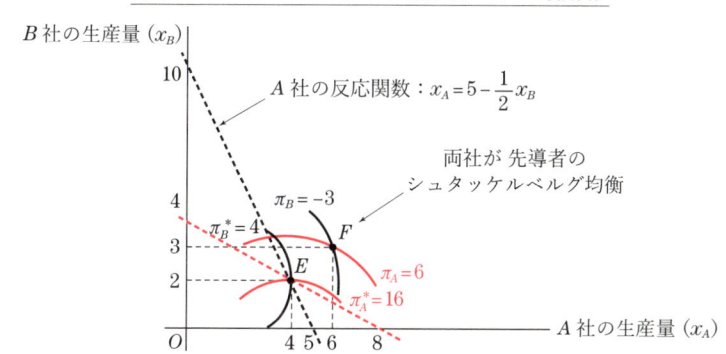

A社の反応関数：$x_A = 5 - \frac{1}{2}x_B$

両社が先導者の
シュタッケルベルグ均衡

$\pi_B^* = 4$, $\pi_B = -3$

$\pi_A = 6$, $\pi_A^* = 16$

点 E, F

第7章 不完全競争市場2　287

してください．この等利潤曲線はクールノー均衡の場合の等利潤曲線 π_A^* に比べて下方に位置しています．これは A 社の利潤が増加したことを意味しています．

他方，B 社の等利潤曲線 π_B' は，クールノー均衡を達成する等利潤曲線 π_B^* に比べて右方に位置することになりますから，A 社が先導者で，B 社が追随者の場合，B 社の利潤は低下してしまいます．こうなると，B 社もまた先導者となろうと行動する誘因が生まれます．

【ケース3】A 社（自社）が追随者，B 社（ライバル社）が先導者のケース

次に，A 社が追随者で，B 社が先導者のケースを考えてみよう．【ケース2】と同様に，今度は B 社が A 社の反応関数 $x_A = 5 - (1/2)x_B$ を既知として，自社の利潤 $\pi_B = 8x_B - x_A x_B - x_B^2$ を最大化するので，利潤の x_A に A 社の反応関数を代入した，

$$\pi_B = 8x_B - x_A x_B - x_B^2 = 8x_B - \left[5 - \frac{1}{2}x_B\right]x_B - x_B^2 = 3x_B - \frac{1}{2}x_B^2$$

を最大化するように x_B を決定します．π_B を x_B で微分してゼロと置くと，

$$\frac{d\pi_B}{dx_B} = 3 - x_B = 0$$

より，$x_B = 3$ を得ます．また $x_B = 3$ を A 社の反応関数 $x_A = 5 - (1/2)x_B$ に代入することによって，$x_A = 7/2$ が得られます．この $(x_A^*, x_B^*) = S_B(7/2, 3)$ を B 社が先導者，A 社が追随者の場合のシュタッケルベルグ均衡といいます．これを図示したのが，図7-6（ⅱ）です．$S_B(7/2, 3)$ が選択されると，

A 社の利潤 $(\pi_A) = 10 \times \frac{7}{2} - \left(\frac{7}{2}\right)^2 - \frac{7}{2} \times 3 = \frac{49}{4}$

B 社の利潤 $(\pi_B) = 8 \times 3 - \frac{7}{2} \times 3 - 3^2 = \frac{9}{2}$

となりますので，A 社の利潤はクールノー＝ナッシュ均衡の 16 に比べてより 15/4 減少し，B 社の利潤は 4 に比べて 1/2 増加していることがわかります．

利潤の変化について図を用いて考えてみましょう．B 社の等利潤曲線 π_B は，B 社の反応関数上に頂点をもちますが，B 社の反応関数に S_B で接しています．

この等利潤曲線はクールノー均衡の場合の等利潤曲線 π_B^* に比べて左方に位置しています．これは B 社の利潤が増加したことを意味しています．

他方，A 社の等利潤曲線 π_A' は，クールノー均衡を達成する等利潤曲線 π_B^* に比べて上方に位置していますから，B 社が先導者で，A 社が追随者の場合，A 社の利潤は低下してしまいます．こうなると，A 社もまた先導者となろうと行動する誘因が生まれます．

【ケース4】A 社（自社）・B 社（ライバル社）ともに先導者のケース

以上から考えると，A 社も B 社も，ともに（高い利潤を獲得できる）先導者になろうと行動をするでしょう．シュタッケルベルグはこのような事態こそが複占市場では一般的であると考えていました．

もし，両社が先導者になろうと行動すると，A 社は自身のシュタッケルベルグ均衡での生産量 $x_A=6$ を生産するでしょうし，B 社もまた自身のシュタッケルベルグ均衡での生産量 $x_B=3$ を生産するでしょう．このとき，両社の利潤はそれぞれ，

A 社の利潤 $(\pi_A) = 10 \times 6 - 6^2 - 6 \times 3 = 6$

B 社の利潤 $(\pi_B) = 8 \times 3 - 6 \times 3 - 3^2 = -3$

となりますので，A 社の利潤はクールノー＝ナッシュ均衡の16に比べてより10減少し，B 社の利潤は4に比べて7減少していることがわかります．この状況は図7-6（ⅲ）に描かれています．両社がともに先導者となった場合のシュタッケルベルグ均衡点 $(x_A^*, x_B^*) = F(6, 3)$ で両社の等利潤曲線は交わってはいますが，もはや利潤が最大化される反応曲線上にはありません．このため，両社がともに先導者となった場合のシュタッケルベルグ均衡は**シュタッケルベルグの不均衡**とか，同じくこの研究を独自に行った **A. ボーリー**（Sir Arthur Lyon Bowley, (英), 1869年～1957年）の名前をとって，**ボーリー的複占**ともいいます[8]．

しかも，両社がシュタッケルベルグ均衡での生産量を維持しようと考えると

---

[8] Bowley, A. L. (1924), *The Mathematical Groundwork of Economics: An Introductory treatise*, Oxford University Press, London にその記述があります．また，ボーリーはこの著書でエッジワース・ボックスの概念を平易に説明しています．

図7-7

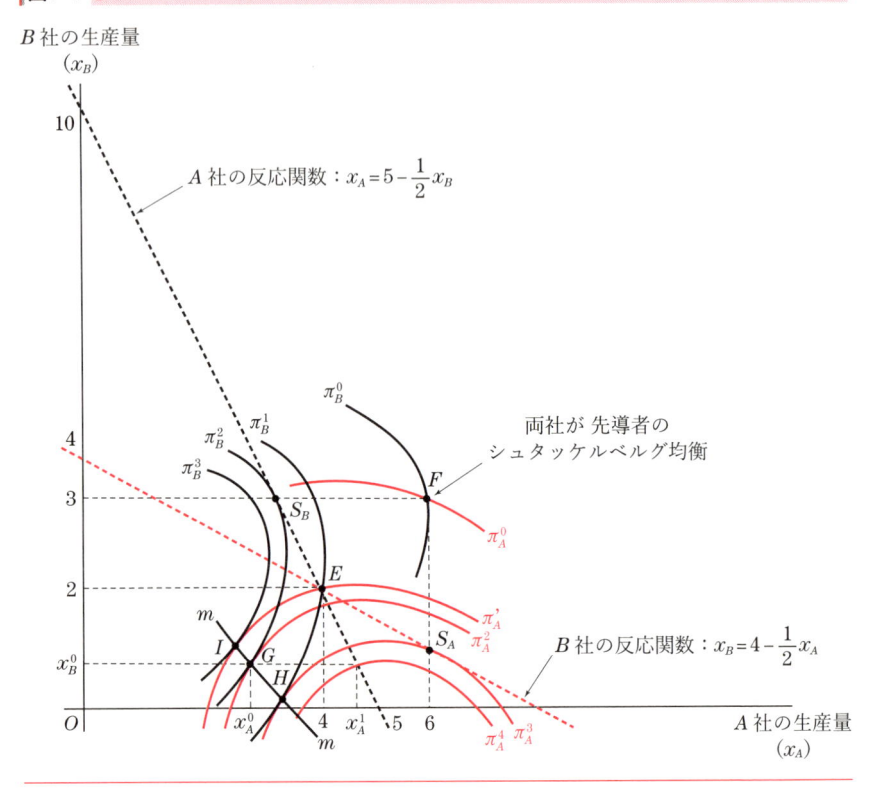

図中のラベル:
- B 社の生産量 (x_B)
- A 社の反応関数: $x_A = 5 - \frac{1}{2}x_B$
- B 社の反応関数: $x_B = 4 - \frac{1}{2}x_A$
- 両社が先導者のシュタッケルベルグ均衡
- $\pi_B^0, \pi_B^1, \pi_B^2, \pi_B^3$
- $\pi_A^0, \pi_A^1, \pi_A^2, \pi_A^3, \pi_A^4$
- 点 F, S_B, S_A, E, I, G, H
- m
- $x_A^0, x_A^1, 4, 5, 6$
- $x_B^0, 2, 3, 4, 10$
- A 社の生産量 (x_A)

市場全体での供給量は,

$$x = x_A + x_B = 6 + 3 = 9$$

となります.これは,クールノー均衡の場合の,$x = x_A + x_B = 4 + 2 = 6$ に比べて増加しています.当然,財の価格は逆需要関数にしたがって下落していますので,A 社も B 社も大きな利潤の減少を発生させてしまうことになります.しかし,現実の経済を考えると,このような両社の先導者争いよりも,むしろ「共謀」によってシュタッケルベルグの不均衡を回避することが可能です.

図7-7をみてください.いま,B 社が先導者として利潤最大化を行った場合,シュタッケルベルグ均衡は図の点 S_B となります.ただし,A 社もまた先導者として行動すれば,シュタッケルベルグ均衡は点 S_A が選ばれるために,最終的

には点Fが選ばれてしまいます．しかし，A社にとって，点Fを通る等利潤曲線π_A^0よりも，明らかにπ_A^2の方が高い利潤に対応しています．そこで，A社がB社に対して，「(B社が点S_Bで生産したときと同じ利潤である)π_B^2が実現するような点$G(x_A^0, x_B^0)$で生産を行うよう交渉」すると，B社は自らが先導者であるシュタッケルベルグ均衡を実現した場合と同じπ_B^2の利潤を獲得できる一方で，A社もまた高い利潤π_A^2を実現することができます．点$G(x_A^0, x_B^0)$では両社の等利潤曲線が接しており，そのような点は，「もはや相手の利潤を下げることなしには自らの利潤をあげることができない配分」が実現されていることになります．

両社が交渉を通じて「共謀」できる場合，どちらの企業によっても拒否（ブロック）されない配分を**コア**(core)とよびます[9]．これはエッジワースのいう契約曲線の概念に相当し，図7-7ではmm線で示されています．このmm線のうち，IGHの部分では，両社が共謀することによって，クールノー＝ナッシュ均衡Eをブロックすることができます．たとえば，点Gでは，市場に供給される財の数量はクールノー＝ナッシュ均衡よりもさらに少なくなります．

しかし，この「共謀」は極めて不安定な要素を含んでいます．というのも，もし，共謀によってクールノー均衡がブロックされ，仮に図7-7の点Gが実現されたとしましょう．この場合，A社の生産量はx_A^0となっていますが，B社がx_B^0しか生産していないのをいいことに，その数量を所与として，A社は自らの生産量をx_A^0からx_A^1に増加させることで，利潤をπ_A^2からπ_A^1へと増加させることが可能です．B社にとっても同様のことがいえるでしょう．つまり，両社がシュタッケルベルグの不均衡を回避すべく「共謀」を行ったとしても，その「共謀」は極めて不安定であるといえるのです．これは逆にいえば，「共謀」を順守することがいかに難しいかを表しているともいえます．

---

[9] コアの概念に関しては，**極限定理**によってコアと競争均衡が一致することが**G. ドブリュー**(Gerard Debreu,（仏），1921年～2004年）や**H. スカーフ**(Herbert Eli Scarf,（米），1930年～）らによって証明されました．関心のある読者は，Debreu, G. and Scarf, H. (1963), "A Limit Theorem on the Core of an Economy," *International Economic Review*, Vol.4, No.3, pp.235–246や，極限定理について平易に解説した武隈慎一(1989)『ミクロ経済学』新世社などを参考にするとよいでしょう．なお，G. ドブリューは1983年に一般均衡理論の精緻化によってノーベル経済学賞を受賞しました．

> **ポイント・チェック** シュタッケルベルグの不均衡の特徴
>
> ❶ シュタッケルベルグ・モデルでは，ライバル社が追随者であることを既知として自らが先導者となって利潤を最大化するような生産量を決定する
> ❷ シュタッケルベルグの不均衡（ボーリー的複占）とは，両社が先導者になろうと行動したために，供給量が増加して利潤が減少してしまう状態

COLUMN 7-❷ ゲーム理論の国際貿易への応用
——戦略的貿易政策

ブランダー＝スペンサー・モデルとイートン＝グロスマン・モデル

　1980年代，国際経済学の研究においても，不完全競争，規模の経済や輸送費などを導入した**新貿易理論**（New international trade theory）が唱えられるようになりました．新貿易理論の中心的な役割を果たした経済学者には，2008年にノーベル経済学賞を受賞した**P. クルーグマン**（Paul Robin Krugman,（米）,1953～）もいます．中でも，J. ブランダーとB. スペンサーが1985年に著した論文[10]では，自国と外国が国際的な複占市場にあり，クールノーの行動原理に従って行動するとき，輸出補助金政策が自国に利益をもたらすことを示しました．また，J. イートンとG. グロスマンが1986年に発表した論文[11]では，複占市場で自国と外国がベルトラン型の価格競争を行うとき，輸出税が自国に利益をもたらすことを示しています．

　政府の積極的な介入が経済厚生を改善する可能性があるというこれらの論文は，**戦略的貿易政策**（strategic trade policy）として学者のみならず，世界の注目を集めました．

2 ゲーム理論とナッシュ均衡

　これまで学習してきた複占理論——クールノー・モデル，ベルトラン・モデル，そしてシュタッケルベルグ・モデル——の特徴は，「相手の行動を考えて行動する」という点につきました．自らの行動が，あるいは相手の行動が，それぞれの行動にどのような影響を与えるのか，意思決定のもたらす行動変化について学習してきました．こうしたお互いに影響を与え合う複数の主体の間で生じる相互関係について研究する分野を，**ゲーム理論**（game theory）といいます．

　すでに学習した複占理論も，ゲーム理論の立場から整理し直すことも可能ですし，囲碁や将棋，野球やサッカーなどの「ゲーム」をも分析することができます．その守備範囲は多岐にわたり，数学，物理学はもちろん，気象学，生物学，心理学，政治学，そしてもちろん経済学にも幅広く用いられています．そして，その守備範囲はどんどん拡大しています．いまや，現在社会を分析する上で，ゲーム理論的な思考を使わない分野を探すこと自体が極めて難しくなっています．経済学においては，主に複占市場における企業行動の分析に用いられることが多いですが，政府と産業界との関係や国際経済関係にも応用されています．

　ゲーム理論の生みの親は，20世紀最高の頭脳の1人といわれた**J. ノイマン**（John von Neumann,（米），1903年～1957年）と**O. モルゲンシュテルン**（Oskar Morgenstern,（米），1902年～1977年）です[12]．彼らが1944年に著した『ゲームの理論と経済行動』は経済学者のみならず，社会科学者，軍事戦略家などに多大な

---

10) Brander J. A. and Spencer, B. J.（1985）"Export Subsidies and International Market Share Rivalry," *Journal of International Economics*, Vol. 18, No. 1–2, pp. 83–100.

11) Eaton, J. and Grossman, G.（1986），"Optimal Trade and Industrial Policy under Oligopoly," *Quarterly Journal of Economics*, Vol. 101, No. 2, pp. 383–406.

12) Neumann, J. v., and Morgenstern, O.（1944）*Theory of Games and Economic Behavior*, Princeton University Press（邦訳：阿部修一・銀林浩・下島英忠・橋本和美・宮本敏雄（2009）『ゲームの理論と経済行動』筑摩書房）．

影響を与えることになりました．当時の『米国数学会報』(American Mathematical Society Bulletin)に掲載された書評は，この本について，以下の称賛を与えています[13]．

「後世の人々は，この本を20世紀前半の科学的業績の一つとして評価するかもしれない．著者たちが経済の科学という，新しい厳密な科学の確立に成功すれば，間違いなくそうなるだろう．」

その後，ナッシュ，ゼルテン，ハーサニといった経済学者，数学者によって，ゲーム理論はさらに高度な分析に耐えうる理論的な枠組みとなりました．
ゲーム理論は**非協力ゲーム**(non-cooperative game)と**協力ゲーム**(co-operative game)の2つに分けることができます．非協力ゲームとは，意思決定者が**提携**(coalition)しないゲームです．つまり，グループを作ることのないゲームです．これに対して，協力ゲームでは複数の意思決定者の間で「提携」が可能なゲームです．本書では非協力ゲームについてお話しします[14]．

ポイント・チェック **ゲーム理論とナッシュ均衡**

❶ ゲーム理論とは，お互いに影響を与え合う複数の主体の間で生じる相互関係について研究する分野
❷ ゲーム理論は，非協力ゲームと協力ゲームの2つに分けることができる
❸ 非協力ゲームとは，意思決定者が提携しないゲーム
❹ 協力ゲームとは，複数の意思決定者の間で提携が可能なゲーム

---

13) Poundstone, W. (1993) *Prisoner's Dilemma*, Anchor（邦訳：松浦俊輔 (1995)『囚人のジレンマ――フォン・ノイマンとゲームの理論』青土社）．邦訳書，p.20より引用．
14) ゲーム理論についての入門書は数多く出版されていますが，松井彰彦 (2010)『高校生からのゲーム理論』（ちくまプリマー新書）は読みやすく，また応用例が豊富です．基本的な概念もわかりやすく説明しています．もう少し腰を据えてやろうと思った読者は，Kreps, D. M., (1990) *Game Theory and Economic Modelling*, Oxford University Press（邦訳：高森寛・大住栄治・長橋透 (1993)『経済学のためのゲーム理論』マグロウヒル出版）やGibbons, R. (1992) *Game Theory for Applied Economists*, Princeton University Press（邦訳：福岡正夫・須田伸一 (1995)『経済学のためのゲーム理論入門』創文社）などが参考になります．

1 利得行列とゲーム・ツリー

これまで生産者や消費者を経済主体とよんできましたが，ゲームの理論では，そのゲームに参加する意思決定主体を**プレーヤー**(player)とよびます．プレーヤーは，複数の選択肢の中から1つ，または一通りの組み合わせを選びます．その選択肢を**戦略**(strategy)とよびます．そして，その戦略から得られる結果を**利得**(**ペイオフ**(pay-off))といいます．その利得は，当該プレーヤーの選択した戦略のみならず，他のプレーヤーの選択した戦略に依存して決定するのが，ゲーム理論の特徴です．ゲーム理論は，❶プレーヤー，❷戦略，❸利得から構成されていることをしっかりと押さえておきましょう．

たとえば，よく知られている「じゃんけん」ゲームを考えてみよう．2人のプレーヤー(AとB)が「じゃんけん」を行うとき，そのとり得る戦略には，グー(G)，チョキ(C)，パー(P)の3つだけしかありません．プレーヤーの利得は，勝ち＝1，負け＝－1，引き分け＝0によって表されるものとしましょう．いま，2人のプレーヤーAとBが「じゃんけん」を行うことを考えると，プレーヤーAの利得をπ_A，それぞれの戦略を(Aの戦略, Bの戦略)とし，下添え字で戦略を出すプレーヤーを表すと，利得は関数fで表すことができます．つまり，

【プレーヤーAの利得】

$\pi_A = f(G_A, C_B) = 1$ 　　$\pi_A = f(C_A, C_B) = 0$ 　　$\pi_A = f(P_A, C_B) = -1$

$\pi_A = f(G_A, G_B) = 0$ 　　$\pi_A = f(C_A, G_B) = -1$ 　$\pi_A = f(P_A, G_B) = 1$

$\pi_A = f(G_A, P_B) = -1$ 　$\pi_A = f(C_A, P_B) = 1$ 　　$\pi_A = f(P_A, P_B) = 0$

【プレーヤーBの利得】

$\pi_B = f(G_A, C_B) = -1$ 　$\pi_B = f(C_A, C_B) = 0$ 　　$\pi_B = f(P_A, C_B) = 1$

$\pi_B = f(G_A, G_B) = 0$ 　　$\pi_B = f(C_A, G_B) = 1$ 　　$\pi_B = f(P_A, G_B) = -1$

$\pi_B = f(G_A, P_B) = 1$ 　　$\pi_B = f(C_A, P_B) = -1$ 　$\pi_B = f(P_A, P_B) = 0$

となります．しかし，利得をすべて書くのは煩雑です．そこで，簡便に表す方法として，2つの方法があります．

図7-8

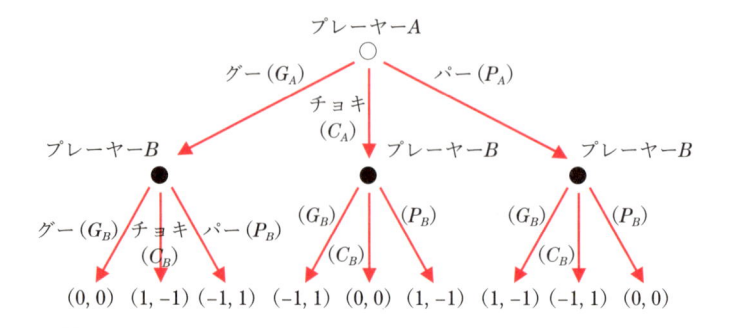

```
                    プレーヤーA
                        ○
          グー(G_A) / チョキ \ パー(P_A)
                      (C_A)
   プレーヤーB    プレーヤーB    プレーヤーB
        ●            ●            ●
  グー/チョキ\パー  (G_B)/|\(P_B)  (G_B)/|\(P_B)
 (G_B)(C_B)(P_B)    (C_B)         (C_B)
 (0,0)(1,-1)(-1,1) (-1,1)(0,0)(1,-1) (1,-1)(-1,1)(0,0)
```

第1のものは，**利得行列**または**ペイオフ・マトリクス**(pay-off matrix) とよばれるものであり，以下のように示されます．

		プレーヤーBの戦略		
		グー(G_B)	チョキ(C_B)	パー(P_B)
プレーヤー Aの戦略	グー(G_A)	(0, 0)	(1, -1)	(-1, 1)
	チョキ(C_A)	(-1, 1)	(0, 0)	(1, -1)
	パー(P_A)	(1, -1)	(-1, 1)	(0, 0)

この行列の括弧は，左側がプレーヤーA，右側がプレーヤーBの利得を表しています．プレーヤーAがグー (G_A)，プレーヤーBがチョキ (C_B) を出したとき，この行列の利得は (1, -1) となっていますが，これは (π_A, π_B) = (1, -1) を表しています．つまり，プレーヤーAの利得が1，プレーヤーBの利得が-1となっていることを表しているのです．

簡便に表す第2のものは，ゲームの木とか**ゲーム・ツリー** (game tree) とよばれている方法で表記する方法です．これは図7-8に示してあるように，プレーヤーのとる戦略や利得を矢印によって表記する方法です．

図7-8をみてください．ここにはいくつかの○または●と矢印，そして，利得の組み合わせ (π_A, π_B) が書かれています．○は**始点ノード** (initial node) とよばれており，ここからゲームが開始されます．ノードは「節」を意味しています．図ではゲームがプレーヤーAから始まることになっていますが，もちろ

ん，プレーヤーBから記述しても同じ結果になります．始点ノードからは，3本の矢印が伸びています．こ矢印の先には●で書かれたノードがあり，プレーヤーBがとる戦略（グー（G_B），チョキ（C_B），パー（P_B））に応じてやはり矢印が描かれています．3本の矢印の先には選択した戦略によって得られる利得の組み合わせ（$π_A$, $π_B$）が描かれます．（$π_A$, $π_B$）が選ばれると，このゲームは終了することを意味しています．

　図7-8をみてもわかるように，ゲーム・ツリーでは，①（始点ノード以外の）ノードには，必ず1本，そこに向かう矢印があります．このため，②最終的な利得から遡ると，必ず始点ノードに到達し，決して元の場所に戻ることはありません．これゆえに，ゲームが**樹木構造**（arborescence）をとるのです．

　なお，囲碁や将棋のようにプレーヤーの行動の順序が異なるゲームを**展開型ゲーム**（extensive form game）といい，これはゲーム・ツリーを使って記述するのに向いています．また，主として利得行列をもって表されるゲームを**標準型ゲーム**（normal form game），または**戦略型ゲーム**（strategic form game）といいます．興味がある読者は，ゲーム理論の専門書をあたってみるとよいでしょう．

ポイント・チェック　利得行列とゲーム・ツリー

❶ ゲーム理論では，経済主体をプレーヤーとよぶ
❷ プレーヤーは，複数の選択肢（戦略）の中から1つ（一通り）の組み合わせを選ぶ
❸ 戦略から得られる結果を利得（ペイオフ）という
❹ 利得を簡便に表す方法として，利得行列（ペイオフ・マトリクス）とゲームの木（ゲーム・ツリー）がある
❺ 展開型ゲームとは，プレーヤーの行動の順序が異なるゲームで，ゲーム・ツリーを使って記述するのに向いている
❻ 標準型ゲーム（戦略型ゲーム）とは，利得行列をもって表されるゲーム

2　ナッシュ均衡と囚人のジレンマ

　ゲーム理論では**ナッシュ均衡**（Nash equilibrium）の概念が重要です．すでにクールノー・モデルで説明したクールノー＝ナッシュ均衡もこの均衡概念に含まれます．ナッシュ均衡とは，各プレーヤーが他のプレーヤーの行動を予想し，それに基づき利得を最大化する戦略を選択した場合，予想と結果が一致す

るような均衡です．したがって，このような場合，各プレーヤーは，相手のプレーヤーが戦略を変化させない限り，その選択した戦略を変化させる誘因がありません．

いま，プレーヤーA，プレーヤーBが2つの戦略(戦略1と戦略2)をとったときに得られる利得が以下の利得行列によって表されるものとしましょう．繰り返しになりますが，利得行列に示される括弧の内側は，(プレーヤーAの利得, プレーヤーBの利得) を示しています．

		プレーヤーBの戦略	
		戦略1	戦略2
プレーヤーAの戦略	戦略1	$(5, 1)$	$(3, 0)$
	戦略2	$(2, 6)$	$(1, 4)$

この表の読み方を理解しましょう．いま，プレーヤーBが戦略1を選択したとします．まず注目するのは $(5, 1)$ と $(2, 6)$ です．プレーヤーBの利得を固定して，プレーヤーAの利得5と2を比べると，5の方が大きいですから，その数字 (この場合は5) を $\boxed{5}$ のように囲んでおきましょう．すると以下のようになります．色付きになっているのは，プレーヤーBの戦略1のみに注目し，戦略2についてはとりあえず無視しているからです (以下色付きの部分については同じ解釈をしてください)．

		プレーヤーBの戦略	
		戦略1	戦略2
プレーヤーAの戦略	戦略1	$(\boxed{5}, 1)$	$(3, 0)$
	戦略2	$(2, 6)$	$(1, 4)$

次に，プレーヤーBが戦略2を選択したとしましょう．$(3, 0)$ と $(1, 4)$ をみてください．プレーヤーAの利得3と1を比べると，3の方が大きいですから，その数字 (この場合は3) を囲みます．ここで皆さんは，プレーヤーBが戦略1をとろうが戦略2をとろうが，プレーヤーAは戦略1をとるのが望ましいことに気が付くと思います．このとき，戦略1はプレーヤーAにとっての**支配戦略** (dominant strategy) とよびます．

		プレーヤーBの戦略	
		戦略1	戦略2
プレーヤーA の戦略	戦略1	(⑤, 1)	(③, 0)
	戦略2	(2, 6)	(1, 4)

同様に，今度はプレーヤーAが戦略1を選択した場合を考えましょう．(5, 1)と(3, 0)をみてください．プレーヤーBの利得1と0を比べると，1の方が大きいですから，その数字（この場合は1）を囲んでおきます．

		プレーヤーBの戦略	
		戦略1	戦略2
プレーヤーA の戦略	戦略1	(⑤, ①)	(③, 0)
	戦略2	(2, 6)	(1, 4)

最後に，プレーヤーAが戦略2を選択した場合を考えましょう．(2, 6)と(1, 4)をみてください．プレーヤーBの利得6と4を比べると，6の方が大きいですから，その数字（この場合は6）を囲んでおきます．プレーヤーBにとっての支配戦略は戦略1となっていることがわかると思います．

		プレーヤーBの戦略	
		戦略1	戦略2
プレーヤーA の戦略	戦略1	(⑤, ①)	(③, 0)
	戦略2	(2, ⑥)	(1, 4)

ここで，(⑤, ①)という利得の組み合わせは，プレーヤーAが戦略1を，プレーヤーBも戦略1を選択したときに得られる利得を表しています．5と1の両方の利得が囲まれていることからもわかるように，この戦略の組み合わせはプレーヤーAとプレーヤーBの支配戦略によって得られる利得の組み合わせです．これを**支配戦略均衡**(dominant strategy equilibrium)といいます．支配戦略均衡はナッシュ均衡です．というのも，支配戦略が選択されている状況では，各プレーヤーは，相手のプレーヤーが戦略を変化させない限り，選択した戦略を変化させる誘因がないからです．(⑤, ①)のように，「利得が2つとも囲まれた戦

略がナッシュ均衡の戦略である」と覚えておくとよいでしょう．

しかし，ナッシュ均衡であれば支配戦略均衡になるとは限らないことにも注意が必要です．以下の利得行列をみてください．

| | | プレーヤーBの戦略 ||
		戦略1	戦略2
プレーヤーAの戦略	戦略1	(4, 6)	(0, 0)
	戦略2	(1, 1)	(6, 4)

先の例にしたがって，各プレーヤーの選択する利得を囲んでみると，以下のようになります．(<u>4</u>, <u>6</u>) と (<u>6</u>, <u>4</u>) とがナッシュ均衡になっています．

| | | プレーヤーBの戦略 ||
		戦略1	戦略2
プレーヤーAの戦略	戦略1	(<u>4</u>, <u>6</u>)	(0, 0)
	戦略2	(1, 1)	(<u>6</u>, <u>4</u>)

プレーヤーBが戦略1を選択した場合，プレーヤーAは戦略1によって得られる利得4と戦略2によって得られる利得1を比べて，戦略1を選択します．また，プレーヤーBが戦略2を選択した場合，プレーヤーAは戦略1によって得られる利得0と戦略2によって得られる利得6を比べて，戦略2を選択します．このとき，プレーヤーAはプレーヤーBの選択する戦略によって自らの戦略を1つに決定することができません．このような状況のとき，プレーヤーAには「支配戦略がない」といいます．

同様に，プレーヤーBにも支配戦略はありません．この状況では，ナッシュ均衡は (<u>4</u>, <u>6</u>) と (<u>6</u>, <u>4</u>) の2つありますが支配戦略均衡はありません．

この状況は，しばしば**両性の闘い**とか，**逢引のジレンマ** (battle of sexes) とよばれている状況です．この物語は，休日をどのように過ごそうか決めようとしているひと組の男女のお話です．男性はボクシングを見たいと思っているのに対して，女性はバレエを見たいと思っています．しかし，2人とも，1人で行くよりも一緒の方が楽しいと考えています．このような状況は，先に示した利得行列で，プレーヤーAを「女性」，プレーヤーBを「男性」，戦略1を「ボ

クシングを見に行く」，戦略2を「バレエを見に行く」と考えれば理解できると思います．「一緒にボクシングを見に行く」という利得の組み合わせは，(4, 6) で表されていますが，女性の利得が4であるのに対して，男性の利得は6となっています．利得の差は，男性が女性より強くボクシングをみたいと思っているからであり，逆に，「一緒にバレエを見に行く」という利得の組み合わせ (6, 4) では，女性のバレエを見たいという思いが強く現れていると考えられます．

しかし，「一緒にボクシングを見る」という利得 (4, 6) や，「一緒にバレエを見に行く」という利得の組み合わせ (6, 4) は，「女性がボクシング，男性がバレエを見に行く」利得の組み合わせ (0, 0) や，「男性がボクシング，女性がバレエを見に行く」利得の組み合わせ (1, 1) よりも利得の合計が高くなっています．協調行動をとる方が，利得の合計が高くなるケースとして有名な事例です．

こうした事例は，労働市場に関する研究を行う**労働経済学**(Labor economics) などでも用いられます．労働者(組合)と経営者の間で賃金交渉を行う場合，ストライキなどによって損害を被るよりも，お互いが相手の条件をのんで解決を図った方が(つまり協調行動を取った方が)得策ということがあるかもしれません．こうした場合においても，支配戦略均衡がないケースとしてゲーム理論による分析を行うことができます．

両性の闘いのケースでは，ナッシュ均衡が2つ存在しました．しかし，ナッシュ均衡が一つだけ存在しても，それがパレート最適でないケースもあります．**囚人のジレンマ** (prisoner's dilemma) とよばれる状況です[15]．これはある犯罪の容疑者AとBを，それぞれ個別に取り調べる際に，その容疑者たちが「自白」と「黙秘」という戦略をどのように選択するかを考えたゲームです．このゲームの詳細は以下のようになっています．

いま，警察がある罪を犯した(であろう)容疑者AとBの2人を逮捕しました．両者は共謀して罪を犯した(と思われる)のですが，逮捕の段階では有罪の判決を下すための証拠が不十分で，容疑者がそれぞれ罪を認めなければ(自白しなければ)，警察は容疑者を釈放しなければなりません．そこで，警察は，容疑者AとBをそれぞれ別々の独房に入れて(相談できないような環境の下で)次のように尋

問します[16].

> もし，このまま2人が「黙秘」を続けるのであれば，われわれ警察は罪を確定できないが，それより軽微な罪で，2人にそれぞれ1年の禁固刑を科す用意がある．
> しかし，もし2人のうちどちらかでも罪を「自白」すれば，自白した容疑者は警察へ協力したとして釈放してあげよう．しかし，「黙秘」し続けた容疑者は，警察に非協力的だったとして禁固3年の刑に処す．
> ただし，両者が「自白」し罪を認めるのであれば，両者とも禁固2年の刑となる．

皆さんが容疑者Aだったらどのように行動するでしょうか？　2人にとって最良の方法は，お互いの刑期が最も短くなるような選択，2人がお互い一緒に「黙秘」を続けることです．これは1年の禁固刑で済みます．しかし，容疑者はお互い，最悪の事態――すなわち，自分だけ「黙秘」を続けていて，相手が「自白」してしまった場合を常に考えています．この場合，「自白」した相手は釈放されますが，「黙秘」を続けた自分は最悪の禁固3年の刑が待っています．ここにジレンマ――自分の思い通りにしたい2つの事柄のうち，一方を思い通りにすると他の一方が必然的に不都合な結果になる状況――があります．

お互いが独房に入れられ，相談もできない状況の中では絶えず疑心暗鬼に苛まれ，お互いが「自白」を選択してしまいます．その結果，お互いが「黙秘」し続ければ禁固刑は1年で済んだにもかかわらず，お互い「自白」してしまっ

---

15)「囚人のジレンマ」の名づけ親は，アメリカ・カリフォルニア州にあるランド研究所 (RAND Corporation) の顧問をしていた数学者A. タッカー（Albert William Tucker,（米），1905年～1995年）であるといわれています．タッカーの経済学分野での業績には，様々な制約条件から最適な値を求める数学手法の線形計画法 (linier programing) や，条件付き最適化問題の必要十分条件（クーン＝タッカー条件）などがあります．線形計画法やクーン＝タッカー条件は，上級のミクロ経済学や数理経済学で学習します．ちなみに，プリンストン大学でのタッカーの教え子にJ. ナッシュがいます．ランド研究所は1946年にアメリカ陸軍航空部によって建設された研究所で，ゲーム理論の発展の中核を担いました．ランド研究所に関係する著名人としては，J. ノイマン，J. ナッシュの他，ゲーム理論を用いて紛争や協調に関して研究し2005年にノーベル経済学賞を受賞したT. シェリング（Thomas Schelling,（米），1921年～）がいます．

16) よりオリジナルな形に興味をもった読者は，Poundstone, W. (1993) 前掲邦訳書，pp. 154-158を参照してください．→cf.本書p.294脚注13．

た結果，2年の禁固刑を受けねばならなくなります．

囚人のジレンマは，利得行列を使って表すことができます．「禁固1年の刑」は−1の利得，「釈放」ならば0の利得とします．このとき利得行列は以下のようになります．

		容疑者Bの戦略	
		黙秘	自白
容疑者Aの戦略	黙秘	(−1, −1)	(−3, 0)
	自白	(0, −3)	(−2, −2)

先の例にしたがって，各容疑者の選択する利得を囲んでみると，以下のようになります．容疑者Bが「黙秘」をとった場合，容疑者Aのとる利得は「自白」が0なのに対して，「黙秘」が−1ですから「自白」する方が望ましいですし，逆に容疑者Bが「自白」をとった場合，容疑者Aのとる利得は「自白」が−2，「黙秘」が−3ですから，この場合も容疑者Aは「自白」する方が望ましいことになります．つまり，容疑者Aにとって，「自白」することは支配戦略なのです．同様に容疑者Aが「黙秘」や「自白」をとった場合の容疑者Bの行動についても考えることができますが，この場合，容疑者Bにとっての支配戦略もまた「自白」ということになります[17]．お互いが「自白」を選択することによって得られる利得は(−2, −2)であり，これはナッシュ均衡になっています．

		容疑者Bの戦略	
		黙秘	自白
容疑者Aの戦略	黙秘	(−1, −1)	(−3, 0)
	自白	(0, −3)	(−2, −2)

---

17) 各自確かめてみてください．

ポイント・チェック　ナッシュ均衡と囚人のジレンマの特徴

❶ ナッシュ均衡とは，各プレーヤーが他のプレーヤーの行動を予測し，それに基づき利得を最大化する戦略を選択した場合，予測と結果が一致するような均衡
❷ 支配戦略とは，他のプレーヤーがどの戦略を選択しても，自らの利得が大きい戦略
❸ 支配戦略均衡とは，両プレーヤーの支配戦略によって得られる利得の組み合わせ
❹ 支配戦略均衡はナッシュ均衡だが，ナッシュ均衡は支配戦略均衡ではない
❺ ナッシュ均衡が支配戦略均衡でない状況を，両性の闘い（逢引のジレンマ）という
❻ 囚人のジレンマとは，ナッシュ均衡が1つだけ存在しても，パレート最適でないケース

COLUMN 7-❸　ジレンマの物語

社会現象にもなった**庵野秀明**（Hideaki Anno,（日），1960年〜）監督による『**新世紀エヴァンゲリオン**』（1995年〜1996年）には，**ヤマアラシのジレンマ**（Hedgehog's Dilemma）が登場します[18]。ヤマアラシのジレンマは，哲学者**ショーペンハウアー**（Arthur Schopenhauer,（独），1788年〜1860年）が1851年に著した随筆集, *Parerga und Paralipomena*（『付録と補遺（パレルガ・ウント・パラリポメナ）』）第2巻31章「比喩と寓話」第396節に出てくる以下のような寓話です．

> ある寒い冬の日に，ヤマアラシの一群がぴったりと身を寄せ合った．互いの温かみによって凍死から身を守るためである．しかし彼らはたちまち互いの針の存在に気づき，再び身を離した．暖を求める欲求が再び彼らを近づけると，後者の災難が繰り返される．その結果，彼らは両方の苦しみの間を行ったり来たりして引き裂かれ，とうとう最後に一番上手に互いを我慢し合えるほどほどの間隔が見つけ出されるまで，それは続いたのである．
> 秋山英男訳（1973）『ショーペンハウアー全集』第14巻（白水社）

ヤマアラシは,「寒さ」と,くっつけばお互いの針に「刺される」という2つの苦しみ——ジレンマに苛まれます.この話は精神分析学者,精神科医**S. フロイト**(Sigmund Freud,(オーストリア), 1856年～1939年)が,自身の著作「集団心理と自我分析」『フロイト全集17』(岩波書店)に用いて有名になりました.

　また,西アフリカ,ギニア湾に接するベナン共和国に住むポポ族には,古くからこんな「板ばさみ物語」があります[19].

> 　男が妻と母を伴って,川を渡っている.対岸にキリンが姿を現す.男が銃をとってキリンに狙いをつけると,キリンはこういった.
> 　「お前が撃てば母親が死ぬ.撃たなければ妻が死ぬ」
> 　この男はどうするべきなのだろう.

　古代ギリシアの哲学者**カルネアデス**(紀元前214年～紀元前129年)が考案したといわれる**カルネアデスの板**(Plank of Carneades)もジレンマのもたらす問題といえるでしょう.

> 　1隻の船が難破し,乗組員は全員海に投げ出された.1人の男が命からがら,一片の板切れにすがりついた.するとそこへもう1人,同じ板につかまろうとする者が現れた.しかし,2人がつかまれば板そのものが沈んでしまうと考えた男は,後から来た者を突き飛ばして水死させてしまった.
> 　この男は糾弾されるべきだろうか.

　アメリカの生物学者**G. ハーディン**(Garrett Hardin,(米), 1915年～2003年)[20]は,カルネアデスの板をさらに発展させ,以下のような**救命ボートの倫理**(lifeboat ethics)を例に挙げて,**南北問題**(North-South divide)[21]について考えました[22].

---

18) この話は第4話「雨,逃げ出した後」(EPISODE: 4 Hedgehog's Dilemma)に出てきます.厳密には英語でヤマアラシは "porcupine",ハリネズミが "hedgehog" です.
19) Poundstone, W. (1993) 前掲邦訳書,p.12より引用.
20) **コモンズの悲劇**(tragedy of commons)の提唱者でもあります.コモンズの悲劇については第8章で学習します.
21) 先進資本国と発展途上国の経済格差とその是正をめぐる問題.イギリスのロイド銀行会長**O. フランクス**(Oliver Shewell, Franks,(英), 1905年～1992年)が1959年に提唱しました.

> 60名定員の救命ボートにすでに50人乗っている．海に投げ出された人が100人いる場合，あなたはどのような選択をすればよいだろうか．
> 1. 全員を乗せる．ただし，船は沈没する．
> 2. 定員の未充足分（10人）だけ乗せる．
> 3. 良心に訴えて，海に投げ出された人のために救命ボートから何人かは降りてもらう
> 4. 安全を考え，海に投げ出された人全員を見殺しにする．

同様の問題は，たとえば，イギリスの女性哲学者 **P. フット**（Philippa Ruth Foot,（英），1920年〜2010年）の**トロッコ問題**（Trolley problem）にもみて取れます[23]．

> 制御不能のトロッコが猛スピードで走っている．このままでは前方で作業をしている5人が避ける間もなく轢き殺されてしまう．
> あなたは線路の分岐器のすぐ隣にいる．あなたがトロッコの進路を切り替えれば5人は確実に助かる．しかし切り替える先の路線でも1人が作業をしており，あなたが分岐を行えば，5人の代わりに1人がトロッコに轢かれて確実に死ぬ．
> あなたは分岐を行うべきだろうか．

こうしたジレンマの物語の多くが，「ある人を助けるためには，他の誰かを犠牲にしてもよいか」といった究極の選択になっており，それがさらに一層人々の関心を引き付けています．ジレンマの物語は，経済学，政治学，生物学，倫理学や哲学，その他様々な領域で事例として登場します．ゲーム理論はジレンマの物語を解決するための手段の1つとして注目を集めているのです．

---

22) Hardin, G. (1974), "Commentary: Living on a Lifeboat," *Bioscience*, Vol. 24, No. 10, pp. 561–568.
23) Foot, P. (1978), "The Problem of Abortion and the Doctrine of the Double Effect," in *Virtues and Vices*, Oxford: Basil Blackwell.

3 ゼロ・サム・ゲームと混合戦略

❶ ゼロ・サム・ゲーム

プレーヤーが2人で，その利得の合計がゼロになるゲームを2人ゼロ和ゲーム，または**2人ゼロ・サム・ゲーム**(two-person zero-sum game)とよびます．また，利得の合計が一定値になる場合，**2人定和ゲーム**(two-person constant-sum game)とよびます．利得行列がゼロ以外の一定値になる場合は，各プレーヤーの利得からその一定値を控除することによって，利得合計をゼロに再構成することができますから，ここではゼロ・サム・ゲームについて考えましょう．ゼロ・サム・ゲームにおいては，プレーヤーAの利得は，プレーヤーBの損失となります．したがって，利得行列を記述する場合には，どちらか一方のプレーヤーの利得だけを示せばよいことになります．プレーヤーAの利得行列は，たとえば，以下のように表すのが一般的です．

		プレーヤーBの戦略	
		戦略1	戦略2
プレーヤーAの戦略	戦略1	100	−50
	戦略2	120	−80

各行列が1つの数値，たとえば100とか−80といった数になっているので，面食らうかもしれませんが，プレーヤーAの利得はプレーヤーBの損失なので，これまでの表記でこれを記述すれば，

		プレーヤーBの戦略	
		戦略1	戦略2
プレーヤーAの戦略	戦略1	(100, −100)	(−50, 50)
	戦略2	(120, −120)	(−80, 80)

となります．これまで学習したように，各プレーヤーが選択する利得を囲むと，以下のようになります．

		プレーヤーBの戦略	
		戦略1	戦略2
プレーヤーA の戦略	戦略1	(100, −100)	(−50, 50)
	戦略2	(120, −120)	(−80, 80)

(−50, 50) がナッシュ均衡になっていることがわかります．

また，ゼロ・サム・ゲームを解く方法として，J. ノイマンによって考案された**ミニマックス原理**(mini-max principle)とよばれる手法があります．戦略を決定するにあたって自身の損失を最小化する行動を選択するという行動基準のことです．逆に相手側の（利得行列の背後にある）プレーヤーは**マクシミン原理**(max-min principle)を採用します．ミニマックス値とマクシミン値が一致するとき，その値はナッシュ均衡となります．

たとえば，この表では，プレーヤーAが戦略1をとるときの利得の最小値は−50，戦略2をとるときの利得の最小値は−80です．最小値−50と最小値−80を比べて，最も大きい値を選べばそれは−50です．プレーヤーAのミニマックス値は−50となります．

他方，（プレーヤーAからみた）プレーヤーBが戦略1をとるときの利得の最大値は120，戦略2をとるときの利得の最大値は−50です．最大値120と最小値−50を比べて，最も小さい値を選べばそれは−50です．プレーヤーBのマクシミン値も−50となり，この値がナッシュ均衡ということになります．

ポイント・チェック ゼロ・サム・ゲームの特徴

❶ 2人ゼロ・サム・ゲーム（2人ゼロ和ゲーム）とは，プレーヤーが2人で，その利得の合計がゼロになるゲーム
❷ 2人定和ゲームとは，プレーヤーが2人で，その利得の合計が一定値になるゲーム
❸ ゼロ・サム・ゲームを解く方法として，ミニマックス原理とマクシミン原理がある
❹ ミニマックス原理とは，戦略を決定するにあたって自身の損失を最小化する行動を選択するという行動基準
❺ マクシミン原理とは，相手プレーヤーがミニマックス原理を採ることを前提として，戦略の結果で最も利得の小さいどうしを比較してその中から最大利得

が可能な選択をする行動原理
❻ ミニマックス値とマキシミン値が一致するとき，ナッシュ均衡となる

COLUMN 7-❹　J. ノイマン

　1903年12月28日，ハンガリーのブダペストに生まれたJ. **ノイマン**のずば抜けた優秀さについての逸話は枚挙に暇がありません．6歳で父と古代ギリシア語の冗談を言い合い，電話帳を瞬時に暗唱することができたといいます．10歳になると，44巻からなる世界史全集を読み終え，現在と過去の出来事の類似点を指摘したり，政治戦略や軍事戦略理論と関連づけて論じたりもしたといいます[24]．ギムナジウム（中等教育機関）でのノイマンの成績は体育を除いてすべて「A」．その後，彼はハンガリーからドイツ，そしてアメリカへと活動の場を移していきます．

　1933年，ノイマンが30歳のとき，プリンストン高等研究所が開設されると，彼は最年少教授として迎えられました．当時のプリンストンには後にノーベル物理学賞を受賞するP. A. M. ディラック（Paul Adrien Maurice Dirac，（英），1902年〜1984年）やA. アインシュタイン（Albert Einstein，（米），1879年〜1955年）らがいました．そして忘れてはならないのが，1944年にJ. ノイマンとともに『**ゲームの理論と経済行動**』を著したO. モルゲンシュテルン（Oskar Morgenstern，（独），1902年〜1977年）との出会いです．この出会いがなければ，経済学に「ゲーム理論による静かな革命[25]」がもたらされることはなかったでしょう．

　1948年にRAND研究所が設立され，ノイマンはその顧問として数々の業績を上げています．彼は，数学，物理学，気象学，経済学などの分野において，先駆的な業績を上げました．中でも，「ノイマン型」といわれ，現代使われているコンピュータの構造に数学的な基礎を与えたことは，その後の社会に大きな影響を与えました．彼はIBMの顧問もしていました．

　ノイマンは核兵器開発にも関与していました．1930年代末から始まった**マンハッタン計画**[26]に参加し，原爆の実用化にも寄与しました．

　彼は，戦後の冷戦構造の中，こんな言葉を残しています．

---

24) Poundstone, W.（1993）前掲邦訳書，p.26を参照．
25) 神取道宏（1994）「ゲーム理論による経済学の静かな革命」岩井克人・伊藤元重編『現代の経済理論』（東京大学出版会）が参考になります．

> 「明日ソ連を爆撃しようというのなら，私は今日にしようというし，今日の5時だというのなら，どうして1時にしないのかと言いたい．」
>
> タカ派だった彼一流の表現ですが，先制攻撃が有利というゲーム理論を踏まえた言葉でもあります．

❷ 混合戦略

これまで説明してきたゲーム理論で，各プレーヤーは1つの戦略を選択すると考えてきました．このような場合の戦略を**純粋戦略ゲーム**(Pure strategy game)とよんでいます．これに対して，各プレーヤーがある一定の確率で戦略を選ぶというようなゲームを，**混合戦略ゲーム**(mixed strategy game)とよびます．

いま，プレーヤーAは，確率pで戦略S_1^Aを，確率$1-p$で戦略S_2^Aを選択します．また，プレーヤーBは，確率qで戦略S_1^Bを，確率$1-q$で戦略S_2^Bを選択します．ここでpもqも確率なので，ゼロと1の間の数をとることになります．混合戦略では各プレーヤーは戦略ではなく，確率を選択します．ここで，混合戦略での2人ゼロ・サム・ゲームを考えるために，以下の利得行列を例にとって考えてみましょう．

		プレーヤーBの戦略	
		戦略1(S_1^B)	戦略2(S_2^B)
プレーヤーAの戦略	戦略1(S_1^A)	5	3
	戦略2(S_2^A)	−10	12

プレーヤーAの期待利得を$E(A)$とすると，

$E(A) = pS_1^A + (1-p)S_2^A$

となります．S_1^Aが実現される期待値は，プレーヤーB視点でみれば，$S_1^A = q \times 5 +$

---

26) 原子爆弾の開発・製造のためにアメリカ，イギリス，カナダなどから研究者が総動員された計画です．この目的遂行のために1943年に設立されたロスアラモス国立研究所の初代所長は **J. オッペンハイマー** (J. Robert Oppenheimer, 米), 1904年〜1967年) です．J. オッペンハイマーは，1947年にプリンストン高等研究所の所長となりました．

図7-9

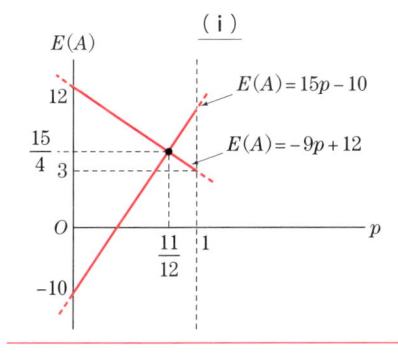

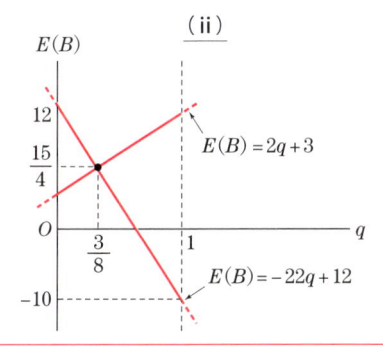

(ⅰ)

グラフ：縦軸 $E(A)$、横軸 p。$E(A)=15p-10$ と $E(A)=-9p+12$ の交点が $(11/12,\ 15/4)$。縦軸切片は 12 と -10、3 も表示。

(ⅱ)

グラフ：縦軸 $E(B)$、横軸 q。$E(B)=2q+3$ と $E(B)=-22q+12$ の交点が $(3/8,\ 15/4)$。縦軸切片は 12 と -10。

$(1-q)\times 3$ ですし，S_2^A が実現される期待値は，$S_2^A = q\times(-10)+(1-q)\times 12$ なので，

$$E(A) = p[q\times 5 + (1-q)\times 3] + (1-p)[q\times(-10) + (1-q)\times 12]$$
$$= p(2q+3) + (1-p)(-22q+12)$$

です．これは，$q=0$ のとき $E(A)=-9p+12$，$q=1$ のとき $E(A)=15p-10$ となるので，これを図示したものは，図7-9(ⅰ)に描かれています．その交点は $p=11/12$ となります．このとき，$E(A)=15/4$ となります．

同様に，プレーヤー B の期待利得 $E(B)$ を求めると，

$$E(B) = qS_1^B + (1-q)S_2^B$$
$$= q[p\times 5 + (1-p)\times(-10)] + (1-q)[p\times 3 + (1-p)\times 12]$$
$$= q(15p-10) + (1-q)(-9p+12)$$

$p=0$ のとき $E(B)=-22q+12$，$p=1$ のとき $E(B)=2q+3$ となるので，これを図示したものは，図7-9(ⅱ)に描かれています．その交点は $q=3/8$ となります．このとき，$E(B)=15/4$ となります．プレーヤー A の期待利得 $E(A)$ とプレーヤー B の期待利得 $E(B)$ が，ともに $E(A)=E(B)=15/4$ と一致しました．このとき，確率の組み合わせ $(p,q)=(11/12,\ 3/8)$ をナッシュ均衡といいます．

ポイント・チェック 混合戦略の特徴

❶ 純粋戦略ゲームとは，各プレーヤーは1つの戦略を選択すると考えるゲーム
❷ 混合戦略ゲームとは，各プレーヤーが一定の確率で戦略を選ぶゲーム

COLUMN 7-❺ エスパーは有利？

　「チキン・ゲーム」という度胸試しをご存知でしょうか．2人がそれぞれ相手の車と真正面から衝突するように車を走らせるという命がけのゲームです[27]．相手は，猛スピードで自分に向かってきます．自分もまた同じ車で，同じ速さで相手の車に向かっていきます．度胸試しですから，最も望ましいのは，自分は避けずに相手が避けてくれることです．それによって相手がチキン（臆病者）となれば，自分にとって最高の結果となります．最悪の結果は，両者が避けない場合です．この場合，お互いの車は必ず衝突し，2人は死んでしまいます．

　最善と最悪の結果の間には，両者がお互いに避けるという状況があります．この場合，少なくとも死ぬという最悪の状況は回避できますし，チキンと罵られることも回避できます．チキン・ゲームでは，死にたくないのであれば，お互いの最終的な戦略は「避ける」ということになります．

　ここで，皆さんがチキン・レースを行うとしましょう．しかし，その相手に選ばれた相手が，皆さんの行動を完璧に予測できるエスパーだったとしたらどうでしょうか．皆さんは「こちらの手の内が読まれているのだから，勝負するまでもなくこちらの負けじゃないか！」と思うかもしれません．しかし，ちょっと考えると，エスパー相手に皆さんが負けることは決してないことに気が付くはずです．あなたが取るべき唯一の戦略は「避けない」という戦略です．相手は，避けてチキンの汚名を被るか，避けないで死ぬしかないからです．相手は，死にたくなければ避けるしかありません．よって，全知のエスパーは不利になるのです．

　すべて知っていると不利になる——全知の逆説は，国際政治の分野では，諜報（スパイ）活動の価値にも疑問を投げかけました．諜報活動によって相手の国の情報がわかってしまうことが，かえって（諜報活動をしている）自国の不利につながる可能性が理論的に示されたからです．

---

27) このコラムの内容はPoundstone, W. (1988)*Labyrinths of Reason: Paradox, Puzzles, and the Frailty of Knowledge*, Anchor（邦訳：松浦俊輔 (2004)『パラドックス大全——世にも不思議な逆説パズル』青土社）．邦訳書，p.351を援用しています．

内容を理解しているかな？

問題に答えられたらYES！ わからなければNO！

1 複占市場

Q1. 複占市場とは何か説明しなさい
Q2. 複占市場の理論を2つ挙げなさい

↓No

ポイント・チェック 複占市場の特徴
- □①複占市場とは，2社からなる市場で，互いにライバル社の行動を考慮して行動する
- □②複占市場の理論として，クールノー・モデルとベルトラン・モデルがある

Yes↓　　　　　　　　　　　　　　　No ········→ 本文 p.269 へ戻れ

1 クールノー・モデル

Q1. クールノー・モデルとは何か説明せよ
Q2. クールノー・モデルにおける反応関数とは何か説明せよ
Q3. クールノー＝ナッシュ均衡とは何か説明せよ
Q4. クールノー・モデルでの等利潤曲線とは何か説明せよ

↓No

ポイント・チェック クールノー・モデルの特徴
- □①クールノー・モデルとは，企業が相互に相手の生産量を所与として行動するという仮定を置いて，複占市場を分析するモデル
- □②クールノー・モデルにおいての反応関数とは，ライバル社の生産量を所与として自らの利潤を最大化することで求めることができる
- □③クールノー＝ナッシュ均衡とは，相手企業の生産量によってもはや自らの生産量を変更する要因が存在しないような均衡のことで，2社の反応関数の交点
- □④等利潤曲線とは，ある一定の利潤を実現するような2財の生産量の組み合わせ
- □⑤等利潤曲線の特徴
  - （ⅰ）頂点を反応関数上にもつ
  - （ⅱ）横軸の生産量をもつ企業は下にいくほど高い利潤に対応し，縦軸の生産量をもつ企業は左にいくほど高い利潤に対応している
- □⑥クールノー・ナッシュ均衡では，両社の等利潤曲線が交わっている

Yes↓　　　　　　　　　　　　　　　No ········→ 本文 p.270 へ戻れ

【2 ベルトラン・モデル】へ進め！

第7章 不完全競争市場2　313

2 ベルトラン・モデル

Q1. ベルトラン・モデルとは何か説明しなさい
Q2. ベルトラン・モデルにおける反応関数とは何か説明せよ
Q3. ベルトラン＝ナッシュ均衡とは何か説明せよ
Q4. ベルトラン・モデルでの等利潤曲線とは何か説明せよ

↓ No

ポイント・チェック　ベルトラン・モデルの特徴
- □① ベルトラン・モデルとは，企業が相互に相手の価格を所与として行動するという仮定を置いて，複占市場を分析するモデル
- □② ベルトラン・モデルにおいての反応関数とは，ライバル社の価格を所与として自らの利潤を最大化することで求めることができる
- □③ ベルトラン＝ナッシュ均衡とは，相手企業の価格によってもはや自らの価格を変更する要因が存在しないような均衡のことで，2社の反応関数の交点
- □④ 等利潤曲線とは，ある一定の利潤を実現するような2財の価格の組み合わせ
- □⑤ 等利潤曲線の特徴
  - （ⅰ）頂点を反応関数上にもつ
  - （ⅱ）横軸の価格をもつ企業は上にいくほど高い利潤に対応し，縦軸の価格をもつ企業は右にいくほど高い利潤に対応している
- □⑥ ベルトラン・ナッシュ均衡では，両社の等利潤曲線が交わっている

Yes ←　　　　　　　　No ……→ 本文 p.280 へ戻れ

3 シュタッケルベルグの不均衡

Q. シュタッケルベルグの不均衡とは何か説明しなさい

↓ No

ポイント・チェック　シュタッケルベルグの不均衡の特徴
- □① シュタッケルベルグ・モデルでは，ライバル社が追随者であることを既知として自らが先導者となって利潤を最大化するような生産量を決定する
- □② シュタッケルベルグの不均衡（ボーリー的複占）とは，両社が先導者になろうと行動したために，供給量が増加して利潤が減少してしまう状態

Yes ←　　　　　　　　No ……→ 本文 p.284 へ戻れ

【2 ゲーム理論とナッシュ均衡】へ進め！

2 ゲーム理論とナッシュ均衡

Q1. ゲーム理論とは何か説明しなさい
Q2. 非協力ゲームと協力ゲームとは何か説明しなさい

ポイント・チェック ゲーム理論とナッシュ均衡
- □① ゲーム理論とは、お互いに影響を与え合う複数の主体の間で生じる相互関係について研究する分野
- □② ゲーム理論は、非協力ゲームと協力ゲームの2つに分けることができる
- □③ 非協力ゲームとは、意思決定者が提携しないゲーム
- □④ 協力ゲームとは、複数の意思決定者の間で提携が可能なゲーム

No → 本文p.293へ戻れ

1 利得行列とゲーム・ツリー

Q1. ゲーム理論におけるプレーヤーとは何か説明しなさい
Q2. ゲーム理論の流れを示しなさい
Q3. 利得を簡便に表す方法を示しなさい
Q4. 展開型ゲームと標準型ゲームについて説明しなさい

ポイント・チェック 利得行列とゲーム・ツリー
- □① ゲーム理論では、経済主体をプレーヤーとよぶ
- □② プレーヤーは、複数の選択肢(戦略)の中から1つ(一通り)の組み合わせを選ぶ
- □③ 戦略から得られる結果を利得(ペイオフ)という
- □④ 利得を簡便に表す方法として、利得行列(ペイオフ・マトリクス)とゲームの木(ゲーム・ツリー)がある
- □⑤ 展開型ゲームとは、プレーヤーの行動の順序が異なるゲームで、ゲーム・ツリーを使って記述するのに向いている
- □⑥ 標準型ゲーム(戦略型ゲーム)とは、利得行列をもって表されるゲーム

No → 本文p.295へ戻れ

【2 ナッシュ均衡と囚人のジレンマ】へ進め！

2 ナッシュ均衡と囚人のジレンマ

Q1. ナッシュ均衡とは何か説明しなさい
Q2. 支配戦略とは何か説明しなさい
Q3. 支配戦略均衡とは何か説明しなさい
Q4. 両性の闘いとは何か説明しなさい
Q5. 囚人のジレンマとは何か説明しなさい

↓ No

ポイント・チェック ナッシュ均衡と囚人のジレンマの特徴
- □①ナッシュ均衡とは，各プレーヤーが他のプレーヤーの行動を予測し，それに基づき利得を最大化する戦略を選択した場合，予測と結果が一致するような均衡
- □②支配戦略とは，他のプレーヤーがどの戦略を選択しても，自らの利得が大きい戦略
- □③支配戦略均衡とは，両プレーヤーの支配戦略によって得られる利得の組み合わせ
- □④支配戦略均衡はナッシュ均衡だが，ナッシュ均衡は支配戦略均衡ではない
- □⑤ナッシュ均衡が支配戦略均衡でない状況を，両性の闘い（逢引のジレンマ）という
- □⑥囚人のジレンマとは，ナッシュ均衡が1つだけ存在しても，パレート最適でないケース

Yes / No → 本文 p.297 へ戻れ

3 ゼロ・サム・ゲームと混合戦略

❶ ゼロ・サム・ゲーム

Q1. 2人ゼロ・サム・ゲームとは何か説明せよ
Q2. 2人定和ゲームとは何か説明せよ
Q3. ミニマックス原理とマクシミン原理について説明せよ

↓ No

ポイント・チェック ゼロ・サム・ゲームの特徴
- □①2人ゼロ・サム・ゲーム（2人ゼロ和ゲーム）とは，プレーヤーが2人で，その利得の合計がゼロになるゲーム
- □②2人定和ゲームとは，プレーヤーが2人で，その利得の合計が一定値になるゲーム
- □③ゼロ・サム・ゲームを解く方法として，ミニマックス原理とマクシミン原理がある
- □④ミニマックス原理とは，戦略を決定するにあたって自身の損失を最小化する行動を選択するという行動基準
- □⑤マクシミン原理とは，相手プレーヤーがミニマックス原理を採ることを前提として，戦略の結果で最も利得の小さいどうしを比較してその中から最大利得が可能な選択をする行動原理
- □⑥ミニマックス値とマクシミン値が一致するとき，ナッシュ均衡となる

Yes / No → 本文 p.307 へ戻れ

【❷ 混合戦略】へ進め！

❷ 混合戦略

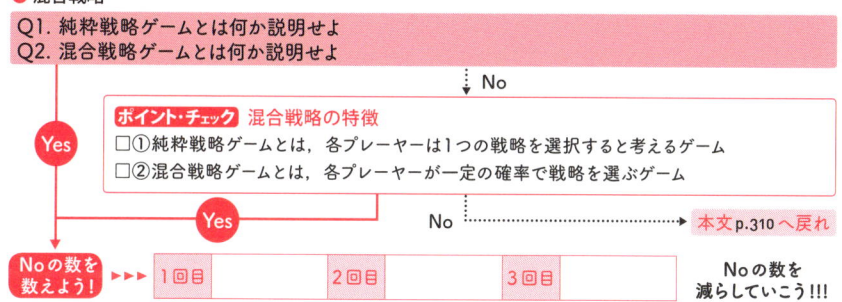

Q1. 純粋戦略ゲームとは何か説明せよ
Q2. 混合戦略ゲームとは何か説明せよ

ポイント・チェック 混合戦略の特徴
- □① 純粋戦略ゲームとは，各プレーヤーは1つの戦略を選択すると考えるゲーム
- □② 混合戦略ゲームとは，各プレーヤーが一定の確率で戦略を選ぶゲーム

→ 本文 p.310 へ戻れ

Noの数を数えよう！　▶▶▶　1回目　　2回目　　3回目　　Noの数を減らしていこう!!!

用語確認

おぼえたかな？

問題

1. 2社からなる市場を（　　）① といいます．（　　）① では，企業は互いにライバル社の行動を考慮して行動します．このため，プライス・テイカーを前提とした完全競争市場や，独占市場とは異なった結論を得ることができます．複占市場については，

　(1) ライバル社の（　　）② を所与として自社の（　　）② を決定するクールノー・モデルと

　(2) ライバル社の（　　）③ を所与として自社の（　　）③ を決定するベルトラン・モデルが有名です．

　クールノー・モデルにおいて両社が，相手企業の生産量によってもはや自らの生産量を変更する誘因が存在しないような均衡を，（　　）④，または（　　）⑤ とよびます．

　ベルトラン・モデルにおいて両者が，相手企業の価格によってもはや自らの価格を変更する誘因が存在しないような均衡を，（　　）⑥，または（　　）⑦ とよびます．

　クールノー・モデル（ベルトラン・モデル）では，「両社が互いに相手の生産量（価格）をみて自社の利潤を最大化するような生産量（価格）を決定する」ことが仮定されていました．これは両社がともに，（　　）⑧ として行動していると言い換えることもできます．一方，新たな行動様式として，「ライバル社が追随者であることを既知として自社の利潤を最大化するような生産量を決定する」企業を，（　　）⑨ とよびます．

　このように一方が（　　）⑧，もう一方が（　　）⑨ として行動した際の均衡を，シュタッケルベルグ均衡とよ

解答

❶ 複占市場

❷ 生産量

❸ 価格

❹ クールノー均衡（❺と順不同）

❺ クールノー＝ナッシュ均衡（❹と順不同）

❻ ベルトラン均衡（❼と順不同）

❼ ベルトラン＝ナッシュ均衡（❻と順不同）

❽ 追随者

❾ 先導者

chapter 7 Imperfect Competition Market II

びます．また両社がともに（　　）⑨となった場合のシュタッケルベルグ均衡は（　　）⑩または，（　　）⑪ともよびます．

⑩ シュタッケルベルグの不均衡（⑪と順不同）

⑪ ボーリー的複占（⑩と順不同）

2.自らの行動が，あるいは相手の行動が，それぞれの行動にどのような影響を与えるのか，意思決定のもたらす行動変化について学習してきました．こうしたお互いに影響を与え合う複数の主体の間の関係について研究する分野を，（　　）⑫といいます．この分野では，参加する意思決定主体を（　　）⑬とよびます．（　　）⑬は，複数の選択肢の中から一つ，または一通りの組み合わせを選びます．その選択肢を（　　）⑭とよびます．そして，その戦略から得られる結果を（　　）⑮，または（　　）⑯といいます．

これを簡潔に表す方法として，表を用いる（　　）⑰と，（　　）⑱を用いる方法が一般的です．

各プレーヤーが他のプレーヤーの行動を予想し，それに基づき利得を最大化する戦略を選択した場合，予想と結果が一致するような均衡を（　　）⑲とよびます．しかし（　　）⑲が1つだけ存在しても，それがパレート最適でないケースを（　　）⑳とよびます．

⑫ ゲーム理論
⑬ プレーヤー

⑭ 戦略
⑮ 利得（⑯と順不同）
⑯ ペイオフ（⑮と順不同）
⑰ 利得行列（ペイオフ・マトリクス）
⑱ ゲーム・ツリー
⑲ ナッシュ均衡
⑳ 囚人のジレンマ

		プレーヤーBの戦略	
		戦略1	戦略2
プレーヤーAの戦略	戦略1	(5, 1)	(3, 0)
	戦略2	(2, 6)	(1, 4)

上の図の(5, 1)という利得の組み合わせは，プレーヤーAが戦略1を，プレーヤーBも戦略1を選択したとき

に得られる利得を表しています．5と1の両方の利得が囲まれていることからもわかるように，この戦略の組み合わせはプレーヤーAとプレーヤーBの（　　）㉑によって得られる利得の組み合わせです．これを（　　）㉒といいます．

㉑ 支配戦略
㉒ 支配戦略均衡

　プレーヤーが2人で，その利得の合計がゼロになるゲームを（　　）㉓，各プレーヤーは1つの戦略を選択すると考えるゲームを（　　）㉔，各プレーヤーがある一定の確率で戦略を選ぶというようなゲームを，（　　）㉕とよびます．

㉓ 2人ゼロ・サム・ゲーム
㉔ 純粋戦略ゲーム
㉕ 混合戦略ゲーム

問題演習

1 複占市場 ★★★ (国Ⅱ 1999 改題)

同じ財を生産する企業1，企業2から成る複占市場において，Xの需要関数が，

$P = 18 - Q$

また，総費用関数は企業1，企業2ともに

$TC_i = 6Q_i \quad (i = 1, 2)$

で示されるとする．このとき，この複占市場におけるクールノー均衡解を求めよ．

	企業1	企業2
1.	3	2
2.	3	3
3.	3	4
4.	4	4
5.	4	3

▶ 解法の糸口

手順	解き方
❶	市場の需給均衡条件を求める．
❷	需要関数に❶で求めた生産量を代入する．
❸	$\pi = P \times Q - TC$で各企業の利潤関数を求める．
❹	❸で求めた利潤を微分してゼロと置き，最大化して反応関数を求める．
❺	❹で求めた企業1，企業2の反応関数を連立させて解き，クールノー均衡解を求める．

▶**解答** 4

▶**解説**
解法の糸口に従って解いてみよう．

❶ 市場が2社から構成されるため，市場の需給均衡条件は，
$$Q = Q_1 + Q_2$$
となります．

❷ 需要関数に❶で求めた生産量を代入すると
$$P = 18 - (Q_1 + Q_2)$$
となります．

❸ 各企業の利潤は $\pi_i = P \times Q - TC_i$ で表されるため，各企業の利潤関数は
$$\begin{cases} \pi_1 = [18 - (Q_1 + Q_2)] \times Q_1 - 6Q_1 = 18Q_2 - Q_1^2 - Q_2Q_1 - 6Q_1 \\ \pi_2 = [18 - (Q_1 + Q_2)] \times Q_2 - 6Q_2 = 18Q_2 - Q_1Q_2 - Q_2^2 - 6Q_2 \end{cases}$$
となります．

❹ 各企業の利潤関数を各企業の生産量で微分してゼロと置くことで最大化し，反応関数を求めます．
$$\begin{cases} \dfrac{\partial \pi_1}{\partial Q_1} = 18 - 2Q_1 - Q_2 - 6 = 0 \\ \dfrac{\partial \pi_2}{\partial Q_2} = 18 - Q_1 - 2Q_2 - 6 = 0 \end{cases}$$
上の式を整理すると
$$\begin{cases} 2Q_1 + Q_2 = 12 \cdots\cdots (1) \\ Q_1 + 2Q_2 = 12 \cdots\cdots (2) \end{cases}$$

❺ これらを連立して解くことでクールノー均衡解を求めます．$(1) \times 2 - (2)$ から，
$$3Q_1 = 12$$
$$Q_1 = 4$$

を得ます．また，$Q_1 = 4$ を (1) に代入すると，

$8 + Q_2 = 12$

$Q_2 = 4$

これによりクールノー均衡解が $E(Q_1, Q_2) = (4, 4)$ と求まります．よって正解は選択肢4となります．

なお，図示すると下図となります．

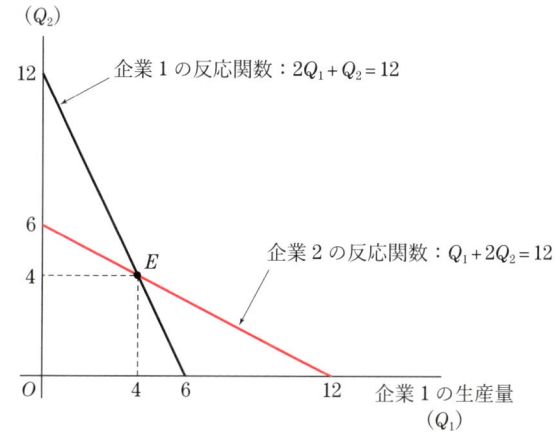

企業2の生産量 (Q_2)

企業1の反応関数：$2Q_1 + Q_2 = 12$

企業2の反応関数：$Q_1 + 2Q_2 = 12$

企業1の生産量 (Q_1)

2 ゲーム理論 ★★ (都Ⅰ 2004 改題)

次の表は，ある企業A，企業Bからなる複占市場において，各企業が3種類の戦略をもつときの利得行列である．表の（ ）内の数字は，左側が企業A，右側が企業Bの利得である．このとき，企業A，企業Bはともに当該表を所持するが，お互いに強調せず，それぞれ独立にあいての戦略を読み合いながら，両企業がゲーム理論に基づき戦略を選択すると仮定する．この場合，ナッシュ均衡となる戦略の組み合わせとして，妥当なのはどれか．

		企業B		
		戦略B_1	戦略B_2	戦略B_3
企業A	戦略A_1	(10, 70)	(30, 90)	(20, 60)
	戦略A_2	(50, 60)	(70, 40)	(20, 80)
	戦略A_3	(60, 80)	(50, 70)	(30, 90)

	企業A	企業B
1.	戦略A_1	戦略B_2
2.	戦略A_2	戦略B_1
3.	戦略A_2	戦略B_2
4.	戦略A_3	戦略B_1
5.	戦略A_3	戦略B_3

▶解法の糸口

- 利得行列の読み方を確認しよう．
- まず企業Bの戦略を固定して企業Aにとって最も利得が高い利得を□で囲みます．次に企業Aの戦略を固定して企業Bにとって最も利得が高い利得を□で囲みます．利得が2つとも□で囲まれた戦略の組み合わせが支配戦略均衡となります．

▶**解答**　5

▶**解説**

　ナッシュ均衡を探すためには，各企業が他の企業の行動を所与として自らの最適な戦略，つまり支配戦略をそれぞれ選びます．

　まず，企業Bの戦略を固定して，企業Aが支配戦略をとったときの利得を囲んでみましょう．▭で固定したことを表しています．

		企業B		
		戦略 B_1	戦略 B_2	戦略 B_3
企業A	戦略 A_1	(10, 70)	(30, 90)	(20, 60)
	戦略 A_2	(50, 60)	(70, 40)	(20, 80)
	戦略 A_3	(60, 80)	(50, 70)	(30, 90)

　次に，企業Bの戦略を固定して，企業Bが支配戦略をとったときの利得を囲んでみましょう．◯で固定したことを表しています．

		企業B		
		戦略 B_1	戦略 B_2	戦略 B_3
企業A	戦略 A_1	(10, 70)	(30, 90)	(20, 60)
	戦略 A_2	(50, 60)	(70, 40)	(20, 80)
	戦略 A_3	(60, 80)	(50, 70)	(30, 90)

最後にこれらを1つの利得行列にまとめます．

		企業B		
		戦略 B_1	戦略 B_2	戦略 B_3
企業A	戦略 A_1	(10, 70)	(30, <u>90</u>)	(20, 60)
	戦略 A_2	(50, 60)	(<u>70</u>, 40)	(20, <u>80</u>)
	戦略 A_3	(<u>60</u>, 80)	(50, 70)	(<u>30</u>, <u>90</u>)

利得が2つとも□で囲まれた戦略の組み合わせが支配戦略均衡です．支配戦略均衡はナッシュ均衡なので，正解は選択肢5となります．

Chapter 8: Market Failure and the Role of Government

第 8 章

市場の失敗と政府の役割

POINT

この章で学ぶ内容

❶ 外部効果

経済活動にプラスの影響を与える**外部経済**と，マイナスの影響を与える**外部不経済**，および外部不経済を解決する方法について学習します．

❷ 公共財

など**公共財**の特性（**非競合性，非排除性**），および公共財の最適供給条件について学習します．

❸ 情報の不完全性

経済主体間で情報量に偏りがある場合を**不完全情報**といいます．取引される財の (1)**性質に関する情報の非対称性**や，経済主体の (2)**行動に関する情報の非対称性**について学習します．

この章のポイント

❶ 外部性

私たちが経済活動を行うとき，その行動が市場を介さずに他の経済主体へ影響を与えることがあります．また逆に，他の経済主体の行動が，私たちの経済活動に影響を与えたりすることがあります．これを**外部効果**（**外部性**）とよびます．さらに経済活動にプラスの影響を与える外部性を**外部経済**，マイナスの影響を与える外部性を**外部不経済**とよびます．

外部不経済が発生すると，完全競争に比べて**社会的総余剰**が減少してしまうので，改善する方法として，以下のような解決方法が考えられます．

(1) ピグー税と補助金

ピグー税とは，**外部不経済**を発生させる企業に対して，自らの**私的限界費用**と**社会的限界費用**との乖離分の税金を課す方法です．**ピグー補助金**とは，企業が生産量を最適生産水準まで減少する損失分を補助金とし

て補塡する方法です．
(2) コースの定理
コースの定理とは**ピグー税**のように政策的な介入をせずとも，❶**外部経済を与える側と受ける側との交渉に取引費用がかからない**，❷**自発的な交渉が行われる**という２つの仮定の下では，権利の設定さえしっかり行っておけば，交渉により**パレート最適な資源配分**が達成されるというものです．

❷　公共財
(1) 公共財の性質
経済学でいう**公共財**は，**非競合性**と**非排除性**を兼ね備えた財と定義されます．**非競合性**とは同じ財・サービスを複数の消費者が同時に消費できるという性質，**非排除性**とはある財を消費している特定の消費者の消費を排除することが難しいという性質です．
(2) 公共財の最適供給
公共財の最適供給量は，公共財を供給したときに得られる**社会的総余剰**が最大となるような供給量として求めることができます．**公共財の最適供給条件**は，

公共財の社会的限界便益の和＝公共財供給の限界費用

で示され，このときの均衡を**リンダール均衡**とよびます．

❸　情報の不完全性
経済主体間で情報量に偏りがある場合を**不完全情報**といい，様々な経済問題が発生します．
(1) 性質に関する情報の非対称性
売り手と買い手の間に，財の**性質に関する情報の非対称性**が生じていると，質の良い財ではなく，質の悪い財だけが市場に出回ることがあり

ます．これを**アドバース・セレクション（逆選択）**とよびます．

(2) 行動に関する情報の非対称性

経済主体の行動に関する情報が開示されていないことから発生する問題を，**モラル・ハザード（道徳的危険）**とよびます．モラル・ハザードとは，お互いの行動が観察できないために，一方の経済主体が当初想定していた行動前提と異なる行動をとり，想定外の結果を生むことをさします．モラル・ハザードは，**行動に関する情報の非対称性**が生じているために発生します．

これが理解できれば合格

外部効果・ピグー税と補助金・コースの定理・公共財・フリーライダー・リンダール均衡・不完全情報・アドバース・セレクション（逆選択）・モラル・ハザード（道徳的危険）

POINT

フローチャート

市場の失敗 ← 市場メカニズムがうまく機能しないケース

- (1) **不完全競争**…………第6章, 第7章で学習
- (2) **外部効果**の存在……外部経済, 外部不経済の発生

  解決策
  - ・ピグー税
  - ・コースの定理

- (3) **公共財**の存在………非競合性, 非排除性をもつ財の存在
- (4) **情報の不完全性**……❶性質に関する情報の非対称性

    逆選択（アドバース・セレクション）

    ❷行動に関する情報の非対称性

    モラル・ハザード（道徳的危険）

■はじめに

　独占や複占市場は，完全競争市場に比べて経済厚生が悪化してしまうことを学習しました．すでに学習しましたように，完全競争市場では，安価な費用で効率的な資源配分が実現できます．しかし，市場が常にうまく機能する保証はありません．**市場の失敗**（market failure）とよばれる状況があるからです．市場の失敗には，以下の主な要因があります．

　　(1) **不完全競争**
　　(2) **外部効果**の存在
　　(3) **公共財**の存在
　　(4) **情報の不完全性**

このうち，(1) 不完全競争については第6章と第7章で学習しましたから，ここでは，(2) 外部効果，(3) 公共財，そして (4) 情報の不完全性について説明しましょう．

1 外部効果

　私たちが経済活動を行うとき，その行動が市場を介さずに他の経済主体へ影響を与えることがあります．また逆に，他の経済主体の行動が，私たちの経済活動に影響を与えたりすることがあります．これを**外部効果**とか**外部性**（Externality）といいます．

　養蜂園——ミツバチを飼ってハチミツを生産・販売している企業は，しばしば果樹園の近くにあります．養蜂園が果樹園の近くで操業するのは，そうでない場合に比べてミツバチがより多くのハチミツを集めやすく，より多くの収益をもたらすことになるからです[1]．こうしたプラスの外部性を**外部経済**（external economies）といいます．この場合，逆に，果樹園にとっても，ミツバチが受粉を促すので，外部経済があるといえます．

　また，同種の企業や産業が特定の地域に集中するいわゆる**産業集積**（agglomeration）が行われると，企業の平均費用が逓減することがしばしば観

測されます.原っぱにドーンと工場を建てても,機械設備の動力確保,部品調達や製品輸送のコストがかかります.このようなとき,たとえば,工業団地などが造成されると,同種の企業が集まることでコストが分散されるのです.このように「平均費用が逓減する」状況――これを**規模の経済性**(scale economy)といいます――が発生するケースを,**マーシャルの外部性**(Marshallian externalities)といいます.これも外部経済の一例です.

またこんな例も外部性の一例として挙げられます.中国の前漢(紀元前206年～8年)に編纂されたといわれる『列女伝』には,有名な「孟母三遷の教え」が出てきます[2].この話は勉強するにふさわしい環境を求めて転居を重ねた孟子の母の故事ですが,環境が教育にとって外部性を与えている好例といえましょう.皆さんも,自宅で勉強するよりも図書館に行った方が,勉強が進んだという経験をしたことがあるかもしれませんね.このように,外部経済は私たちの生活に多くみられる現象です.

もっとも,外部性は必ずしもプラスの影響を与えるものばかりではありません.心を癒すヒーリング・ミュージックはBGMとして生産性を改善するかもしれませんが,同じ「音」でも,暴走族のもたらす爆音や騒音は生産性を著しく悪化させるでしょう.経済活動にプラスの影響を与える外部経済に対し,マイナスの影響を与える外部性を**外部不経済**(external diseconomies)といいます.

外部性があると,社会全体での最適な資源配分は実現されません.そのことを,ここでは,外部不経済のケースを例にとって説明します.いま,ある企業

---

[1] この例はMeade, J. E. (1952) "External economies and diseconomies in a competitive situation," *Economic Journal*, Vol.62, No.245, pp.54–67に出てきます.**J. ミード**(James Edward Meade,(英),1907年～1995年)は,国際貿易に関する理論および資本移動に関する理論を開拓した業績が称えられ,**B. オリーン**(Bertil Gotthard Ohlin,(スウェーデン),1899年～1979年)とともに1977年にノーベル経済学賞を受賞しました.

[2] 劉向撰『列女伝』「母儀・鄒孟軻母」および『蒙求』「軻親断機」に「孟母三遷の教え」の記述があります.山崎純一訳注(1997)『列女伝』明治書院〈新編漢文選〉,上中下巻.孟子とその母は,孟子が子供のころ,墓場のそばに住んでいました.しかし,子供の孟子は葬式のまねばかりして遊んでいるので,これは住むところではないと母は判断して,市場近くに転居しました.ところが今度は孟子が商人のまねばかりするので,これも住むところではないと今度は学校のそばに転居しました.すると礼儀作法をまねるようになったので,これこそ教育に最適の場所だとして定住することになったという故事です.

が財を生産しており，生産と同時に汚水を排出しているとしましょう．その生産量をxで表すことにします．家計はこの財を消費することから**便益** (benefit)[3]を得ています．このとき，xを1単位消費することから得られる便益を，**限界便益** (Marginal Benefit; *MB*) といいます[4]．限界便益曲線は横軸にxをとった平面において右下がりに描くことができます．これは需要曲線と同じです．

他方，汚水を排出している企業の**私的限界費用曲線** (Private Marginal Cost curve; *PMC*) は右上がりに描くことができます．「私的」としたのは，「社会」全体で発生する費用と「私的」に負担する費用が異なっているためです．汚水を排出している企業が，その処理にかかるすべての費用を負担していなければ，社会がこれを負担することになります．**公害** (pollution) や**環境問題** (environmental problem) の多くは，社会全体で必要とされる費用負担を私企業が負担していない（ないしできない）場合に発生しています．

汚水を処理する（という社会にとって望ましい状況を作り出す）ための費用を社会全体で負担した場合の限界費用（供給曲線）を**社会的限界費用曲線** (Social Marginal Cost curve; *SMC*) といいます．公害などの外部不経済が発生している場合，社会的限界費用曲線が私的限界費用曲線の上方に位置します．図8-1です．

汚水排出に関して規制がない場合には，企業は限界便益と私的限界費用が一致するところで生産量を決定します．これは図のE点で表され，そのときの生産量はx_Aとなります．しかし社会的に望ましい状況は，限界便益と汚水処理を含む社会的限界費用が一致する点で，それは図のF点で表されます．そのときの生産量はx_Bです．外部不経済が発生していても，企業はそれを考慮せず

---

[3] 便益という用語が出てきましたが，ここではこれまで学習した効用と考えて差し障りありません．

[4] 便益を効用と考えれば，限界便益は以前に学習した限界効用と同じです．いま，効用関数を$u(x, y) = u(x) + y$とします．この形で表される効用関数を**準線形の効用関数** (quasi-linear utility functions) といいます．ただし，限界効用は正 ($u'(x) > 0$) で，逓減する ($u''(x) < 0$) ものとします．また，x財の価格をpとし，y財を**価値尺度財**（ニュメレール） (numéraire) とし，その価格を1とします．ニュメレールとは「貨幣」を表すフランス語です．所得をMとすると，このとき予算制約線は，$px + y = M$となります．効用最大化を行うと，$u'(x) = p$が求まります．したがって，限界効用（すなわち限界便益）曲線は，縦軸にp，横軸にxをとった平面では右下がりの曲線として表され，「限界便益曲線が需要曲線に等しい」ことがわかるはずです．

> **図8-1**

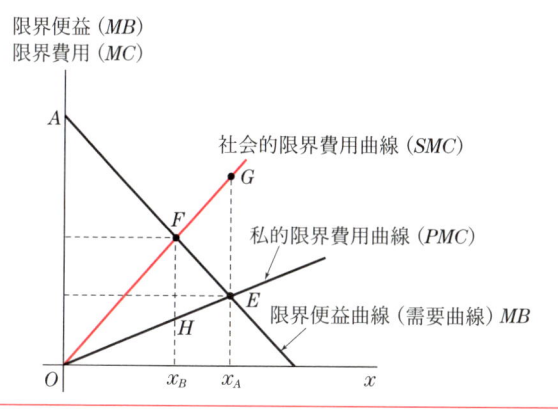

に利潤最大化を行うために，社会的に望ましい生産量よりも過剰に供給するようになります．

こうした状況は経済厚生の観点からも望ましいものではありません．たとえば，社会的に望ましい生産量x_Bが実現されている状況での社会的総余剰を考えてみましょう．このとき，

社会的便益 $= \int_O^{x_B} MB(x)\,dx =$ □AFx_BOの面積

社会的費用 $= \int_O^{x_B} SMC(x)\,dx =$ △Fx_BOの面積

なので，社会的総余剰（＝社会的便益－社会的費用）は，

社会的総余剰＝△AFOの面積

となります．これに対して，汚水を排出する企業が利潤を最大化した場合，生産量はx_Aとなりますので，社会的便益は，

社会的便益 $= \int_O^{x_A} MB(x)\,dx =$ □AEx_AOの面積

となり，社会的費用は，

社会的費用 $= \int_O^{x_A} SMC(x)\,dx =$ △Gx_AOの面積

なので，社会的総余剰は，

社会的総余剰＝□AEx_AOの面積 − △Gx_AOの面積
　　　　　＝△AFOの面積 − △GEFの面積

となります．つまり，外部不経済が発生した場合，完全競争に比べて△GEFの面積だけ社会的総余剰（経済厚生）が減少してしまうのです．

こうした外部不経済を改善する方法として，以下のような解決方法が考えられます．

ポイント・チェック　外部効果

❶ 外部性（外部効果）とは，自他ともに，その行動が市場を介さずに経済主体へ影響を与えること
❷ 外部経済＝プラスの外部性
　 外部不経済＝マイナスの外部性
❸ 産業集積とは，同種の企業や産業が特定の地域に集中すること
❹ 便益≒効用
　 限界便益≒限界効用
❺ 私的限界費用曲線＝私的に負担する限界費用曲線
　 社会的限界費用曲線＝社会全体で必要とされる費用を負担した場合の限界費用曲線
❻ 公害などの外部不経済が発生している場合，社会的限界費用曲線は私的限界費用曲線の上方に位置し，社会的総余剰は完全競争に比べて減少する

COLUMN 8-❶　恋愛の外部効果

「恋愛」をするということが外部性をもつことは日常生活の中でもしばしばみられることです．「受験勉強中に恋愛をすると男子だけが不合格になる」という都市伝説（?）から，「恋は盲目」（シェークスピア）といった名言に至るまで，「恋愛」が外部不経済を与える話は枚挙に暇がありません．

一方で，「恋は無学の人間に言葉を教える」（エウリピデス）ともいいますし，島耕作（弘兼憲史『課長島耕作』）は仕事に恋に大忙しです．恋愛が外部経済を与えることもまた数多くみられる現象といえるでしょう．

> **W. ゾンバルト**（Werner Sombart，（独），1863年〜1941年）は，『恋愛と贅沢と資本主義』において，資本主義の発生・発展が，恋愛や奢侈（贅沢）にあると論じました[5]．「恋愛も経済学の対象」と聞くと，何だか身近な感じがしてきますね．

1 ピグー税と補助金

直接的に数量規制を行う以外に，外部不経済を発生させる企業に税金を課す方法があります．これは考案した経済学者の名前をとって**ピグー税**（Pigovian tax）とよばれています[6]．

企業に対して，自らの私的限界費用と社会的限界費用との乖離分の税金を課します．

課税前，この企業が外部性を考慮しないで利潤を最大化した場合，図8-2の E 点で表され，そのときの生産量は x_A となっています．このときの社会的総余剰は，△AEO の面積となっています．この状況でピグー税（t）を課すと，それは私的限界費用と社会的限界費用との乖離分は図8-2の FH の大きさに相当します．ピグー税課税後の私的限界費用曲線は $PMC+t$ へとシフトします．

ピグー税を課すことによって生産量は x_B へと減少し，同時に外部不経済に伴う費用負担が解消します．消費者余剰と生産者余剰の合計は△AEO の面積から△AFI の面積へと減少します．x_B の数量に税金が課せられるので，**税収**（tax revenue）は□$IFHO$ の面積で表されます．したがって，課税後の社会的総余剰は□$AFHO$ となります．課税前後で社会的総余剰の変化をみると，課税後に△FEH の死重的損失が発生していることがわかります．

このように，外部不経済を発生させている企業に対して，その解消を目的と

---

[5] Sombart, W.（1912）*Liebe, Luxus und Kapitalismus*,（邦訳：金森誠也（2000）『恋愛と贅沢と資本主義』講談社学術文庫）を参照ください．ゾンバルトの主張は，同年代の社会学者, **M. ヴェーバー**（Max Weber,（独），1864年〜1920年）が，資本主義の成立，発展の要因をプロテスタント的な禁欲と倫理にあるとしたのと対照的です．Weber, M.（1904）*Die protestantische Ethik und der 'Geist' des Kapitalismus*（邦訳：大塚久雄（1989）『プロテスタンティズムの倫理と資本主義の精神』岩波文庫）も，資本主義の成立を学習する上で必読の書です．

[6] Pigou, A. C.（1920）*The Economics of Welfare*, London Macmillan（邦訳：気賀健三他（1953–55）『厚生経済学』東洋経済新報社）に初出されました．

図8-2

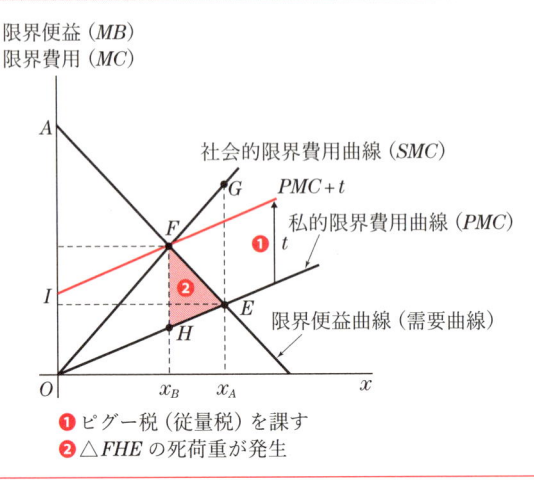

限界便益（MB）
限界費用（MC）

- 社会的限界費用曲線（SMC）
- $PMC+t$
- 私的限界費用曲線（PMC）
- 限界便益曲線（需要曲線）

❶ ピグー税（従量税）を課す
❷ △FHE の死荷重が発生

した費用を負担させることを，**外部性の内部化**（internalizing externalities）とあるいは"死重的損失"といいます．

ピグー税は，外部不経済をもたらす企業に対して，税を課すことによって生産量を削減する方法ですが，逆に，企業に補助金を与えることによって生産を減少してもらうことも考えられます．これを**ピグー補助金**（Pigovian subsidy）といいます．生産量を最適生産水準x_Bまで減少する対価が補助金総額となるわけですから，それは図8-2のFHの大きさに等しくなります．したがって，**ピグー税とピグー補助金は同じである**ことがわかります．

ピグー税（およびピグー補助金）の難点は（限界便益と社会的限界費用が一致する点で社会全体として最適な生産量が決まるとわかっていても），最適生産水準x_Bを外部から客観的に把握することが極めて難しいという点が挙げられます．

税金を払って外部不経済を容認してもらうか，それとも，外部不経済を削減する代わりに公的な補助金を受けるか，そのいずれにせよ同じ効果が得られるという発想の根底は，次に説明されるコースの定理によく似ています．

ポイント・チェック ピグー税と補助金

❶ ピグー税とは，外部不経済を発生させる企業に私的限界費用と社会的限界費用との乖離分を課す税金
❷ 外部性の内部化とは，外部不経済を発生させている企業に対して，その解消を目的とした費用を負担させること
❸ ピグー補助金とは，外部不経済を発生させる企業に生産量を削減させるために与える補助金のこと
❹ ピグー税とピグー補助金は，同じ効果を得ることができる

COLUMN 8-❷

Out of the darkness light!
（暗黒から光明を！）

ケンブリッジ大学におけるA. マーシャルの後継問題で，有力候補だったH. フォックスウェル（Herbert Somerton Foxwell, (英), 1849年～1936年）を退け，弱冠30歳で教授となったA. C. ピグー（Arthur Cecil Pigou, (英), 1877年～1959年）は，人間の幸福を最大化するような社会の実現に向けて探求し続けた経済学者でした．1920年に著した大著『厚生経済学』の中には，彼の経済学に対する考え方，想いが込められています．

「経済学者がやり遂げようと努力している複雑な分析は単なる鍛錬ではない．それは人間生活の改良の道具である．われわれを取りまく悲惨と汚穢，数百万のヨーロッパ人の家庭において消えなんとする希望の焔，一部裕福家族の有害な贅沢，多数の貧困家庭を蔽う恐るべき不安——これらのものは無視するにはあまりにも明白な害毒である．我々の学問が求める知識によってこれを制御することは可能である．暗黒から光明を！　この光明を探し求めることこそは，『政治経済学という陰惨科学[7]』が学問の訓練に直面する人々に向かって提供する仕事で

---

[7] 19世紀のイギリスを代表する歴史家・批評家であるT. カーライル（Thomas Carlyle, (英), 1795年～1881年）の言った言葉で "dismal science of political economy" の訳です．カーライルの時代に活躍した経済学者T. マルサス（Thomas Robert Malthus, (英), 1766年～1834年）に代表されるような悲観論的な経済学を揶揄した言葉とされています．T. マルサスは1798年に著した主著『人口論』において，「人口は幾何級数的に増加するが食料は算術級数的にしか増加せず，その結果，人口過剰や貧困が発生する」ことを述べました．

あり，この光明を発見することは，おそらくその褒賞である[8]．」

彼の視線は，常に人々の幸福の実現にのみ向いていました．

A. マーシャルの高弟であったA. C. ピグーには，弟弟子として **J. M. ケインズ**（John Maynard Keynes, (英)，1883年～1946年）がいます．ケインズはその後，市場メカニズムを重視するそれまでの経済学者たち――たとえば，A. マーシャル，Y. エッジワース，A. C. ピグーらを **古典派**（classical）とよび，政府の役割を重視する自らの立場と峻別しました．ピグーは最後の **古典派経済学者**（classical economist）ともいわれています．

A. C. ピグー

Wikimedia Commonsより

2 コースの定理

ピグーは外部性の解消のために，政府による課税や補助金政策が有効であると主張しましたが，シカゴ大学の **R. コース**（Ronald, H. Coase（英），1910年～）は，政策的な介入がなくても，いくつかの仮定の下では権利の設定さえしっかりと行っておけば，交渉によってパレート最適な資源配分が実現され，権利の設定は所得分配を変更するだけで資源配分には影響を与えないという **コースの定理**（Coase theorem）を提唱しました[9]．

いくつかの仮定とは，

❶ 外部経済を与える側と受ける側との **交渉**（bargaining）に **取引費用**（transaction cost）[10]がかからない．

---

8) Pigou前掲邦訳書，Ⅰ巻，p.61より引用．
9) Coase, R. H.（1960）"The Problem of Social Cost," *Journal of Law and Economics*, Vol.3, Oct., pp.1–44. この論文は宮沢健一・後藤晃・藤垣芳文訳（1992）『企業・市場・法』（東洋経済新報社，pp.111–178）にも収録されています．
10) 取引費用には（a）取引される財の価格などについての情報を収集するための **探索コスト**（search and information costs），（b）売買契約が成立するために必要な **交渉コスト**（bargaining costs），（c）契約を順守させるための **監督・強制コスト**（policing and enforcement costs）があります．

❷ 自発的な交渉が行われる．

というものです．

いささか抽象に過ぎるので，例を挙げて考えてみましょう．汚水を排出している企業が川上にあるとしましょう．これを企業Aとします．また，川下の企業Bはこの汚水によって外部不経済を被っています．この状況で上記の仮定が成立している場合，コースの定理のいわんとすることは，

(a) 汚水を排出している企業Aが，その生産活動に伴う汚水の排出を認めてもらう代わりに，企業Bに対して（外部不経済を受けた分だけ）補償を行うことと，

(b) 外部不経済に悩む企業Bが企業Aに対して，汚水の排出を制限してもらう代わりに，企業Bから企業Aに対して（生産活動を停止したために被る企業Aの損失分だけ）補償を行うこと

は，所得分配の変化をもたらすだけで，交渉の結果として外部不経済（ここでは汚水の量）には影響を与えないということになります．

コースの定理で重要な点は，ピグー税のように政府の力を借りなくとも，交渉によって最適な資源配分が実現できるという点です．

図8-3をみてください．企業Aの限界便益曲線（MB）が右下がりに描かれています．ここでいう企業Aの限界便益とは，企業の限界利潤とでもよべるものに相当します．企業Aは利潤 $\pi_A = px - C(x)$ を最大化します[11]．生産量xが増加するにつれてその利潤は増加しますが，最大利潤を与える生産量x_0を過ぎると費用が収入を上回って利潤が減少に転じます．つまり，生産量を1単位増加させたときの利潤――限界利潤は，生産量の増加とともに減少し，利潤が最大値をとるときに，限界利潤（限界便益）はゼロとなります．したがって，限界便益曲線は右下がりになり，かつ最大利潤を与える生産量x_0でゼロとなるのです．

R. コース

The University of Chicago Law Schoolより

---

[11] ただし，pは価格，$C(x)$は費用関数を表しています．詳しくは第4章を参照してください．

図8-3

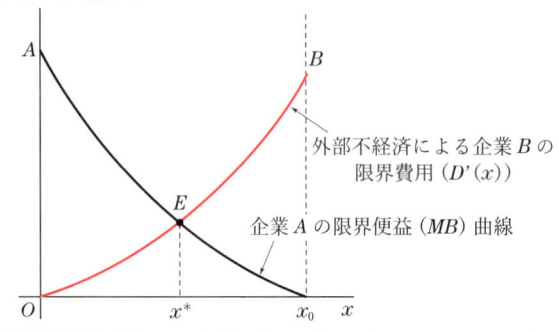

限界便益（限界利益）
外部不経済の限界費用

曲線上の点：A、B、E
横軸：O、x^*、x_0、x

外部不経済による企業Bの限界費用（$D'(x)$）

企業Aの限界便益（MB）曲線

また，企業Bは企業Aの汚水によって外部不経済を受けており，その被害を外部不経済による企業Bの費用$D(x)$と表すこととし，生産量xが増加するにつれて$D(x)$は逓増するとしましょう．すると，企業Bが被る外部性の限界費用$D'(x)$は右上がりの曲線として描かれます．

企業Aが生産活動を行うと同時に企業Bは外部不経済を受けるので，企業Bにとって望ましいのは，生産量ゼロの状況です．これは原点Oで表されます．このとき，企業Aの利潤は当然ゼロということになります．

しかし，ここで，企業Aが企業Bに対して交渉を行い，(a)汚水を排出している企業Aが，その生産活動に伴う汚水の排出を認めてもらう代わりに，企業Bに対して補償を行うことが認められれば，企業Aは利潤を上げることができます．仮に，企業Aが図8-3の生産量x^*で生産することが合意されれば，企業Aの利潤は，

$$\text{企業}A\text{の利潤} = \int_0^{x^*} MB(x)\,dx = □AEx^*O\text{の面積}$$

となり，企業Bの被る外部不経済費用は，

$$\text{企業}B\text{の外部不経済費用} = \int_0^{x^*} D'(x)\,dx = △OEx^*\text{の面積}$$

となります．したがって，社会的総余剰（＝企業Aの利潤－企業Bの外部不経済費用）として，

社会的総余剰＝△AEOの面積

を企業Aと企業Bは受け取ることができます．この社会的余剰をどのように「分配」するかは，生産水準xをどのレベルにするかという問題とは無関係です．社会的に最適な生産水準は，社会的総余剰（＝企業Aの利潤－企業Bの外部不経済費用）を最大化する生産量ですから，**企業Aの限界利潤（限界便益; MB）＝外部不経済による企業Bの限界費用**が成り立つx^*ということになります．この条件が満たされる生産量は，図8-3の点Eで表されています．

今度は逆に，外部不経済に悩む企業Bが企業Aに対して，汚水の排出を制限してもらう代わりに，企業Bから企業Aに対して補償を行う場合を考えてみましょう．企業Aにとって，外部性を考えなければ，最も望ましい生産量はx_0です．前述の通り，このとき，企業Aは自社の利潤が最大化されています．しかし，x_0の生産水準では，企業Bの外部不経済費用は，

企業Bの外部不経済費用 $= \int_O^{x_0} D'(x)\,dx =$ △OBx_0の面積

となってしまいます．そこで，もし企業Bが企業Aに対して交渉を行い，外部不経済に悩む企業Bが企業Aに対して，汚水の排出を制限してもらう代わりに，企業Bから企業Aに対して補償を行うことが合意されたとしましょう．企業Aが生産する水準をたとえば，図8-3の生産量x^*にしてもらうことが決まれば，企業Aの失われる利潤は，

企業Aの失われた利潤 $= \int_{x^*}^{x_0} MB(x)\,dx =$ △Ex^*x_0の面積

となります．これを企業Bが補償しても，企業Bの外部不経済費用と企業Aへの補償合計は，

企業Bの外部不経済費用＋企業Aへの補償額（企業Aの失われた利潤）

$= \int_O^{x^*} D'(x)\,dx + \int_{x^*}^{x_0} MB(x)\,dx =$ △OEx^*の面積＋△Ex^*x_0の面積

$=$ △OEx_0の面積

となります．

交渉前の外部不経済費用は△OBx_0の面積でしたから，交渉を通じて，企業Bは△OBx_0－△OEx_0＝△BEx_0の面積の得をすることになります．これをどの

ように「分配」するかという問題は，社会全体の最適な生産量x^*とは無関係です．

R. コースは，当事者間に取引費用がかからないとすれば——それは現実的にはなかなか厳しい条件ですが——交渉を通じて外部不経済が解消できることを説明したのです[12]．

> **ポイント・チェック** **コースの定理**
>
> コースの定理とは，外部経済を与える側と受ける側との交渉に取引費用がかからず，自発的な交渉が行える場合，権利の設定さえしっかりと行っておけば，交渉によってパレート最適な資源配分が実現され，権利の設定は所得分配を変更するだけで資源配分には影響はないという定理

2 公共財

1 公共財の性質

市場メカニズムがうまく働かない財に，**公共財**（common goods）とよばれるものがあります．公共財という名前から容易に想像がつくかもしれませんが，政府の供給する公園や橋，国防・警察，学校などの行政サービスなどは公共財の典型といえます．政府に関係しなくとも，公共財（サービス）とよばれるものはあります．たとえば，三平方の定理（ピタゴラスの定理）なども，広い意味では公共財といえます．公共財とよばれるものにはどのような特徴があるでしょうか．

結論からいってしまえば，経済学でいう公共財とは，**非競合性**（non-rivalry）と**非排除性**（non-excludability）を兼ね備えた財と定義されています．非競合性

---

[12] なお，ピグー税やコースの定理以外にも，外部不経済を解消する方法として，直接規制や排出権取引，合併などがあります．これらについては，ミクロ経済学や**公共経済学**（public economics），**環境経済学**（environmental economics）などで詳しく学習します．

とは，同じ財・サービスを複数の消費者が同時に消費できるという性質です．非競合性について理解するには，公共財に対する概念である**私的財**（private goods）——たとえばリンゴなど——を考えるとわかりやすいと思います．私的財であるリンゴを誰かが食べれば，必ず他の誰かの消費が減少します．つまり，私的財には競合性があるのです．これに対して，公共財は非競合性という性質をもっているために，公共財を誰かが消費したとしても，それによって他の人の消費が減少することはありません．言い換えれば，公共財は，追加的な費用なしに誰もが消費することができるのです．三平方の定理を利用しても，他の誰かがそれを利用できなくなることはありませんね．

　一方，非排除性とは，ある財を消費している特定の消費者の消費を排除することが難しいという性質です．たとえば，公共財である道路が開通すると，その対価を払わないで道路を利用する人を排除することはなかなかできません．もちろん，一部，高速道路のような形で利用者を制限することは可能ですが，すべての道路でこれを行うことは不可能です[13]．この性質ゆえに，対価を払わないで公共財を利用する**フリー・ライダー**（free rider）が発生しやすいという問題があります．

> **ポイント・チェック　公共財の性質**
> ❶ 公共財とは，市場メカニズムがうまく働かない財の1つで，非競合性と非排除性を兼ね備えた財
> ❷ 非競合性とは，同じ財・サービスを複数の消費者が同時に消費できるという性質
> ❸ 非排除性とは，ある財を消費している特定の消費者の消費を排除することが難しいという性質

---

13) 非競合性と非排除性を厳密に有する公共財を**純粋公共財**（pure public goods）といい，そのどちらか一方の性質をもつ財を**準公共財**（quasi-public goods）とよびます．たとえば，学校教育も，国や地方公共団体が行う義務教育は誰もが受けることができますが（非排除性をもっていますが），私立学校が行う教育などは対価を払わない人を排除することができます．その意味で，準公共財といえます．例に挙げた道路も厳密にいえば，（高速道路の例もあるので）準公共財です．現実的には純粋公共財は，国防，司法，行政，土木など，ごく一部といえます．

2 公共財の最適供給

公共財の供給量はどのように決定されるのでしょうか.ここでは部分均衡分析と一般均衡分析を用いて説明してみましょう.

❶ 公共財のみの部分均衡分析

公共財の最適供給量は,公共財を供給したときに得られる社会的総余剰が最大となるような供給量として求めることができます.いま,説明のためにAさんとBさんが公共財を需要する状況を考えてみましょう.社会的総余剰は,

　　社会的総余剰＝社会的便益－社会的費用
　　　　　　　＝公共財から得られる(AさんとBさんの)便益－公共財供給の費用

です.この社会的総余剰を最大化する条件は,

　　公共財の社会的限界便益＝公共財供給の限界費用

で表すことができます[14].

ところで,公共財は,その性質の1つである非競合性から,消費者は均等消費することができます.公共財である道路をAさんが使用しても,Bさんがこれを使用できないことはありませんね.このため,Aさんの公共財需要量をx^A,Bさんの公共財需要量をx^Bとすると,公共財の需要量x_0は,

　　$x^A = x^B = x_0$

となります.これを公共財の**等量消費**(equivalent consumption)といいます.しかし,両者の選好が異なれば,公共財から得られる便益は異なり,両者の限界便益(MB)も異なってきます.図8-4にはAさんの限界便益(MB^A)とBさんの限界便益(MB^B)が描かれています.図では説明のため直線で表されています.

AさんとBさんが公共財をx_0だけ消費したとき,その消費量によって得られる限界便益は,Aさんの限界便益がMB_0^A,Bさんの限界便益がMB_0^Bとなります.社会的限界便益はこの両者の限界便益の垂直和になりますので[15],

　　公共財の社会的限界便益＝$MB_0^A + MB_0^B$

---

14) 便益,費用とも,公共財の数量の関数となっていますから,社会的総余剰を数量で微分してゼロと置けば,限界便益＝限界費用の関係が得られます.

図8-4

限界便益 (MB)
限界費用 (MC)
価格 (p)

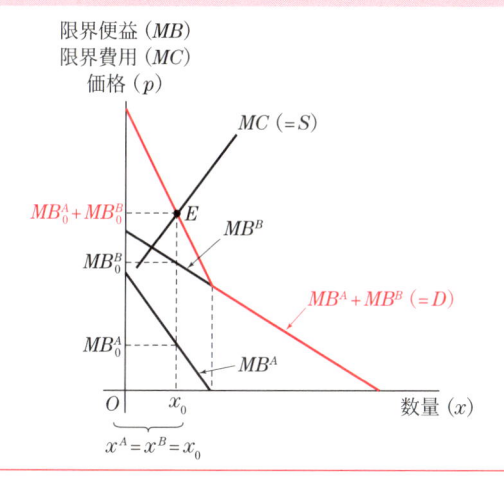

[図: 縦軸に限界便益・限界費用・価格、横軸に数量 (x) をとる。$MC(=S)$ 曲線、MB^A、MB^B 曲線、および $MB^A+MB^B(=D)$ 曲線が描かれ、点 E で $MB_0^A+MB_0^B$ と MC が交わる。そのときの供給量は $x^A=x^B=x_0$]

となり、屈折した右下がりの直線を得ることができます。これは公共財の需要曲線 (D) に他なりません。

また、公共財の供給曲線 (S) は限界費用 (MC) に等しく、これを

公共財供給の限界費用 $=MC$

と表すと、社会的総余剰最大化条件は、

$$MB_0^A+MB_0^B=MC$$

となります。つまり、最適な公共財供給量は、

公共財の社会的限界便益の和＝公共財供給の限界費用

を満たすように決定されるということになります。これは図8-4の点 E で表されます。そしてこのときの最適な公共財供給量は $x=x_0$ となっています。点 E は**リンダール均衡** (Lindahl equilibrium) とよばれ、$MB_0^A+MB_0^B=MC$ を満たすような公共財の供給方式を**リンダール・メカニズム** (Lindahl mechanism) といいます[16]。

---

15) 私的財の需要量がその水平和 x^A+x^B であったことを思い出してください。忘れてしまった人は、第2章を参照ください。

16) E. リンダール (Erik Robert Lindahl, (スウェーデン), 1891年〜1960年) は公共財の最適供給のための課税について研究を行った経済学者です。その代表的な論文として、Lindahl, E. (1919) "Positive Lösung, Die Gerechtigkeit der Besteuerung," translated as "Just taxation - a positive solution," in R. A. Musgrave and A. T. Peacock eds. (1958) *Classics in the Theory of Public Finance*, Macmillan, London があります。

図8-5

限界便益（MB）
限界費用（MC）
価格（p）

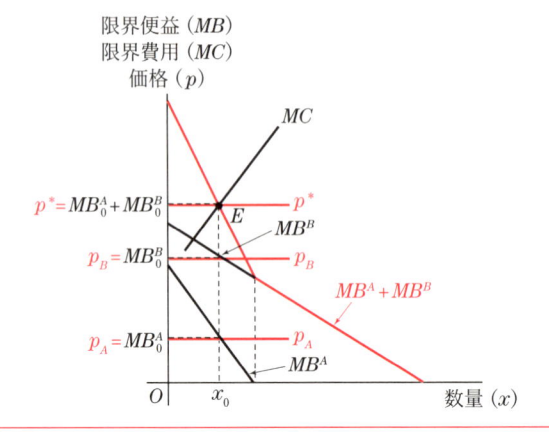

$p^* = MB_0^A + MB_0^B$
MC
E
MB^B
$p_B = MB_0^B$
p_B
$MB^A + MB^B$
$p_A = MB_0^A$
p_A
MB^A
O　x_0　数量（x）

　しかし，この点Eを市場メカニズムによって実現することは難しいといえます．図8-5をみてください．Bさんは，x_0の公共財に対してp_Bだけの支払いをする用意がありますが，Aさんはp_Aだけの支払いしかしません．BさんはAさんよりも高い価格を支払うことを潔しとはしません．一物一価の法則が成立していないために，市場には**フリー・ライダー**（free rider；ただ乗り）が発生してしまうのです．

ポイント・チェック　公共財のみの部分均衡分析

❶ 公共財の最適供給量は，公共財を供給したときに得られる社会的総余剰が最大となるような供給量
❷ 社会的総余剰＝社会的便益－社会的費用
　　　　　　　＝公共財から得られる便益－公共財供給の費用
❸ 社会的総余剰を最大化する条件は，
　公共財の社会的限界便益＝公共財供給の限界費用
❹ 等量消費とは，消費者が均等消費できること
❺ リンダール均衡とは，公共財の社会的限界便益曲線と公共財供給の限界費用曲線の均衡点
❻ リンダール・メカニズムとは，公共財の社会的限界便益と公共財供給の限界費用が等しくなるような公共財の供給方式のこと

❷ 公共財と私的財の一般均衡分析

❶の説明では，公共財そのものの市場を考え，その供給量を求めました．一方P. サミュエルソンは，公共財と私的財のある経済モデルを考え，最適な公共財の供給量について考察しました[17]．

いま，AさんとBさんの公共財xと，それぞれの私的財y_Aとy_Bを消費する状況を考えてみましょう．公共財は，AさんとBさんともに等量消費なので，

$$x_A = x_B = x$$

です．一方，私的財については競合性があるので，

$$y_A + y_B = y$$

が成り立ちます．図8-6をみてください．上図にはYYで表される**生産可能性フロンティア**（Production Possibility Frontier; PPF）[18]とBさんの無差別曲線$u_B = \bar{u}_B$が描かれています．Bさんは公共財（x）と私的財（y）を消費することによって効用を得ていますから，その効用関数は，$u_B(x, y_B)$で表されています．Bさんが，その無差別曲線上の点（たとえばF点）で消費を行うと，Aさんに残された私的財（y_A）は$y_A = y - y_B$となります．この生産可能性フロンティアとBさんの無差別曲線との間にできた「差」をとったものが，下図に示されている「Aさんの消費可能集合」です．Aさんはこの集合上で自身の効用を最大化します．それは，Aさんの消費可能集合とAさんの無差別曲線が接する点Gで決定されます．このとき，Aさんは私的財をy_A^*消費し，公共財——これはAさんもBさんも等量消費しますが——をx^*消費します．Aさんの私的財と公共財の最適な組み合わせが決定されると，Bさんの私的財の最適消費量y_B^*も$y_B^* = y - y_A^*$として求めることができます．

点Eにおける生産可能性フロンティアの傾き（限界変形率; MRT）は，点GにおけるAさんの無差別曲線の傾き（Aさんの限界代替率; MRS_A）と点FにおけるBさんの無差別曲線の傾き（Bさんの限界代替率; MRS_B）の和に等しくなっています[19]．

---

17) Samuelson, P. A. (1954) "The pure theory of public expenditure," *Review of Economics and Statistics*, vol.36, pp.387–389および，Samuelson, P. A. (1955) "Diagrammatic exposition of a theory of public expenditure," *Review of Economics and Statistics*, vol.37, pp.350–356.

18) 限りある資源をすべて用いて生産することのできる2財（この場合は私的財と公共財）の組み合わせを示した曲線です．

図8-6

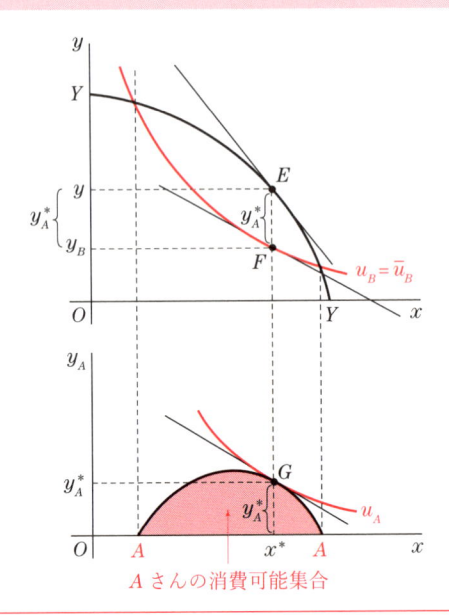

つまり，$MRS_A + MRS_B = MRT$ が成り立つように，公共財が供給されます．以上のことから，一般均衡における最適な公共財供給量は，

各人の限界代替率の和＝限界変形率

という条件を満たすように供給されることになります．

> **ポイント・チェック 公共財と私的財の一般均衡分析**
>
> 公共財の最適供給量は，各人の限界代替率の和と限界変形率が等しくなるような供給量

---

19) 厳密には制約付き最大化問題を解くことによって求めることができます．これについてわかりやすく解説したものに，たとえば，Binger, B. R. and Hoffman, E. (1987) *Microeconomics With Calculus*, Scott Foresman & Co.（邦訳：木村憲二（1993）『ミクロ経済学（上・下）』マグロウヒル出版）などがあります．

COLUMN 8-❸ P. サミュエルソン

「静学的および動学的経済理論の発展に対する業績と、経済学における分析水準の向上に対する積極的貢献」が称えられ、1970年にノーベル経済学賞を受賞した**P. サミュエルソン**(Paul A. Samuelson, (米), 1915年～2009年)は、その授賞理由の漠然さからもわかるように、経済学の"Jack of all trades"(万能選手)であり、しかもそのすべてにおいて超一流の業績を残しました。守備範囲は、ミクロ経済学・マクロ経済学・国際貿易・国際金融などあらゆる理論分野に及んでいます。

P. サミュエルソンの博士学位論文をまとめた、Samuelson, P. A. (1947) *Foundations of Economic Analysis*, Harvard University Press (邦訳：佐藤隆三 (1963)『経済分析の基礎』勁草書房)は、60年以上経った今日でも理論経済学を研究する者の必読の書といわれていますが、その難解さから多くの大学院生を悩ませ続けています。数学付録の多さからもわかるように、彼は数学を用いて経済学に科学的普遍性を与えることを試みました。これ以降、経済学は高度に数学化しました。これに対しては批判もありますが、数学を用いることによって、経済学は論理の曖昧さを排除することに成功しました。『経済分析の基礎』の冒頭には、数学者W. ギブスの残した言葉 "Mathematics is a language." (数学もまた言語なり)が引用されています。

また彼は、自身が経済学を始めた1932年について、このようにも語っています。「1932年に経済学を始めたというのは、私にとって幸運であった。分析的経済学は離陸をする準備が整っていたのだった。今日の若い経済学者が想像もできないほどの素晴らしい真空に、私は直面していた。なされるべきことが数多く残っていた。全てが依然として不完全な状態にあった。まるで手の触れられたことのない湖で釣りをしていたようなもので、ひと竿投げるたびに大きな獲物がかかり、しかも、こえた舌が決して飽むことのないほどの素晴らしい新種が豊富にあった[20]。」

謙遜交じりに述べるサミュエルソンですが、これを聞いて皆さんはこう思うに違いありません。「この湖に魚がいそうだとひらめき、竿を投げ入れようと思う好事家はサミュエルソンしかいない」と。

同時に、サミュエルソンは経済学教育についても大きな貢献を残しました。彼が1948年に著したSamuelson, P. A. (1948) *Economics: An Introductory Analysis*, McGraw-Hillは、それまで難解とされてきたケインズ経済学と古典派経済学を初学者にもわかりやすく解説した入門書と知られ、1985年からは**W. ノードハウス**(William Dawbney "Bill" Nordhaus, (米), 1941年～)との共著となって今日までに400万部

が出版されています．27カ国語に翻訳され，英語版は2012年現在19版まで続いており，経済学者は何版を読んだかで年齢がわかるとさえいわれています．ちなみに私（筆者）が学部時代に読んだのは英語版の14版です．かつてG. スティグラー（George Joseph Stigler,（米），1911年〜1991年）は，「『経済学の基礎』で名声を得られたサミュエルソン教授は，（『経済学』では）富を得ようとしている．」とサミュエルソンに言ったといわれています．

P. サミュエルソン

photo by Innovation & Business Architectures,Inc., Wikimedia Commonsより

サミュエルソンは，将来経済学を専攻する大学院生に対して以下のアドバイスをしたともいわれています[21]．「もしきみが自ら優秀であると思う根拠があるのなら，物乞いするなり，借りるなり，盗んででもいいから金をもって"the top place"に来た方がいい．もしローマにでも行こうものなら，後に枢機卿になったり司祭さんを選んだりする人が君のクラスメイトなのだから．」

彼の薫陶を受けた経済学者の中には，G. アカロフ，L. クライン，P. クルーグマン，F. モディリアーニ，R. マートン，J. スティグリッツ，R. ソローといったノーベル賞受賞者がいます．

2009年，経済学の巨人の死に際しては，全世界の経済学者たちが追悼の意を表しました．

COLUMN 8-4 コモンズ（共有地）の悲劇とアンチ・コモンズの悲劇

本文では，非競合性（複数の誰かが同時に使えるという性質）と非排除性（フリーライダーを排除できないという性質）を併せもっているのが（純粋）公共財，競合性と排除性

---

20) Samuelson (1947) 前掲邦訳書，p.46 より引用．
21) 荒川章義 (1993)「20世紀のエコノミスト-11 P. A. サミュエルソン」『経済セミナー』(No.463, pp.84–88) より引用．原文は Samuelson, P. A. (1977) *The Collected Scientific Papers of Paul A. Samuelson*, The MIT Press, Vol.4, p.889.

をもった財を私的財と説明しました．排除性は低いものの，競合性が高い財に**コモンズ** (commons) とよばれる財があります．誰でもが使える (オープン・アクセスな) 牧草地や自然環境，電波などがこれに相当します．

コモンズ (共有地) という概念を一躍メジャーにしたのは，アメリカの生物学者 **G. ハーディン** (Garrett Hardin, (米), 1915年～2003年) です．彼は1968年に，サイエンス誌に有名な「コモンズの悲劇」という論文を発表しました[22]．

いま，牧草地 (コモンズ) があり，何人かの農民が牛を放牧しているとしましょう．自由にコモンズが利用できるのであれば，農民たちはそれぞれ自己の利益を最大化すべく，多くの牛を放牧するようになるでしょう．もちろん，これが自分の所有地であれば，制約のある牧草地を維持しようと放牧数を制限することになるでしょうが，コモンズにおいては，(自分の利益を少しでも多くするために) 牛を無制限に増やし続けてしまいます．その結果，コモンズの非排除性の性質が災いして，コモンズである牧草地は荒れ果て，その結果農民の利益も損なわれてしまいます．これを**コモンズの悲劇** (tragedy of commons) といいます．

コモンズの悲劇を回避する方法として，コモンズの所有権を明確にすることが挙げられます．無制限にコモンズを利用することを規制するのです．

しかし，こうした所有権が細分化されると排除性が高まってしまい，コモンズが私的財に近づきます．その結果，経済全体のマイナスになることがあります．たとえば，ある財の生産技術に関して永続的な特許や使用権を与えてしまうと，技術が伝播せず，経済全体の生産効率が悪化する可能性もでてきます．これを**アンチ・コモンズの悲劇** (tragedy of the anti-commons) といいます．

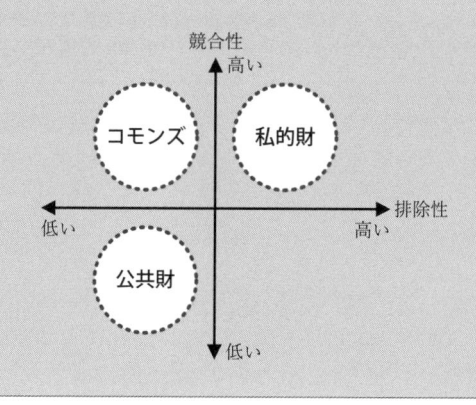

---

[22] Hardin, G. (1968) "The Tragedy of the Commons," *Science*, Vol. 162, no. 3859.

3 情報の不完全性

完全競争では，売り手と買い手の双方が取引される財についての情報をよく知っているという状況が仮定されていました．これを**完全情報**（perfect information）といいます．しかし，一般的に考えて，私たちがお店で何かを購入するとき，その財についての情報を知らないことの方が多いでしょう．

たとえば，八百屋にキャベツが置いてあるだけでは，私たち消費者はそれがどこで作られて，どのような品質のものなのか全くわかりません．このように，経済主体間で情報量に偏りがある場合を**不完全情報**（imperfect information）といいます．情報の不完全性が生じると，様々な経済問題が生じます[23]．

代表的な問題としては，取引される財の(1)**性質に関する情報の非対称性**と，経済主体の(2)**行動に関する情報の非対称性**の2つが挙げられます．それぞれについて詳しくみていきましょう．

ポイント・チェック　情報の不完全性

❶ 完全情報とは，売り手と買い手の双方が取引される財についての情報をよく知っている状況
❷ 不完全情報とは，経済主体間で情報量に偏りがある状況
❸ 情報の不完全性により，取引される財の「性質に関する情報の非対称性」や経済主体の「行動に関する情報の非対称性」などの問題が生じる

---

[23] ちなみに農産物に関しては，1950年（昭和25年）に「農林物資の規格化及び品質表示の適正化に関する法律（いわゆる「JAS法」）」が制定されて，情報の開示が求められています．JASとは，「日本農林規格」の英訳Japanese Agricultural Standardの頭文字をとった略称です．JAS法は，何回かの改正を経て，2006年3月1日から「改正JAS法」が施行されています．これによって，農産物は①品位，成分，性能等の品質についての基準，②生産の方法についての基準に加え，③流通の方法についての基準が明示されることになりました．

1 性質に関する情報の非対称性

　G. アカロフ（George Arthur Akerlof,（米），1940年〜）[24]は，1970年に「レモンの市場——品質の不確実性と市場メカニズム」というタイトルの論文[25]を発表しました．**レモン**（lemon）とはその内部が腐っているかどうかわかりにくいことから，粗悪品を表すアメリカの俗語です[26]．アカロフは，売り手と買い手の間に**情報の非対称性**（asymmetric information）があるために，中古車市場には粗悪品しか残らないことを説明しました．

　いま，優良な中古車と粗悪な中古車を販売している売り手がいるとしましょう．買い手はどの車が優良品か粗悪品かわかりませんが，唯一得られる情報である価格をみて，安い車は粗悪品で，価格が高い車が優良品であると判断するでしょう．しかし，売り手は，価格の高い車の中に粗悪品を入れておくことも可能です．このとき，買い手は「高い価格＝優良な中古車」と考えるでしょうか．答えはノーです．というのも，買い手が，優良な中古車を購入しようと考えて高い価格の車を選択しても，その車が万が一，粗悪品であったら大きな損をすることになるからです．買い手は，粗悪品を恐れるあまり，高い価格を支払ってまで中古車を購入しようと考えなくなります．

　結果的に，中古車市場には粗悪品ばかりが取引されるようになります．質の良い財ではなく，質の悪い財が市場に出回ることを**アドバース・セレクション**（adverse selection）（**逆選択**）といいます．

　こうした性質に関する情報の非対称性を解消するための手法として，政府による規制や第三者などの介入，他店との比較を可能にする（財やサービスの）標準化などが行われています．

---

24) G. アカロフは**M. スペンス**（Andrew Michael Spence,（米），1943年〜），**J. E. スティグリッツ**（Joseph Eugene Stiglitz,（米），1943年〜）とともに2001年に「情報の非対称性を伴った市場の分析」が称えられ，ノーベル経済学賞を受賞しました．M. スペンスは財の品質やその規制に関する政策の理論研究でも知られ，また，J. E. スティグリッツは公共経済学や経済成長理論を中心とした先駆的な理論研究だけでなく，世界銀行の上級副総裁を歴任するなど，世界経済に最も影響のある経済学者の1人といわれています．
25) Akerlof, G. (1970) "The market for lemons: quality uncertainty and the market mechanism," *Quarterly Journal of Economics*, Vol. 84, No. 3, pp. 488–500.
26) 逆に掘り出し物のことを**ピーチ**（peach）ということがあります．

> **ポイント・チェック** 性質に関する情報の非対称性
>
> ❶ 性質に関する情報の非対称性がある状況の場合，市場には粗悪品しか出回らなくなる
> ❷ アドバース・セレクション（逆選択）とは，質の良い財ではなく，質の悪い財が市場に出回ること
> ❸ 性質に関する情報の非対称性を解消するために，政府による規制や第三者の介入，他店との比較可能な標準化などが行われている

2 行動に関する情報の非対称性

　財の質ではなく，経済主体の行動に関する情報が開示されていないことから発生する問題もあります．典型的な例が**道徳的危険**とか**モラル・ハザード**（moral hazard）とよばれている現象です．

　たとえば，万が一の事故に備えて入る自動車保険は，それに加入したとたんに運転が乱暴になったり，注意が散漫になったりして，加入していない人よりも事故を起こしやすいという傾向が指摘されています．また，国が公的資金によって救済してくれるとわかると，金融機関の融資条件が甘くなって，放漫経営に陥りやすいという指摘もあります．こうした事例はモラル・ハザードの典型といえるでしょう．

　モラル・ハザードは，当事者間——たとえば，保険会社と被保険者，国と金融機関など——で契約が取り決められても，お互いの行動が観察できないために，一方の経済主体が当初予想されていた行動前提と異なる行動をとるようになった場合に，契約で想定されていた条件が当てはまらなくなることを指します．保険会社は，当初，被保険者は安全かつ注意深く運転するという行動前提を置いて保険契約を勧めていたのに，契約後には被保険者はかえって乱暴な運転をしてしまうのです．

　こうしたモラル・ハザードの問題を経済学の本質的な問題として最初に取り上げたのは，**K. J. アロー**（Kenneth Joseph Arrow, (米), 1921年〜）です．アローは1963年，アメリカンエコノミックレビュー誌に「不確実性と医療の厚生経済学」という論文を発表し，医療保険の普及がかえって医療サービスの需要の増加を招くと指摘し，これが非対称情報の下で発生しやすいことを論じまし

表8-1

プリンシパル（依頼人）	エージェント（代理人）
保険会社	被保険者
株主	経営者
経営者	従業員
依頼人	弁護士

た．

　行動に関する情報の非対称性は，さらに一般化され，今日，**プリンシパル・エージェント関係**（principal-agent relationship）として論じられています．**プリンシパル**（principal）とは「依頼人」を指し，**エージェント**（agent）は「代理人」を指す経済用語です．プリンシパルとはその名の通り，何かの依頼を行う経済主体であり，エージェントとはプリンシパルの依頼を受けて行動する経済主体です．保険会社と被保険者の関係でいうなら，保険会社は契約を履行してもらうプリンシパルであり，その契約の下で行動を行う被保険者はエージェントということになります．

　プリンシパル・エージェント関係が問題となるのは，プリンシパルとエージェントの間に情報の非対称性が存在するからです．たとえば，株主（プリンシパル）と経営者（エージェント）の関係を考えると，株主は株価が上昇することを望んでいますが，経営者は必ずしも株価の上昇だけを企図して行動しているわけではありません．情報の非対称性がなく，お互いの行動がどのようになされるかが明確であれば，プリンシパル・エージェント関係は問題にはなりません．しかし，お互いの行動に関する情報が不完全であるために，プリンシパルは，エージェントに対して，何らかのインセンティブ（誘因）を付与して，自らの目的を達してもらうよう取り決めておく必要が出てきます．

　しばしば例に用いられるプリンシパルとエージェントとして表8-1のようなものがあります．

　この章では，市場メカニズムがうまく機能しないケース——市場の失敗について，外部効果，公共財，そして情報の不完全性について説明しました．市場メカニズムは安価な運営費用で効率的な資源配分を実現することができます

が，万能ではありません．それを補完する機能として，第3の経済主体——政府の役割が期待されているのです．

> **ポイント・チェック** 行動に関する情報の非対称性
>
> ❶ 行動に関する情報の非対称性がある状況の場合，モラル・ハザードなどの問題が発生する
> ❷ モラル・ハザードとは，当事者間で契約が取り決められても，お互いの行動が観察できないために，一方の経済主体が当初予想されていた行動前提と異なる行動をとるようになった場合に，契約で想定されていた条件が当てはまらなくなること
> ❸ 行動に関する情報の非対称性が一般化され，プリンシパル・エージェント関係として論じられている

COLUMN 8-5　K. J. アローとL. サマーズ

1972年にノーベル経済学賞を最年少で受賞した**K. J. アロー**は，間違いなく20世紀の社会科学史における最重要人物の1人といえます．その研究領域は広範で，そのすべてにおいて先駆的な業績を残しました．主な業績として，一般均衡理論における均衡の存在証明や安定性に関する研究，今日「アローの不可能性定理（一般可能性定理）」として知られる社会選択理論への貢献，経済成長理論に関する研究や，情報の経済学などが挙げられます．

ちなみに，父方にP. サミュエルソン，母方にK. J. アローという2人の伯父をもつ経済学者が，クリントン政権で財務長官を務めた**L. サマーズ**（Lawrence Henry Summers,（米），1954年〜）です．28歳でハーバード大学の教授となった彼は財政学やマクロ経済学で多大な業績を残し，2001年，47歳でハーバード大学学長となりました．

L. サマーズ

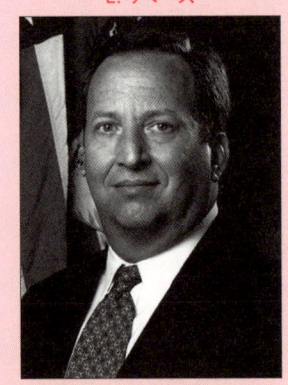

Wikimedia Commonsより

内容を理解しているかな？

問題に答えられたらYES！ わからなければNO！

1 外部効果

Q1. 外部性とは何か説明せよ
Q2. 外部経済と外部不経済の違いを説明せよ
Q3. 私的限界費用曲線と社会的限界費用曲線の違いについて説明せよ

↓ No

ポイント・チェック　外部効果
- □①外部性（外部効果）とは，自他ともに，その行動が市場を介さずに経済主体へ影響を与えること
- □②外部経済＝プラスの外部性
  外部不経済＝マイナスの外部性
- □③産業集積とは，同種の企業や産業が特定の地域に集中すること
- □④便益≒効用
  限界便益≒限界効用
- □⑤私的限界費用曲線＝私的に負担する限界費用曲線
  社会的限界費用曲線＝社会全体で必要とされる費用を負担した場合の限界費用曲線
- □⑥公害などの外部不経済が発生している場合，社会的限界費用曲線は私的限界費用曲線の上方に位置し，社会的総余剰は完全競争に比べて減少する

Yes → / No → 本文 p.332へ戻れ

1 ピグー税と補助金

Q1. ピグー税とは何か説明せよ
Q2. 外部性の内部化とは何か説明せよ
Q3. ピグー補助金とは何か，ピグー税との関係も踏まえて説明せよ

↓ No

ポイント・チェック　ピグー税と補助金
- □①ピグー税とは，外部不経済を発生させる企業に私的限界費用と社会的限界費用との乖離分を課す税金
- □②外部性の内部化とは，外部不経済を発生させている企業に対して，その解消を目的とした費用を負担させること
- □③ピグー補助金とは，外部不経済を発生させる企業に生産量を削減させるために与える補助金のこと
- □④ピグー税とピグー補助金は，同じ効果を得ることができる

Yes → / No → 本文 p.337へ戻れ

【2 コースの定理】へ進め！

第8章 市場の失敗と政府の役割　359

2 コースの定理

Q1. コースの定理とは何か説明しなさい

> **ポイント・チェック　コースの定理**
> □ コースの定理とは，外部経済を与える側と受ける側との交渉に取引費用がかからず，自発的な交渉が行える場合，権利の設定さえしっかりと行っておけば，交渉によってパレート最適な資源配分が実現され，権利の設定は所得分配を変更するだけで資源配分には影響はないという定理

No → 本文 p.340 へ戻れ

2 公共財

1 公共財の性質

Q1. 公共財とは何か説明せよ
Q2. 非競合性とは何か説明せよ
Q3. 非排除性とは何か説明せよ

> **ポイント・チェック　公共財の性質**
> □①公共財とは，市場メカニズムがうまく働かない財の1つで，非競合性と非排除性を兼ね備えた財
> □②非競合性とは，同じ財・サービスを複数の消費者が同時に消費できるという性質
> □③非排除性とは，ある財を消費している特定の消費者の消費を排除することが難しいという性質

No → 本文 p.344 へ戻れ

2 公共財の最適供給

❶ 公共財のみの部分均衡分析

Q1. 部分均衡における公共財の最適な供給量はどのように決定されるか説明しなさい
Q2. リンダール均衡とは何か説明せよ
Q3. リンダール・メカニズムとは何か説明せよ

> **ポイント・チェック　公共財のみの部分均衡分析**
> □①公共財の最適供給量は，公共財を供給したときに得られる社会的総余剰が最大となるような供給量
> □②社会的総余剰＝社会的便益－社会的費用
> 　　　　　　　　＝公共財から得られる便益－公共財供給の費用
> □③社会的総余剰を最大化する条件は，
> 　　公共財の社会的限界便益＝公共財供給の限界費用
> □④等量消費とは，消費者が均等消費できること
> □⑤リンダール均衡とは，公共財の社会的限界便益曲線と公共財供給の限界費用曲線の均衡点
> □⑥リンダール・メカニズムとは，公共財の社会的限界便益と公共財供給の限界費用が等しくなるような公共財の供給方式のこと

No → 本文 p.346 へ戻れ

【❷ 公共財と私的財の一般均衡分析】へ進め！

360　chapter 8 Market Failure and the Role of Government

❷ 公共財と私的財の一般均衡分析

Q1. 一般均衡における公共財の最適な供給量はどのように決定されるか説明せよ

ポイント・チェック 公共財と私的財の一般均衡分析
- ☐ 公共財の最適供給量は，各人の限界代替率の和と限界変形率が等しくなるような供給量

→ No の場合：本文 p.349 へ戻れ

3 情報の不完全性

Q1. 完全情報とは何か説明せよ
Q2. 不完全情報とは何か説明せよ
Q3. 情報の不完全性によって生じる問題とは何か示しなさい

ポイント・チェック 情報の不完全性
- ☐ ①完全情報とは，売り手と買い手の双方が取引される財についての情報をよく知っている状況
- ☐ ②不完全情報とは，経済主体間で情報量に偏りがある状況
- ☐ ③情報の不完全性により，取引される財の「性質に関する情報の非対称性」や経済主体の「行動に関する情報の非対称性」などの問題が生じる

→ No の場合：本文 p.354 へ戻れ

❶ 性質に関する情報の非対称性

Q1. 性質に関する情報の非対称性がある状況の場合，どのような問題が起こるか示しなさい
Q2. アドバース・セレクションとは何か説明せよ
Q3. 性質に関する情報の非対称性を解消するために何が行われているか示しなさい

ポイント・チェック 性質に関する情報の非対称性
- ☐ ①性質に関する情報の非対称性がある状況の場合，市場には粗悪品しか出回らなくなる
- ☐ ②アドバース・セレクション（逆選択）とは，質の良い財ではなく，質の悪い財が市場に出回ること
- ☐ ③性質に関する情報の非対称性を解消するために，政府による規制や第三者の介入，他店との比較可能な標準化などが行われている

→ No の場合：本文 p.355 へ戻れ

【❷ 行動に関する情報の非対称性】へ進め！

第8章 市場の失敗と政府の役割　361

2 行動に関する情報の非対称性

Q1. 行動に関する情報の非対称性がある状況の場合，どのような問題が起こるか示しなさい
Q2. モラル・ハザードとは何か説明せよ
Q3. プリンシパル・エージェント関係の問題とはどのようなことか示しなさい

ポイント・チェック 行動に関する情報の非対称性

- □① 行動に関する情報の非対称性がある状況の場合，モラル・ハザードなどの問題が発生する
- □② モラル・ハザードとは，当事者間で契約が取り決められても，お互いの行動が観察できないために，一方の経済主体が当初予想されていた行動前提と異なる行動をとるようになった場合に，契約で想定されていた条件が当てはまらなくなること
- □③ 行動に関する情報の非対称性が一般化され，プリンシパル・エージェント関係として論じられている

No → 本文 p.356 へ戻れ

Noの数を数えよう！ 1回目 2回目 3回目   Noの数を減らしていこう!!!

用語確認

おぼえたかな？

問題

1. 私たちが経済活動を行うとき，その行動が市場を介さずに他の経済主体へ影響を与えることがあります．また逆に，他の経済主体の行動が，私たちの経済活動に影響を与えたりすることがあります．これを（　　）❶とか（　　）❷といいます．たとえば，工業団地などが造成され，（　　）❸が行われ，平均費用が逓減する状況が発生します．これを（　　）❹または（　　）❺といいます．

経済活動にプラスの影響を与える外部性を（　　）❻といい，マイナスの影響を与える外部性を（　　）❼といいます．

外部性があると，社会全体での最適な資源配分は実現されません．そのため，外部不経済を発生させている企業（や経済主体）に対して，その解消を目的とした費用負担を課すことを，（　　）❽といいます．

外部不経済をもたらす企業に対して，税を課すことによって生産量を削減する方法を（　　）❾，逆に企業に補助金を与えることによって生産を減少してもらう方法を（　　）❿といいます．

また，政策的な介入がなくても，いくつかの仮定の下では権利の設定さえしっかりと行っておけば，交渉によって（　　）⓫な資源配分が実現され，権利の設定は所得分配を変更するだけで資源配分には影響を与えないという主張が（　　）⓬です．

2. 経済学でいう公共財は，（　　）⓭と（　　）⓮を兼ね

解答

❶ 外部効果（❷と順不同）
❷ 外部性（❶と順不同）
❸ 産業集積
❹ 規模の経済性
❺ マーシャルの外部性
❻ 外部経済
❼ 外部不経済
❽ 外部性の内部化
❾ ピグー税
❿ ピグー補助金
⓫ パレート最適
⓬ コースの定理
⓭ 非競合性（⓮と順不同）
⓮ 非排除性（⓭と順不同）

第8章 市場の失敗と政府の役割　363

備えた財と定義されます．公共財には，人々が対価を払わないで利用する（　　）⑮という問題が発生しやすいという特徴があります．

　公共財の最適供給量は，公共財の（　　）⑯の和＝公共財供給の（　　）⑰を満たすように決定され，このような供給方式を（　　）⑱といい，また（　　）⑲によって達成される均衡点を（　　）⑲といいます．

3. 完全競争では，売り手と買い手の双方が取引される財についての情報をよく知っているという状況が仮定されていました．これを（　　）⑳といいます．その一方で，経済主体間で情報量に偏りがある場合を（　　）㉑といいます．

　売り手と買い手の間で，財の性質に関する情報の非対称性が生じると，質の良い財ではなく，質の悪い財が市場に出回る（　　）㉒，または（　　）㉓とよばれる問題が発生します．こうした性質に関する情報の非対称性を解消するための手法として，政府による規制や第三者などの介入，他店との比較を可能にする標準化などが行われています．

　また，経済主体の行動に関する情報の非対称性が生じていると，（　　）㉔，または（　　）㉕とよばれる問題が発生します．

⑮ フリー・ライダー

⑯ 社会的限界便益
⑰ 限界費用
⑱ リンダール・メカニズム
⑲ リンダール均衡

⑳ 完全情報
㉑ 不完全情報

㉒ 逆選択（㉓と順不同）
㉓ アドバース・セレクション（㉒と順不同）

㉔ 道徳的危険（㉕と順不同）
㉕ モラル・ハザード（㉔と順不同）

問題演習

1 外部効果 ★★ (都Ⅰ 2002 改題)

下図は，外部不経済を発生させるある産業における，需要曲線DD'，私的限界費用曲線PMC，他産業が被る損害を含めた社会的限界費用曲線SMCを示している．この図に関する記述として，妥当なのはどれか．

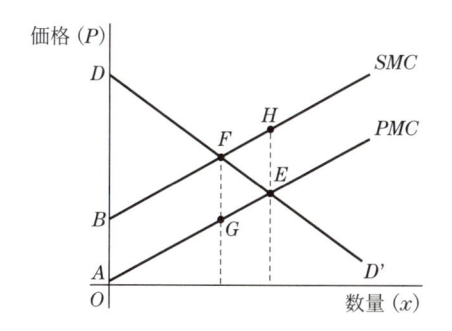

1. 完全競争均衡における社会的厚生は消費者余剰と生産者余剰の和である△AEDから，他産業が被る損害分△EFGを引いたものである．
2. 完全競争均衡における社会的厚生は消費者余剰と生産者余剰の和である△AEDから，他産業が被る損害分□$GEHF$を引いたものである．
3. 完全競争均衡における社会的厚生は消費者余剰と生産者余剰の和である□$AGFD$から，他産業が被る損害分△EFHを引いたものである．
4. この産業が1単位増産するごとに，政府がFGに等しい税金を課すことにより，死荷重△FEHを改善できる．
5. この産業が1単位増産するごとに，政府がFGに等しい税金を課すことにより，死荷重□$GEHF$を改善できる．

▶ **解法の糸口**

(1) 外部不経済が生じている状況で自由競争が行われると，$\triangle FEH$ だけ死荷重が発生する．

(2) この産業が1単位増産するごとに，FG だけ課税することで私的限界費用と社会的限界費用が一致し，パレート最適が達成できる．

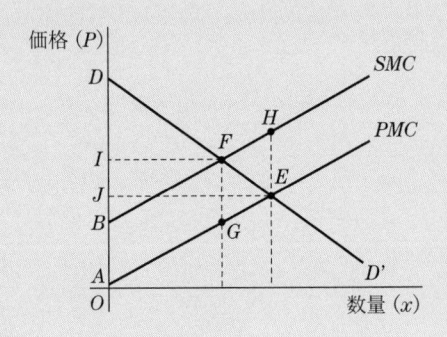

	課税前	課税後
消費者余剰	$\triangle DJE$	$\triangle DIF$
生産者余剰	$\triangle JAE$	$\triangle IBF$
外部不経済	$\square BAHE$	$\square BAGF$
税収	0	$\square BAGF$
総余剰	$\triangle DBF - \triangle FEH$	$\triangle DBF$

▶**解答**　　4

▶**解説**
　完全競争均衡は，需要曲線と私的限界費用曲線の交点となります．**外部不経済**が生じている場合，**社会的総余剰**は消費者余剰と生産者余剰の和から**外部不経済**分を引くことで求められます．
　また政府が，**外部不経済**を発生させている企業（や経済主体）に対して，その解消を目的とした費用負担を課し，生産量を削減することでパレート最適が達成できます．

1…×　他産業が被る損害分は□AEHBで表されます．
2…×　選択肢1と同様に，他産業が被る損害分は□AEHBで表されます
3…×　完全競争均衡は，需要曲線と私的限界費用曲線の交点ですので消費者余剰と生産者余剰の和は△AEDで表されます．
4…○　その通り．この産業が1単位増産するごとに，政府がFGに等しい税金を課すことで完全競争の下で生じた**死荷重**△FEHを改善し，**パレート最適**が達成されます．
5…×　**死荷重**は△FEHで表されます．

2 公共財 ★★ (国II 2004 改題)

経済主体A, Bからなる経済において，2人の公共財の限界便益および，公共財供給にかかる限界費用(平均費用)が以下のように示されるとする．このとき，公共財の最適供給量はいくらになるか．

$MB_A = 8 - 2x$
$MB_B = 7 - x$
$MC = AC = 3$

[$MB_i (i=A, B)$：A, Bの公共財の限界便益，x：公共財の数量，MC：限界費用，AC：平均費用]

	公共財供給量
1.	3
2.	4
3.	5
4.	7
5.	8

▶解法の糸口

❶まず，社会的限界便益を求める．
　社会的限界便益＝各経済主体の限界便益の和
❷次に，公共財の最適供給条件．
　公共財の社会的限界便益の和＝公共財供給の限界費用
から最適供給量を求める．

▶解答 **2**

▶解説

❶ まず，公共財の社会的限界便益（MB_S）を求めましょう．公共財の社会的限界便益（MB_S）をとは経済主体A，Bの限界便益の和なので，

$MB_S = MB_A + MB_B$

$MB_S = 8 - 2x + 7 - x = 15 - 3x$

となります．

❷ 次に公共財の最適供給量を求めましょう．公共財の最適供給条件は，

公共財の社会的限界便益の和＝公共財供給の限界費用

なので，

$MB_S = MC \Rightarrow 15 - 3x = 3$

この式をxについて解くと，

$-3x = -12$

$x = 4$

となり，公共財の最適供給量は$x = 4$となります．

正解は選択肢2です．

Chapter 9: System of National Accounts

第 **9** 章

国民経済計算

POINT

この章で学ぶ内容

❶ **マクロ経済体系**
マクロ経済を構成する総需要と総供給について学習します．

❷ **国民経済活動水準の測定**
国内総生産や物価指数などマクロ経済で用いる指標の概念，三面等価の原則やI-Sバランスについて学習します．

❸ **国民経済計算**
国民経済計算に含まれる各種の統計表の特徴について学びます．また，産業連関表の性質については詳しく学習します．

この章のポイント

❶ **マクロ経済体系**
経済活動とは，人間の「**作る**」という行為（**生産・供給**）と「**使う**」という行為（**消費・需要**）の無限の繰り返し（営み）です．
生産活動によって新たに生み出された財やサービスを合計したものを**総供給**，経済を構成している3つの経済主体――家計，企業，政府の「消費」の合計を**総需要**といいます．

❷ **国民経済活動水準の測定**
(1) 国内総生産と関連する諸概念
国内で，一定期間に生産された**付加価値**の**総額**を，**国内総生産**（GDP）といいます．
(2) 実質表示とGDPデフレーター
物価の変動を考慮したGDPを**実質GDP**，その時々の物価で評価したGDPを**名目GDP**といいます．
(3) 三面等価の原則とI-Sバランス

生産面，分配面，支出面，の三面からみたGDPは理論上等しくなります．これを**三面等価の原則**といいます．三面等価の原則が成立しているとき，「**経常収支はISバランスと財政収支の和に等しい**」という関係が成り立ちます．これを**ISバランス論**といいます．

(4) 産業別国内総生産とペティ＝クラークの法則

生産面からみたGDPとは，産業ごとに生産されたGDPの合計です．経済発展に伴って，産業別GDPや就労者の構成が第1次産業から第2次，第3次産業へとシフトしていくことを，**ペティ＝クラークの法則**といいます．

(5) 経済成長と寄与度・寄与率の測定

GDPないし国民所得が時間の経過とともに拡大することを**経済成長**といいます．また，前年や前年同期の値からの伸び率を**経済成長率**といいます．

(6) 所得の分配と不平等度の測定

所得分配の不平等さを計測する指標として**ジニ係数**があります．

❸ 国民経済計算

国民経済を様々な角度から考えるために，**国民経済計算体系（SNA）**または**国民経済計算**とよばれる概念があり，SNAには以下の統計表が含まれています．

SNAに含まれる統計表	統計表の特徴
❶ 国民所得勘定	GDPに関する統計表です．生産・消費などのフローに関する統計表です．
❷ 産業連関表	投入産出表ともよばれ，財やサービスの流れ（フロー）が記述された統計表です．

❸	資金循環表	マネー・フロー表ともよばれ，お金の流れが記述された統計表です． （注）金融資産・負債勘定についてはストックが記載されています．
❹	国民貸借対照表	資産や負債など，国民のストックに関する統計表です．
❺	国際収支表	海外との取引が記述された統計表です．

これが理解できれば合格

総需要・総供給・GDP・GDPデフレーター・三面等価の原則・I-Sバランス・ペティ＝クラークの法則・国民経済計算

POINT

フローチャート

❶ マクロ経済体系
総需要と総供給について学習します．

❷ 国民経済活動水準の決定
国民総生産（GDP）等のマクロ経済の指標や，三面等価，ISバランスなどについて学習します．

❸ 国民経済計算
国民総所得勘定
産業連関表
資金循環表　　　について学習します．
国民貸借対照表
国際収支表

はじめに

私たちが第2章から第8章までに学習した**ミクロ経済学**（microeconomics）では，家計や企業の経済主体の合理的な行動と，財や生産要素が取引される市場について学習しました．これに対して，この章から学習する**マクロ経済学**（macroeconomics）では，一国全体の集計された経済活動を考えます．

この章では，私たちの経済活動をどのように把握していけばよいか考えていきます．

1 マクロ経済体系

マクロの視点で経済活動を把握してみましょう．第2章でも述べましたように，経済活動とは，人間の「**作る**」という行為（**生産・供給**）と「**使う**」という行為（**消費・需要**）の**無限の繰り返し**（**営み**）です．これはマクロ経済学を理解する上で，最も基本となる部分ですから，しっかり覚えておきましょう．

図9-1をみてください．財・サービスを作って消費して……という循環が，図の左側に描かれていますね．経済をマクロの視点でみる上でも供給サイドと需要サイドのそれぞれについてみていくことが重要です．

まず，供給サイドについて考えましょう．私たちは，パンや洋服，自動車，家屋，パソコンといった様々な財やサービスを生産し，市場に供給しています．マクロ経済としては，個々の生産活動によって新たに生み出された財やサービスを合計したものを**総供給**（aggregate supply：Y^S）として扱います．"aggregate"という言葉は「集計する」という意味で，すべての経済主体の生産活動から得られた生産物の合計を表しています．

生産の仕組みは，第4章で学習した生産関数によって表されます．ただし，第4章で学習した生産関数が個々の企業における生産要素（労働や資本）と生産物（財やサービス）の技術的な関係を表していたのに対し，マクロ経済学で扱う生産関数——マクロ生産関数——は，一国の経済全体で集計された技術的な関係として扱います．この経済が仮に労働（L）だけによって財やサービス

図9-1 「経済」の模式図

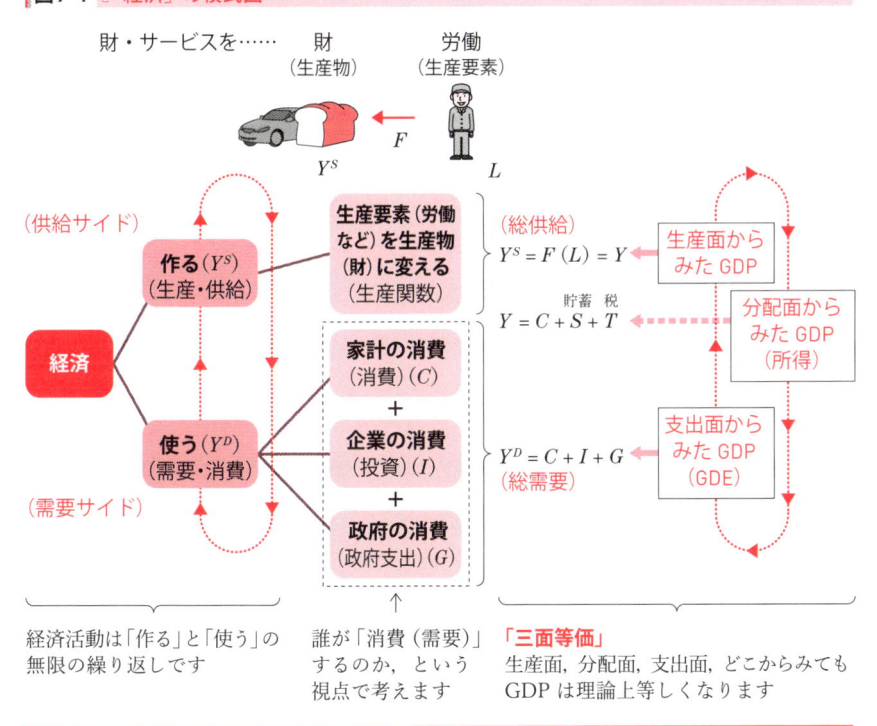

財・サービスを……　財（生産物）　労働（生産要素）

Y^S ← F ― L

（供給サイド）
- 作る（Y^S）（生産・供給）
  - 生産要素（労働など）を生産物（財）に変える（生産関数）
  - （総供給）$Y^S = F(L) = Y$ ← 生産面からみた GDP

経済

　　　　　　　　　　　　　　　　　　　　貯蓄　税
　　　　　　　　　　　　　　　　　　$Y = C + S + T$ ← 分配面からみた GDP（所得）

（需要サイド）
- 使う（Y^D）（需要・消費）
  - 家計の消費（消費）（C）
  - ＋
  - 企業の消費（投資）（I）
  - ＋
  - 政府の消費（政府支出）（G）
  - （総需要）$Y^D = C + I + G$ ← 支出面からみた GDP（GDE）

経済活動は「作る」と「使う」の無限の繰り返しです

誰が「消費（需要）」するのか、という視点で考えます

「三面等価」
生産面、分配面、支出面、どこからみてもGDPは理論上等しくなります

（Y）が生み出されているとすれば，この国のマクロ生産関数は，

$$Y = F(L)$$

と表すことができますので，総供給は，

$$Y^S = Y$$

となります．

　他方，需要サイドは，「消費」の合計です．需要サイドを考える際には，誰が「消費」するのか考えることから始めると理解しやすいでしょう．

　いうまでもなく，経済を構成しているのは3つの経済主体——家計，企業，政府です．経済ではこれらの経済主体それぞれが「消費」を行っています．この3つの経済主体の「消費」の合計を**総需要**（aggregate demand; Y^D）とよんでいます[1]．

第9章 国民経済計算　377

家計は食べ物を購入したり，洋服やバックを買ったり，授業料を払って大学のサービスを受けています．こうした個々の消費を合計したものを，**民間最終消費支出** (private final consumption expenditure) といい，簡単に**消費** (consumption; C) とよんでいます．

　企業の消費とは，企業が工場を増設したり，新たに生産設備を購入したりすることを指します．経済学ではこれを，**国内総固定資本形成** (gross domestic fixed capital formation) といいます．（固定）**資本** (capital) とは，工場や設備のことを指す経済用語で，それがある期間内にどれだけ変化したか（形成されたか）を表しています．資本の変化分を**投資** (investment; I) といいますので，国内総固定資本形成は投資の同義語です．

　政府もまた消費しています．政府は道路や港湾，公園や学校などの公共財を購入し，行政や司法，国防・警察などといったサービスへの対価を支払っています．これを**政府最終消費支出** (final consumption expenditure of government) といい，略して**政府支出** (government expenditure; G) とよびます．

　家計の「消費 (C)」，企業の「投資 (I)」，そして政府による「政府支出 (G)」，これらすべてを合計したものが総需要ということになるので，

$$Y^D = C + I + G$$

という関係が導けます[2]．

　作られた財やサービスが消費されるのが経済活動ですから，総供給 (Y^S) と総需要 (Y^D) は一致します．つまり，$Y^S = Y^D$ より現在の経済状態は，

$$Y = C + I + G$$

と記述することができます．これは生産面と支出面が等しいことを示しています[3]．

---

[1] 後述するように，正確にはこれに純輸出（輸出マイナス輸入）が加わりますが，ここでは説明の簡便化のために捨象しています．貿易のない世界（自給自足）を想定していると考えてもよいでしょう．
[2] これは**国内総支出** (Gross Domestic Expenditure; GDE) ともよばれています．
[3] 生産された財やサービスは，いったん所得となって経済主体それぞれの消費になります．図9-1には所得面（分配面）も描かれていますが，これは後述する「三面等価」のところで詳しく説明されます．

ポイント・チェック マクロ経済体系の特徴

1. 経済活動とは，供給と需要の無限の繰り返しである
2. 総供給とは，個々の生産活動によって新たに生み出された財やサービスを合計したものである
3. 労働だけによって財やサービスが生み出されているというマクロ生産関数は，
   $$Y = F(L)$$
   と表され，総供給は
   $$Y^S = Y$$
   と表される
4. 総需要とは，家計，企業，政府の3つの経済主体の消費を合計したもの
5. 民間最終消費支出とは，家計が消費したものの合計＝消費
6. 国内総固定資本形成とは，企業が消費したものの合計＝投資
7. 政府最終支出とは，政府が消費したものの合計＝政府支出
8. 総需要は，
   $$Y^D = C + I + G$$
   と表される
9. 総供給と総需要が一致するとき，
   $$Y = C + I + G$$
   と表される

COLUMN 9-❶ フローとストック

　マクロ経済学で使われる様々な変数——たとえば，投資や資本や利子率など——は，**フロー**（flow）の数値なのか，**ストック**（stock）の数値なのかを厳密に分けて考えることが重要です．

　フローとは，一定期間内に変化した数量を表す言葉です．これに対してストックとは，ある一時点において貯蔵されている数量のことを指します．

　本文に出てきた「投資」は，ストックである「資本」がどれだけ変化したかを表すフローの変数です．フローはその名の示す通り，しばしばお風呂に流れ込む湯量にたとえられます．一方，ストックは溜まっていく湯量に相当します．代表的なフローの変数には，GDP，消費，投資，政府支出，財政収支や経常収支などがありま

す．また，ストックの変数には，マネー・サプライや国債の累積債務残高，家計の資産などがあります．

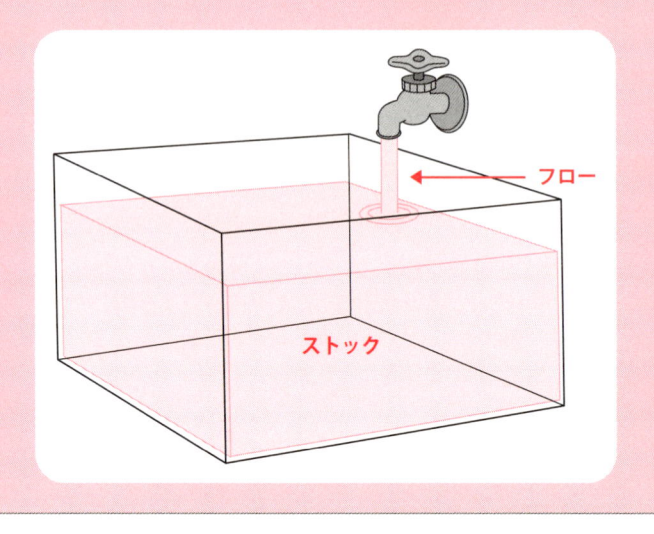

フロー

ストック

2 国民経済活動水準の測定

経済主体は財やサービスを生産し，市場に供給しています．一国全体の経済活動を考える際，どれだけのものが市場に供給されたかを実際に計測する必要があります．ここでは，経済活動を測る指標について考えていきましょう．

1 国内総生産と関連する諸概念
❶ 付加価値と国内総生産

様々な経済主体の活動水準を考える際に重要なのは，経済活動の範囲と期間です．たとえば，2年前に創業した魚屋の生産量と，30年前に生産を始めた自動車会社の生産量を足したり引いたりすることはできませんね．そこで，経済学では，一定期間に新たに生産された財やサービスを金額表示して，経済の活動水準を測定しています．

　国内で，一定期間に生産された付加価値 (value added) の総額を，国内総生産

図9-2

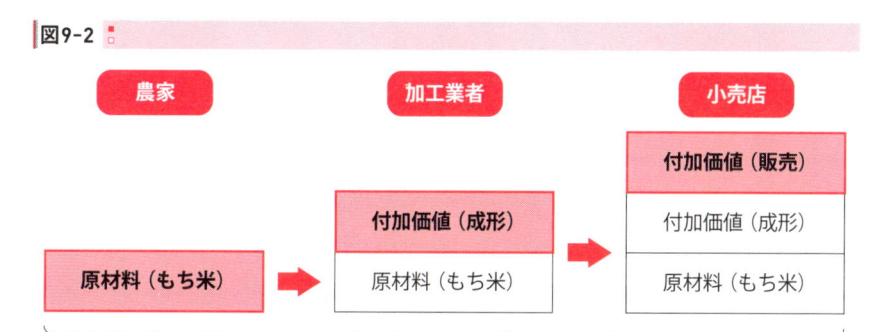

		付加価値（販売）
	付加価値（成形）	付加価値（成形）
原材料（もち米）	原材料（もち米）	原材料（もち米）
農家	加工業者	小売店

各段階（農家・加工業者・小売店）の単純合計ではなく，各生産段階における付加価値の合計が国内総生産となっています．

(Gross Domestic Product; GDP) といいます．GDPは私たちの経済活動を知る上で，最も重要な指標として用いられています．

　ここで，付加価値という概念を説明しておきましょう．図9-2をみてください．たとえば，「餅を作る」という過程を例にとって考えてみると，まず，もち米の生産者（農家）が，原料のもち米を栽培します．農家はそれを収穫して，加工業者に引き渡し，加工業者はそのもち米を加工して，餅に成型しています．できあがった餅は，小売業者に卸され，最終的に小売業者は消費者にその餅を販売しています．農家にとってはもち米を生産することが付加価値ですし，加工業者にとっては餅を成型することが付加価値です．同様に，小売業者は販売するということが付加価値になっています．

　「餅を作る」という過程だけでなく，一国全体の生産過程がこのように行われていると考えると，GDPは，農家，加工業者，生産者の売り上げの単純合計（総生産物）ではなくて，付加価値の合計額（図9-2の塗りつぶした部分）ということになります．ここで，小売業者が販売した餅は，**最終生産物**（final product）とよばれ，その原料などは**中間生産物**（intermediate product）とよばれています．つまり，

　　国内総生産（GDP）＝付加価値の合計額
　　　　　　　　　　　＝総生産物－中間生産物
　総生産物＝最終生産物＋中間生産物なので，
　　国内総生産（GDP）＝最終生産物

という関係が導けます.

> **ポイント・チェック** 付加価値と国内総生産の特徴
>
> ❶ 国内総生産(GDP)とは,国内で,一定期間に生産された付加価値の総額のこと
> ❷ 国内総生産＝付加価値の合計額
> 　　　　　　＝総生産物－中間生産物
> 　(総生産物＝最終生産物＋中間生産物なので),
> 　国内総生産(GDP)＝最終生産物

COLUMN 9-❷ コブ＝ダグラス型生産関数

シカゴ大学の **P. ダグラス** (Paul Howard Douglas, (米), 1892年～1976年) はアマースト大学の数学者 **C. コブ** (Charles Wiggins Cobb, (米), 1875年～1949年) とともに,「生産関数の理論」と題する論文を発表しました[4]. 彼らは,1899年から1922年までのマサチューセッツ州の製造業について,労働 (L) および資本 (K)[5] と,生産量 (Y) の間に,

$$Y = 1.01 L^{\frac{3}{4}} K^{\frac{1}{4}}$$

という関係があることを突き止めました. この推計結果より,b を定数として生産要素と生産量の間に,

$$Y = b L^a K^{1-a}, \quad 0 < a < 1$$

という一般的な形があると主張しました. 今日私たちは,この形をもつ生産関数を,**コブ＝ダグラス型生産関数** (Cobb–Douglas production function) とよんでいます. コブ＝ダグラス型生産関数は,経済学を学習する上で頻繁に用いられる関数なので,覚えておくとよいでしょう.

---

4) Cobb, C. W. and Douglas, P. H. (1928) "A Theory of Production," *American Economic Review* 18 (Supplement), pp.139–165.
5) *Ibid.* pp.151–157では,資本を C,生産量を P で表しています. なお,*Ibid.* は直前に示した英文献と同じ文献を示すときに使います. この場合は Cobb and Douglas (1928) を指しています.

図9-3 GDPと関連する諸概念

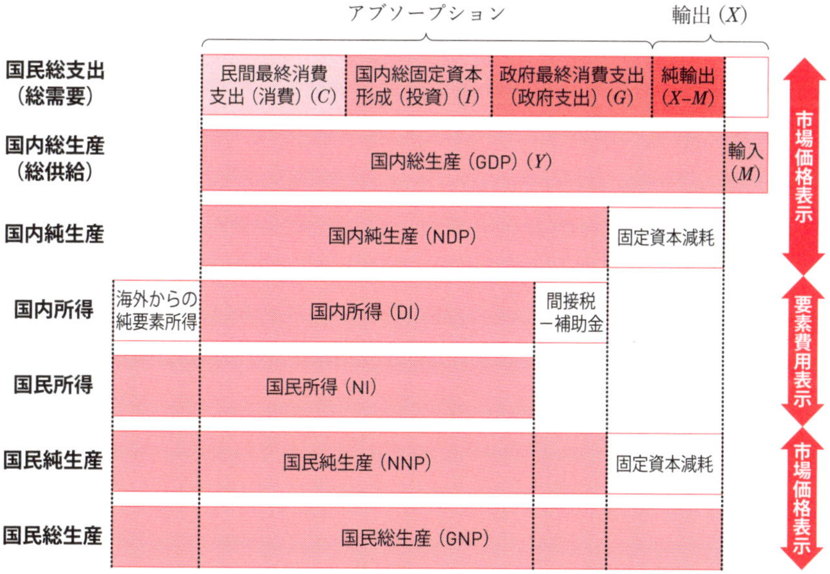

	アブソープション			輸出 (X)	
国民総支出（総需要）	民間最終消費支出（消費）(C)	国内総固定資本形成（投資）(I)	政府最終消費支出（政府支出）(G)	純輸出 (X-M)	市場価格表示
国内総生産（総供給）	国内総生産 (GDP) (Y)			輸入 (M)	
国内純生産	国内純生産 (NDP)			固定資本減耗	
国内所得	海外からの純要素所得	国内所得 (DI)		間接税－補助金	要素費用表示
国民所得		国民所得 (NI)			
国民純生産		国民純生産 (NNP)		固定資本減耗	市場価格表示
国民総生産		国民総生産 (GNP)			

❷ 国民経済活動の諸概念[6]

国民経済活動を把握するために，GDP以外にも様々な指標が考えられています．図9-3をみながら以下の概念を理解していきましょう．

(i)「総 (Gross)」と「純 (Net)」,「国内 (Domestic)」と「国民 (National)」の概念

企業は，生産にあたって工場や設備などの資本（固定資本）を使用しています．しかし，工場や設備は何年にもわたって使用され，年々減耗し，摩損していきます．たとえば，魚屋さんは魚市場から店舗まで仕入れた魚を搬送するために，固定資本として軽トラックを所有していることが多いのですが，この軽トラックも使うほどに劣化してきますから，それを修理したりする必要がでてきます．固定

---

[6] 齊藤誠・岩本康志・太田聰一・柴田章久 (2010)『マクロ経済学 (New Liberal Arts Selection)』（有斐閣）が非常にわかりやすい説明をしています．また，やや古典となったきらいもありますが，宮沢健一 (1984)『国民所得理論（三訂版）』（筑摩書房）は，この分野を勉強する上でいまなお一読すべき本として挙げられます．

資本の劣化や減耗に伴う費用も，生産物の価値の中に移転されていますので，より純粋に国内での生産活動を把握しようと考えると，この資本の減耗分を控除する必要があります．国内総生産から**固定資本減耗** (consumption of fixed capital) を控除したものを**国内純生産** (Net Domestic Product) といいます．「純 (Net)」の概念とは，「総 (Gross)」の概念から固定資本減耗を控除したものであるという点をおぼえておきましょう．

　ところで，国内総生産に似た概念として，**国民総生産** (Gross National Product; GNP) という概念があります．ここでいう「国民」とは，厳密には国籍ではなく，日本に6カ月以上の期間居住している個人を指さします．「国民」概念が「居住者」という点で考えるのに対して，国内総生産にある「国内」概念とは，国内で活動する経済主体であれば，外国企業の経済活動も含めた概念です．

　たとえば，アメリカ人のトム (Tom) が3カ月間日本でビジネスをしたとしましょう．このとき，トムの経済活動によって得られた付加価値は，日本の国内総生産には計上されますが，国民総生産には計上されません．もし，トムが6カ月以上日本で経済活動を行えば，国内総生産はもちろん国民総生産にも計上されます．

　「国内概念」は，領土内での外国企業の活動を含みますが，日本企業の海外生産活動は計上されません．その意味で，国内で生産された付加価値を表しています．これに対して，「国民概念」は，海外での生産活動から受け取る雇用者所得や企業所得などの純受け取り分を含んでいます．純受け取り分とは，「日本人や日本企業が海外で得た所得」と「外国人や外国企業が日本で得た所得」との差を表しています．これを海外からの**純要素所得** (Net Factor Income from abroad) といいます．

　図9-3をみてください．国内総生産に海外からの純要素所得を加えたものが国民総生産，国内純生産に純要素所得を加えたものが国民純生産になっていることがわかると思います．

　さて，国内総生産と国内純生産の違いは，固定資本減耗を含むか否かという点にありました．しかし，これでもまだ国民の経済活動を正しく把握するには不十分な点があります．というのも，今日の経済活動では，政府の経済活動を無視することができないからです．

政府は，**税金**(tax)を課し，**補助金**(subsidy)を出しています．市場価格で表示される国内総生産などは，税金(間接税[7])分高くなっていますし，補助金分低くなっています．そこで，生産活動に従事した家計や企業の純粋な貢献分を求めるために，国内純生産から間接税分を控除し補助金を加える(つまり，「間接税マイナス補助金」を控除する)ことで，家計や企業の純粋な経済活動の付加価値分を評価するのです．

　国内純生産から間接税マイナス補助金を引いたものを，**国内所得**(Domestic Income)といい，国民純生産から間接税マイナス補助金を控除したものを**国民所得**(National Income)または**要素価格表示の国民純生産**といいます．国内所得や国民所得は，**要素費用表示**(at factor cost)とよばれ，**市場価格表示**(at market price)で表される国内・国民純生産とは「間接税マイナス補助金」によって区別されています．

　以下に大事な概念をまとめておきましょう．

〈「総」と「純」の概念〉
　　国内純生産(NDP)＝国内総生産(GDP)－固定資本減耗

〈市場価格表示と要素価格表示〉
　　市場価格表示の国民純生産(NNP)(または国民所得(NI))－(間接税－補助金)
　　＝要素価格表示の国民純生産(NNP)

〈「国内」と「国民」の概念〉
　　国民総生産(GNP)＝国内総生産(GDP)＋(海外からの要素所得の受取－海外に対する要素所得の支払い)
　　　　　　＝国内総生産(GDP)＋海外からの純要素所得

[7) 間接税とは，税金を納める義務がある人(納税者)と，税金を負担する人(担税者)が異なる税のことです．代表的な間接税である消費税を考えるとわかりやすいでしょう．私たちがハーゲンダッツ(アイスクリーム)を購入するとき，その代金に消費税も含めて支払いますね．その意味で，私たちは担税者ということができます．けれども，この税金を国や地方公共団体に納めている納税者は私たちではなく，ハーゲンダッツを売っている小売店です．例を挙げて考えると，間接税の定義もわかりやすいと思います．

> **ポイント・チェック** 「総」と「純」,「国内」と「国民」の概念の特徴
>
> ❶ 「純」の概念とは,「総」の概念から固定資本減耗を控除したものであり,固定資本減耗とは,固定資本の劣化や減耗の費用のこと
> ❷ 国内純生産(NDP)＝国内総生産(GDP)－固定資本減耗
> ❸ 国民総生産とは,国民が一定期間に生産した付加価値の総額のこと
> ❹ 国民純生産(GNP)＝国内総生産(GDP)＋海外からの純要素所得
> ❺ 海外からの純要素所得とは,海外での生産活動から受け取る雇用者所得や企業所得の純受け取り分のこと

COLUMN 9-❸ J. M. ケインズ

「知っている経済学者を挙げなさい」と尋ねれば,アダム・スミスと並んでJ. M. ケインズ (John Maynard Keynes, (英), 1883年〜1946年) を挙げる人が多いのではないでしょうか.

彼が1936年に著したThe General Theory of Employment, Interest and Money, Macmillan (邦訳：塩野谷九十九 (1941)『雇用・利子および貨幣の一般理論』東洋経済新報社) は,市場メカニズムによって完全雇用が実現するこれまでの経済学 (ケインズのいう「古典派」) とは異なり,労働市場における失業の存在を認め,それをいかに解消するかという点に光を当てました.ケインズの活躍した時代は,1929年の世界大恐慌以降,不況による失業に世界中が苦しんでいた時代でした.

これまでの経済学が市場や個々の経済主体の行動を分析の対象としていたのに対し,ケインズは,一国全体の経済活動を考える,今日でいうマクロ経済学の発想を経済学に持ち込んだのです.ケインズ経済学を信奉する経済学者を**ケインジアン** (Keynesian) といいますが,当時,アメリカの若き経済学者だったP. サミュエルソンは,当時を振り返り,以下のように回想しています.

「『一般理論』は,南海島民の孤立した種族を最初に襲ってこれをほとんど全滅させた疫病のごとき思いがけない猛威をもって,年齢35歳以下のたいていの経済学者をとらえた.50歳以上の経済学者は,結局のところ,その病気にまったく免疫であった.時がたつにつれ,その中間にある経済学者の大部分も,しばしば

そうとは知らずして，あるいはそうとは認めようとせずに，その熱に感染しはじめた.」

J.M.ケインズ

ケインズは国民所得を会計的に把握しようとも努めました．その理論的な根拠を『一般理論』に置きつつ，1940年に出版された*How to pay for the war*（『戦費調達の理論』）は，その後 **J. ミード**（James Edward Meade，(英)，1907年〜1995年）[8]や **R. ストーン**（John Richard Nicholas Stone，(英)，1913年〜1991年）[9]らの研究へと発展し，今日の国民経済計算の礎となりました．

また，ケインズは，1944年にアメリカ・ニューハンプシャー州ブレトンウッズで開催された国際協定にも参加しています．ブレトンウッズ会議では，**国際通貨基金**（International Monetary Fund; IMF），**国際復興開発銀行**（the International Bank for Reconstruction and Development; IBRD）[10]の設立が合意され，1ドルが360円と固定されるなど，第2次世界大戦後の国際経済に多大な影響を与える取り決めがなされました．ケインズは，採用こそされませんでしたが，この会議で**バンコール**（Bancor）という国際通貨の新設も主張しています．

Wikimedia Commons より

（ii）国内総生産に含まれるもの，含まれないもの

GDPが国内で生産された付加価値であるとしても，対象となる経済活動の範囲を定めておくことは重要です．GDPに含まれる項目は，市場で取引された財やサービスを基本としています．ただし，市場で取引されていなくても，農家が「自家消費」する農産物や，企業が社員に支給する「現物給与」，自己使用の賃貸住宅などは，あたかもそれが市場で取引されたかのように取り扱う**帰属計算**（imputation）を行っています．

---

[8] J. ミードは，国際貿易に関する理論および資本移動に関する理論を開拓した業績が称えられて，1977年にノーベル経済学賞を受賞しました．
[9] R. ストーンは，国民経済計算体系の開発とそれに基づく経験主義的経済分析の基礎の改良が称えられ，1984年にノーベル経済学賞を受賞しました．
[10] 世界銀行グループの1機関です．現在は国連の付属機関となっています．

第9章 国民経済計算 387

帰属計算を行う理由は，2つあります．第1の理由は，生産物の自己消費の割合が変化したり，持家・借家比率が変化したりしたことによって，GDPが変化することを回避するためです．第2の理由は，これらの価値が市場価格によって容易に算出することが可能であるという点です．これらの理由のために，最初から帰属計算を行ってGDPに計上しておくのです．また，公務員の行う行政，教育，医療等のサービスもGDPには計上されます．

他方，生産活動以外で得られた価値についてはGDPには計上しないというのが原則となっています．たとえば，家事労働などは，これを家政婦に代行してもらえば，そのサービスへの対価はGDPに計上されますが，自ら行った家事労働は含まれません．また，地価の値上がりによる収入や株の売却益などの資本利得（**キャピタル・ゲイン**）や，その逆の資本損失（**キャピタル・ロス**）もGDPには計上されません．加えて，公害や環境破壊による負の外部性や余暇の時間の増加などは国民生活には影響を与えるものの，それが市場を経ていないという理由からGDPに含めないのです．

国民の福祉水準を数量化して測る試みとして，1970年代には**国民純福祉**（Net National Welfare; NNW）が考案されたり，1980年代からは，国内総生産から環境破壊などに伴う損失を差し引いて算出する**グリーンGDP**（環境調整済み国内総生産）などが検討されたりしていますが，各国との比較の観点から統一されたものになっていないのが現状です．

GDPに含まれるもの	GDPに含まれないもの
新車	中古車
アパレルショップで買った服	オークションで買った服
家政婦代行	家事労働
農家が自家消費する野菜	資産売却による利損益
工場建設	公害
公園工事	

> **ポイント・チェック** 国内総生産に含まれるもの，含まれないもの
>
> ❶ 国内総生産に含まれる項目は，市場で取引された財やサービスを基本とする
> ❷ 帰属計算とは，市場で取引されていなくても，あたかもそれが市場で取引されたかのように取り扱う計算のこと
> ❸ 国民純福祉とは，国民の福祉水準を数量化して測ったもの
> ❹ グリーンGDPとは，国内総生産から環境破壊などに伴う損失を差し引いたもの
> ❺ 国民純福祉やグリーンGDPなどは，各国との比較の観点から統一されたものになっていない

COLUMN 9-❹　GDPは幸せを測る指標？

　A国では何年にもわたって銅が採掘され，銅を精錬するために山の木が伐採されました．山の保水力が低下し，土石流が頻繁に起こって民家を襲い，公害も発生して，多くの住民が病院に運ばれました．

　……実に悲しい話です．しかし，産出された銅も，土石流による政府の復興支出も，GDPには計上されますし，公害によって病人が増えれば病院も薬局も売り上げを伸ばすことになって，これまたGDPを引き上げる可能性があります．

　その一方で，GDPは，原則的に市場を介さない公害や健康被害などに関しては評価していないという問題があります．

　日本は1950年代中ごろから1970年代前半まで高度経済成長期を経験しました．しかし，経済成長一辺倒への反省から，1970年には朝日新聞に「くたばれGNP」と題する特集が組まれるなど，GNPへの盲目的な信奉に対し批判がされ始めました．経済成長とともに，四大公害病（水俣病・新潟水俣病・四日市ぜんそく・イタイイタイ病）をはじめとする公害問題が取りざたされたのもこの時期です．

くたばれGNP 〈1〉

「西ドイツを追込した」「自由世界2位になった」．あとは米国だ」——一九六〇年代の日本は「GNP」（国民総生産）に酔った．「GNP」に酔った．昨年は六十兆円，米国を追うGNP大国の陰で庶民の生活はふえ，発狂の節もすばらしい．しかし，社会の歪みをはかる物指しはないのか，社会の貧しい身の回りの現実をみると，GNPがふえさえすれば，それでいいのか，という疑問がわく，長い間のきらきらしていたGNPの神話行きな，従来つけが潔ぎ始めたために，GNPとはいったい何なのか，ほかに社会の歪みをはかる物指しはないのか，それをみんなで考えてみたい．

1970年5月17日(日)付
『朝日新聞』朝刊
「くたばれGNP」は1970年5月17日(日)から週1回連載され，1970年9月13日まで18回にわたって掲載されました．

また，当時はあまり知られていませんでしたが，1972年，ブータン王国のジグミ・シンゲ・ワンチュク国王はすでに**国民総幸福量**（Gross National Happiness; GNH）の概念を提唱していました．GNHは生産された付加価値のみに注目するのではなく，心理的幸福や健康，教育，文化，環境，コミュニティ，統治，生活水準，自分の時間の使い方などをその評価対象とし，その国の「豊かさ」をとらえようとする画期的な試みでしたが，国際間比較がしにくい，指標についての質問が主観的すぎるといった問題も指摘されています．

2 実質表示とGDPデフレーター

国内総生産（GDP）は年々変化していきます．この変化を**経済成長**（economic growth）といいます．しかし，2013年のGDP（GDP_{2013}）とたとえば2000年のGDP（GDP_{2000}）とを単純に比較して，「GDPが増加した」とか「減少した」と即断することはできません．というのも，GDPはその時々の**物価**（price）水準で評価されているため，価格の変動を考慮しなければならないからです．

物価の変動を考慮したGDPを**実質GDP**（real GDP）といい，その時々の物価で評価したGDPを**名目GDP**（nominal GDP）といいます[11]．ただし，GDPはそれ自体が経済活動によって得られた付加価値の合計なので，その時々の価格というものがありません．そこで，❶GDPを構成する消費や投資などの項目を，それぞれの物価指数（消費財物価指数や投資財物価指数）などで割って，❷実質表示された消費や投資などを合計することによって実質GDP（実質GDE）を求めます．❸この実質GDPで名目GDPを割ることによって，GDPの価格とでもいうべき総合物価指数を求めることができます．

名目値を実質値で割ることを，経済学ではデフレート（deflate）するといいますので，このGDPの価格（総合物価指数）を**GDPデフレーター**（GDP deflator）といいます[12]．

いま，名目GDPをY，消費をC，投資をIとし，消費者物価指数をp_C，投資

---

11) 実質と名目の違いについては，第2章のCOLUMN 2-❶を参照してください．
12) このように，GDPデフレーターは実質消費，実質投資などをそれぞれ求めて，間接的に算出されることから，**インプリシット・デフレーター**（implicit deflator）とよばれることもあります．

財物価指数をp_Iで表すと,実質消費は$C/p_C(=c)$,また実質投資は$I/p_I(=i)$となるので,実質GDP(y)は,

$$y = \frac{C}{p_c} + \frac{I}{p_I} = c + i$$

となります.したがってGDPデフレーターは,

$$\text{GDPデフレーター} = \frac{\text{名目GDP}}{\text{実質GDP}} = \frac{Y}{y} = \frac{Y}{c+i}$$

となります.

ポイント・チェック 実質表示とGDPデフレーター

❶ 経済成長とは,国内総生産が長期的に変化すること
❷ 国内総生産は,その時々の物価水準で評価されるため,価格の変動を考慮しなくてはならない
❸ 実質GDPとは,物価の変動を考慮した国内総生産のこと
❹ 名目GDPとは,その時々の物価で評価した国内総生産のこと
❺ $\text{GDPデフレーター} = \dfrac{\text{名目GDP}}{\text{実質GDP}} = \dfrac{Y}{y} = \dfrac{Y}{c(\text{実質消費})+i(\text{実質投資})}$

COLUMN 9-❺ ラスパイレス式とパーシェ式

物価指数(price index)は,経済全体についての価格動向を示すための指標です.一般的に1つの財やサービスには1つの価格が付いています(**一物一価の法則**).ですから経済全体で価格の動きを考えるということは,基準時点と比較時点の価格の比率,つまり,指数の形で表すことになります.その集計の方法としては**ラスパイレス式**(Laspeyres index)と**パーシェ式**(Paasche index)という2つの方式があります.

いま,2つの財,第1財と第2財があったとします.下添え字がそれぞれの財を示すものとして,その価格をp_1, p_2とし,数量をq_1, q_2で表します.第1財をジュースとすると,たとえばジュースの価格は$p_1=120$円,ジュース5本は$q_1=5$本となるわけです.同様に,第2財をケーキとすれば,その価格と購入する数量は,$p_2=250$円,それを4つ買えば,$q_2=4$つ,となります.ある消費者がこれらを購入

すれば，その合計金額は，120×5+250×4＝1,600円となりますね．これを示すと，以下の「数値例」の行に示したようになります．

記号を用いて表すとどうなるでしょうか．ジュースの購入金額はp_1q_1円，ケーキの購入金額はp_2q_2円となりますね．したがって，合計金額は$p_1q_1+p_2q_2$円です．これは下の表の「記号で示すと」の行に示されています．

	ジュースの購入金額	ケーキの購入金額	合計金額
数値例	120×5	250×4	120×5+250×4＝1,600
記号で示すと	p_1q_1	p_2q_2	$p_1q_1+p_2q_2$

大事なのは，$p_1q_1+p_2q_2$の部分です．いま，簡略化のために2つの財（ジュースとケーキ）しか考えていませんでした．しかし，多くの財の価格と数量，たとえば，第3財，第4財，……第n財を考えるとき，この「合計金額」は，

$$p_1q_1+p_2q_2+p_3q_3+p_4q_4+\cdots+p_nq_n$$

と表せます．これを記号で表すと，$\sum_{i=1}^{n}p_iq_i$と書けます[13]．

次に，2つの時点，基準時0と今期tを考え，財の価格と数量の上添え字につけて区別します．すると，基準時0におけるn個の財の合計は

$$\sum_{i=1}^{n}p_i^0q_i^0$$

となり，また，今期tにおけるn個の財の合計は

$$\sum_{i=1}^{n}p_i^tq_i^t$$

となります．

ここで，ラスパイレス物価指数とパーシェ物価指数について定義しておきましょう．**ラスパイレス**（Ernst Louis Étienne Laspeyres,（独），1834年〜1913年）も**パーシェ**（Hermann Paasche,（独），1851年〜1925年）も，ともに考案した経済学者の名前です．

【ラスパイレス物価指数】

$$\frac{\sum_{i=1}^{n}p_i^tq_i^0}{\sum_{i=1}^{n}p_i^0q_i^0}\times 100$$

---

13) これは「シグマ，$i=1$からnまでのp_iq_i」と読み，各財の購入金額をすべて足し合わせた合計，という意味をもっています．

【パーシェ物価指数】

$$\frac{\sum_{i=1}^{n} p_i^t q_i^t}{\sum_{i=1}^{n} p_i^0 q_i^t} \times 100$$

定義式は複雑ですが，ゆっくり考えていけば誰にでも理解できます．まずラスパイレス物価指数からみていきましょう．ラスパイレス指数の分母 $\sum_{i=1}^{n} p_i^0 q_i^0$ に注目してください．これは，基準年の合計金額です．ところが，分子は，価格 p_i^t の部分が今年のものになっています．ラスパイレス物価指数は「**基準年に購入した財・サービスの量 q_i^0 をそっくりそのまま今年の金額 p_i^t で購入するとすれば，基準年の合計 $\sum_{i=1}^{n} p_i^0 q_i^0$ と比較して何%余計に払わなければならないか**」ということを意味しています．

これに対して，パーシェ物価指数は，「今年の購入金額の合計 $\sum_{i=1}^{n} p_i^t q_i^t$ は，もし今年購入した数量 q_i^t と同じだけの量を，基準年の価格 p_i^0 で購入したとすれば，何%余計に払ったことになるのか」ということを示しています．

したがって，ラスパイレス物価指数は，

$$\text{ラスパイレス物価指数} = \frac{\text{今年の価格} \times \text{基準年の数量}}{\text{基準年の合計}}$$

パーシェ物価指数は，

$$\text{パーシェ物価指数} = \frac{\text{今年の合計}}{\text{基準年の価格} \times \text{今年の数量}}$$

となります．こうした価格指数の他に，「ラスパイレス型数量指数」，「パーシェ型数量指数」とよばれるものがあります．これもまとめて表にしておきましょう．

	物価指数	数量指数
ラスパイレス型	$\dfrac{\sum_{i=1}^{n} p_i^t q_i^0}{\sum_{i=1}^{n} p_i^0 q_i^0} \times 100$	$\dfrac{\sum_{i=1}^{n} p_i^0 q_i^t}{\sum_{i=1}^{n} p_i^0 q_i^0} \times 100$
パーシェ型	$\dfrac{\sum_{i=1}^{n} p_i^t q_i^t}{\sum_{i=1}^{n} p_i^0 q_i^t} \times 100$	$\dfrac{\sum_{i=1}^{n} p_i^t q_i^t}{\sum_{i=1}^{n} p_i^t q_i^0} \times 100$

ラスパイレス型はあくまで基準年の合計，パーシェ型は今年の合計を用いて比較していることに注意してください．

代表的なラスパイレス指数：**消費者物価指数** (Consumer Price Index; CPI)
　　　　　　　　　　　　企業物価指数 (Corporate Goods Price Index; CGIP)[14]
代表的なパーシェ指数：**GDPデフレーター**

3 三面等価の原則とI-Sバランス

1でみてきましたように，一定期間に生産された付加価値——すなわちGDPは，所得として国民に分配され，財やサービスの購入支出に使われています．したがって，生産面，分配面，支出面，どこからみてもこの三面からみたGDPは理論上等しくなっているはずです．これを**三面等価の原則** (three equivalent representations for GDP) といいます．

三面等価の原則を理解するために，経済をモデルで表してみましょう[15]．生産面は，生産関数によって表されます．生産関数は生産要素——ここでは労働のみを考えています——を生産物（GDP）に変える技術的な関係を表しています．つまり，労働（L）からGDP（Y）を生み出す過程を記述したものです．したがって生産面からみたGDP（Y^S）は，

【生産面からみたGDP】$Y^S = F(L) = Y$

となります．

また，生産されたGDP（Y）は所得となって経済主体に分配されます．その一部は租税（T）として政府に徴収されますが，所得から租税を引いた**可処分所得**（disposable income）$Y-T$ は，消費（C）に使われ，そして残った部分が貯蓄（S）となります．これを模式図にしたものが図9-4です．分配面からみたGDPは，経済主体へのGDPの分配を表しています．これを記号で表せば，

【分配面からみたGDP】$Y = C + S + T$

となります．

最後に，支出面からみたGDPについて考えてみましょう．繰り返しお話してきましたように，支出とは消費です．支出面からみたGDPとは，各経済主体の消費の合計です．つまり，家計の消費（C），企業の消費である投資（I），政府の消費である政府支出（G）の合計です．これらの合計 $C+I+G$ は国内で消費され吸収されるという意味で**アブソープション**（absorption）とよばれています．また海外との**貿易**（international trade）を考えると，GDPの一部は**輸出**（export; X）として外国の「消費」となり，また，**輸入**（import; M）は外国との

---

14) 2000年までは**卸売物価指数**（Wholesale Price Index; WPI）と呼ばれていました．
15) 図9-1を参照しながら理解すると一層わかりやすいと思います．

図9-4

GDP (Y) のうち、租税 (T) は政府へ、可処分所得 ($Y-T$) は家計へ。可処分所得は消費 (C) と貯蓄 (S) に分かれ、貯蓄は（金融機関を通じて）企業へ。

貿易から得られる追加的なGDPです．したがって支出面からみたGDP (Y^D) は，$Y+M=C+I+G+X$ より，

【支出面からみたGDP】 $Y^D = C+I+G+X-M$

となります．

経済活動は，生産→分配→消費→……の繰り返しですから，三面等価の原則 $Y^S = Y = Y^D$ より，分配面からみたGDPと支出面からみたGDPはそれぞれ，

【分配面からみたGDP】 $Y = C+S+T$

【支出面からみたGDP】 $Y^D = C+I+G+X-M$

となります．この2つの式について，上の式から下の式を引いて整理すると，

$(X-M) = (S-I) + (T-G)$

が求まります．括弧は説明のための便宜的なものです．この式の左辺「輸出マイナス輸入 ($X-M$)」は貿易収支とよばれていますが，経常収支の大部分を占めており，ここでは**経常収支** (current account) と同一と考えましょう．また，右辺の「租税マイナス政府支出 ($T-G$)」は**財政収支** (fiscal balance) とよばれるものです．また，($S-I$) は「投資・貯蓄バランス」または**ISバランス** (IS balance) とよばれているもので，民間貯蓄が投資に充当される状況を表しています．したがって，三面等価が成立しているがゆえに，「**経常収支はISバランスと財政収支の和に等しい**」という関係が恒等的に成り立つのです．これを**ISバランス論**といいます．

いま仮に，民間の貯蓄がすべて投資に回ったとすれば，ISバランスは均衡し，ゼロとなります．したがって，**経常収支赤字** (current account deficit) が発生して

いれば，**財政収支赤字**（fiscal deficit）が発生していることを意味し，**経常収支黒字**（current account surplus）が発生していれば，**財政収支黒字**（fiscal surplus）が発生していることになります．つまり，（貯蓄と投資が均衡していれば，）経常収支と財政収支は表裏一体の関係といえるのです．

経常収支の赤字と財政収支の赤字が併発した状況を**双子の赤字**（Double deficit, Twin deficit）とよびますが，1980年代のアメリカでは，双子の赤字を解消するために，過剰な財政支出を削減したり，経済の供給面——減税などを重視する政策（**サプライサイド・エコノミー**）が採られたりしました[16)]．また，1985年の**プラザ合意**（Plaza agreement）では，ドル安へと誘導することによって輸出を増加させて国際収支を改善しようという試みが行われました．こうした試みを，当時の大統領**R. レーガン**（Ronald Wilson Reagan, 1911年〜2004年）の名をとって，**レーガノミクス**（Reaganomics）といいます．

> **ポイント・チェック　三面等価の原則とI-Sバランスの特徴**
> ❶ 三面等価の原則とは，生産面，分配面，支出面，どこからみてもこの三面からみた国内総生産は理論上等しくなっていること
> ❷ 可処分所得とは，所得から租税を引いたもの
> ❸ ISバランス論とは，経常収支がISバランスと財政収支の和に等しいという関係のこと

4　産業別国内総生産とペティ＝クラークの法則

生産面からみたGDPは，産業ごとに生産されたGDPの合計であることから産業別GDPとよばれることがあります．日本では産業を大分類・中分類・小

---

16) 減税は需要サイドの政策と考えられがちですが，サプライサイド・エコノミーの支持者は，減税が労働意欲の向上と貯蓄の増加を促し，その結果投資が増加するという意味で，供給サイドの政策であると考えています．主なサプライサイド・エコノミーの支持者に**A. ラッファー**（Arthur Betz Laffer,（米), 1940年〜）や**M. フェルドシュタイン**（Martin Feldstein,（米), 1939年〜）がいます．p.484を参照してください．

分類に分けています．このように分けることは，所属する産業に対する補助金や助成金を交付するといった実務的な重要性があるだけでなく，一国の産業構造を把握しやすくするという利点もあります．

日本には総務省が作成している**日本標準産業分類**(Japan Standard Industrial Classification; JSIC) という分類があります．産業分類は経済活動の内容を反映したものでなければなりませんから，数年ごとに改訂されています．2007年の改定では，大分類で「学術研究，専門・技術サービス業」および「生活関連サービス業，娯楽業」が新設されました．

一方，**国連**(United Nation; UN) も**国際標準産業分類**(International Standard Industrial Classification of all Economic Activities; ISIC) という産業分類を行っています．したがって，日本の産業分類で作成された数値と国連で作成された数値の国際比較をする際には，対応を吟味する必要が出てきます．総務省は表9-1のような対応表を作っています．

また，国際貿易が行われる財やサービスに関しては，国連の**標準国際貿易商品分類**(Standard International Trade Classification; SITC) や，**世界税関機構**(World Customs Organization; WCO) が主体となって開発した関税品目体系としての**国際統一商品分類**(Harmonized Commodity Description and Coding System; HS) があります．

こうした複数の産業分類が存在することに加えて，さらに厄介なのは，各分類には改定バージョンがあるということです．このため，異なる時点のデータを比較する際にも注意が必要です．

産業を分類し，その構造変化を考えるという分析手法は，1930年代に**A. G. B. フィッシャー**(A. G. B. Fischer, (ニュージーランド), 1895年～1976年) によって先鞭がつけられ[17]，**C. クラーク**(Colin Grant Clark, (英), 1905年～1989年) によって普及しました[18]．C. クラークは産業を以下のように定義しました．

---

17) Fisher, A. G. B. (1935) *The Clash of Progress and Security*, London: Macmillan.
18) Clark, C. (1940) *The Conditions of Economic Progress*, London: Macmillan (邦訳：大川一司・小原敬士・高橋長太郎・山田雄三訳 (1953・55) 『経済進歩の諸条件（上・下）』勁草書房).

表9-1 日本標準産業分類（2002改定，2007改定）と国際標準産業分類の分類項目比較表

日本標準産業分類（JSIC）（2002改定）				日本標準産業分類
大分類	中分類	小分類	細分類	大分類
A 農業	1	4	20	A 農業，林業
B 林業	1	5	9	
C 漁業	2	4	17	B 漁業
D 鉱業	1	6	30	C 鉱業，採石業，砂利採取業
E 建設業	3	20	49	D 建設業
F 製造業	24	150	563	E 製造業
G 電気・ガス・熱供給・水道業	4	6	12	F 電気・ガス・熱供給・水道業
H 情報通信業	5	15	29	G 情報通信業
I 運輸業	7	24	46	H 運輸業，郵便業
J 卸売・小売業	12	44	150	I 卸売・小売業
K 金融・保険業	7	19	68	J 金融業，保険業
L 不動産業	2	6	10	K 不動産業，物品賃貸業
				L 学術研究，専門・技術サービス業
M 飲食店，宿泊業	3	12	18	M 宿泊業，飲食サービス業
				N 生活関連サービス業，娯楽業
				O 教育，学習支援業
N 医療，福祉	3	15	37	P 医療，福祉
O 教育，学習支援業	2	12	33	
P 複合サービス事業	2	4	8	Q 複合サービス事業
Q サービス業（他に分類されないもの）	15	68	164	R サービス業（他に分類されないもの）
R 公務（他に分類されないもの）	2	5	5	R 公務（他に分類されないもの）
S 分類不能の産業	1	1	1	S 分類不能の産業
19	97	420	1,269	20

（出所）総務省統計局・政策統括官（統計基準担当）・統計研修所ホームページ（http://www.

(JSIC)（2007改定）			国際標準産業分類（ISIC Rev.4）(2007)			
中分類	小分類	細分類	大分類	中分類	小分類	細分類
2	11	33	A 農業，林業及び漁業	3	13	38
2	6	21				
1	7	32	B 鉱業及び採石業	5	10	14
3	23	55	F 建設業	3	8	11
24	177	595	C 製造業	24	71	137
4	10	17	D 電気，ガス，蒸気及び空調供給業	1	3	3
			E 水供給，下水処理並びに廃棄物管理及び浄化活動	4	6	8
5	20	44	J 情報通信業	6	13	24
8	33	62	H 運輸・保管業	5	11	20
12	61	202	G 卸売・小売業並びに自動車及びオートバイ修理業	3	20	43
6	24	72	K 金融・保険業	3	10	18
3	15	28	L 不動産業	1	2	2
4	23	42	M 専門・科学・技術サービス業	7	14	14
			N 管理・支援サービス業	6	19	26
3	17	29	I 宿泊・飲食サービス業	2	6	7
3	23	67	R 芸術・娯楽及びレクリエーション	4	5	10
2	15	34	P 教育	1	5	8
3	18	41	Q 保健衛生及び社会事業	3	9	9
2	6	10				
9	34	65	S その他のサービス業	3	6	17
			U 治外法権機関及び団体	1	1	1
2	5	5	O 公務及び国防，強制社会保障事業	1	3	7
1	1	1	T 雇主としての世帯活動及び世帯による自家利用のための区別されない財及びサービス生産活動	2	3	3
99	529	1,455	21	88	238	420

stat.go.jp）より．

図9-5 日本の産業構造変化（GDPベース）

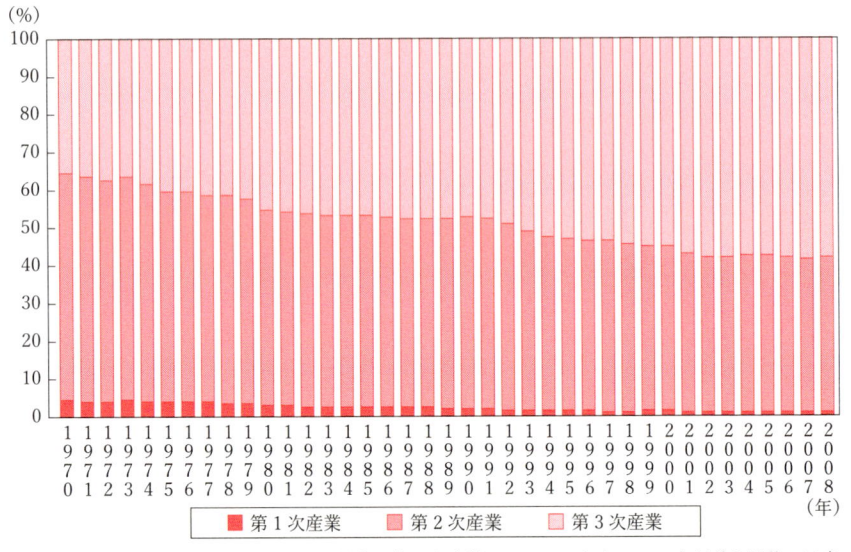

（注）産業分類は C. クラークと異なり，鉱業が第2次産業に入っています．2005年以前と以後では産業分類の改定により接続はしません．
（資料）U.N., National Accounts Main Aggregates Database (http://unstats.un.org) より作成．

第1次産業：農業，林業，水産業，牧畜業，狩猟業，鉱業など
第2次産業：製造業，建設業，ガス・電気業など
第3次産業：（第1次・第2次産業に含まれない）商業，運輸・通信，金融，公務など

　第1次産業には原始産業，第2次産業には加工業，第3次産業はサービス業が含まれているのが特徴です．こうした分類から，C. クラークは，経済発展に伴って，産業構造の比重——就労者割合や産業別GDPが，第1次産業から第2次，第3次産業へとシフトしていくという経験法則を導きました．この法則性それ自体は，すでに **W. ペティ**（Sir William Petty,（英），1623年〜1687年）が自らの『政治算術』(Political Arithmetic) の中で言及していたこともあり，今日，この法則は**ペティ＝クラークの法則**（Petty-Clark's law）とよばれています．

　しかしながら，たとえば第1次産業に属している鉱業などは第2次産業ともいえますし，分類は便宜的なものです．また，後に **S. クズネッツ**（Simon Smith

Kuznets, (米), 1901年～1985年)[19] も指摘しましたように, 第3次産業にはその他すべての産業が入ってしまうために, 産業構造を把握するためには, より詳細な分類が必要になる場合があります[20].

> **ポイント・チェック** 産業別国内総生産とペティ＝クラークの法則
>
> ❶ 生産面からみたGDPは, 産業ごとに生産されたGDPの合計から産業別GDPとよばれる
> ❷ C・クラークは産業を以下のように定義した
>   第1次産業：農業, 林業, 水産業, 牧畜業, 狩猟業, 鉱業など
>   第2次産業：製造業, 建設業, ガス・電気業など
>   第3次産業：(第1・2次産業に含まれない) 商業, 運輸・通信, 金融, 公務など
> ❸ ペティ＝クラークの法則とは, 経済発展に伴って, 産業構造の比重が, 第1次産業から第2次, 第3次産業に移るという経験法則

COLUMN 9-❻ 産業構造の長期経済分析

一国の産業構造を分析するためには, 長期的で整合的な統計が必要です. 1965年から1988年にわたり一橋大学経済研究所によって編纂された大川一司・篠原三代平・梅村又次監修『長期経済統計』全14巻 (東洋経済新報社) は, 1868年 (明治元年) 以降の日本の経済活動について, 国民経済の計算体系に合わせて加工, 推計したもので, この分野の先駆的業績です.

また現在, 編纂が進行している拓殖大学国際開発研究所による渡辺利夫監修『東

---

19) S. クズネッツは, 経済および社会の成長に関する構造および過程を深く洞察するための経済成長に関する理論を, 実証的手法を用いて構築した功績が称えられて, 1971年にノーベル経済学賞を受賞しました.
20) Kuznets, S. (1966) *Modern Economic Growth*, New Haven, CT: Yale University Press. およびKuznets, S. (1971) *Economic Growth of Nations*, Cambridge, MA: Harvard University Press (邦訳：西川俊作・戸田泰訳 (1977)『諸国民の経済成長――総生産高および生産構造』ダイヤモンド社) を参照してください.

『アジア長期経済統計』全15巻(勁草書房)は，アジア30カ国を対象とした長期統計と分析を行ったもので，現在10巻までが刊行されています。

東アジア長期経済統計

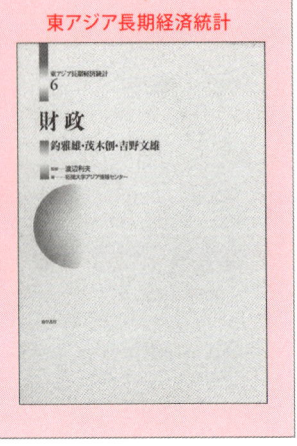

表9-2 実質GDPと成長率・寄与度・寄与率

	2009年 (10億円)	2010年 (10億円)	2010年の増減 (10億円)	増減
民間最終消費支出 (消費；C)	284,228	284,192	−36	$C_{2010} - C_{2009} = \Delta C$
総固定資本形成 (投資；I)	96,230	96,494	264	$I_{2010} - I_{2009} = \Delta I$
在庫品増加 (δ)	−5,159	−1,552	3,607	$\delta_{2010} - \delta_{2009} = \Delta \delta$
政府最終消費支出 (政府支出；G)	94,244	95,771	1,527	$G_{2010} - G_{2009} = \Delta G$
財貨・サービスの輸出 (輸出；X)	64,506	73,803	9,297	$X_{2010} - X_{2009} = \Delta X$
(控除)財貨・サービスの 輸入(輸入；M)	60,190	69,503	9,313	$M_{2010} - M_{2009} = \Delta M$
国内総生産 (Y)	473,859	479,205	5,346	$Y_{2010} - Y_{2009} = \Delta Y$

(資料) 内閣府『国民経済計算』より作成．

5 経済成長と寄与度・寄与率の測定

　GDPないし国民所得が時間の経過とともに拡大することを，**経済成長**（economic growth）といいます．また，前年や前年同期の値からの伸び率を**経済成長率**（economic growth rate）といいます．経済成長率は，今期の値から前期の値を引いて，それを前期の値で割ることによって求めることができます．GDPをYで表し，その変化分をΔYとすると，

$$経済成長率 = \frac{今年のGDP - 前年のGDP}{前年のGDP} \times 100 (\%) = \frac{\Delta Y}{Y} \times 100 (\%)$$

と表されます[21]．実質GDPを用いれば実質経済成長率，名目GDPを用いれば名目経済成長率ということになります．成長率の概念は，伸び率の概念ですから，消費の成長率，投資の成長率といったものにも使われています．表9-2には（実質）成長率とその算出方法が書かれています．

　これに対して，GDP成長率に対して，それぞれの成長率（消費成長率や投資成

2010年の成長率 (%)	成長率 (%)	2010年の寄与度 (%)	寄与度 (%)	2010年の寄与率 (%)	寄与率 (%)
−0.01	$\frac{\Delta C}{C_{2009}} \times 100$	−0.01	$\frac{\Delta C}{Y_{2009}} \times 100$	−0.67	$\frac{\Delta C}{\Delta Y} \times 100$
0.27	$\frac{\Delta I}{I_{2009}} \times 100$	0.06	$\frac{\Delta I}{Y_{2009}} \times 100$	4.94	$\frac{\Delta I}{\Delta Y} \times 100$
−69.91	$\frac{\Delta \delta}{\delta_{2009}} \times 100$	0.76	$\frac{\Delta \delta}{Y_{2009}} \times 100$	67.47	$\frac{\Delta \delta}{\Delta Y} \times 100$
1.62	$\frac{\Delta G}{G_{2009}} \times 100$	0.32	$\frac{\Delta G}{Y_{2009}} \times 100$	28.56	$\frac{\Delta G}{\Delta Y} \times 100$
14.41	$\frac{\Delta X}{X_{2009}} \times 100$	1.96	$\frac{\Delta X}{Y_{2009}} \times 100$	173.91	$\frac{\Delta X}{\Delta Y} \times 100$
15.47	$\frac{\Delta M}{M_{2009}} \times 100$	1.97	$\frac{\Delta M}{Y_{2009}} \times 100$	174.20	$\frac{\Delta M}{\Delta Y} \times 100$
1.13	$\frac{\Delta Y}{Y_{2009}} \times 100$	1.13	$\frac{\Delta Y}{Y_{2009}} \times 100$	100.00	$\frac{\Delta Y}{\Delta Y} \times 100$

長率など）がどれだけ貢献しているかを示した指標を**寄与度**といいます．各項目の寄与度は，

$$各項目の寄与度 = \frac{各項目の今年の値 - 各項目の前年の値}{前年のGDP\ (Y)} \times 100\ (\%)$$

と定義されます．たとえば，消費の寄与度は $\Delta C/Y$，投資の寄与度は $\Delta I/Y$ となります．その定義から，各項目の寄与度の合計はGDP成長率（経済成長率）$\Delta Y/Y$ と一致します．

$$\frac{\Delta C + \Delta I + \Delta G + \Delta X - \Delta M}{Y} = \frac{\Delta Y}{Y}$$

また，寄与度を構成比の視点からみた指標として**寄与率**というものがあります．寄与率は，各項目の変化分がGDPの変化分の何％を占めているかというもので，以下の式によって表すことができます．

$$各項目の寄与率 = \frac{各項目の今年の値 - 各項目の前年の値}{GDPの変化分\ (\Delta Y)} \times 100\ (\%)$$

たとえば，消費の寄与率は $\Delta C/\Delta Y$，投資の寄与率は $\Delta I/\Delta Y$ となります．したがって，各項目の寄与率の合計を足すと，1となります．

$$\frac{\Delta C + \Delta I + \Delta G + \Delta X - \Delta M}{\Delta Y} = \frac{\Delta Y}{\Delta Y} = 1$$

さらに，その定義から，GDP寄与度（寄与度の合計）をGDP成長率で割ったものはGDP寄与率（寄与率の合計＝1）に等しくなっています．

GDP寄与度÷GDP成長率

$$= \frac{\Delta C + \Delta I + \Delta G + \Delta X - \Delta M}{Y} \div \frac{\Delta Y}{Y} = \frac{\Delta C + \Delta I + \Delta G + \Delta X - \Delta M}{\Delta Y} = \frac{\Delta Y}{\Delta Y} = 1$$

表9-2には寄与度と寄与率について，その算出方法が書かれています．

---

[21] 対前年比や対前年同期比を用いるこうした「成長率」の定義は，成長という言葉の定義に合致していないという批判もあります．たとえば，前年に国際金融危機や大規模な不況があった場合には急激なGDPの低下があり，それと比べて上昇しているからといって，長期的な経済活動の上昇を意味する「経済成長」を表しているとはいえないという指摘があります．この問題を解決するために，たとえば，5年間の平均成長率の系列を計算し，その系列を10年間隔で比較するといった方法もあります．ただし，「成長率」といった場合には，対前年比や対前年同期比を用いる場合が一般的です．

> **ポイント・チェック** 経済成長と寄与度・寄与率の測定の特徴
>
> ❶ 経済成長率とは，GDPないし国民所得の前年や前年同期の値からの伸び率のこと
>
> $$経済成長率 = \frac{今年のGDP - 前年のGDP}{前年のGDP} \times 100(\%)$$
>
> ❷ 実質経済成長率とは，実質GDPを用いた経済成長率のこと
> 名目経済成長率とは，名目GDPを用いた経済成長率のこと
>
> ❸ 寄与度とは，GDP成長率に対して，それぞれの成長率がどれだけ貢献しているかを示した指標のこと
>
> $$各項目の寄与度 = \frac{各項目の今年の値 - 各項目の前年の値}{前年のGDP(Y)} \times 100(\%)$$
>
> ❹ 寄与率とは，寄与度を構成比の視点からみた指標
>
> $$各項目の寄与率 = \frac{各項目の今年の値 - 各項目の前年の値}{GDPの変化分(\Delta Y)} \times 100(\%)$$

6 所得の分配と不平等度の測定

　生産活動によって得られたGDP（ないし国民所得）が，誰にどれだけ**分配**（distribution）されるかという問題は，マクロ経済を考える上でとても重要です．ミクロ経済学でも学習しましたように，資源の**配分**（allocation）には**パレート最適**（Pareto optimum）という基準があり，これによって効率的な資源配分が実現されました[22]．しかし所得の「分配」については，同様の基準がありません．

　たとえば，世の中のたった1人に所得が集中している場合であっても，パレート最適な資源配分は実現されてしまいます．この場合，国民は所得分配が不公平であると感じるかもしれませんが，市場メカニズムに任せるだけではこれを解決することができません．そこで，政府は市場に介入して所得分配の不平等（所得格差）を是正する必要に迫られます．

　所得分配の不平等さを計測する指標として**ジニ係数**（Gini coefficient）という概念があります[23]．

---

22) パレート最適の概念については，第5章を参照してください．
23) **C. ジニ**（Corrado Gini,（伊），1884年～1965年）が考案したのでこの名がついています．

図9-6 ローレンツ曲線とジニ係数

ジニ係数（G）

$$= \frac{\text{ODBの面積}}{\triangle \text{OABの面積}}$$

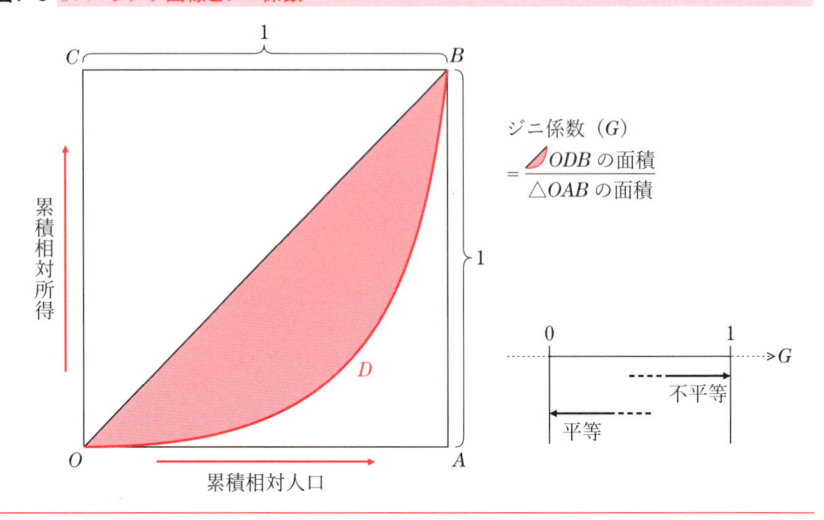

　図9-6をみてください．図に縦軸に国民所得，横軸に人口をとった正方形が描かれています．国民所得も人口も，それぞれ1と考えます．つまり，図の点Cでは国民所得が1，図の点Aでは全人口が1ということになります．

　いま仮に，この国に100人の人口があったとしましょう．全人口が1ですから，国民1人が横軸に占める割合（相対人口）は0.01ということになります．しかし，1人あたりの所得が縦軸に占める割合（相対所得）は0.01というわけにはいきません．所得の多い人もいれば少ない人もいるでしょう．たとえば，お金持ちの所得は1人で国民所得の0.1の割合を占めているかもしれませんが，反対に，貧しい人の所得は国民所得の0.001しか占めていないかもしれません．様々な所得階層があり得ますが，それらをすべて合計すると1になるのです．

　この国の貧しい人から順に，点Oから点Bに向かってプロットしていきます．たとえば，この国で一番貧しい人の所得が国民所得に全体に占める割合が0.001だったとします．すると，この人は点(0.01, 0.001)にプロットされることになります．次に，この国で二番目に貧しい人の所得が国民所得に占める割合が0.002だったとすると，二番目に貧しい人は点(0.02, 0.003)という点にプロットされます．縦軸，横軸それぞれに「累積……」とあるのは，ゼロからそ

の値までに含まれるすべての数値を足し合わせることを意味しています[24].

このようにして累積相対人口と累積相対所得の組み合わせができますが，それをすべてプロットすると，図9-6の曲線ODBを描くことができます．この曲線を，考案した統計学者 **M. ローレンツ** (Max Otto Lorenz, (米), 1876年～1959年) の名前をとって，**ローレンツ曲線** (Lorenz Curve) といいます．

もし，国民所得が均等に分配されるのであれば，ローレンツ曲線は正方形の対角線OBに一致します．逆に，国民所得が1人に独占されてしまうような状況では，長さ1の正方形のOB上の0.99まではゼロで，最後の0.01になってBAとなるわけですから，ローレンツ曲線は限りなく辺OABに近づきます．ローレンツ曲線は，対角線に近づけば平等な分配，辺OABに近づけば不平等な分配になります．

ジニ係数とは，△OABの面積に占める対角線とローレンツ曲線で囲まれるODBの部分の面積（図9-6の塗りつぶし部分）と定義されます．

$$\text{ジニ係数} = \frac{\text{対角線とローレンツ曲線で囲まれる}ODB\text{の面積}}{\triangle OAB\text{の面積}}$$

ジニ係数はその定義から決して1より大きくはなりません．ゼロに近づくほど平等になり，1に近づくほど不平等になります[25].

ポイント・チェック 所得の分配と不平等度の測定の特徴

❶ ジニ係数とは，所得分配の不平等さを計測する指標のこと
❷ ジニ係数は，決して1より大きくなることはなく，ゼロに近づくほど平等になり，1に近づくほど不平等になる

---

24) プロットされる点は，（累積相対人口，累積相対所得）という組み合わせと考えています．
25) ジニ係数以外の所得分配の不平等度を測る指標として，**パレート係数** (Pareto efficient) というものもあります．これは，（納税最低限以上の）所得をx，納税所得者数をN，定数をAとしたとき，$N = Ax^{-\alpha}$という関係（**パレート法則**）が成り立つという経験則です．このときαをパレート係数といい，（ジニ係数とは逆に）ゼロに近づくほど不平等になり，1に近づくほど平等になります．

COLUMN 9-7 クズネッツの逆U字仮説

経済発展と所得分配の不平等に着目したS. クズネッツ (Simon Smith Kuznets, (米), 1901年~1985年) は, 1955年に「経済成長と所得格差」と題する論文を発表しました. 彼は, 経済が発展していく過程において, 所得の不平等度が相対的に高い工業部門の比重が高まり, 国内の所得格差は広がるが, その後, 工業部門に従事する人の格差が是正され, また, 民主主義の成熟から, 法律や制度の整備が進むことを通じて, 所得の不平等度が低下することを発見しました. 経済発展とともに, 不平等度が拡大し, 時間の経過とともに不平等度が低下する——これは今日, **クズネッツの逆U字仮説** (Kuznets' inverted U hypothesis) とよばれています.

1人あたりGDPの水準と格差の指標には逆U字の関係がみられる
（クズネッツの逆U字仮説）

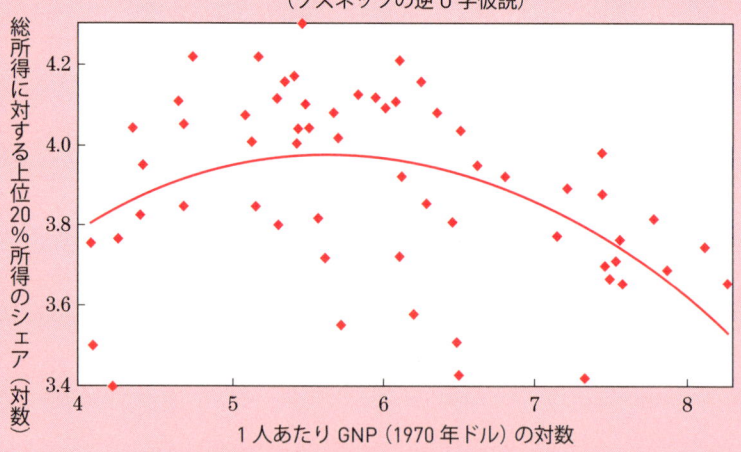

(備考) M. S. Ahluwalia (1996) "Inequality, Poverty and Development" により作成.
(出所) 内閣府 (2007)『平成19年度 年次経済財政報告』第3-4-1図より引用.

3 国民経済計算

前節ではGDPの概念と，それに関連する諸概念について説明しました．GDPは国の経済活動を把握する上で基本的な指標ですが，それだけでは国の経済活動を立体的に把握することはできません．たとえば国内で生産された付加価値の合計であるGDPは，集計値として表現されますが，その生産にどれだけの**中間財**(intermediate goods)が投入されているか，あるいは，海外との取引は何がどれだけ行われたのか，といった詳細についての記述はありません．

そこで，国民経済を様々な角度から立体的にみるために，**国民経済計算体系**または**国民経済計算**(System of National Accounts; SNA)とよばれるいくつかの統計表によって国民経済の実像をとらえる工夫がなされています[26]．SNAは，以下の統計表から構成されています．

	SNAに含まれる統計表	統計表の特徴
❶	国民所得勘定	GDPに関する統計表です．生産・消費などのフローに関する統計表です．
❷	産業連関表	投入産出表ともよばれ，財やサービスの流れ（フロー）が記述された統計表です．
❸	資金循環表	マネー・フロー表ともよばれ，お金の流れが記述された統計表です． （注）金融資産・負債勘定についてはストックが記載されています．
❹	国民貸借対照表	資産や負債など，国民のストックに関する統計表です．
❺	国際収支表	海外との取引が記述された統計表です．

以下それぞれ詳細にみていきましょう．

1 国民所得勘定

国民所得勘定(national income accounts)とは，GDPを生産面，分配面，支出面から記述した統計表です．その統計表は表9-3のようになっています．表の一番左の列には生産面からみたGDPが記述されています．産業，政府サービス

生産者，対家計民間非営利サービス生産者となっています．ここには産業別GDPが記述されています．すでにみてきましたように，生産面からみたGDPは産業別GDPの合計ですから，

【生産面からみたGDP】$Y^S = Y_{2010}$ ＝ 農林水産業のGDP＋鉱業のGDP＋,…
　　　　　　　　　　　　　　　＝ 481兆7,732億円

となっています．

分配面からみたGDPには，得られた付加価値が国民所得として分配される内訳が記載されています．国民所得には雇用者報酬（賃金，健康保険の雇主負担など），企業所得（営業余剰＋財産所得の受取－財産所得の支払い），財産所得（非企業部門）が含まれます．

国民所得とGDPの関係は，図9-3より，

【生産面からみたGDP】Y_{2010} ＝ 国民所得（349兆2,777億円）
　　　　　　　　　　　　　　　＋ 固定資本減耗（107兆9,684億円）
　　　　　　　　　　　　　　　＋（間接税 － 補助金）（36兆7,736億円）
　　　　　　　　　　　　　　　－ 海外からの純要素所得（12兆7,251億円）
　　　　　　　　　　　　　　　＋ 統計上の不突合（4,786億円）
　　　　　　　　　　　　　　　＝ 481兆7,732億円

となります．雇用者報酬は家計の所得に，営業余剰や固定資本減耗は企業の所得になります．政府は間接税から補助金を控除したものを所得として得ます．所得は消費（C），貯蓄（S），租税（T）に分配されますので，

【分配面からみたGDP】$Y = C + S + T$

---

26) これは国際連合経済社会理事会（United Nations Economic and Social Council; ECOSOC）の機能委員会（Functional Commission）の1つである国連統計委員会（United Nations Statistical Commission）によって基本的な枠組みが提示されています．SNAは，国際間の比較を可能にするという観点から1968年に国連によって統一の枠組みで国民経済を統計的に記述することが推進されました．これを1968年国民経済計算体系（68SNA）といいます．1993年には新たな国民経済計算の基準として1993年国民経済計算体系（93SNA）が採択されました．日本は1978年から68SNAを用いていましたが，2000年10月に93SNAに移行しました．現在，2009年第40回国連統計委員会において，2008年国民経済計算体系（08SNA）が採択されたため，今後は08SNAへの移行が予定されています．詳しくは，総務省統計局（2012）『世界の統計』第3章「国民経済計算」を参照ください．

表9-3 国民所得勘定(生産面・分配面・支出面からみたGDP)2010年(単位:10億円)

生産面からみた GDP		分配面からみた GDP		支出面からみた GDP	
1. 産業	423,509.3	1. 雇用者報酬	244,253.9	1. 民間最終消費支出	284,192.3
(1) 農林水産業	5,556.4	(1) 賃金・俸給	206,165.7	(1) 家計最終消費支出	278,058.7
a. 農業	4,664.5	(2) 雇主の社会負担	38,088.3	a. 国内家計最終消費支出	277,002.1
b. 林業	156.7	a. 雇主の現実社会負担	28,665.9	b. 居住者家計の海外での直接購入	2,000.5
c. 水産業	735.3	b. 雇主の帰属社会負担	9,422.3	c. (控除)非居住者家計の国内での直接購入	943.9
(2) 鉱業	287.0	2. 財産所得(非企業部門)	19,833.3	(再掲)	
(3) 製造業	93,362.2	(a) 受取	30,900.2	家計最終消費支出(除く持ち家の帰属家賃)	231,332.5
a. 食料品	12,736.5	(b) 支払	11,066.9	持ち家の帰属家賃	46,726.3
b. 繊維	531.9	(1) 一般政府	-3,154.4	(2) 対家計民間非営利団体最終消費支出	6,133.6
c. パルプ・紙	2,342.6	a. 利子	-3,330.1		
d. 化学	7,895.5	(a) 受取	6,358.5	2. 政府最終消費支出	95,770.9
e. 石油・石炭製品	5,792.9	(b) 支払	9,688.6	(再掲)	
f. 窯業・土石製品	2,790.6	b. 法人企業の分配所得(受取)	455.1	家計現実最終消費	339,359.9
g. 鉄鋼	7,985.1	(a) 配当	61.3	政府現実最終消費	40,603.3
h. 非鉄金属	1,861.7	(b) 準法人企業所得からの引き出し(受取)	393.8	3. 総資本形成	94,941.8
i. 金属製品	4,300.5	c. 保険契約者に帰属する財産所得(受取)	0.3	(1) 総固定資本形成	96,493.9
j. 一般機械	9,488.8	d. 賃貸料	-279.7	a. 民間	75,049.1
k. 電気機械	14,093.0	(a) 受取	40.3	(a) 住宅	12,996.5
l. 輸送用機械	11,841.1	(b) 支払	320.0	(b) 企業設備	62,052.6
m. 精密機械	1,499.9	(2) 家計	22,559.5	b. 公的	21,444.8
n. 衣服・身回品	620.1	a. 利子	6,406.3	(a) 住宅	516.4
o. 製材・木製品	671.4	(a) 受取	7,400.7	(b) 企業設備	5,711.0
p. 家具	525.1	(b) 支払(消費者負債利子)	994.4	(c) 一般政府	15,217.5
q. 印刷	2,699.2	b. 配当(受取)	4,268.2	(2) 在庫品増加	-1,552.1
r. 皮革・皮革製品	113.4	c. 保険契約者に帰属する財産所得(受取)	8,896.4	a. 民間企業	-1,477.4
s. ゴム製品	1,058.5	d. 賃貸料	2,988.6	(a) 製品在庫	26.9
t. その他の製造業	4,514.3	対家計民間非営利団体	428.2	(b) 仕掛品在庫	376.4
(4) 建設業	26,655.6	a. 利子	402.1	(c) 原材料在庫	-548.4
(5) 電気・ガス・水道業	10,972.1	(a) 受取	450.1	(d) 流通在庫	-1,332.4
a. 電気業	6,051.4	(b) 支払	48.1	b. 公的	-74.7
b. ガス・水道・熱供給業	4,920.7	b. 配当(受取)	2.7	(a) 公的企業	-53.6
(6) 卸売・小売業	64,352.0	c. 保険契約者に帰属する財産所得(受取)	0.7	(b) 一般政府	-21.1
a. 卸売業	36,129.3	d. 賃貸料	22.8	4. 財貨・サービスの純輸出	4,299.5
b. 小売業	28,222.7	(a) 受取	38.7	(1) 財貨・サービスの輸出	73,802.7
(7) 金融・保険業	23,629.6	(b) 支払	15.9	a. 財貨の輸出	64,451.2
(8) 不動産業	57,005.0	3. 企業所得(法人企業の分配所得受払後)	85,190.5	b. サービスの輸出(含む非居住者家計の国内での直接購入)	9,351.5
a. 住宅賃貸業	49,988.6	(1) 民間法人企業	47,229.2	(2) (控除)財貨・サービスの輸入	69,503.2
b. その他の不動産業	7,016.4	a. 非金融法人企業	40,566.5	a. 財貨の輸入	57,955.8
(9) 運輸業	23,502.5	b. 金融機関	6,662.7	b. サービスの輸入(含む居住者家計の海外での直接購入)	11,547.4
(10) 情報通信業	26,199.0	(2) 公的企業	2,419.6		
a. 通信業	10,005.9	a. 非金融法人企業	-320.1	5. 統計上の不突合	2,568.7
b. 放送業	1,585.5	b. 金融機関	2,739.7	6. 国内総生産(支出側)(1+2+3+4)	481,773.2
c. 情報サービス・映像文字情報制作業	14,607.7	(3) 個人企業	35,541.6		
(11) サービス業	91,988.0	a. 農林水産業	1,893.7	**【分配面からみた GDP:注記】**	
a. 公共サービス	28,869.4	b. その他の産業(非農林水産・非金融)	10,700.1	1. 国民所得は通常 4. の額をいう.	
b. 対事業所サービス	32,875.4	c. 持ち家	22,947.7	2. 企業所得=営業余剰+財産所得の受取-財産所得の支払	
c. 対個人サービス	30,243.2	4. 国民所得(要素費用表示)(1+2+3)	349,277.7		
2. 政府サービス生産者	44,107.5	5. 生産・輸入品に課される税(控除)補助金	36,773.6	**【支出面からみた GDP:注記】**	
(1) 電気・ガス・水道業	3,055.7	6. 国民所得(市場価格表示)(4+5)	386,051.3	1. 民間需要=民間最終消費支出+民間住宅+民間企業設備+民間在庫品増加	
(2) サービス業	11,436.0	7. 固定資本減耗	107,968.4	公的需要=政府最終消費支出+公的固定資本形成+在庫品増加	
(3) 公務	29,615.8	8. 国民総生産(6+7)	494,019.7	2. 国内需要=民間需要+公的需要	
3. 対家計民間非営利サービス生産者	10,000.7	9. 海外からの所得の純受取(参考)	12,725.1	3. 国民総所得=国内総生産+海外からの所得の純受取	
(1) 教育	4,668.7	海外からの所得	18,107.6		
(2) その他	5,332.0	(控除)海外に対する所得	5,382.5		
小計	477,617.5	10. 統計上の不突合	478.6		
輸入品に課される税・関税	4,846.5	11. 国内総生産(分配面)(8-9+10)	481,773.2		
(控除)総資本形成に係る消費税	2,570.3				
国内総生産(不突合を含まず)	479,893.7				
統計上の不突合	1,879.5				
4. 国内総生産	481,773.2				

(出所)内閣府『国民経済計算』より作成.

という関係が成り立っているのです.

所得になったGDPは経済主体ごとに支出されます. それが表9-3の右側の列です. 民間最終消費支出は家計の消費（C）, 総資本形成（国内総固定資本形成と在庫品増加）は企業の投資（I）, 政府最終消費支出は政府の消費（政府支出；G）です. また, 財貨・サービスの純輸出（$X-M$）は, 貿易による財の消費の純増です. したがって,

【生産面からみたGDP】Y_{2010}＝民間最終消費支出（284兆1,923億円）
　　　　　　　　　　　　＋総資本形成（94兆9,418億円）
　　　　　　　　　　　　＋政府最終消費支出（95兆7,709億円）
　　　　　　　　　　　　＋財貨・サービスの純輸出（4兆2,995億円）
　　　　　　　　　　　　＋統計上の不突合（2兆5,667億円）
　　　　　　　　　　　　＝481兆7,732億円

となっており, 生産面, 分配面, 支出面, いずれの面からみても三面等価の原則が成立していることがわかります[27].

2 産業連関表

❶ 産業連関表の基本構造

W. レオンチェフ（Wassily Leontief,（ソ, 米）, 1905年～1999年）[28]によって考案された**産業連関表**（input-output table）は, その名の通り, 一国の生産要素の投入と, 生産物の産出構造を表したものです.

産業連関表を使って行う分析として, 経済構造の分析や, 政策の波及効果などの分析が挙げられます. 難しいように聞こえるかもしれませんが, 皆さんは,「東京オリンピックの経済効果は, ○○○億円！」とか,「自由貿易協定を

---

27) 実際はそれぞれ個別に集計されたそれぞれのGDPが合致することは難しく, これは「統計上の不突合」という項目で調整しています.

28) W. レオンチェフは投入産出分析の発展と, 重要な経済問題に対する投入産出分析の応用が称えられ, 1973年にノーベル経済学賞を受賞しました. その先駆的業績はLeontief, W.（1941）*The Structure of the American Economy, 1919–1939: An empirical application of equilibrium analysis*, New York: Oxford Univ. Press（邦訳：山田勇・家本秀太郎（1959）『アメリカ経済の構造——産業連関分析の理論と実際』東洋経済新報社）です.

結ぶと，雇用が△%変化する」といったニュースを耳にしたことがあるでしょう．こうした分析を行うことができるのも産業連関表の特徴の1つです[29]．

表9-4は総務省が作成した産業連関表です．13部門表とあるのは，産業を農林水産業，鉱業，製造業……と13に分類したからで，より詳細な分類として総務省は34部門表，108部門表などを用意しています．

産業連関表を細かくみると，縦方向（「列」といいます）と横方向（「行」といいます）とで似た項目が並んでいることがわかるでしょう．たとえば，「電気・ガス・水道」というのは行にも列にも書かれていますね．しかし，行と列でその意味は異なっています．

産業連関表を列で読むと，当該産業の費用構造がわかるようになっています．農林水産業を列方向にみてください．「農林水産業」1兆6,430億1,700万円，「鉱業」6億2,600万円，「製造業」2兆5,636億4,800万円，……と続いていて，「内生部門計」が6兆2,032億500万円となっています．これは，農林水産業において，「農林水産業」はもとより，「鉱業」や「製造業」など様々な産業から得られる，いわば原料や材料の合計が「内生部門」として6兆2,032億500万円の投入があったことを意味しています．「内生部門」は**中間投入**とよばれています．

そして，こうした中間投入のもと，農林水産業は**付加価値**（added value）を「粗付加価値部門計」として6兆9,513億7,000万円つけ，最終的に「国内生産額」13兆1,545億7,500万円の生産物が生まれたことを意味しています．

農林水産業だけでなく，他のすべての産業について，列では，

【産業連関表の「列」】中間投入＋付加価値＝国内生産額

が成り立っています．つまり，列方向には**ある産業が，生産のために投入した**

[29) 分析例が充実している産業連関分析の入門書として，藤川清史（2005）『産業連関分析入門——ExcelとVBAでらくらくIO分析』（日本評論社）があります．また，日本におけるこの分野のパイオニアとして，新飯田宏（1978）『産業連関分析入門』（東洋経済新報社）や，宮沢健一（2002）『産業連関分析入門——経済学入門シリーズ（7版）』（日本経済新聞社）があります．また，地域経済への応用例として渡邊隆俊（2010）『地域経済の産業連関分析』（成文堂）などがあります．最新の興味深い応用例等については，環太平洋産業連関分析学会の機関誌『産業連関』が充実していますので，興味のある読者は手にとってみてはいかがでしょうか．

表9-4 産業連関表(13部門表・2005年)(単位:100万円)

		中間需要										
		農林水産業	鉱業	製造業	建設	電力・ガス・水道	商業	金融・保険	不動産	運輸	情報通信	公務
中間投入	農林水産業	1,643,017	504	7,798,233	87,905	0	9,311	0	81	1,939	0	2,140
	鉱業	626	3,019	12,638,103	502,664	3,307,002	0	0	0	57	0	429
	製造業	2,563,648	69,702	132,427,045	17,967,519	1,930,184	3,495,940	1,305,682	138,551	6,781,393	2,746,573	2,878,809
	建設	65,697	6,518	1,197,953	143,850	1,277,933	651,679	164,048	3,047,681	505,823	233,419	588,219
	電力・ガス・水道	112,781	38,967	5,574,152	404,946	1,676,116	2,039,907	245,973	219,818	968,360	480,158	1,265,320
	商業	543,366	25,953	17,432,264	4,123,288	552,925	1,826,085	252,847	72,325	1,665,151	714,522	581,473
	金融・保険	226,281	70,008	3,843,999	937,841	710,066	5,707,629	4,478,944	3,798,522	2,220,168	636,153	126,344
	不動産	4,520	7,829	620,668	160,378	179,962	2,879,732	569,767	378,002	749,394	897,579	36,347
	運輸	633,183	276,017	8,404,236	3,343,445	787,711	5,458,445	819,735	150,947	5,919,613	1,106,699	1,195,672
	情報通信	37,206	11,267	2,485,607	757,075	596,803	4,223,835	2,328,652	137,929	604,955	4,763,584	1,338,661
	公務	0	0	0	0	0	0	0	0	0	0	0
	サービス	203,936	55,678	21,058,076	5,127,806	2,635,663	6,522,368	4,809,489	1,457,644	6,790,965	6,751,352	2,119,909
	分類不明	168,944	9,110	983,655	487,746	116,397	648,091	109,995	235,786	269,593	478,967	15,554
	内生部門計	6,203,205	574,572	214,463,991	34,044,463	13,770,762	33,463,022	15,085,132	9,637,286	26,477,411	18,809,006	10,148,877
付加価値	家計外消費支出	66,125	51,566	4,313,242	958,390	462,506	2,386,121	1,079,878	181,813	854,630	2,261,399	544,888
	雇用者所得	1,368,885	186,157	46,901,523	22,309,670	4,713,230	42,068,805	11,577,132	2,129,177	14,741,551	12,367,442	16,181,351
	営業余剰	3,755,010	48,633	14,206,525	624,169	2,332,460	18,676,373	8,558,883	29,007,776	2,733,696	4,768,508	0
	資本減耗引当	1,327,496	82,952	13,763,408	3,407,584	4,347,363	5,947,409	4,495,718	21,648,821	3,933,345	6,134,019	11,556,133
	間接税(除関税)	572,580	66,460	13,709,622	2,194,913	1,616,082	3,806,231	1,901,461	3,677,205	2,182,496	1,603,291	106,628
	(控除)経常補助金	-138,726	-1,959	-287,449	-301,865	-258,770	-73,449	-1,111,419	-76,143	-178,729	-7,708	0
	粗付加価値部門計	6,951,370	433,809	92,606,871	29,192,861	13,212,875	72,811,490	26,501,653	56,568,649	24,266,989	27,126,951	28,389,000
	国内生産額	13,154,575	1,008,381	307,070,862	63,237,324	26,983,637	106,274,512	41,586,785	66,205,935	50,744,400	45,935,957	38,537,877

(出所)総務省統計局『産業連関表』平成17年(2005年)産業連関表(確報)生産者価格評価表

費用と付加価値の構成が記されているのです.

　なお,付加価値の項目である,雇用者所得は労働者の賃金,営業余剰は企業の利益,資本減耗引当は減価償却を表しており,家計外消費支出には宿舎・日当,交際費,福利厚生費などが含まれています.

　これに対して産業連関表を行に読むと,今度は逆に,**ある産業がどの産業にどれだけ販売したかという販路の構成**がわかります.再び農林水産業を今度は行方向にみてみましょう.「農林水産業」1兆6,430億1,700万円とあります.列方向に読んだ場合,この金額は,農林水産業が(自身の生産のための中間財として)使う「農林水産業」の費用を表していましたね.しかし,これを行方向に読めば,逆に農林水産業は自身の「農林水産業」のために1兆6,430億1,700万円を販売したことになります.農林水産業は,農林水産業だけでなく,鉱業に5億400万円,製造業に7兆7,982億3,300万円を販売していることになります.

中間需要				最終需要						(控除)	最終需要	国内
サービス	分類不明	内生部門計 (a)	家計外消費支出	民間消費支出	一般政府消費支出	国内総固定資本形成	在庫純増	輸出計	最終需要合計 (b)	輸入計 (c)	部門計 (b)+(c)	生産額 (a)+(b)+(c)
1,307,826	0	10,850,956	80,714	3,482,543	0	197,752	721,993	62,464	4,545,466	-2,241,847	2,303,619	13,154,575
5,412	1,335	16,458,647	-7,052	-8,002	0	-8,432	-97,649	31,099	-90,036	-15,360,230	-15,450,266	1,008,381
26,036,643	409,256	198,750,945	3,073,285	56,810,616	334,400	34,700,743	1,187,167	56,248,942	152,355,153	-44,035,236	108,319,917	307,070,862
1,236,893	0	9,119,713	0	0	0	54,117,611	0	0	54,117,611	0	54,117,611	63,237,324
5,177,873	74,708	18,279,079	7,876	8,020,817	634,473	0	0	44,370	8,707,536	-2,978	8,704,558	26,983,637
8,955,987	67,954	36,814,140	1,595,669	46,974,695	6,873	12,769,821	197,402	8,620,512	70,164,972	-704,600	69,460,372	106,274,512
4,406,496	2,326,986	29,489,437	250	11,941,693	0	0	0	654,576	12,596,519	-499,171	12,097,348	41,586,785
1,745,183	13,276	8,242,637	0	57,908,362	37,145	0	0	19,254	57,964,761	-1,463	57,963,298	66,205,935
4,261,499	179,239	32,536,441	487,915	14,915,197	-74,768	805,507	71,998	5,669,407	21,875,256	-3,667,297	18,207,959	50,744,400
9,311,167	95,669	26,692,410	215,154	10,976,086	35,886	8,408,553	-11,466	333,423	19,957,636	-714,089	19,243,547	45,935,957
0	1,109,667	1,109,667	0	786,643	36,641,567	0	0	0	37,428,210	0	37,428,210	38,537,877
15,306,649	326,829	73,166,364	11,348,863	69,038,319	53,426,001	2,810,000	0	2,037,714	138,660,897	-4,520,893	134,140,004	207,306,368
1,106,295	0	4,630,133	0	26,326	0	0	0	46,900	73,226	-735,340	-662,114	3,968,019
78,857,923	4,604,919	466,140,569	16,802,674	280,873,295	91,041,577	113,801,555	2,069,445	73,768,661	578,357,207	-72,483,144	505,874,063	972,014,632
3,624,390	17,726	16,802,674										
84,165,838	106,763	258,817,524										
16,113,567	-1,241,026	99,584,574										
19,565,028	435,566	96,644,846										
6,049,454	44,690	37,531,113										
-1,069,832	-619	-3,506,668										
128,448,445	-636,900	505,874,063										
207,306,368	3,968,019	972,014,632										

13部門表（説明のために一部加工している）．

産業連関表の「行」が何を意味しているか直観的に理解する方法として，缶詰工場を例にとって考えるとわかりやすいでしょう．缶詰工場でツナ缶を作ります．缶詰工場は製造業に属しているものの，原料であるマグロは農林水産業の産物です．産業連関表を横に読むということは，農林水産業（の産物であるマグロ）が製造業（である缶詰工場）の原料としてどれだけ販売されたか，逆にいえば，どのぐらいのマグロが缶詰工場の生産のために使われたかを表しています．ある産業で用いられる他の産業からの購入物の総称を中間需要といいますが，缶詰工場ではマグロが中間需要となっていたわけです．

そのように考えてみると，産業連関表の行に書かれている産業は，農林水産業にいくら，鉱業にいくら，製造業にいくら……と，各産業から各産業の中間需要のために販売した金額がそれぞれ記載されていることがわかります．

さらに産業連関表を行方向にみていくと，最終需要という項目があります．

これは，簡単にいえば，各産業で生産されたものがそのまま消費された金額を表しています．農林水産業に含まれるマグロを例にとって考えるとわかりやすいです．マグロの販売先は，（缶詰の原料など）中間需要として使われるものと，最終需要として私たち経済主体にお刺身などの形でそのままの形で販売されるものとの2つがあるということです．

最終需要には，家計の消費である民間消費支出，政府の消費である一般政府消費支出，企業の消費である国内総固定資本形成（投資）の他，海外の消費である輸出などがあります．

内生部門計と書かれている「中間需要」の合計と「最終需要」の合計を加え，海外からの輸入を控除すれば，国内生産額が求まります．つまり

【産業連関表の「行」】中間需要＋最終需要＝国内生産額

が成り立っています．

以上のことから，産業連関表については**「行和と列和は等しい」**という重要な関係が導かれます．産業連関表をさらに理解するために，より簡略化した以下の2部門の産業連関表を用いて考えてみましょう．

投入（供給部門）	産出（需要部門）	中間需要 産業A	中間需要 産業B	最終需要	国内生産額
中間投入	産業A	30	（お）	30	（い）
中間投入	産業B	10	30	60	（え）
付加価値		80	（か）		
国内生産額		（あ）	（う）		

産業連関表を理解するために，この表には（あ）から（か）までの空欄を作りました．皆さんは，この空欄にどのような数字が入るか，もうわかると思います．まず，産業Aをみてみましょう．産業連関表では「行和と列和が等しい」という条件がありました．この条件より，産業Aの費用構造からみた国内生産額（列）と，販売構造からみた国内生産額（行）は等しくなっていますので，（あ）＝（い）が成り立ちます．また，（あ）は，中間投入と付加価値の合計ですから，（あ）＝30＋10＋80＝120となり，（い）＝120であることがわかります．すると，産業Aの販売構造（行）から，30＋（お）＋30＝120（い）となり，（お）＝60であることも同時にわかります．

同様に今度は産業Bについて考えてみましょう．「行和＝列和」の関係から，（う）＝（え）＝100が成り立ち，（お）＝60であることを考えると，（か）＝100－60－30＝10を求めることができます．これをまとめると，以下の表となります．

投入（供給部門）	産出（需要部門）	中間需要 産業A	中間需要 産業B	最終需要	国内生産額
中間投入	産業A	30	60	30	120
中間投入	産業B	10	30	60	100
付加価値		80	10		
国内生産額		120	100		

❷ 産業連関分析

　産業連関表を用いると，たとえば，産業Aの最終需要（消費，投資，政府支出，純輸出の合計）が変化したとき，国内生産額（GDP）がどれだけ変化するか，といった問題についての見通しを示すことができます．「オリンピックの経済効果」などの推計（やシミュレーション）の多くが，基本的にはこの手法を用いています．

　産業連関表の各産業の中間投入（ないし中間需要）を，各産業の国内生産額で割ったものを**投入係数表**(input coefficient table)といいます．❶で用いた産業連関表を用いると，投入係数表は，

	産業A	産業B
産業A	$\frac{30}{120}$	$\frac{60}{100}$
産業B	$\frac{10}{120}$	$\frac{30}{100}$

となります．

　いま，産業Aの国内生産量をX_A，産業Bの国内生産量をX_Bとし，それぞれの最終需要をF_A, F_Bとします．すると，産業連関表の行において，

$$\begin{cases} \dfrac{30}{120}X_A + \dfrac{60}{100}X_B + F_A = X_A \\ \dfrac{10}{120}X_A + \dfrac{30}{100}X_B + F_B = X_B \end{cases}$$

$$\Leftrightarrow \begin{cases} \dfrac{1}{4}X_A + \dfrac{3}{5}X_B + F_A = X_A \\ \dfrac{1}{12}X_B + \dfrac{3}{10}X_B + F_B = X_B \end{cases}$$

が成り立っています．$X_A = 120, X_B = 100, F_A = 30, F_B = 60$ を代入すれば，もとの産業連関表の行方向の等式が成立することがわかると思います．さて，この連立方程式は行列を用いて，

$$\begin{pmatrix} 1/4 & 3/5 \\ 1/12 & 3/10 \end{pmatrix} \begin{pmatrix} X_A \\ X_B \end{pmatrix} + \begin{pmatrix} F_A \\ F_B \end{pmatrix} = \begin{pmatrix} X_A \\ X_B \end{pmatrix}$$

と表せます．これを $\begin{pmatrix} X_A \\ X_B \end{pmatrix}$ について解くと，$\begin{pmatrix} 1 & 0 \\ 0 & 1 \end{pmatrix}$ を単位行列として，

$$\begin{pmatrix} 1 & 0 \\ 0 & 1 \end{pmatrix} \begin{pmatrix} X_A \\ X_B \end{pmatrix} - \begin{pmatrix} 1/4 & 3/5 \\ 1/12 & 3/10 \end{pmatrix} \begin{pmatrix} X_A \\ X_B \end{pmatrix} = \begin{pmatrix} F_A \\ F_B \end{pmatrix}$$

$$\Leftrightarrow \begin{pmatrix} 1-1/4 & 0-3/5 \\ 0-1/12 & 1-3/10 \end{pmatrix} \begin{pmatrix} X_A \\ X_B \end{pmatrix} = \begin{pmatrix} F_A \\ F_B \end{pmatrix}$$

$$\Leftrightarrow \begin{pmatrix} 3/4 & -3/5 \\ -1/12 & 7/10 \end{pmatrix} \begin{pmatrix} X_A \\ X_B \end{pmatrix} = \begin{pmatrix} F_A \\ F_B \end{pmatrix} \tag{1}$$

となります．(1) 式を解くために，$\begin{pmatrix} 3/4 & -3/5 \\ -1/12 & 7/10 \end{pmatrix}$ の逆行列[30]を求めると[31]，

---

[30] これを**レオンチェフ逆行列** (Leontief inverse matrix) といいます．

[31] 2行×2列の投入係数行列が $\begin{pmatrix} a & b \\ c & d \end{pmatrix}$ と表されるとき，単位行列から投入係数行列を引いた行列は，$\begin{pmatrix} 1-a & -b \\ -c & 1-d \end{pmatrix}$ となります．この行列の（レオンチェフ）逆行列は，$\dfrac{1}{(1-a)(1-d)-(-b)(-c)} \begin{pmatrix} 1-d & b \\ c & 1-a \end{pmatrix}$ となります．逆行列とは，掛けると単位行列 $\begin{pmatrix} 1 & 0 \\ 0 & 1 \end{pmatrix}$ となる行列で，$\dfrac{1}{ad-bc} \begin{pmatrix} d & -b \\ -c & a \end{pmatrix} \begin{pmatrix} a & b \\ c & d \end{pmatrix} = \begin{pmatrix} 1 & 0 \\ 0 & 1 \end{pmatrix}$ が成り立っています．

　また，産業連関表において逆行列が存在し，かつ非負の解をもつための条件は，レオンチェフ逆行列において「$1-d>0$ かつ $(1-a)(1-d)-(-b)(-c)>0$」が成り立つことが必要十分条件とされており，この条件は**ホーキンス＝サイモン条件** (Hawkins-Simon condition) とよばれています．

$$\frac{1}{(3/4)(7/10)-(-3/5)(-1/12)}\begin{pmatrix} 7/10 & 3/5 \\ 1/12 & 3/4 \end{pmatrix} = \frac{40}{19}\begin{pmatrix} 7/10 & 3/5 \\ 1/12 & 3/4 \end{pmatrix}$$

$$=\begin{pmatrix} 28/19 & 24/19 \\ 10/57 & 30/19 \end{pmatrix}$$

です．逆行列を (1) 式の両辺の左側に掛けると，

$$\begin{pmatrix} 28/19 & 24/19 \\ 10/57 & 30/19 \end{pmatrix}\begin{pmatrix} 3/4 & -3/5 \\ -1/12 & 7/10 \end{pmatrix}\begin{pmatrix} X_A \\ X_B \end{pmatrix} = \begin{pmatrix} 28/19 & 24/19 \\ 10/57 & 30/19 \end{pmatrix}\begin{pmatrix} F_A \\ F_B \end{pmatrix}$$

$$\Leftrightarrow \begin{pmatrix} X_A \\ X_B \end{pmatrix} = \begin{pmatrix} 28/19 & 24/19 \\ 10/57 & 30/19 \end{pmatrix}\begin{pmatrix} F_A \\ F_B \end{pmatrix}$$

となります．ここで，変化を考えるために差分（Δ）をとると，

$$\rightarrow \begin{pmatrix} \Delta X_A \\ \Delta X_B \end{pmatrix} = \begin{pmatrix} 28/19 & 24/19 \\ 10/57 & 30/19 \end{pmatrix}\begin{pmatrix} \Delta F_A \\ \Delta F_B \end{pmatrix}$$

となります．

いま，たとえば，「産業Aの最終需要（F_A）だけが19億円増加した」状況を考えてみましょう．産業Aの最終需要が19増加しているので $\Delta F_A = 19$ となりますが，産業Bの最終需要については変化がないので，$\Delta F_B = 0$ です．

したがって，

$$\begin{pmatrix} \Delta X_A \\ \Delta X_B \end{pmatrix} = \begin{pmatrix} 28/19 & 24/19 \\ 10/57 & 30/19 \end{pmatrix}\begin{pmatrix} 19 \\ 0 \end{pmatrix} = \begin{pmatrix} 28 \\ 10/3 \end{pmatrix}$$

となり，産業Aの最終需要が19億円増加すると，産業Aの国内生産額は28億円増加し，また，産業Bの国内生産額も10/3億円増加することがわかるのです．

日本の産業連関表は総務省が5年ごとに作成していますが，内閣府，財務省はじめ10省庁の共同作業によって作成されています．産業連関表は投入産出構造を分析する上ではとても有効な分析ツールですが，作成されるまでに時間がかかるため，直近の産業構造を把握するためにはさらに工夫が必要です．加えて，投入係数が固定的であるといった技術的な問題もあります．

しかし，近年では，地方公共団体による都道府県ごとの産業連関表や，日本貿易振興機構（JETRO）アジア経済研究所（JETRO-IDE）などが作成しているアジア国際産業連関表といった国家・地域間の産業連関表なども作られており，産業構造の分析や経済波及効果の分析に力を発揮しています．

表9-5 資金循環表❶ 金融資産・負債残高表（2012年3月末）（単位：億円）

	金融機関1 資産(A)	金融機関1 負債(L)	非金融法人企業2 資産(A)	非金融法人企業2 負債(L)	一般政府3 資産(A)	一般政府3 負債(L)
現金・預金	2,054,944	13,298,968	2,251,497		404,204	
現金	82,579	853,453	231,529		62	
日銀預け金	344,323	344,323				
政府預金		18,324			18,324	
流動性預金	143,916	4,863,512	1,303,562		175,695	
定期性預金	1,278,493	6,634,036	505,092		103,295	
譲渡性預金	107,756	359,987	158,328		92,079	
外貨預金	97,877	225,333	52,986		14,749	
財政融資資金預託金	54,992	470,414	0		415,422	
貸出	11,727,236	4,180,178	441,260	3,830,637	375,649	1,652,461
日銀貸出金	400,307	400,307				
コール	359,837	391,542	30,281		1,424	
買入手形・売渡手形	0	0	0		0	
民間金融機関貸出	6,919,363	810,019		2,577,040		536,869
住宅貸付	1,640,473					
消費者信用	237,410					
企業・政府等向け	5,041,480	810,019		2,577,040		536,869
公的金融機関貸出金	2,905,227	536,200		666,926		1,089,161
うち住宅貸付	273,336					
非金融部門貸出金		686,504	338,471	420,190	265,867	23,425
割賦債権	160,506	20,991	41,013	160,996		
現先・債券貸借取引	981,996	1,334,615	31,495	5,485	108,358	3,006
株式以外の証券	9,463,442	3,305,784	452,919	823,636	1,118,893	8,990,472
国庫短期証券	1,173,228	0	741		120,027	1,586,794
国債・財融債	5,876,748	1,159,698	127,001		704,655	6,448,969
地方債	555,545		24,643	36,954	79,529	696,078
政府関係機関債	540,071	410,434	36,411	82,545	110,254	256,707
金融債	124,017	151,397	7,053		12,941	
事業債	592,985	218,586	23,817	533,555	82,067	
居住者発行外債	97,472	72,658	0	75,614	15	1,924
CP	94,896	57,299	15,359	52,972	16	
投資信託受益証券	250,022	898,344	70,096	41,996	6,693	
信託受益権	26,365	78,143	27,581		2,521	
債権流動化関連商品	132,093	259,225	120,217		175	
抵当証券	0	0	0			
株式・出資金	1,183,213	1,113,133	1,551,644	4,375,541	978,117	177,299
うち株式	732,939	364,454	709,438	2,718,196	200,608	
金融派生商品	585,924	612,473	11,083	48,995	0	509
フォワード系	490,042	527,248	9,626	34,700	0	509
オプション系	95,882	85,225	1,457	14,295		
保険・年金準備金		4,239,854				
保険準備金		2,237,667				
年金準備金		2,002,187				
預け金	84,698	109,808	297,837	412,652	32,205	2,488
企業間・貿易信用	64,363		2,243,512	1,741,680	6,310	0
未収・未払金	478,625	491,216	108,793	424,255	162,872	67,351
対外直接投資	128,727		463,523			
対外証券投資	1,836,467		636,069		1,254,318	
その他対外債権債務	529,573	356,542	94,521	20,394	84,983	18,390
うち金・SDR等	32,082				31,807	
その他	523,337	187,202	149,148	391,368	41,381	97,929
金融資産・負債差額		349,969		-3,367,352		-6,132,545
合計	28,715,541	28,715,541	8,701,806	8,701,806	4,874,354	4,874,354
（参考）外貨準備	1,058,927					

（資料）日本銀行調査統計局『資金循環表』より作成．

家計 4		対家計民間非営利団体 5		海外 6		合計 (1〜6の合計)	
資産 (A)	負債 (L)	資産 (A)	負債 (L)	資産 (A)	負債 (L)	資産 (A)	負債 (L)
8,345,810		248,928		54,455	60,870	13,359,838	13,359,838
539,100		183			0	853,453	853,453
						344,323	344,323
						18,324	18,324
3,106,529		124,442		9,368		4,863,512	4,863,512
4,642,127		121,093		13,261	29,325	6,663,361	6,663,361
186		1,620		18		359,987	359,987
57,868		1,590		31,808	31,545	256,878	256,878
						470,414	470,414
33	2,984,257	32,074	152,304	1,068,722	845,137	13,644,974	13,644,974
					0	400,307	400,307
						391,542	391,542
						0	0
	2,501,009		84,403		410,023	6,919,363	6,919,363
	1,640,473					1,640,473	1,640,473
	237,410					237,410	237,410
	623,126		84,403		410,023	5,041,480	5,041,480
	420,166		29,068		163,706	2,905,227	2,905,227
	273,336					273,336	273,336
33	51,572	29,659	38,833	759,499	173,005	1,393,529	1,393,529
	11,510				8,022	201,519	201,519
		2,415	0	309,223	90,381	1,433,487	1,433,487
958,114		259,291		867,233		13,119,892	13,119,892
			0	292,798		1,586,794	1,586,794
276,729		150,247		473,287		7,608,667	7,608,667
12,646		59,174		1,495		733,032	733,032
5,998		30,223		26,729		749,686	749,686
7,208		178		0		151,397	151,397
25,470		14,327		13,475		752,141	752,141
				52,709		150,196	150,196
						110,271	110,271
608,387		5,142				940,340	940,340
21,676						78,143	78,143
				6,740		259,225	259,225
0						0	0
996,567		1,182		955,250		5,665,973	5,665,973
628,294		1,182		810,189		3,082,650	3,082,650
2,909	4,272			362,528	296,195	962,444	962,444
	616			219,959	156,554	719,627	719,627
2,909	3,656			142,569	139,641	242,817	242,817
4,239,854						4,239,854	4,239,854
2,237,667						2,237,667	2,237,667
2,002,187						2,002,187	2,002,187
110,196			29	41		524,977	524,977
	548,585			25,330	49,250	2,339,515	2,339,515
314,003	52,475	1,137	394	68,490	98,229	1,133,920	1,133,920
					592,250	592,250	592,250
125,743					3,852,597	3,852,597	3,852,597
				395,326	645,188	1,104,403	1,040,514
						63,889	
87,892	90,272	10,149	45,136	0	0	811,907	811,907
	11,501,260		354,898		-2,642,341		63,889
15,181,121	15,181,121	552,761	552,761	3,797,375	3,797,375	61,822,958	61,822,958

第9章 国民経済計算 421

表9-5 資金循環表❷ 金融取引表(2012年3月末)(単位:億円)

	金融機関 1 資産(A)	負債(L)	非金融法人企業 2 資産(A)	負債(L)	一般政府 3 資産(A)	負債(L)
現金・預金	-98,709	209,495	50,649		34,060	
現金	-16,370	-813	4,490		0	
日銀預け金	-63,233	-63,233				
政府預金		-5,230			-5,230	
流動性預金	-54,400	158,640	38,413		18,963	
定期性預金	61,367	82,775	-13,888		2,623	
譲渡性預金	-11,120	20,720	14,988		16,840	
外貨預金	-14,953	16,636	6,646		864	
財政融資資金預託金	11,045	-24,385	0		-35,430	
貸出	-71,908	46,780	-13,183	481	28,355	-17,914
日銀貸出金	-161,053	-161,053				
コール	33,392	33,024	-159		-209	
買入手形・売渡手形	0	0	0		0	
民間金融機関貸出	53,544	-14,967		19,260		26,885
住宅貸付	25,199					
消費者信用	-14,048					
企業・政府等向け	42,393	-14,967		19,260		26,885
公的金融機関貸出金	-115,616	-40,519		-23,719		-43,529
うち住宅貸付	-10,845					
非金融部門貸出金		10,018	-13,241	16,887	2,048	-776
割賦債権	-10,985	-567	-965	-11,166		
現先・債券貸借取引	128,810	220,844	1,182	-781	26,516	-494
株式以外の証券	369,094	-91,757	-5,470	-6,525	-160,460	415,194
国庫短期証券	157,628	0	0		-108,984	85,824
国債・財融債	176,261	-73,610	32,442		-44,344	311,242
地方債	21,831		-867	659	124	18,083
政府関係機関債	20,783	-9,146	-3,257	20,150	-1,959	-470
金融債	-4,959	-17,424	-8,336		-1,360	
事業債	-6,788	1,717	-7,613	-17,838	-3,895	
居住者発行外債	3,212	3,027		-8,282	-1	515
CP	1,295	-2,431	-7,032	-3,299	7	
投資信託受益証券	4,680	15,246	-10,614	2,085	-47	
信託受益権	1,093	258	2,842		7	
債権流動化関連商品	-5,942	-9,107	-2,920		-8	
抵当証券	0	-287	-115			
株式・出資金	-15,471	19,801	5,497	-15,899	25,967	1,787
うち株式	-25,366	2,566	4,628	-1,987	19,828	
金融派生商品	0	0	0	0		
フォワード系						
オプション系	0	0	0	0		
保険・年金準備金		36,183				
保険準備金		54,202				
年金準備金		-18,019				
預け金	470	-1,894	-5,412	-746	552	423
企業間・貿易信用	2,214		139,122	152,310	-96	0
未収・未払金	32,148	264	15,886	7,313	1,578	14,039
対外直接投資	5,430		70,671			
対外証券投資	9,156		49,554		111,726	
その他対外債権債務	-364	13,243	38,792	248	-629	-70
うち金・SDR等	0				-1,488	
その他	31,935	-9,756	692	28,049	1,662	673
資金過不足		77,066		181,567		-406,847
合計	275,040	275,040	346,798	346,798	7,285	7,285
(参考)外貨準備	114,940					

(資料)日本銀行調査統計局『資金循環表』より作成.

家計 4		対家計民間非営利団体 5		海外 6		国内非金融部門 7	
資産(A)	負債(L)	資産(A)	負債(L)	資産(A)	負債(L)	資産(A)	負債(L)
182,874		13,085		9,292	-18,244	280,668	
11,058		9		0		15,557	
						-5,230	
145,680		10,014		-30		213,070	
24,240		2,688		-134	-5,879	15,663	
-69		86		-5		31,845	
1,965		288		9,461	-12,365	9,763	
						-35,430	
-9	-12,400	1,844	4,916	116,368	39,604	17,007	-24,917
					0		
						-368	
						0	
	-3,669		5,344		20,691		47,820
	25,199						25,199
	-14,048						-14,048
	-14,820		5,344		20,691		36,669
	-7,639		169		-379		-74,718
	-10,845						-10,845
-9	-1,092	-456	-597	37,458	1,360	-11,658	14,422
	0				-217	-965	-11,166
		2,300	0	78,910	18,149	29,998	-1,275
-11,203		-1,518		126,469		-178,651	408,669
			0	37,180		-108,984	85,824
-37,251		5,489		105,035		-43,664	311,242
-1,338		-976		-32		-3,057	18,742
85		-1,342		-3,776		-6,473	19,680
-2,721		-48		0		-12,465	
9,908		-3,983		-3,750		-5,583	-17,838
				-7,951		-1	-7,767
						-7,025	-3,299
23,970		-658				12,651	2,085
-3,684						-835	
					-237	-2,928	
-172						-287	
1,677		26		-12,007		33,167	-14,112
-2,875		26		4,338		21,607	-1,987
0	0			0	0	0	0
0	0			0	0	0	0
36,183						36,183	
54,202						54,202	
-18,019						-18,019	
857			-1,341	-25		-4,003	-1,664
	-12,760			1,319	3,009	139,026	139,550
-8,213	7,357	-44	69	-7,033	5,280	9,207	28,778
					76,101	70,671	
12,559					182,995	173,839	
				13,421	37,799	38,163	178
					-1,488	-1,488	
-2,242	8,023	-1,046	4,012	0	0	-934	40,757
	222,263		4,691		-78,740		1,674
212,483	212,483	12,347	12,347	247,804	247,804	578,913	578,913

第9章 国民経済計算 423

表9-5 資金循環表❸調整表(2012年3月末)(単位：億円)

	金融機関1 資産(A)	金融機関1 負債(L)	非金融法人企業2 資産(A)	非金融法人企業2 負債(L)	一般政府3 資産(A)	一般政府3 負債(L)
現金・預金	-950	722	0		524	
現金						
日銀預け金						
政府預金						
流動性預金						
定期性預金			0			
譲渡性預金						
外貨預金	-950	722	0		524	
財政融資資金預託金						
貸出	-34,600	-4,376	17,826	-29,923	0	0
日銀貸出金						
コール						
買入手形・売渡手形						
民間金融機関貸出	-32,194	-2,971		-19,285		
住宅貸付						
消費者信用						
企業・政府等向け	-32,194	-2,971		-19,285		
公的金融機関貸出金	-2,406	0		-174		
うち住宅貸付	-2,232					
非金融部門貸出金		-1,405	17,826	-10,464		
割賦債権		0		0		
現先・債券貸借取引	0	0	0	0	0	0
株式以外の証券	109,744	-27,800	5,471	6,211	10,714	106,381
国庫短期証券						
国債・財融債	87,685	14,071	2,749		8,561	92,504
地方債	8,883		345	570	1,193	10,885
政府関係機関債	7,101	4,661	-485	1,587	1,119	3,071
金融債	-110	-278	-108		-22	
事業債	1,379	583	-75	1,032	138	
居住者発行外債	2,117	-199	0	2,864	-1	-79
CP						
投資信託受益証券	2,689	-46,638	3,045	158	-274	
信託受益権						
債権流動化関連商品						
抵当証券						
株式・出資金	31,517	3,843	-32,160	-15,701	-11,933	0
うち株式	18,215	-4,745	-6,242	-17,097	-11,933	
金融派生商品	88,820	98,000	-1,347	-3,102	0	0
フォワード系	87,453	94,466	-466	514	0	0
オプション系	1,367	3,534	-881	-3,616		
保険・年金準備金		-918				
保険準備金						
年金準備金		-918				
預け金			0	0		
企業間・貿易信用	0		-46,418	-36,519	116	0
未収・未払金	0	0		0		
対外直接投資			-1,311			
対外証券投資	-8,343		-23,298		19,380	
その他対外債権債務	38,862	47,289	-13,139	-3,895	-152	-500
うち金・SDR等	4,086				-152	
その他	0	-78		-743		
調整差額		108,368		-10,704		-87,232
合計	225,050	225,050	-94,376	-94,376	18,649	18,649

(資料) 日本銀行調査統計局『資金循環表』より作成.

家計 4 資産(A)	負債(L)	対家計民間非営利団体 5 資産(A)	負債(L)	海外 6 資産(A)	負債(L)	国内非金融部門 7 資産(A)	負債(L)
				280	-868	524	
					0	0	
				280	-868	524	
	-8,702	0	-837	1,121	28,185	17,826	-39,462
	-6,470		-837		-2,631		-26,592
	-6,470		-837		-2,631		-26,592
	-2,232						-2,406
	-2,232						-2,232
				1,121	30,816	17,826	-10,464
					0		0
		0	0	0	0	0	0
-48,735		2,525		5,073		-30,025	112,592
2,771		2,271		2,538		16,352	92,504
154		859		21		2,551	11,455
75		-568		2,077		141	4,658
-37		-1		0		-168	
241		-35		-33		269	1,032
				470		-1	2,785
-51,939		-1				-49,169	158
228		36		454		-43,829	-15,701
1,555		36		-23,473		-16,584	-17,097
-4,352	-1,280			30,274	19,777	-5,699	-4,382
	-75			17,830	9,912	-466	439
-4,352	-1,205			12,444	9,865	-5,233	-4,821
-918						-918	
-918						-918	
0						0	0
	-10,013			331	561	-46,302	-46,532
							0
					-1,311	-1,311	
1,703					-10,558	-2,215	
				42,894	23,125	-13,291	-4,395
					1,488	-152	
-821				0	0	-821	-743
	-32,900		3,398		21,516		-127,438
-52,895	-52,895	2,561	2,561	80,427	80,427	-126,061	-126,061

第9章 国民経済計算　425

3 資金循環表

資金循環表(flow of funds table)は，金融機関，法人，家計といった各部門の金融資産・負債の推移などを，預金や貸出といった金融商品ごとに記録した統計表で，日本銀行調査統計局によって作成されています．資金循環表では，ストックとフローの両面から，3つの統計表によって金融資産・負債の動きを把握します(表9-5)．

資金循環表	ストック	❶金融資産・負債残高表	ある時点で経済主体が保有する金融資産残高と金融負債残高が記されている表です．
	フロー	❷金融取引表	1年間で生じた資金循環の規模(つまり，記入資産・負債残高の変化分)が記されている表です．
		❸調整表	1年間で発生した評価損益(キャピタル・ゲインやキャピタル・ロス)を記した表です．

4 国民貸借対照表

国民貸借対照表(national balance sheet)には，ストックとしての金融資産・負債のバランス・シート，住宅，ビル，機械設備，社会資本などの生産資産，土地，森林など有形資産の価値が評価されています(表9-6)．

5 国際収支表

すべての海外取引について記載した統計を国際収支表(balance of payment)と言います．日本では，財務省および日本銀行によって作成されています．作成にあたっては，国際通貨基金(International Monetary Fund; IMF)による「国際収支マニュアル」に基づいています．

国際収支表の構成は図9-7のようになっています．

国際収支は4つに大別することができます．❶経常収支，❷資本収支，❸外貨準備増減，そして❹誤差脱漏です．経常収支は財やサービス，所得の国際取引を表しており，資本収支は，海外に工場を建てたり，海外の企業の株式を購入したりしたときに発生する収支です．また，外貨準備増減は通貨当局の管理下にある利用可能な外国の資産の増減を計上する項目です．

表9-6 国民貸借対照表(2010年度)（単位：10億円）

資産項目	金額	負債項目	金額
非金融資産	2,784,713.8	負債（b）	5,463,812.5
（1）生産資産	1,578,309.4	うち株式	522,796.1
a. 在庫	69,404.6		
b. 有形固定資産	1,479,715.2		
c. 無形固定資産	29,189.6		
（2）有形非生産資産	1,206,404.4		
金融資産	5,715,307.5		
うち株式	412,859.1		
期末資産（a）	8,500,021.3		
正味資産（国富）(a)−(b)	3,036,208.8		

(資料) 内閣府『国民経済計算』より作成.

図9-7 国際収支表の構成

国際収支
- 経常収支
  - 貿易・サービス収支
    - 貿易収支
    - サービス収支
  - 所得収支
  - 経常移転収支
- 資本収支
  - 投資収支
    - 直接投資
    - 証券投資
    - 金融派生商品
    - その他投資
  - その他投資収支
- 外貨準備増減
- 誤差脱漏

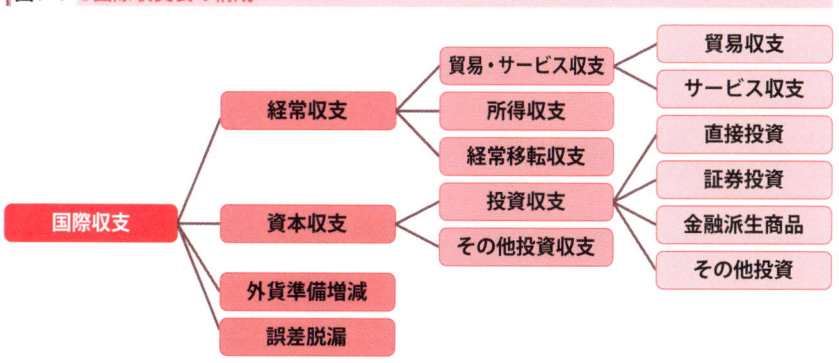

表9-7 国際収支表（単位：100万円）

(年度)	2002	2003	2004	2005	2006	2007	2008	2009	2010	2011
(1) 経常収支 (a)+(b)+(c)	133,872	172,972	182,379	191,635	212,390	247,220	126,071	163,382	166,593	76,179
(a) 貿易サービス収支	63,607	96,053	95,624	74,072	81,860	90,902	−8,878	47,813	52,225	−52,964
貿易収支	113,739	130,115	131,571	95,633	104,839	116,861	11,591	65,998	64,955	−34,697
輸出	501,134	533,663	588,300	651,722	736,653	809,446	677,117	555,669	644,513	626,276
輸入	387,396	403,548	456,729	556,089	631,814	692,584	665,527	489,671	579,557	660,973
サービス収支	−50,131	−34,062	−35,947	−21,560	−22,979	−25,960	−20,469	−18,185	−12,730	−18,267
(b) 所得収支	80,206	85,120	96,724	126,496	143,336	169,320	148,239	126,325	126,117	140,070
(c) 経常移転収支	−9,941	−8,201	−9,969	−8,934	−12,806	−13,002	−13,290	−10,755	−11,749	−10,927
(2) 資本収支 (d)+(e)	−50,491	205,376	−141,969	−140,413	−152,330	−223,531	−173,053	−123,113	−97,220	68,807
(d) 投資収支	−46,862	210,974	−137,883	−133,200	−147,244	−219,675	−168,114	−118,227	−92,416	66,246
(e) その他資本収支	−3,629	−5,598	−4,086	−7,213	−5,086	−3,856	−4,940	−4,886	−4,804	2,561
(3) 外貨準備増減	−81,988	−342,770	−21,784	−27,554	−39,452	−40,839	−24,758	−23,992	−52,035	−114,939
(4) 誤差脱漏	−1,394	−35,579	−18,626	−23,668	−20,608	17,150	71,740	−16,278	−17,337	−30,047

(資料) 財務省・日本銀行『国際収支統計』より作成.

経常収支は，さらに，財・サービスの輸出入を表す「貿易・サービス収支」，所得の移転を表す「所得収支」，そして，個人または政府間の無償資金援助，国際機関への拠出金，労働者送金などが含まれる「経常移転収支」に分類することができます．

　また，資本収支には「投資収支」と「その他投資収支」がありますが，投資収支には，自国企業が海外展開をしたり，逆に外資企業が国内で経営展開をしたりする **(海外) 直接投資** (Foreign Direct Investment; FDI) や，海外との株式等の売買を行った結果である証券投資などがあります．

　表9-7には2002年度から2011年度までの国際収支が記されています．基本的に，経常収支については黒字，サービス収支については赤字基調であることがわかります．

　表をみると，2008年度と2011年度は貿易サービス収支が赤字となっています．2008年はリーマン・ショックに端を発する国際金融危機の影響で貿易収支は赤字となりました．また，2011年度は東日本大震災で輸出が減少したことに加えて，原子力発電所の電力供給が停止されたことによって，天然ガス等の輸入が増加し，貿易収支は赤字となってしまっています．

　統計を分析する上では，数値が何を意味しているのか，常に注意深く考えながら考察する必要があります．

ポイント・チェック　国民経済計算の特徴

❶ 国民経済計算とは，国民経済を様々な角度から立体的にみるための，いくつかの統計表のこと
❷ 国民経済計算は，国民所得勘定，産業連関表，資金循環表，国民貸借対照表，国際収支表からなる
❸ 国民所得勘定とは，GDPを生産面，分配面，支出面から記述した統計表のこと
❹ 産業連関表とは，一国の投入・産出構造を表したもの
❺ 資金循環表とは，金融機関，法人，家計といった各部門の金融資産・負債の推移などを，預金や貸出といった金融商品ごとに記録した統計表
❻ 国民貸借対照表とは，生産資産と有形資産の価値が評価されたもの
❼ 国際収支表とは，すべての海外取引について記載した統計のこと

以上，この章では，国民経済計算について学習しました．一国の経済をどのように計測するかという点に関して，経済学者たちは多くの努力を傾注してきました．現実の経済では，財やサービス，労働，資本など様々なものが取引されています．次章ではまず，財やサービスのみの世界を考えることによって，マクロ経済をシンプルにとらえていこうと思います．

　この章は，第10章以降を学習した後に，もう一度読み直してみてください．そのとき，皆さんの頭の中には，マクロ経済がより立体的に再現されることでしょう．

内容を理解しているかな？

問題に答えられたらYES！わからなければNO！

1 マクロ経済体系

Q1. 総供給とは何か説明せよ
Q2. 総需要とは何か説明せよ
Q3. 民間最終消費支出，国内総固定資本形成，政府最終支出とは何かそれぞれ説明せよ

ポイント・チェック マクロ経済体系の特徴

- □① 経済活動とは，供給と需要の無限の繰り返しである
- □② 総供給とは，個々の生産活動によって新たに生み出された財やサービスを合計したものである
- □③ 労働だけによって財やサービスが生み出されているというマクロ生産関数は，
  $$Y = F(L)$$
  と表され，総供給は
  $$Y^S = Y$$
  と表される
- □④ 総需要とは，家計，企業，政府の3つの経済主体の消費を合計したもの
- □⑤ 民間最終消費支出とは，家計が消費したものの合計＝消費
- □⑥ 国内総固定資本形成とは，企業が消費したものの合計＝投資
- □⑦ 政府最終支出とは，政府が消費したものの合計＝政府支出
- □⑧ 総需要は，
  $$Y^D = C + I + G$$
  と表される
- □⑨ 総供給と総需要が一致するとき，
  $$Y = C + I + G$$
  と表される

Yes →【2 国民経済活動水準の測定】へ進め！

No → 本文 p.376 へ戻れ

2 国民経済活動水準の測定
1 国内総生産と関連する諸概念
❶ 付加価値と国内総生産

Q. 国内総生産とは何か説明せよ

→ Yes

ポイント・チェック 付加価値と国内総生産の特徴
- □①国内総生産（GDP）とは，国内で，一定期間に生産された付加価値の総額のこと
- □②国内総生産＝付加価値の合計額
  ＝総生産物－中間生産物
  （総生産物＝最終生産物＋中間生産物なので），
  国内総生産（GDP）＝最終生産物

→ Yes / No → 本文 p.380 へ戻れ

❷ 国民経済活動の諸概念
（ⅰ）「総（Gross）」と「純（Net）」,「国内（Domestic）」と「国民（National）」の概念

Q1. 「純」と「総」の概念の違いを説明せよ
Q2. 固定資本減耗とは何か説明せよ
Q3. 国内純生産とは何か説明せよ
Q4. 国民総生産とは何か説明せよ
Q5. 海外からの純要素所得とは何か説明せよ

→ Yes

ポイント・チェック「総」と「純」,「国内」と「国民」の概念の特徴
- □①「純」の概念とは，「総」の概念から固定資本減耗を控除したものであり，固定資本減耗とは，固定資本の劣化や減耗の費用のこと
- □②国内純生産（NDP）＝国内総生産（GDP）－固定資本減耗
- □③国民総生産とは，国民が一定期間に生産した付加価値の総額のこと
- □④国民総生産（GNP）＝国内総生産（GDP）＋海外からの純要素所得
- □⑤海外からの純要素所得とは，海外での生産活動から受け取る雇用者所得や企業所得の純受け取り分のこと

→ Yes / No → 本文 p.383 へ戻れ

【（ⅱ）国内総生産に含まれるもの，含まれないもの】へ進め！

第9章 国民経済計算　431

（ⅱ）国内総生産に含まれるもの，含まれないもの

Q1. 国内総生産に含まれる項目とはどのようなものか説明せよ
Q2. 帰属計算とは何か説明せよ

ポイント・チェック 国内総生産に含まれるもの，含まれないもの
- □① 国内総生産に含まれる項目は，市場で取引された財やサービスを基本とする
- □② 帰属計算とは，市場で取引されていなくても，あたかもそれが市場で取引されたかのように取り扱う計算のこと
- □③ 国民純福祉とは，国民の福祉水準を数量化して測ったもの
- □④ グリーンGDPとは，国内総生産から環境破壊などに伴う損失を差し引いたもの
- □⑤ 国民純福祉やグリーンGDPなどは，各国との比較の観点から統一されたものになっていない

No → 本文 p.387 へ戻れ

2 実質表示とGDPデフレーター

Q1. 経済成長とは何か説明せよ
Q2. 実質GDPと名目GDPの違いについて説明せよ
Q3. GDPデフレーターとは何か説明せよ

ポイント・チェック 実質表示とGDPデフレーター
- □① 経済成長とは，国内総生産が長期的に変化すること
- □② 国内総生産は，その時々の物価水準で評価されるため，価格の変動を考慮しなくてはならない
- □③ 実質GDPとは，物価の変動を考慮した国内総生産のこと
- □④ 名目GDPとは，その時々の物価で評価した国内総生産のこと
- □⑤ GDPデフレーター $= \dfrac{名目GDP}{実質GDP} = \dfrac{Y}{y} = \dfrac{Y}{c(実質消費)+i(実質投資)}$

No → 本文 p.390 へ戻れ

【3 三面等価の原則とI-Sバランス】へ進め！

3 三面等価の原則とI-Sバランス

Q1. 三面等価の原則とは何か説明せよ
Q2. 可処分所得とは何か説明せよ
Q3. ISバランス論とは何か説明せよ

ポイント・チェック 三面等価の原則とI-Sバランスの特徴
- □①三面等価の原則とは，生産面，分配面，支出面，どこからみてもこの三面からみた国内総生産は理論上等しくなっていること
- □②可処分所得とは，所得から租税を引いたもの
- □③ISバランス論とは，経常収支がISバランスと財政収支の和に等しいという関係のこと

No → 本文p.394へ戻れ

4 産業別国内総生産とペティ＝クラークの法則

Q1. 産業別GDPとは何か説明せよ
Q2. C. クラークが定義した第1次産業，第2次産業，第3次産業とはどのような産業か説明せよ
Q3. ペティ＝クラークの法則とは何か説明せよ

ポイント・チェック 産業別国内総生産とペティ＝クラークの法則
- □①生産面からみたGDPは，産業ごとに生産されたGDPの合計から産業別GDPとよばれる
- □②C. クラークは産業を以下のように定義した
    第1次産業：農業，林業，水産業，牧畜業，狩猟業，鉱業など
    第2次産業：製造業，建設業，ガス・電気業など
    第3次産業：（第1・2次産業に含まれない）商業，運輸・通信，金融，公務など
- □③ペティ＝クラークの法則とは，経済発展に伴って，産業構造の比重が，第1次産業から第2次，第3次産業に移るという経験法則

No → 本文p.396へ戻れ

【5 経済成長と寄与度・寄与率の測定】へ進め！

第9章 国民経済計算　433

5 経済成長と寄与度・寄与率の測定

Q1. 経済成長率とは何か説明せよ
Q2. 寄与度とは何か説明せよ
Q3. 寄与率とは何か説明せよ

ポイント・チェック 経済成長と寄与度・寄与率の測定の特徴

- □① 経済成長率とは，GDPないし国民所得の前年や前年同期の値からの伸び率のこと

$$経済成長率 = \frac{今年のGDP - 前年のGDP}{前年のGDP} \times 100(\%)$$

- □② 実質経済成長率とは，実質GDPを用いた経済成長率のこと
  名目経済成長率とは，名目GDPを用いた経済成長率のこと
- □③ 寄与度とは，GDP成長率に対して，それぞれの成長率がどれだけ貢献しているかを示した指標のこと

$$各項目の寄与度 = \frac{各項目の今年の値 - 各項目の前年の値}{前年のGDP(Y)} \times 100(\%)$$

- □④ 寄与率とは，寄与度を構成比の視点から見た指標

$$各項目の寄与率 = \frac{各項目の今年の値 - 各項目の前年の値}{GDPの変化分(\Delta Y)} \times 100(\%)$$

No → 本文 p.403 へ戻れ

6 所得の分配と不平等度の測定

Q1. ジニ係数とは何か説明せよ

ポイント・チェック 所得の分配と不平等度の測定の特徴

- □① ジニ係数とは，所得分配の不平等さを計測する指標のこと
- □② ジニ係数は，決して1より大きくなることはなく，ゼロに近づくほど平等になり，1に近づくほど不平等になる

No → 本文 p.405 へ戻れ

【3 国民経済計算】へ進め！

3 国民経済計算

Q1. 国民経済計算とは何か説明せよ
Q2. 国民所得勘定，産業連関表，資金循環表，国民貸借対照表，国際収支表とは何かそれぞれ説明せよ

ポイント・チェック 国民経済計算の特徴

- □① 国民経済計算とは，国民経済を様々な角度から立体的にみるための，いくつかの統計表のこと
- □② 国民経済計算は，国民所得勘定，産業連関表，資金循環表，国民貸借対照表，国際収支表からなる
- □③ 国民所得勘定とは，GDPを生産面，分配面，支出面から記述した統計表のこと
- □④ 産業連関表とは，一国の投入・産出構造を表したもの
- □⑤ 資金循環表とは，金融機関，法人，家計といった各部門の金融資産・負債の推移などを，預金や貸出といった金融商品ごとに記録した統計表
- □⑥ 国民貸借対照表とは，生産資産と有形資産の価値が評価されたもの
- □⑦ 国際収支表とは，すべての海外取引について記載した統計のこと

No → 本文 p.409 へ戻る

Noの数を数えよう！　1回目　2回目　3回目　　Noの数を減らしていこう!!!

用語確認

おぼえたかな？

問題

1. 一国全体の経済活動を考えるマクロ経済学では，個々の生産活動によって新たに生み出された財やサービスを合計したものを（　　）❶とよび，また，経済を構成している3つの経済主体──（　　）❷，（　　）❸，（　　）❹が「消費」した合計を（　　）❺とよび，その双方向から国民経済を考えています．

2.
(1) 一国内で，一定期間に生産された（　　）❻の総額を，国内総生産（GDP）とよびます．GDPは私たちの経済活動を知る上で最も重要な指標として用いられています．

(2) 国内総生産は年々変化していきます．この変化を経済成長といいます．しかし，GDPはその時々の物価水準で評価されているため単純に比較することができません．そのため，物価の変動を考慮した（　　）❼，その時々の物価で評価した（　　）❽とよばれる指標が存在しています．この（　　）❽で（　　）❼を割ることによって，GDPの価格とでもいうべき総合物価指数の（　　）❾を求めることができます．

(3) GDPは，所得として国民に分配され，財やサービスの購入支出に使われています．よって，生産面，分配面，支出面，どこからみてもこの三面からみたGDPは理論上等しくなり，これを（　　）❿とよびます．
　　また，（　　）❿が成立しているがゆえに，「（　　）⓫

解答

❶ 総供給
❷ 家計（❷〜❹順不同）
❸ 企業（❷〜❹順不同）
❹ 政府（❷〜❹順不同）
❺ 総需要

❻ 付加価値

❼ 実質GDP
❽ 名目GDP

❾ GDPデフレーター

❿ 三面等価の原則
⓫ 経常収支

436　chapter 9 System of National Accounts

［輸出マイナス輸入］が，（　　　）⑫［民間貯蓄マイナス投資］と（　　　）⑬［租税マイナス政府支出］の和に等しい」という関係が成り立ちます．これを，（　　　）⑭といいます．

(4) 経済発展に伴って，産業構造の比重——就労者割合や産業別GDPが，第1次産業から第2次，第3次産業へとシフトしていくという経験法則を（　　　）⑮とよびます．

(5) GDPないし国民所得が時間の経過とともに拡大することを（　　　）⑯といいます．また，前年や前年同期の値からの伸び率を（　　　）⑰とよびます．

(6) 生産活動によって得られたGDP（ないし国民所得）が，誰にどれだけ分配されるかという問題は，マクロ経済を考える上でとても重要です．この所得分配の不平等さを計測する指標として（　　　）⑱というものがあります．

3. 国民経済を様々な角度から立体的にみるために，（　　　）⑲または（　　　）⑳とよばれるいくつかの統計表が存在しています．

	SNA統計表	統計表の特徴
①	（　　　）㉑	GDPに関する統計表です．生産・消費などのフローに関する統計表です．
②	（　　　）㉒	投入産出表ともよばれ，財やサービスの流れ（フロー）が記述された統計表です．
③	（　　　）㉓	マネー・フロー表ともよばれ，お金の流れが記述された統計表です． (注) 金融資産・負債勘定についてはストックが記載されています．
④	（　　　）㉔	資産や負債など，国民のストックに関する統計表です．
⑤	（　　　）㉕	海外との取引が記述された統計表です．

⑫ 投資・貯蓄バランス（I-Sバランス）
⑬ 財政収支
⑭ I-Sバランス（論）

⑮ ペティ＝クラークの法則
⑯ 経済成長
⑰ 経済成長率

⑱ ジニ係数

⑲ 国民経済計算体系（国民経済計算）（⑳と順不同）
⑳ 国民経済計算（国民経済計算体系）（⑲と順不同）
㉑ 国民所得勘定
㉒ 産業連関表
㉓ 資金循環表
㉔ 国民貸借対照表
㉕ 国際収支表

第9章 国民経済計算　437

問 題 演 習

1 国民経済計算の諸概念 ★ (国Ⅱ 1996 改題)

国民経済計算に関する諸概念について，以下の値が与えられている．このとき国内総生産，要素価格表示の国民純生産の組み合わせとして妥当なのはどれか．

$$\left[\begin{array}{l}\text{最終消費支出 300, 総固定資本形成 150, 在庫増加 15, 輸出 90,}\\ \text{輸入 50, 海外への要素所得支払い 20, 海外からの要素所得受取}\\ \text{15, 純間接税 30, 固定資本減耗 40}\end{array}\right]$$

	国内総生産	国民純生産（要素価格表示）
1.	500	420
2.	505	430
3.	510	440
4.	515	450
5.	620	460

▶ **解法の糸口**

〈「国内」と「国民」の概念〉

　国内総生産（GDP）
　　＝国民総生産（GDP）－（海外からの要素所得の受取－海外に対する要素所得の支払い）
　　＝国民総生産（GDP）－海外からの純要素所得

〈「総」と「純」の概念〉

　国内純生産（NDP）＝国内総生産（GDP）－固定資本減耗

〈市場価格表示と要素費用表示〉

　市場価格表示の国民純生産（NNP）（または国民所得（NI））－（間接税－補助金）＝要素価格表示の国民純生産（NNP）

▶**解答** 2

▶**解説**

まず「国内」と「国民」の概念を確認しましょう．国内総生産は以下のようにして求めることができます．

国内総生産＝最終消費支出＋総固定資本形成＋在庫増加＋輸出－輸入

$= 300 + 150 + 15 + 90 - 50$

$= 505$

国内総生産に海外からの純要素受取を加えると国民総生産を求めることができます．

国民総生産＝国内総生産＋海外からの純要素所得受取

$= 505 + (15 - 20)$

$= 500$

次に「総」と「純」の概念を確認しましょう．国民純生産（市場価格表示）は，国民総生産から固定資本減耗を引くことで求められます．

国民純生産（市場価格表示）＝国民総生産－固定資本減耗

$= 500 - 40$

$= 460$

最後に国民純所得（市場価格表示）を国民純所得（要素価格表示）に，以下のようにして変形させましょう．

国民純所得（要素価格表示）＝国民純所得（市場価格表示）－（間接税－補助金）

$= 460 - 30$

$= 430$

よって正解は選択肢2となります．

2 産業連関分析 ★（特別区 2007 改題）

次の表は，国内経済がA，B，Cという3つの産業からなる閉鎖経済の産業連関表である．表中の空所ア〜カに該当する数字の組み合わせとして，妥当なのはどれか．

		中間需要			最終需要	総産出量
		産業A	産業B	産業C		
中間投入	産業A	20	40	ア	120	210
	産業B	30	90	70	イ	ウ
	産業C	50	エ	60	240	380
付加価値		110	130	220		
総投入量		オ	290	カ		

	ア	イ	ウ	エ	オ	カ
1.	30	100	290	30	210	380
2.	30	110	310	50	220	410
3.	50	110	310	40	210	410
4.	50	100	290	40	220	380
5.	40	110	290	30	220	380

▶ 解法の糸口
(1) 産業連関表の列は当該産業の費用構造，行は当該産業の販路を示している．
(2) 行和＝列和の性質を使おう．

▶**解答** 1

▶**解説**
　まず産業Aについて考えてみましょう．産業連関表では，**行和＝列和**が成り立つので，オは210となります．また行方向は当該産業の販路を表しているため，総産出額＝中間需要＋最終需要となります．よってアは，
$20+40+ア+120=210$ より，
　　ア＝30
となります．
　次に産業Bについて考えてみましょう．産業連関表では，**行和＝列和**が成り立つので，ウは290となります．また行方向は当該産業の販路を表しているため，総産出額＝最終需要＋中間需要となります．よってイは，
$30+90+70+イ=290$ より，
　　イ＝100
となります．
　最後に産業Cについて考えてみましょう．産業連関表では，**行和＝列和**が成り立つので，カは380となります．また行方向は当該産業の販路を表しているため，総産出額＝最終需要＋中間需要となります．よってエは，
$50+エ+60+240=380$ より，
　　エ＝30
　これらをまとめると，表は次のようになります．

		中間需要			最終需要	総産出量
		産業A	産業B	産業C		
中間投入	産業A	20	40	30	120	210
	産業B	30	90	70	100	290
	産業C	50	30	60	240	380
付加価値		110	130	220		
総投入量		210	290	380		

よって正解は選択肢1となります．

Chapter 10: Goods Market and Fiscal Policy

第10章

財市場と
財政政策

POINT

この章で学ぶ内容

❶ **財市場の均衡**
財市場の需給均衡条件について考えます．

❷ **ケインズ型消費関数**
ケインズ型消費関数について学習し，限界消費性向，平均消費性向の概念や特徴について学びます．

❸ **45度線分析——均衡GDPと完全雇用GDP**
財市場を分析する手法として45度線分析を学びます．

❹ **インフレ・ギャップ，デフレ・ギャップと財政政策**
インフレ・ギャップとデフレ・ギャップについて学習し，これらを解消するための政策について学びます．

❺ **乗数効果**
投資や政府支出の増減がGDPの変化に与える効果について学びます．

❻ **財政の機能と問題点**
財政のもつ3つの機能について学習し，財政学の入門的な内容を説明します．

この章のポイント

❶ **財市場の均衡**
総供給は「生産面からみたGDP」，**総需要**は「支出面からみたGDP」であり，それは家計の**消費**と企業の（設備や工場の購入である）**投資**からなっています．財市場の総需要と総供給が等しくなるときには，投資と貯蓄とが等しくなっています．

❷ **ケインズ型消費関数**
$C=cY+A$ に代表される消費関数を，**ケインズ型消費関数**といいます．

YはGDPないし（国民）所得，cは**限界消費性向**とよばれています．限界消費性向は，**GDPを追加的に1単位増加させたときの消費の増分**を表しています．一方，Aは**基礎消費**（ないし**独立消費**）とよばれています．

❸ 45度線分析──均衡GDPと完全雇用GDP

総需要と総供給が一致するGDPを**均衡GDP**，労働や資本を現在の生産技術の下ですべて用いて生産されたときに実現されるGDPを**完全雇用GDP**（または**潜在GDP**）といいます．政府は実際のGDPを完全雇用GDPに近づけるべく，**財政政策**などを行います．

❹ インフレ・ギャップ，デフレ・ギャップと財政政策

完全雇用GDPの水準で実現する総需要が，総供給（すなわち完全雇用GDP）より上回っている場合を**インフレ・ギャップ**，下回っている場合を**デフレ・ギャップ**といいます．均衡GDPが完全雇用GDPを上回っているとき（つまりインフレ・ギャップがあるとき）には，政府は総需要を減少させるような緊縮的な財政政策をとります．また逆に，均衡GDPが完全雇用GDPを下回っているとき（つまりデフレ・ギャップがある）には，政府は総需要を増加させるような拡張的な財政政策をとります．これを**総需要管理政策**といいます．

❺ 乗数効果

投資や政府支出を増加させると，それ自体がGDPを増加させるだけでなく，GDPが増えた分消費も増え，結果的にGDPを派生的に増加させます．たとえば，限界消費性向（c）が0.8で投資や政府支出が10億円増加すると，GDPの増分は$\frac{1}{1-c} \times 10 = \frac{1}{1-0.8} \times 10 = 50$億円となります．これを**乗数効果**といいます．各乗数は下の表のようにまとめられ

ます．

	開放経済	閉鎖経済
政府支出乗数	$\dfrac{1}{1-c+m}$	$\dfrac{1}{1-c}$
投資乗数	$\dfrac{1}{1-c+m}$	$\dfrac{1}{1-c}$
租税乗数	$\dfrac{-c}{1-c+m}$	$\dfrac{-c}{1-c}$

c は限界消費性向，m は限界輸入性向

❻ 財政の機能と問題点

政府の経済活動を財政といいます．完全競争市場では，資源配分が効率的に行われますが，**市場の失敗**が発生する場合には，政府が積極的に市場に介入する必要がでてきます．

一般に財政の役割は，❶資源配分機能，❷所得再分配機能，❸経済安定化機能の3つに分類されます．

これが理解できれば合格

45度線分析・ケインズ型消費関数・絶対所得仮説・インフレ・ギャップとデフレ・ギャップ・総需要管理政策・乗数効果・自動安定化装置・裁量的財政政策

POINT

フローチャート

第 10 章 財市場と財政政策

❶ **財市場の均衡**
財市場の需給均衡条件について学習します．

❷ **ケインズ型消費関数**
ケインズ型消費関数とその特徴について学習します．

❸ **45 度線分析——均衡 GDP と完全雇用 GDP**

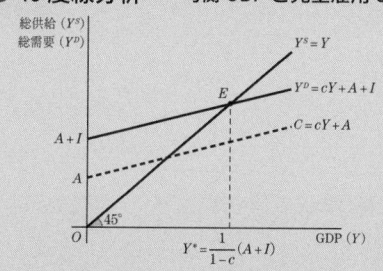

❹ **インフレギャップ，デフレギャップと財政政策**

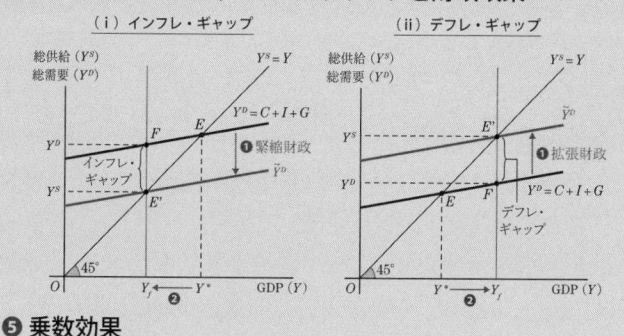

(ⅰ) インフレ・ギャップ

(ⅱ) デフレ・ギャップ

❺ **乗数効果**
投資や政府支出を増やしたとき，GDP がどれだけ増加するか考えます．

❻ **財政の機能と問題点**
財政の 3 つの機能について学び，「財政学」への橋渡しをします．

→ 第 11 章 貨幣市場と金融政策

→ 第 12 章 財・貨幣市場と総需要

→ 第 13 章 労働市場と総供給

第 10 章 財市場と財政政策　447

はじめに

マクロ経済学で主として分析する市場には，**財市場**（goods market），**貨幣市場**（と債券市場）（money market），そして**労働市場**（labor market）があります．この章では，まず財市場について説明します．

財市場においても総需要と総供給が等しくなる均衡が達成されます．この章では，いきなり需要サイドと供給サイドを同時に考えるのは難しいので，供給サイドの決定メカニズムには触れないで，まずは需要サイドの動きだけを考えていくことにしましょう．

需要サイドでは，各経済主体の行動のうち，家計による「消費」が決定されるメカニズムを消費関数という概念を使って説明し，財市場の均衡GDPが決定されるメカニズムについて説明します．この章での分析手法は，**45度線分析**（The Keynesian 45 degree cross diagram）とよばれています．

またこの章では，**財政政策**（fiscal policy）の効果についても学習します．

1 財市場の均衡

財市場は文字通り，財やサービスが取引されるフローの市場です．財の価値は，新たに生まれた付加価値として国民経済に計上されています．したがって，財市場を考えるということは，生産されたGDP（国内総生産）が，どのように消費されるのかを考えることと同じです．

はじめに，政府活動や海外との取引がない世界を考えましょう．第9章で学習しましたように，経済の構造は，生産→（分配）→支出→……という無限の繰り返し（「経済循環＝再生産過程」）です．総供給は「生産面からみたGDP」，総需要は「支出面からみたGDP」であり，それは家計の消費と企業の（設備や工場の購入である）投資からなっていますので，

$$\begin{cases} 【総供給】Y^S = 生産面からみた GDP \\ 【総需要】Y^D = 支出面からみた GDP = 消費 + 投資 \end{cases}$$

となります．GDPをY，**消費**（consumption）をC，**投資**（investment）をIとして記

図10-1

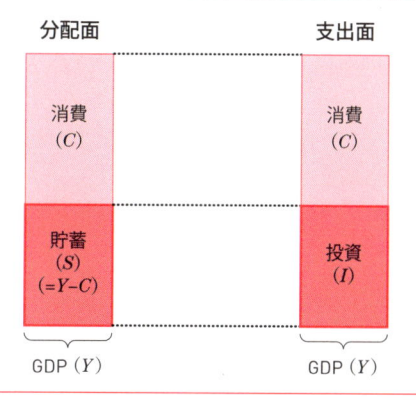

```
       分配面              支出面

       消費                消費
       (C)                (C)


       貯蓄                投資
       (S)                (I)
      (=Y−C)

       GDP (Y)            GDP (Y)
```

号を用いて表すと，

$$\begin{cases} \text{【総供給】} Y^S = Y \\ \text{【総需要】} Y^D = C + I \end{cases}$$

となります．財市場の総需要と総供給が等しくなる需給均衡条件（$Y^S = Y^D$）は，

$$Y = C + I$$

となります．この式は，「生産面のGDPが支出面のGDPに等しい」という条件で，このとき，理論上，分配面のGDPも等しくなっていることから，三面等価の原則そのものです．

さて，この需給均衡条件を，

$$Y - C = I$$

と変形します．GDPから消費を引いたものを**貯蓄**（savings; S）といいますので，$S = Y - C$ より，財市場の需給均衡条件は，

$$S = I$$

と書くことができます．この条件はとても重要です．「投資と貯蓄が等しくなっているとき，財市場は均衡している」といえ，財市場の需給均衡条件を **ISバランス**（IS balance）ともいいます．これを視覚化したものが図10-1です．

生産されたGDP——つまり，新たに生まれた財の価値は，所得となり，消費と貯蓄に分けられます．このうち，貯蓄は，銀行などの**金融仲介機関**（finance intermediary）を通じて企業の投資へと回ります．もし，企業の設備投

資（需要）がマクロ経済全体で貯蓄（供給）よりも少なければ，財市場の**超過供給**（excess supply）となっていますし，逆に設備投資が貯蓄よりも過剰であれば，財市場は**超過需要**（excess demand）にあるといえます．

> **ポイント・チェック　財市場の均衡**
>
> ❶ 財市場とは，財やサービスが取引されるフローの市場のこと
> ❷ 財市場を考えることは，生産された国内総生産がどのように消費されるのかを考えることと同じである
> ❸ 政府活動や海外との取引がない状況下での
>   【総供給】$Y^S = Y$（生産面からみたGDP）
>   【総需要】$Y^D = $支出面からみたGDP $= C$（消費）$+ I$（投資）
> ❹ 財市場の需給均衡条件（$Y^S = Y^D$）は，
> $Y = C + I$
> ❺ 需給均衡条件を $Y - C = I$ と変形させたとき，
> $Y - C = S$（貯蓄）という
> ❻ 財市場の需給均衡条件は，$S = I$ と書くことができ，投資と貯蓄が等しくなっているとき，財市場は均衡しているといえる．このことをISバランスという
> ❼ 貯蓄は，金融仲介機関を通じて企業の投資へと回るため，
>   設備投資＜貯蓄 → 財市場の超過供給
>   設備投資＞貯蓄 → 財市場の超過需要

2　ケインズ型消費関数

マクロ経済学の始祖，J・M・ケインズは，1936年に出版された**『雇用・利子・貨幣の一般理論』**[1]の第8章において，「家計の消費行動」を次のように考えました．

「社会が消費のために支出する額は，明らかに，（1）一部分はその所得額に，

---

1) Keynes, J. M. (1936) *The General Theory of Employment, Interest and Money*, Macmillan（邦訳：塩野谷祐一（1995）『雇用・利子及び貨幣の一般理論』（普及版）東洋経済新報社）．

(2) 一部分は他の客観的な付随的諸条件に，そして，(3) 一部分は社会を構成する個々人の主観的な必要，心理的な性向，習慣，および所得が個々人の間に分配される仕方を支配する原理 (それは産出量の増加につれて修正を蒙ることがある) に依存する.」(邦訳書, pp. 90-91)

ちょっと難解ですね．この難解なケインズの消費に関する考え方を，平易に説いたのがアメリカの経済学者，P. A. サミュエルソンです．彼は1948年に出版した『経済学』の中で，「消費は『所得に依存する部分』と，『所得に依存しない部分』からなる」と解釈し，図を用いて平易な説明を行いました[2]．

いま，消費関数を，所得に依存する部分$C(Y)$と，所得に依存しない部分Aの和であると考えましょう．これを記号で書けば，

$C = C(Y) + A$

となります．もちろん，所得の増加に伴って$C(Y)$は増加するので，$C'(Y) > 0$となっています．ここで，所得に依存する部分$C(Y)$をより簡単に，所得の一定割合が消費に振り分けられると考えて，$C(Y) = cY$と置き換えると，消費関数は，

$C = cY + A$

となります．ここで，YはGDPないし (国民) 所得，cは**限界消費性向** (marginal propensity to consume; MPC) とよばれ，これは，GDPを**追加的に1単位増加させたときの消費の増分**を表しています．また，限界消費性向は，

$0 < c < 1$

を満たしています．というのも，もし，cが1を上回ると，所得以上に消費を行うことになってしまうからです．一方，Aは**基礎消費** (ないし**独立消費**) (fundamental consumption) とよばれており，これは，

$A > 0$

を満たしています．この仮定は，所得が仮にゼロであったとしても消費があることを意味しています．$C = cY + A$に代表される消費関数を，**ケインズ型消費**

---

[2] しかし，P. A. サミュエルソンの『経済学』の説明では，非線形の消費関数を用いて説明しています．

図10-2 ケインズ型消費関数

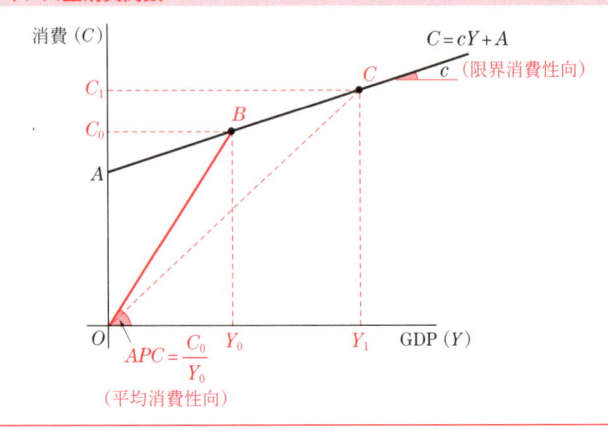

関数(Keynesian consumption function)と言います．たとえば，$C=0.8Y+10$という消費関数は，限界消費性向が0.8，基礎消費が10なので，「所得のうち，消費に回す割合が80%，所得に依存しない消費額が10」と読むことができます．ケインズ型消費関数は，今期の所得(絶対所得)のみに依存することから，**絶対所得仮説**(absolute income hypothesis)に基づく消費関数ともよばれています．

ケインズ型消費関数を図示したものが図10-2です．$C=cY+A$で表される消費関数は，横軸にGDP，縦軸に消費をとった平面において，切片(縦軸との交点)がA(基礎消費)，傾きがc(限界消費性向)の一次関数のグラフとなります．

GDPを追加的に1単位増加させたときの消費の増分を限界消費性向といいました．これに対して，**平均消費性向**(average propensity to consume; APC)と呼ばれる概念があります．これは，GDP1単位あたりの消費を指しています．たとえば，GDPがY_0という水準のとき，消費がC_0であったとしましょう．このときの平均消費性向(APC)は，

$$APC = \frac{C_0}{Y_0} = \frac{cY_0+A}{Y_0} = c + \frac{A}{Y_0}$$

となります．したがって，ケインズ型消費関数においては，GDP(Y)が増加するにつれて平均消費性向が次第に減少することがわかります．これを**平均消費性向が逓減する**，といいます．これは図10-2より直感的に理解することが

可能です．

　Y_0というGDP水準における消費はC_0です．このとき平均消費性向（APC）は，$APC=C_0/Y_0$で表されますが，これは消費関数上の点Bと原点Oを結んだ線分の傾きに等しくなっています．GDPがY_0からY_1に増加すると，それに伴って消費もC_0からC_1へと変化しますが，消費関数上の点と原点を結んだ線分の傾きである平均消費性向は，逓減していることがわかります．平均消費性向が逓減するという特徴は，ケインズ型消費関数のとても重要な特徴です．もし，基礎消費がゼロで，消費関数が原点を通る直線で表される場合，限界消費性向と平均消費性向は一致し，平均消費性向は逓減せず一定となります．以下，ケインズ型消費関数の重要な特徴をまとめておきましょう．

　　　限界消費性向＝c（消費関数の傾き）は一定
　　　平均消費性向＝C/Y（消費関数上の点と原点を結んだ線分の傾き）が逓減

ポイント・チェック　ケインズ型消費関数の特徴

❶ ケインズの消費に関する考え方は，サミュエルソンによって，消費は所得に依存する部分と所得に依存しない部分からなると解釈された
❷ ケインズ型消費関数とは，
　　$C=C(Y)$（所得に依存する部分）＋A（所得に依存しない部分＝基礎消費）
　　$C=cY+A$
❸ 限界消費性向（c）とは，GDPを追加的に1単位増加させたときの消費の増分で，$0<c<1$を満たしている
❹ 基礎消費（A）は，$A>0$を満たしている
❺ ケインズ型消費関数は，今期の所得（絶対所得）のみに依存することから，絶対所得仮説に基づく消費関数ともよばれる
❻ 平均消費性向とは，GDP1単位あたりの消費のこと
❼ 平均消費性向は，

$$APC=\frac{C_0}{Y_0}=\frac{cY_0+A}{Y_0}=c+\frac{A}{Y_0}$$

と表される
❽ 限界消費性向＝c（消費関数の傾き）が一定
　平均消費性向＝C/Y（消費関数上の点と原点を結んだ線分の傾き）が逓減

COLUMN 10-❶ 消費の三大仮説と様々な消費効果

　消費が絶対所得に依存し，平均消費性向が逓減するというケインズ型消費関数にはかなり早い段階から様々な批判がありました．ケインズ型消費関数は，家計の合理的な行動（つまり，予算制約の下での効用最大化）から導出されたものではなく，極めて**アドホック**（*ad hoc*; 限定的）な前提に基づいており，**ミクロ的な基礎づけ**（micro-foundation）がないと批判されていました．

　また，早い段階からのより強力な反駁として，**S. クズネッツ**による1869年から1938年までの時系列データを用いた消費関数の推計があります[3]．この推計結果では，消費（C）と可処分所得（GDPから租税を控除したもの; Y_d）との関係が，$C \approx 0.9 Y_d$となっていました．これをグラフにすれば，消費関数は原点を通ることになってしまいます．ケインズ型消費関数最大の特徴である平均消費性向が逓減せずに，一定（0.9）であることが実証研究から明らかになったのです．

　クズネッツの研究を受け，平均消費性向が長期的に一定になる費用関数の理論的な構築が始まりました．主な研究として以下の3点が挙げられており，これを総称して**消費の三大仮説**とよびます．

	仮説の名称と提唱者	特徴
❶	**ライフ・サイクル仮説**[4] 【提唱者】 A. アンドウ F. モディリアーニ R. ブランバーグ	消費は，絶対所得ではなく，**生涯にわたって獲得できる所得（生涯所得）に依存する**という仮説です． 　生涯を考えると，就職，結婚，昇格，退職，いろいろなイベントによって，所得は変動していきます．消費は，その時々の所得ではなく，生涯にわたってどの程度稼得できるかによって決まってくるのだ，というのが彼らの主張です．
❷	**恒常所得仮説**[5] 【提唱者】 M. フリードマン	M. フリードマンは所得を**変動所得**（transitory income）と**恒常所得**（permanent income）とにわけ，消費は変動所得ではなく，恒常所得に依存すると考えました．

---

[3] Kuznets, S. (1947) *Uses of National Income in Peace and War*, NBER.
[4] Ando, A. and Modigliani, F. (1963) "The 'life-cycle' hypothesis of saving: aggregate implications and tests," *American Economic Review*, Vol.53, No.1, pp.55–84.
[5] Friedman, M. (1957) *A Theory of the Consumption Function*, Princeton University Press.

		ここでいう，変動所得とは，景気変動などによって変化する所得であり，恒常所得とは，自己の所得稼得能力から予想される所得で，これには，学歴や資格，技能，資産なども含まれます．
❸	**相対所得仮説**[6] 【提唱者】 **J. デューゼンベリー**	【時間的相対所得仮説】 　消費が，過去の消費にも依存するというのが時間的相対所得仮説です．高所得下で高い消費を行っていた人は，景気後退期に入ったからといって急に消費を減らすようなことはありません．つまり，消費は，絶対所得ではなく，過去の（高所得下での）消費行動に依存していると考えるのです． 　景気後退期に消費水準の歯止めがかかることを，**ラチェット効果**（ratchet effect）といいます． 【空間的相対所得仮説】 　消費は，**同じ社会的な階層に属する別の家計の消費行動に依存する**場合があります．これが空間的相対所得仮説です．たとえば，同程度のお小遣い（所得）をもっている学生が，同じようなブランドを好んで購入するということがあります．これを，空間的相対所得仮説といいます． 　この仮説は，いわば「右に倣え」の消費です．このような消費を**バンドワゴン効果**ということもあります． 　なお，他人とは違ったものを消費したいという消費行動を**スノッブ効果**（snob effect）とよんでいます．

　消費の三大仮説以外にも，**A. C. ピグー**によって提唱された**資産効果**（asset effect）とよばれる仮説があります．ピグーは，家計の消費が所得だけではなく，実質的な資産残高に依存すると考えました．ここでいう資産とは，貨幣資産のことで，要は預金の量ということになります．

　ピグーは，物価（p）が上昇すると，貨幣（M）の実質的な資産価値（M/p）が減少し，それが消費に対してマイナスの影響を与えることを指摘しました．資産効果

---

[6] Duesenberry, J. S. (1949) *Income, Saving and The Theory of Consumer Behavior*, Harvard University Press.

は，彼の名をとって**ピグー効果**（Pigoubian effect）ともよばれています．
　また，**T. B. ヴェブレン**（Veblen, T. B.（米），1857年〜1929年）は，その著書[7]の中で，家計がより高価なものを，いわば「見せびらかし」のために消費することを指摘し，**衒示的消費**（conspicuous consumption）と名づけました．このような消費行動は，**ヴェブレン効果**（Veblen effect）と呼ばれています．

3　45度線分析——均衡GDPと完全雇用GDP

　いまや私たちは，財市場の簡単な雛形——モデルを手に入れることに成功しました．それは，

$$\begin{cases} \text{【総供給】} & Y^S = Y \\ \text{【総需要】} & Y^D = C + I \\ \text{【消費関数】} & C = cY + A \end{cases}$$

と表せました．消費関数を総需要に代入すれば，

$$\begin{cases} \text{【総供給】} Y^S = Y \\ \text{【総需要】} Y^D = cY + A + I \end{cases}$$

となります．財市場の需給均衡条件 $Y^S = Y^D$ より，$Y^D = cY + A + I$ なので，総需要と総供給が一致するGDPを求めることができます．これを**均衡GDP**といいます．均衡GDPとは，現時点で，生産されたものが完全に消費された場合の経済活動水準を表しています．具体的に，均衡GDPを求めるには，$Y^S = Y^D$と置いた式を Y について解けばよいのです．したがって，均衡GDP（Y^*）は

$$Y^* = \frac{1}{1-c}(A+I)$$

となります．

　均衡GDPを図示したのが図10-3です．総供給 $Y^S = Y$ は，横軸にGDP（Y），

---

[7] Veblen, T. B. (1899) *The Theory of the Leisure Class: An Economic Study of Institutions*, Macmillan, London（邦訳：高哲男（1998）『有閑階級の理論——制度の進化に関する経済学的研究』ちくま学芸文庫）．

図10-3 均衡GDP

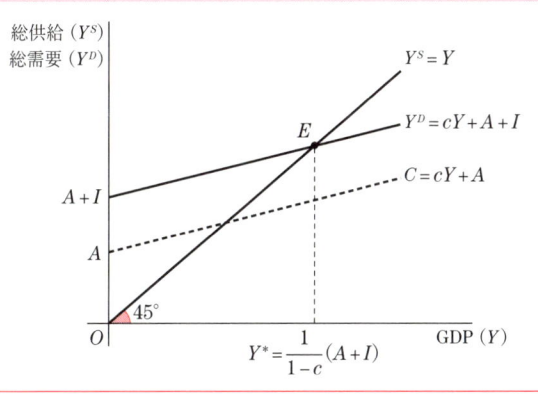

縦軸に総供給 (Y^S) をとった平面において，傾きが1で原点 (O) を通る直線として表されます．傾きが1であることから，この線を45度線といい，この図を用いた分析を **45度線分析** といいます．

他方，総需要 $Y^D = cY + A + I$ は消費関数 $C = cY + A$ に投資 (I) を加えたものですから，その形状は消費関数を投資分だけ上方に平行移動したものとなります．限界消費性向 (c) が1よりも小さいという制約があるので，直線で表される総供給と総需要は必ず (GDPがプラスの領域で) 45度線上の1点で交わっています．この交点における水準のGDPが均衡GDPであり，それが，$Y^* = \dfrac{1}{1-c}(A + I)$ として表されるのです．

記号ばかりですが，限界消費性向 (c)，基礎消費 (A)，投資 (I) は「数」ですから，均衡GDPも「数」として表されます．たとえば，財市場のモデルが，

$$\begin{cases} \text{【総供給】} & Y^S = Y \\ \text{【総需要】} & Y^D = C + I \\ \text{【消費関数】} & C = 0.8Y + 50 \\ \text{【投資】} & I = 10 \end{cases}$$

で与えられるとします．すると，財市場の需給均衡条件は，$Y^S = Y^D$ より $Y = 0.8Y + 50 + 10$ なので，総需要と総供給が一致する均衡GDP (Y^*) は，これを解いた，

第 **10** 章 財市場と財政政策

$$Y^* = \frac{1}{0.2} \times (50+10) = \frac{10}{2} \times 60 = 300$$

となります．

　皆さんはここで重要な点を思い出しておく必要があります．均衡GDPは，需給が一致する実際のGDPではありますが，それは経済全体にある資源（たとえば労働や資本）をすべて用いて生産されたGDPではない，ということです．45度線分析では，総供給を$Y^S = Y$と置いていますが，このYは，たとえば480兆円といった「値そのもの」で，その数値が資本や労働をどの程度用いて生み出されたものなのかわからないのです．

　つまり，すべての労働者が雇用され，また，すべての資本が稼働されていれば，もしかしたら，均衡GDP以上のGDPが生み出されたかもしれないのです．また逆に，現在が何らかの要因で景気が過熱していて，均衡GDPが，労働や資本のフル稼働以上の値を示していることもあるかもしれません．

　労働や資本を現在の生産技術の下ですべて用いて生産されたときに実現されるGDPを，**完全雇用GDP**（Y_f）または**潜在GDP**（potential GDP）といいます．

　均衡GDPと完全雇用GDPとの関係がわかりにくいという読者は，こんな例を考えてみるとよいでしょう．

　いま，100人がお饅頭を作る作業に従事しているとしましょう．1時間に1人がお饅頭を作れるのは1個です．全員がこの作業に従事していれば，1時間後には100個のお饅頭が完成しているはずです．しかし，実際は，ぴったり100個になっておらず，できあがったお饅頭は，80個だったり，120個だったりすることがあります．80個になるときは，誰かが手を抜いているのかもしれませんし，120個になるときは，調子がよくて2つ作ったりしているのかもしれません．100個の生産能力に対して，現実は80個だったり，120個だったりするわけです．これはちょうど完全雇用GDPと実際のGDPの関係に相当します．100個できる能力が，お饅頭を作成する作業での完全雇用GDPに相当します．これに対して，実際にできるお饅頭の個数が実際のGDPということになります．

　話を戻しましょう．完全雇用GDPは，この経済で実現可能なGDPですから，実際のGDPとの差（乖離）ができるだけ小さくなった方が望ましく，政

府は実際のGDPを完全雇用GDPに近づけるべく様々な処方箋——**経済政策** (economic policy)を用意しています．その代表的なものが**財政政策** (fiscal policy) です．

> **ポイント・チェック** 45度線分析——均衡GDPと完全雇用GDP
>
> ❶ 均衡GDPとは，総需要と総供給が一致するGDPのことで，現時点で，生産されたものが完全に消費された場合の経済活動水準を表している
> ❷ 均衡GDPは，
>
> $$Y^* = \frac{1}{1-c} \times (A+I)$$
>
> と表される
> ❸ 横軸にGDP，縦軸に総供給をとった平面における総供給は，傾きが1で原点を通る直線として表され，この線を45度線という
> ❹ 労働や資本を現在の生産技術の下ですべて用いて実現されるGDPを，完全雇用GDPまたは潜在GDPという
> ❺ 完全雇用GDPと実際のGDPとの乖離をできるだけ小さくするために，政府は財政政策を行う

COLUMN 10-❷ プロクルステスの寝台

　経済活動水準が，総需要と総供給の一致する均衡GDPの水準で決定され，しかもその均衡が安定的であるという状況を，経済学者たちは**プロクルステスの寝台** (Procrustes' bed)という比喩を用いて説明してきました[8]．

　プロクルステスは古代ギリシアの強盗です．プロクルステスは人をとらえてきては，自分の家に置いてある鉄の寝台に寝かせつけ，捕らわれた人が寝台よりも大きければ，はみ出た部分をのこぎりで切ってしまい，逆に寝台よりも短い場合には，捕らわれた人を上下に引っ張って寝台の長さまで伸ばしてしまったといいます．

　45度線分析において，デフレ・ギャップが発生しているときには，貯蓄が投資

---

[8] このコラムは都留重人 (1957)「経済学と譬喩」『やさしい経済学 I』勁草書房，pp. 72–76によります．

を上回っていました（貯蓄超過）．プロクルステスの例に従えば，貯蓄は囚われの人，投資は寝台を表しています．すなわち，もし貯蓄超過が発生すると，投資を上回る部分の貯蓄は容赦なく切り捨てられ，経済の活動レベルは収縮することになります．

逆にインフレ・ギャップの場合には，投資が貯蓄を上回り，インフレが発生して経済の活動レベルは拡張し，貯蓄が増加していきます．それはあたかもプロクルステスが寝台に満たない人を引き延ばすようなもので，経済学者たちはデフレ・ギャップやインフレ・ギャップがあっても，経済は均衡GDPに収束することを「プロクルステスの寝台」にたとえたのです．

4 インフレ・ギャップ，デフレ・ギャップと財政政策

前節では均衡GDP（Y^*）と完全雇用GDP（ないし潜在GDP）（Y_f）とは何かについて説明をしました．

完全雇用GDPの水準で実現する総需要が，総供給（すなわち完全雇用GDP）より上回っているとき，これを**インフレ・ギャップ**（inflation gap）といいます．図10-4（ⅰ）をみてください．完全雇用GDP（Y_f）は，均衡GDP（Y^*）の左に位置しています．これは，完全雇用で実現されるGDP以上のGDPが実現しているという意味で，景気が過熱していることを表しています．完全雇用GDPの

図10-4

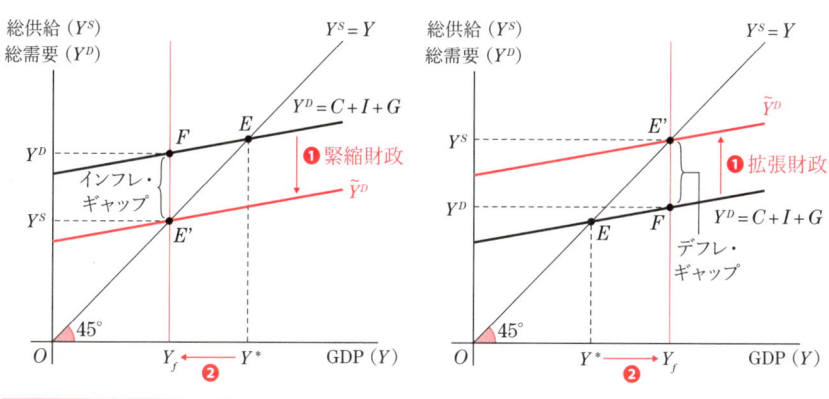

(ⅰ) インフレ・ギャップ / (ⅱ) デフレ・ギャップ

水準では総需要は点Fで，総供給はE'で表されていますが，このとき，FE'の長さがインフレ・ギャップの大きさになっています．FE'の長さは，需要が供給を上回る**超過需要**(excess demand)が発生している状況です．このような状況では価格が上昇し（つまりインフレが発生し），均衡GDPが実現するはずです．

しかし，完全雇用においてはそれ以上GDPを増加させる誘因はありません．インフレ・ギャップが発生している状況では，総需要を減少させるような政策——たとえば，消費を押し下げる増税や，政府支出の減少などといった**緊縮財政**(restrictive fiscal policy)によって景気の過熱を抑制する必要があります．緊縮財政を行うと，総需要曲線はY^Dから$\widetilde{Y}^D$へと下方にシフトします．そして，そのシフトは完全雇用GDPと総需要が交わる点E'まで続きます．

逆に，完全雇用GDPの水準で実現する総需要が，総供給（すなわち完全雇用GDP）を下回っている状況を，**デフレ・ギャップ**(deflation gap)といいます．図10-4(ⅱ)をみてください．均衡GDP(Y^*)は完全雇用GDP(Y_f)に達していません．また，完全雇用GDPの水準においては総供給が総需要を上回っており，$E'F$の超過供給が発生しています．超過供給が発生すると価格が下落して（つまりデフレが発生して）いますから，安定的な均衡である均衡GDPへと収束してしまいます[9]．つまり，市場メカニズムに任せていては完全雇用GDPが実現できないのです．

そこで，完全雇用が実現される水準まで総需要を増加させるような政策——たとえば，投資を促進させるような政策や，消費を促す減税，**拡張的財政政策**（expansionary fiscal policy）などが必要となってきます．総需要が増加すると，総需要曲線はY^Dから$\tilde{Y}^D$へと上方にシフトします．

　均衡GDPが完全雇用GDPを上回っている好景気のとき（つまりインフレ・ギャップがあるとき）には，総需要を減少させるような政策をとり，また逆に，均衡GDPが完全雇用GDPを下回っている不況のとき（つまりデフレ・ギャップがある）には総需要を増加させるような政策をとることを**総需要管理政策**（aggregate demand management policy）といいます．

ポイント・チェック　インフレ・ギャップ，デフレ・ギャップと財政政策

❶ 完全雇用GDPの水準で実現する総需要が，総供給を上回っている状況をインフレ・ギャップという
❷ インフレ・ギャップが発生している状況では，総需要を減少させるために，政府は緊縮財政を行い，景気の過熱を抑制する
❸ 完全雇用GDPの水準で実現する総需要が，総供給を下回っている状況をデフレ・ギャップという
❹ デフレ・ギャップが発生している状況では，総需要を増加させるために，政府は拡張的財政政策を行う
❺ インフレ・ギャップがあるときには，総需要を減少させるような政策をとり，デフレ・ギャップがあるときには，総需要を増加させるような政策をとることを，総需要管理政策という

COLUMN 10-❸　潜在GDPの推計方法とGDPギャップ

　完全雇用GDP（潜在GDP）を求めるにはいくつかの方法があります[10]．代表的なものとして，❶生産関数アプローチ，❷Hodrick-Prescottフィルター（HPフィルター）による推計などがあります．生産関数アプローチは，あらかじめマクロ経済の生産

---

9) COLUMN 10-❷を参照してください．

関数を推計し，そこに，利用可能な生産要素をすべて代入して求める推計方法です．これに対して，HPフィルターによる推計は，過去のGDPトレンドをもとに潜在GDPを推計する方法です．

図には，内閣府の推計による実際のGDPと潜在GDPが描かれています．実際のGDPは2008年の**リーマン・ショック**（Lehman Shock）[11]で急落し，潜在GDPとの乖離が一時的に拡大している様子がわかります．

また，観測される現実のGDP（Y）と，潜在GDP（Y_f）との乖離を比率で表したものをGDPギャップといい，以下の式で表します．

GDPギャップ $= \dfrac{Y - Y_f}{Y_f} \times 100\,(\%)$

GDPギャップが正の値であれば**インフレ**（inflation），負であれば**デフレ**（deflation）にあるといいます．GDPギャップの推移を長期的にみると，**バブル経済**（bubble economy）[12]が崩壊した1990年以降，上下の変動はありますが，総じてデフレ経済にあることがわかります．

---

10) 日本銀行調査統計局（2003）「GDPギャップと潜在成長率——物価変動圧力を評価する指標としての有用性と論点」『日本銀行調査月報』（2003年2月号）が参考になります．また，茂木創（2004）「裁量的財政政策は実体経済を反映していたか——アジア諸国における実証」『新島学園短期大学紀要』（新島学園短期大学）では，アジア諸国の潜在GDPをHodrick-PrescottフィルターとよばれるGDPトレンドから潜在GDPを求める統計手法を用いて計測し，GDPギャップと財政収支の相関関係を分析しています．Hodrick-Prescottフィルターについては，Hodrick, R. and Prescott, E. C.（1997）"Post-war U.S. Business Cycles: An Empirical Investigation," *Journal of Money, Credit, and Banking*, Vol.29, No.1, pp.1–16を参照のこと．

11) 2008年9月15日，低所得者層向けの不動産ローン（**サブプライム・ローン**）を証券化するという手法に過剰に依存していたアメリカの大手金融業リーマン・ブラザーズ社が倒産しました．リーマン・ブラザーズ社は創業1850年の老舗で，破産当時はゴールドマンサックス社（1位），モルガン・スタンレー社（2位），メリルリンチ社（3位）に次ぐ業界第4位でした．リーマン・ショックを契機に，世界的な金融不安が拡大し，国際金融危機が深刻化しました．これに対し各国は，積極的な経済政策を行って，景気は一時的にV字回復しましたが，ギリシア・スペイン・イタリアなどにおいては，**デフォルト**（債務不履行）懸念が高まりました（**欧州債務問題**）．

12) バブル経済とは，不動産や株価などの資産価格がその実態（**ファンダメンタルズ**）から乖離して，上昇を続けている状態を指します．たとえば一般に，土地の価格（地価）は，需給バランスや利便性といったファンダメンタルズに基づいて決定されています．しかし，将来価格が上昇するという期待（expectation）が形成されると，地価はファンダメンタルズを反映せずに上昇を続けることがあります．日本では，1986年から1991年までを**バブル経済**とよんでいます．

潜在GDPと実際のGDPの推移

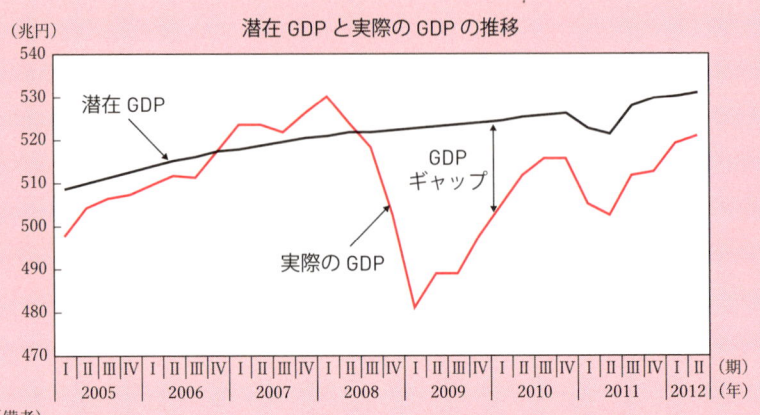

(備考)
1. 内閣府「国民経済計算」,「民間企業資本ストック」, 経済産業省「鉱工業生産指数」等により作成.
2. 実質季節調整済値.

GDPギャップの推移

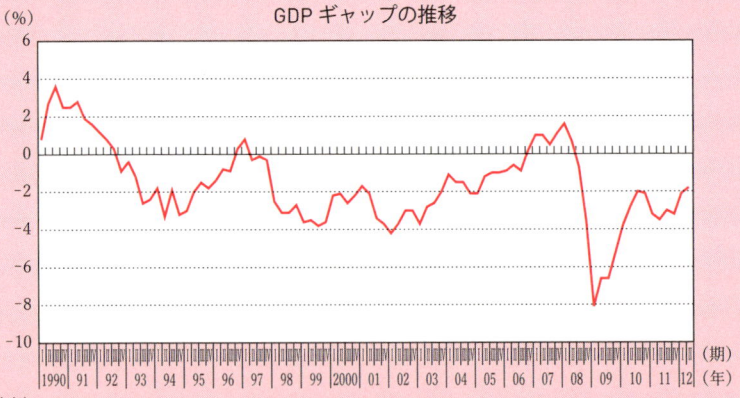

(備考)
1. 内閣府「国民経済計算」,「民間企業資本ストック」, 経済産業省「鉱工業指数」等により作成.
2. GDPギャップ (%) = (実際のGDP - 潜在GDP) / 潜在GDP. この推計にあたっては, 潜在GDPを「経済の過去のトレンドからみて平均的な水準で生産要素を投入した時に実現可能なGDP」と定義している.
  ただし2011年I～IV期においては, 震災による供給制約を加味し潜在GDPを調整した. 具体的には, 東日本大震災における電力供給制約・サプライチェーンの寸断等による供給制約により, 2011年I期は, 実質年率換算4兆円程度 (前期比年率▲2.8%程度), II期は, 1兆円程度 (前期比年率▲1.0%程度) 前期から減少したと試算される. また, 供給制約が概ね解消したことにより, III期は, 実質年率換算7兆円程度 (前期比年率換算5.1%程度), IV期は, 1兆円程度 (前期比年率換算1.0%程度) 増加したと試算される.

(出所) 内閣府 (2012)「2012年4～6月期GDP1次速報後のGDPギャップは前期から縮小」『今週の指標』No. 1040 (2012年8月22日) より引用.
URL http://www5.cao.go.jp/keizai3/shihyo/2012/0822/1040.html, 2012年10月20日アクセス.

5 乗数効果

前節では，総需要管理政策について言及しました．ここでは，投資や政府支出の増加がGDPにどれだけの変化をもたらすかについて検討してみましょう．

1 政府部門の導入

政府の経済活動を考えるために，政府部門の行動を入れた経済モデルを考えましょう．政府は租税 (T) を徴税し，それを政府支出 (G) に使います．租税が導入されたことにより，家計の消費行動はGDP (Y) ではなく，GDPから租税を引いた**可処分所得** (disposal income; $Y-T$) に依存します．家計は，税金を先に控除された残り（可処分所得）を，消費や貯蓄に回します．このとき経済モデルは，

$$\begin{cases} \text{【総供給】} & Y^S = Y \\ \text{【総需要】} & Y^D = C + I + G \\ \text{【消費関数】} & C = c(Y-T) + A \end{cases}$$

となります．このモデルの均衡GDPは，需給均衡条件 $Y^S = Y^D$ より，$Y = c(Y-T) + A + I + G$ なので，総需要と総供給が一致する均衡GDP (Y^*) は，これを解いた，

$$Y^* = \frac{1}{1-c}(-cT + A + I + G)$$

となります．

ここで，皆さんに質問です．

「政府支出が10億円増加したとき，GDPはどれだけ変化するでしょうか？」ちょっと考えてみてください．

皆さんの中には，「政府支出が10億円増加したのだから，GDPもまた10億円増加するんじゃないか？」という人がいるかもしれません．しかし，これは間違いです．

確かに，政府支出10億円はGDPを10億円増加させるのですが，増えた10億円のうち，限界消費性向 (c)――つまり，GDPのうち消費に回る割合――が

図10-5 乗数メカニズム

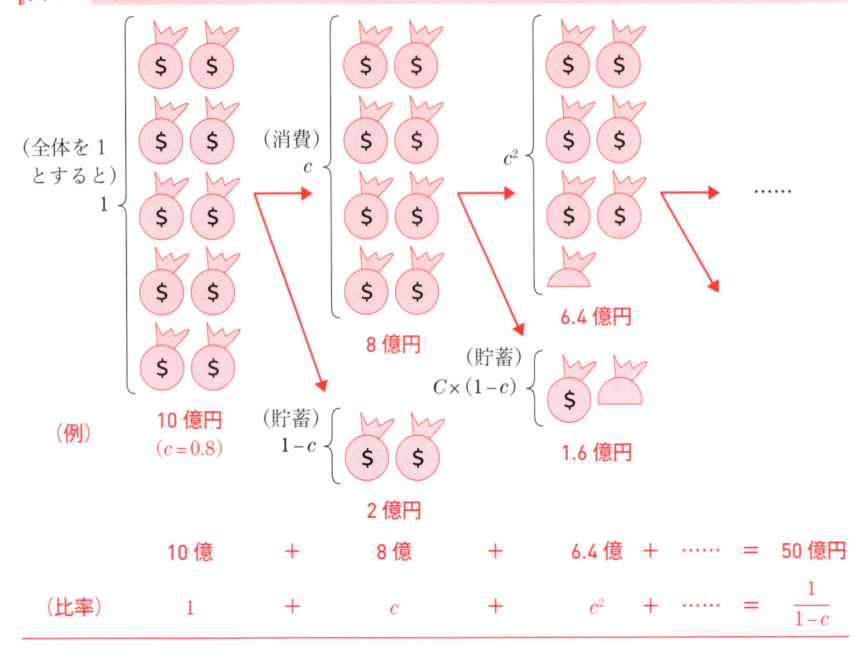

（全体を1とすると）1

（例）10億円 ($c=0.8$)

（消費）c → 8億円
（貯蓄）$1-c$ → 2億円

c^2 → 6.4億円
（貯蓄）$C×(1-c)$ → 1.6億円

……

10億	+	8億	+	6.4億	+	……	=	50億円
（比率）1	+	c	+	c^2	+	……	=	$\dfrac{1}{1-c}$

再び消費に回り，GDPを派生的に増加させます．そして，このように増えたGDPはまた再び限界消費性向分だけGDPの派生的増加を促します．これを図示したのが図10-5です．

こうして繰り返していくと，当初の10億円の政府支出に加え，派生的に生じたGDPの合計は以下のようになっています．

10億円 $+ c×$10億円 $+ c×(c×$10億円$) + c×(c^2×$10億円$)\cdots$

$= (1+c+c^2+c^3+\cdots)×$10億円[13]

$= \dfrac{1}{1-c}×$10億円

ここで，限界消費性向（c）がゼロと1の間の数であったことを思い出してく

---

13) $1+c+c^2+c^3+\cdots$の部分を無限等比数列の和（または無限等比級数）といいます．この求め方は，以下の通りです．まず，$1+c+c^2+c^3+\cdots=R$と置きます．次に，Rの両辺にcを掛けたcRを求めます．すると，$c+c^2+c^3+\cdots=cR$となります．RからcRを引くと，$R-cR=1$なので，$R=1/(1-c)$となります．

ださい．たとえば，限界消費性向が0.8だったとしましょう．すると，派生的に発生するGDPの増分は，

$$\frac{1}{1-0.8} \times 10 \text{億円} = \frac{1}{0.2} \times 10 \text{億円} = 50 \text{億円}$$

となるのです．

政府支出がいくらであったとしても，GDPは常に$1/(1-c)$倍されています．この$1/(1-c)$は，政府支出を1単位変化させたときのGDPの変化分を表しており，**政府支出乗数** (government expenditure multiplier) とよばれています．

均衡GDPから，政府支出乗数はもちろん他の乗数も瞬時に求めることができますので，覚えておくとよいでしょう．均衡GDPは，

$$Y = \frac{1}{1-c}(-cT + A + I + G)$$

と表せましたから，このうち，変化する数（限界消費性向 (c) 以外）の前に，差分を表す記号デルタ (Δ) をつけます．すると，

$$\Delta Y = \frac{1}{1-c}(-c\Delta T + \Delta A + \Delta I + \Delta G)$$

となります．政府支出乗数を求めるのであれば，租税 (T) も基礎消費 (A) も投資 (I) もすべて変化がないので（つまり，差分がゼロなので），$\Delta T = \Delta A = \Delta I = 0$と置けばいいのです．つまり，$\Delta Y = 1/(1-c)\Delta G$より，

$$\textbf{【政府支出乗数】} = \frac{\Delta Y}{\Delta G} = \frac{1}{1-c}$$

となります．限界消費性向 (c) が1を超えない範囲で大きくなると，乗数は大きくなっていきます．限界消費性向は家計がGDPのうち消費に回す部分ですから，家計が消費しようと思う気持ちが高まっていくほどに，乗数効果を通じて経済に与える影響は大きくなっていくのです．したがって，逆に家計が貯蓄に回す割合である**限界貯蓄性向** (marginal propensity to saving; $s = 1-c$) が大きくなると，乗数効果は小さくなってしまいます．

また，個々の家計が貯蓄性向を高めると，GDPへの影響が小さくなるので，結果として，一国全体の貯蓄が増えないという現象も起こり得ます．これを**貯蓄パラドクス** (paradox of saving) といいます．個々の家計の貯蓄は増えても，一

国全体としての貯蓄が増えないというこの事例は，ミクロで正しいことがマクロでは正しくないという意味で，**合成の誤謬**（fallacy of composition）とよばれています[14]．

政府支出乗数を求めたのと同様にして，投資を1単位変化させたときのGDPの変化分である**投資乗数**（investment multiplier）を求めることができます．投資乗数は $\Delta T = \Delta A = \Delta G = 0$ と置いて，

$$【投資乗数】 = \frac{\Delta Y}{\Delta I} = \frac{1}{1-c}$$

となります．さらに，租税を1単位変化させたときのGDPの変化分を表す**租税乗数**（tax multiplier）は，$\Delta A = \Delta I = \Delta G = 0$ と置いて，

$$【租税乗数】 = \frac{\Delta Y}{\Delta T} = \frac{-c}{1-c}$$

と求めることができます．租税乗数は，分子が1ではなく $-c$ となっている点に注意が必要です．

さて，ここで皆さんにもう1つ質問しましょう．

「10億円の政府支出と10億円の減税，どちらがGDPを増加させる効果があるでしょうか？」

理解を深めるために，ちょっと考えてください．「租税と政府支出は表裏一体の関係なのだから，10億円の政府支出でも減税でも，効果は同じじゃないのかな？」と考える人がいるかもしれません．しかし，乗数効果を学習した皆さんなら，こうした解答は間違いであることに気づくはずです．政府支出乗数 $1/(1-c)$ と減税乗数 $-c/(1-c)$ の大小関係を絶対値で比べると，限界消費性向 (c) が $0 < c < 1$ であることから，

$$\left| \frac{1}{1-c} \right| > \left| \frac{-c}{1-c} \right|$$

---

14) 功利主義を唱えた **J. ベンサム**（Jeremy Bentham,（英），1748年～1832年）やその教えを受けた **J. S. ミル**（John Stuart Mill,（英），1806年～1873年）らは，**最大多数の最大幸福**（the greatest happiness of the greatest number）を主張し，経済学に多大な影響を与えましたが，この主張も，個人の幸福が社会の幸福と等しいと考えている点において，合成の誤謬を指摘する批判もあります．

つまり，

【政府支出乗数】＞【租税乗数】

となっています．もう少し説明をわかりやすくするために，限界消費性向を0.8とし，10億円の政府支出と10億円の減税による効果を比べてみましょう．政府支出による乗数効果は，

$$\Delta Y = \frac{1}{1-0.8}\Delta G = \frac{1}{0.2} \times (10億円) = 50億円$$

です．これに対して，減税による乗数効果は，

$$\Delta Y = \frac{-0.8}{1-0.8}\Delta T = -\frac{0.8}{0.2} \times (-10億円) = 40億円$$

ですから，政府支出の方が，減税よりもGDPを増加させるという意味で有効であることがわかります．

ポイント・チェック 乗数効果——政府部門の導入

❶ 政府は租税を徴収し，それを政府支出に使う
❷ 租税が導入されたことで，家計の消費行動は，GDPから租税を引いた可処分所得に依存する
❸ 租税が導入された消費関数は，
　　$C = c(Y-T) + A$
　　と表される
❹ 租税が導入された均衡GDPは，
　　$Y^* = \dfrac{1}{1-c}(-cT + A + I + G)$
　　と表される
❺ 政府支出乗数とは，政府支出を1単位変化させたときのGDPの変化分のことで，
　　$\dfrac{\Delta Y}{\Delta G} = \dfrac{1}{1-c}$
　　と表される
❻ 投資乗数とは，投資を1単位変化させたときのGDPの変化分のことで，
　　$\dfrac{\Delta Y}{\Delta I} = \dfrac{1}{1-c}$
　　と表される
❼ 租税乗数とは，租税を1単位変化させたときのGDPの変化分のことで，

$$\frac{\Delta Y}{\Delta T} = \frac{-c}{1-c}$$
と表される．
❽ 個々の家計が貯蓄性向を高めると一国全体の貯蓄が増えない現象を貯蓄パラドクスといい，このような事例を，合成の誤謬とよぶ

2 海外部門の導入

　これまでの経済モデルでは，海外との財の取引については考えていませんでした．いわば**自給自足**（autarky）の状態を考えていました．海外との取引のない世界を**閉鎖経済**（closed economy）といいます．ここでは海外との財の取引——**国際貿易**（international trade）のある**開放経済**（open economy）について考えましょう．

　海外との財の取引は，**輸出**（export; X）と**輸入**（import; M）から構成されます．そして，輸出から輸入を引いた貿易収支は**経常収支**（current account）の大部分を占めており，ここでは貿易収支と経常収支を同一のものと考えています．経常収支は総需要の一部を構成しています．ここで，輸出と輸入について考えてみましょう．

　輸入は，外国の財を購入し，消費することですから，自国のGDPに依存しています[15]．自国のGDPと輸入額との関係を**輸入関数**（import function）といいますが，輸入関数（M）は，ケインズ型消費関数と同じように，

$$M = mY + B$$

という形をしていると仮定しましょう．ここで，mは**限界輸入性向**（marginal propensity to import; MPI），Bは独立輸入で，自国のGDP水準に関係なく輸入しなければならない額を表しています．また，mやBは，ケインズ型消費関数と同様に，$0 < m < 1$と，$B > 0$を満たしています．

　他方，自国の輸出（X）は，外国にとっては自国財の輸入であり，それは，

---

[15] 輸出も輸入も，異なる通貨をもつ外国との取引ですから，本来は，自国と外国との通貨の交換比率である**為替レート**（exchange rate）の影響を受けています．しかし，ここでの分析では，GDPの変動に焦点をあてるために，為替レートの変動を考えずに分析しているのです．

外国のGDPに依存しているので，ここでは一定と仮定しておきましょう．すると，開放経済における（政府部門も入れた）モデルは，

$$\begin{cases} \text{【総供給】} & Y^S = Y \\ \text{【総需要】} & Y^D = C + I + G + X - M \\ \text{【消費関数】} & C = c(Y - T) + A \\ \text{【輸入関数】} & M = mY + B \end{cases}$$

と表すことができます．輸入関数が加わりましたが，均衡GDPの求め方はこれまでと全く同じです．需給均衡条件 $Y^S = Y^D$ より，均衡GDP (Y^*) は，

$$Y^* = \frac{1}{1-c+m}(-cT + A + I + G + X - B)$$

となります．したがって，投資や輸出などが変化したときのGDPへの影響を考えるために差分をとると，

$$\Delta Y = \frac{1}{1-c+m}(-c\Delta T + \Delta A + \Delta I + \Delta G + \Delta X - \Delta B)$$

となり，開放経済の乗数は，以下のようになっています．

	開放経済	（参考）閉鎖経済
政府支出乗数	$\dfrac{1}{1-c+m}$	$\dfrac{1}{1-c}$
投資乗数	$\dfrac{1}{1-c+m}$	$\dfrac{1}{1-c}$
租税乗数	$\dfrac{-c}{1-c+m}$	$\dfrac{-c}{1-c}$

　開放経済の乗数の分母には，限界輸入性向 (m) が入っている分だけ，閉鎖経済の乗数よりも小さくなります．輸出の増加は国民所得にプラスに働き，輸入の増加はGDPにマイナスに働きます．しかし，これをもって「輸出は善で輸入は悪」という判断をしてはいけません．その理由としてここでは2点ほど挙げておきましょう．
　第1に，「輸入財には，国内で生産できない財が必ず存在し，それが国内生産を著しく助けている」という点です．輸入品が国産品とすべて競合するので

第10章 財市場と財政政策　471

あれば，輸入の増加は国内産業を阻害するという意味では「悪」といえるかもしれませんが，すべての輸入品が競合財ではないということです．たとえば，日本は原油のほとんどを輸入に依存していますが，その原油がなければ，生産は減少し，物流は滞って，国内供給（総供給）は著しく減少してしまうでしょう．45度線モデルでは，問題の側面を総需要のみに求めているため，「輸入は悪」という印象を与えてしまうのです．

第2に，また，輸出と投資の関係についても，このモデルでは説明されていません．景気が悪化すると，企業は投資よりも海外に販路を求めることがしばしば指摘されています．投資から輸出への変化を**輸出ドライブ効果**（export drive effect），または**国内需要圧力仮説**（Domestic Demand Pressure hypothesis）といいますが[16]，45度線モデルでは，投資と輸出の関係が明確ではありません．輸出ドライブがあれば，輸出の増加は国内投資の減少を引き起こすので，輸出は必ずしも「善」とはいえません．

経済をモデルで考えるときには，こうした点を念頭に置きながら考えることがとても重要です．

> **ポイント・チェック** 乗数効果——海外部門の導入
>
> ❶ 経常収支は，総需要の一部を構成している
> ❷ 輸入関数とは，自国のGDPと輸入額との関係を示した関数である
> ❸ 輸入関数がケインズ型消費関数と同じ形と仮定した場合，
> $$M = mY + B$$
> と表される　　（m＝限界輸入性向, B＝独立輸入）
> ❹ 開放経済における均衡GDPは，
> $$Y^* = \frac{1}{1-c+m}(-cT + A + I + G + X - B)$$
> と表される

---

[16] 日本の輸出ドライブ効果について，浅子和美・伊澤裕行・河口晶彦・冨田直樹（1993）「景気循環と輸出」『フィナンシャル・レビュー』（大蔵省財政金融研究所, June–1993, pp.1–14）では，日本の製造業企業に輸出ドライブ効果がみられるとの結論を得ています．また，浜口登（1990）「国内需要圧力と輸出入関数——展望（Ⅰ）（Ⅱ）」『早稲田社会科学研究』（40号：pp.9–62, 41号：pp.1–28）は，輸出ドライブ効果についての展望論文です．

❺ 開放経済における政府支出乗数は，
$$\frac{\Delta Y}{\Delta G} = \frac{1}{1-c+m}$$
と表される
❻ 開放経済における投資乗数は，
$$\frac{\Delta Y}{\Delta I} = \frac{1}{1-c+m}$$
と表される
❼ 開放経済における租税乗数は，
$$\frac{\Delta Y}{\Delta T} = \frac{-c}{1-c+m}$$
と表される

COLUMN 10-❹ 租税がGDPに依存するケースとマスグレイブ＝ミラー指標

　本文では租税を導入したケースを考えました．そこでは租税はTと定額でGDPから控除される形で導入されていました．定額で控除される税を**一括税**（lump-sum tax）といいます．一括税は常に一定の税収を確保できるという意味で利点がありますが，景気が悪化した場合（つまりGDPが減少したとき）には，家計の租税負担が増して消費が減少してしまいますし，逆に好景気のときには，租税負担が軽くなり，さらなる景気過熱を引き起こしかねません．

　こうした問題点を回避するために，租税をGDPに連動させる方法があります．これを**比例税**（proportional tax）といいます．比例税は，税率（t）× GDP（Y）で表されます．税収をGDPに連動させることで，景気が良いときには徴税を多くして景気過熱を回避させ，また逆に，景気が悪化しているときには，徴税負担を軽減して景気を下支えするという，景気安定化を自動で行うことが可能になります．このように，租税をGDPに連動させることで景気安定化を行うメカニズムを，**自動安定化装置**（ビルト・イン・スタビライザー；built-in stabilizer）といいます．

　ここでは，租税（T）を比例税の部分（tY）と一括税の部分（τ）から構成されるものとして，
$$T = tY + \tau$$

と表しましょう．これを**租税関数**(tax function)といいます．租税関数を導入した（閉鎖）経済モデルは，

$$\begin{cases} 【総供給】\ Y^S = Y \\ 【総需要】\ Y^D = C + I + G \\ 【消費関数】\ C = c(Y-T) + A \\ 【租税関数】\ T = tY + \tau \end{cases}$$

となります[17]．これを解くと，均衡GDP (Y^*) は，

$$Y^* = \frac{1}{1-c(1-t)}(-c\tau + A + I + G)$$

となりますので，一括税の場合と，比例税がある場合の投資・政府支出乗数を比較すると，以下のようになります．

	一括税	比例税
投資・政府支出乗数	$\dfrac{1}{1-c}$	$\dfrac{1}{1-c(1-t)}$

財政学者であるマスグレイブとミラーは，比例税を行った場合にどの程度景気が安定するかについて，以下の指標を考案しました[18]．

$$【マスグレイブ＝ミラー指標】= 1 - \frac{比例税のときの投資・政府支出乗数}{一括税のときの投資・政府支出乗数}$$

$$= 1 - \frac{\dfrac{ct}{1-c(1-t)}}{\dfrac{1}{1-c}} = \frac{ct}{1-c(1-t)}$$

マスグレイブ＝ミラー指標は0と1の間の数値をとり，1に近づくほどビルト・イン・スタビライザーの効果は大きくなります．

---

17) 開放経済についても同様に行うことができます．
18) Musgrave, R. A. and Miller, M. H. (1948) "Built-in Flexibility," *American Economic Review*, Vol. 38, No. 1, March. pp. 122–128.

6 財政の機能と問題点

1 マスグレイブの3機能

　政府の経済活動を**財政**(public finance)といいます．完全競争市場では，資源配分が効率的に行われますが[19]，**市場の失敗**(market failure)[20]が発生するような場合には，政府が積極的に市場に介入する必要がでてきます．

　近代財政学を体系化した**R. マスグレイブ**(Richard Abel Musgrave, (米), 1910年～2007年)は，財政の機能を以下の3つに分類しました[21]．

❶ 資源配分機能

　市場の失敗に対応するための機能です．政府は市場の失敗を改善するために，**公共財**(public goods)の供給を行います．また，**外部性**(externalities)が発生した場合にはピグー税やピグー補助金などの政策を行い，**自然独占**(natural monopoly)に対しては平均費用価格形成などの価格規制を行います．

> **ポイント・チェック　マスグレイブの3機能──資源配分機能**
> ❶ 資源配分機能とは，市場の失敗に対応するための機能で，公共財の供給を行う
> ❷ 外部性が発生した場合は，ピグー税やピグー補助金などの政策を行う
> ❸ 自然独占に対しては平均費用価格形成などの価格規制を行う

❷ 所得再分配機能

　市場メカニズムでは効率的な資源の配分を達成することは可能ですが，「公

---

19) 完全競争市場で資源配分が効率的に行われることについては，第5章を参照ください．
20) 市場の失敗については第8章を参照ください．
21) Musgrave, R. A. (1959) *The Theory of Public Finance: A Study in Public Economy*, McGraw-Hill (邦訳：大阪大学財政研究会訳 (1961)『財政学──理論・制度・政治 (1-3)』有斐閣).

第10章 財市場と財政政策　475

平な所得分配」は実現できません．所得格差が大きすぎる，すなわち不公平であると判断される場合には，政府が市場に介入して，所得の再分配を行います．

所得再分配における**公平性**（equity）には，**水平的公平**（horizontal equity）と，**垂直的公平**（vertical equity）という考え方があります．

水平的公平とは，「等しい経済力をもつ人々は等しく扱う」というものです．これは，同じ所得階層にあるにもかかわらず，異なった課税制度を用いることは不公平である，という考え方です．これに対して垂直的水平とは，「異なる経済力をもつ人々は異なる扱いをする」という考え方で，所得が多い人・世代・地域から所得の少ない人・世代・地域へと所得を移転する根拠となっています．

	対応	具体例
同一世代間での再分配	所得が低すぎる人への対応	生活保護制度・給付金制度など
	所得が高い人への対応	**累進課税制度**[22] など
異世代間での再分配	働いている世代から，働いていない世代への対応	公的年金・児童手当・高齢者医療など
地域間での再分配	国や税収の多い地域から少ない地域への対応	**地方交付税制度**[23]・国庫支出金など

ポイント・チェック　マスグレイブの3機能——所得再分配機能

❶ 所得再分配における公平性には，水平的公平と垂直的公平という考え方がある
❷ 水平的公平とは，「等しい経済力をもつ人々は等しく扱う」という考え方
❸ 垂直的公平とは，「異なる経済力をもつ人々は異なる扱いをする」という考え方

---

[22] 低所得者には低税率，高所得者には高税率を課す制度です．ただし，インフレになると，所得階層ごとの税率変更がなくとも，所得階層区分（ブラケット）が上がってしまい，累進課税が実体経済を反映せずに課税されてしまうことがあります．これを**ブラケット・クリープ**（bracket creep）とよんでいます．

[23] いったん国税として集めた税金を，税収の不足する地方自治体へ再分配する制度です．（普通）交付税の分配は，地方自治体が必要とされる需要額から，交付税申請を行う自治体の収入額を控除した額となっています．**交付税額＝基準財政需要額－基準財政収入額**となっています．

❸ 経済安定化機能

　市場を補完する資源配分機能や所得再分配機能とは異なり，政府が景気を安定化するという目的のために活動を行うのがこの経済安定化機能です．経済安定化機能には，税制に組み込まれている**自動安定化装置**（ビルト・イン・スタビライザー）と，**裁量的財政政策**（discretionary fiscal policy）とがあります．

　ビルト・イン・スタビライザーは，すでに乗数効果の節で説明しましたように，景気の変動に税収が連動している制度です．所得（GDP）の一定割合を徴税する比例税は，好景気のとき（GDPが高いとき）にはより多く徴税され，景気の過熱を抑制します．逆に，不況のとき（GDPが低いとき）には徴税が減少し，景気悪化を回避するように働きます．税制に「スタビライザー（安定化装置）がビルト・インされている（組み込まれている）」という言葉の意味がわかると思います．

　これに対して，裁量的財政政策とは，政府が景気の現状を判断し，それに基づいて意図的に政府支出を拡大・縮小したり，増減税を行ったりする政策です．主として政府支出を増加させる財政政策を**拡張的財政政策**（expansionary fiscal policy），減少させる政策を**緊縮的財政政策**（austere fiscal policy）といいます．

　裁量的財政政策は意図的に行われるために，様々な問題点も指摘されています．そもそも，初めて裁量的財政政策の意義について説いたJ. M. ケインズは，裁量的財政政策が「知的エリートによって，合理的に履行される」ということを前提としていました．後にケインズの高弟である**R. ハロッド**（Roy Forbes Harrod,（英），1900年〜1978年）は，この前提条件を**ハーヴェイロードの規定概念**（Harvey Road presumption）とよびました．ハロッドが1951年に著した『ケインズ伝』で，彼はケインズについてこう語っています[24]．

「われわれはすでに，彼がハーヴェイロードの規定概念と私が呼んだものに強く染まっていたことを知っている．この規定概念のひとつは，おそらく，次のようなものとして総括することができるであろう．イギリスの政府は，

---

[24] Harrod, R. F. (1951) *The Life of John Maynard Keynes*, New York: Norton and Company, Inc. (reprinted as a paperback 1982)（邦訳：塩野谷九十九訳 (1967)『ケインズ伝（改訳版）』上・下巻，東洋経済新報社）．

現在そうであるように将来もまた，説得の方法を用いる知的貴族の掌中にあるだろうという考えがそれである．計画の必要によって，政府の機能がきわめて広範な，雑多なものになった場合，知的貴族が不可欠的な支配の地位にとどまることができるのであろうか．ケインズは最後まで，真に重要な決定は，ブレトン・ウッズ計画[25]をつくった集団のような，知的な人々の小さな集団によってなされると考える傾向をもっていた．しかし，広範な多様な職務をもった民主的政府がその支配から脱し，知的な人々の同意できないような仕方で行動する傾向はないものであろうか．これがいまひとつのディレンマである．……計画し干渉する民主政治の機能を，結局は最もよく考慮された判断が支配力をもつべきであるという要求と，どうして調和させるべきであろうか．」（邦訳書，p.222）

　ハーヴェイロードの規定概念とは，裁量的財政政策が，私利私欲にとらわれたり，利権誘導を行ったりするような人間ではなく，合理的な判断を行う賢人によって行われるという前提です．この前提があってこそ，裁量的財政政策は当初の目的を実現できると考えられているのです．
　また，これは財政政策だけに限ったことではなく経済政策全般にもいえることですが，景気の判断から政策の実行までには，時間差（タイム・ラグ）があるために，効果が十分に反映されないという問題も指摘されています．
　不況であるということが認知されるまでに時間がかかりますし（**認知のラグ**），そのための政策を立案して実行するまでにも，議会等での審議を経るといった手続き上の時間がかかります（**実行のラグ**）．そして，その政策が効果を発揮するまでも時間がかかります（**効果のラグ**）．このようなラグが存在するために，経済政策の効果が薄まってしまったり，場合によっては逆効果になってしまったりすることもあるかもしれません．
　裁量的な財政政策を行う際には，前提や政策効果のラグについても考慮する必要があります．

---

[25] 1944年にアメリカ・ニューハンプシャー州のブレトン・ウッズで開催された，国際金融に関する協定です．J. M. ケインズもこれに参加しました．この協定によって国際通貨基金（IMF），や国際復興開発銀行（IBRD）（世界銀行）の設立が決定されました．

> **ポイント・チェック** マスグレイブの3機能──経済安定化機能
>
> ❶ 経済安定化機能とは，政府が景気を安定化する目的のために行う財政活動のこと
> ❷ 経済安定化機能には，ビルト・イン・スタビライザーと裁量的財政政策がある
> ❸ ビルト・イン・スタビライザーは，景気の変動に税収が連動している制度
> ❹ 裁量的財政政策とは，政府が景気の現状を判断し，それに基づいて意図的に政府支出を増加・減少したり，増減税を行ったりする政策
> ❺ ハーヴェイロードの規定概念とは，裁量的財政政策が「知的エリートによって，合理的に履行される」という前提条件のこと

COLUMN 10-❺ 日本の財政(2012年度)

　会計上の観点からみると，財政は，前年度に作成された予算をもとに，1年間の**歳入**と**歳出**という形で表されます．日本では4月1日から3月31日までを**財政年度**(fiscal year)として予算を作成し，執行しています[26]．

　日本の財政は，**一般会計**と**特別会計**，および**政府関係機関予算**から構成されています．一般会計とは，税収などの収入により国家の一般的な支出を行うもので，特別会計とは，特定の収入により特定の事業を運用する場合などに設置されているものです．特別会計には，年金特別会計[27]や，財政投融資特別会計[28]など，18の特別会計があります(2012年現在)．また，政府関係機関予算とは，沖縄振興開発金融公庫，(株)日本政策金融公庫，(株)国際協力銀行，(独)国際協力機構有償資金協力部門といった政府系金融機関における会計です．

---

[26] 財政年度のことを**会計年度**ということもあります．また，財政年度は国によって様々なので，比較の際には注意が必要です．たとえば，ドイツ・フランス・韓国・中国などでは暦年と同じ1月1日から12月31日を採用していますし，ノルウェー・スウェーデン，オーストラリアなどは7月1日から6月30日を採用しています．また，アメリカ・タイ・ミャンマーでは10月1日から9月30日を財政年度としています．

[27] 国民年金，厚生年金，健康保険，児童手当などの経理をまとめた特別会計です．

[28] 国の信用を背景にした**財投債**とよばれる債券によって集められた公的資金をもとに，政策的に必要性のあるプロジェクトに対して，特殊法人等の公的機関に政府が有償で投資や融資をする場合，この会計に計上されます．

日本の財政制度は，「単一性の原則，ノン・アフェクタシオンの原則[29]，明瞭の原則，完全性の原則，厳密性の原則，事前承認（議決）の原則，限定性の原則，公開の原則」から構成されていますが，会計が3つ存在することから，単一性の原則が満たされていません．

　2012年度の一般会計（予算ベース）は90.3兆円です．歳入の49.0％が公債金収入（将来世代からの国の借金）となっています．今後も，働く世代に比べて高齢者（65歳以上人口）が増加することが見込まれるため，歳入確保として公債に依存する傾向は続くと予想されています．2012年度末の公債残高は，709兆円（2012年度の一般会計税収の約17年分に相当）に達する見込みです．こうした状況から，2012年の歳出の実に24.3％は国債費（借金の返済）となっています．歳出では社会保障費が最も多くなっており，少子・高齢化の影響を受けて，社会保障費は年々増加傾向にあります．

　また，2012年度の特別会計（予算ベース）は金額でみると，394.1兆円と一般会計の4倍以上となっていますが，一般会計との重複部分（143.4兆円）を控除すると250.7兆円となり，約2.8倍となっています．

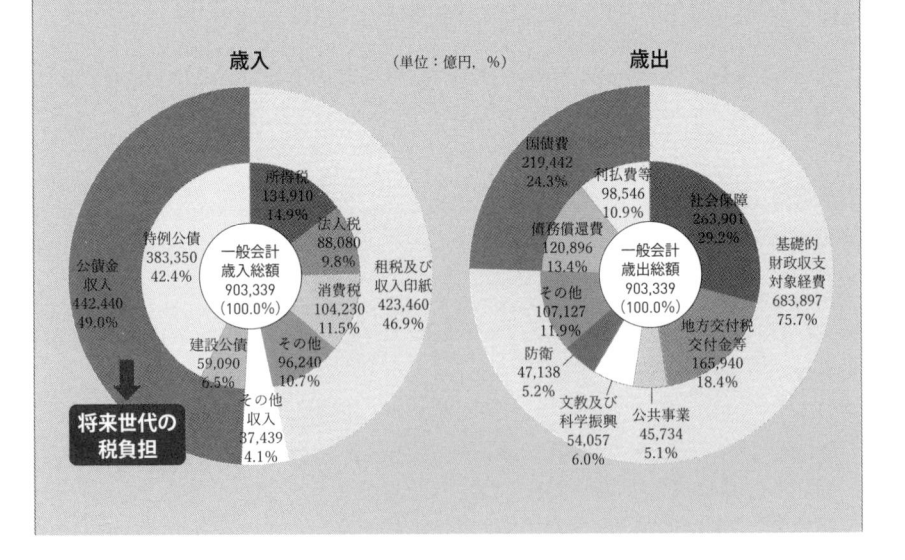

歳入 （単位：億円，％）

- 所得税 134,910 14.9％
- 法人税 88,080 9.8％
- 消費税 104,230 11.5％
- 租税及び収入印紙 423,460 46.9％
- その他収入 37,439 4.1％
- 建設公債 59,090 6.5％
- 特例公債 383,350 42.4％
- 公債金収入 442,440 49.0％（将来世代の税負担）
- その他 96,240 10.7％

一般会計歳入総額 903,339（100.0％）

歳出

- 国債費 219,442 24.3％
  - 利払費等 98,546 10.9％
  - 債務償還費 120,896 13.4％
- 社会保障 263,901 29.2％
- 基礎的財政収支対象経費 683,897 75.7％
- 地方交付税交付金等 165,940 18.4％
- 公共事業 45,734 5.1％
- 文教及び科学振興 54,057 6.0％
- 防衛 47,138 5.2％
- その他 107,127 11.9％

一般会計歳出総額 903,339（100.0％）

---

[29] 財政の硬直化を回避するために，特定の支出のために特定の財源を設置してはならないという財政原則を**ノン・アフェクタシオンの原則**（principle of non-affectation）といいます．特別会計の存在は，ノン・アフェクタシオンの原則を満たしていないという批判があります．

事項	平成22年度決算額	平成23年度決算見込額	平成24年度予算額
一般会計歳出総額（A）	95.3兆円	110.5兆円	90.3兆円
特別会計歳出総額（B）	345.0兆円	397.0兆円	394.1兆円
合計（C＝A＋B）	440.3兆円	507.5兆円	484.4兆円
うち重複額（D）	138.3兆円	150.5兆円	143.4兆円
差引額（E＝C－D）	302.0兆円	356.9兆円	341.1兆円
うち控除額（F）	100.8兆円	109.1兆円	112.3兆円
純計額（＝E－F）	201.2兆円	247.8兆円	228.8兆円

（資料）財務省（2012）「日本の財政を考える」（URL：http://www.zaisei.mof.go.jp/）より（2012年10月22日アクセス）．

2 財政学の歴史と理論

　財政学は15世紀から18世紀ごろにかけて，ドイツで発展した**官房学**に端を発するといわれています．官房学とは，「いかに国王や君主を富ませるか」を考える学問で，貿易を通じて国を富ませることを主眼とする**重商主義**（Bullionism）の影響を受けた考え方です．重商主義の代表的な考え方に，貿易差額主義というものがあります．これは輸出を振興し，輸入を抑制して海外への金銀の流出を規制することが国富を富ませることになるという考え方で，今日風にいえば，経常収支の黒字こそが国の利益になるというものです．しかし，「輸出は善で輸入は悪」という考え方は，貿易利益と取引上の損得とを混同しています．海外から輸入財を購入したからといって，それを損をしたと考えるのはおかしな話です．

　貿易によって利益が得られるのは，お互いが得意とする財について輸出しあうときです．18世紀に活躍したフランスの経済学者**F. ケネー**（François Quesnay,（仏），1694年～1774年）[30]は，競争力をもつ産業は農業であるとし，**重農**

---

[30] F. ケネーは1758年に『**経済表**』（*Tableau économique*）を著しました．この表には，生産要素と生産物の関係，生産物と消費の関係などが表として表されています．F. ケネーの『経済表』は，その後，L. ワルラスの一般均衡理論やW. レオンチェフの産業連関表などに多大な影響を与えました．

主義（フィジオクラシー；physiocracy）を唱えました．また，重農主義者たちは**レッセ・フェール**（laissez-faire（仏）；自由放任）を唱え，政府の介入のない経済を支持しました．

フィジオクラシーの影響を強く受けた**アダム・スミス**（Adam Smith, （英），1723年～1790年）は，『**国富論**』の中で，政府の活動を国防・司法・公共事業・君主の尊厳維持の4つに限定し，課税については以下の4原則を示しました．政府活動が軍事や警察など，極めて限定されていることから，スミスの財政論は，しばしば**夜警国家論**といわれています．

【スミスの4原則】

	原則	内容
❶	公平の原則	税負担は各人が受ける利益に比例すべきである（**応益説**）．
❷	明確の原則	租税は恣意的であってはならない．徴税方法，金額などが明確であること．
❸	便宜の原則	租税は納税者が支払うのに最も便宜なる時期と方法によって徴収されなければならない．
❹	最小徴税費の原則	徴税費用が最小になるような課税を行わねばならないこと．

スミスの考えを修正したのが **J. S. ミル** です．彼は，1848年の『経済学原理』の中で，効率性に加えて公平性の考え方を初めて盛り込み，直接税中心の税制を支持しました．スミスもミルも，基本的には政府の役割を最小限にする点で同じであり，「**小さな政府**」を志向していたということができます．

これに対して，ドイツの財政学者 **A. H. G. ワグナー**（Adolf Heinrich Gotthilf Wagner, （独），1835年～1917年）は，経済成長に伴って財政支出が増加するという**経費膨張の法則**（ワグナー法則）を提唱しました[31]．この背景には，国家として社会福祉を充実させることが重要であるという考え方があります．彼は国債を発行して歳入を増やし，政府支出を行うことを容認しました．ワグナーは課税に関して4大原則9小原則とよばれる原則も提唱しています．スミスの4原則と比べ，国民経済を発展させるために，財政の役割を積極的に活用していく考えが鮮明に現れています．

【ワグナーの4大原則9小原則】

	4大原則	9小原則	内容
❶	財政政策上の原則	**課税の十分性**	十分な租税収入があること．
		課税の弾力性	課税が弾力的に操作できること．
❷	国民経済上の原則	正しい税源の選択	経済発展を阻害しないような税源を選択すること．
		正しい税種の選択	租税負担が公平になるように税種を選択すること．
❸	公正の原則	**課税の普遍性**	特権階級への課税免除は廃止すべきである．
		課税の公平	税負担は各人の能力に比例すべきである（応能説）．
❹	租税行政上の原則	**課税の明確性**	租税は恣意的であってはならない．徴税方法，金額などが明確であること．
		課税の便宜性	租税は納税者が支払うのに最も便宜なる時期と方法によって徴収されなければならない．
		最小徴税費への努力	徴税費用が最小になるような課税を行わねばならないこと．

（注）**太字**はスミスの4原則と概念が重複している部分です．ただし，**課税の公平**の内容は異なります．

　ワグナーのように，国民経済において財政の役割を重視する考え方を，「大きな政府」を志向する考え方といいます．

　政府の役割にさらに積極的な役割を与えたのがJ. M. ケインズです．1929年に始まった世界大恐慌に対して，ケインズは総需要管理政策による景気対策を提唱しました．第2次世界大戦後，総需要管理政策は，資本主義国における経済政策の主要な地位を占めるようになりました．1950年代後半から60年代に近代財政学を確立したR. マスグレイブは，先に述べたように財政の機能を3つに分類し，課税に関する6つの条件を提唱しました．

　しかし，アメリカでは，朝鮮戦争（1950年から1953年（休戦））やベトナム戦争（1960年から1973年）などを通じて財政支出が拡大し，加えて「大きな政府」が民業を圧迫し，財政赤字が問題となっていました．加えて，日本やドイツなど

---

31) A. ピーコック（Peacock, A. T.）とJ. ワイズマン（Wiseman, J.）は，1890年から1955年までのイギリスの国家経費の趨勢を分析してワグナー法則の妥当性を論証しました．しかし，同時に彼らは，経費の膨張は規則的ではなく，戦費調達のための断続的急増によってもたらされることを突き止めました．戦争などの特殊な事情によって経費が一時的に増加し，その事情が終了した後も歳出が高い水準で続く状況を指してピーコック＝ワイズマン効果（Peacock-Wiseman effect）または転移効果といいます．

の経済成長に伴う輸出増加がアメリカの経常収支を悪化させ，**双子の赤字**と呼ばれる景気停滞に陥っていました．

アメリカでは，1970年代にはいると高失業率による**景気停滞**（スタグネーション；stagnation）と**インフレーション**（inflation）が同時におこる**スタグフレーション**（stagflation）が起こりました．これに対して，ケインズ理論を信奉するケインジアンたちは有効な処方箋を与えることができませんでした．

このような状況の中で台頭してきたのが，**M. フリードマン**（Milton Friedman,（米），1912年～2006年）に代表される**マネタリスト**（monetarist）です．彼らは❶**裁量的財政政策は短期的には有効であるが，長期的には無効である**こと，したがって❷**貨幣供給量を一定に保つルールに基づく金融政策を重視するべきである**と主張しました．

ケインズ的な裁量政策に批判的であったのはマネタリストだけではありません．1970年代には，総需要を重視するケインジアンに対し，総供給（サプライサイド）を重視する主張が行われるようになりました．**A. ラッファー**（Arthur Betz Laffer,（米），1940年～）や**M. フェルドシュタイン**（Martin Feldstein,（米），1939年～）らによる**サプライサイド経済学**（supply-side economics）です．彼らは，総供給を増やすような政策，たとえば，財政支出を縮小し，企業の技術革新や**研究開発**（research and development; R&D）を促すような民間投資の推進，そのための規制の撤廃などを主張しました．特に，ラッファーは「税率を上げることがかえって税収を減少させる」という**ラッファー・カーブ**（Laffer curve）を提案しました．

また，政治経済学的な立場からケインズ流の政策に批判を行ったのが，**J. ブキャナン**（James McGill Buchanan Jr.,（米），1919年～）や**R. E. ワグナー**（Richard E. Wagner,（米），1941年～）に代表される**公共選択学派**です．公共選択学は，ミクロ経済学の合理的な意思決定メカニズムを用いて政治家や官僚の行動や政治過程を分析する学問です．ブキャナンとワグナーが1977年に著した『赤字財政の政治経済学——ケインズの政治的遺産』では[32]，民主主義的な手続きによって

---

32) Buchanan, J. M. and Wagner, R. E. (1977) *Democracy in Deficit: the Political Legacy of Lord Keynes*, New York: Academic Press（邦訳：深沢実・菊池威訳（1979）『赤字財政の政治経済学——ケインズの政治的遺産』文真堂）．なお，J. ブキャナンは公共選択の理論における契約・憲法面での基礎を築いたことが称えられて，ノーベル経済学賞を受賞しました．

図10-6 ラッファー・カーブ

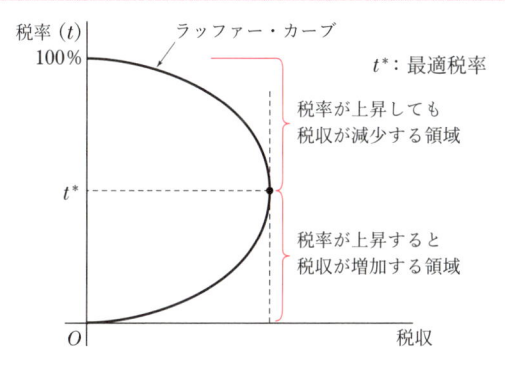

（注）ラッファー・カーブは横軸に税率，縦軸に税収をとった図もあり，この場合上に凸の形になります．

選ばれた政治家は，利権誘導や無計画な公共事業に走りやすく，また選挙民も税負担を回避したいがために，政府支出の財源となる増税には反対するという行動をとるようになり，その結果，歳出に対して歳入が減少し，結果的には財政赤字が拡大すると主張されました．つまり公共選択学派は，ケインズ流の拡張的財政政策は，(R. ハロッドが指摘した「ハーヴェイロードの規定概念」が成り立っていないために) 財政赤字の拡大を引きおこすというのです．

　他方，経済主体が合理的に行動し，自らの立てる予想——経済学ではこの予想を**期待** (expectation) といいます——が，現実のものとなる状況下では，財政政策を行っても実体経済には影響を与えないことが**R. バロー** (Robert Joseph Barro, (米), 1944年〜) によって示されました．彼は，1974年の論文[33]の中で，(人々が合理的な期待を形成すると仮定すれば，) **政府支出の財源を国債に求めるか，それとも増税に求めるかという選択は，家計の消費には全く関係がない（中立的である）** という**バローの中立命題** (Barro's debt neutrality Theorem) とよばれる結論を導き出しました．家計にとって国債が発行されるということは，将来世代に起こり得る増税を意味しており，家計が合理的に行動するのであれば，将来世代で

---

33) Barro, Robert J. (1974) "Are Government Bonds Net Wealth?," *Journal of Political Economy*, Vol. 82, No. 6, pp. 1095–1117.

の増税に備えて消費を抑制すると考えたのです．ケインズ的な発想で国債を発行して財政支出を行っても，人々が合理的に行動をすると仮定すれば消費は抑制されて，結果的に何に財源を求めるかは総需要に直接的な影響を与えないのです．

　バローの指摘した中立性命題は，18世紀後半から19世紀前半に活躍した経済学者 **D. リカード**（David Ricardo,（英），1772年〜1823年）がすでに同様の考え方を指摘しており，バロー＝リカードの等価定理（中立命題）とよばれることもあります．

ポイント・チェック　財政学の歴史と理論

❶ 財政学は，ドイツで発展した官房学に端を発するといわれている
❷ 官房学とは，貿易を通じて国を富ませることを主眼とする重商主義の影響を受けた考え方
❸ A. スミスの財政論は，夜警国家論といわれ，小さな政府を志向していた
❹ A. スミスの課税についての4原則は，
　・公平の原則
　・明確の原則
　・便宜の原則
　・最小徴税費の原則
からなる
❺ ワグナーは，経済成長に伴って財政支出が増加するというワグナー法則を提唱した
❻ ワグナーの課税についての4大原則9小原則は，
　・財政政策上の原則
　　　課税の十分性
　　　課税の弾力性
　・国民経済上の原則
　　　正しい税源の選択
　　　正しい税種の選択
　・公正の原則
　　　課税の普遍性
　　　課税の公正
　・租税行政上の原則
　　　課税の明確性

　　　　　課税の便宜性
　　　　　最小徴税費への努力
　　からなる
❼ スタグフレーションとは，スタグネーションと高インフレーションが同時に起こること
❽ M. フリードマンに代表されるマネタリストは，裁量的財政政策は短期的には有効であるが，長期的には無効であるとし，貨幣供給量を一定に保つルールに基づく金融政策を重視すべきであると主張した
❾ A. ラッファーやM. フェルドシュタインらはサプライサイド経済学によって，財政支出を縮小し，民間投資の推進，規制の撤廃などの総供給を増やすような政策を主張した
❿ A. ラッファーは，税率を上げることがかえって税収を減少させるというラッファー・カーブを提唱した
⓫ J. ブキャナンやR. E. ワグナーに代表される公共選択学派は，ケインズ流の拡張的財政政策は，ハーヴェイロードの規定概念が成り立っていないために財政赤字の拡大を招くと結論づけた
⓬ R. バローは，政府支出の財源を国債に求めるか，それとも増税に求めるかという選択は，家計の消費には全く関係ないという「バローの中立命題」とよばれる結論を導き出した

　以上，この章では，経済の需要サイドに注目し，ケインズ型消費関数を説明し，45度線分析について学習しました．また，均衡GDPと完全雇用GDPの概念について説明し，インフレ・ギャップやデフレ・ギャップを改善する政策手法として，財政政策と乗数効果について解説しました．

　この章では，変数がGDPだけでした．しかし，次の章では，貨幣市場を考えることによって，利子率（金利）という新しい変数を導入します．財市場の考え方は，第12章でも用いられますので，しっかりと理解をしておいてください．

内容を理解しているかな？

問題に答えられたらYES！ わからなければNO！

1 財市場の均衡

- Q1. 財市場とは何か説明せよ
- Q2. 政府活動や海外との取引がない状況下での，総供給と総需要を示せ
- Q3. 財市場の需給均衡条件を示せ
- Q4. ISバランスについて説明せよ

ポイント・チェック 財市場の均衡

- □① 財市場とは，財やサービスが取引されるフローの市場のこと
- □② 財市場を考えることは，生産された国内総生産がどのように消費されるのかを考えることと同じである
- □③ 政府活動や海外との取引がない状況下での
  - 【総供給】$Y^S = Y$（生産面からみたGDP）
  - 【総需要】$Y^D = $ 支出面からみたGDP $= C$（消費）$+ I$（投資）
- □④ 財市場の需給均衡条件（$Y^S = Y^D$）は，
  - $Y = C + I$
- □⑤ 需給均衡条件を $Y - C = I$ と変形させたとき，
  - $Y - C = S$（貯蓄）という
- □⑥ 財市場の需給均衡条件は，$S = I$ と書くことができ，投資と貯蓄が等しくなっているとき，財市場は均衡しているといえる．このことをISバランスという
- □⑦ 貯蓄は，金融仲介機関を通じて企業の投資へと回るため，
  - 設備投資 < 貯蓄 → 財市場の超過供給
  - 設備投資 > 貯蓄 → 財市場の超過需要

Yes → 【2 ケインズ型消費関数】へ進め！

No → 本文 p.448 へ戻れ

2 ケインズ型消費関数

Q1. ケインズの消費に関する考え方を説明せよ
Q2. ケインズ型消費関数を示せ
Q3. 限界消費性向とは何か説明せよ
Q4. 平均消費性向を示し，説明せよ

ポイント・チェック ケインズ型消費関数の特徴

- □①ケインズの消費に関する考え方は，サミュエルソンによって，消費は所得に依存する部分と所得に依存しない部分からなると解釈された
- □②ケインズ型消費関数とは，
  $C = C(Y)$（所得に依存する部分）と $+A$（所得に依存しない部分＝基礎消費）
  $C = cY + A$
- □③限界消費性向(c)とは，GDPを追加的に1単位増加させたときの消費の増分で，
  $0 < c < 1$ を満たしている
- □④基礎消費(A)は，$A > 0$ を満たしている
- □⑤ケインズ型消費関数は，今期の所得（絶対所得）のみに依存することから，絶対所得仮説に基づく消費関数ともよばれる
- □⑥平均消費性向とは，GDP1単位あたりの消費のこと
- □⑦平均消費性向は，
  $$APC = \frac{C_0}{Y_0} = \frac{cY_0 + A}{Y_0} = c + \frac{A}{Y_0}$$
  と表される
- □⑧限界消費性向＝c（一定・消費関数の傾き）が一定
  平均消費性向＝C/Y（消費関数上の点と原点を結んだ線分の傾き）が逓減

【3 45度線分析──均衡GDPと完全雇用GDP】へ進め！

本文 p.450 へ戻れ

第10章 財市場と財政政策 489

3 45度線分析——均衡GDPと完全雇用GDP

Q1. 均衡GDPを示し，説明せよ
Q2. 45度線とは何か説明せよ
Q3. 完全雇用GDPとは何か説明せよ

ポイント・チェック 45度線分析——均衡GDPと完全雇用GDP

- □① 均衡GDPとは，総需要と総供給が一致するGDPのことで，現時点で，生産されたものが完全に消費された場合の経済活動水準を表している
- □② 均衡GDPは，

$$Y^* = \frac{1}{1-c}(A+I)$$

と表される
- □③ 横軸にGDP，縦軸に総供給をとった平面における総供給は，傾きが1で原点を通る直線として表され，この線を45度線という
- □④ 労働や資本を現在の生産技術の下ですべて用いて実現されるGDPを，完全雇用GDPまたは潜在GDPという
- □⑤ 完全雇用GDPと実際のGDPとの乖離をできるだけ小さくするために，政府は財政政策を行う

→ 本文p.456へ戻れ

4 インフレ・ギャップ，デフレ・ギャップと財政政策

Q1. インフレ・ギャップとは何か説明せよ
Q2. デフレ・ギャップとは何か説明せよ
Q3. 総需要管理政策とは何か説明せよ

ポイント・チェック インフレ・ギャップ，デフレ・ギャップと財政政策

- □① 完全雇用GDPの水準で実現する総需要が，総供給を上回っている状況をインフレ・ギャップという
- □② インフレ・ギャップが発生している状況では，総需要を減少させるために，政府は緊縮財政を行い，景気の過熱を抑制する
- □③ 完全雇用GDPの水準で実現する総需要が，総供給を下回っている状況をデフレ・ギャップという
- □④ デフレ・ギャップが発生している状況では，総需要を増加させるために，政府は拡張的財政政策を行う
- □⑤ インフレ・ギャップがあるときには，総需要を減少させるような政策をとり，デフレ・ギャップがあるときには，総需要を増加させるような政策をとることを，総需要管理政策という

→ 本文p.460へ戻れ

【5 乗数効果】へ進め！

5 乗数効果

1 政府部門の導入

Q1. 租税が導入されたことで，家計の消費行動はどうなるか説明せよ
Q2. 租税が導入された消費関数を示せ
Q3. 租税が導入された均衡GDPを示せ
Q4. 政府支出乗数，投資乗数，租税乗数とは何か説明せよ
Q5. 貯蓄のパラドクスについて説明せよ

ポイント・チェック 乗数効果——政府部門の導入

- □① 政府は租税を徴収し，それを政府支出に使う
- □② 租税が導入されたことで，家計の消費行動は，GDPから租税を引いた可処分所得に依存する
- □③ 租税が導入された消費関数は，
  $$C = c(Y-T) + A$$
  と表される
- □④ 租税が導入された均衡GDPは，
  $$Y^* = \frac{1}{1-c}(-cT + A + I + G)$$
  と表される
- □⑤ 政府支出乗数とは，政府支出を1単位変化させたときのGDPの変化分のことで，
  $$\frac{\Delta Y}{\Delta G} = \frac{1}{1-c}$$
  と表される
- □⑥ 投資乗数とは，投資を1単位変化させたときのGDPの変化分のことで，
  $$\frac{\Delta Y}{\Delta I} = \frac{1}{1-c}$$
  と表される
- □⑦ 租税乗数とは，租税を1単位変化させたときのGDPの変化分のことで，
  $$\frac{\Delta Y}{\Delta T} = \frac{-c}{1-c}$$
  と表される
- □⑧ 個々の家計が貯蓄性向を高めると一国全体の貯蓄が増えない現象を貯蓄のパラドクスといい，このような事例を，合成の誤謬とよぶ

Yes → 【2 海外部門の導入】へ進め！
No → 本文 p.465 へ戻れ

第10章 財市場と財政政策

2 海外部門の導入

Q1. 経常収支とは何か説明せよ
Q2. 輸入関数とは何か説明せよ
Q3. ケインズ型消費関数と同じ形と仮定した輸入関数を示せ
Q4. 開放経済における均衡GDP，政府支出乗数，投資乗数，租税乗数を示せ

ポイント・チェック 乗数効果——海外部門の導入

- □① 経常収支は，総需要の一部を構成している
- □② 輸入関数とは，自国のGDPと輸入額との関係を示した関数である
- □③ 輸入関数がケインズ型消費関数と同じ形と仮定した場合，

$$M = mY + B$$

と表される （m ＝限界輸入性向，B ＝独立輸入）

- □④ 開放経済における均衡GDPは，

$$Y^* = \frac{1}{1-c+m}(-cT + A + I + G + X - B)$$

と表される

- □⑤ 開放経済における政府支出乗数は，

$$\frac{\Delta Y}{\Delta G} = \frac{1}{1-c+m}$$

と表される

- □⑥ 開放経済における投資乗数は，

$$\frac{\Delta Y}{\Delta I} = \frac{1}{1-c+m}$$

と表される

- □⑦ 開放経済における租税乗数は，

$$\frac{\Delta Y}{\Delta T} = \frac{-c}{1-c+m}$$

と表される

No → 本文 p.470 へ戻れ

Yes → 【6 財政の機能と問題点】へ進め！

6 財政の機能と問題点
1 マスグレイブの3機能
❶ 資源配分機能

Q1. 資源配分機能とは何か説明せよ
Q2. 外部性が発生した場合，どのような政策を行うか示し，自然独占に対しては，どのようなことを行うか示せ

→ No

ポイント・チェック マスグレイブの3機能――資源配分機能
- □①資源配分機能とは，市場の失敗に対応するための機能で，公共財の供給を行う
- □②外部性が発生した場合は，ピグー税やピグー補助金などの政策を行う
- □③自然独占に対しては平均費用価格形成などの価格規制を行う

Yes → Yes
No → 本文 p.475 へ戻れ

❷ 所得再分配機能

Q1. 水平的公平とはどのような考え方か説明せよ
Q2. 垂直的公平とはどのような考え方か説明せよ

→ No

ポイント・チェック マスグレイブの3機能――所得再分配機能
- □①所得再分配における公平性には，水平的公平と垂直的公平という考え方がある
- □②水平的公平とは，「等しい経済力をもつ人々は等しく扱う」という考え方
- □③垂直的公平とは，「異なる経済力をもつ人々は異なる扱いをする」という考え方

Yes → Yes
No → 本文 p.475 へ戻れ

❸ 経済安定化機能

Q1. 経済安定化機能とは何か説明せよ
Q2. ビルト・イン・スタビライザーとは何か説明せよ
Q3. 裁量的財政政策とは何か説明せよ
Q4. ハーヴェイロードの規定概念とは，何か説明せよ

→ No

ポイント・チェック マスグレイブの3機能――経済安定化機能
- □①経済安定化機能とは，政府が景気を安定化するという目的のために行う財政活動のこと
- □②経済安定化機能には，ビルト・イン・スタビライザーと裁量的財政政策がある
- □③ビルト・イン・スタビライザーは，景気の変動に税収が連動している制度
- □④裁量的財政政策とは，政府が景気の現状を判断し，それに基づいて意図的に政府支出を増加・減少したり，増減税を行ったりする政策
- □⑤ハーヴェイロードの規定概念とは，裁量的財政政策が「知的エリートによって，合理的に履行される」という前提条件のこと

Yes → Yes
No → 本文 p.477 へ戻れ

【2 財政学の歴史と理論】へ進め！

第10章 財市場と財政政策　493

2 財政学の歴史と理論

Q1. 官房学とはどのような考え方か説明せよ
Q2. A・スミスの課税についての4原則を示せ
Q3. ワグナー法則とは何か説明せよ
Q4. ワグナーの課税についての4大原則9小原則を示せ
Q5. スタグフレーションとは何か説明せよ
Q6. ケインズ的な裁量政策に批判的だった，マネタリスト，サプライサイド経済学，公共選択学派の主張を示せ
Q7. バローの中立命題とは何か説明せよ

↓ No

ポイント・チェック 財政学の歴史と理論

☐① 財政学は，ドイツで発展した官房学に端を発するといわれている
☐② 官房学とは，貿易を通じて国を富ませることを主眼とする重商主義の影響を受けた考え方
☐③ A．スミスの財政論は，夜警国家論といわれ，小さな政府を志向していた
☐④ A．スミスの課税についての4原則は，
- 公平の原則
- 明確の原則
- 便宜の原則
- 最小徴税費の原則

からなる

☐⑤ ワグナーは，経済成長に伴って財政支出が増加するというワグナー法則を提唱した
☐⑥ ワグナーの課税についての4大原則9小原則は，
- 財政政策上の原則
    - 課税の十分性
    - 課税の弾力性
- 国民経済上の原則
    - 正しい税源の選択
    - 正しい税種の選択
- 公正の原則
    - 課税の普遍性
    - 課税の公正
- 租税行政上の原則
    - 課税の明確性
    - 課税の便宜性
    - 最小徴税費への努力

からなる

☐⑦ スタグフレーションとは，スタグネーションと高インフレーションが同時に起こること
☐⑧ M．フリードマンに代表されるマネタリストは，裁量的財政政策は短期的には有効であるが，長期的には無効であるとし，貨幣供給量を一定に保つルールに基づく金融政策を重視すべきであると主張した
☐⑨ A．ラッファーやM．フェルドシュタインらはサプライサイド経済学によって，財政支出を縮小し，民間投資の推進，規制の撤廃などの総供給を増やすような政策を主張した

Yes

- □⑩ A. ラッファーは，税率を上げることがかえって税収を減少させるというラッファー・カーブを提唱した
- □⑪ J. ブキャナンやR. E. ワグナーに代表される公共選択学派は，ケインズ流の拡張的財政政策は，ハーヴェイロードの規定概念が成り立っていないために財政赤字の拡大を招くと結論づけた
- □⑫ R. バローは，政府支出の財源を国債に求めるか，それとも増税に求めるかという選択は，家計の消費には全く関係ないという「バローの中立命題」とよばれる結論を導き出した

No → 本文 p.481 へ戻れ

Noの数を数えよう！　1回目　2回目　3回目　Noの数を減らしていこう!!!

用語確認

おぼえたかな？

問題

1. 財市場は文字通り，財やサービスが取引されるフローの市場ですので生産されたGDPが，どのように消費されるのかを考えます．財市場は，「（　　　）❶と（　　　）❷が等しくなっているとき，均衡している」といえ，この財市場の需給均衡条件を（　　　）❸ともいいます．また，企業の設備投資（需要）がマクロ経済全体で貯蓄（供給）よりも少なければ，財市場の（　　　）❹となっていますし，逆に設備投資が貯蓄よりも過剰であれば，財市場は（　　　）❺にあるといえます．

2. （　　　）❻消費関数は所得に依存する部分$C(Y)$と，所得に依存しない部分Aの和であると考えられるため次のように表されます．

$$C = cY + A$$

ここで，YはGDPないし（国民）所得，cは（　　　）❼，Aは（　　　）❽とよばれています．このような消費関数は，今期の所得（絶対所得）のみに依存することから，（　　　）❾に基づく消費関数ともよばれています．

3. 総需要と総供給が一致するGDPを（　　　）❿，労働や資本を現在の生産技術の下ですべて用いて生産されたときに実現されるGDPを（　　　）⓫または（　　　）⓬といいます．政府は，実際のGDPを（　　　）⓫に近づけるべく，（　　　）⓭などの様々な経済政策を用意しています．

解答

❶ 投資（❷と順不同）

❷ 貯蓄（❶と順不同）

❸ ISバランス

❹ 超過供給

❺ 超過需要

❻ ケインズ型

❼ 限界消費性向

❽ 基礎消費

❾ 絶対所得仮説

❿ 均衡GDP

⓫ 完全雇用GDP（⓬と順不同）

⓬ 潜在GDP（⓫と順不同）

⓭ 財政政策

4.完全雇用GDPの水準で実現する総需要が，総供給(すなわち完全雇用GDP)より上回っているとき，これを（　　　）⑭とよびます．このとき政府は総需要を減少させる増税や，政府支出の減少などの（　　　）⑮によって景気の過熱を抑制する必要があります．

⑭インフレ・ギャップ
⑮緊縮財政

　逆に，完全雇用GDPの水準で実現する総需要が，総供給(すなわち完全雇用GDP)を下回っている状況を，（　　　）⑯とよびます．このとき政府は総需要を増加させる減税や政府支出の増加など（　　　）⑰が必要です．

⑯デフレ・ギャップ
⑰拡張的な財政

　このように実際のGDPを完全雇用GDPに近づけるべく，総需要を増減させる財政政策を総称して，（　　　）⑱とよびます．

⑱総需要管理政策

5.政府支出や投資の増加には，それ自体がGDPを増加させる直接的な効果と，限界消費性向(c)が再び消費に回り，GDPを派生的に増加させる効果に分けられます．これを（　　　）⑲といい，各乗数は以下のようになります．

⑲乗数効果

【政府支出乗数】$\dfrac{\Delta Y}{\Delta G} = \dfrac{1}{1-c}$

【投資乗数】$\dfrac{\Delta Y}{\Delta I} = \dfrac{1}{1-c}$

【租税乗数】$\dfrac{\Delta Y}{\Delta T} = \dfrac{-c}{1-c}$

　また，これまでの経済モデルでは，海外との取引のない（　　　）⑳を想定していましたが，ここでは海外との財の取引——国際貿易のある（　　　）㉑について考えましょう．（　　　）㉑の乗数の分母には，限界輸入性向(m)が入っている分だけ，（　　　）⑳の乗数よりも小さくなりま

⑳閉鎖経済
㉑開放経済

す．

【政府支出乗数】 $\dfrac{\Delta Y}{\Delta G} = \dfrac{1}{1-c+m}$

【投資乗数】 $\dfrac{\Delta Y}{\Delta I} = \dfrac{1}{1-c+m}$

【租税乗数】 $\dfrac{\Delta Y}{\Delta T} = \dfrac{-c}{1-c+m}$

6. 政府の経済活動を（　　）㉒といい，近代財政学においては，その機能が①市場の失敗に対応するための（　　）㉓，②公平な所得分配を行うための（　　）㉔，③政府が景気を安定化するという目的のため（　　）㉕の3つに分類されます．

㉒財政

㉓資源配分機能

㉔所得再分配機能

㉕経済安定化機能

問題演習

1 インフレ・ギャップ，デフレ・ギャップ ★★

ある閉鎖経済において，消費関数が以下のように与えられているとする．

$C = 0.75Y + 70$　　［C：消費，Y：国民所得］

また投資が30，政府支出が15であったとする．この経済における完全雇用GDPが500であるときインフレ・ギャップ，またはデフレ・ギャップの額はいくらになるか．

1. 25のインフレ・ギャップ
2. 40のインフレ・ギャップ
3. 25のデフレ・ギャップ
4. 10のデフレ・ギャップ
5. 完全雇用GDPと均衡GDPは等しい

▶ **解法の糸口**

完全雇用GDPの水準で実現する総需要が，総供給（この場合完全雇用GDPに一致）より上回っているときが**インフレ・ギャップ**，下回っているときが**デフレ・ギャップ**である．

▶**解答** 4

▶**解説**

　まず総需要Y^Dを求めてみましょう．問題文よりY^Dは，

$$Y^D = C + I + G = 0.75Y + 70 + 30 + 15$$

という式で表されます．**解法の糸口**より，完全雇用GDPの水準で実現する総需要は，この式のYに$Y=500$を代入した値です．よって，

$$\begin{cases} Y^D = 0.75 \times 500 + 70 + 30 + 15 \\ Y^D = 490 \end{cases}$$

となります．

　次に，この経済のインフレ・ギャップ，またはデフレ・ギャップについて考えてみましょう．総需要Y^Dと総供給Y^Sは，

$$\begin{cases} \text{【総需要】} Y^D = 490 \\ \text{【総供給】} Y^S = 500 \end{cases}$$

完全雇用GDPの水準で実現する総需要が，総供給より上回っているときがインフレ・ギャップ，下回っているときがデフレ・ギャップですので，この経済では10のデフレ・ギャップが発生しています．

　よって，正解は選択肢4となります．

Chapter 11: Money Market and
Monetary Policy

第11章

貨幣市場と
金融政策

POINT

この章で学ぶ内容

❶ **貨幣の機能**
　貨幣のもつ❶**交換機能**，❷**支払機能**，❸**富の保蔵機能**，❹**価値尺度機能**という4つの機能について学習します。

❷ **貨幣需要の理論**
　貨幣数量説を代表する**交換方程式**や**ケンブリッジ方程式**，ケインズの**流動性選好説**による貨幣需要理論などを学習します。

❸ **貨幣供給の理論**
　日本銀行の役割，マネーサプライの定義，中央銀行が行う伝統的金融政策・非伝統的金融政策について学習します。

❹ **貨幣市場の均衡と金融政策**
　ケインズの流動性選好説に基づく，貨幣市場における均衡というものを学ぶとともに，金融政策が貨幣市場に与える影響について学習します。

この章のポイント

❶ **貨幣の機能**
　貨幣には，❶**交換機能**，❷**支払機能**，❸**富の保蔵機能**，❹**価値尺度機能**という4つの機能があるとされています。❶**交換機能**とは，貨幣となる財を取引の間にいわば媒介として挟むことによって，その取引を円滑にする機能です。❷**支払機能**とは文字通り，支払いの手段としての貨幣の機能です。❸**富の保蔵機能**とは，ストックとしての貨幣の機能に注目して，富を蓄えておくことができる機能です。❹**価値尺度機能**とは，貨幣を基準単位として，その財の価値を相対的に表すことできる機能です。貨幣のような価値尺度となる財は**価値尺度財**(ニュメレール)とよばれます。

❷ 貨幣需要の理論

貨幣需要の理論は諸説ありますが共通して，以下のような特徴があります．（ⅰ）**物価Pの上昇に伴って，貨幣需要は増加する**．（ⅱ）**名目利子率iの上昇に伴って貨幣需要は減少する**．（ⅲ）**実質国民所得Yの増加に伴って貨幣需要は増加する**．

貨幣数量説に代表される**❶交換方程式**，**❷ケンブリッジ方程式**では，貨幣数量の増減が物価を変動させる要因であると考えます．

交換方程式でもケンブリッジ方程式でも，貨幣数量説の考え方は，経済の貨幣的側面と実物的側面とが完全に分離されているのが特徴です．この考え方を**古典派の二分法**とか，**貨幣の中立性**，**貨幣ヴェール観**といいます．

貨幣需要の代表的な理論の1つに，ケインズの**流動性選好説**というものがあります．これは貨幣を需要する動機を3つに分類し，**❶取引動機**，**❷予備的動機による貨幣需要**がGDPの増加関数であるとともに，**❸投機的動機による貨幣需要**が名目利子率の減少関数であると考えました．

❸ 貨幣供給の理論

日本銀行は，日本の中央銀行として金融システムの安定と物価の安定を目的に掲げ，**政府の銀行**，**銀行の銀行**，**発券銀行**の3つの役割を担っています．

中央銀行である日本銀行の行う金融政策には**❶伝統的金融政策**と**❷非伝統的金融政策**とよばれる2つがあります．伝統的金融政策には**（ⅰ）公定歩合操作**，**（ⅱ）預金準備率操作**，**（ⅲ）公開市場操作**の3つがあります．一方，非伝統的金融政策である量的緩和政策とは，中央銀行が市中から買い入れる資産の規模を，従来以上に拡充させる政策です．

日本銀行は，現金と法定準備金を合わせた**ハイパワードマネー**をコン

トロールすることで，より多くの**マネーサプライ**を調整します．

❹ 貨幣市場の均衡と金融政策

貨幣市場の均衡について考えてみましょう．貨幣供給と貨幣需要を次のように表します．

$$\begin{cases} \text{【貨幣供給】} M^S = \dfrac{M}{P} \\ \text{【貨幣需要】} M^D = L_1(y) + L_2(i) \end{cases}$$

[貨幣供給：M^S，名目マネーサプライ：M，物価：P，GDP：y，利子率：i，貨幣需要：M^D，取引動機および予備的動機に基づく貨幣需要：L_1，投機的動機に基づく貨幣需要：L_2]

$M^S = M^D$ となるとき貨幣市場は均衡するため，貨幣市場の需給均衡条件は次のように表されます．

$$\dfrac{M}{P} = L_1(y) + L_2(i)$$

すべての市場の超過需要の和はゼロになるという条件を**ワルラス法則**といい，貨幣市場の需給均衡が成り立つと，債券市場においても需給均衡 $B^D = B^S$ が常に成り立ちます．つまり，貨幣市場を考えることは同時に債券市場の均衡を考えることになっているのです．

これが理解できれば合格

貨幣の4つの機能・貨幣数量説・交換方程式・ケンブリッジ方程式・流動性選好説・マネーサプライ・ハイパワードマネー・ワルラス法則

POINT

フローチャート

第10章 財市場と財政政策

第11章　貨幣市場と金融政策

❶ 貨幣の機能
貨幣のもっている4つの機能について学習します．

❷ 貨幣需要の理論
交換方程式，ケンブリッジ方程式，流動性選好説について学習します．

❸ 貨幣供給の理論
日本銀行の役割，マネーサプライ（マネーストック）の定義について学習します．

❹ 貨幣市場の均衡と金融政策
貨幣市場の均衡と金融政策について学習します．

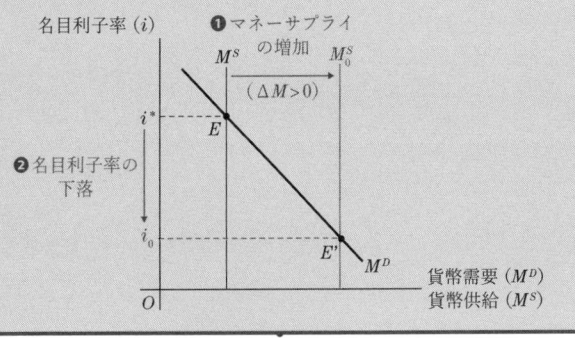

名目利子率 (i)
❶マネーサプライの増加
M^S　　M_0^S
($\Delta M > 0$)
i^*　　E
❷名目利子率の下落
i_0　　　　　E'　　M^D
O　　　　　　　　貨幣需要 (M^D)
　　　　　　　　　貨幣供給 (M^S)

第12章　財・貨幣市場と総需要

第13章　労働市場と総供給

はじめに

　この章ではマクロ経済学が対象とするもう1つの市場，**貨幣市場**（Money market）について学習します．第10章で学習した45度線分析では，財・サービスの動きのみを考えてきました．私たちが日常使っている**貨幣**（Money）も広い意味では財の1つです．しかし，貨幣には他の財とは異なった様々な特徴があり，この章では貨幣を財市場から切り離して考えることにするのです．

　第11章では，貨幣の定義と機能，貨幣需要の理論，貨幣供給の理論，そして，貨幣市場の均衡，金融政策という流れで説明をしていきます．

1　貨幣の機能

　もし，あなたがロビンソン・クルーソー[1]のように無人島に1人で生活しているのであれば，貨幣をもつ必要はありません．自分が欲しいと思うもの，消費するものを，自ら生産すればよいからです．このような経済を**自給自足**（autarky）といいます．

　ところが，経済を構成する人間が増え多様な欲求が生じると，工程を専門家の手にゆだねて生産を行う**分業**（division of labor）や，生産者が何人か集まって生産を行う**協業**（cooperation of labor）が行われるようになります．このような社

---

[1] ロビンソン・クルーソーは，イギリスの小説家D. デフォー（Daniel Defoe,（英），1660年～1731年）が，1719年に著した『ロビンソン・クルーソーの生涯と奇しくも驚くべき冒険』に登場する主人公の名前です．ロビンソン・クルーソーを用いた話は多く，古くは**K. マルクス**（Karl Heinrich Marx,（独），1818年～1883年）の『**資本論**』や，**M. ヴェーバー**（Max Weber,（独），1864年～1920年）の『**プロテスタンティズムの倫理と資本主義の精神**』などにも登場します．
　また，近年でもアメリカの標準的な教科書，たとえば，Krugman, P. and Wells, R. (2013) *Macroeconomics* 3rd ed., Worth Pub.（初版の邦訳：大山道広他訳 (2009)『クルーグマン・マクロ経済学』東洋経済新報社），同じく Krugman, P. and Wells, R. (2013) *Microeconomics* 3rd ed., Worth Pub.（初版の邦訳：大山道広他訳 (2007)『クルーグマン・ミクロ経済学』東洋経済新報社）や，Mankiw, G (2011) *Principles of Economics*, South-Western, Cengage Learning（第3版の邦訳：足立英之他 (2005)『マンキュー経済学Ⅰミクロ編』東洋経済新報社）などでも例として用いられています．

図11-1

「欲望の二重一致」が成立

「欲望の二重一致」は不成立

「自分」が「第三者」と果物と肉の交換を行えば，「自分」と「相手」の交換は可能だが……

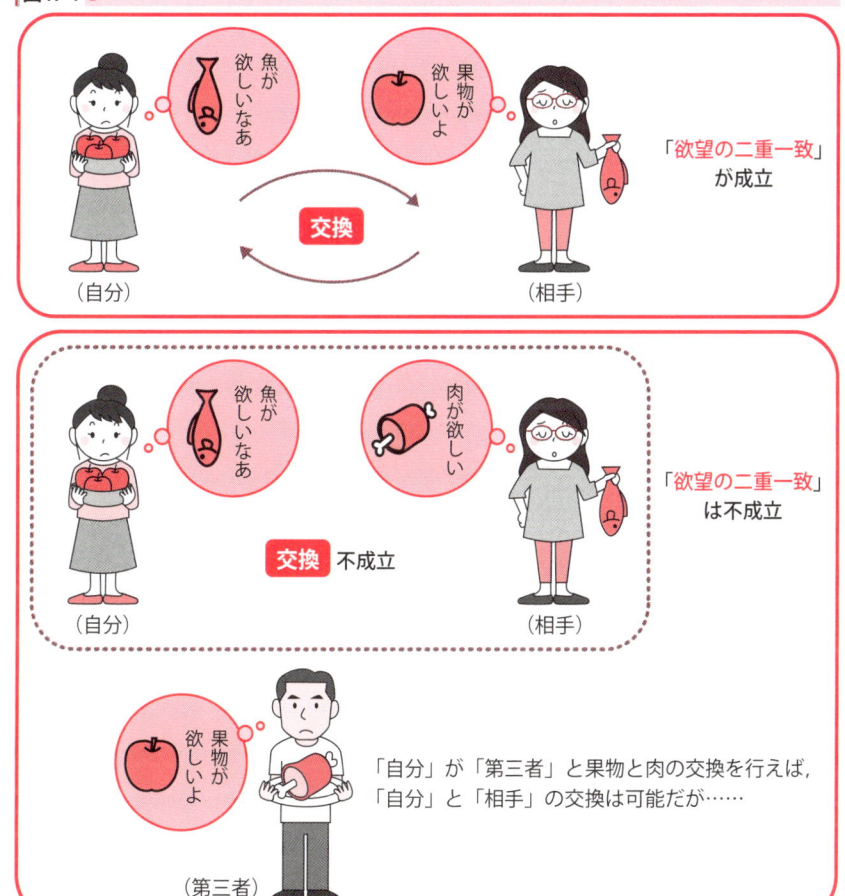

会では，もはや自らの欲するもののみを生産しているわけにはいきません．自らの生産したものと，他者の生産したものとを交換しなければなりません．これを**交換経済**（barter economy）といいます．

交換することによって，お互いの効用を高めることができます（**交換の利益**）．しかし，自らの欲する財を相手が保有し，かつ自らの所有する財を相手が欲している場合においてのみ交換は可能です．いわば，自らの欲求・欲望と，相手のそれが一致するという，**欲望の二重一致**（double coincidence of wants）が成立し

たときしか交換はできません．

　図11-1の上段に描かれているように，自らが相手の所有している魚を欲しており，相手もまた自らが所有する果物を欲している状況では，欲望の二重一致が成立しているので交換が成り立ちます．しかし，自らが所有する果物をもって相手のもっている魚と交換しようと思っても，相手が魚をもって果物と交換したいと思わない限り交換は行われません．図11-1の下段に描かれているように，もし，相手が果物を欲しておらず肉を欲しているのであれば，肉をもって果物と交換してくれる第三者をみつけない限り，自らは果物と魚を交換することはできません．

　しかも，物々交換の過程においては，果物何個と魚何匹を交換すればよいのかという問題や，取引しようと思ったときに過不足があったりするので，事態は一層複雑なものとなります．

　このように考えると，交換という行為が，現実にはそう簡単ではないことだとわかります．これは取引のための費用が存在するからです．**取引費用** (transaction cost) を軽減することができるのが**貨幣**（Money）です．**W. S. ジェボンズ**（William Stanley Jevons,（英），1835年〜1882年）は貨幣の本質的な役割として，欲望の二重一致の困難さを回避するための手段と考えました[2]．貨幣があれば，欲望の二重一致のために取引費用を払う必要がなくなります．

COLUMN 11-❶　W. S. ジェボンズ

　W. S. ジェボンズは，1870年代に **L. ワルラス**（Marie Esprit Léon Walras,（仏），1834年〜1910年），**K. メンガー**（Carl Menger,（オーストリア），1840年〜1921年）と並んで，限界効用の概念を提唱した経済学者です．ジェボンズの経済学的関心は，理論だけでなく，現実経済の問題にも向けられており，今日再び注目を集めています．

---

[2] Jevons, W. S. (1897), *Money and the Mechanism of Exchange*, D. Appleton & Co.（邦訳：松本幸輝久 (1948)『貨幣及び交換機構』日本図書．原書p.3，邦訳書p.6に「欲望の二重一致」の記述があります．

> 1760年代から1830年代にかけて起こった**産業革命**（industrial revolution）以降のイギリスでは，燃料となる石炭の枯渇問題が大きな関心となっていました．貴重な石炭をもっと効率的に利用すべきであるという意見が大勢を占める中，W. S. ジェボンズは，1865年に「石炭問題」と題する論文を発表します[3]．そこで彼は，石炭の消費効率が改善することによって，逆により集約的に石炭を消費するようになると主張しました．今日，資源の効率的な消費がかえってその消費量（全体）を増やしてしまう状況を，**ジェボンズ・パラドクス**（Jevons paradox）とよんでいます．
>
> W. S. ジェボンズ
>
> Wikimedia Commonsより
>
> また，1879年には「商業恐慌と太陽黒点」と題する論文をイギリスの*Nature*誌に発表しました[4]．この論文では，太陽黒点の増減が穀物の生育に影響を与えるため，恐慌と関連があることが指摘されています．この主張は**太陽黒点説**（sunspot theory）とよばれています．太陽黒点説が発表された時点ではあまり高い評価は得られませんでしたが，今日，より詳細なデータを用いた統計的手法をもとに，太陽黒点説の検証が行われています．

　貨幣には，他の財とは異なるいくつかの機能があります．その機能は今日，❶**交換機能**（means of exchange），❷**支払機能**（means of payments），❸**富の保蔵機能**（store of value），❹**価値尺度機能**（measure of value）の4つに分類されています[5]．

　交換機能とは，貨幣となる財を取引の間にいわば媒介として挟むことによって，その取引を円滑にする機能です．私たちが肉と魚を交換するときに，肉でも魚でも交換できる媒介財（貨幣）を間に挟むことで，取引を円滑にする機能です．

---

3) Jevons, W. H. (1865) *The Coal Question*, Macmillan and Co.
4) Jevons, W. H. (1879) "Commercial Crises and Sun-Spots," in Foxwell, H. S. (1884) *Investigations in Currency and Finance*, Macmillan & Co. なお，太陽黒点と穀物価格に関するジェボンズ自身の先行研究として，Jevons, W. H. (1879) "The Solar Period and the Price of Corn," in Foxwell, *ibid.* があります．

支払機能は文字通り，支払いの手段としての貨幣の機能です．「現物支給」などといって財で支払いがなされる場合もありますが，一般には，労働や信用取引などへの支払いとして，貨幣が用いられます．

　富の保蔵に関しても，貨幣はとても重要な役割を果たしています．将来食べるために肉をそのままの形で保蔵しておくには限界がありますが，これをいったん貨幣にかえておけば，肉が市場からなくならない限りいつでも貨幣を肉に交換することができます．交換機能をはじめとする他の機能がフローとしての貨幣の機能に注目しているのに対し，富の保蔵機能は，ストックとしての貨幣の機能に注目している点が重要です．

　ちなみに，708年に発行された日本最古の公鋳貨幣[6]である**和同開珎**（銀貨および銅貨）の場合，政府はその流通促進のため，銭貨の強制使用の他に「蓄銭額と現在の位階に応じて，位階の昇進や授与を行う」という**蓄銭叙位令**（711年）まで出し，貨幣が富の保蔵手段として最適であることを一般に広く認識させ，その保蔵を奨励しています[7]．

　最後の価値尺度機能は，貨幣を基準単位として，その財の価値を相対的に

和同開珎

日本銀行金融研究所『新版貨幣博物館』より

---

5) 貨幣がいかにして生まれたのか，より本質的な議論を行った人物に**K. ポランニー**（Karl Polanyi,（ハンガリー），1886年〜1964年）がいます．上述の4つの機能も，彼の死後まとめられた Polanyi, K.（1977）*The Livelihood of Man*, Academic Pr.（邦訳：玉野井芳郎・栗本慎一郎（2005）『人間の経済Ⅰ 市場社会の虚構性』岩波書店，および，玉野井芳郎・中野忠（2005）『人間の経済Ⅱ 交易・貨幣および市場の出現』岩波書店）の分類に従っています．K. ポランニーは，**経済人類学**（economic anthropology）の立場から，貨幣の発生について歴史的，文化的，民俗学的な接近を試みています．特に，『人間の経済』補論に掲載されている「原始貨幣に関するノート」では，上記4つの機能について，詳細な言及がされています．
　4つの機能に関しては，①交換機能と②支払機能を合わせて交換機能とし，3つに分類している場合もあります．

6) 最近の研究調査から，和同開珎よりも古い**富本銭**という貨幣が683年ごろに鋳造されたことがわかっています．しかし，和同開珎との交換がどのように行われたのかを示す論拠がないことなどもあって，富本銭を厭勝銭（まじないに使う貨幣）とみる向きもあります．また，一部地域通貨のような形で使われたとみる説もあり，今後の調査によって，富本銭の役割が解明されることに，期待が高まっています．

表すことできるというものです．たとえば，リンゴ120個とサンマ180匹が同じ価値で，サンマ240匹と豚肉20kgが同じ価値だとすると，リンゴ90個を購入するには何kgの豚肉と交換しなければならないのか考えるのはとても面倒です．しかし，サンマを価値尺度として考え，これを1匹100円とすれば，サンマ180匹の価値は1万8,000円．これと120個のリンゴの価値が等しいので，サンマで測ったリンゴ1個の価格は，1万8,000円÷120個＝150円となります．同じように，サンマ240匹の価値は2万4,000円．これが20kgの豚肉と等しいので，サンマで測った豚肉の価値は1kgあたり1,200円となります．計算はややこしい感じがしますが，最初から，サンマを価値尺度財にして1匹100円と置けば，リンゴ1個150円，豚肉1kg1,200円となり，財の価値の比較が容易になります．

ただし，サンマは常にあるわけではないので（持ち運びにも不便ですし，何より傷みやすいですからね），何か基準となるような財があれば好都合です．そこで，「貨幣」という財で価値を測る基準としよう，と考えたのです．L. ワルラスは，価値尺度となる財を**価値尺度財**（numéraire）とよび，以来この用語が使われています．ミクロ経済学で学習した相対価格（第2財価格に対する第1財価格）も，第2財が価値尺度財として基準化されているとみることができます．

ポイント・チェック　貨幣の機能

❶ 自らが消費する物を，自らが生産する経済を自給自足という
❷ 交換経済とは，自らが生産したものと他者の生産したものとを交換する経済
❸ 交換経済では，欲望の二重一致が成立したときしか交換できない
❹ 貨幣は，取引費用を軽減するためにある
❺ 貨幣には，交換機能，支払機能，富の保蔵機能，価値尺度機能がある

---

7) 日本銀行（1980）『日本貨幣略史（通貨研究資料27）』（日本銀行調査局）に詳しい説明があります．また，蓄銭叙位令の出された背後には，当時の貨幣鋳造の技術的制約から供給不足になりやすかったという事情もあったようです．このため，いったん蓄蔵させた貨幣を再び回収し，市場へ流通させる必要がありました．

COLUMN 11-❷　　　　　　　　子安貝

　貨幣の原始的な形として「貝」が使われていたことは，皆さんもどこかで耳にしたことがあるかもしれません．お金に関する漢字の多くに「貝」が使われていることもその名残です（例：財，貨，賄，賠，贈，貯，販，賭，購，賎，賣（売），買など）．使われていた貝は子安貝（タカラガイ）とよばれる南方由来の美しい貝です．中でもキイロダカラは Money cowrie といい，英名に貨幣の名残を残しています．現在でも希少な子安貝は，コレクターの間では高値で取引されているようです．また，子安貝は『竹取物語』でかぐや姫が中納言石上麻呂(いそのかみのまろたり)に結婚の条件として要求した「燕(つばくらめ)の子安貝」として有名です．また，イブン・バットゥータの『旅行記』や，マルコ・ポーロの『東方見聞録』にも子安貝の貨幣の話がでてきます．
　子安貝の貨幣（貝貨(ばいか)）は，比較的最近でも使用が確認されています[8]．K. ポランニーも『人間の経済』の中で述べていますが，アフリカ・ギニア湾岸に17世紀から19世紀にかけて栄えたダホメ王国（現在のベナン）では，300年間にわたるその存続期間中，1オンスの金[9]は3万2,000個の子安貝と等価で交換されていました[10]．
　ところで皆さんは，「なぜ古代において『貝』が貨幣として選ばれたのか」，「なぜ子安貝なのか」という疑問を感じたことはないでしょうか．
　貝殻が貨幣として選ばれた理由として，宝飾品として珍重されていた，入手が難しい，保蔵できる，携行が楽であるなど，様々な理由が挙げられています[11]．しかし，それならば特殊な石などでもよかったはずです．また，その後，交換の不便さを解消するために，石や銅製の模倣貝貨という貨幣も作られているところをみると，「なぜ子安貝にそこまでこだわったの？」という疑問を禁じ得ません．もちろん，石の鏃(やじり)や特殊な石，穀物なども貨幣として使われていた事実もあるようで

---

8) 貝貨は中国北部の殷墟や古代エジプト遺跡などからも出土されていますが，その一方で，日本の遺跡からは発見されていないようです．これは，日本の古代民族文化形成が，すでに高度の金属使用を知っていた大陸渡来の新人種によって推進されたためであるという見解もあります（日本銀行（1980）前掲書, p.2）．
9) 31.1034768グラムです．
10) Polanyi, K.（1977）*Ibid.*（邦訳：玉野・中野（2005）pp.222–223）．
11) 一般に，貨幣という「モノ」が満たすべき諸要件として，**識別性**（cognizability），**可分性**（divisibility），**同質性**（homogeneity），**可搬性**（portability），**耐久性**（durability）などが求められています．

すが[12]，それは物々交換の要素が極めて強いといえます．

　子安貝を貨幣として用いた答は，「子安貝そのものの形状」にあるともいわれています．現在も，子安貝がその形状ゆえに安産のお守りとして使われていることはよく知られています（子安貝という名前からもそれが伺えます）．古代人たちは，子安貝の形に，ある種，霊的な神秘性を感じていたのかもしれません．

子安貝の貝貨

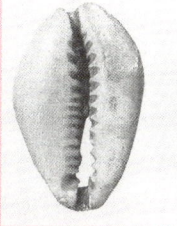

日本銀行金融研究所『新版 貨幣博物館』より

　K. マルクスは，人間が作り出した貨幣が逆に人間を平伏させるという意味で「貨幣の物神性」という言葉を用いました．しかし，それとは別に，古代人が子安貝にアニミズム的な意味での物神性——神が宿っていると感じ，それを貨幣として使い始めたのだとしたら，不況，倒産，経済危機……と悲しいニュースの多い現代の貨幣経済も，その生い立ちは何とも浪漫に満ちたものだったと思いませんか．

COLUMN 11-❸　ヤップ島の石貨

　D. H. ロバートソンが1948年に著した『貨幣』（第4版）には，以下のような話が載っています[13]．

「カロリン群島の中にヤップ島という島があるが，この島の貨幣はもっぱら，ファー[14]とよばれる巨大な石から成り立っていて，これらの石の多くは非常に大きくて動かせないので，取引が行われるにつれて石の持ち主が変わっても，

---

12) これを**物品貨幣**といいます．
13) Robertson, D. H. (1948) *Money*, Nisbet and Co. Ltd., London and the University Press, Cambridge, fourth ed.（邦訳：安井琢磨・熊谷尚夫（1956）『貨幣』岩波現代叢書）より引用．D. H. ロバートソン（Dennis Holme Robertson,（英），1890年〜1963年）は，A. C. ピグーの後任としてケンブリッジ大学の教授となった経済学者で，景気循環や貨幣論に貢献しました．
14) 訳文のままですが，フェイ（Fei）とよぶ方がいいかもしれません．

石のあり場所はそのままにしておかれる[15]．事実，島で一番金持ちの家は，ある巨大な石の所有者たることによってその地位を保持しているのであるが，この石はむかし島に運ばれてくる途中，たまたま筏から落ちて沈んだものであった．幾世代もの間この石は海底にあって，現に生きている家族の中には誰もそれを見たことのある者はいないのだが，しかしその家族が一ばん金持ちの家だということには，何人も疑いをもたないのである．」（邦訳書，p.148）

ヤップ島の石の貨幣

日本銀行金融研究所『新版 貨幣博物館』より

　ヤップ島には巨大な石がなく，それを島に運ぶには人夫を雇う経済力が必要となります．石が大きければ大きいほど経済力が必要とされるために，金持ちである証しとなっています．ヤップ島の石貨は，富の保蔵機能としての役割が重視されている好例といえます[16]．

　経済現象の発生について，文化人類学的な考察を行う学問分野を**経済人類学**(economic anthropology) といいます．

2 貨幣需要の理論

　以上のような機能をもっているために，今日の経済において貨幣は必要不可欠な財といえます．しかし実際，「経済主体がいかなる場合に貨幣を需要するのか」ということを考える**貨幣需要**(Money demand) の理論に関しては，これま

---

[15] 持ち主が変わると，石に書いた所有者の名前を書き換えることになります．
[16] 貨幣の歴史や貨幣制度の変遷，世界の貨幣については，日本銀行本店に隣接している，日本銀行金融研究所貨幣博物館に資料展示があります．ヤップ島の石貨も展示されています．

で諸説があり，1つに定まっていません．しかし，これらのアプローチはその相違こそあれ，以下の特徴があります[17]．

(ⅰ) 物価Pの上昇に伴って，貨幣需要は増加する．
(ⅱ) 名目利子率iの上昇に伴って貨幣需要は減少する．
(ⅲ) 実質国民所得yの増加に伴って貨幣需要は増加する．

以上の特徴より，実質貨幣需要M^D/Pは次のような関数で表すことができます．

$$\frac{M^D}{P} = L(i, y)$$

ただし，M^Dは名目貨幣需要量，Lは貨幣需要を表す関数です．この節では，最初に，貨幣数量説を代表する交換方程式やケンブリッジ方程式を説明し，ケインズの流動性選好説による貨幣需要理論について説明します．

ポイント・チェック　貨幣需要の理論

❶ 貨幣需要の理論には，
　・物価の上昇に伴って，貨幣需要は増加する
　・名目利子率の上昇に伴って貨幣需要は減少する
　・実質国民所得の増加に伴って貨幣需要は増加する
という特徴がある

❷ 実質貨幣需要は，
$$\frac{M^D}{P} = L(i, y)$$
と表される　［M^D：名目貨幣需要量，P：物価，L：貨幣需要を表す関数］

---

1 貨幣数量説

貨幣需要の理論を説明する前に，貨幣数量説について説明しておこう．**貨幣数量説**（quantity theory of money）とは，貨幣数量の増減が物価を変動させる要因である，という考え方です．もっとわかりやすくいえば，貨幣の量と物価

---

[17] 日向野幹也・柳田辰雄・金谷貞男（1989）『金融論』（新世社）を参照のこと．

には安定的な（比例的な）関係があって，流通している貨幣の量が多ければ，インフレ（物価上昇）傾向になり，逆に貨幣の量が少なければデフレ（物価下落）傾向となることをいいます．やや余談になりますが，これは，貨幣数量説を現代に復活させたM. フリードマンの言葉 "Inflation is always and everywhere a monetary phenomenon"（インフレは，いついかなる場合でも貨幣的現象である）[18]という言葉に集約されています．

貨幣数量説の創始者は，古代ギリシアのクセノフォンとも，中国の管仲ともいわれており，その発想は洋の東西を問わず古くから考えられてきたものです．その後，貨幣経済の発展に伴って，D. ヒュームやD. リカードらが理論的な貢献を行いましたが，貨幣数量説を完成させ，普及させたのは，**I. フィッシャー**（Irving Fisher,（米）, 1867年〜1947年）です．

今日，貨幣数量説という場合，以下の2つの考え方を指すことが一般的です．

　❶ **交換方程式**（I. フィッシャー）
　❷ **ケンブリッジ方程式**（A. マーシャル，A. C. ピグー，J. M. ケインズら）

交換方程式は，貨幣の動きをフローの概念としてとらえ，ケンブリッジ方程式はストックの概念として貨幣を考えている点が大きく異なっています．

ポイント・チェック　貨幣数量説

❶ 貨幣数量説とは，貨幣数量の増減が物価を変動させる要因であるという考え方
❷ 貨幣数量説は，貨幣の動きをフローの概念としてとらえた交換方程式と，ストックの概念としてとらえたケンブリッジ方程式を指すことが一般的である

---

❶ 交換方程式

まず，交換方程式からみていきましょう．I. フィッシャーは，経済活動における貨幣の役割を，財との交換関係――**フロー**の側面から考えました．財の価

---

[18] Friedman, M.（1963）*A Monetary History of the United States 1867–1960*, Princeton University Press.

図11-2

数量的側面
財の価格（P）× 財の取引量（T）

売り手 　$P \times T$ 　買い手
　　　　$\parallel$
　　　　$M \times V$

貨幣（M）× 流通速度（V）

貨幣的側面

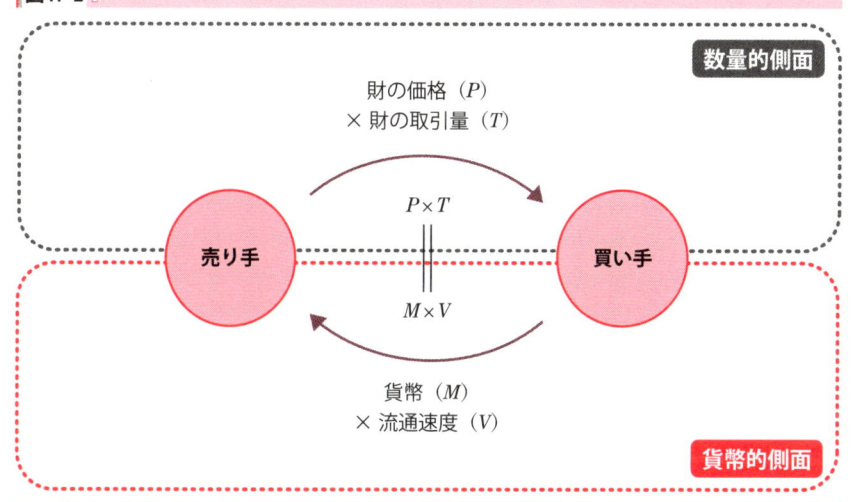

値が，逆方向に流れる貨幣の価値と等しい事に注目すると，図11-2のような関係を描くことができます．

いま，財の価格（物価）をP，財の数量（取引量）をTとすると，財の価値総額はPTとなります．一方，ここで，貨幣一単位が平均して経済主体間を移動する回数を**貨幣の流通速度**（velocity of money）と名づけVで表すことにすると，貨幣の量MにVを乗じたMVは，財の価値総額であるPTに等しくなります．したがって，

$$PT = MV$$

が成り立ちます．これを**フィッシャーの交換方程式**（equation of exchange）といいます．また，取引量は経済活動の水準（すなわち実質GDP; y）に対応していますので，（取引量）Tを（実質GDP）yで置き換えた，

$$Py = MV$$

と表すこともあります．これを書き直すと，$M = (1/V)Py$となります．ここで，貨幣の量Mを貨幣需要とみなし，$1/V$を一定と考えると，先に貨幣需要の特徴として述べた（ⅰ）から（ⅲ）の性質のうち，

（ⅰ）物価Pの上昇に伴って，貨幣需要は増加する．
（ⅲ）実質国民所得yの増加に伴って貨幣需要は増加する．

という性質を満たすので,交換方程式をもって貨幣需要の理論と考えることができます.しかし,厳密にいえばその解釈は正しくはありません.というのも,交換方程式は,経済の貨幣的側面と数量的な側面のフローにおける恒等的関係を示しているにすぎないからです.交換方程式は,なぜ人々が貨幣を需要するのか,という行動を究明するものではないことに注意しておく必要があります.

> **ポイント・チェック 交換方程式**
>
> ❶ 交換方程式とは,経済活動における貨幣の役割を,財との交換関係から考えたもの
> ❷ 貨幣の流通速度とは,貨幣一単位が平均して経済主体間を移動する回数のこと
> ❸ フィッシャーの交換方程式は,
> $$PT = MV$$
> $$Py = MV$$
> と表せる
> [P:物価,T:取引量,M:貨幣の量,V:貨幣の流通速度,y:実質GDP]

COLUMN 11-❹　I. フィッシャー

　I. フィッシャーの業績は,金融理論はもとより,物価指数,インフレ理論,価格理論など多岐にわたっています.第3章の COLUMN 3-❻ に述べた異時点間の消費行動理論も I. フィッシャーの業績の1つです.彼の業績は極めて独創的であり,今日も注目を集め続けています.

　今日,「数学」を用いない経済理論分析をみることは難しい状況ですが,彼が経済学を研究し始めた19世紀末における経済学界では,数学を使う理論分析の方が少数派でした.彼は,数学がもたらす経済理論への発展の可能性に着目し,自身の研究に積極的に利用しています.

　また,彼が1892年にイェール大学に提出した博士学位論文 *Mathematical Investigations in the Theory of Value and Prices*(『価値と価格理論に関する数学的研究』)では,限界効用の均等化を説明するために,水槽,ポンプからなる驚くべき装置を力学・工学的な知識をもとに設計し,自ら実験を行いました.

経済原理の究明のために，必要ならば数学や工学的知識まで動員してこれに取り組む彼の学問姿勢．私たち後世の経済学徒も学んでいかねばなりませんね．

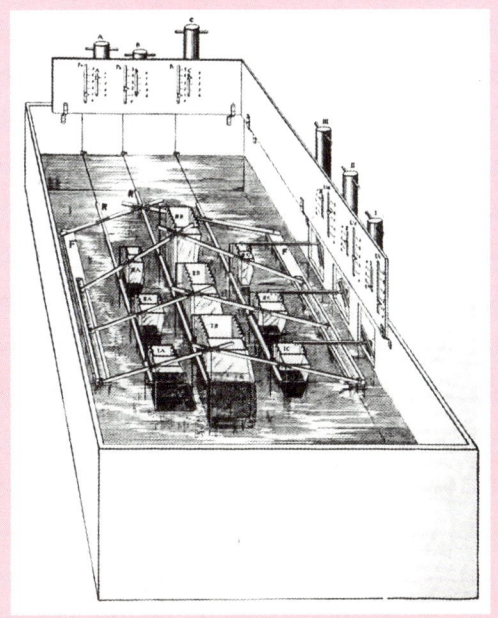

I. フィッシャー

Wikimedia Commons より

Fisher, I. (1892), *Mathematical Investigations In The Theory Of Value And Prices*, Kessinger Publishing, p. 38 より引用．

❷ ケンブリッジ方程式とマーシャルの k

ケンブリッジ大学の **A. マーシャル**，**A. C. ピグー**，そして **J. M. ケインズ** らは，経済主体が資産の一部を貨幣として保有することに注目し，貨幣需要理論を精緻化しました．

いま，経済主体が名目資産を W だけ保有しているとしましょう．そのうち，貨幣として保有している率を α（$0<\alpha<1$）で示すと，

$$M^D = \alpha W$$

となります．名目資産は名目所得 Py に比例すると考えられるので，$W=\beta Py$（$0<\beta<1$）となります．したがって，$M^D = \alpha\beta Py$ となりますので，$\alpha\beta$ をまとめて k と置くと，

$$M^D = kPy$$
となります．これを**ケンブリッジ方程式**(Cambridge equation) または，**現金残高方程式**(cash-balance equation) とよびます．またこのkを，**マーシャルのk**(Marshallian k) といいます．マーシャルのkは，名目所得に占める貨幣の割合を示しています．ケンブリッジ方程式も，貨幣需要の特徴として先述した（ⅰ）から（ⅲ）のうち，

（ⅰ）**物価Pの上昇に伴って，貨幣需要は増加する．**
（ⅲ）**実質国民所得yの増加に伴って貨幣需要は増加する．**

という性質を満たすので貨幣需要理論の特徴を備えているといえます．

　I. フィッシャーの交換方程式が，貨幣の流通——**フロー**面をモデル化したものであることに対して，A. マーシャルらのケンブリッジ方程式は，資産の保有形態の1つとして，つまり，**ストック**面から貨幣の需要を考えた点で発想の根底から大きく異なる理論です．しばしば指摘されている「交換方程式$Py = MV$を$M = (1/V)Py$と書き換えると，貨幣の流通速度の逆数$1/V$がマーシャルのkと等しくなっている」という事実も，経済のフローの面とストックの面を同じ土俵で考えているという意味では根本的に誤っています．これは，数学上の正しさと経済学上の正しさが異なっていることを示す好例です．

　交換方程式でもケンブリッジ方程式でも，貨幣数量説の考え方は，経済の貨幣的側面と実物的側面とが完全に分離されているのが特徴です．この考え方を**古典派の二分法**(Classical dichotomy) といいます．古典派の二分法は，「貨幣の量をコントロールしても，（長期的には）単に物価水準の引き上げを発生させるだけで，実質GDP（実体経済）には何の影響をも与えない」という考え方であり，貨幣に視点を置けば，それは**貨幣の中立性**(Neutrality of money) とか，**貨幣ヴェール観**(Veil of money) とよばれている概念に相当します．つまり，貨幣は，実体経済で決定される相対価格に，貨幣という名のヴェールを着せているだけにすぎないと考えているのです．

> **ポイント・チェック** ケンブリッジ方程式とマーシャルのk
>
> ❶ ケンブリッジ方程式とは，経済主体が資産の一部を貨幣として保有することに注目した考え方
> ❷ ケンブリッジ方程式は，
> $$M^D = kPy \quad [M^D：貨幣需要，P：物価，y：実質GDP]$$
> と表され，kをマーシャルのkという
> ❸ マーシャルのkは，名目所得に占める貨幣の割合を示している
> ❹ 古典派の二分法とは，経済の貨幣的側面と実物的側面とが完全に分離されていること

2 流動性選好説

当初，貨幣数量説を信奉していたJ. M. ケインズは，その後マーシャルのkが安定的であることに懐疑的となっていきました．というのも，金融資産の1つである貨幣を保有する動機は様々で，これらを考慮すると必ずしもkが安定的であるとはいえないことがわかってきたからです[19]．

ケインズは，利子率が低い場合には，流動性の高い金融資産（つまり貨幣）をより多く選好するという**流動性選好説**（liquidity preference theory）を展開しました．

金融資産において**流動性**（liquidity）が高いということは，その資産が低廉な費用で財やサービスと交換できることを意味しています．たとえば，国債と貨幣（現金）を比較した場合，国債は貨幣に比べ，財やサービスに交換するために費用がかかってしまいますね．国債は貨幣よりも流動性が低いのです．すべての金融資産のうち，最も流動性が高い（いつでも財に交換できる）金融資産が貨幣です．

J. M. ケインズは貨幣の需要動機を3つ考えます．

  ❶ **取引動機**（transaction motive）
  ❷ **予備的動機**（precautionary motive）
  ❸ **投機的動機**（speculative motive）

---

[19] Keynes, J. M. (1934) *A Treaties on Money*, London, Macmillan（邦訳：小泉明・長沢惟恭 (1970)『貨幣論』ケインズ全集5巻〜6巻，東洋経済新報社）．

です．**❶取引動機**に基づく貨幣需要は，日常の決済に用いられる貨幣への需要のことです．経済活動が活発になるほどその動機は増大すると考えられますので，取引動機に基づく貨幣需要関数はGDPの増加関数です．また，**❷予備的動機**は，将来起こり得る不測の事態への貨幣需要動機です．貨幣は流動性が最も高い資産ですから，急な出費に備えておく資産として，貨幣はとても便利です．この予備的動機も，経済活動が活発化すれば増加することから，GDPの増加関数と考えられます．取引動機と予備的動機に基づく貨幣需要をまとめて $L_1(y)$ とすると，

$$L_1(y), \quad \frac{dL_1}{dy} > 0$$

と表せます．

❸投機的動機に基づく貨幣需要を無視すると，縦軸にGDP，横軸に貨幣需要量 M^D をとった平面に貨幣需要を描くと図11-3（ⅰ）が描けます．

GDPが増加すると L_1 は増加するので，右上がりの曲線（図では説明のために直線）で描かれています．L_1 の形状は，（国民）所得（GDP）が変化したとき L_1 がどれだけ弾力的に反応するかによって変わってきます．GDPが1%変化したときの貨幣需要の変化を**貨幣需要の所得弾力性**（income elasticity of money demand）といいますが，貨幣需要の所得弾力性は，その値が大きくなるにつれて L_1 の形状は水平に近づき（図11-3（ⅱ）），逆に小さくなるにつれて垂直に近づきます（図11-3（ⅲ））．

❸投機的動機とは，市場の（名目）利子率が低いときには，（他の金融資産よりも）流動性の高い貨幣で保有しようとする動機です[20]．投機的需要に基づく貨幣需要関数 $L_2(i)$ は，以下のように名目利子率（i）の減少関数となります．

$$L_2(i), \quad \frac{dL_2}{di} < 0$$

❶取引動機および**❷予備的動機**に基づく貨幣需要を無視すると，縦軸にGDP，横軸に貨幣需要量 M^D をとった平面に貨幣需要を描くと図11-4（ⅰ）のようになります．

---

20) より詳細な説明については，**COLUMN 11-❺**を参照してください．

図11-3 貨幣需要の所得弾力性

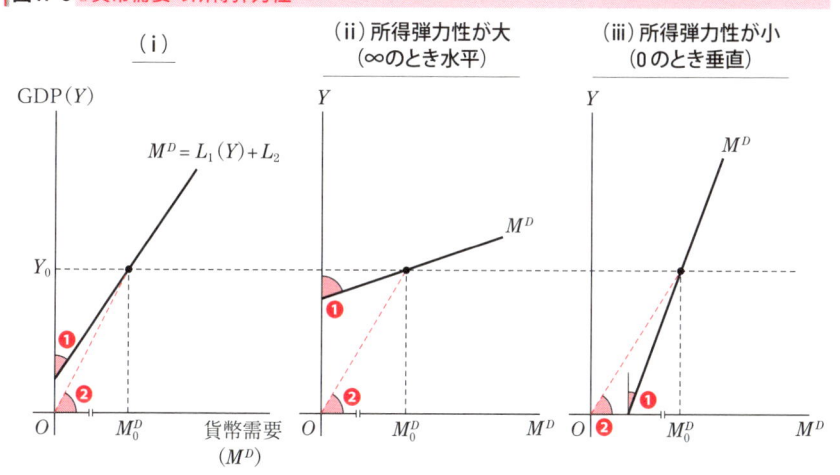

（ⅰ） $M^D = L_1(Y) + L_2$

（ⅱ）所得弾力性が大（∞のとき水平）

（ⅲ）所得弾力性が小（0のとき垂直）

貨幣需要の所得弾力性 $= \dfrac{\Delta M^D}{\Delta Y} \times \dfrac{Y}{M^D} =$ ❶×❷

縦軸にGDP，横軸に M^D をとると，貨幣需要の所得弾力性が大きくなるにつれ水平（小さくなるにつれ垂直）に近づきます．

図11-4 貨幣需要の利子弾力性

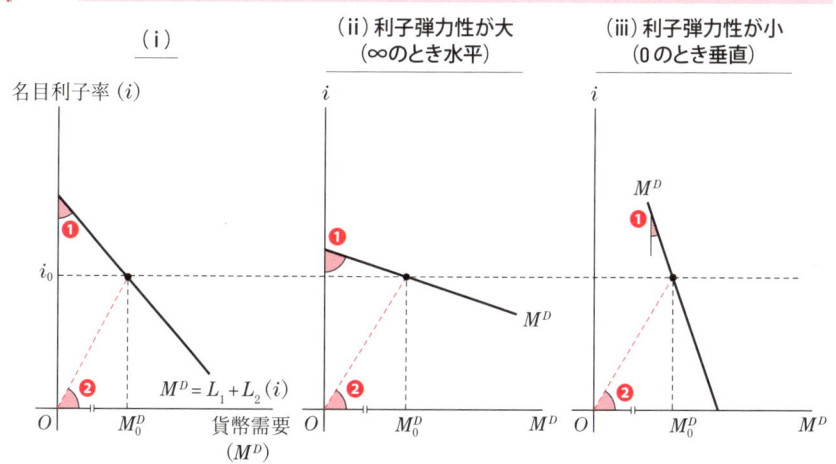

（ⅰ） $M^D = L_1 + L_2(i)$

（ⅱ）利子弾力性が大（∞のとき水平）

（ⅲ）利子弾力性が小（0のとき垂直）

貨幣需要の利子弾力性 $= \dfrac{\Delta M^D}{\Delta i} \times \dfrac{i}{M^D} =$ ❶×❷

縦軸にGDP，横軸に M^D をとると，貨幣需要の利子弾力性が大きくなるにつれ水平（小さくなるにつれ垂直）に近づきます．

図11-5 貨幣需要関数

名目利子率 (i)

$M^D : M^D = L_1(Y) + L_2(i)$
（右下がり）

貨幣需要量 (M^D)

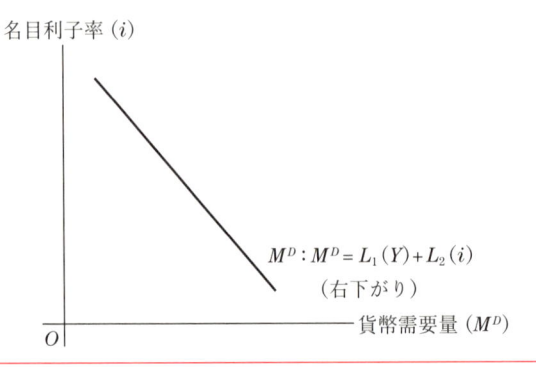

　名目利子率が増加するとL_2は減少するので，右下がりの曲線（図では説明のために直線）として描かれています．L_2の形状は，名目利子率が変化したときL_2がどれだけ弾力的に反応するかによって変わってきます．名目利子率が1％変化したときの貨幣需要の変化を**貨幣需要の利子弾力性**（interest elasticity of money demand）といいますが，貨幣需要の利子弾力性は，その値が大きくなるにつれてL_2の形状は水平に近づき（図11-4（ⅱ）），逆に小さくなるにつれて垂直に近づきます（図11-4（ⅲ））．

　投機的動機に基づく貨幣需要は，名目利子率がある程度まで下がってしまうと（図のi_0水準），流動性の高い貨幣の保有を犠牲にしてまで他の金融資産を購入しようとする**誘因**（インセンティブ）（incentive）が働きません．このため，貨幣需要の利子弾力性は無限大となり，L_2は水平になってしまいます．この状況を**流動性の罠**（liquidity trap）とよびます．

　第12章で学習しますが，貨幣市場が流動性の罠に陥っていると金融政策が効果をもたなくなる危険があるため，これまで多くの議論がされています[21]．

　以上3つの動機に基づく貨幣需要をまとめると，流動性選好に基づく貨幣需要関数（M^D）は以下のように表すことができます．

$M^D = L_1(y) + L_2(i)$

---

21) 比較的最近の話題ではKrugman, P. (1998) "Japan's Trap" on the Krugman Home page (http://web.mit.edu/krugman/www/japtrap.html, 2012年11月3日アクセス) などがあります．**COLUMN 11-7**を参照ください．

貨幣需要関数は，図11-5のように，縦軸に名目利子率，横軸に貨幣需要をとった平面において右下がりの曲線として描くことができます．

> **ポイント・チェック　流動性選好説**
>
> ❶ 流動性選好説とは，利子率が低い場合には，流動性の高い金融資産をより多く選好するという説
> ❷ ケインズは，貨幣の需要動機を
> - 取引動機
> - 予備的動機
> - 投機的動機
>
> の3つと考えた
> ❸ 取引動機に基づく貨幣需要とは，日常の決済に用いられる貨幣への需要のことで，貨幣需要関数は，GDPの増加関数である
> ❹ 予備的動機に基づく貨幣需要とは，将来に起こり得る不測の事態への貨幣需要のことで，貨幣需要関数は，GDPの増加関数である
> ❺ 取引動機と予備的動機に基づく貨幣需要をまとめて$L_1(y)$とすると，
>
> $$L_1(y), \quad \frac{dL_1}{dy} > 0$$
>
> と表せる
> ❻ 貨幣需要の所得弾力性とは，GDPが1%変化したときの貨幣需要の変化のこと
> ❼ 投機的動機に基づく貨幣需要とは，市場の利子率が低いときには，流動性の高い貨幣で保有しようとする需要のことで，貨幣需要関数は名目利子率の減少関数である
> ❽ 投機的動機に基づく需要関数は，
>
> $$L_2(i), \quad \frac{dL_2}{di} < 0$$
>
> と表せる
> ❾ 貨幣需要の利子弾力性とは，名目利子率が1%変化したときの貨幣需要の変化のこと
> ❿ 流動性の罠とは，投機的動機に基づく貨幣需要において，名目利子率がある程度下がってしまうと，流動性の高い貨幣の保有を犠牲にしてまで他の金融資産を購入しようとする誘因が働かず，貨幣需要の利子弾力性が無限大になってしまう状況のこと
> ⓫ 3つの動機に基づく貨幣需要をまとめ，流動性選好に基づく貨幣需要関数は，
>
> $$M^D = L_1(y) + L_2(i)$$
>
> と表せる

COLUMN 11-❺ 割引現在価値とコンソル債

投機的動機に基づく貨幣需要とは，貨幣をもつか，それとも他の金融資産をもつかという**資産選択**(portfolio)ともいえます．本文では，説明を簡単にするために，「市場の（名目）利子率が低いときには，（他の金融資産よりも）流動性の高い貨幣が保有される」としました．

これをもう少し詳しく説明するために，他の金融資産の代表として，**コンソル**(consol)とよばれる特殊な債券を考えましょう．コンソルはイギリスでは古くからある債券です．

政府が発行するコンソルは，ひとたびそれを購入すれば，所有者は毎年一定額の利子所得を報酬として受け取ることが約束されています．しかし，一方，政府は購入者に対して購入代金の返済（償還）義務を負いません．その意味で，一般的には償還（購入者に債券購入元本を返済すること）が義務づけられている通常の債券とは異なっています．

いま，ある年（0年）のコンソルの市場価値がp_0円であるとしましょう．また，その利子支払いが毎年c円ずつ行われるものとする（つまり，1年寝かせるとコンソル価格がc円に化けると考える）と，1年後の利子収入 (c) は，コンソルの市場価値 (p_0) に1プラス名目市場利子率 ($1+i$) を乗じたものに等しいので，1年後には$p_1=(1+i)p_0=c$が成り立っています．同様に，2年後の利子収入に関しては，$p_2=(1+i)p_1=(1+i)^2p_0=c$が成り立ちます．これをまとめると，以下のようになります．

（購入時）p_0
（1年後）$p_1=(1+i)p_0=c$
（2年後）$p_2=(1+i)p_1=(1+i)^2p_0=c$
（3年後）$p_3=(1+i)p_2=(1+i)^3p_0=c$
︙

1年後の利子収入を「購入時点で」評価すると，$p_0=p_1/(1+i)=c/(1+i)$となります．将来価値を現在の価値に換算することを**割り引く**(discount)といい，その値を**割引現在価値**(discounted present value)といいます．p_1は1年後に実現する値，$p_1/(1+i)$（ないし，$c/(1+i)$）は1年後に実現する値を現時点で評価した値であると理解してください．

同様に，2年後の利子収入の割引現在価値は$c/(1+i)^2$，3年後の利子収入の割引

現在価値は$c/(1+i)^3$となっています．将来コンソルから得られる収益（P）を，現在で評価すると，それは，

$$P = \frac{c}{1+i} + \frac{c}{(1+i)^2} + \frac{c}{(1+i)^3} + \cdots = \frac{c}{i}$$

となります[22]．つまり，「利子率が上昇する」場合，コンソルからの収入は減少すると考えて貨幣需要が増加し，逆に「利子率が下落する」場合にはコンソルからの収入が増えて貨幣需要が減少すると考えるのです．

COLUMN 11-❻　ポートフォリオ

J. M. ケインズの流動性選好説では，経済主体が「貨幣をもつか，それとも他の金融資産をもつか」という資産選択（ポートフォリオ）が行われました．しかし，実際は，貨幣と金融資産を組み合わせて保有するのが一般的です．というのも，どちらか1つの資産だけを保有するということは，1つのバスケットにすべての卵を入れて運ぶようなもので，とても危険だからです．

また，ケインズの流動性選好説では，経済主体の合理的な選択——制約条件の下での効用最大化——から貨幣需要が導かれたものではないという理論的な問題も抱えていました．

J. トービン（James Tobin，（米），1918年〜2002年）[23]は，経済主体を❶危険回避者（risk aversion）と❷危険愛好者（risk loving）に分け，それぞれが安全資産（貨幣）と，危険資産との合理的な組み合わせを選択するようなモデルを考えました．

まず，安全資産と危険資産を説明しましょう．資産から得られる収益をその期待値（E）で表し，その資産のリスクを，資産収益が実現する標準偏差（σ）で表すこ

---

[22] $P = \frac{c}{1+i} + \frac{c}{(1+i)^2} + \frac{c}{(1+i)^3} + \cdots$から，その両辺に$\frac{1}{1+i}$を掛けた$\frac{1}{1+i}P = \frac{c}{(1+i)^2} + \frac{c}{(1+i)^3} + \cdots$をひくと，$P = \frac{c}{i}$を導くことができます．

[23] J. トービンは金融市場とその支出決定・雇用・生産物・価格との関連性の分析が称えられて，1981年にノーベル経済学賞を受賞しました．なお，資産選択に関する先駆的な論文として，Tobin, J. (1958) "Liquidity Preference as Behavior Towards Risk," *Review of Economic Studies*, Vol. 25, pp. 67–86があります．

（ i ）安全資産の収益分布

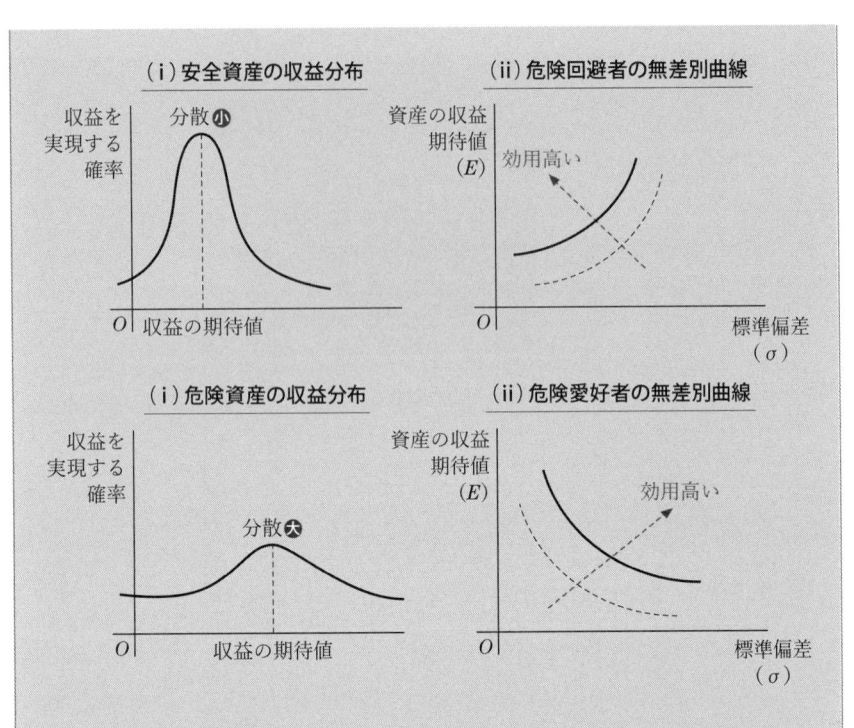

収益を実現する確率／分散小／収益の期待値

（ii）危険回避者の無差別曲線

資産の収益期待値（E）／効用高い／標準偏差（σ）

（ i ）危険資産の収益分布

収益を実現する確率／分散大／収益の期待値

（ii）危険愛好者の無差別曲線

資産の収益期待値（E）／効用高い／標準偏差（σ）

とにしましょう．ちなみに，標準偏差の2乗は分散です．収益が実現する分散が小さいほどリスクは少なく，逆に大きくなればなるほどリスクも高まるので，分散の平方根である標準偏差は小さいほど安全資産，大きいほど危険資産であることを意味しています．図（ i ）の上図には安全資産の分散が，図（ i ）の下図には危険資産の分散が描かれています．

一方，危険回避者と危険愛好者は，資産の収益（E）とリスクを表す標準偏差（σ）の組み合わせから効用を得ます．その無差別曲線の形状は危険回避者のものが図（ii）の上図に，また危険愛好者のものが図（ii）の下図に描かれています．危険回避者は，同じ収益が期待されるならば，リスクの少ない方を好み，逆に危険愛好者はリスクの高い方を好みます．

ここで，危険資産が1種類の場合，安全資産である貨幣が危険回避者によってどのように選択されるかを考えてみよう．安全資産である貨幣1単位から得られる収益の期待値は0，標準偏差は0（＝リスクなし）と考えましょう．これに対して，危険資産1単位をRで表し，その期待値が利子率（r）に等しいとします．経済主体はWの資産を保有しており，これを危険資産に割合$a\,(0 \leq a \leq 1)$，安全資産に$1-a$だけ

(iii-a) / (iii-b) の図

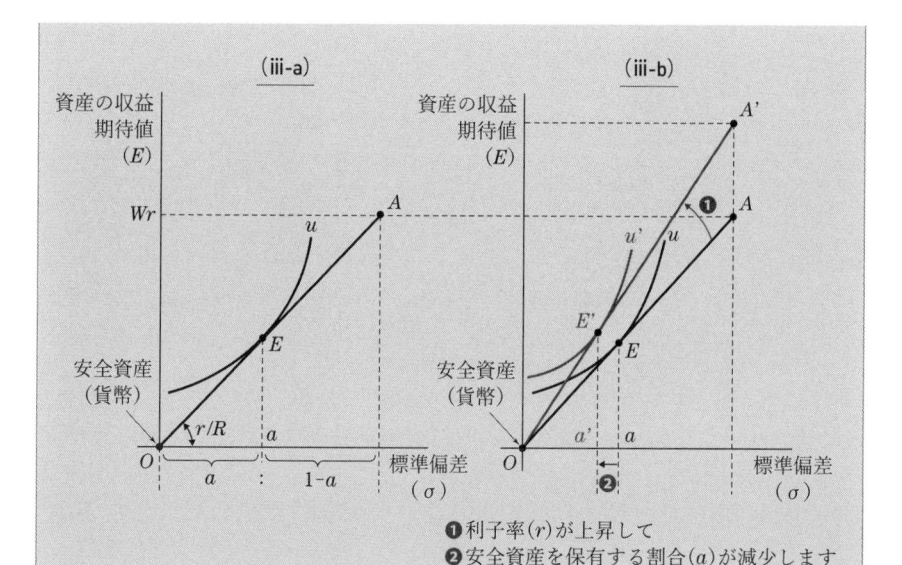

❶利子率(r)が上昇して
❷安全資産を保有する割合(a)が減少します

割り振ります．すると，この経済主体の資産全体における期待値Eは，aやWが定数であり，$E(R)=r$であることに注意すると，
$$E[(1-a)\times W\times 0+a\times W\times R]=E(aWR)=aWE(R)=aWr$$
となります．また，分散Vは，
$$V[(1-a)\times W\times 0+a\times W\times R]=V(aWR)=a^2W^2V(R)=a^2W^2\sigma^2$$
となります[24]．したがって，その標準偏差は，$\sqrt{a^2W^2\sigma^2}=aW\sigma$となります．これより，縦軸に期待値$E$，横軸に標準偏差$\sigma$をとった平面（図(iii-a)）を考えると，線分$OA$上で資産の選択が行われるはずです．原点$O$は危険資産保有割合$a$がゼロのときであり，また，点$A$は$a=1$のとき，つまり安全資産（貨幣）保有割合がゼロのときを表しています．この線を制約条件とすれば，最適な資産選択が行われるのは，危険回避者の無差別曲線と制約条件の接する点Eとなります．最適点は，安全資産（貨幣）と危険資産を$a:1-a$に内分する点です．

ところで，この制約条件の傾きはr/Rなので，利子率が上昇すると制約条件は原点を軸として左方にシフトします．その結果，均衡点も点Eから点E'に移ります．

---

24) Vの導出はその定義より，$V(aWR)=E[(aWR)^2]-[E(aWR)]^2=a^2W^2E(R^2)-a^2W^2[E(R)]^2$
$=a^2W^2\{E(R^2)-[E(R)]^2\}$となります．ここで，$E(R^2)-[E(R)]^2$は$R$の分散（＝標準偏差$\sigma$の2乗）そのものなので，$E(R^2)-[E(R)]^2=\sigma^2$より，$V(aWR)=a^2W^2\sigma^2$となります．

その結果，図では，安全資産の保有割合aが減少していることがわかります[25]．したがって，「利子率の上昇が（安全資産である）貨幣需要を減少させる」という結論を導き出すことができるのです．期待値と分散を用いたこのような分析を **E-V分析**（E-V analysis）といいます．

今回のケースでは，危険資産が1種類でしたが，複数ある場合でも同様の分析を行うことが可能です．資産取引やそれに伴う意思決定，リスクやリターンなどを研究する経済学の一領域に**金融工学**（financial engineering）とよばれる分野がありますが，トービンのモデルはその嚆矢といってよいでしょう[26]．

J・トービン

Yale Department of Economics より

COLUMN 11-❼　日本が堕ちた罠──P. クルーグマン

1998年に "Japan's Trap"（「日本が堕ちた罠」）と題する論文が公表されました．発表したのは **P. クルーグマン**（Paul Robin Krugman，(米)，1953年～）．規模の経済性など

---

25) これはもちろん，無差別曲線の形状に依存することはいうまでもありません．より正確には，「代替効果が所得効果を上回る」という条件が必要になってきます．代替効果と所得効果については第3章を参照してください．

26) 1990年には **H. マーコウィッツ**，**M. ミラー**，**W. シャープ**の3人が，資産形成の安全性を高めるための一般理論形成を行ったとしてノーベル経済学賞を，また，1997年には **M. ショールズ**と **R. マートン**の2人が，金融派生商品（デリバティブ）の価格決定に新手法を考案したとしてノーベル賞を受賞しています．ショールズとマートンは，金融工学を駆使したヘッジ・ファンド Long-Term Capital Management（LTCM）の役員も務め，LTCM社は高い収益を得ていましたが，1997年のアジア通貨危機等の影響を受け破綻します．現実経済とそれを運用することの難しさが露呈される結果となってしまいました．しかし，金融工学は新興国の投資熱を背景に，ますます注目をされています．高度な数学やコンピュータ・プログラムを用いて行われる金融工学．中級以上のマクロ経済学や金融論では，金融工学の話題にも触れることになります．

を用いた貿易モデルの構築や，経済活動の立地に関する分析への貢献から2008年にノーベル経済学賞を受賞した経済学者です．

彼は，日本の名目利子率がほぼ0％であるにもかかわらず，総需要が完全雇用GDP（潜在GDP）を下回り続けている．加えて，出生率が低下し移民もない日本経済においては，潜在GDPの押し下げ圧力が働いており，将来の生産水準は現在よりもさらに低くなると考えられている．このため，日本経済は流動性の罠に陥っていると主張しました．

その対策として，P. クルーグマンは3つの政策を提案します．第1の提言は（お金をたくさん使うような）需要を喚起する**構造改革**（structural reform）です．彼は，当時日本で行われていた構造改革の提案に対して，「日本で議論されている構造改革は需要を全く喚起しない」とまで言い切りました．

第2の提言は，**財政政策**（fiscal policy）です．古典的なケインズ経済学[27]では，流動性の罠にある状況下では金融政策が無効となってしまいます．政府の予算制約という問題もありますが，彼は「無駄な政府支出でもないよりはマシ」と述べています．

そして，第3の提言として，**金融政策**（monetary policy）を挙げています．「金融政策が無効である」と述べておきながら，金融政策を処方箋として挙げるのは矛盾しているように感じるかもしれません．しかし，流動性の罠が発生するモデルは，経済の一時的な断面を切り取ったモデルにすぎないのです．クルーグマンはこういいます．「一時的な金融政策は無効でも，永続的な金融政策は有効だ．というのも，それがインフレ期待を引き起こすからだ」と．インフレ期待が形成されると，実質金利が下がって流動性の罠の状況から脱出することができる，というわけです．さて，皆さんはどう思われますか．

---

[27] 最近の中級のマクロ経済学のテキストでは，古典的なケインズ経済学の手法，たとえば第12章で学習するIS-LMモデルなどの扱いは極めて軽くなった感がいたします．たとえば，齋藤誠（2006）『新しいマクロ経済学——クラシカルとケインジアンの邂逅（新版）』（有斐閣）やRomer, D. (2011) *Advanced Macroeconomics,* 4th ed., McGraw-Hill, Blanchard, O. J. and Fischer, S. (1989) *Lectures on Macroeconomics*, MIT Pressなどと，Patinkin, D. (1956) *Money, interest, and prices an integration of monetary and value theory*, Evanston, Ill., Row, Peterson（邦訳：貞木展生（1971）『貨幣・利子および価格——貨幣理論と価値理論の統合』勁草書房）におけるIS-LM分析の扱いを比較してみると，マクロ経済学がどのような方向に向かっているのか理解いただけると思います．

3 貨幣供給の理論

貨幣需要の理論に引き続き，**貨幣供給**（マネーサプライ；Money supply）の理論について学習しましょう．日本における貨幣供給の主役は**日本銀行**（Bank Of Japan; BOJ）です．まず日本銀行の役割とマネーサプライについて説明し，金融政策とその効果について説明を行います．

なお，わが国において，現在私たちが日常的に目にする**現金通貨**には「お札」と「硬貨」とがあります．この節では両者の区別を行わず，合わせて慣用的に用いられている「貨幣」という言葉で統一して表記しています[28]．

1 日本銀行の役割

1882年（明治15年）に開業した日本銀行は，わが国の**中央銀行**（central bank）です．その目的は1997年に改正された**日本銀行法**（略称：日銀法）[29]第1章総則第1条および第2条では，あらためてその目的が以下のように明記されました．

> 第1条　日本銀行は，我が国の**中央銀行**として，**銀行券を発行**するとともに，通貨及び金融の調節を行うことを目的とする．
> 2　日本銀行は，前項に規定するもののほか，**銀行その他の金融機関の間で行われる資金決済の円滑の確保を図り，もって信用秩序の維持に資すること**を目的とする．
> 第2条　日本銀行は，通貨及び金融の調節を行うに当たっては，**物価の安定**を図ることを通じて国民経済の健全な発展に資することをもって，その理念とする．
> 第3条　日本銀行の通貨及び金融の調節における**自主性**は，尊重されなければならない．
> 2　日本銀行は，通貨及び金融の調節に関する意思決定の内容及び過程を国民に明らかにするよう努めなければならない．

---

[28]「お札」は「日本銀行券（略称：日銀券）」とよばれています．日銀券は，独立行政法人国立印刷局が製造し，日本銀行が製造費用を支払っていったん引き取ります．金融機関が日本銀行に保有している口座から引き出すと，市中に日本銀行券が発行される仕組みになっています．**日銀券の発行主体は日本銀行**です．これに対して「硬貨」は独立行政法人造幣局が製造し，日本銀行に交付されるものです．**硬貨の発行主体は政府**です．

第1条2項の「銀行その他の金融機関の間で行われる資金決済の円滑の確保を図り、もって信用秩序の維持に資すること」とは、「**金融システムの安定**」を意味しており、第2条の「**物価の安定**」とともに、日本銀行の二大目的として掲げられています。

　日本銀行には大きく分けて❶**政府の銀行**，❷**銀行の銀行**，そして❸**発券銀行**という3つの機能があります[30]。

　❶**政府の銀行**とは、文字通り、政府が市場と取引を行うための銀行としての機能です。日本銀行には政府が口座をもっており、そこを通じて歳入や歳出を行っています。一般会計や特別会計、政府関係機関予算の執行もこの口座を通じて行われます。このような業務を国庫事務といいます。ただし、日本銀行が政府から国債を購入すること[31]は**財政法第5条**で原則禁止されています[32]。

　身近な例を挙げると、納税や、交通違反の反則金も日本銀行にある政府の歳入口座に振り込まれます。もっとも、日本銀行は本店と32行の支店しかありませんから、反則金の納付や納税に関しては、民間の銀行(これを**市中銀行**といいます)が「日本銀行代理店」の看板を掲げて日本銀行の業務を代行しています。

　日本銀行は民間の金融機関から預金(日本銀行当座預金)を預かり、金融機関に貸出を行っています。これゆえ、❷**銀行の銀行**とよばれています。日本銀行は市中銀行をはじめとする金融機関が**債務不履行(デフォルト)**の危機に瀕したとき、あるいは金融システムが崩壊する懸念が生じたときには無担保で資金の貸し付けを行い、システムの回復と預金者の保護に尽力します。これゆえに、日本銀行は**最後の貸し手**(Lender of last resort)とよばれることがあります。しか

---

29) 旧日本銀行法は1942年に、それまでの日本銀行条例にかわって制定された戦時立法でした。戦後の経済の**グローバル化**(globalization)に伴う**国際金融システム**(system of international finance)の複雑化などを受け、1998年、日本銀行の**独自性**と**透明性**を明記した法改正が行われました(日銀法第3条1項および第2項)。
30) 日本銀行の目的、機能、その役割についてわかりやすく説明しているものに、日本銀行(2011)『日本銀行の機能と業務』日本銀行金融研究所があります。
31) **中央銀行引受け**または**日銀引受け**といいます。
32) 国債の中央銀行引受けの経済効果については第12章で詳しく学習します。

し一方で，最後の貸し手としての特別融資は，**モラル・ハザード**（moral hazard）の問題を含んでいるとの指摘もあります[33]．

最後に，日本銀行は日銀法第1条にも明言されているように，わが国においては唯一の❸**発券銀行**として通貨発行権を独占しています．また，日銀法第46条により「法貨として無制限に通用」します．

> 第46条　日本銀行は，銀行券を発行する．
> 2　前項の規定により日本銀行が発行する銀行券（以下「日本銀行券」という．）は，**法貨として無制限に通用する**．

もっとも，中央銀行が常に唯一の発券銀行でなければならないという理論的根拠はありません．中央銀行以外の金融機関が貨幣を発行している国・地域もあります．たとえば香港（中華人民共和国香港特別行政区）では，香港上海銀行（HSBC），スタンダードチャータード銀行（SCB），中国銀行（香港）（BOCHK）の3行が香港金融管理局の監督の下20香港ドル以上の紙幣を発行しています．

1974年にノーベル経済学賞を受賞した**F. A. ハイエク**（Friedrich August von Hayek，（オーストリア），1899年～1992年）は，1976年に『貨幣発行自由化論』を著し，政府ないし中央銀行による貨幣発行の独占に警鐘を鳴らすと同時に，貨幣発行における競争原理の導入を提案しました[34]．

F. A. ハイエク

Wikimedia Commonsより

---

33) モラル・ハザードについては第8章を参照ください．
34) Hayek, F. A. (1976) *Denationalisation of Money: The Argument Refined - An Analysis of the Theory and Practice of Concurrent Currencies*, The Institute of Economic Affairs, London (邦訳：川口慎二 (1988)『貨幣発行自由化論』東洋経済新報社)．なお，邦訳は1978年に出版された第2版の翻訳です．

ポイント・チェック 日本銀行の役割

❶ 日本銀行は，日本の中央銀行で，金融システムの安定と物価の安定の二大目的を掲げている
❷ 日本銀行には，政府の銀行，銀行の銀行，発券銀行の3つの機能がある
❸ 政府の銀行とは，政府が市場と取引を行うための銀行としての機能
❹ 銀行の銀行とは，民間の金融機関から預金を預かり，金融機関に貸出を行う機能．また，金融機関が債務不履行の危機に瀕したときや，金融システムが崩壊する懸念が生じた際，無担保で資金の貸し付けをし，システムの回復と預金者の保護に尽力する最後の貸し手となる機能
❺ 日本銀行は，発券銀行として通貨発行権を独占している

COLUMN 11-❽ 日本における紙幣の源流[35]

山田羽書

日本最古の「紙幣」は，1600年ごろ，伊勢山田地方（現在の三重県伊勢市）で発行された山田羽書といわれています．毎年多数の参拝者が訪れる伊勢神宮周辺地域では，少額貨幣に対する需要が極めて高く，慢性的な釣銭不足に悩んでいました．山田羽書は，御師とよばれる伊勢神宮に使える有力商人によって，高い信用力と宗教的権威が付与された紙幣で，自然発生的に少額貨幣の代わりをしていたと考えられています．取引の際に発生した端数（端銀）をいつでも現銀に変えることを約束した端書（約束手形・預かり証）がその原型とされています．

山田御師は祈禱の他に宿屋や物産店を営む経営者でもあり，鹿野（2011）は紙幣の起源について，「一部の経済感覚に優れた山田御師が伊勢外宮所在地である伊勢山田での宿泊費や飲食・土産物費用等の支払手段として地方在住の信者向けに，伊勢神宮の神札を模倣して発行した短冊形の金券あるいはクーポン券に起源を求めることができるのではなかろうか」と述べています．

日本銀行金融研究所『新版 貨幣博物館』より

---

35) 鹿野嘉昭（2011）「藩札前史としての私札の発展——伊勢国射和地方で発行された富山札を中心として」『藩札の経済学』（東洋経済新報社）を参考にしました．

2 マネーサプライの定義

　2008年日本銀行は，従来のマネーサプライ統計からマネーストック統計に名称を変更しました．直接の要因は，2007年10月に業務を開始した「ゆうちょ銀行」が国内銀行として制度上扱われるようになったためです．また，金融商品が多様化し，金融環境の実情に合ったカテゴリーを定義し直す必要性に迫られていたという点も挙げられます．日本銀行は，これまでマネーサプライの指標としてM2＋CD（譲渡性預金）を重視していましたが，現在はM3を重視しています．

　これまでのマネーサプライ統計における分類は，流動性の高さからM1，M2，M2＋CD，M3および広義流動性となっていました．具体的には，

〈マネーサプライ統計〉

　①M1：現金＋要求払預金（普通預金・当座預金）

　②M2：M1＋定期性預金＋外貨預金＋非居住者預金

　　M2＋CD：M2＋譲渡性預金（negotiable certificate of deposit; CD）

　③M3：M2＋郵便貯金＋農協・漁協・信用組合などの金銭信託

　　M3＋CD：M3＋譲渡性預金

　④広義流動性：M3＋CD＋保険会社等の金融商品など

となっており，包含関係がありました（図11-6上図）．

　これに対して，2008年に改定されたマネーストック統計では，新M2が従来のM2＋CDにほぼ対応しているものの，M1に「ゆうちょ銀行」などの要求払預金が加わったことなどによって，M1，M2，M3の間の包含関係は失われることになってしまいました[36]．

〈マネーストック統計〉

　①M1：現金＋要求払預金（普通預金・当座預金）＋ゆうちょ銀行・農協・漁協・信用組合などの現金および要求払い預金

　②M2：現金＋要求払預金（普通預金・当座預金）＋定期性預金＋外貨預金＋

---

[36] より詳しくは，日本銀行（2008）『マネーストック統計の解説』（日本銀行調査統計局）や深尾光洋（2009）「マネーサプライ統計の大改訂」『日本経済研究センター会報』（日本経済研究センター，2009年6月号）pp. 52-53を参照してください．

図11-6 マネーサプライ統計からマネーストック統計へ

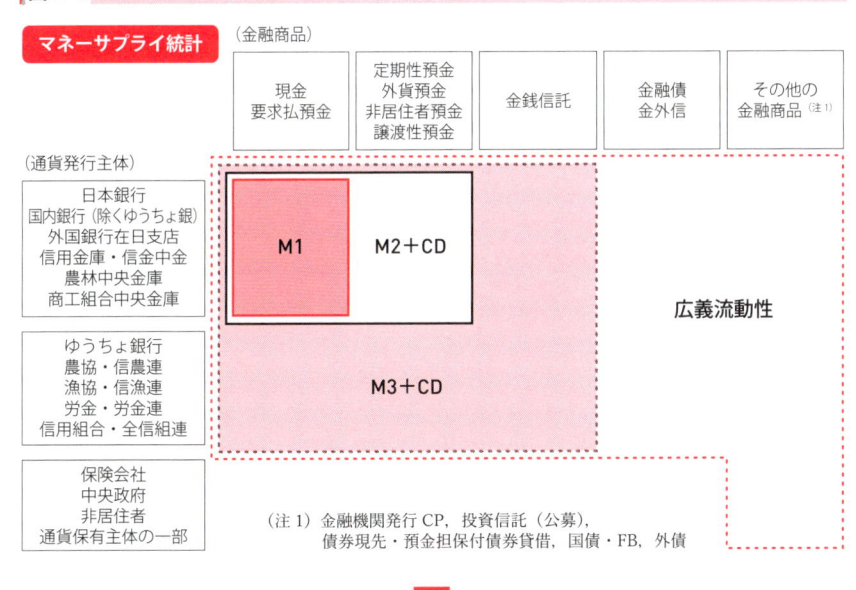

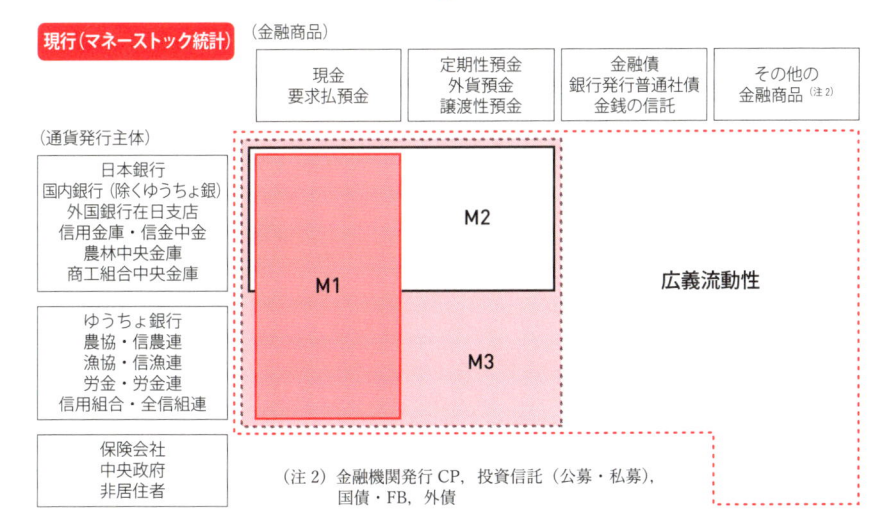

マネーサプライ統計

（金融商品）

| 現金 要求払預金 | 定期性預金 外貨預金 非居住者預金 譲渡性預金 | 金銭信託 | 金融債 金外信 | その他の 金融商品(注1) |

（通貨発行主体）

日本銀行
国内銀行（除くゆうちょ銀）
外国銀行在日支店
信用金庫・信金中金
農林中央金庫
商工組合中央金庫

ゆうちょ銀行
農協・信農連
漁協・信漁連
労金・労金連
信用組合・全信組連

保険会社
中央政府
非居住者
通貨保有主体の一部

M1, M2+CD, M3+CD, 広義流動性

（注1）金融機関発行CP, 投資信託（公募），債券現先・預金担保付債券貸借，国債・FB, 外債

↓

現行（マネーストック統計）

（金融商品）

| 現金 要求払預金 | 定期性預金 外貨預金 譲渡性預金 | 金融債 銀行発行普通社債 金銭の信託 | その他の 金融商品(注2) |

（通貨発行主体）

日本銀行
国内銀行（除くゆうちょ銀）
外国銀行在日支店
信用金庫・信金中金
農林中央金庫
商工組合中央金庫

ゆうちょ銀行
農協・信農連
漁協・信漁連
労金・労金連
信用組合・全信組連

保険会社
中央政府
非居住者

M1, M2, M3, 広義流動性

（注2）金融機関発行CP, 投資信託（公募・私募），国債・FB, 外債

（出所）日本銀行（2008）『マネーストック会計の解説』（日本銀行調査統計局）より引用．

譲渡性預金

(注)非居住者預金は含まれなくなりました．また，CDもM2に含まれるようになりました．

③M3：M2＋**ゆうちょ銀行・農協・漁協・信用組合などの現金および要求払い預金・定期預金外貨預金・譲渡性預金**

④**広義流動性**：M3＋保険会社等の金融商品など

> **ポイント・チェック　マネーサプライからマネーストックへ**
> ❶ 日本銀行は2008年に，従来のマネーサプライ統計からマネーストック統計に名称を変更した
> ❷ マネーサプライ統計における分類には包括関係があったが，マネーストック統計に改定されたことにより，分類の包括関係は失われた

(注)ただし，以降の説明ではこれまで通りマネーサプライを用いる．

3 伝統的金融政策・非伝統的金融政策

　中央銀行は，景気が悪いと判断した場合には，市中に流通する貨幣の量（マネーサプライ）を増加させます．逆に，景気が過熱気味であると判断した場合には，マネーサプライを減少させるような政策を行っています．中央銀行である日本銀行の行う金融政策には❶**伝統的金融政策**と❷**非伝統的金融政策**とよばれる2つがあります．伝統的金融政策には（ⅰ）**公定歩合操作**，（ⅱ）**預金準備率操作**，（ⅲ）**公開市場操作**の3つがあります．

> **ポイント・チェック　伝統的金融政策・非伝統的金融政策の特徴**
> ❶ 日本銀行の行う金融政策は，伝統的金融政策と非伝統的金融政策とよばれる
> ❷ 伝統的金融政策には，公定歩合操作，預金準備率操作，公開市場操作の3つがある

❶伝統的金融政策

（ⅰ）公定歩合操作

　日本銀行は2000年まで，**公定歩合**(official discount rate)を操作して金融政策

を行っていました．公定歩合とは，日本銀行が市中銀行に貸し出す利子率（金利）のことです．これは日本銀行の「銀行の銀行」としての役割を活用したものです．

公定歩合を下げると，市中銀行はお金を借りやすくなりますので，市中にお金が供給されます．つまり，マネーサプライが増加するのです．逆に，公定歩合を引き上げると，市中銀行は日本銀行に預け入れていた方が（利子収入が増加する分）よいので，市中のお金が日本銀行に吸収され，マネーサプライは減少します．このように，中央銀行が経済状況に応じて調整する金利のことを**政策金利**（policy interest rate）といいます．政策金利は，日本銀行の**金融政策決定会合**で決定されています．金融政策決定会合は9名からなる**日本銀行政策委員会**（総裁，副総裁（2名），審議委員（6名））の会合で，月1回から2回程度開催され，その結果は即日公表されます．

2001年，金融自由化の流れの中で，金融機関はそれぞれ自由に金利を決定することができるようになり，公定歩合は「**基準割引率および基準貸付利率**」と名称変更しました．また，政策金利は，公定歩合から「**無担保コール・オーバーナイト（翌日物）・レート**」へと変わりました．無担保コール・オーバーナイト（翌日物）・レートは，銀行どうしが，日々の資金過不足を調整するために1日だけ資金を融通する**コール市場**[37]の金利です．

政策金利としての公定歩合の役割はなくなりましたが，それでも，公定歩合の上げ下げは，日本銀行が現在の経済状況をどのように判断しているかを示す指標であることは変わらず，公定歩合の変化が経済主体の行動に影響を与えるという意味では，**アナウンスメント効果**（announcement effect）としての機能を果たしているといわれています．

---

[37] コール市場とは，金融機関だけが参加できる市場（**インター・バンク市場**）で，その名の通り「呼べば応える」短期資金を融通する市場です（金融機関以外に開かれた市場を**オープン市場**といいます）．電話だけで日々の市場取引が完了しています．金融機関は毎日のように資金が余ればコール市場で運用しています．コール市場の最大の貸し手は信託銀行，借り手は都市銀行等となっています．

> **ポイント・チェック　公定歩合操作**
>
> ❶ 公定歩合とは，日本銀行が市中銀行に貸し出す利子率のこと
> ❷ 政策金利とは，中央銀行が経済状況に応じて調整する金利のこと
> ❸ 公定歩合操作は
> 　　　景気が悪いときは，公定歩合を引き下げる→マネーサプライは増加
> 　　　景気が良いときは，公定歩合を引き上げる→マネーサプライは減少
> ❹ 2001年，公定歩合は基準割引率および基準貸付利率と名称変更し，政策金利は，公定歩合から無担保コール・オーバーナイト（翌日物）・レートへと変わった
> ❺ 公定歩合は，政策金利としての役割はなくなったが，日本銀行が経済状況をどのように判断しているかを示す指標であることは変わっていないため，アナウンスメント効果としての機能を果たしている

（ii）預金準備率操作

　預金準備率（deposit reserve requirement ratio）とは，金融機関に対して，金融機関が受け入れている預金等の一定比率（準備率）以上の金額を，日本銀行に預け入れることを義務づける制度です．預け入れなければいけない最低金額を**法定準備預金額**（legal required reserves），あるいは所要準備額といいます．また，預金準備率は法定準備率ともよばれています．

　預金準備率をrとし，法定準備預金額をR，預金額をDで表すことにすると，

$$r = \frac{R}{D}$$

という関係があります．

　日本銀行が預金準備率を引き上げると，金融機関は日本銀行に預け入れなければならない預金（法定準備預金額）が増えることになりますから，民間への貸出を抑えることになります．その結果，マネーサプライは減少します．逆に，預金準備率を引き下げると，金融機関の貸出可能資金が増えますので，マネーサプライは増加します．

　預金準備率も金融政策決定会合によって即時に実行することができますが，1991年10月に変更して以来，（2012年4月まで）変更はありません．

> **ポイント・チェック** 預金準備率操作
> ❶ 預金準備率とは，金融機関に対して，金融機関が受け入れている預金等の一定比率以上の金額を，日本銀行に預け入れることを義務づける制度
> ❷ 法定準備預金額とは，預け入れなければいけない最低金額のこと
> ❸ 預金準備率は，
>
> $$r = \frac{R}{D}$$
>
> と表せる ［r：預金準備率, R：法定準備預金額, D：預金額］
> ❹ 預金準備率操作は，
> 　景気が悪いときは，預金準備率を引き下げる→マネーサプライは増加
> 　景気が良いときは，預金準備率を引き上げる→マネーサプライは減少

(iii) 公開市場操作

　日本銀行が，金融市場で国債などの有価証券を売買することによって，マネーサプライや金利を調整する手法を**公開市場操作**(Open Market Operation)またはオペレーションといいます．市場で国債を購入することを**買いオペレーション**(買いオペ; buying operation)といい，売却することを**売りオペレーション**(売りオペ; selling operation)といいます．

　日本銀行が金融政策決定会合を開催し買いオペを実施すると，国債購入の代金が市中に流出してマネーサプライが増加します．買いオペによって市場に余剰資金が増えると，金融機関はコール市場で融通する資金需要が減少しますので，無担保コール・オーバーナイト（翌日物）・レートは下落します．その結果，金融機関が民間企業等に貸し出す金利も下がって，マネーサプライが増加するのです．逆に，売りオペを実施すると市中の資金が中央銀行に吸収され，マネーサプライが減少します．

> **ポイント・チェック　公開市場操作**
>
> ❶ 公開市場操作とは，日本銀行が金融市場で有価証券を売買することによって，マネーサプライや金利を調整する手法
> ❷ 買いオペレーション＝市場で国債を購入すること
>   売りオペレーション＝市場で国債を売却すること
> ❸ 公開市場操作は，
>   　景気が悪いときは，買いオペレーションを実施→マネーサプライは増加
>   　景気が良いときは，売りオペレーションを実施→マネーサプライは減少

		景気が悪いとき		景気が良い（過熱気味の）とき	
		政策	マネーサプライ	政策	マネーサプライ
❶	公定歩合操作	引き下げ	増加	引き上げ	減少
❷	預金準備率操作	引き下げ	増加	引き上げ	減少
❸	公開市場操作（オペレーション）	買いオペ	増加	売りオペ	減少

❷ 非伝統的金融政策

　近年，バブル経済とその後のデフレ不況，グローバル化の進展に伴う金融危機の影響などもあり，1990年代に入ると伝統的金融政策だけでは十分なマネーサプライを市中に供給できない状況が続きました．そこで日本銀行は，デフレ克服を目的として，2001年（平成13年）3月から2006年（平成18年）3月まで，**量的緩和政策**（quantitative easing; QE）を実施しました．量的緩和政策とは，中央銀行が市中から買い入れる資産の規模を，従来以上に拡充させる政策です．企業が短期の資金繰りに発行する**コマーシャル・ペーパー**（CP）や長期資金の確保のために発行する**社債**なども含め，リスクのある資産も購入する**信用緩和**などもこれに含めることがあります．

　日本銀行は2010年10月に「包括的な金融緩和政策」の実施を決定し，多様な金融資産の買い入れと固定金利方式・共通担保資金供給オペレーションを行うための臨時の措置として，バランスシート上に総額66兆円の「資産買入れ

等の基金」を設置し，国債に加えてCPや社債等の買い入れを行っています．

> **ポイント・チェック** 非伝統的金融政策の特徴
> ❶ 量的緩和政策とは，中央銀行が市中から買い入れる資産の規模を，従来以上に拡充させる政策
> ❷ 信用緩和とは，コマーシャル・ペーパーや社債など，リスクのある資産も購入すること

4 マネーサプライとハイパワードマネー

　日本銀行は主として銀行券の発行と金融機関からの預け金（法定準備預金）によって資金を調達しています．

　表11-1をみてください．日本銀行の負債および純資産の項目に発行銀行券と当座預金という項目があるのがわかります．発行銀行券には日本銀行券の発行額が記載されています．発行銀行券が負債項目にあるのは，日本銀行券は日本銀行が国民に発行する「商品券」であると考えるとわかりやすいと思います．企業は，商品券を発行すると，企業はそれを負債項目に入れます．「商品券」を回収するときに，それと引き換えに商品を差し出さないといけません．発行銀行券が負債項目に入っているのはこの理由によります[38]．

　当座預金には金融機関からの法定準備預金が振り込まれています．日本銀行は発券銀行券（現金；C）と当座預金（法定準備金；R）を原資として（伝統的）金融政策を行います．現金と法定準備金を合わせたものを**ハイパワードマネー**（High-powered money；H）または**ベースマネー**（**マネタリーベース**）といいます．記号で表すと，

$$H = C + R$$

となっています．

　一方，市中に供給されるマネーサプライ（M）は，M1，M2，M3ともに，現

---

[38] 実際，現在の管理通貨制度に入る前には，要求があれば日本銀行券は日本銀行兌換券とよばれていて，金や銀と交換しなければなりませんでした．詳しくは第11章補論を参照ください．

表11-1 日本銀行のバランスシート（2012年10月31日）（単位：兆円）

資産		負債および純資産	
国債	107.6	発行銀行券	81.3
貸付金	32.7	当座預金	42.8
その他資産	13.5	政府預金	1.6
		その他負債	25.4
		資本金	0.0
		準備金	2.7
合計	153.8	合計	153.8

（資料）日本銀行（2012）『営業毎旬報告』（2012年10月31日）.

金（C）と預金（D）の合計ですから，

$$M = C + D$$

となります．マネーサプライとハイパワードマネーの関係を考えるために，その比をとり，預金（D）で割ると，

$$\frac{M}{H} = \frac{C+D}{C+R} = \frac{C/D + D/D}{C/D + R/D} = \frac{c+1}{c+r}$$

となります．ここで，c は現金預金比率，r は預金に占める法定準備金の割合，つまり法定準備率です．この関係より，

$$M = \frac{c+1}{c+r} H$$

という関係があります．$(c+1)/(c+r)$ を **信用乗数**（credit multiplier）とか **貨幣乗数** とよんでいます．たとえば，現金預金比率が10%，法定準備率が1%だったとしましょう．このとき，ハイパワードマネーを10兆円増加した場合（$\Delta H = 10$ 兆円），マネーサプライの増分（ΔM）は，

$$\Delta M = \frac{c+1}{c+r} \Delta H = \frac{0.1 + 1}{0.1 + 0.01} \times 10 \text{兆円} = 100 \text{兆円}$$

となります．つまり，10兆円のハイパワードマネーの変化が100兆円のマネーサプライとなって市中に流通することになるのです．

しかし，この関係については疑問も指摘されています．とりわけ，ハイパワードマネーとマネーサプライの「因果」関係については注意が必要です．1990年代，当時日本銀行に勤務していた翁邦雄ら日銀エコノミストと，東京

図11-7 信用乗数（ゆうちょ銀行を含む）の変化

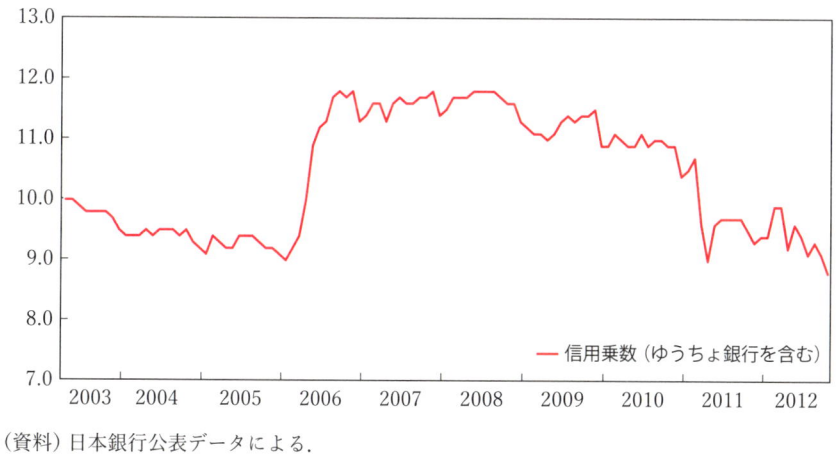

（資料）日本銀行公表データによる．

大学の岩田規久男らとの間で，「マネーサプライ論争（翁―岩田論争）」とよばれる熾烈な議論が行われました．翁は，現金預金比率は日々の経済取引の結果として決定されるものであり，経済環境に大きく依存する変数（内生変数）なので，ハイパワードマネーをコントロールすることで，マネーサプライを調整することはできないという「日銀理論」を展開しました．これに対して岩田らは信用乗数を用いてマネーサプライの調整は可能であると主張しました[39]．

現在，マネーサプライとハイパワードマネーの関係は因果関係を表すものではなく，同時に決定されるものであると考えられています[40]．

---

[39] 日銀理論に反論したものに，岩田規久男（1992）「『日銀理論』を放棄せよ」『週刊東洋経済』1992年9月12日号，岩田規久男（1992）「ベースマネー供給増は可能」『日本経済新聞』1992年12月24日朝刊，原田泰・白石賢（1993）「マネーサプライ重視の金融政策復権を求める――岩田教授の金融理論はやはり正しい」『週刊東洋経済』1993年1月16日号があります．また，日銀理論を代表するものに，翁邦雄（1992）「『日銀理論』は間違っていない」『週刊東洋経済』1992年10月10日号，および翁邦雄（1992）「政策議論を混乱させる実務への誤解」『週刊東洋経済』1992年12月26日号があります．

[40] 齋藤誠・岩本康志・太田聰一・柴田章久（2010）『マクロ経済学（New Liberal Arts Selection）』（有斐閣）p. 458.

> **ポイント・チェック** マネーサプライとハイパワードマネー
>
> ❶ ハイパワードマネーとは，現金と法定準備金を合わせたもので，
> $$H = C + R$$
> と表せる　　[H：ハイパワードマネー，C：現金，R：法定準備金]
> ❷ 市中に供給されるマネーサプライは，現金と預金を合わせたもので，
> $$M = C + D$$
> と表せる　　[M：マネーサプライ，C：現金，D：預金]
> ❸ マネーサプライとハイパワードマネーには，
> $$M = \frac{c+1}{c+r} H$$
> という関係がある　　[c：現金預金比率，r：法定準備率]
> ❹ $\frac{c+1}{c+r}$ を信用乗数とよぶ

4 貨幣市場の均衡と債券市場

　私たちはこれまで，貨幣需要の理論，貨幣供給の理論について考察してきました．ここで，貨幣需要 (M^D) は J. M. ケインズの流動性選好説に従い，$M^D = L_1(y) + L_2(i)$ で表されるとしましょう．繰り返しになりますが，$L_1(y)$ は GDP (y) の増加に伴って増加する取引動機，予備的動機に基づく貨幣需要，$L_2(i)$ は名目利子率の上昇に伴って減少する投機的動機に基づく貨幣需要です．

　また，貨幣供給は日本銀行によって M/P だけ供給されるものとしましょう．M はマネーサプライ，P は物価です．すると，貨幣市場は，以下のように表されることになります．

$$\begin{cases} \text{【貨幣供給】} M^S = \dfrac{M}{P} \\ \text{【貨幣需要】} M^D = L_1(y) + L_2(i) \end{cases}$$

貨幣市場の需給均衡条件は，$M^S = M^D$ より，

$$\frac{M}{P} = L_1(y) + L_2(i)$$

図11-8 貨幣市場の需要均衡とマネーサプライの増加

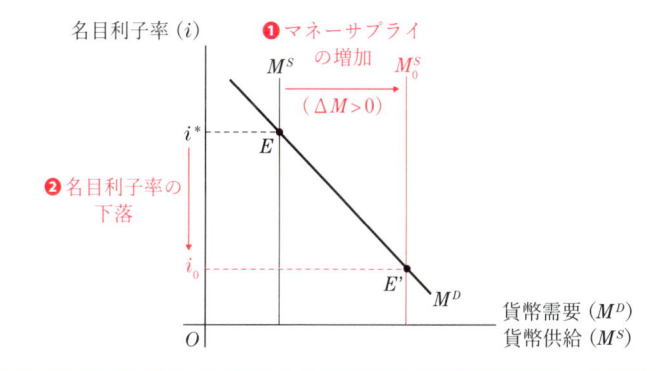

となります．図11-8には，縦軸に名目利子率，横軸に貨幣需要，貨幣供給をとった平面に，貨幣需要曲線と貨幣供給曲線が描かれています．貨幣供給曲線は，利子率には依存していませんから，垂直に描かれています．この交点Eにおいて，均衡利子率（i^*）が決定します．マネーサプライが増加すると，貨幣市場の均衡点はE'となり，均衡利子率は下落します．

しかし，流動性の罠が発生しているような状況においては，マネーサプライの増加は金利には全く影響を与えないことも明記しておく必要があります．

また，流動性選好説に基づく貨幣需要関数では，貨幣を選ぶかそれとも債券を選ぶか，という選択をしており，貨幣市場と同時に債券市場について考える必要があると思われるかもしれません．いま，債券の実質需要量をB^D，債権の実質供給量（実質残高）をB^Sと表すことにし，貨幣を含む実質総資産価値額をW/Pとすると，需要面では，実質総資産は貨幣の需要量と債券の実質需要量の和に等しいので，

$$\frac{W}{P} = L_1(y) + L_2(i) + B^D$$

となります．また，供給面では，貨幣供給量と債券の実質供給量の和が実質総資産価値に他ならないので，

$$\frac{W}{P} = \frac{M}{P} + B^S$$

が成り立っています．したがって，

$$\left(L_1(y)+L_2(i)-\frac{M}{P}\right)+(B^D-B^S)=0$$

となります．これは，貨幣市場の超過需要と債券市場の超過需要の和がゼロになるという関係を表しています．つまり，貨幣市場の需給均衡 $M/P=L_1(y)+L_2(i)$ が成り立つと，債券市場の需給均衡 $B^D=B^S$ が常に成り立つのです．すべての市場の超過需要の和はゼロになるという条件を**ワルラス法則**（Walras' law）と言いますが，ワルラス法則が成り立っているがゆえに，貨幣市場を考えることは同時に債券市場の均衡を考えることになっているのです．

ポイント・チェック　貨幣市場の均衡と債券市場

❶ 貨幣市場の需給均衡条件は，
$$\frac{M}{P}=L_1(y)+L_2(i)$$
と表せる
❷ ワルラス法則とは，すべての市場の超過需要の和はゼロになるという条件
❸ 貨幣市場を考えることは，同時に債券市場の均衡を考えることになっている

この章では，貨幣とは何か，貨幣需要の理論，貨幣供給の理論，そして貨幣市場の需給均衡についてやや詳しく説明してきました．次の章では財市場と貨幣市場の同時均衡，そして財政政策，金融政策の効果について分析しますので，しっかり復習をしておいてください．

COLUMN 11-❾　M. フリードマン

1976年消費分析・金融史・金融理論の分野における業績と，安定化政策の複雑性の実証が称えられてノーベル経済学賞を受賞した**M. フリードマン**（Milton Friedman,（米），1912年～2006年）は，ケインズ経済学が主流派を占める中，市場メカ

ニズムに基づく自由な経済活動と「小さな政府」を主張した経済学者でした．その業績は，消費の恒常所得仮説，自然失業率仮説，教育バウチャー制，負の所得税など多岐にわたっています．

彼は1962年に著したCapitalism and Freedom[41]（『資本主義と自由』）の中で，以下のように述べています．

M. フリードマン

Wikimedia Commonsより

「ここ数十年ほどの政府の改革がかくも不首尾に終わり，輝かしい希望が灰燼と化したのは，偶然なのだろうか．計画そのものが悪かったのではなくて，やり方がどこか間違っていただけなのだろうか．

そうではないと私は思う．政府の施策が持つ重大な欠陥は，公共の利益と称するものを追求するために，市民の直接的な利益に反するような行動を各人に強いることだ．

……政策が依って立つ価値観は，当事者の価値観ではなくて，第三者の価値観なのだ．だから『これこれが諸君のためになる』と押し付けたり，『誰かから取り上げて別の誰かにあげる』ようなことになる．しかしこのような政策は，反撃を食う．人類が持っている最も強力で創造的な力の一つ，すなわち何百何千万の人々が自己の利益を追求する力，自己の価値観にしたがって生きようとする力の反撃にあうのである．政府の施策がこうもたびたび正反対の結果を招く最大の原因は，ここにある．この力こそは自由社会が持つ大きな強みの一つであり，政府がいくら規制しようとしてもけっして抑えることはできない[42]．」

---

41) Friedman, M. (1962) *Capitalism and Freedom*, University of Chicago Press（邦訳：村井章子（2008）『資本主義と自由』日経BP社）．
42) 前掲邦訳書，pp.362–363.

補論 近代貨幣史の概略——金本位制から管理通貨制度へ

　わが国では現在，管理通貨制度 (managed currency system) とよばれる通貨制度を採用しています．管理通貨制度とは，貨幣の発行量を中央銀行が調節することで，物価の安定，経済成長，雇用の改善，国際収支の安定などを図る制度です．わが国が管理通貨制度に移行するまでの歴史的背景を，近代貨幣史の概略にふれながら考えてみましょう．

1 金本位制の確立

　19世紀末，世界は「金」を裏づけとした貨幣発行を行っていました．貨幣の額面と等価の「金」の準備の下に通貨を発行していたのです．これを金本位制といいます．金本位制とは，このような貨幣を「正貨」または「本位貨幣」といいます．日本では，1871年 (明治4年) に新貨条例が定められ[43]，それまでの「両」が「円」に変わり，金の含有量，重量が法律的に定められ，金本位制がスタートしました[44]．このとき，「1円は1500mgの純金と等しい」と決めたのです．当時，アメリカの1ドルは約1500mgでしたから，1円＝1ドルと決められたことになります．

　明治維新 (1868年) 直後に新政府から発行された太政官札はいずれ新貨と交換される予定になっていましたが，政府にはその余裕がなく，また財政状況も逼迫していました．そこで，政府は為替座三井組の助力を得て，新しい紙幣の発行を行いました[45]．これが「大蔵省兌換証券」や，「開拓使兌換証券」とよばれ

---

[43] 新貨条例は，同年8月には貨幣条例と名称を変更します．
[44] しかし，開国後の国際経済をみると，当時東アジアを流通している貨幣は銀貨で，とりわけ国際決済には「洋銀」とよばれるメキシコ銀貨 (メキシコ・ドル) が使用されていたために，日本だけが金本位制度を実施することは極めて困難でした (このときの金流出問題は COLUMN 11-⓫ を参照ください)．そこで，政府は貿易銀とよばれる通貨を鋳造することにしたのです．ですから，新貨条例による新たな貨幣制度は，金本位制をとりながらも銀も使うという金銀複本位制度とよべるものでした．1878年 (明治11年) には貨幣条例が改正され，法律上も金銀複本位制となりました．詳しくは日本銀行 (1980) 前掲書，p.107を参照してください．
[45] 日本銀行 (2007)『新版 貨幣博物館』(日本銀行金融研究所) を参照しました．

新貨条例で定められた通貨　　　　　　　　　　大蔵省兌換証券

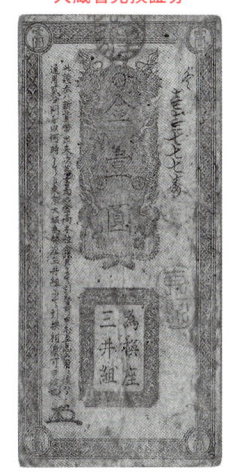

日本銀行金融研究所『新版 貨幣博物館』より

るものです．この証券（貨幣）は円（圓）という言葉が
初めて使われた紙幣です[46]．

日本銀行金融研究所『新版
貨幣博物館』より

　また，この大蔵省兌換証券の額面には，
「此證券ハ新貨幣出来次第書面之金高本位金貨マデ引換可……」
と書かれています．このように，所有者の申し出があればいつでも金と交換
できる紙幣を**兌換紙幣**といいます．次いで，政府は太政官札や江戸時代の貨
幣（小判や銭貨，藩札など）を回収する目的で，1872年（明治5年）に「**明治通宝札**」
を発行します．当時の日本は西洋に比べて造幣技術が未熟であったため，明治
政府はドイツから紙幣を輸入しました[47]．

　また，同年，大蔵少輔であった**伊藤博文**の建議によって，**国立銀行条例**が制
定されます．**国立銀行**とは，アメリカのナショナル・バンク制度をもとに作ら

---

46)「円」という単位の由来は諸説あるようです．①それまでまちまちだった貨幣の形を円形に
統一しようと考えたので円とした（実際1871年に鋳造された1円，2円，5円，10円，20円金
貨には「圓」の文字が刻印されています），②西洋通貨が「洋円」とよばれていた，③英国香
港造幣局の造幣機械を譲り受けて鋳造したため，香港銀貨の「壱圓」という名称を使った，な
どです．

47) ドイツ・フランクフルトのドンドルフ＝ナウマン（Dondorf-Naumann）社に印刷を委託して
輸入し，日本で「明治通宝」と朱印して流通させていました．このため，明治通宝札を「**ゲル
マン紙幣**」などとよぶこともあります．1877年（明治10年）以降は原版をドイツから取り寄せ
て国内印刷をしています．なお，こうした貨幣の輸出入は，造幣技術の未熟な途上国などにお
いては現代でもしばしば行われています．

第11章 貨幣市場と金融政策　551

明治通宝札

国立銀行紙幣

日本銀行金融研究所『新版 貨幣博物館』より

日本銀行金融研究所『新版 貨幣博物館』より

れた銀行で，今日でいう国立の銀行という意味ではなく「国の法律によって建てられた私設の銀行」という意味です．1873年（明治6年）には**渋沢栄一**（1840年～1931年）[48]，**三野村利左衛門**（1821年～1877年）[49]らが中心となって**第一国立銀行**[50]を設立します．国立銀行は「**国立銀行紙幣**」という紙幣を発券することが可能でした．国立銀行紙幣は当初，アメリカのコンチネンタル・バンクノート・カンパニー社に印刷を委託し，日本で必要な押印をして銀行に下付されま

---

48) 渋沢栄一については COLUMN 11 - ⑩ を参照ください．

49) 三野村利左衛門は幕末から明治期にかけて活躍した実業家です．三井財閥中興の祖ともいわれ，政商としての三井財閥の地位を固める重要な役割を果たしました．三野村の活躍は，**小栗忠順**（小栗上野介）（1827年～1868年）との親交抜きに語ることはできません．小栗は幕臣として外国奉行，勘定奉行などを歴任しました．1860年，万延元年遣米使節の目付としてポーハタン号に乗り込み渡米．フィラデルフィアでは，日米修好通商条約で定められた通貨交換比率の改善を要求しています．旧知の間柄だった栗本鋤雲（1822年～1897年）の伝手でフランス公使ロッシュの知遇を得，横須賀製鉄所（後の横須賀海軍工廠）を建設します．これまで，幕臣であったことから業績に比して評価は高いとはいえませんでしたが，後に司馬遼太郎は小栗を評して「明治の父」とよび，その業績を称えています（司馬遼太郎（1989）『「明治」という国家』日本放送出版協会）．

50) 第一国立銀行は第一勧業銀行，みずほ銀行となって今日に至っています．国立銀行は1879年（明治12年）までに153行作られます．このときできた銀行を「**ナンバー銀行**」などとよぶことがあります．今日その面影を残す銀行として，第四銀行（新潟），十六銀行（岐阜），十八銀行（長崎），七十七銀行（宮城），百五銀行（三重），百十四銀行（香川），なお，長野の八十二銀行は1931年（昭和6年）に，第十九銀行と六十三銀行が合併して八十二銀行（19＋63＝82）になったものです．また，**七十七銀行**は，長らく「**兜町の銀行**」とよばれ，証券取引所の勘定部門を独占的に担っていました．この七十七銀行の設立にも渋沢栄一がかかわっています．

chapter 11 Money Market and Monetary Policy

した．政府は，政府紙幣と連動するいわば民間の紙幣の流通を行うことで，殖産興業の実現や兌換制度の確立を考えたのです．

　国立銀行紙幣は，当初，金銀正貨との兌換が義務づけられるなど厳しい条件が設定されていたために，銀行自体の設立も4行にとどまっていました．しかし，1876年（明治9年）に国立銀行条例が改正されて不換紙幣の発行も可能になると，銀行数は急増し，それに伴い国立銀行券の発行枚数も増加しました．1873年（明治6年）に地租改正が行われて租税の金納化が始まり，また1876年（明治9年）に行われた華族や士族の秩禄処分[51]によって貨幣経済への移行が急速に進んだことも国立銀行の乱立や国立銀行紙幣（不換紙幣）の増発を促しました．

三野村利左衛門

三井広報委員会「三井史を彩る人々」より

　しかし，政府が断行した秩禄処分は，それまで経済的な特権を受けていた士族の生活を一変させました．生活に困窮した士族は，相次いで反乱を起こすようになったのです．1877年（明治10年）に，政府と，征韓論を主張し下野した西郷隆盛[52]らとの間で西南戦争が勃発すると，戦費調達を理由として，政府紙幣や国立銀行紙幣が乱発されました．また西郷軍も，「西郷札」とよばれる布製の布幣（軍票）を発行しましたので，急激な貨幣供給によるインフレが発生しました．加えて，印刷技術の未熟さから，政府紙幣として流通していた明治通宝札にも偽造紙幣が出回るようになりました．

　そこで1881年（明治14年），政府は新たに「神功皇后札」を発行しました[53]．

51）秩禄処分とは，江戸時代の幕藩体制の下で藩主が藩士に世襲的に与えていた俸禄（秩禄）を全廃した政策です．秩禄を失った士族は，代わりに秩禄に応じた金禄公債証書を受け取ることで，所得を得ることになりました．士族は数年から十数年で償還される金禄公債の利子収入による生活を余儀なくされました．公債利子収入が低く見積もられたために，士族の多くは金禄公債を売却するなど，士族階級は没落していきました．秩禄処分には新政府の財政負担の軽減の他に，1873年（明治6年）に国民皆兵をめざす徴兵制が始まったために，常時特権階級として君臨する士族の必要性がなくなったという背景もあります．

52）武力をもって朝鮮に開国を迫る征韓論に賛成した西郷隆盛や板垣退助ら参議，軍人などが多数下野した事件．「明治六年の政変」ともいいます．

神功皇后札

日本銀行金融研究所『新版 貨幣博物館』より

　神功皇后札は，わが国で最初の人物肖像（かつ初の女性肖像）入りの政府紙幣です．明治政府のお雇い外国人，イタリア人彫刻家の **E. キヨッソーネ**[54]によって原版が作成されました[55]．

　通貨乱発と西南戦争をはじめとする士族の反乱による激しいインフレに対して，当時の大蔵卿（現在の財務大臣）**大隈重信**（おおくましげのぶ）は，本位貨幣である銀が不足しているためであると考えました．通貨発行自体には問題がないとする大隈は，拡張的な財政政策を堅持し，外債[56]を発行して得た銀をもとに不換紙幣を回収す

---

53) 神功皇后は1873年（明治6年）発行の国立銀行紙幣（10円札裏面）にも使われています．『古事記』や『日本書紀』によれば，神功皇后は古代，朝鮮半島に出兵し，当時の新羅，百済，高句麗を支配下においたとされる皇后です．これを「**三韓征伐**」といいます．戦前は，教科書で史実として教えられていました．しかし，その真偽はいまなお調査中です．征韓論によって国論が二分された時代を象徴する人物が図案に選ばれたといえるでしょう．

54) キヨッソーネ（Edoardo Chiossone,（伊），1833年～1898年）は，政府が月額454円71銭8厘という破格の条件を提示して1875年に来日したお雇い外国人です．神功皇后の他にも，明治天皇や西郷隆盛の肖像画を描いたことでも有名です．明治天皇の肖像画を描いた際には，慰労金2,500円を下賜されました．退職後は退職金3,000円と年額200円の終身年金を受けています．当時，参議（卿が大臣だとすると副大臣のようなイメージ）だった伊藤博文の月給が500円，小学校教員の初任給が月給8円の時代です．現在と違って官民格差が大きく，また時代によって物価変動も激しいので単純比較はできませんが，キヨッソーネの月給は，現代の感覚で1,000万を超えていたとも考えられます．

55) イタリア人によって描かれたため，神功皇后の顔は，どことなく外国人風であると当時話題になりました．

大隈重信　　　　　松方正義

早稲田大学図書館所蔵，Wikimedia Commonsより　　　近世名士写真頒布会『近世名士写真 其1』1934-1935年，Wikimedia Commonsより

ればインフレは終息すると考えました．これを大隈財政とよびます．

しかし，大隈の下で大蔵大輔（現在の財務次官）の職にあった松方正義は，インフレを起こしている最大の問題は，政府紙幣や国立銀行紙幣などの不換紙幣の乱発にあり，その回収，すなわち緊縮財政こそが喫緊に取り組むべき課題であると主張し，拡張的財政政策を主張する大隈重信と対立しました．こうした事態を憂慮した伊藤博文は両者の仲裁に入り，松方を内務卿に抜擢するという形で財政部門から切り離すことによりいったんは事態の収拾が図られました．しかし，開拓使官有物払下げ事件の影響を受け，1881年（明治14年）に明治十四年の政変によって大隈が政府から追放されると，松方が大蔵卿に任命されて緊縮財政に基づく対インフレ政策——松方デフレが本格化します（松方財政）．

松方正義は，紙幣の整理回収を行うために，1882年（明治15年）に日本銀行を設立します．初代日銀総裁には，松方正義の下で辣腕を振るっていた吉原重俊[57]が任じられました．中央銀行を設立し，乱立した国立銀行による貨幣供給を一元化しようと考えたのです．松方は，銀と紙幣の価値があまりに開きすぎていることに配慮し，すぐに日本銀行兌換券の発行は行わず，国立銀行の整理から

---

56) 外国向けに発行する国債です．
57) 吉原重俊は，幕末期，薩摩藩第二次米国留学生として渡米し，日本人初のイェール大学留学生となった俊英で，外交官から大蔵官僚に転身し，横浜税関長，租税局長なども歴任しました．

第11章 貨幣市場と金融政策　555

日本銀行兌換券

日本銀行金融研究所『新版 貨幣博物館』より

着手しました．1883年（明治16年），松方は国立銀行条例を改正し，その営業期間を設立から20年と限定し，その営業期間内での国立銀行紙幣の償却を進めました．

1884年（明治17年），不換紙幣の償却にめどがついた段階で，紙幣の発行を定める兌換銀行券条例が公布され，「**日本銀行兌換券**」が誕生しました．図案に大黒様が選ばれたことから，「大黒札」ともよばれました．政府紙幣も国立銀行紙幣も1899年（明治32年）には通用が停止され，ここに日本銀行兌換券だけが流通する仕組みができあがりました．

当初，日本銀行券は銀兌換券のみの発行でした[58]．淡青色の日本銀行1円券の表面には，

「此券引かヘ尓銀貨壱圓相渡 可申候也」

（NIPPON GINKO Promises to Pay the Bearer on Demand 1 Yen in Silver）

と日本語と英語で併記されています．

日本銀行の設立と日本銀行券の発行は，日本における**銀本位制**を確立しました．しかし，1870年代になると，ドイツをはじめ欧米諸国が相次いで金本位制に移行していったことや，アメリカ，メキシコなどで銀が増産されるように

---

58) 一円，五円，百円は兌換券でしたが，二十円，五十円，二百円は兌換券としては製造されませんでした．

なり，金銀の交換比率に大きな差ができるようになりました．1868（明治元年）に1対15だった金銀交換比率は，1894年（明治27年）には1対32となり，銀の価値は半減していました．外国人は，日本に相対的に安価な銀を持ち込み，金と交換するだけで高い利益を得ることができたため，海外への金流出が深刻化していったのです．

　こうした中，松方正義を中心として，金本位制への移行が進められることになります．1894年（明治27年）から1895年（明治28年）の日清戦争に勝利し，清国より2億3,000万両（テール）の賠償金を得ることに成功した日本は，1897年（明治30年），金本位制への移行を盛り込んだ**貨幣法**を成立させます．これをもって，**金本位制**が確立し，欧米諸国と通貨制度上も肩を並べることに成功したのでした．金本位制への移行によって，日本銀行兌換銀券も金兌換に改められ，名称も**日本銀行兌換券**となりました．金本位制への移行は，わが国の通貨を安定化させることに成功し，殖産興業に多大な貢献をしたといえます．

COLUMN 11-⑩　日本資本主義の父・渋沢栄一

　武蔵国榛沢郡血洗島村（現在の埼玉県深谷市血洗島）に生まれた**渋沢栄一**（1840年〜1931年）は，幼少のころは従兄の**尾高惇忠**（1830年〜1901年）のもとに通って論語をはじめとする四書五経を学び，成人してからは旧幕臣として徳川慶喜に仕えました．明治維新後はその才能を大隈重信に認められて大蔵省の役人として国立銀行条例の制定に尽力しました．退官後は，幕末期のフランスで学んだ株式会社制度を実践するために，実業界に身を置き，第一国立銀行，七十七銀行，王子製紙，帝国ホテル，東京海上火災，東京瓦斯（ガス），東京証券取引所，サッポロビール，キリンビール，東洋紡績など500社以上の企業の設立にかかわりました．その業績から，「**日本資本主義の父**」とよばれています．

　渋沢栄一の経済哲学として，彼の著した『**論語と算盤**（そろばん）』（1916年）があります．彼はその中で，彼は「**士魂商才**」という考えを述べています．

　「……人間の世の中に立つには，武士道精神の必要であることは無論であるが，しかし，武士道的精神のみに偏して商才というものがなければ，経済の上から自

滅を招くようになる．ゆえに士魂にして商才がなければならぬ．その士魂を養うには，書物という上からはたくさんあるけれども，やはり論語は最も士魂養成の根底となるものと思う．それならば商才はどうかというに，商才も論語において充分養えるというのである．道徳上の書物と商才とは何の関係が無いようであるけれども，その商才というものも，もともと道徳をもって根底としたものであって，道徳と離れた不道徳，欺瞞，浮華[59]，軽佻[60]の商才は，いわゆる小才子，小悧口であって，決して真の商才ではない．ゆえに商才は道徳と離れるべからざるものとすれば，道徳の書たる論語によって養える訳である．」

渋沢栄一

近世名士写真頒布会『近世名士写真 其2』1934-1935年，Wikimedia Commonsより

渋沢栄一のこうした考えは，「道徳経済合一説」という形で結実します．マネーゲームに血道を上げる今日，一読すべき経済哲学といえるでしょう．

2 管理通貨制へ

　第1次世界大戦（1914年～1918年）が始まると，金本位制を採用していた欧米諸国がこぞって金輸出の禁止を行いました．金が海外に流出することで，自国の貨幣発行が制限される懸念が高まったのです．1914年にドイツが金輸出禁止を表明すると，1917年にはアメリカをはじめ欧米諸国がこぞって金の輸出を一時的に禁止しました．日本も，アメリカに倣って1917年，寺内正毅内閣（大蔵大臣は勝田主計）は金の輸出を禁止します（金輸出禁止）．

　この背景には，各国に倣ったという理由以外にも，各国が金輸出を禁止している中で，日本だけ自由に金の輸出ができる状況では，ますます金が海外に流出する懸念があったことなども挙げられています．当初，1917年の金輸出禁

---

[59] うわべは華やかで，実質の乏しいこと．
[60] 落ち着きがなく，言動が軽はずみなこと．

井上準之助　　　　石橋湛山　　　　高橋亀吉

濱口内閣編纂所編『濱口内閣』1929年，Wikimedia Commons より　　早稲田大学図書館所蔵，Wikimedia Commons より　　東洋経済新報社より

止は戦争が終結すれば即時解かれるものと考えられていました．実際，アメリカは2年後の1919年に金輸出を解禁します．

しかし，日本では，1920年（大正9年）の第1次世界大戦後の不況（戦後恐慌）に加えて，1923年（大正12年）の関東大震災，1927年（昭和2年）の金融恐慌なども重なって，1930年（昭和5年）になるまで金輸出の解禁，すなわち金本位制への復帰はできませんでした．

金融恐慌の際には，預金者が銀行へ預金の引き出しに殺到したため（取付け騒ぎ），兌換券の印刷が間に合わず，日本銀行は急遽，文字・模様は黒一色，平板刷りで裏面の印刷を省いた二百円札を発行しました[61]．

1928年（昭和3年）にフランスが金解禁を行うと，もはや主要国で禁輸しているのは日本だけとなり，為替レートの問題もあって金解禁の機運が高まってきました．しかし，禁輸から11年も経過し，実体経済では為替レートが禁輸前の水準に比べて円安になっており，これをどう是正していくかという点が大きな問題となっていました．禁止前の為替レートで解禁するのか，それとも実体経済に合わせた形で解禁するのか（旧平価反対論）．前者を主張した井上準之助（元日本銀行総裁・元大蔵大臣）・堀江帰一（慶應義塾大学教授）らと，後者を主張した東洋経済新報社の石橋湛山（後の内閣総理大臣），高橋亀吉（後の拓殖大学教授）らと

61）この紙幣は通称「裏白」とよばれ，コレクターの間では高値で取引されているようです．

第11章 貨幣市場と金融政策　559

表11-2 金解禁までの経済年表

年	できごと
1868年(明治元年)	明治維新
1871年(明治4年)	新貨条例により「両」から「円」に名称変更 金本位制開始(現実は金銀複本位制)
1872年(明治5年)	明治通宝札(ゲルマン紙幣)発行 国立銀行条例制定
1873年(明治6年)	第一国立銀行設立,国立銀行紙幣の発行 地租改正(租税の金納化)
1876年(明治9年)	国立銀行条例の改正(国立銀行紙幣の乱発) 秩禄処分(貨幣経済への急速な社会変化)
1877年(明治10年)	西南戦争(戦費調達のため紙幣の増刷)
1881年(明治14年)	神功皇后札(政府紙幣の発行) 明治十四年の政変(大隈重信失脚→松方正義が財務卿に) **松方財政(デフレ政策)**
1882年(明治15年)	日本銀行設立
1883年(明治16年)	国立銀行条例の改正(営業期間を設立から20年と限定・国立銀行紙幣の償却)
1884年(明治17年)	日本銀行兌換券(大黒札)の発行
1894年(明治27年)〜1895年(明治28年)	日清戦争勃発 (賠償金を原資として金本位制へ)
1897年(明治30年)	貨幣法(金本位制の成立)
1904年(明治37年)〜1905年(明治38年)	日露戦争勃発
1914年(大正3年)〜1918年(大正7年)	第1次世界大戦勃発 1914年ドイツが金輸出禁止 1917年日本も金輸出を禁止
1920年(大正9年)	戦後恐慌(日本)
1923年(大正12年)	関東大震災(日本)
1927年(昭和2年)	金融恐慌(日本)
1929年(昭和4年)	世界恐慌
1930年(昭和5年)	浜口雄幸内閣の大蔵大臣となった井上準之助が緊縮財政と,金輸出禁止前のレートで金輸出解禁を行う(井上財政) **井上財政(デフレ政策)**
1931年(昭和6年)	犬養毅内閣の大蔵大臣となった高橋是清が金輸出再禁止を行う 同時に国債を日本銀行に引受けさせ(日銀引受け),軍事費を中心とした拡張的財政政策によって世界恐慌によるデフレ経済からの脱却に成功する(高橋財政) **高橋財政(インフレ政策)** 満州事変
1936年(昭和11年)	高橋是清が二・二六事件で斃れる
1939年(昭和14年)〜1945年(昭和20年)	第2次世界大戦始まる
1942年(昭和17年)	日本銀行法が制定(金本位制の終焉,管理通貨制度へ)

貨幣経済の急速な発展

金輸出禁止 → 金輸出解禁 → 金輸出再禁止

の間で論争が起きました（**金解禁論争**）．

　1929年（昭和4年）7月に浜口雄幸内閣が成立し，井上準之助が大蔵大臣に任命されると，緊縮財政と，金輸出禁止前のレートでの解禁の準備が進められました（**井上財政**）．1929年10月24日にアメリカ・ウォール街で株価が大暴落[62]すると，**世界恐慌**（Wall Street Crash, Great Crash）が始まりましたが，井上の進める旧レートでの換金のもと，1930年（昭和5年），金解禁は断行されました（**金輸出解禁**）．

　翌年の第2次若槻禮次郎内閣の下でも井上準之助が大蔵大臣を務めました．しかし，ドイツで起きた金融危機がイギリスに波及し，イギリスが金本位制を廃止すると，金の海外流出が増加し，日本の正貨準備高は金解禁時の半分の水準にまで激減しました．こうした中，金本位制が維持できるのかという懐疑的な見方が大勢を占めるようになっていきました．

高橋是清

近世名士写真頒布会『近世名士写真 其1』 1934-1935年，Wikimedia Commonsより

　若槻内閣に代わって発足した犬養毅内閣の下で大蔵大臣となった**高橋是清**（1854年〜1936年）は，1931年（昭和6年），就任と同時に金輸出再禁止の措置を行います（**金輸出再禁止**）．金輸出解禁から2年足らずで，日本は再び金輸出禁止となったわけです．その一方で，高橋は積極的な拡張財政政策を行います（**高橋財政**）．国債を日本銀行に引受けさせ（**日銀引受け**[63]），軍事費を中心とした拡張的財政政策によって世界恐慌によるデフレ経済からの脱却に成功します．

　しかし，すでに財政における軍事支出は1931年（昭和6年）の満州事変以降拡大の一途をたどっていました．正貨の不足を補うべく，軍事費を縮小しようとした高橋是清が1936年（昭和11年）の二・二六事件で斃れると，翌年に勃発し

62）これを**暗黒の木曜日**（Black Thursday）といいます．世界恐慌は1ヵ月以上続きました．
63）現在，**財政法第5条**によって日本銀行引受けは「特別の事由がある場合において，国会の議決を経た金額の範囲内」を除いて禁止されています．
（財政法）第5条　すべて，**公債の発行については，日本銀行にこれを引き受けさせ，又，借入金の借入については，日本銀行からこれを借り入れてはならない**．但し，特別の事由がある場合において，国会の議決を経た金額の範囲内では，この限りでない．

た日中戦争の拡大とともに予算はさらに軍事費を中心に拡大していきました．

　1939年（昭和14年），第2次世界大戦が勃発すると，日本銀行兌換券も増刷されるようになり，正貨準備高は総発行高の10％程度にまで落ち込んでしまいました[64]．そこで，1941年（昭和16年），政府は臨時措置として，「兌換銀行券条例ノ臨時特例ニ関スル法律」を公布しました．**大蔵大臣の定める限度内であれば，正貨保有の制限を受けずに兌換銀行券を発行することができるようにする**ためです．この特例措置は，翌年，1942年（昭和17年）の（旧）「**日本銀行法**」という形で発展的に包摂されます．戦時立法であるこの（旧）日本銀行法の制定によって，正貨保有量に制限されずに紙幣を発行できる**管理通貨制度**が確立したのです．

　（旧）日本銀行法の第29条には「日本銀行ハ銀行券ヲ発行ス」と明記され，名称も「日本銀行兌換券」から「日本銀行券」とよばれるようになりました．

　管理通貨制度は，市場や政府の信頼のもとに貨幣が発行される仕組みです．銀や金といった正貨の裏づけを必要としなくなったとはいえ，貨幣の厳格な管理，運用がより一層強く求められています．私たちは，管理通貨制度が確立してから，まだ1世紀もたっていないことを銘記しておかねばならないでしょう．

COLUMN 11-⓫　明治初期の金流出

　日米和親条約が1854年に締結され，下田と箱館（函館）が開港されると直ちに問題となったのが「通貨の交換比率をどのように取り決めるか」という問題でした．

　もともと，日本においては，銀はその含有量・重さによって価値が定められる秤量（しょうりょう）貨幣でした．しかし，幕末期に発行された天保一分銀は，逼迫する幕府財政から含有量を落とし，銀の含有量ではなく，表面に記載された価値をもって評価される計数（けいすう）貨幣として発行されました．天保一分銀は，これまで発行されてきた一分金（1/4両）と等価とされて流通していました．したがって，天保一分銀4枚で1両小判と交換できたのです．

　価値の異なる銀貨と金貨を同じ一分銀としていたことは，通貨の国内流通という意味ではその信用だけの問題で済みました．しかし，開国と同時に外貨との交換比

---

64) 日本銀行（1980）前掲書 p.130を参照．

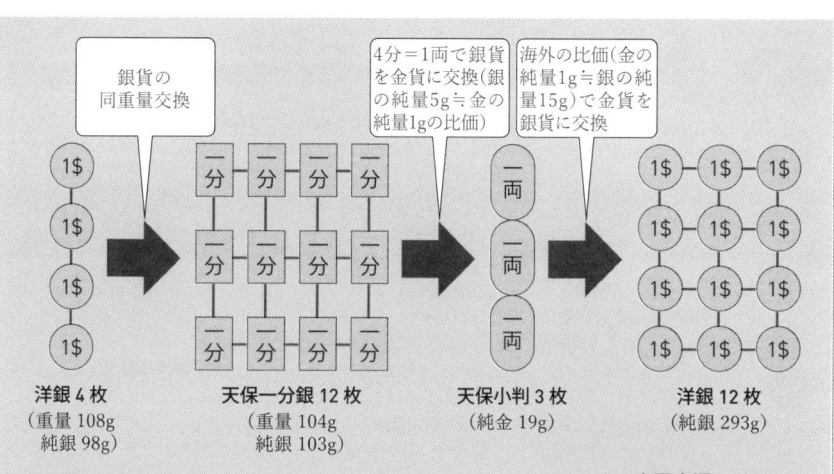

```
銀貨の                4分＝1両で銀貨      海外の比価(金の
同重量交換            を金貨に交換(銀      純量1g≒銀の純
                      の純量5g≒金の      量15g)で金貨を
                      純量1gの比価)       銀貨に交換
```

洋銀4枚	天保一分銀12枚	天保小判3枚	洋銀12枚
(重量108g 純銀98g)	(重量104g 純銀103g)	(純金19g)	(純銀293g)

率をどのように決定するか，という問題が新たに生まれたのです．

　日米修好条約に先立つ交渉において，下田総領事ハリスはその銀の含有量から，貿易に使われていたメキシコ・ドル（銀貨）1枚に対し，天保一分銀3枚との交換を要求してきました．メキシコ・ドル4枚では一分銀12枚と交換することになります．一分銀は4枚で小判1枚と交換できますので，一分金12枚では3枚の天保小判に交換できます．ところが天保小判3枚の金の含有量の価値は，海外ではメキシコ・ドル12枚の価値があることから，外国人はメキシコ・ドル（4枚）→天保一分銀（12枚）→天保小判（3枚）→（海外流出）→メキシコ・ドル（12枚）と，1回の交換で3倍の利益を獲得することができました．1858年に日米修好通商条約が結ばれると，その第5条に「日本貨幣は銅銭を除き輸出する事を得（日本貨幣は銅銭を除き輸出することができる）」と定められ，これを根拠として大量の金が海外に流出しました．

　1860年に日米修好通商条約の批准に同行した**小栗忠順**（小栗上野介）は，訪問先のフィラデルフィアにおいて交換比率を是正するよう幾度となく交渉し，科学的に交換比率が公平さを欠くことが証明されましたが，改善には至りませんでした．そのころ，日本では天保小判の1/3弱の金含有量で鋳造した万延小判（江戸幕府最後の小判）を新たに発行しましたが，今度は大幅なインフレを招くこととなってしまいました．

小栗忠順

東善寺所蔵，Wikimedia Commons より

内容を理解しているかな？

問題に答えられたらYES! わからなければNO!

1 貨幣の機能

Q1. 自給自足について説明よ
Q2. 交換経済とは何か説明せよ
Q3. 貨幣がなぜ存在するのか説明し，貨幣の機能を示せ

↓ No

ポイント・チェック 貨幣の機能
- □①自らが消費する物を，自らが生産する経済を自給自足という
- □②交換経済とは，自らが生産したものと他者の生産したものとを交換する経済
- □③交換経済では，欲望の二重一致が成立したときしか交換できない
- □④貨幣は，取引費用を軽減するためにある
- □⑤貨幣には，交換機能，支払機能，富の保蔵機能，価値尺度機能がある

Yes → → No ······► 本文 p.506 へ戻れ

2 貨幣需要の理論

Q1. 貨幣需要の理論を説明せよ
Q2. 実質貨幣需要を示せ

↓ No

ポイント・チェック 貨幣需要の理論
- □①貨幣需要の理論には，
  - 物価の上昇に伴って，貨幣需要は増加する
  - 名目利子率の上昇に伴って貨幣需要は減少する
  - 実質国民所得の増加に伴って貨幣需要は増加する

  という特徴がある
- □②実質貨幣需要は，

  $$\frac{M^D}{P} = L(i, y)$$

  と表せる ［M^D：名目貨幣需要量，P：物価，L：貨幣需要を表す関数］

Yes → → No ······► 本文 p.514 へ戻れ

【1 貨幣数量説】へ進め！

1 貨幣数量説

Q. 貨幣数量説とは何か説明せよ

↓ No

ポイント・チェック 貨幣数量説
- □①貨幣数量説とは，貨幣数量の増減が物価を変動させる要因であるという考え方
- □②貨幣数量説は，貨幣の動きをフローの概念としてとらえた交換方程式と，ストックの概念としてとらえたケンブリッジ方程式を指すことが一般的である

Yes → Yes
No ······▶ 本文 p.515 へ戻れ

❶ 交換方程式

Q1. 交換方程式とは何か説明せよ
Q2. 貨幣の流通速度とは何か説明せよ
Q3. フィッシャーの交換方程式を示せ

↓ No

ポイント・チェック 交換方程式
- □①交換方程式とは，経済活動における貨幣の役割を，財との交換関係から考えたもの
- □②貨幣の流通速度とは，貨幣一単位が平均して経済主体間を移動する回数のこと
- □③フィッシャーの交換方程式は，
  $PT = MV$
  $Py = MV$
  と表せる
  〔P：物価，T：取引量，M：貨幣の量，V：貨幣の流通速度，y：実質GDP〕

Yes → Yes
No ······▶ 本文 p.516 へ戻れ

❷ ケンブリッジ方程式とマーシャルの k

Q1. ケンブリッジ方程式とは何か説明せよ
Q2. ケンブリッジ方程式を示せ
Q3. マーシャルの k とは何か説明せよ
Q4. 古典派の二分法とは何か説明せよ

↓ No

ポイント・チェック ケンブリッジ方程式とマーシャルの k
- □①ケンブリッジ方程式とは，経済主体が資産の一部を貨幣として保有することに注目した考え方
- □②ケンブリッジ方程式は，
  $M^D = kPy$ 〔M^D：貨幣需要，P：物価，y：実質GDP〕
  と表され，k をマーシャルの k という
- □③マーシャルの k は，名目所得に占める貨幣の割合を示している
- □④古典派の二分法とは，経済の貨幣的側面と実物的側面とが完全に分離されていること

Yes → Yes
No ······▶ 本文 p.519 へ戻れ

【2 流動性選好説】へ進め！

第11章 貨幣市場と金融政策 565

2 流動性選好説

Q1. 流動性選好説とは何か説明せよ
Q2. ケインズの貨幣需要動機を示し，説明せよ
Q3. 貨幣需要の所得弾力性と貨幣需要の利子弾力性とは何かそれぞれ説明せよ
Q4. 流動性の罠とは何か説明せよ
Q5. ケインズの貨幣の需要動機に基づく貨幣需要をまとめ，流動性選好に基づく貨幣需要関数を示せ

ポイント・チェック 流動性選好説

- □① 流動性選好説とは，利子率が低い場合には，流動性の高い金融資産をより多く選好するという説
- □② ケインズは，貨幣の需要動機を
  - 取引動機
  - 予備的動機
  - 投機的動機

  の3つと考えた
- □③ 取引動機に基づく貨幣需要とは，日常の決済に用いられる貨幣への需要のことで，貨幣需要関数は，GDPの増加関数である
- □④ 予備的動機に基づく貨幣需要とは，将来に起こり得る不測の事態への貨幣需要のことで，貨幣需要関数は，GDPの増加関数である
- □⑤ 取引動機と予備的動機に基づく貨幣需要をまとめて$L_1(y)$とすると，

  $$L_1(y), \quad \frac{dL_1}{dy} > 0$$

  と表せる
- □⑥ 貨幣需要の所得弾力性とは，GDPが1%変化したときの貨幣需要の変化のこと
- □⑦ 投機的動機に基づく貨幣需要とは，市場の利子率が低いときには，流動性の高い貨幣で保有しようとする需要のことで，貨幣需要関数は名目利子率の減少関数である
- □⑧ 投機的動機に基づく需要関数は，

  $$L_2(i), \quad \frac{dL_2}{di} < 0$$

  と表せる
- □⑨ 貨幣需要の利子弾力性とは，名目利子率が1%変化したときの貨幣需要の変化のこと
- □⑩ 流動性の罠とは，投機的動機に基づく貨幣需要において，名目利子率がある程度下がってしまうと，流動性の高い貨幣の保有を犠牲にしてまで他の金融資産を購入しようとする誘因が働かず，貨幣需要の利子弾力性が無限大になってしまう状況のこと
- □⑪ 3つの動機に基づく貨幣需要をまとめ，流動性選好に基づく貨幣需要関数は，

  $$M^D = L_1(y) + L_2(i)$$

  と表せる

【3 貨幣供給の理論】へ進め！

3 貨幣供給の理論

1 日本銀行の役割

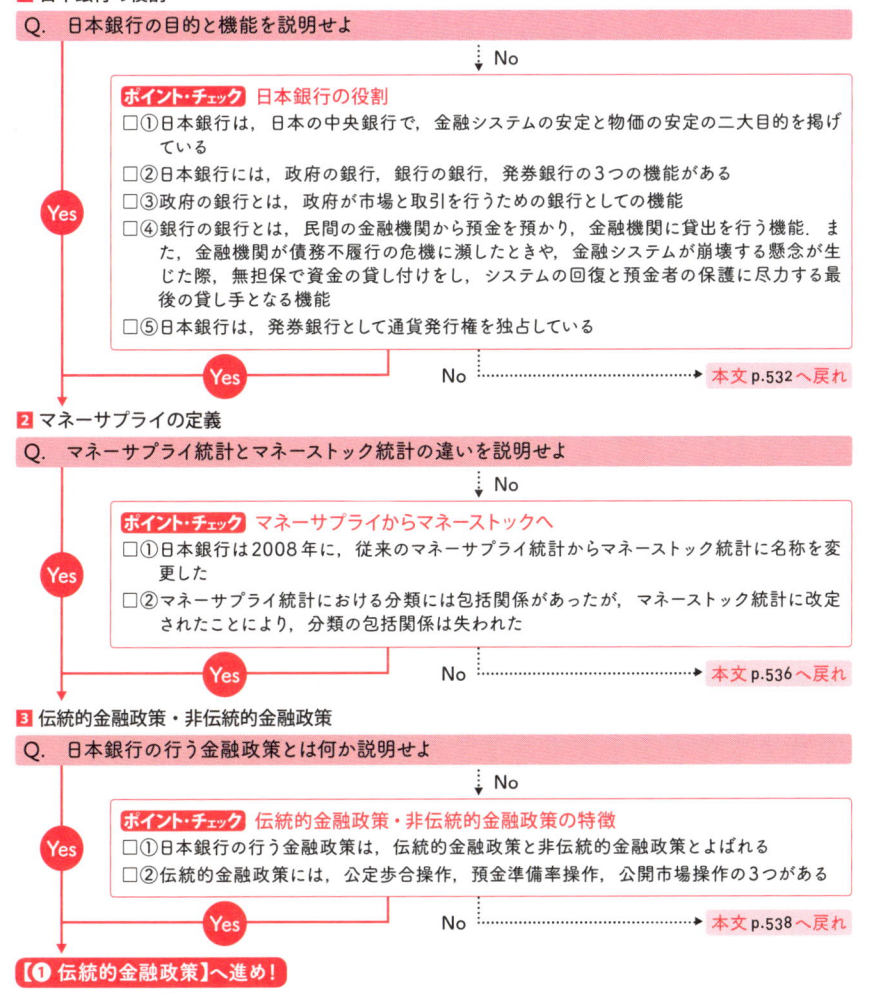

Q. 日本銀行の目的と機能を説明せよ

↓ No

ポイント・チェック 日本銀行の役割
- □① 日本銀行は，日本の中央銀行で，金融システムの安定と物価の安定の二大目的を掲げている
- □② 日本銀行には，政府の銀行，銀行の銀行，発券銀行の3つの機能がある
- □③ 政府の銀行とは，政府が市場と取引を行うための銀行としての機能
- □④ 銀行の銀行とは，民間の金融機関から預金を預かり，金融機関に貸出を行う機能。また，金融機関が債務不履行の危機に瀕したときや，金融システムが崩壊する懸念が生じた際，無担保で資金の貸し付けをし，システムの回復と預金者の保護に尽力する最後の貸し手となる機能
- □⑤ 日本銀行は，発券銀行として通貨発行権を独占している

Yes → ／ ＼ ← No → 本文 p.532へ戻れ

2 マネーサプライの定義

Q. マネーサプライ統計とマネーストック統計の違いを説明せよ

↓ No

ポイント・チェック マネーサプライからマネーストックへ
- □① 日本銀行は2008年に，従来のマネーサプライ統計からマネーストック統計に名称を変更した
- □② マネーサプライ統計における分類には包括関係があったが，マネーストック統計に改定されたことにより，分類の包括関係は失われた

Yes → ／ ＼ ← No → 本文 p.536へ戻れ

3 伝統的金融政策・非伝統的金融政策

Q. 日本銀行の行う金融政策とは何か説明せよ

↓ No

ポイント・チェック 伝統的金融政策・非伝統的金融政策の特徴
- □① 日本銀行の行う金融政策は，伝統的金融政策と非伝統的金融政策とよばれる
- □② 伝統的金融政策には，公定歩合操作，預金準備率操作，公開市場操作の3つがある

Yes → ／ ＼ ← No → 本文 p.538へ戻れ

【❶ 伝統的金融政策】へ進め！

❶ 伝統的金融政策
（ⅰ）公定歩合操作

Q1. 公定歩合とは何か説明せよ
Q2. 政策金利とは何か説明せよ

↓ No

ポイント・チェック　公定歩合操作
- ①公定歩合とは，日本銀行が市中銀行に貸し出す利子率のこと
- ②政策金利とは，中央銀行が経済状況に応じて調整する金利のこと
- ③公定歩合操作は
  - 景気が悪いときは，公定歩合を引き下げる →マネーサプライは増加
  - 景気が良いときは，公定歩合を引き上げる →マネーサプライは減少
- ④2001年，公定歩合は基準割引率および基準貸付利率と名称変更し，政策金利は，公定歩合から無担保コール・オーバーナイト（翌日物）・レートへと変わった
- ⑤公定歩合は，政策金利としての役割はなくなったが，日本銀行が経済状況をどのように判断しているかを示す指標であることは変わっていないため，アナウンスメント効果としての機能を果たしている

Yes → 　　　　No ┄┄┄► 本文 p.538 へ戻れ

（ⅱ）預金準備率操作

Q1. 預金準備率とは何か説明せよ
Q2. 法定準備預金額とは何か説明せよ

↓ No

ポイント・チェック　預金準備率操作
- ①預金準備率とは，金融機関に対して，金融機関が受け入れている預金等の一定比率以上の金額を，日本銀行に預け入れることを義務づける制度
- ②法定準備預金額とは，預け入れなければいけない最低金額のこと
- ③預金準備率は，
$$r = \frac{R}{D}$$
と表せる　［r：預金準備率, R：法定準備預金額, D：預金額］
- ④預金準備率操作は，
  - 景気が悪いときは，預金準備率を引き下げる →マネーサプライは増加
  - 景気が良いときは，預金準備率を引き上げる →マネーサプライは減少

Yes → 　　　　No ┄┄┄► 本文 p.540 へ戻れ

【（ⅲ）公開市場操作】へ進め！

（ⅲ）公開市場操作

Q1．公開市場操作とは何か説明せよ
Q2．買いオペレーションと売りオペレーションとは何か説明せよ

ポイント・チェック 公開市場操作
- □①公開市場操作とは，日本銀行が金融市場で有価証券を売買することによって，マネーサプライや金利を調整する手法
- □②買いオペレーション ＝ 市場で国債を購入すること
  売りオペレーション ＝ 市場で国債を売却すること
- □③公開市場操作は，
  景気が悪いときは，買いオペレーションを実施 → マネーサプライは増加
  景気が良いときは，売りオペレーションを実施 → マネーサプライは減少

No → 本文 p.541 へ戻れ

❷ 非伝統的金融政策

Q．量的緩和政策と信用緩和とは何かそれぞれ説明せよ

ポイント・チェック 非伝統的金融政策の特徴
- □①量的緩和政策とは，中央銀行が市中から買い入れる資産の規模を，従来以上に拡充させる政策
- □②信用緩和とは，コマーシャル・ペーパーや社債など，リスクのある資産も購入すること

No → 本文 p.542 へ戻れ

【❹ マネーサプライとハイパワードマネー】へ進め！

第11章 貨幣市場と金融政策　569

4 マネーサプライとハイパワードマネー

Q1. ハイパワードマネーとは何か説明せよ
Q2. マネーサプライとハイパワードマネーの関係を示せ

ポイント・チェック マネーサプライとハイパワードマネー

- □① ハイパワードマネーとは，現金と法定準備金を合わせたもので，
  $$H = C + R$$
  と表せる 〔H：ハイパワードマネー，C：現金，R：法定準備金〕
- □② 市中に供給されるマネーサプライは，現金と預金を合わせたもので，
  $$M = C + D$$
  と表せる 〔M：マネーサプライ，C：現金，D：預金〕
- □③ マネーサプライとハイパワードマネーには，
  $$M = \frac{c+1}{c+r} H$$
  という関係がある 〔c：現金預金比率，r：法定準備率〕
- □④ $\frac{c+1}{c+r}$ を信用乗数とよぶ

本文 p.543 へ戻れ

4 貨幣市場の均衡と債券市場

Q1. 貨幣市場の需給均衡条件を示せ
Q2. ワルラス法則とは何か説明せよ

ポイント・チェック 貨幣市場の均衡と債券市場

- □① 貨幣市場の需給均衡条件は，
  $$\frac{M}{P} = L_1(y) + L_2(i)$$
  と表せる
- □② ワルラス法則とは，すべての市場の超過需要の和はゼロになるという条件
- □③ 貨幣市場を考えることは，同時に債券市場の均衡を考えることになっている

本文 p.546 へ戻れ

Noの数を数えよう！ ▶▶▶ 1回目　2回目　3回目　　Noの数を減らしていこう!!!

用語確認

おぼえたかな？

問題

1. 貨幣の機能は今日，以下の4つに分類されています．①貨幣となる財を取引の間にいわば媒介として挟むことによって，その取引を円滑にする（　　）❶機能，②支払いの手段としての（　　）❷機能，③ストックとしての貨幣の機能を生かした（　　）❸機能，④財の価値を相対的に表す（　　）❹機能です．また，価値尺度となる財は（　　）❺とよばれます．

2. 今日の経済において貨幣需要の理論に関しては，これまで諸説があり，1つに定まっていません．しかし，これらのアプローチはその相違こそあれ，以下の特徴があります
   (ⅰ) 物価 P の上昇に伴って，貨幣需要は増加する．
   (ⅱ) 名目利子率 i の上昇に伴って貨幣需要は増加する．
   (ⅲ) 実質国民所得 Y の増加に伴って貨幣需要は減少する．

   貨幣数量の増減が物価を変動させる要因であると考える（　　）❻には，貨幣の動きをフローの概念としてとらえた（　　）❼と，ストックの概念としてとらえた（　　）❽などがあります．貨幣数量説の考え方は，経済の貨幣的側面と実物的側面とが完全に分離されているのが特徴です．この考え方を（　　）❾といい，（　　）❿とか，（　　）⓫とよばれている概念に相当します．

   貨幣需要の代表的な理論の1つにケインズの（　　）⓬があります．ケインズは，貨幣の需要動機を次の3つに分類しました．①日常の決済に用いられる貨幣需要であ

解答

❶ 交換
❷ 支払
❸ 富の保蔵
❹ 価値尺度
❺ 価値尺度財（ニュメレール）

❻ 貨幣数量説
❼ 交換方程式
❽ ケンブリッジ方程式
❾ 古典派の二分法
❿ 貨幣の中立性（⓫と順不同）
⓫ 貨幣ヴェール観（❿と順不同）
⓬ 流動性選好説

第11章 貨幣市場と金融政策

る（　　）⑬．②将来に起こり得る不測の事態への貨幣需要である（　　）⑭．③市場の利子率が低いときには，流動性の高い貨幣で保有しようとする貨幣需要である（　　）⑮．

　（　　）⑬に基づく貨幣需要と（　　）⑭に基づく貨幣需要はGDPの増加関数で，（　　）⑮に基づく貨幣需要は名目利子率の減少関数です．しかし，名目利子率がある程度まで下がると貨幣需要の利子弾力性が無限大になる（　　）⑯に陥ります．

3. 日本の中央銀行である日本銀行は金融システムの安定と物価の安定という目標を掲げ，政府の銀行，銀行の銀行，発券銀行の3つの機能を担っています．

　中央銀行は，景気の状況に応じて，市中に流通する貨幣，つまり（　　）⑰を調整する金融政策を行います．日本銀行の行う金融政策には①伝統的金融政策と②非伝統的金融政策とよばれる2つがあります．伝統的金融政策には（　　）⑱，（　　）⑲，（　　）⑳の3つがあります．一方，非伝統的金融政策には，中央銀行が市中から買い入れる資産の規模を，従来以上に拡充させる（　　）㉑がありあます．

　日本銀行は主として銀行券の発行と金融機関からの預け金（法定準備預金）によって資金を調達しています．現金と法定準備金を合わせたものは（　　）㉒とよばれ，マネーサプライとの間には次のような関係があります．

$$M = \frac{c+1}{c+r} H$$

⑬取引動機
⑭予備的動機
⑮投機的動機

⑯流動性の罠

⑰マネーサプライ

⑱公定歩合操作（⑱〜⑳順不同）
⑲預金準備率操作（⑱〜⑳順不同）
⑳公開市場操作（⑱〜⑳順不同）
㉑量的緩和政策
㉒ハイパワードマネー

c は現金預金比率，r は法定準備率であり，$\dfrac{c+1}{c+r}$ は（　　　）㉓とか（　　　）㉔とよばれます．

㉓信用乗数（㉔と順不同）

㉔貨幣乗数（㉓と順不同）

4. 貨幣需要はケインズの流動性選好説に従い，貨幣供給は日本銀行によって M/P だけ供給されるものとしましょう．貨幣市場は，以下のように表されます．

$$\begin{cases} \text{【貨幣供給】} M^S = \dfrac{M}{P} \\ \text{【貨幣需要】} M^D = L_1(y) + L_2(i) \end{cases}$$

$$\left[\begin{array}{l} \text{貨幣供給：} M^S，\text{名目マネーサプライ：} M，\text{物価：} P, \\ \text{GDP：} y，\text{利子率：} i，\text{貨幣需要：} M^D，\text{取引動機お} \\ \text{よび予備的動機に基づく貨幣需要：} L_1，\text{投機的動} \\ \text{機に基づく貨幣需要：} L_2 \end{array}\right]$$

貨幣市場の需給均衡条件は，$M^S = M^D$ より，

$$\dfrac{M}{P} = L_1(y) + L_2(i)$$

となります．

貨幣市場の需給均衡 $M/P = L_1(y) + L_2(i)$ が成り立つと，すべての市場の超過需要の和はゼロになるという（　　　）㉕により，債券市場の需給均衡 $B^D = B^S$ が同時に成り立ちます．つまり，貨幣市場を考えることは同時に債券市場の均衡を考えることにもなっているのです．

㉕ワルラス法則

第11章 貨幣市場と金融政策　573

問題演習

1 金融政策 ★

マネーサプライ（M），ハイパワードマネー（H）が，それぞれ $M=C+D$，$H=C+R$と定義される．

　[C：現金，R：法定準備預金額，D：預金額]

このとき，ハイパワードマネーとマネーサプライの関係は信用乗数 $\dfrac{c+1}{c+r}$ を用いて $M=\dfrac{c+1}{c+r}H$ というように表される．

　[c：現金預金比率，r：預金準備率]

このとき，金融政策の理論に関する次の記述のうち，妥当なのはどれか．

1. 公開市場操作によって，売りオペレーションを行うと，ハイパワードマネーの増加を通じてマネーサプライは増加する．
2. 法定準備率を引き上げると，信用乗数は小さくなりマネーサプライは減少する．
3. 公定歩合を引き下げる金融政策を行うと，ハイパワードマネーの減少を通じてマネーサプライは減少する．
4. 人々が手元に保有する現金をふやすと，現金預金比率は上昇するが，信用乗数が大きくなるか小さくなるかは不明であるため，マネーサプライへの影響も不明である．
5. マネーサプライを決定する要素のうち，中央銀行が操作できるのは現金預金比率の大きさのみであり，法定準備率およびハイパワードマネーの大きさを操作することは不可能である．

▶ **解法の糸口**

金融政策の効果は以下の表のようにまとめられます．

	景気が悪いとき		景気が良い（過熱気味の）とき	
	政策	マネーサプライ	政策	マネーサプライ
❶ 公定歩合操作	引き下げ	増加	引き上げ	減少
❷ 支払準備率操作	引き下げ	増加	引き上げ	減少
❸ 公開市場操作（オペレーション）	買いオペ	増加	売りオペ	減少

▶**解答**　**2**

▶**解説**

1. 妥当でない…公開市場操作とは，日本銀行が，金融市場で国債などの有価証券を売買することによって，マネーサプライや金利を調整する手法です．売りオペを実施すると，国債売却の代金を市中から吸収してマネーサプライが減少します．売りオペによって市場の余剰資金が減ると，金融機関はコール市場で融通する資金需要が増加しますので，無担保コール・オーバーナイト（翌日物）・レートは上昇します．その結果，金融機関が民間企業等に貸し出す金利も上がって，マネーサプライが減少します．

2. 妥当である…法定準備率を引き上げると，信用乗数 $\left(\dfrac{c+1}{c+r}\right)$ は小さくなり，マネーサプライは減少します．

3. 妥当でない…公定歩合とは，日本銀行が市中銀行に貸し出す利子率（金利）のことです．公定歩合を下げると，市中銀行はお金を借りやすくなりますので，市中にお金が供給されます．つまり，マネーサプライが増加します．

4. 妥当でない…人々が手元に保有する現金を増やすと，現金預金比率（c）が上昇します．信用乗数を変形させると，$\dfrac{c+1}{c+r}=\dfrac{c+r+1-r}{c+r}=1+\dfrac{1-r}{c+r}$ と表されるので，現金預金比率（c）すれば，信用乗数は小さくなりマネーサプライは減少します．

5. 妥当でない…日本銀行は，法定準備率操作により，支払準備率（r）の大きさを，また公開市場操作により，ハイパワードマネーの大きさを操作することでマネーサプライを管理するのであり，現金預金比率（c）の大きさを操作することは不可能です．

Chapter 12: Goods & Money Market and Aggregate Demand

第12章

財・貨幣市場と総需要

POINT

この章で学ぶ内容

❶ 財市場の均衡とIS曲線
財市場を均衡させるGDPと利子率の組み合わせの軌跡であるIS曲線の導出と特徴について学習します．

❷ 貨幣市場の均衡とLM曲線
貨幣市場を均衡させるGDPと利子率の組み合わせの軌跡であるLM曲線の導出と特徴について学習します．

❸ 財・貨幣市場の同時均衡と財政政策・金融政策の効果
IS-LMモデルを用いて，財市場と貨幣市場が同時に均衡するGDPと利子率の組み合わせおよび，財政・金融政策がそれらに与える影響について学習します．

❹ 総需要曲線
財市場と貨幣市場を同時に均衡させるGDPと物価の組み合わせの軌跡である総需要曲線の導出について学習します．

この章のポイント

❶ 財市場の均衡とIS曲線
財市場の総供給と総需要は以下のように表すことができます．

$$\begin{cases} \text{【総供給】} Y^S = Y \\ \text{【総需要】} Y^D = C(Y) + I(r) \end{cases}$$

YはGDP，rは実質利子率，$C(Y)$は消費，$I(r)$は投資です．財市場の需給均衡条件は，$Y^S = Y^D$なので，

$$Y = C(Y) + I(r)$$

が成り立つとき，財市場は均衡します．また，貯蓄関数はGDPの増加関数$S = S(Y)$で表されます．I-Sバランスより財市場が均衡していると，$I(r) = S(Y)$という条件が成立します．

財市場を均衡させるGDPと利子率の組み合わせの軌跡はIS曲線とよばれ，投資関数，貯蓄関数，財市場の需給均衡条件から導出されます．IS曲線の特徴として，上方では供給が需要を上回る財市場の超過供給が発生している状態，下方では需要が供給を上回る超過需要が発生している状態です．

❷ 貨幣市場の均衡とLM曲線

貨幣市場の供給と需要は以下のように表すことができます．

$$\begin{cases} 【貨幣供給】M^S = \dfrac{M}{P} \\ 【貨幣需要】M^D = L_1(Y) + L_2(r) \end{cases}$$

Mは（名目）貨幣供給量（マネーサプライ），Pは物価，L_1は取引動機および予備的動機に基づく貨幣需要，L_2は投機的動機に基づく貨幣需要です．貨幣市場の需給均衡条件は，$M^S = Y^D$なので，

$$\frac{M}{P} = L_1(Y) + L_2(r)$$

が成り立つとき，貨幣市場は均衡します．

　貨幣市場を均衡させるGDPと利子率の組み合わせの軌跡はLM曲線とよばれ，取引動機および予備的動機に基づく貨幣需要，投機的動機に基づく貨幣需要，貨幣市場の需給均衡条件から導出されます．LM曲線の特徴として，上方では供給が需要を上回る財市場の超過供給が発生している状態，下方では需要が供給を上回る超過需要が発生している状態です．

❸ 財・貨幣市場の同時均衡と財政政策・金融政策の効果

IS-LMモデルは，

$$\begin{cases} \text{【IS曲線】} Y = C(Y) + I(r) \\ \text{【LM曲線】} \dfrac{M}{P} = L_1(Y) + L_2(r) \end{cases}$$

と表されます.

　IS曲線とLM曲線の交点では財市場と貨幣市場の同時均衡を達成する均衡GDPと均衡利子率が達成されます.

　財政・金融政策の効果として，拡張的（緊縮的）財政政策によりIS曲線が右側（左側）へシフト，金融緩和（引き締め）政策によりLM曲線が右側（左側）へシフトします.

❹ 総需要曲線

　財市場と貨幣市場を同時に均衡させるGDPと物価の組み合わせの軌跡を総需要曲線とよび，

$Y^D = Y^D(P), \ dY^D/dP < 0$

と表されます.

これが理解できれば合格

財市場の需給均衡条件・貨幣市場の需給均衡条件・IS曲線・LM曲線・総需要曲線

POINT

フローチャート

第10章 財市場と財政政策 　　　 第11章 貨幣市場と金融政策

第12章　財・貨幣市場と総需要

❶ **財市場の均衡と IS 曲線**
投資関数について学習し，第 10 章で学習した財市場を均衡させる GDP と利子率の組み合わせの軌跡である IS 曲線を導出します．また，IS 曲線の形状について学習します．

❷ **貨幣市場の均衡と LM 曲線**
第 11 章で学習した貨幣市場を均衡させる GDP と利子率の組み合わせの軌跡である IS 曲線を導出します．また，IS 曲線の形状について学習します．

❸ **財・貨幣市場の同時均衡と財政政策・金融政策の効果**
IS-LM 分析と財政政策・金融政策の効果について学習します．

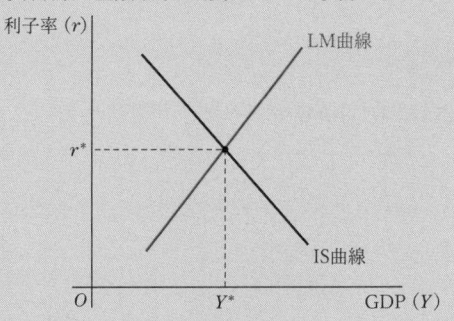

❹ **総需要曲線**
物価が変化したとき，財市場と貨幣市場を均衡させる GDP がどのように変化するか学習し，総需要曲線（AD）を求めます．

第13章　労働市場と総供給

▪はじめに

　この章では第10章で学習した財市場と，第11章で学習した貨幣市場とが，同時に成立するような状況について考えます．第10章では財市場を，

$$\begin{cases} \text{【総供給】} Y^S = Y \\ \text{【総需要】} Y^D = C(Y) + I \end{cases}$$

という経済モデルで表しました．総需要の構成項目をみると，消費（C）と投資（I）から構成されています（政府支出はゼロと考えておきます）．消費に関しては，GDP（Y）が増加すると消費（C）も増加するという関係があることを仮定し，$C = C(Y)$ と置きましたね[1]．

　これに対して投資は，たとえば，$I = 200$ 億円というように，結果として表された「数」として表してきました．

　しかし，第12章では，「実質利子率（r）の変化に伴って，投資が変わる」と仮定します．つまり，これまで「数」で表していた投資を，実質利子率（r）に伴って変化するものを考えるのです．これを $I = I(r)$ と表記することにすれば，

$$\begin{cases} \text{【総供給】} Y^S = Y \\ \text{【総需要】} Y^D = C(Y) + I(r) \end{cases}$$

となります．

　もちろん，投資の水準を決定する利子率（r）がどこで決まるかというと，それは第11章で学習した貨幣市場です．貨幣市場は，

$$\begin{cases} \text{【貨幣供給】} M^S = \dfrac{M}{P} \\ \text{【貨幣需要】} M^D = L_1(Y) + L_2(i) \end{cases}$$

で表されました．また，貨幣供給（M^S）と貨幣需要（M^D）が一致するように名目利子率（i）が決定されました．M は（名目）貨幣供給量（マネーサプライ），P は物価，$L_1(Y)$ は取引動機および予備的動機に基づく貨幣需要を表し，GDP（Y）が増加するにつれて L_1 は増加する関係がありました．また，$L_2(i)$ は投機的動

---

[1] 具体的には，$C = C(Y) = cY + A$ というケインズ型消費関数を仮定しました．忘れてしまったという読者は第10章をもう一度確認してください．

機に基づく貨幣需要で，名目利子率 (i) が上昇するにつれてL_2は減少するという関係がありましたね．

ここで，皆さんは「貨幣市場で決定するのは『名目』利子率 (i) であって，『実質』利子率 (r) ではないんじゃない？」と思うかもしれません．確かにその通りなのですが，ここでは，物価の変動がない世界，つまり実質と名目とを区別する必要のない世界を考えることにしましょう[2]．

実質利子率と名目利子率が等しい ($i=r$) という世界では，貨幣市場の需給均衡は，以下の式によって表すことができます．

$$\begin{cases} \text{【貨幣供給】} M^S = \dfrac{M}{P} \\ \text{【貨幣需要】} M^D = L_1(Y) + L_2(r) \end{cases}$$

また，物価 (P) も変化がないもの——たとえば$P=1$のように，変化しない数（定数）であると考えておきましょう．この章では，財市場と貨幣市場を同時に均衡させるような利子率とGDPについて考え，財政政策や金融政策の効果について説明します．

1 財市場の均衡とIS曲線

1 IS曲線の導出

❶利子率と投資の関係——資本の限界効率と投資関数

まず，利子率 (r) の変化に伴って，投資 (I) がどのように変化するのか考えてみましょう．投資を変化させる要因（利子率 (r)）と，投資との関係を表したものを**投資関数** (investment function) といいます．

J. M. ケインズは，投資と利子率の間に，負の関係があることを指摘しまし

---

[2] 名目利子率と実質利子率の間には，**フィッシャー式** (Fisher equation) とよばれる関係があります（これはフィッシャーの交換方程式とは別物であることに注意してください）．フィッシャー式については COLUMN 12-❹ で解説されますので参照ください．また，物価が変動するケースについては第13章で学習します．

図12-1 投資関数

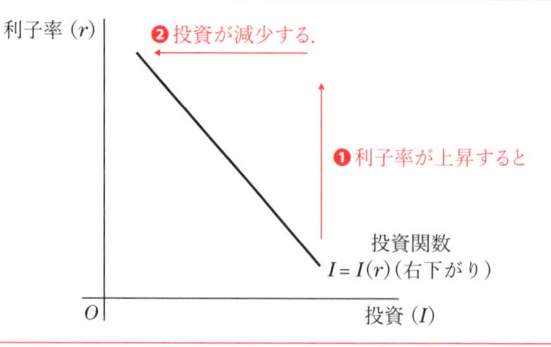

利子率 (r)

❷ 投資が減少する.

❶ 利子率が上昇すると

投資関数
$I = I(r)$（右下がり）

O 　　　投資 (I)

た．つまり，**利子率が上昇すると民間投資は減少し，逆に利子率が下落すると民間投資が増加する**という関係です．この関係を，記号を用いて表すと，

$$I = I(r), \quad \frac{dI}{dr} < 0$$

となります．また，縦軸に利子率，横軸に投資をとった平面において，投資関数は**右下がり**の曲線で表されます[3]．

投資と利子率の間に負の関係があることを，ケインズは**資本の限界効率**（marginal efficiency of capital）という概念を用いて説明しました[4]．

ポイント・チェック 利子率と投資の関係——資本の限界効率と投資関数

❶ 投資関数とは，投資を変化させる要因である利子率と，投資との関係を表したもの
❷ ケインズは，資本の限界効率という概念を用いて，投資と利子率の間に負の関係があることを説明した
❸ 投資 I と利子率 r の間の負の関係は，

$$I = I(r), \quad \frac{dI}{dr} < 0$$

と表せる

---

3) 図は説明の簡便化のために，投資関数を直線で表しています．
4) 詳しくは COLUMN 12-❶ を参照ください．ケインズによる最初の指摘は，Keynes, J. M.（1936）*ibid.*, 邦訳書，第11章「資本の限界効率」pp. 135–146 を参照ください．

COLUMN 12-❶　資本の限界効率

いま，I円の支出を必要とする新規設備投資プロジェクトがあったとしましょう．つまり，投資額がIということになります．このプロジェクトは，1期目にIの投資を行うことによって，1期後には収益R_1，2期後には収益R_2，3期後には収益R_3……そして，n期後には収益R_nが得られるものだとしましょう．すると，今期で測った1期後の収益（すなわち，1期後の収益の**割引現在価値**[5]）は，利子率をrとすると，$R_1/(1+r)$となります．また，2期後の収益の割引現在価値は，$R_2/(1+r)^2$となります．同様に考えていくと，n期後の収益の割引現在価値は，$R_n/(1+r)^n$となりますので，割引現在価値の合計（すなわち，このプロジェクトから得られる収益の合計を今期で評価した額：V）は，

$$V = R_1/(1+r) + R_2/(1+r)^2 +, \cdots, + R_n/(1+r)^n$$

となります．つまり，$V>I$ならこの投資プロジェクトは利益を上げ，逆に$V<I$ならばこの投資プロジェクトは損失をもたらすことになります．

次に，プロジェクトの（予想）収益率というものを考えてみましょう．収益率とは，収益（R）から投資費用（投資支出：I）を引き，それを投資費用で割ったものと定義されます．いま，第1期の収益をR_1とすると，収益率（ρ：ロー）は，

$$\rho = \frac{R_1 - I}{I}$$

と表せます．すなわち，投資額と収益率の関係は，

$$I = \frac{R_1}{1+\rho}$$

となります．同様にn期間にわたって収益をもたらすプロジェクトの場合には，投資額は，

$$I = \frac{R_1}{1+\rho} + \frac{R_2}{(1+\rho)^2} +, \cdots, + \frac{R_n}{(1+\rho)^n}$$

となります．収益率（ρ）を，J. M. ケインズは**資本の限界効率**（marginal efficiency of capital）と名づけました．投資プロジェクトが利潤を上げるかどうかは，以下のような条件から判断されます．

---

[5] 割引現在価値についてはCOLUMN 11-❺を参照ください．

$V>I$ すなわち, $\dfrac{R_1}{1+r}+\dfrac{R_2}{(1+r)^2}+\cdots+\dfrac{R_n}{(1+r)^n}>\dfrac{R_1}{1+\rho}+\dfrac{R_2}{(1+\rho)^2}+\cdots+\dfrac{R_n}{(1+\rho)^n}$ のとき,この投資プロジェクトは利益を上げることができます．

他方, $V<I$ すなわち, $\dfrac{R_1}{1+r}+\dfrac{R_2}{(1+r)^2}+\cdots+\dfrac{R_n}{(1+r)^n}>\dfrac{R_1}{1+\rho}+\dfrac{R_2}{(1+\rho)^2}+\cdots,$ $+\dfrac{R_n}{(1+\rho)^n}$ のとき,この投資プロジェクトは損失をもたらすことになります．これを言い換えれば,

- 資本の限界効率が利子率を上回るとき（すなわち, $\rho>r$ が成り立つとき），当該プロジェクトへの投資（I）が行われる．
- 資本の限界効率が利子率を下回るとき（すなわち, $\rho<r$ が成り立つとき），投資は行われない．

ということを意味しています．これは図を用いて考えるとわかりやすいと思います．図には限界効率（収益率）の高い順にプロジェクトが並べられています．このグラフを**資本の限界効率表**（schedule of the marginal efficiency of capital）といいます．この図で,たとえば,プロジェクト❶は収益率が ρ_1 と最も高いのですが,そのプロジェクトに必要な追加的な資本の額（すなわち投資額）は5となっています．次に収益率が高いプロジェクト❷は収益率が ρ_2 であり,これを実現するためには追加的な資本として15の投資が必要です．また,収益率 ρ_3 を実現するための追加的な資本額は10となっています．このように収益率の高い順にプロジェクトを並べていくと,階段状のグラフが描けます．これが図に示した資本の限界効率表です．

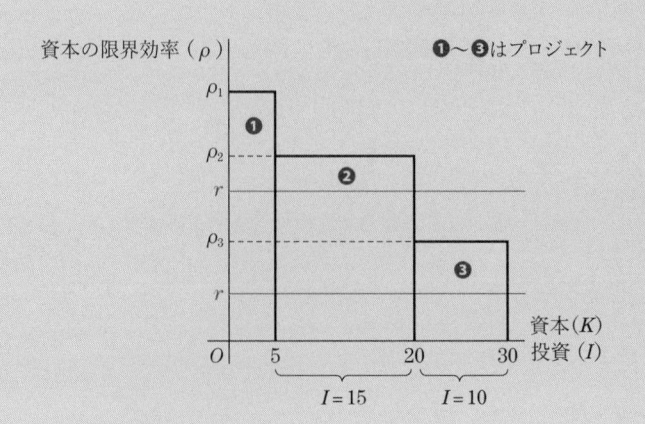

ここで，利子率（r）と収益率（ρ）の関係を考えると，$\rho > r$ならば，それを満たすプロジェクトへの投資は実行されます．$\rho_2 > r$となるような利子率が与えられるのであれば，プロジェクト❶，❷のみが実施されますし，$\rho_3 > r$となるような利子率が与えられるのであれば，プロジェクト❶，❷，❸が実施されます．
　つまり，「企業の投資が利子率に依存し（すなわち，$I=I(r)$）」，「利子率が減少するにしたがって，企業の投資が増加する（すなわち$dI/dr<0$）」という投資関数を導くことができるのです．

COLUMN 12-❷　投資関数の理論

　「企業の投資が利子率に依存する」という考え方は，直観的に理解することも可能です．というのも，利子率が下がると，企業は金融機関からお金を借りやすくなって，投資が増加するからです．しかし，投資を決定するものは利子率だけではありません．投資についてもいくつかの理論があります．ここでいくつかの投資理論について簡単に触れておきましょう．

（ⅰ）加速度原理に基づく投資関数
　生産要素として資本（K）からGDP（Y）を生み出す生産関数$Y=aK$を考えましょう．aは正の定数です．投入される資本とGDPの間に比例的な関係があると考えるのです．たとえば，$a=2$ならば，10兆円の資本を投入すれば（$K=10$ならば），GDPが20となる（$Y=20$）ことを示しています．
　いま，ある時点をt期とし，そのとき資本をK_t，GDPをY_tと表すことにすると，t期の生産関数は，
　　【t期の生産関数】$Y_t=aK_t$
となります．同様に，$t+1$期の生産関数は，
　　【$t+1$期の生産関数】$Y_{t+1}=aK_{t+1}$
です．
　【$t+1$期の生産関数】から【t期の生産関数】を引くと，$Y_{t+1}-Y_t=a(K_{t+1}-K_t)$となります．ここで，$Y_{t+1}-Y_t=\Delta Y_t$（GDPの増分），$K_{t+1}-K_t=\Delta K_t$（資本の増分）とし，$v=1/a$とすると[6]，$\Delta K_t=v\Delta Y_t$という関係が導けます．ここで皆さんは，「資本の

増分が投資である」ということを思い出してください．資本はストックの概念で，投資はその資本がどれだけ増加したか，つまり，資本ストックの純増部分に他ならないからです．つまり，$\Delta K_t = I_t$ です．したがって，

$$I_t = v \Delta Y_t$$

という関係が導けます．この式は，「(t期の）**投資が，GDPの増分（ΔY_t）に比例して決定される**」ということに他なりません．このように，GDPの増分に比例して投資が決定されるメカニズムを，**加速度原理に基づく投資関数**（investment function of acceleration principle）といいます．この投資関数は，**利子率（r）に全く依存していない**という点に特徴があります．

直観的には，次のような例を考えると理解しやすいかもしれません．たとえば，高度経済成長をしているような国では，しばしば利子率が高い状態が続くことがありますが，それでも投資が旺盛であることが観察されます．企業に対するさらなる成長期待から，内外を問わず資本が流入しています．こうした状況を考える場合には，加速度原理に基づく投資関数を用いることが有効といえるでしょう．

(ⅱ) 新古典派の投資関数

ケインズの限界効率表に基づく投資関数や加速度原理に基づく投資関数では，投資が利子率やGDPに依存して決定されることが主張されますが，そもそも，投資が資本の増分である以上，次期に投入される資本は，「企業の合理的行動（つまり，利潤最大化行動）」を反映していなければならないはずだ，というのが新古典派とよばれる経済学者たちの主張です．つまり，「企業は，現在から将来までのそれぞれの期間で獲得する利潤の割引現在価値の合計が最大になるように各期の最適な資本（K_t^*）を決定し，前期の資本（K_{t-1}）との差額を投資する」と考えるのです．したがって，

$$I_t = K_t^* - K_{t-1}$$

となります．

ところが，新古典派の投資関数は，「最適な資本量を決定するが，最適な投資を決定してはいない」という批判があります．

---

6) $v = K/Y$ を，**資本係数**（coefficient of capital）とよびます．資本係数は第14章のハロッド＝ドーマー・モデルを学習する際にもう一度出てきます．

(iii) トービンの q

アメリカ・イェール大学の **J. トービン**（James Tobin,（米），1918年～2002年）は，株価総額と債務に代表される現在の企業の価値と，その企業が操業するために必要な資本の再取得費用を比較し，前者の方が大きければその企業への投資が行われると考えました[7]。企業は株式を発行して市中から資金を集め，それを元手に建物や設備などの資本を購入しています．そのときにかかった費用が「資本の取得費用」です．「再取得費用」というのは，「もう一度同じ規模の資本を買い替える場合にはどれだけ費用がかかるのか」を表しています．

たとえば，株式を発行して資本金1億円を集め，それを元手に建物や設備を購入した場合，もう一度同じ規模の資本を整えるためには，1億円がかかることになります．ところが，発行した株式は，企業の業績などによってその価値を変動させます．企業の業績が良ければ，発行した株式総額1億円以上の市場価値が付く可能性もあるでしょうし，逆に業績が悪化すれば額面以下の評価となってしまうこともあります．J. トービンはこの点に注目しました．つまり，発行した株式が，発行額以上に市場で評価されるのであれば，その企業に対して新たに投資したいという誘因が働くでしょうし，逆に，株式が発行額以下で評価されることになれば，投資は減少していくことになるでしょう．

いま，現在の企業価値と資本の再取得費用の比率を**トービンの q**（Tobin's q）とよぶことにすると，

$$q = \frac{\text{現在の企業価値（株価や債務などの合計）}}{\text{資本の再取得費用}}$$

となり，$q>1$ ならば投資（I）は増加し，逆に $q \leq 1$ ならば投資（I）は減少するのです．「投資はトービンの q に依存する」ことが導かれます．トービンの q は，観測がしやすいこともあり，実証研究にも使われています．

---

[7] Tobin, J. (1969) "A General Equilibrium Approach to Monetary Theory," *Journal of Money, Credit and Banking*, Vol. 1, No. 1, pp. 15–29 を参照のこと．なお，トービンの q には，本文で説明した企業価値に対する資本の再取得価格の比ではなく，資本の限界的増加による企業価値の限界的増加に対する投資財価格の比――これを「限界の q」といいます――があり，限界の q の方が，投資にとっては重要であることが指摘されています．詳しくは，Hayashi, F. (1982) "Tobin's Marginal q and Average q Neoclassical Interpretation," *Econometrica*, Vol. 50, No. 1, pp. 213–224 などを参考にしてください．

❷ 財市場の均衡とIS曲線の導出

いまや私たちは財市場を，

$$\begin{cases} 【総供給】Y^S = Y \\ 【総需要】Y^D = C(Y) + I(r) \end{cases}$$

と表すことができます．YはGDP，$C(Y)$は消費，$I(r)$は投資です．財市場の需給均衡条件は，$Y^S = Y^D$なので，

$$Y = C(Y) + I(r)$$

が成り立つとき，財市場は均衡します．要するに，生産された財やサービスがすべて消費されるという状況となります．この条件は，消費$C(Y)$を左辺に移項することによって，$Y - C(Y) = I(r)$と書き直すことができます．生産されたY（GDP）は所得と考えることができますから，その所得から消費$C(Y)$を引いた左辺の$Y - C(Y)$は，いわば「所得から使った部分を引いた残り」と考えることができます．この「所得から消費を引いた残り」を，経済学では**貯蓄**(Saving; S) といいます．貯蓄は，GDPの増加に伴って増加すると考えられていますので，**貯蓄関数**(saving function) は，

$$S = S(Y), \quad \frac{dS}{dY} > 0$$

となります．

貯蓄関数を用いると，「投資と貯蓄が等しい」という財市場の需給均衡条件は，

$$I(r) = S(Y)$$

と表せます．これを**ISバランス**(IS balance) といいます．

投資関数，貯蓄関数，そして財市場の需給均衡条件の3つから，私たちは**IS曲線** (IS curve) を導くことができます．IS曲線とは，「財市場を均衡させるGDP (Y) と利子率 (r) の組み合わせの軌跡」です．IS曲線上にあるGDPと利子率の組み合わせであれば，必ず財市場は均衡しています．IS曲線は，図12-2のように，縦軸に利子率，横軸にGDPをとった平面において，通常，右下がりの曲線として描くことができます[8]．

---

[8] ここでは説明の簡便化のために，IS曲線を直線で表しています．

590 chapter 12 Goods & Money Market and Aggregate Demand

図12-2 IS曲線

利子率 (r)

❶ 利子率 (r) が上昇すると

❷ $I(r)=S(Y)$ の左辺である投資が減少

❸ $I(r)=S(Y)$ が再び成立するためには

❹ 投資が減少した分だけ $S(Y)$ を減少させる GDP (Y) の減少が必要（IS曲線は右下がり）

IS曲線（右下がり）

O　GDP (Y)

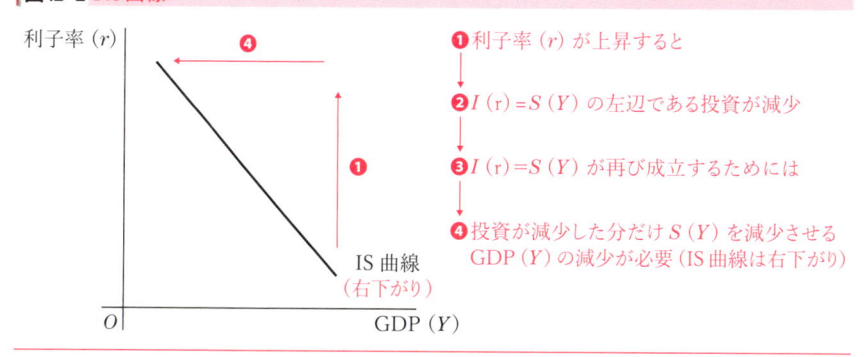

　IS曲線が右下がりに描かれる理由は，直観的に理解することができます．IS曲線は $I(r)=S(Y)$ を満たす曲線です．投資と貯蓄が均等しているこの式において，もし，❶利子率 (r) が上昇すれば，左辺の❷投資 ($I(r)$) は減少してしまいます．再び $I(r)=S(Y)$ を成り立たせるためには，投資が減少した分だけ❸貯蓄 ($S(Y)$) もまた減少しなければなりません．貯蓄を減少させるためには❹GDP (Y) が減少する必要があります．

　IS曲線が投資と貯蓄が均等化することを表している以上，利子率の上昇によってGDPが減少しなければなりませんから，IS曲線は右下がりになっているのです．

　IS曲線を導出する方法として4象限の図を用いると，より理解が深まります．縦軸上方に利子率 (r)，横軸左方に投資 (I)，縦軸下方に貯蓄 (S)，横軸右方にGDP (Y) をとります．この図は，原点から離れるほど数値が大きくなっています．図12-3には第1象限から反時計回りに第4象限までが描かれています．それぞれの象限には，

（第1象限）GDPと利子率の関係：導出されるIS曲線が描かれます．
（第2象限）利子率と投資の関係：投資関数 $I=I(r)$ が描かれています．
（第3象限）投資と貯蓄の関係：財市場の需給均衡条件（ISバランス）が45度の線（$I=S$）として描かれています．
（第4象限）貯蓄とGDPの関係：貯蓄関数 $S=S(Y)$ が描かれています．

　図12-3をみてください．いま，ある利子率 r_0 が（貨幣市場より）与えられたと

図12-3 IS曲線の導出

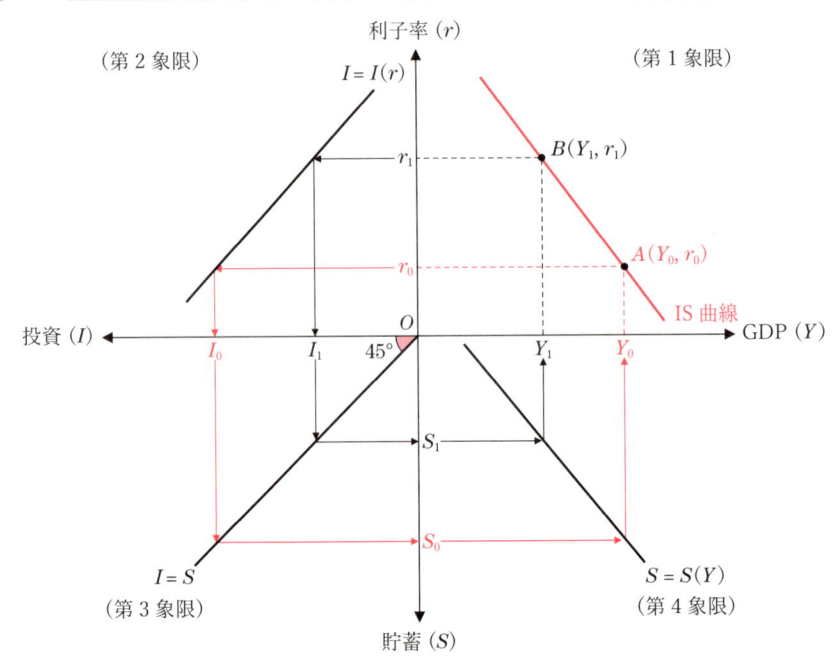

(注) グラフは原点から離れるほど数値が大きくなっています．

しましょう．r_0のもとでの投資水準はI_0となっています（**第2象限**）．投資水準がI_0の投資水準の下で，財市場を均衡させるような貯蓄水準は，図のS_0という水準です（**第3象限**）．この貯蓄水準を実現するGDPはY_0です（**第4象限**）．したがって，利子率r_0のもとで財市場を均衡させるGDPはY_0となります（**第1象限**）．このようにして選ばれた点$A(Y_0, r_0)$は，財市場を均衡させるようなGDP(Y_0)と利子率(r_1)の組み合わせ，ということになります．

利子率がr_1のケースについても同様の手順で財市場を均衡させるGDP(Y_1)と利子率(r_1)の組み合わせである点$B(Y_1, r_1)$を求めることができます．このような手順を繰り返していくと，第1象限に図12-2に示したような右下がりのIS曲線を描くことができるのです．「IS曲線上では常に財市場が均衡している」という点を覚えておきましょう．

ポイント・チェック 財市場の均衡とIS曲線の導出

❶ 実質利子率の変化に伴って，投資が変わると仮定した財市場は，
$$\begin{cases} 【総供給】Y^S = Y \\ 【総需要】Y^D = C(Y) + I(r) \end{cases}$$
と表せる

❷ 実質利子率の変化に伴って，投資が変わると仮定した財市場の需給均衡条件は，
$$Y = C(Y) + I(r)$$
と表せる

❸ 貯蓄とは，所得から消費を引いた残りのことで，GDPの増加に伴って増加すると考えられている

❹ 貯蓄関数は，
$$S = S(Y), \quad \frac{dS}{dY} > 0$$
と表せる

❺ 投資と貯蓄が等しいという財市場の需給均衡は，
$$I(r) = S(Y)$$
と表せ，これをISバランスという

❻ IS曲線とは，財市場を均衡させるGDPと利子率の軌跡のことで，投資関数，貯蓄関数，財市場の需給均衡条件の3つから導き出せる

❼ IS曲線上では，常に財市場は均衡している

❽ IS曲線を導出する方法として，4象限の図を用いる
（第1象限）GDPと利子率の関係：導出されるIS曲線が描かれる
（第2象限）利子率と投資の関係：投資関数 $I = I(r)$ が描かれている
（第3象限）投資と貯蓄の関係：財市場の需給均衡条件(ISバランス)が45度の線 ($I = S$) として描かれている
（第4象限）貯蓄とGDPの関係：貯蓄関数 $S = S(Y)$ が描かれている

COLUMN 12-❸　ケインズ・サーカス

　この章で用いられるIS-LM・モデルとよばれる分析手法は，Keynes, J. M. (1936) *The General Theory of Employment, Interest and Money*, Macmillan（邦訳：塩野谷祐一 (1995)『雇用・利子および貨幣の一般理論』東洋経済新報社）における財市場，貨幣

市場に関する体系を，より平易に解説する過程から生まれました．

この過程において，当時，ケインズ経済学を支持した研究者の集団——**ケインズ・サーカス**（Keynes's Circus）——の貢献を無視することはできません．以下にケインズ・サーカスに参加した主な経済学者をまとめてみましょう．

経済学者	主な業績
J. V. ロビンソン （Joan Violet Robinson,（英），1903年〜1983年）	不完全競争に関する研究
R. カーン （Richard F. Kahn,（英），1905年〜1989年）	乗数理論の研究
P. スラッファ （Piero Sraffa,（伊），1898年〜1983年）	D. リカードの研究
J. ミード （James Edward Meade,（英），1907年〜1995年）	国際貿易の理論研究 1977年ノーベル経済学賞受賞
R. ハロッド （Roy Forbes Harrod,（英），1900年〜1978年）	ケインズ経済学の動学化 ハロッド＝ドーマー・モデル
N. カルドア （Nicholas Kaldor,（英），1908年〜1986年）	景気循環の研究 厚生経済学における補償原理の研究
M. カレツキ （Michał Kalecki,（ポーランド），1899年〜1970年）	有効需要に関する研究
A. ラーナー （Abba Ptachya Lerner,（米），1903年〜1982年）	マーシャル＝ラーナー条件の導出 寡占度，国債の負担についての研究
R. ストーン （John Richard Nicholas Stone,（英），1913年〜1991年）	国民経済計算の研究 1984年ノーベル経済学賞受賞
J. R. ヒックス （John Richard Hicks,（英），1904年〜1989年）	一般均衡理論 金融理論に関する研究 IS-LM・モデルの研究 景気循環・経済成長の研究 1972年ノーベル経済学賞受賞

なかでも，J. ヒックス，J. ミード，R. ハロッドらが1937年にそれぞれ著した3つの論文[9]，ヒックス「**ケインズ氏と古典派**」[10]，J. ミード「**ケインズ体系の簡単な模型**」[11]，そして，ハロッド「**ケインズ氏と伝統理論**」[12]は，難解なケインズの

『一般理論』を，平明に解き明かした論文として多大な貢献をしました．

また，IS-LMモデルを普及させた経済学者に，1985年にノーベル経済学賞を受賞した**F. モディリアーニ**(Franco Modigliani, (米), 1918年〜2003年)や，アメリカにケインズ経済学を普及させることに尽力し，P. サミュエルソン，R. ソロー，J. トービンといった，後にノーベル経済学賞を受賞する経済学者を育成した**A. ハンセン**(Alvin Harvey Hansen, (米), 1887年〜1975年)がいます[13]．

2 IS曲線とその形状

IS曲線が財市場を均衡させるGDPと利子率の組み合わせであるならば，IS曲線に乗らない点では，財市場が均衡していないということはもはやいうまでもありません．では，IS曲線以外の点では具体的に何が起こっているのでしょうか．

図12-4をご覧ください．IS曲線上の点$A(Y_0, r_0)$では財市場の均衡が実現し，$I(r_0)=S(Y_0)$が成立しています．しかし，$I(r_0)=S(Y_0)$を満たすIS曲線の上方にある点$B(Y_0, r_1)$では，GDPの水準は同じY_0のままですが，利子率は$r_0<r_1$とr_0よりも高くなっています．利子率が上昇すると投資は減少しますから，点$B(Y_0, r_1)$のある領域においては$I(r_1)<S(Y_0)$となっています．ここで，投資が需要サイド，貯蓄が供給サイドを表していることを踏まえると，

---

9) この3つの論文は1936年の**計量経済学会**(The Econometric Society)において発表されました．
10) Hicks, J. R. (1937) "Mr. Keynes and the "Classics"; A Suggested Interpretation," *Econometrica*, Vol.5, April, pp.147–159 (邦訳：江沢太一・鬼木甫 (1972)『貨幣理論』東洋経済新報社).
11) Mead, J. (1937) "A Simplified Model of Keynes' System," *Review of Economic Studies*, Vol.4, No.2, pp.98–107 (邦訳：日銀調査局 (1950)「ケインズ体系の簡単な模型」『新しい経済学Ⅲ』東洋経済新報社，pp.148–167).
12) Harrod, R. (1937) "Mr. Keynes and Traditional Theory," *Econometrica*, Vol.5, April, pp.74–86.
13) Modigliani, F. (1944) "Liquidity Preference and the Theory of Interest and Money," *Econometrica*, Vol.14, Issue 1, January, pp.44–88およびHansen, A. (1953) *A Guide to Keynes*, McGraw-Hill (邦訳：大石泰彦 (1956)『ケインズ経済学入門』東京創元新社)を参照してください．

図12-4 ▸財市場の超過需要と超過供給

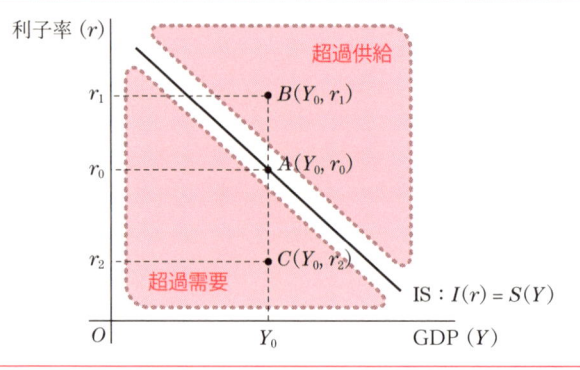

点$B(Y_0, r_1)$のある領域では，供給が需要を上回る財市場の**超過供給**（excess supply）が発生していることになります．

逆に，IS曲線の下方にある点$C(Y_0, r_2)$では，$I(r_2) > S(Y_0)$となっており，需要が供給を上回る財市場の**超過需要**（excess demand）が発生していることになります．

IS曲線そのものの形状は，その導出に用いた4象限の図からも明らかなように，IS曲線を構成している投資関数や貯蓄関数の形に依存しています．以下では，2つの視点，❶投資の利子弾力性と❷貯蓄の所得弾力性の観点からIS曲線の形状について考えます．

後述するように，経済政策の効果を考える際に，IS曲線がどのような形状をしているかを理解しておくことはとても重要です．というのも，IS曲線の形状如何によっては，経済政策が効果を発揮できない場合があるからです．以下2つの視点からIS曲線の形状について考えてみましょう．

> **ポイント・チェック** **IS曲線と財市場**
> ❶ IS曲線の上方にある点は，財市場の超過供給が発生している状態
> ❷ IS曲線の下方にある点は，財市場の超過需要が発生している状態

図12-5 投資の利子弾力性とIS曲線（i）

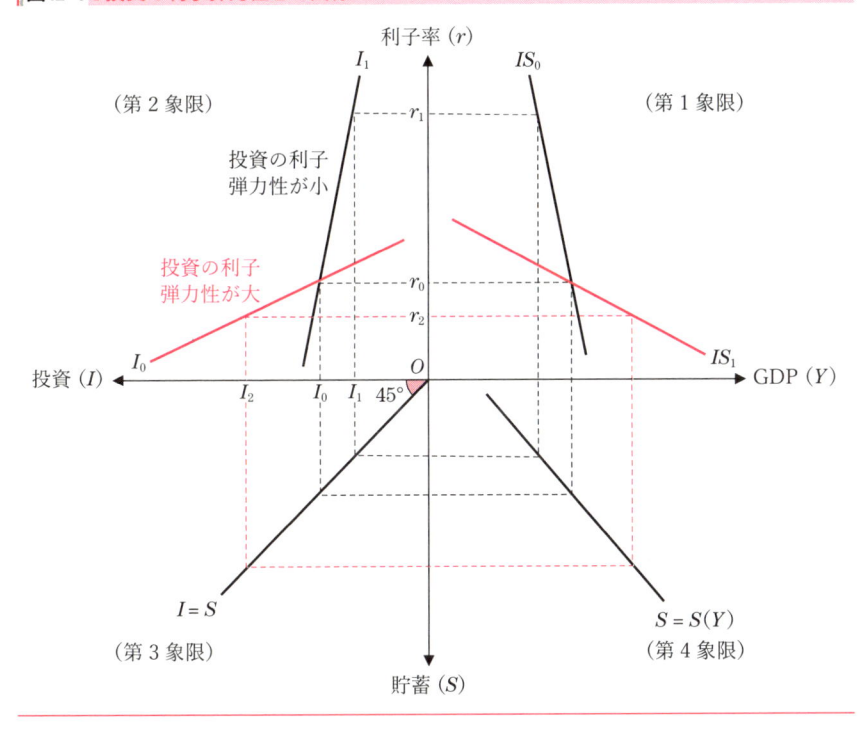

❶ 投資の利子弾力性

投資の利子弾力性とは，利子率（r）が1%変化したとき，それに伴って投資（I）が何%変化するかを示した概念です．その定義は，

$$\text{投資の利子弾力性} = \frac{\text{投資の\%変化}}{\text{利子率の\%変化}} = \frac{\Delta I/I}{\Delta r/r} = \frac{\Delta I}{\Delta r} \times \frac{r}{I}$$

と表せます．

投資の利子弾力性が大きいとき，縦軸に利子率，横軸に投資をとった平面に投資関数を描くと，その傾きは緩やかなものになります．逆に投資の利子弾力性が小さいとき，その傾きは急になります．

図12-5（i）をみてください．図12-5（i）の第2象限には，利子弾力性の大きな投資関数I_0と，利子弾力性の小さな投資関数I_1が描かれています．それぞれの投資関数をもつとき，IS曲線がどのような形状をとるか，4象限の図を

第12章 財・貨幣市場と総需要　597

図12-5 投資の利子弾力性とIS曲線（ⅱ）

【第1象限を拡大すると……】

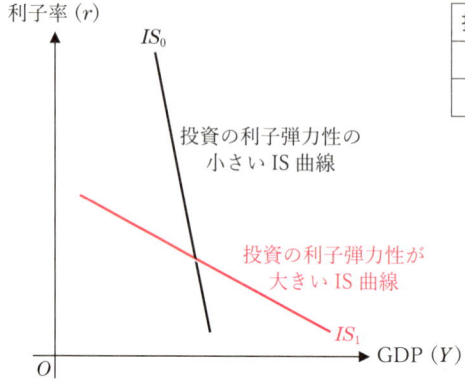

投資の利子弾力性	IS曲線の傾き
小	急
大	緩

投資の利子弾力性の小さいIS曲線

投資の利子弾力性が大きいIS曲線

図12-5 投資の利子弾力性とIS曲線（ⅲ）

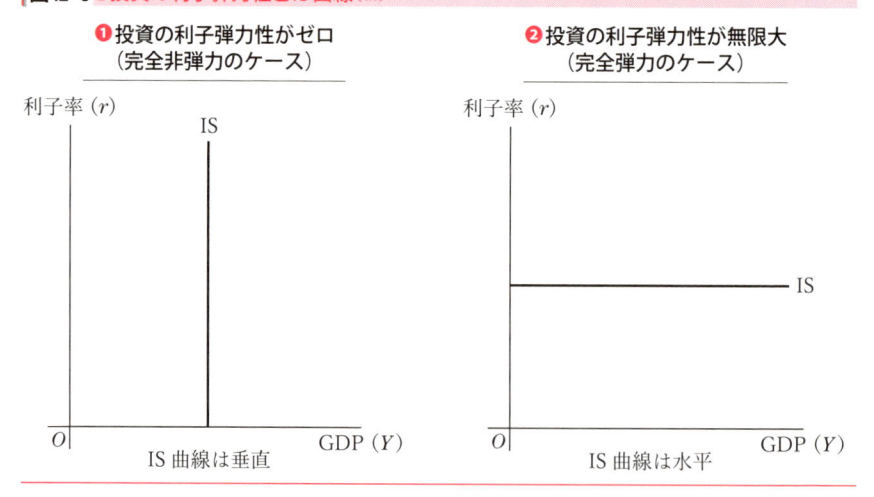

❶ 投資の利子弾力性がゼロ（完全非弾力のケース）

IS曲線は垂直

❷ 投資の利子弾力性が無限大（完全弾力のケース）

IS曲線は水平

用いてIS曲線を導出すると，投資の利子弾力性が大きい場合のIS曲線は傾きが緩やかになり，逆に，投資の利子弾力性が小さい場合のIS曲線は傾きが急になります（図12-5(ⅱ)）．つまり，

- 投資の利子弾力性が小さいとき，IS曲線の傾きは急になる．

投資の利子弾力性がゼロのとき（完全非弾力のケース）は，IS曲線は垂直

になる（図12-5(ⅲ)）．
- **投資の利子弾力性が大きいとき，IS曲線の傾きは緩やかになる．**
 投資の利子弾力性が無限大のとき（**完全弾力**のケース）は，IS曲線は水平になる（図12-5(ⅲ)）．

ことがわかります．

> **ポイント・チェック 投資の利子弾力性**
>
> ❶ 投資の利子弾力性とは，利子率が1%変化したとき，それに伴って投資が何%変化するかを示した概念
> ❷ 投資の利子弾力性は，
> $$\frac{\Delta I / I}{\Delta r / r} = \frac{\Delta I}{\Delta r} \times \frac{r}{I}$$
> と表せる
> ❸ 投資の利子弾力性が小さいとき→IS曲線の傾きは急になる
> （投資の利子弾力性がゼロのときは，IS曲線は垂直になる）
> ❹ 投資の利子弾力性が大きいとき→IS曲線の傾きは緩やかになる
> （投資の利子弾力性が無限大のときは，IS曲線は水平になる）

❷ 貯蓄の所得弾力性

同様に貯蓄の所得弾力性の大小によって，IS曲線がどのような形状をとるか考えることができます．貯蓄の所得弾力性とは，所得ないしGDP（Y）が1%変化したとき，それに伴って貯蓄（S）が何%変化するかを示した概念です．その定義は，

$$\text{貯蓄の所得弾力性} = \frac{\text{貯蓄の\%変化}}{\text{GDPの\%変化}} = \frac{\Delta S / S}{\Delta Y / Y} = \frac{\Delta S}{\Delta Y} \times \frac{Y}{S}$$

と表せます．

貯蓄の所得弾力性が大きいとき，縦軸に貯蓄，横軸にGDPをとった平面に貯蓄関数を描くと，その傾きは急になります．逆に貯蓄の所得弾力性が小さいとき，その傾きは緩やかになります．

図12-6（ⅰ）をみてください．第4象限には，所得弾力性の大きな貯蓄関数S_0と，所得弾力性の小さな貯蓄関数S_1が描かれています．貯蓄関数の形状に

図12-6 貯蓄の所得弾力性とIS曲線（ⅰ）

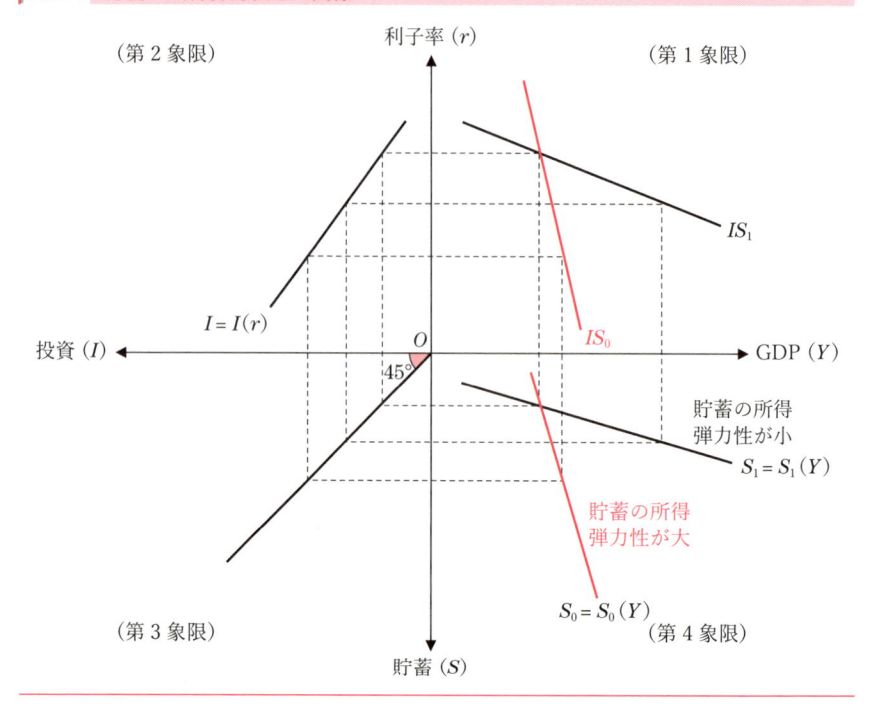

（第2象限）　利子率 (r)　（第1象限）

$I = I(r)$

投資 (I)　　O　IS_0　GDP (Y)

45°

IS_1

貯蓄の所得弾力性が小

$S_1 = S_1(Y)$

貯蓄の所得弾力性が大

$S_0 = S_0(Y)$

（第3象限）　貯蓄 (S)　（第4象限）

よって，IS曲線がどのような形状をとるか，4象限の図を用いて確認してみましょう．

貯蓄の所得弾力性が大きい場合のIS曲線は傾きが急になり，逆に，貯蓄の所得弾力性が小さい場合のIS曲線は傾きが緩やかになります（図12-6(ⅱ)）．つまり，

- **貯蓄の所得弾力性が大きいとき，IS曲線の傾きは急になる．**

  貯蓄の所得弾力性がゼロのとき（**完全非弾力**のケース）は，IS曲線は垂直になる（図12-6(ⅲ)）．

- **貯蓄の所得弾力性が大きいとき，IS曲線の傾きは緩やかになる．**

  貯蓄の所得弾力性が無限大のとき（**完全弾力**のケース）は，IS曲線は水平になる（図12-6(ⅲ)）．

ことがわかります．

図12-6 ■ 貯蓄の所得弾力性とIS曲線（ⅱ）

【第1象限を拡大すると……】

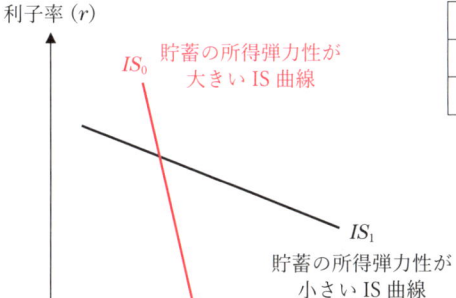

利子率 (r)

IS_0 貯蓄の所得弾力性が大きいIS曲線

IS_1 貯蓄の所得弾力性が小さいIS曲線

GDP (Y)

投資の利子弾力性	IS曲線の傾き
大	急
小	緩

図12-6 ■ 貯蓄の所得弾力性とIS曲線（ⅲ）

❶ 貯蓄の所得弾力性が無限大（完全非弾力のケース）

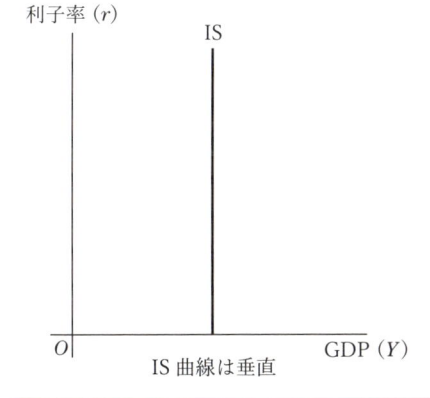

利子率 (r)

IS

GDP (Y)

IS曲線は垂直

❷ 貯蓄の所得弾力性がゼロ（完全弾力のケース）

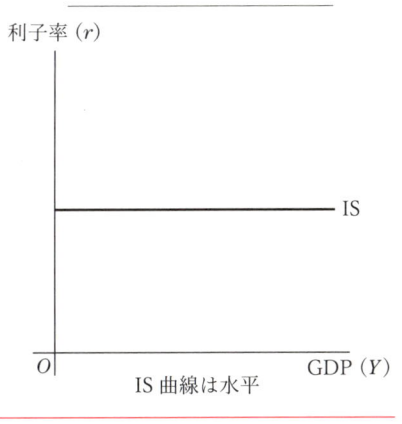

利子率 (r)

IS

GDP (Y)

IS曲線は水平

ポイント・チェック　貯蓄の所得弾力性

❶ 貯蓄の所得弾力性とは，所得ないしGDPが1％変化したとき，それに伴って貯蓄が何％変化するかを示した概念

第12章 財・貨幣市場と総需要　601

❷ 貯蓄の所得弾力性は，

$$\frac{\Delta S/S}{\Delta Y/Y} = \frac{\Delta S}{\Delta Y} \times \frac{Y}{S}$$

と表せる

❸ 貯蓄の所得弾力性が大きいとき→IS曲線の傾きは急になる
（貯蓄の所得弾力性が無限大のときは，IS曲線は垂直になる）

❹ 貯蓄の所得弾力性が小さいとき→IS曲線の傾きは緩やかになる
（貯蓄の所得弾力性がゼロのときは，IS曲線は水平になる）

2 貨幣市場の均衡とLM曲線

第11章で学習しましたように，貨幣市場は貨幣供給と貨幣需要によって構成されています．貨幣供給 (M^S) と貨幣需要 (M^D) は，以下の式によって表されます．

$$\begin{cases} 【貨幣供給】M^S = \frac{M}{P} \\ 【貨幣需要】M^D = L_1(Y) + L_2(r) \end{cases}$$

繰り返しますが，Mは（名目）貨幣供給量（マネーサプライ），Pは物価，$L_1(Y)$は取引動機および予備的動機に基づく貨幣需要，$L_2(r)$は投機的動機に基づく貨幣需要でした．また，GDP (Y) が増加するにつれてL_1は増加し，利子率 (r) が上昇するにつれてL_2は減少するという関係がありました．

貨幣市場の需給均衡条件は，$M^S = Y^D$なので，

$$\frac{M}{P} = L_1(Y) + L_2(r)$$

が成り立つとき，貨幣市場は均衡します．「貨幣市場が均衡するようなGDP (Y) と利子率 (r) の組み合わせの軌跡」を**LM曲線** (LM curve) といいます．LM曲線上にあるGDPと利子率の組み合わせであれば，貨幣市場は必ず均衡しています．LM曲線は，縦軸に利子率，横軸にGDPをとった平面において，通常，右上がりの曲線として描くことができます．

図12-7 LM曲線

利子率 (r) — LM曲線（右上がり） — GDP (Y)

❶ 利子率 (r) が上昇すると
❷ 投機用動機に基づく貨幣需要 ($L_2(r)$) が減少
❸ $M/P = L_1(Y) + L_2(r)$ を再び成立させるためには取引動機および予備的動機に基づく貨幣需要 ($L_1(Y)$) が増加する必要がある
❹ GDP (Y) の増加が必要（LM曲線は右上がり）

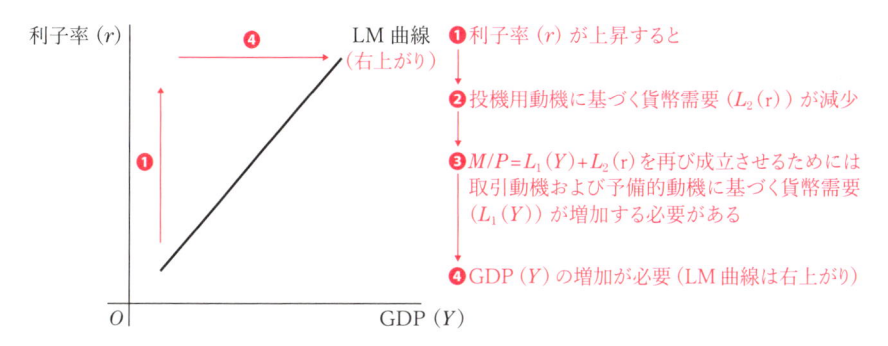

　LM曲線が右上がりに描かれる理由は，IS曲線同様に直観的に理解することができます．LM曲線は$M/P=L_1(Y)+L_2(r)$を満たす曲線です．左辺のマネーサプライと貨幣需要とが均等しているこの式において，もし，❶利子率 (r) が上昇すれば，右辺の❷投機的動機に基づく貨幣需要 ($L_2(r)$) は減少してしまいます．再び$M/P=L_1(Y)+L_2(r)$を成り立たせるためには，$L_2(r)$が減少した分だけ❸取引動機および予備的動機に基づく貨幣需要 ($L_1(Y)$) が増加しなければなりません．$L_1(Y)$を減少させるためには❹GDP (Y) が増加する必要があります（図12-7）．

　LM曲線が貨幣市場を均衡させるGDPと利子率の組み合わせである以上，利子率の上昇によってGDPが増加しなければなりませんから，LM曲線は右上がりになっているのです．

> **ポイント・チェック　貨幣市場の均衡とLM曲線の特徴**
>
> ❶ 貨幣需要の需給均衡条件は，
> $$\frac{M}{P}=L_1(Y)+L_2(r)$$
> と表せる
> ❷ LM曲線とは，貨幣市場が均衡するようなGDPと利子率の組み合わせの軌跡のこと
> ❸ LM曲線上では，常に貨幣市場は均衡している

1 LM曲線の導出

　LM曲線を導出する方法として，IS曲線を導出するときに用いた4象限の図を用いると，より理解が深まります．縦軸上方に利子率 (r)，横軸左方に投機的動機に基づく貨幣需要 (L_2)，縦軸下方に取引動機および予備的動機に基づく貨幣需要 (L_1)，横軸右方にGDP (Y) をとります．図12-8には第1象限から反時計回りに第4象限までが描かれています．それぞれの象限には，

(**第1象限**) GDPと利子率の関係：導出されるLM曲線が描かれます．

(**第2象限**) 利子率と投機的動機に基づく貨幣需要との関係：$L_2(r)$ が描かれています．

(**第3象限**) 投機的動機に基づく貨幣需要と取引動機および予備的動機に基づく貨幣需要との関係：貨幣市場の需給均衡条件 $M/P = L_1(Y) + L_2(r)$ が描かれています．

(**第4象限**) 取引動機および予備的動機に基づく貨幣需要とGDPの関係：$L_1(Y)$ が描かれています．

　図12-8を見てください．いま，ある利子率 r_0 が与えられたとしましょう．r_0 の下で，投機的動機に基づく貨幣需要は $L_2(r_0)$ となっています(**第2象限**)．投機的動機に基づく貨幣需要は $L_2(r_0)$ の下で，貨幣市場を均衡させるような取引動機および予備的動機に基づく貨幣需要は，図の $L_1(Y_0)$ という水準です(**第3象限**)．この水準を実現するGDPは Y_0 です(**第4象限**)．したがって，利子率 r_0 のもとで財市場を均衡させるGDPは Y_0 となります(**第1象限**)．このようにして選ばれた点 $A(Y_0, r_0)$ は，貨幣市場を均衡させるようなGDP (Y_0) と利子率 (r_1) の組み合わせ，ということになります．

　利子率が r_1 のケースについても同様の手順で財市場を均衡させるGDP (Y_1) と利子率 (r_1) の組み合わせである点 $B(Y_1, r_1)$ を求めることができます．このような手順を繰り返していくと，第1象限に図12-8に示したような右上がりのLM曲線を描くことができます．「LM曲線上では常に貨幣市場が均衡している」という点を覚えておきましょう．

図12-8 LM曲線の導出

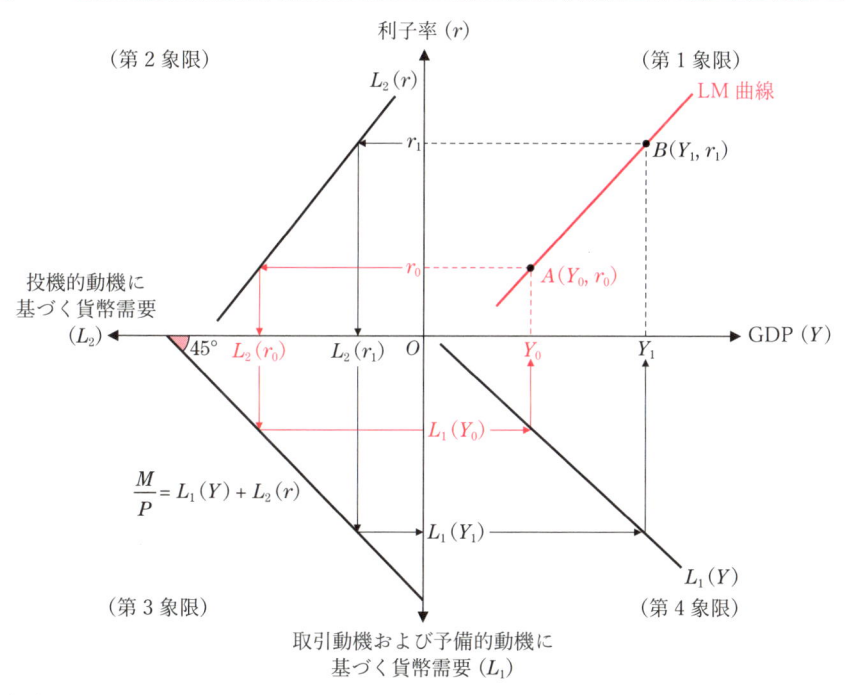

（第2象限）利子率 (r) ／ （第1象限） LM曲線

$L_2(r)$, r_1, $B(Y_1, r_1)$, r_0, $A(Y_0, r_0)$

投機的動機に基づく貨幣需要 (L_2)

45°, $L_2(r_0)$, $L_2(r_1)$, O, Y_0, Y_1, GDP (Y)

$L_1(Y_0)$

$\dfrac{M}{P} = L_1(Y) + L_2(r)$

$L_1(Y_1)$, $L_1(Y)$

（第3象限） ／ （第4象限）

取引動機および予備的動機に基づく貨幣需要 (L_1)

（注）グラフは原点から離れるほど数値が大きくなっています．

> **ポイント・チェック** LM曲線の導出
>
> LM曲線を導出する方法として，4象限の図を用いる
> （第1象限）GDPと利子率の関係：導出されるLM曲線が描かれる
> （第2象限）利子率と投機的動機に基づく貨幣需要との関係：$L_2(r)$ が描かれている
> （第3象限）投機的動機に基づく貨幣需要と取引動機および予備的動機に基づく貨幣需要との関係：貨幣市場の需給均衡条件 $M/P = L_1(Y) + L_2(r)$ が描かれている
> （第4象限）取引動機および予備的動機に基づく貨幣需要とGDPの関係：$L_1(Y)$ が描かれている

図12-9 貨幣市場の超過需要・超過供給

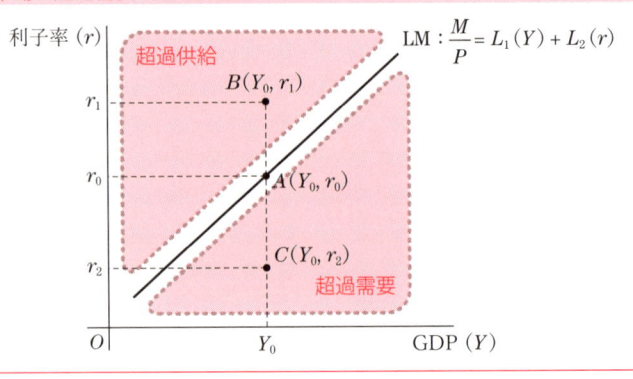

2 LM曲線とその形状

　LM曲線以外の点では貨幣市場の均衡は成り立ちません．図12-9をご覧ください．LM曲線上の点$A(Y_0, r_0)$では貨幣市場が均衡し，$M/P = L_1(Y) + L_2(r)$が成立しています．しかし，LM曲線の上方にある点$B(Y_0, r_1)$では，GDPの水準は同じY_0のままですが，利子率は$r_0 < r_1$とr_0よりも高くなっています．利子率が上昇すると投機的動機に基づく貨幣需要は減少しますから，点$B(Y_0, r_1)$のある領域においては$M/P > L_1(Y) + L_2(r)$となっています．つまり，点$B(Y_0, r_1)$のある領域では，供給が需要を上回る貨幣市場の**超過供給** (excess supply) が発生していることになります．

　逆に，LM曲線の下方にある点$C(Y_0, r_2)$では，$M/P < L_1(Y) + L_2(r)$となっており，需要が供給を上回る財市場の**超過需要** (excess demand) が発生していることになります．

　LM曲線の形状は，その導出に用いた4象限の図からも明らかなように，LM曲線を構成している取引動機および予備的動機に基づく貨幣需要 (L_1) や投機的動機に基づく貨幣需要 (L_2) の形に依存しています．以下では，2つの視点，❶貨幣需要の利子弾力性と❷貨幣需要の所得弾力性からLM曲線の形状について考えます．LM曲線の形状も，経済政策を考え得る上ではとても重要です．

> **ポイント・チェック　LM曲線と貨幣市場**
>
> ❶ LM曲線の上方にある点は，供給が需要を上回る財市場の超過供給が発生している状態
> ❷ LM曲線の下方にある点は，需要が供給を上回る財市場の超過需要が発生している状態

❶ 貨幣需要の利子弾力性

貨幣需要の利子弾力性とは，利子率 (r) が1%変化したとき，それに伴って貨幣需要 (M^D) が何%変化するかを示した概念です．その定義は，

$$\text{貨幣需要の利子弾力性} = \frac{\text{貨幣需要の\%変化}}{\text{利子率の\%変化}} = \frac{\Delta M^D/M^D}{\Delta r/r} = \frac{\Delta M^D}{\Delta r} \times \frac{r}{M^D}$$

と表せます．

　貨幣需要のうち，利子に依存する部分は投機的動機に基づく貨幣需要に関する部分です．利子弾力性が大きいとき，縦軸に利子率，横軸に投機的動機に基づく貨幣需要をとった平面に貨幣需要を描くと，その傾きは緩やかなものになります．逆に投資の利子弾力性が小さいとき，その傾きは急になります．

　図12-10（ⅰ）をみてください．図12-10（ⅰ）の第2象限には，利子弾力性の小さな投機的動機に基づく貨幣需要 $L_2^0(r)$ と，利子弾力性の大きな $L_2^1(r)$ が描かれています．それぞれの貨幣需要をもつとき，LM曲線がどのような形状をとるか，4象限の図を用いてLM曲線を導出してみましょう．

　貨幣需要の利子弾力性が大きいLM曲線は傾きが緩やかになり，逆に，投資の利子弾力性が小さいLM曲線は傾きが急になります（図12-10（ⅱ））．まとめると，以下のようになります．

- **貨幣需要の利子弾力性が小さいとき，LM曲線の傾きは急になる．**
　　貨幣需要の利子弾力性がゼロのとき（**完全非弾力**のケース）は，LM曲線は垂直になる（図12-10（ⅲ））．
- **貨幣需要の利子弾力性が大きいとき，LM曲線の傾きは緩やかになる．**
　　貨幣需要の利子弾力性が無限大のとき（**完全弾力**のケース）は，LM曲線は水平になる（図12-10（ⅲ））．このとき，経済は**流動性の罠**（liquidity trap）にあるといいます[14]．

図12-10 ■ 貨幣需要の利子弾力性とLM曲線（i）

（第2象限）　$L_2^0(r)$　利子率 (r)　LM_0　（第1象限）

貨幣需要の
利子弾力性が小

貨幣需要の
利子弾力性が大　　　　　　　　　LM_1

r_0

$L_2'(r)$

投機的動機に
基づく貨幣需要
(L_2)　　　　L_2^0　O　　　　　　　　　GDP (Y)

$\dfrac{M}{P} = L_1(Y) + L_2(r)$

45°

$L_1(Y)$

（第3象限）　　　　　　　　　（第4象限）

取引動機および予備的動機に
基づく貨幣需要 (L_1)

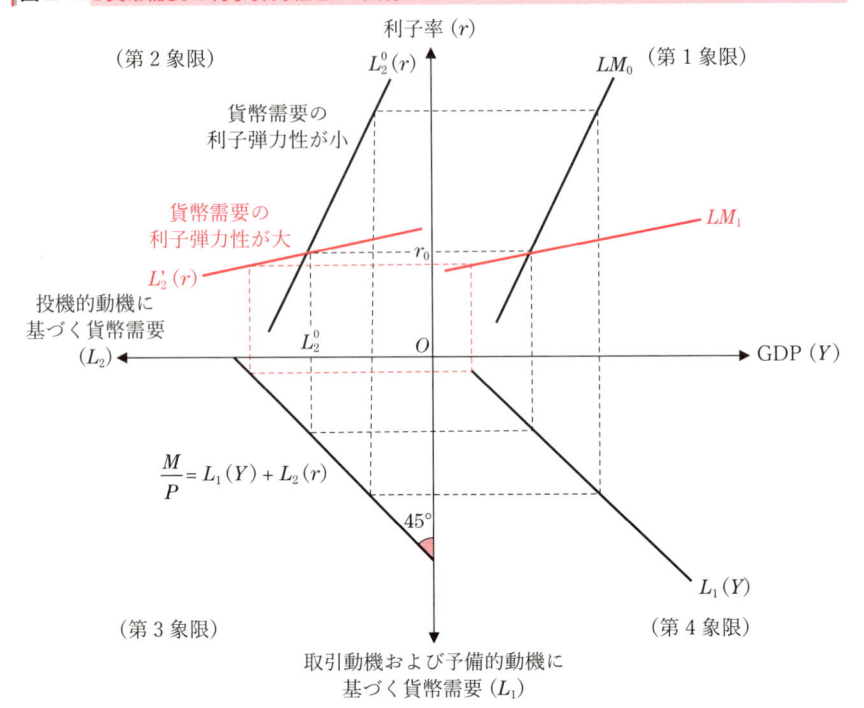

（注）グラフは原点から離れるほど数値が大きくなっています．

図12-10 ■ 貨幣需要の利子弾力性とLM曲線（ii）

【第1象限を拡大すると……】

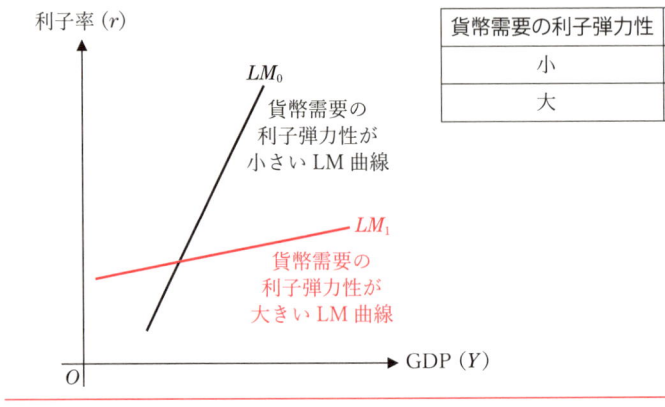

利子率 (r)

LM_0

貨幣需要の
利子弾力性が
小さいLM曲線

LM_1

貨幣需要の
利子弾力性が
大きいLM曲線

O　　　　　　GDP (Y)

貨幣需要の利子弾力性	LM曲線の傾き
小	急
大	緩

608　chapter 12　Goods & Money Market and Aggregate Demand

図12-10 貨幣需要の利子弾力性とLM曲線(iii)

❶ 貨幣需要の利子弾力性がゼロ（完全非弾力のケース）

LM曲線は垂直

❷ 貨幣需要の利子弾力性が無限大（完全弾力のケース）流動性の罠

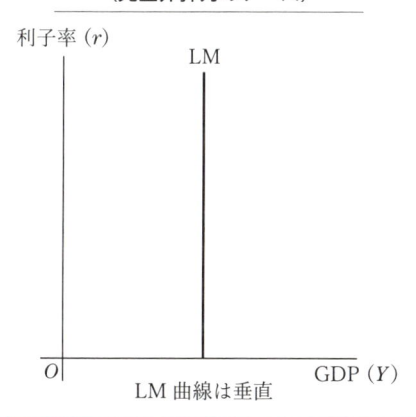

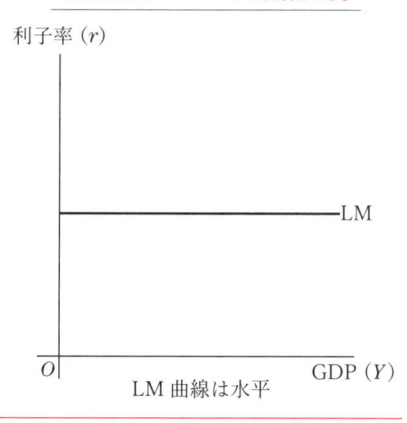

LM曲線は水平

> **ポイント・チェック** 貨幣需要の利子弾力性
>
> ❶ 貨幣需要の利子弾力性とは，利子率が1%変化したとき，それに伴って貨幣需要が何%変化するかを示した概念
>
> ❷ 貨幣需要の利子弾力性は，
> $$\frac{\Delta M^D/M^D}{\Delta r/r} = \frac{\Delta M^D}{\Delta r} \times \frac{r}{M^D}$$
> と表せる
>
> ❸ 貨幣需要の利子弾力性が小さいとき→LM曲線の傾きは急になる
> （貨幣需要の利子弾力性がゼロのときは，LM曲線は垂直になる）
>
> ❹ 貨幣需要の利子弾力性が大きいとき→LM曲線の傾きは緩やかになる
> （貨幣需要の利子弾力性が無限大のときは，LM曲線は水平になる）

❷ 貨幣需要の所得弾力性

　貨幣需要の所得弾力性とは，所得（GDP; Y）が1%変化したとき，それに伴って貨幣需要（M^D）が何%変化するかを示した概念です．その定義は，

---

14) 流動性の罠については第11章p.524を参照してください．

図12-11 貨幣需要の所得弾力性とLM曲線（ⅰ）

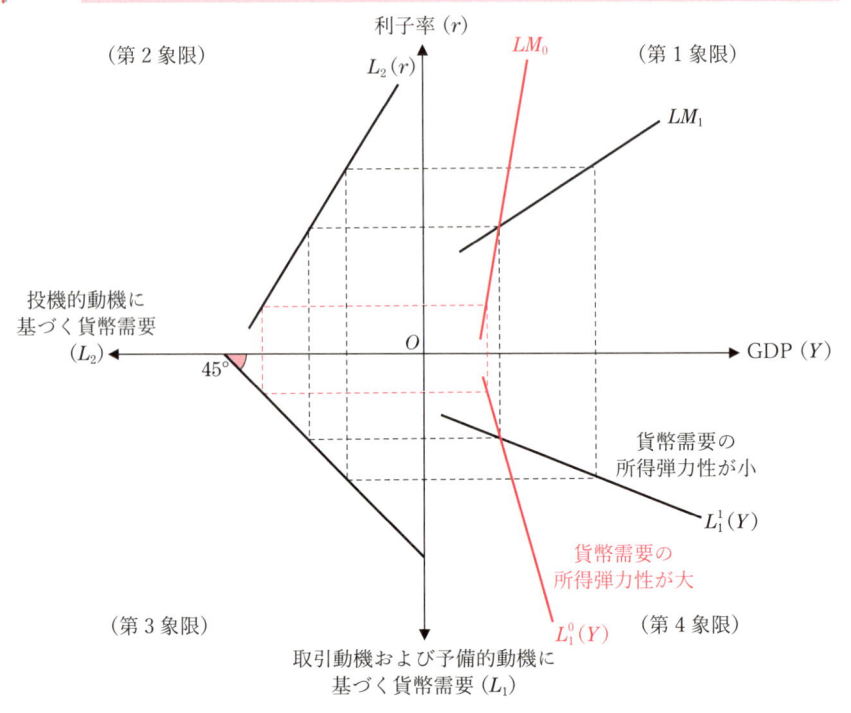

（第2象限） 利子率 (r) （第1象限）
$L_2(r)$
LM_0
LM_1
投機的動機に基づく貨幣需要 (L_2)
$45°$
O GDP (Y)
貨幣需要の所得弾力性が小
$L_1^1(Y)$
貨幣需要の所得弾力性が大
（第3象限） $L_1^0(Y)$ （第4象限）
取引動機および予備的動機に基づく貨幣需要 (L_1)

（注）グラフは原点から離れるほど数値が大きくなっています．

$$貨幣需要の所得弾力性 = \frac{貨幣需要の\%変化}{所得の\%変化} = \frac{\Delta M^D/M^D}{\Delta Y/Y} = \frac{\Delta M^D}{\Delta Y} \times \frac{Y}{M^D}$$

と表せます．

　貨幣需要のうち，所得に依存する部分は取引動機および予備的動機に基づく貨幣需要の部分です．所得弾力性が大きいとき，縦軸に取引動機および予備的動機に基づく貨幣需要，横軸にGDPをとった平面に貨幣需要を描くと，その傾きは急になります．逆に所得弾力性が小さいとき，その傾きは緩やかになります．

　図12-11（ⅰ）をみてください．図12-11（ⅰ）の第4象限には，所得弾力性の大きな取引動および予備的動機に基づく貨幣需要 $L_1^0(Y)$ と，所得弾力性の小さな $L_1^1(Y)$ が描かれています．それぞれの貨幣需要をもつとき，LM曲線が

図12-11 貨幣需要の所得弾力性とLM曲線(ⅱ)

【第1象限を拡大すると……】

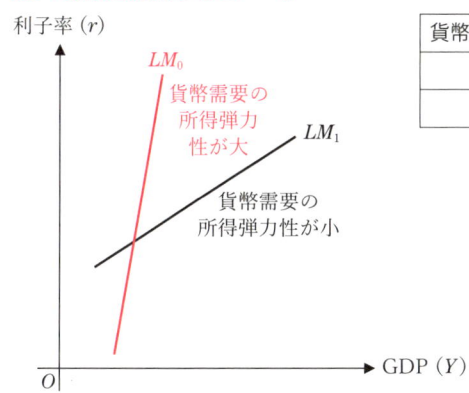

貨幣需要の所得弾力性	LM曲線の傾き
大	急
小	緩

図12-11 貨幣需要の所得弾力性とLM曲線(ⅲ)

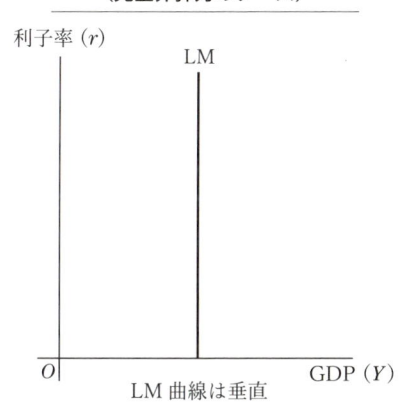

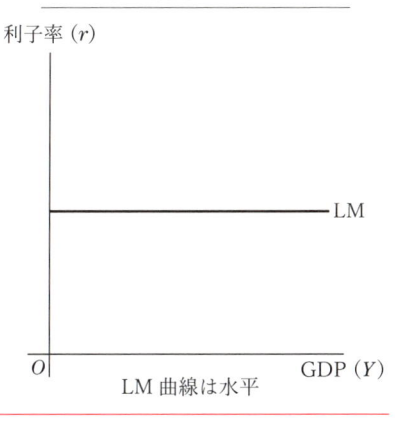

❶ 貨幣需要の所得弾力性が無限大（完全非弾力のケース）

LM曲線は垂直

❷ 貨幣需要の所得弾力性がゼロ（完全弾力のケース）

LM曲線は水平

どのような形状をとるか，4象限の図を用いてLM曲線を導出してみましょう．

貨幣需要の所得弾力性が小さいLM曲線は傾きが緩やかになり，逆に，所得弾力性が大きいLM曲線は傾きが急になります（図12-11(ⅱ)）．まとめると，以下のようになります．

- 貨幣需要の所得弾力性が大きいとき，LM曲線の傾きは急になる．

第12章 財・貨幣市場と総需要 611

貨幣需要の所得弾力性が無限大のとき（**完全非弾力**のケース）は，LM曲線は垂直になる（図12-11（ⅲ））．

- 貨幣需要の所得弾力性が小さいとき，LM曲線の傾きは緩やかになる．

貨幣需要の所得弾力性がゼロのとき（**完全弾力**のケース）は，LM曲線は水平になる（図12-11（ⅲ））．

> **ポイント・チェック** 貨幣需要の所得弾力性
>
> ❶ 貨幣需要の所得弾力性とは，所得ないしGDPが1%変化したとき，それに伴って貨幣需要が何%変化するかを示した概念
> ❷ 貨幣需要の所得弾力性は，
> $$\frac{\Delta M^D/M^D}{\Delta Y/Y} = \frac{\Delta M^D}{\Delta Y} \times \frac{Y}{M^D}$$
> と表せる
> ❸ 貨幣需要の所得弾力性が大きいとき→LM曲線の傾きは急になる
> （貨幣需要の所得弾力性が無限大のときは，LM曲線は垂直になる）
> ❹ 貨幣需要の所得弾力性が小さいとき→LM曲線の傾きは緩やかになる
> （貨幣需要の所得弾力性がゼロのときは，LM曲線は水平になる）

3 財・貨幣市場の同時均衡と財政政策・金融政策の効果

前節では財市場の均衡を表すIS曲線，貨幣市場の均衡を表すLM曲線について学習しました．ここでは財市場と貨幣市場の同時均衡，そして財政政策と金融政策の効果について学習します．

1 財・貨幣市場の同時均衡

財市場は，

$$\begin{cases} \text{【総供給】} Y^S = Y \\ \text{【総需要】} Y^D = C(Y) + I(r) \end{cases}$$

と表すことができます．YはGDP，$C(Y)$は消費，$I(r)$は投資です．財市場の

図12-12　財市場・貨幣市場の同時均衡

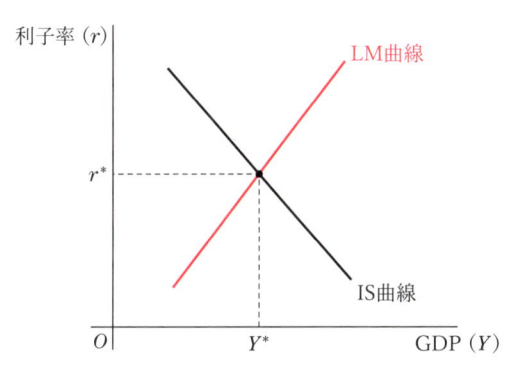

需給均衡条件は，$Y^S = Y^D$ なので，

　【IS曲線】$Y = C(Y) + I(r)$　（または$I(r) = S(Y)$）

と表されました．

　他方，貨幣市場は，

$$\begin{cases} \text{【貨幣供給】} M^S = \dfrac{M}{P} \\ \text{【貨幣需要】} M^D = L_1(Y) + L_2(r) \end{cases}$$

で表され，その均衡条件，つまりLM曲線は，

　【LM曲線】$\dfrac{M}{P} = L_1(Y) + L_2(r)$

で表されます．つまり，IS-LMモデルは，

$$\begin{cases} \text{【IS曲線】} \quad Y = C(Y) + I(r) \\ \text{【LM曲線】} \dfrac{M}{P} = L_1(Y) + L_2(r) \end{cases}$$

と表せます．この2つの曲線が交差する点においては，財市場と貨幣市場が同時に均衡するGDPと利子率の組み合わせが実現しており，それぞれ，均衡GDP (Y^*)，均衡利子率 (r^*) とよびます（図12-12）．

　たとえば，以下のようなマクロモデルが与えられたとしましょう．このとき，均衡GDPと均衡利子率はどのようになっているか考えてみましょう．

【マクロモデル】

〈財市場〉 〈貨幣市場〉

$Y = C + I + G$ $M/P = L$

$C = 50 + 0.8Y$ $M = 3,500$

$I = 100 - 500r$ $P = 1$

$G = 300$ $L = 2Y - 5,000r$

ただし，YはGDP，rは利子率，Cは消費，Iは投資，Gは政府支出，Mは名目貨幣供給量，Pは物価，Lは貨幣需要です．

このとき，均衡GDPと均衡利子率は以下の【手順】によって求めることができます．

【手順】

手順	解き方	解
❶	財市場の均衡条件 $Y = C + I + G$ に，$C = \sim$，$I = \sim$，$G = \sim$ を代入してIS曲線を求めます．	$Y = C + I + G$ に，$C = 50 + 0.8Y$，$I = 100 - 500r$，$G = 300$を代入すると，$Y = 50 + 0.8Y + 100 - 500r + 300$ より，【IS曲線】$Y = -2,500r + 2,250$
❷	貨幣市場の均衡条件 $M/P = L$ に $M = \sim$，$P = \sim$，$L = \sim$ を代入してLM曲線を求めます．	$M/P = L$ に，$M = 3,500$，$P = 1$，$L = 2Y - 5,000r$ を代入すると，$3,500/1 = 2Y - 5,000r$ より，【LM曲線】$Y = 2,500r + 1,750$
❸	❶，❷で求めたIS曲線とLM曲線を連立させて，均衡GDP (Y^*) と均衡利子率 (r^*) を求めます．	$\begin{cases} \text{【IS曲線】} Y = -2,500r + 2,250 \\ \text{【LM曲線】} Y = 2,500r + 1,750 \end{cases}$ より，$Y^* = 2,000$，$r^* = 0.1$ が求まります．

これを図示したものが図12-13です．

IS-LM均衡である図12-14の点Eは，財市場と貨幣市場が同時に均衡するGDPと利子率の組み合わせです．そして，右下がりのIS曲線と右上がりのLM曲線がGDP，利子率ともに非負の領域で交わるとき，この均衡点は安定的な点です．というのも，すでに図12-4でみてきましたように，IS曲線の右上側（（Ⅰ）および（Ⅳ）の領域）では財市場の超過供給が起こっており，左下側（（Ⅱ）お

図12-13 IS-LM均衡

$LM: Y = 2{,}500r + 1{,}750$

$IS曲線: Y = -2{,}500r + 2{,}250$

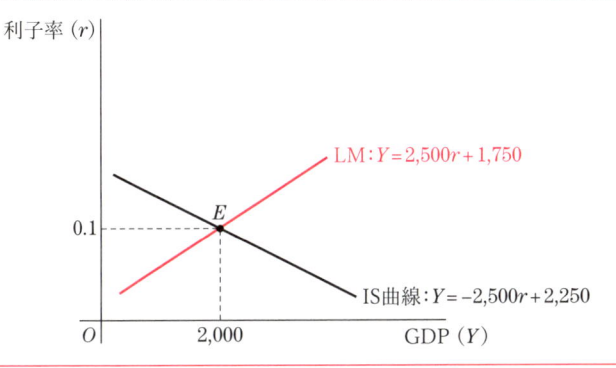

均衡点 E：$r = 0.1$，$Y = 2{,}000$

図12-14 均衡の安定性

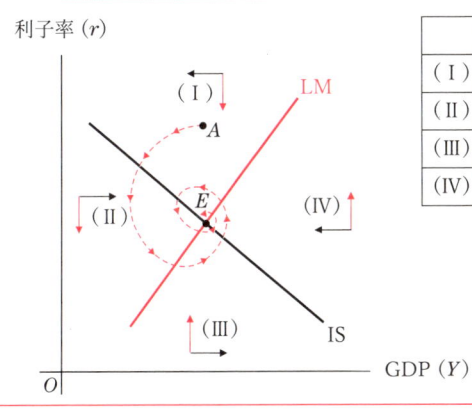

	財市場 (IS)	貨幣市場 (LM)
(Ⅰ)	超過供給	超過供給
(Ⅱ)	超過需要	超過供給
(Ⅲ)	超過需要	超過需要
(Ⅳ)	超過供給	超過需要

よび(Ⅲ)の領域)では財市場の超過需要が起こっています．その結果，ひとたびIS曲線から乖離したGDPおよび利子率が与えられると，市場調整メカニズムによってIS曲線上に収束するメカニズムが働きます．

同様に，図12-9でみてきましたように，LM曲線の左上側((Ⅰ)および(Ⅱ)の領域)では貨幣市場の超過供給が，右下側((Ⅲ)および(Ⅳ)の領域)では貨幣市場の超過需要が起こっており，LM曲線へと収束する力が市場に働きます．

たとえば，図の(Ⅰ)の領域に描かれている点Aは，財市場，貨幣市場ともに超過供給が生じていますが，その結果，GDPも利子率も減少する方向へと向かいます．図には矢印(ベクトル)が描かれていますが，GDP，利子率が減少

第12章 財・貨幣市場と総需要　615

して（Ⅱ）の領域に向かうと，利子率はまだ減少するものの，今度はGDPが増加に転じる方向に向かっていきます．こうした調整過程を経て，最終的には均衡点Eへと収束することになります．

> **ポイント・チェック　財・貨幣市場の同時均衡**
>
> ❶ IS-LMモデルは，
> $$\begin{cases} \text{【IS曲線】}\quad Y=C(Y)+I(r) \\ \text{【LM曲線】}\quad \dfrac{M}{P}=L_1(Y)+L_2(r) \end{cases}$$
> と表せる
>
> ❷ IS曲線とLM曲線が交差する点では，財市場と貨幣市場が同時に均衡するGDPと利子率の組み合わせが実現しており，それぞれ，均衡GDP，均衡利子率とよぶ

COLUMN 12-❹　名目利子率と実質利子率の関係 —— フィッシャー式

　前節では，財市場と貨幣市場の同時均衡について学習しました．しかし，すでにこの章の冒頭でもお話ししましたように，実質値に依存するIS曲線に対して，LM曲線は本来名目値に依存しています．IS曲線では実質利子率，LM曲線では名目利子率に依存していました．

　実質利子率（r）と名目利子率（i）の間には，**フィッシャー式**（Fisher equation）とよばれる以下の関係があることが知られています．

　【フィッシャー式】$i = r + \pi^e$

　ここで，π^eは**期待インフレ率**（expected rate of inflation）とよばれています[15]．期待インフレ率とは，人々が形成するインフレ率（物価上昇率）の予測値のことです．インフレ期待が存在する場合，IS-LMモデルは，

---

15) その導出については，たとえば，大村敬一・池尾和人・須田美矢子・浅子和美（1995）『経済学とファイナンス』（東洋経済新報社）pp.119–121などを参照してください．

$$\begin{cases} \text{【IS曲線】} & Y = C(Y) + I(r) \quad (\text{または } I(r) = S(Y)) \\ \text{【LM曲線】} & \dfrac{M}{P} = L_1(Y) + L_2(i) \\ \text{【フィッシャー式】} & i = r + \pi^e \end{cases}$$

となります．人々が「インフレが発生する」と予測すると，均衡GDPよりも高いGDPの水準でGDPが決定されます．

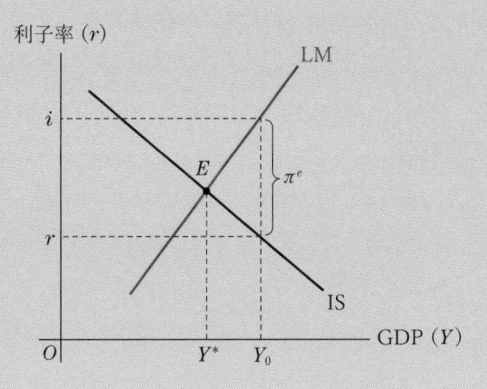

COLUMN 12-❺　ヒックスと『価値と資本』

　一昔前，まだ大学が**モラトリアム**（moratorium）[16] といわれていたころ，経済学部の理論系の講義では，「夏休みの宿題」と称して，しばしばJ. R. ヒックスの『価値と資本』[17] がレポート課題として出され，学生たちはひと夏頭を悩ませてレポートを書きあげたものです．

---

16) モラトリアムとは，災害や恐慌などによる金融の混乱を回避する目的で，預金や手形などの支払いを一時的に猶予する経済用語です．心理学者のエリク・H. エリクソン（Erik Homburger Erikson, （米）, 1902年〜1994年）は，大学生など社会に出る前の猶予期間をモラトリアムと名づけました．日本では，心理学者小此木啓吾（1930年〜2003年）の著書『モラトリアム人間の時代』（1978年，中央公論新社）によって広く普及しました．

17) J. R. Hicks (1939) *Value and Capital: An Inquiry into Some Fundamental Principles of Economic Theory*, Oxford: Clarendon Press（邦訳：安井琢磨・熊谷尚夫 (1995)『価値と資本（上）・（下）——経済理論の若干の基本原理に関する研究』岩波文庫）．

『価値と資本』は，消費者や生産者が多数の財を多数の市場で取引する一般均衡理論について述べた大作です．P. A. サミュエルソンの『経済分析の基礎』と並んで，今日，ミクロ経済学や厚生経済学，数理経済学の不朽の名著といわれています．

ヒックスは，マクロ経済学の分野においては，J. M. ケインズの『一般理論』の一部分をIS-LMモデルとして表現しただけでなく，乗数と加速度原理に基づく景気循環モデルを構築するなど，多くの業績を残しました．1972年，一般的経済均衡理論および厚生理論に対する先駆的貢献が称えられて，ノーベル経済学賞が与えられました．

2 財政政策の効果

IS-LMモデルを用いると，経済政策がGDPにどのような影響を与えるか，その効果を分析することが可能です．まず，財政政策について説明しましょう．財政政策には**拡張的財政政策** (expanded fiscal policy) と，**緊縮的財政政策** (tight fiscal policy) とがあります．財政政策を行うと，IS曲線が以下のように変化します．

財政政策内容	IS曲線のシフト
拡張的財政政策	右方シフト
緊縮的財政政策	左方シフト

政府の経済活動 (政府支出; G) がある場合のIS曲線は，$Y = C(Y) + I(r) + G$ と表すことができますので，政府支出が変化 (ΔG) すると，それに伴ってGDPも変化します (ΔY)[18]．ここでは，政府が拡張的財政政策を行った場合について考えてみましょう．

図12-15をみてください．当初，経済は財市場も貨幣市場もともに均衡しており，そのときの均衡点は右下がりのIS_0曲線と右上がりのLM曲線の交点

---

[18]「変化」を表す記号として Δ (デルタ) というギリシア文字を使います．本書第1章はじめ，しばしば用いられてきた記号ですが，ここでもう一度，その使い方 (第1章) を確認しておいてください．

図12-15 拡張的財政政策とクラウディング・アウト

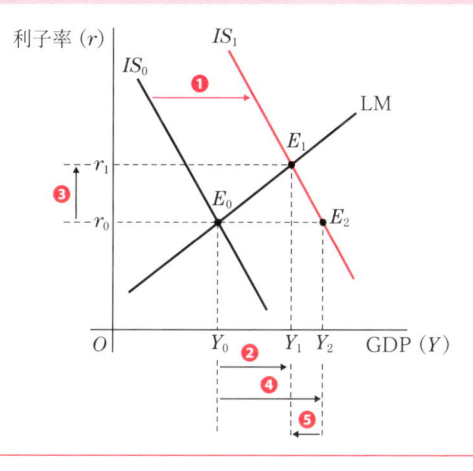

E_0で表され，そのときの均衡GDPはY_0，均衡利子率はr_0となっています．このとき，政府が拡張的な財政政策（$\Delta G > 0$）を行うと（図中❶），IS_0曲線は右方にシフトします．貨幣市場には変化がありませんから，LM曲線はそのままです．財政政策の結果，均衡点は点E_0から点E_1へと移ります．その結果，GDPはY_0からY_1へと増加し（図中❷），利子率もr_0からr_1へと上昇します（図中❸）．「GDPが増加したこと」をもって，経済政策は「効果あり」といいますので，IS曲線が右下がり，LM曲線が右上がりの場合，拡張的財政政策は効果があるということができます．

逆に緊縮的財政政策を行うと，GDPは減少します．

ここで皆さんに注目して欲しいのは，拡張的財政政策に伴う利子率の上昇です．財市場のみを考えた45度線分析[19]では，利子率の変化を考えていませんでした．したがって，財市場のみを考えて（つまり利子率は$r=r_0$で一定と考えて）拡張財政政策を行ったのであれば，**乗数効果**（multiplier effect）によって図中❹の矢印に相当する分のGDPの増加が期待されたわけです．しかし，IS-LMモデルでは，貨幣市場も同時に考えます．図中の点E_2では，取引動機および予備的動機に基づく貨幣需要の増加によって貨幣市場では超過需要が発生してい

---

[19] 45度線分析については，第10章を参照してください．

ます．再び貨幣市場を均衡させるためには，利子率が上昇して投機的動機に基づく貨幣需要が減少しなければならないのです．この利子率の上昇は図中❸で表されていますが，利子率の上昇によって財市場では投資が減少することになり，GDPの減少が引き起こされるのです．これは図中❺で表されています．

このように，政府支出の増加が，利子率の上昇を引き起こすことによって（民間）投資を押しのけ（crowd out），GDPを抑制してしまう効果を，**クラウディング・アウト**（Crowding out）といいます．クラウディング・アウトについては，初学者はわかりにくいところだと思いますので，以下のようにまとめておきましょう．

	クラウディング・アウト発生のメカニズム
❶ ↓	【財市場】政府支出が増加（$\Delta G > 0$）．
❷ ↓	IS曲線が右方にシフトする．
❸ ↓	GDPの増加（$\Delta Y > 0$）．
❹ ↓	【貨幣市場】取引動機および投機的動機に基づく貨幣需要の増加によって，貨幣市場に超過需要が発生する．
❺ ↓	超過需要を解消し，再び貨幣市場を均衡させるためには，投機的動機に基づく貨幣需要が減少しなければならない．そのために，利子率が上昇．
❻ ↓	【財市場】利子率の上昇によって（民間）投資が抑制される．
❼	投資が抑制された結果，GDPも抑制される（**クラウディング・アウト**の発生）．

財政政策は，その財源調達の方法（ファイナンスの仕方）によって，効果が変わってきます．政府が財源を調達する方法としては，増税による徴収と国債発行による調達の2つが考えられます．しかし，税率の変更に比べて国債発行の方が簡便であることなどの理由から，国債発行によるファイナンスが一般的です[20]．この国債発行によるファイナンスも，（ⅰ）国債の**市中消化**，（ⅱ）国債の**中央銀行引受け**（**日銀引受け**）という2つのファイナンスの仕方によってその効果は大きく変わってきます．

図12-16

（ⅰ）国債の市中消化

市中からお金を調達

市中のお金の量に変化なし
（マネーサプライ）

（ⅱ）国債の中央銀行引受け（日銀引受け）

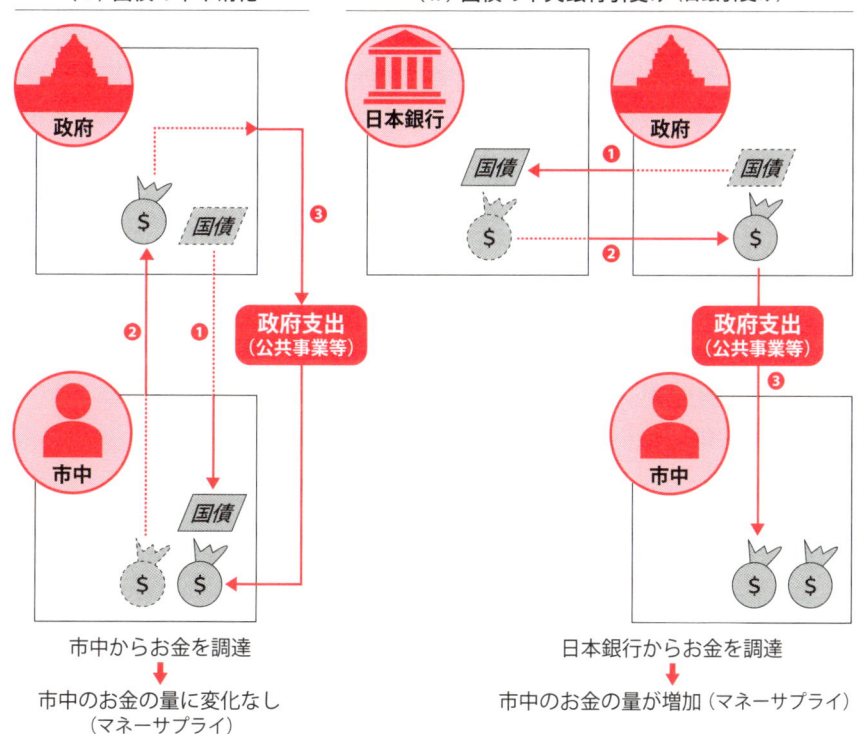

日本銀行からお金を調達

市中のお金の量が増加（マネーサプライ）

20) 簡単にいえば，国債は政府の国民に対する借金です．ですから，無責任に国債を発行すれば財政が破綻してしまいます．**財政法第4条**には「国の歳出は，公債又は借入金以外の歳入を以て，その財源としなければならない．但し，公共事業費，出資金及び貸付金の財源については，国会の議決を経た金額の範囲内で，公債を発行し又は借入金をなすことができる」という条文があります．つまり，原則，国債は公共事業以外には使用してはいけないのです．これを**建設国債の原則**といいます．公共事業で得られる便益は，現在世代のみならず将来世代にももたらされるものであるので，現在世代だけでなく将来世代もその負担を行うべきであり，公債発行によって将来へ借金（ツケ）を回す方がむしろ公平であるという考え方に基づいています．

他方，不足した社会保障費などを補填する目的で国債を発行する場合には，**特例国債（赤字国債）**を発行しています．特例国債は法律で禁止されている国債です．したがって，毎年国会で「公債の発行の特例に関する法律（特例公債法）」を単年度に限って成立させ，特例的に認めています．

なお，国債は，建設国債で建設される建造物の減価償却が平均して60年程度であることから，60年で償還できるように，前年度の国債発行残高の60分の1の額が**国債整理基金特別会計**に繰り入れられています．

図12-16（ⅰ）は国債の市中引受けについて模式的に表したものです．政府が国債を市中に発行すると（図中❶），市中が国債を購入した代金が政府に吸収されます（図中❷）．この代金を原資として政府は政府支出（公共事業等）を行います（図中❸）．政府は市中からお金を集めるため，市中のお金の量に変化はありません．

　これに対して，国債の中央銀行引受け（日銀引受け）では，市中のお金の量が増加する点が決定的に異なっています．図12-16（ⅱ）をみてください．中央銀行引受けでは政府が日本銀行に対して国債を発行します（図中❶）．政府はその対価として日本銀行から資金を得ます（図中❷）．政府はこれを原資として政府支出（公共事業等）を行います（図中❸）．この流れからも明らかなように，市中には新たなお金が注入されることになります．これは次の金融政策の項で後述するように，貨幣供給量（マネーサプライ）の増加に他なりません．

　こうしたファイナンスの相違は，財政政策の効果にも大きく現れます．図12-17をみてください．国債の市中引受けによってファイナンスをした場合，財政政策によってIS曲線はIS_0からIS_1へと右方にシフトします．その結果，GDPはY_0からY_1へと増加します．しかし，国債の中央銀行引受けによってファイナンスを行って，財政政策を行った場合，IS曲線がIS_0からIS_1へと右方にシフトし，GDPがY_0からY_1へと増加するにとどまりません．中央銀行（日本銀行）から新たなお金が市中に流れ込むことになりますので，その分，貨幣供給量（マネーサプライ）が増加し，LM曲線もLM_0からLM_1へと右方にシフトし，その結果，GDPはY_1からY_2へとさらに増加します．

　IS-LMモデルの枠組みで考えると，国債の中央銀行引受けは大変効果がある経済政策のように読めますが，日本では，1947年（昭和22年）3月31日に施行された**財政法第5条**によって原則禁止とされています．

> 第5条　すべて，公債の発行については，日本銀行にこれを引き受けさせ，又，借入金の借入については，日本銀行からこれを借り入れてはならない．但し，特別の事由がある場合において，国会の議決を経た金額の範囲内では，この限りでない．

図12-17

(ⅰ) 国債の市中消化による拡張的財政政策

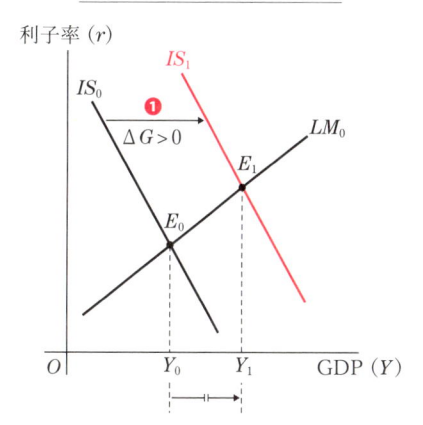

(ⅱ) 国債の中央銀行引受け（日銀引受け）による拡張的財政政策

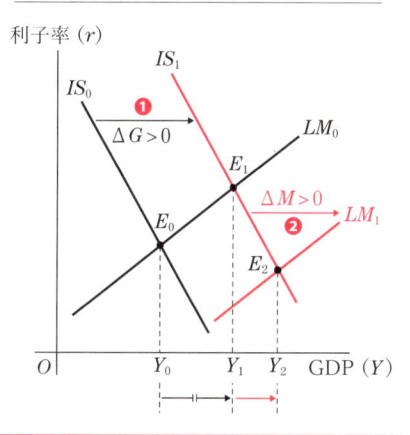

　IS-LMモデルでは「物価」を一定と考えていますが，政府が国債を中央銀行（日本銀行）に無制限に依存するようになると，中央銀行は市中に出回る貨幣の量をコントロールすることが難しくなり，急激な物価上昇（ハイパー・インフレ）を引き起こしかねないという懸念があるからです．

　第2次世界大戦前は，政府や軍が日本銀行に多額の国債を引受けさせていましたが，その結果，貨幣経済は破綻し，国民は切符制や配給制といった生活を余儀なくされてしまいました．こうした過去の反省の上に，戦後日本では原則的に中央銀行による国債引受けを禁止しているのです．これを国債の**市中消化の原則**といいます[21]．

---

21) ただし，この原則の例外として，**政府短期証券**（Financing Bill; FB）と**借換債引受け**（**乗換**）は，ハイパー・インフレを引き起こさないため日銀引受けが認められています．政府短期証券は，償還期間（元本が投資家に返還される期日）6カ月以内の，一時的な資金不足を目的とする短期国債です．また，借換債は満期を迎えた国債を償還するために発行される国債です．

> **ポイント・チェック** 財政政策の効果
>
> ❶ IS-LMモデルを用いると，経済政策がGDPにどのような影響を与えるか，その効果を分析することが可能である
> ❷ 財政政策には，拡張的財政政策と緊縮的財政政策がある
> ❸ 拡張的財政政策を行う→IS曲線は右方にシフト
>   緊縮的財政政策を行う→IS曲線は左方にシフト
> ❹ 政府の経済活動がある場合のIS曲線は，
> $$Y = C(Y) + I(r) + G$$
>   と表せる
> ❺ クラウディング・アウトとは，政府支出の増加が利子率の上昇を引き起こすことによって投資を押しのけ，GDPを抑制してしまう効果のこと

COLUMN 12-❻ 甦る日銀引受け議論

　2012年12月16日に行われた衆議院議員総選挙は，3年あまり続いた民主党政権から再び自民党が政権を奪取できるかどうか注目を集めた選挙でした．自民党が掲げた政策の中で注目を集めたのは，デフレ経済脱却のために日銀引受けを含む積極的な金融緩和政策を行うという提案でした．

　すでにみてきましたように，日銀引受けは現在「特別の事由がある場合において，国会の議決を経た金額の範囲内」を除いて原則禁止となっています（財政法第5条）．戦前の経験を踏まえれば，日銀引受けの賛否については慎重に熟考する必要があります．しかし，こうした政策が提唱された背景には，日本銀行が購入する金融資産を社債などに広げた非伝統的な金融政策を行ってもなお，デフレ経済が解消できない現状に対して，国民の強い関心があったともいえるでしょう．

(資料)『日本経済新聞』(2012年11月20日付朝刊)より．

3 金融政策の効果

IS-LMモデルを用いると，金融政策がGDPにどのような影響を与えるか，その効果を分析することが可能です．金融には貨幣供給量（マネーサプライ）を増加させる**金融緩和政策**（expanded monetary policy）と，減少させる**金融引き締め政策**（tight monetary policy）とがあります．金融政策によってLM曲線は以下のように変化します．

第12章 財・貨幣市場と総需要　625

図12-18 金融緩和政策

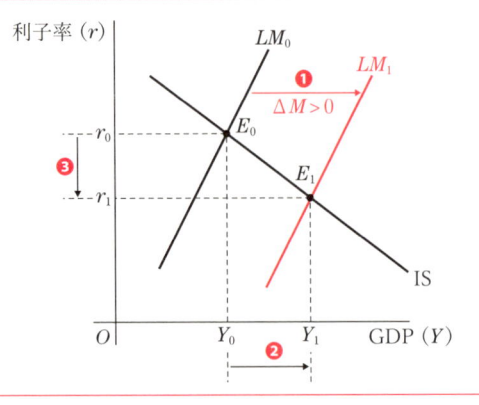

財政政策内容	LM曲線のシフト
金融緩和政策	右方シフト
金融引き締め政策	左方シフト

　中央銀行が金融緩和政策を行った場合について考えてみましょう．

　図12-18をみてください．当初，経済は財市場も貨幣市場もともに均衡しており，そのときの均衡点は右下がりのIS曲線と右上がりのLM_0曲線の交点E_0で表され，そのときの均衡GDPはY_0，均衡利子率はr_0となっています．このとき，中央銀行が金融緩和政策（$\Delta M>0$）を行うと（図中❶），LM_0曲線は右方にシフトします．財市場には変化がありませんから，IS曲線はそのままです．金融緩和政策の結果，均衡点は点E_0から点E_1へと移り，GDPはY_0からY_1へと増加し（図中❷），利子率もr_0からr_1へと下落します（図中❸）．IS曲線が右下がり，LM曲線が右上がりの場合，金融緩和政策は効果があるということができます．

　逆に金融引き締め政策を行うと，GDPは減少し，利子率は上昇します．

　貨幣需要の利子弾力性が無限大のとき（完全弾力のケース）では，LM曲線は水平になっていました（図12-10（ⅲ））．経済がこのような状況にあるとき，流動性の罠に陥っているといいましたが，流動性の罠の状況では金融緩和政策は無効となってしまいます（拡張的財政政策は有効となります）．

図12-19 流動性の罠の下での金融緩和政策は無効

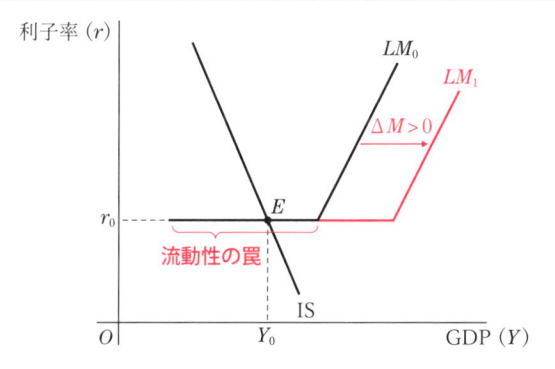

ポイント・チェック 金融政策の効果

❶ IS-LMモデルを用いると，金融政策がGDPにどのような影響を与えるか，その効果を分析することが可能である
❷ 金融政策には，金融緩和政策と金融引き締め政策がある
❸ 金融緩和政策を行う→LM曲線は右方にシフト
　金融引き締め政策を行う→LM曲線は左方にシフト

4　財政・金融政策の計算問題

　IS-LMモデルを理解するためには，簡単な数値例を用いたモデルを考えることが有効です．ここでは，3の❶で用いた以下のマクロモデルを用いて，経済政策の効果を分析してみましょう．

【マクロモデル】

〈財市場〉　　　　　　〈貨幣市場〉

$Y = C + I + G$　　　　$M/P = L$

$C = 50 + 0.8Y$　　　$M = 3{,}500$

$I = 100 - 500r$　　　$P = 1$

$G = 300$　　　　　　$L = 2Y - 5{,}000r$

ただし，YはGDP，rは利子率，Cは消費，Iは投資，Gは政府支出，Mは名目貨幣供給量，Pは物価，Lは貨幣需要です．このとき，以下の政策について考えてみましょう．

【政策】

> 政府支出を100増加させると同時に，名目貨幣供給量を200増加させたとすると，GDPはどれだけ増加するでしょうか．

このとき，政策効果は以下の【手順】によって求めることができます．

【手順】

手順	解き方	解
❶	財市場の均衡条件 $Y=C+I+G$ に，$C=\sim$，$I=\sim$ を代入してIS曲線を求めます． 【ポイント】政策によって動かす政府支出については $G=300$ を代入しないこと！	$Y=C+I+G$ に，$C=50+0.8Y$，$I=100-500r$ を代入すると， $Y=50+0.8Y+100-500r+G$ より， 【IS曲線】$Y=-2,500r+750+5G$
❷	貨幣市場の均衡条件 $M/P=L$ に $P=\sim$，$L=\sim$ を代入してLM曲線を求めます． 【ポイント】政策によって動かす名目貨幣供給量については $G=3,500$ を代入しないこと！	$M/P=L$ に，$P=1$，$L=2Y-5,000r$ を代入すると， $M/1=2Y-5,000r$ より， 【LM曲線】$Y=2,500r+M/2$
❸	❶，❷で求めたIS曲線とLM曲線の両辺にデルタ（Δ）をつけます． 【ポイント】数字のみの項に Δ をつけるとゼロになります．また，Δ は係数の後ろ，変数の前につけます．たとえば，750に Δ をつけると，$\Delta 750=0$ となります．また，$2,500r$ に Δ をつけると，$2,500\Delta r$ となります．	$\begin{cases}\text{【IS曲線】}\ Y=-2,500r+750+5G \\ \text{【LM曲線】}\ Y=2,500r+\dfrac{M}{2}\end{cases}$ より，変化分で表したIS-LMモデルは， $\begin{cases}\text{【IS曲線】}\ \Delta Y=-2,500\Delta r+5\Delta G \\ \text{【LM曲線】}\ \Delta Y=2,500\Delta r+\dfrac{1}{2}\Delta M\end{cases}$ となります．

❹	【政策】をみると，政府支出の増加（$\Delta G=100$）と，名目貨幣供給量の増加（$\Delta M=200$）を変化させたときのGDPの変化（ΔY）を尋ねているので，変化分で表したIS-LMモデルの利子率の変化分（Δr）を消去します．	変化分で表したIS-LMモデルは， $\begin{cases}\text{【IS曲線】}\quad \Delta Y=-2{,}500\Delta r+5\Delta G\\ \text{【LM曲線】}\quad \Delta Y=2{,}500\Delta r+\dfrac{1}{2}\Delta M\end{cases}$ なので，これより，利子率の変化分（Δr）を消去するために【IS曲線】と【LM曲線】を足すと， $2\Delta Y=5\Delta G+\dfrac{1}{2}\Delta M$ となります．よって， $\Delta Y=\dfrac{5}{2}\Delta G+\dfrac{1}{4}\Delta M$ となります．
❺	❹で求めたΔYに，政府支出の増加（$\Delta G=100$）と，名目貨幣供給量の増加（$\Delta M=200$）を代入すると，政策効果が求まります	$\Delta Y=\dfrac{5}{2}\underbrace{\Delta G}_{100}+\dfrac{1}{4}\underbrace{\Delta M}_{200}=\dfrac{5}{2}\times 100+\dfrac{1}{4}\times 200$ $=250+50=300$ となります．したがって，GDPは300増加します．

COLUMN 12-❼ 行列を用いた財政政策・金融政策の分析

実質貨幣供給量を$M/P=m$とすると，IS-LMモデルは以下のように表すことができます．

$\begin{cases}\text{【IS曲線】}\quad Y=C(Y)+I(r)+G\\ \text{【LM曲線】}\quad m=L_1(Y)+L_2(r)\end{cases}$

政府支出や貨幣供給量の変化によって，GDPや利子率がどのように変化するかを考えたいので，IS曲線，LM曲線を全微分すると，

$\begin{cases}dY=\dfrac{\partial C}{\partial Y}dY+\dfrac{\partial I}{\partial r}dr+dG\\ dm=\dfrac{\partial L_1}{\partial Y}dY+\dfrac{\partial L_2}{\partial r}dr\end{cases}$

が得られます．ここで，限界消費性向である$\partial C/\partial Y$をc，投資（I）と利子率の負の関係を表す$\partial I/\partial r$を$-a$，GDP（Y）と取引動機および予備的動機に基づく貨幣需要の正の関係（L_1）を表す$\partial L_1/\partial Y$をb_1，利子率（r）と投機的動機に基づく貨幣需

第12章 財・貨幣市場と総需要　629

要の負の関係 (L_2) を表す $\partial L_2 / \partial r$ を $-b_2$ と表すことにしましょう (ただし, c, a, b_1, b_2 はすべて正の数です). すると,

$$\begin{cases} dY = cdY - adr + dG \\ dm = b_1 dY - b_2 dr \end{cases}$$

$$\Leftrightarrow \begin{cases} (1-c)dY + adr = dG \\ b_1 dY - b_2 dr = dm \end{cases}$$

となります. これを行列で表すと,

$$\begin{pmatrix} 1-c & a \\ b_1 & -b_2 \end{pmatrix} \begin{pmatrix} dY \\ dr \end{pmatrix} = \begin{pmatrix} dG \\ dm \end{pmatrix}$$

となります. 両辺に $\begin{pmatrix} 1-c & a \\ b_1 & -b_2 \end{pmatrix}$ の逆行列 $\dfrac{1}{\Delta}\begin{pmatrix} -b_2 & -a \\ -b_1 & 1-c \end{pmatrix}$ を掛けると,

$$\begin{pmatrix} dY \\ dr \end{pmatrix} = \frac{1}{\Delta} \begin{pmatrix} -b_2 & -a \\ -b_1 & 1-c \end{pmatrix} \begin{pmatrix} dG \\ dm \end{pmatrix}$$

となります. ただし, Δ は行列式を表しており, $\Delta = -[(1-c)b_2 + ab_1] < 0$ です. これより,

$$\begin{cases} dY = \dfrac{1}{\Delta}(-b_2 dG - adm) \\ dr = \dfrac{1}{\Delta}(-b_1 dG + (1-c)dm) \end{cases}$$

が得られます. この式より, 政府支出の変化 (dG) や貨幣供給量の変化 (dm) による, GDPの変化 (dY) や利子率の変化 (dr) がわかります.

〈財政政策の効果〉

貨幣供給量に変化がない ($dm=0$) とすると, 財政支出 ($dG>0$) によって,

【GDPの変化】$dY = -\dfrac{b_2}{\underbrace{\Delta}_{(-)}} dG > 0$

となり, 政府支出によってGDPが増加することがわかります. 同様に利子率についても,

【利子率の変化】$dr = -\dfrac{b_1}{\underbrace{\Delta}_{(-)}} dG > 0$

と, 政府支出によって利子率が上昇することがわかります.

〈金融政策の効果〉

政府支出に変化がない（$dG=0$）とすると，貨幣供給量の増加（$dm>0$）によって，

【GDPの変化】$dY = -\dfrac{a}{\underset{(-)}{\Delta}} dm > 0$

となり，貨幣供給量の増加によってGDPが増加することがわかります．利子率については，

【利子率の変化】$dr = \dfrac{1-c}{\underset{(-)}{\Delta}} dm < 0$

と，政府支出によって利子率が下落することがわかります．

この分析の素晴らしいところは，分母にある行列式（Δ）によって，投資の利子弾力性が無限大やゼロといった特殊な状況も表現することができ，様々な状況での政策効果を一元的に表すことができるという点にあります．

現代経済学では，モデルを使って経済を表現することが一般的です．経済モデルの均衡の状態を考える分析を**静学**（statics）といいます．均衡の存在，一意性，安定条件などを考えるのは静学分析です．これに対して，財政政策や金融政策などによって，均衡がどのように変化するかを考える分析手法——より一般的には，与件の変化によって均衡がどのように変化するかを考える手法を**比較静学**（comparative statics）といいます．比較静学では，このコラムで紹介した微分，行列を用いた分析が基本となります．

4 総需要曲線

IS-LMモデルでは物価（P）は変化しないものと考えてきました．ここでは，物価が変化した場合について考えましょう．IS-LMモデルは，

$$\begin{cases} \text{【IS曲線】} \quad Y = C(Y) + I(r) \\ \text{【LM曲線】} \dfrac{M}{P} = L_1(Y) + L_2(r) \end{cases}$$

と表せました．ここで，Cは消費，YはGDP，Iは投資，rは利子率，Mは名目

図12-20

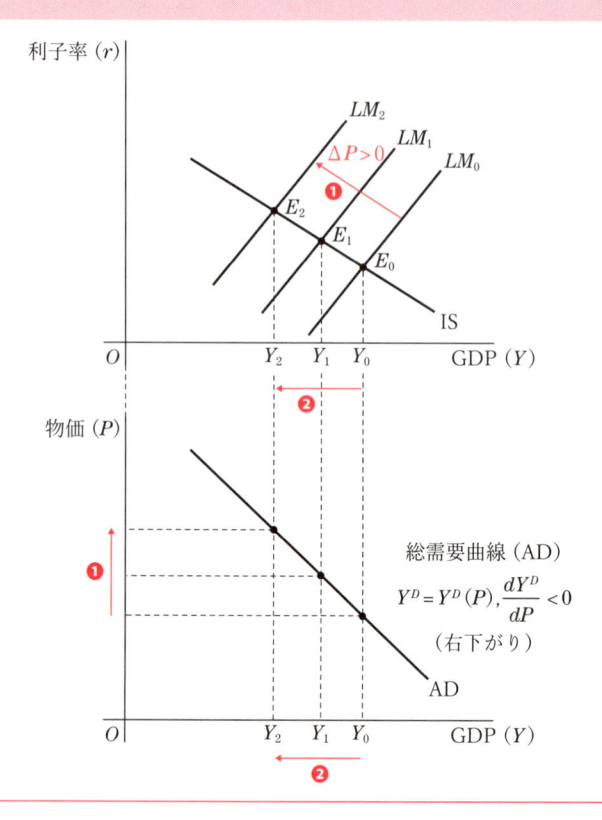

貨幣供給量，Pは物価，L_1は取引動機および予備的動機に基づく貨幣需要，L_2は投機的動機に基づく貨幣需要を表しています．いま，物価が上昇（$\Delta P>0$）したとします．すると，LM曲線の右辺の実質貨幣供給量（M/P）は（分母が大きくなるので）減少します．実質貨幣供給量の減少は，LM曲線を左方にシフトさせます．

図12-20上図をみてください．物価の上昇によって実質貨幣供給量が減少して，LM曲線がLM_0からLM_1，LM_2へとシフトしています．これに伴って，IS曲線との交点において実現される均衡GDPもY_0からY_1，Y_2へと減少しています．

つまり，物価上昇に伴って，財市場および貨幣市場を均衡させるGDPは減

少することがわかります．財市場と貨幣市場を同時に均衡させるGDPと物価の組み合わせを**総需要曲線**（Aggregate Demand curve; AD）といいます．総需要曲線は以下の式によって表されます．

　　【総需要曲線：AD】 $Y^D = Y^D(P), dY^D/dP < 0$

また，総需要曲線は縦軸に物価（P），横軸にGDP（Y）をとった平面において，右下がりに描かれます（図12-20下図）．

たとえば，マクロモデルが以下のように表されているとしましょう．このとき，以下の**【手順】**によって総需要曲線を求めることができます．

【マクロモデル】

〈財市場〉　　　　　〈貨幣市場〉

$Y = C + I + G$　　　$M/P = L$

$C = 50 + 0.8Y$　　　$M = 3,500$

$I = 100 - 500r$　　　$L = 2Y - 5,000r$

$G = 300$

【手順】

手順	解き方	解
❶	財市場の均衡条件 $Y = C + I + G$ に，$C = \sim$，$I = \sim$，$G = \sim$ を代入してIS曲線を求めます．	$Y = C + I + G$ に，$C = 50 + 0.8Y$，$I = 100 - 500r$，$G = 300$ を代入すると， $Y = 50 + 0.8Y + 100 - 500r + 300$ より， **【IS曲線】** $Y = -2,500r + 2,250$
❷	貨幣市場の均衡条件 $M/P = L$ に $M = \sim$，$L = \sim$ を代入してLM曲線を求めます．	$M/P = L$ に，$M = 3,500$，$P = 1$，$L = 2Y - 5,000r$ を代入すると， $3,500/P = 2Y - 5,000r$ より， **【LM曲線】** $Y = 2,500r + 1,750/P$
❸	❶，❷で求めたIS曲線とLM曲線を連立させて，利子率（r）を消去すれば総需要曲線が求まります．	$\begin{cases} \text{【IS曲線】} Y = -2,500r + 2,250 \\ \text{【LM曲線】} Y = 2,500r + 1,750/P \end{cases}$ より， $Y = \dfrac{875}{P} + 1,125$ と総需要曲線が求まります．

図12-21 総需要曲線

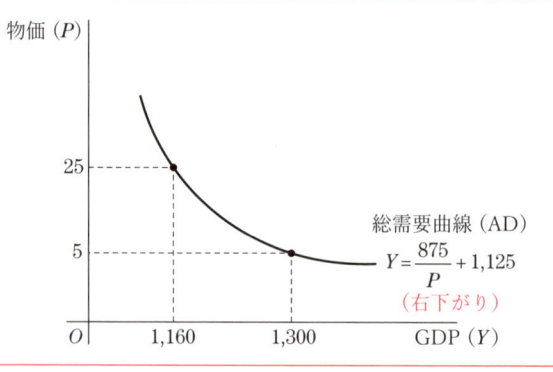

物価 (P) 軸に 25 と 5、GDP (Y) 軸に 1,160 と 1,300 の点が示されている。

総需要曲線 (AD)
$$Y = \frac{875}{P} + 1,125$$
（右下がり）

このマクロモデルにおいて求めた総需要曲線を図示したのが図12-21です．右下がりに描かれていることが容易に理解できると思います．

> **ポイント・チェック　総需要曲線の特徴**
>
> ❶ 総需要曲線とは，財市場と貨幣市場を同時に均衡させるGDPと物価の組み合わせのこと
> ❷ 総需要曲線は，
> $$Y^D = Y^D(P), \quad \frac{dY^D}{dP} < 0$$
> と表せる

この章では経済の需要サイド（消費面）に注目し，IS-LMモデルと経済政策（財政政策・金融政策）の効果，そして総需要曲線の導出までを学習しました．この章の内容は，需要サイドの経済政策を理解する上で極めて重要ですからしっかり復習してください．次の第13章では，経済の供給サイド（生産面）について学習します．

内容を理解しているかな？

問題に答えられたらYES！ わからなければNO！

1 財市場の均衡とIS曲線

1 IS曲線の導出

❶ 利子率と投資の関係——資本の限界効率と投資関数

Q1. 投資関数とは何か説明せよ
Q2. 投資と利子率の間にはどのような関係があるか説明せよ

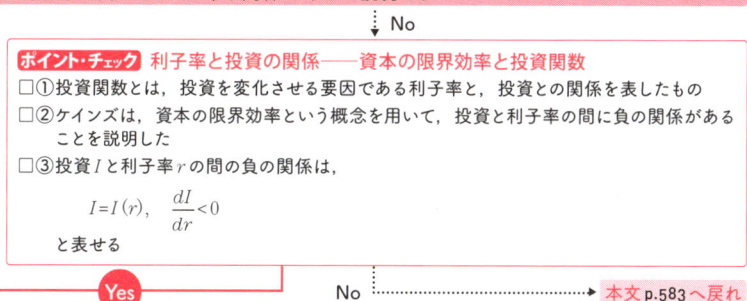

↓ No

ポイント・チェック 利子率と投資の関係——資本の限界効率と投資関数
- □① 投資関数とは，投資を変化させる要因である利子率と，投資との関係を表したもの
- □② ケインズは，資本の限界効率という概念を用いて，投資と利子率の間に負の関係があることを説明した
- □③ 投資 I と利子率 r の間の負の関係は，

$$I = I(r), \quad \frac{dI}{dr} < 0$$

と表せる

Yes → 【❷ 財市場の均衡とIS曲線の導出】へ進め！

No → 本文 p.583 へ戻れ

第12章 財・貨幣市場と総需要　635

❷ 財市場の均衡とIS曲線の導出

Q1. 実質利子率の変化に伴って投資が変化する財市場の総供給と総需要，需給均衡条件を示せ
Q2. 貯蓄とは何か説明せよ
Q3. 貯蓄関数を示せ
Q4. ISバランスとは何か説明せよ
Q5. IS曲線とは何か説明せよ

↓ No

ポイント・チェック 財市場の均衡とIS曲線の導出

□①実質利子率の変化に伴って，投資が変わると仮定した財市場は，

$$\begin{cases} 【総供給】Y^S = Y \\ 【総需要】Y^D = C(Y) + I(r) \end{cases}$$

と表せる

□②実質利子率の変化に伴って，投資が変わると仮定した財市場の需給均衡条件は，

$$Y = C(Y) + I(r)$$

と表せる

□③貯蓄とは，所得から消費を引いた残りのことで，GDPの増加に伴って増加すると考えられている

□④貯蓄関数は，

$$S = S(Y), \quad \frac{dS}{dY} > 0$$

と表せる

□⑤投資と貯蓄が等しいという財市場の需給均衡は，

$$I(r) = S(Y)$$

と表せ，これをISバランスという

□⑥IS曲線とは，財市場を均衡させるGDPと利子率の軌跡のことで，投資関数，貯蓄関数，財市場の需給均衡条件の3つから導き出せる

□⑦IS曲線上では，常に財市場は均衡している

□⑧IS曲線を導出する方法として，4象限の図を用いる
　（第1象限）GDPと利子率の関係：導出されるIS曲線が描かれる
　（第2象限）利子率と投資の関係：投資関数 $I = I(r)$ が描かれている
　（第3象限）投資と貯蓄の関係：財市場の需給均衡条件（ISバランス）が45度の線 $(I = S)$ として描かれている
　（第4象限）貯蓄とGDPの関係：貯蓄関数 $S = S(Y)$ が描かれている

Yes ↓　　　　　　　　　No ……→ 本文p.590へ戻れ

【❷ IS曲線とその形状】へ進め！

636　chapter **12** Goods & Money Market and Aggregate Demand

2 IS曲線とその形状

Q1. IS曲線の上方にある点は，どのような状態か説明せよ
Q2. IS曲線の下方にある点は，どのような状態か説明せよ

↓ No

ポイント・チェック　IS曲線と財市場
- □①IS曲線の上方にある点は，財市場の超過供給が発生している状態
- □②IS曲線の下方にある点は，財市場の超過需要が発生している状態

Yes → ／ No → 本文p.595へ戻れ

❶ 投資の利子弾力性

Q1. 投資の利子弾力性とは何か説明せよ
Q2. 投資の利子弾力性を示せ

↓ No

ポイント・チェック　投資の利子弾力性
- □①投資の利子弾力性とは，利子率が1%変化したとき，それに伴って投資が何%変化するかを示した概念
- □②投資の利子弾力性は，

$$\frac{\Delta I/I}{\Delta r/r} = \frac{\Delta I}{\Delta r} \times \frac{r}{I}$$

と表せる
- □③投資の利子弾力性が小さいとき →IS曲線の傾きは急になる
（投資の利子弾力性がゼロのときは，IS曲線は垂直になる）
- □④投資の利子弾力性が大きいとき →IS曲線の傾きは緩やかになる
（投資の利子弾力性が無限大のときは，IS曲線は水平になる）

Yes → ／ No → 本文p.597へ戻れ

【❷ 貯蓄の所得弾力性】へ進め！

❷ 貯蓄の所得弾力性

Q1. 貯蓄の所得弾力性とは何か説明せよ
Q2. 貯蓄の所得弾力性を示せ

↓ No

ポイント・チェック 貯蓄の所得弾力性
- ①貯蓄の所得弾力性とは，所得ないしGDPが1%変化したとき，それに伴って貯蓄が何％変化するかを示した概念
- ②貯蓄の所得弾力性は，

$$\frac{\Delta S/S}{\Delta Y/Y} = \frac{\Delta S}{\Delta Y} \times \frac{Y}{S}$$

と表せる
- ③貯蓄の所得弾力性が大きいとき→IS曲線の傾きは急になる
（貯蓄の所得弾力性が無限大のときは，IS曲線は垂直になる）
- ④貯蓄の所得弾力性が小さいとき→IS曲線の傾きは緩やかになる
（貯蓄の所得弾力性がゼロのときは，IS曲線は水平になる）

Yes / Yes / No → 本文 p.599 へ戻れ

2 貨幣市場の均衡とLM曲線

Q1. 貨幣需要の需給均衡条件を示せ
Q2. LM曲線とは何か説明せよ

↓ No

ポイント・チェック 貨幣市場の均衡とLM曲線の特徴
- ①貨幣需要の需給均衡条件は，

$$\frac{M}{P} = L_1(Y) + L_2(r)$$

と表せる
- ②LM曲線とは，貨幣市場が均衡するようなGDPと利子率の組み合わせの軌跡のこと
- ③LM曲線上では，常に貨幣市場は均衡している

Yes / Yes / No → 本文 p.602 へ戻れ

【**1** LM曲線の導出】へ進め！

1 LM曲線の導出

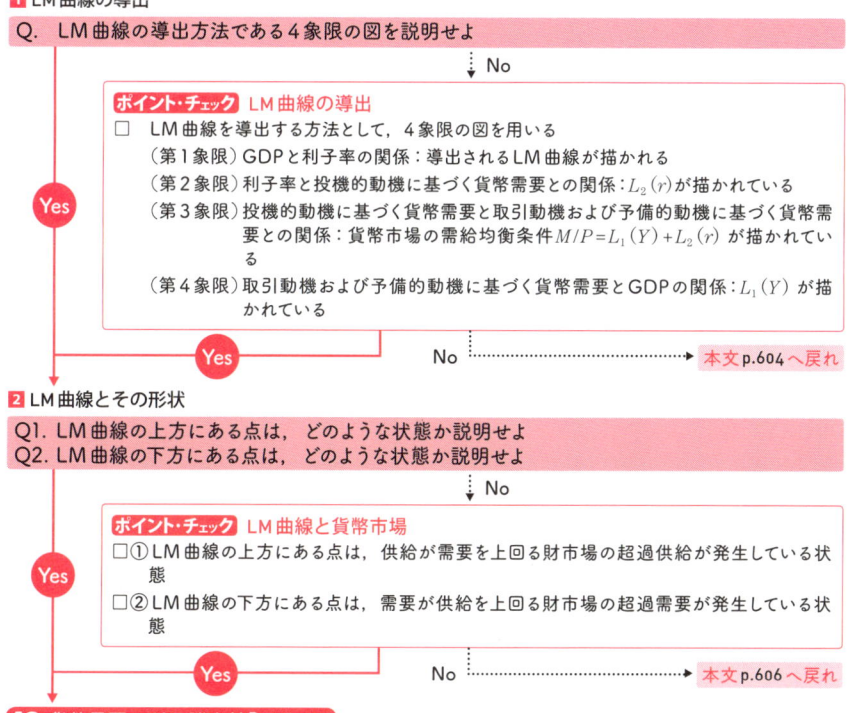

Q. LM曲線の導出方法である4象限の図を説明せよ

ポイント・チェック　LM曲線の導出
- □ LM曲線を導出する方法として，4象限の図を用いる
  - （第1象限）GDPと利子率の関係：導出されるLM曲線が描かれる
  - （第2象限）利子率と投機的動機に基づく貨幣需要との関係：$L_2(r)$ が描かれている
  - （第3象限）投機的動機に基づく貨幣需要と取引動機および予備的動機に基づく貨幣需要との関係：貨幣市場の需給均衡条件 $M/P = L_1(Y) + L_2(r)$ が描かれている
  - （第4象限）取引動機および予備的動機に基づく貨幣需要とGDPの関係：$L_1(Y)$ が描かれている

No → 本文p.604へ戻れ

2 LM曲線とその形状

Q1. LM曲線の上方にある点は，どのような状態か説明せよ
Q2. LM曲線の下方にある点は，どのような状態か説明せよ

ポイント・チェック　LM曲線と貨幣市場
- □① LM曲線の上方にある点は，供給が需要を上回る財市場の超過供給が発生している状態
- □② LM曲線の下方にある点は，需要が供給を上回る財市場の超過需要が発生している状態

No → 本文p.606へ戻れ

【❶ 貨幣需要の利子弾力性】へ進め！

第12章 財・貨幣市場と総需要　639

❶ 貨幣需要の利子弾力性

Q1. 貨幣需要の利子弾力性とは何か説明せよ
Q2. 貨幣需要の利子弾力性を示せ

↓ No

ポイント・チェック 貨幣需要の利子弾力性
- □①貨幣需要の利子弾力性とは，利子率が1%変化したとき，それに伴って貨幣需要が何%変化するかを示した概念
- □②貨幣需要の利子弾力性は，

$$\frac{\Delta M^D/M^D}{\Delta r/r} = \frac{\Delta M^D}{\Delta r} \times \frac{r}{M^D}$$

  と表せる
- □③貨幣需要の利子弾力性が小さいとき→LM曲線の傾きは急になる
  （貨幣需要の利子弾力性がゼロのときは，LM曲線は垂直になる）
- □④貨幣需要の利子弾力性が大きいとき→LM曲線の傾きは緩やかになる
  （貨幣需要の利子弾力性が無限大のときは，LM曲線は水平になる）

Yes ／ No ……→ 本文 p.607へ戻れ

❷ 貨幣需要の所得弾力性

Q1. 貨幣需要の所得弾力性とは何か説明せよ
Q2. 貨幣需要の所得弾力性を示せ

↓ No

ポイント・チェック 貨幣需要の所得弾力性
- □①貨幣需要の所得弾力性とは，所得ないしGDPが1%変化したとき，それに伴って貨幣需要が何%変化するかを示した概念
- □②貨幣需要の所得弾力性は，

$$\frac{\Delta M^D/M^D}{\Delta Y/Y} = \frac{\Delta M^D}{\Delta Y} \times \frac{Y}{M^D}$$

  と表せる
- □③貨幣需要の所得弾力性が大きいとき→LM曲線の傾きは急になる
  （貨幣需要の所得弾力性が無限大のときは，LM曲線は垂直になる）
- □④貨幣需要の所得弾力性が小さいとき→LM曲線の傾きは緩やかになる
  （貨幣需要の所得弾力性がゼロのときは，LM曲線は水平になる）

Yes ／ No ……→ 本文 p.609へ戻れ

【3 財・貨幣市場の同時均衡と財政政策・金融政策の効果】へ進め！

3 財・貨幣市場の同時均衡と財政政策・金融政策の効果

1 財・貨幣市場の同時均衡

Q1. IS-LMモデルとは何か説明せよ
Q2. IS-LMモデルを示せ

↓ No

> **ポイント・チェック** 財・貨幣市場の同時均衡
> - □① IS-LMモデルは,
> $$\begin{cases} \text{【IS曲線】} Y = C(Y) + I(r) \\ \text{【LM曲線】} \dfrac{M}{P} = L_1(Y) + L_2(r) \end{cases}$$
>   と表せる
> - □② IS曲線とLM曲線が交差する点では,財市場と貨幣市場が同時に均衡するGDPと利子率の組み合わせが実現しており,それぞれ,均衡GDP,均衡利子率とよぶ

Yes ↓   No → 本文 p.612へ戻れ

2 財政政策の効果

Q1. 財政政策を行うとIS-LMモデルにどのような影響を与えるか説明せよ
Q2. 政府の経済活動があるIS曲線を示しなさい
Q3. クラウディング・アウトとは何か説明せよ

↓ No

> **ポイント・チェック** 財政政策の効果
> - □① IS-LMモデルを用いると,経済政策がGDPにどのような影響を与えるか,その効果を分析することが可能である
> - □② 財政政策には,拡張的財政政策と緊縮的財政政策がある
> - □③ 拡張的財政政策を行う → IS曲線は右方にシフト
>   緊縮的財政政策を行う → IS曲線は左方にシフト
> - □④ 政府の経済活動がある場合のIS曲線は,
> $$Y = C(Y) + I(r) + G$$
>   と表せる
> - □⑤ クラウディング・アウトとは,政府支出の増加が利子率の上昇を引き起こすことによって投資を押しのけ,GDPを抑制してしまう効果のこと

Yes ↓   No → 本文 p.618へ戻れ

【3 金融政策の効果】へ進め!

■3 金融政策の効果

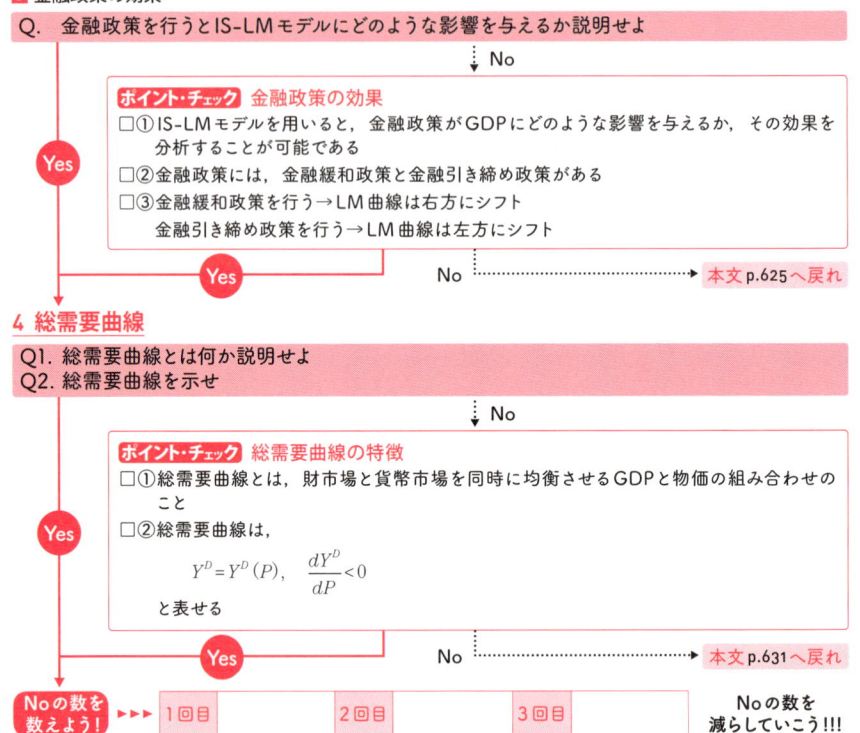

Q. 金融政策を行うとIS-LMモデルにどのような影響を与えるか説明せよ

ポイント・チェック 金融政策の効果
- □①IS-LMモデルを用いると，金融政策がGDPにどのような影響を与えるか，その効果を分析することが可能である
- □②金融政策には，金融緩和政策と金融引き締め政策がある
- □③金融緩和政策を行う→LM曲線は右方にシフト
  金融引き締め政策を行う→LM曲線は左方にシフト

No → 本文 p.625 へ戻れ

4 総需要曲線

Q1. 総需要曲線とは何か説明せよ
Q2. 総需要曲線を示せ

ポイント・チェック 総需要曲線の特徴
- □①総需要曲線とは，財市場と貨幣市場を同時に均衡させるGDPと物価の組み合わせのこと
- □②総需要曲線は，
$$Y^D = Y^D(P), \quad \frac{dY^D}{dP} < 0$$
と表せる

No → 本文 p.631 へ戻れ

Noの数を数えよう！ ▶▶▶ 1回目　2回目　3回目　　Noの数を減らしていこう!!!

用語確認

おぼえたかな？

問題

1. IS曲線とは，（　　）❶が均衡するようなGDP (Y) と利子率 (r) の組み合わせの軌跡であり，（　　）❷$I(r)$，（　　）❸$S(Y)$，そして（　　）❹から導出することができます．

　IS曲線の上方では，GDPの水準は同じですが，利子率は財市場が均衡する利子率よりも高くなっています．利子率が上昇すると投資は減少しますから，投資が需要サイド，貯蓄が供給サイドを表していることを踏まえると，供給が需要を上回る財市場の（　　）❺が発生していることになります．一方で，IS曲線の下方では，需要が供給を上回る財市場の（　　）❻が発生していることになります．

2. LM曲線とは，（　　）❼が均衡するようなGDP (Y) と利子率 (r) の組み合わせの軌跡であり，（　　）❽$L_1(Y)$，（　　）❾$L_2(r)$，そして（　　）❿から導出することができます．

　LM曲線の上方では，GDPの水準は同じですが，利子率は貨幣市場が均衡する利子率よりも高くなっています．利子率が上昇すると投機的動機に基づく貨幣需要は減少しますから，供給が需要を上回る貨幣市場の（　　）⓫が発生していることになります．一方で，LM曲線の下方では，需要が供給を上回る財市場の（　　）⓬が発生していることになります．

解答

❶ 財市場
❷ 投資関数
❸ 貯蓄関数
❹ 財市場の需給均衡条件(I-Sバランス)

❺ 超過供給

❻ 超過需要

❼ 貨幣市場
❽ 取引動機および予備的動機に基づく貨幣需要
❾ 投機的動機に基づく貨幣需要
❿ 貨幣市場の需給均衡条件
⓫ 超過供給
⓬ 超過需要

第12章 財・貨幣市場と総需要　643

3. IS-LMモデルは，

$$\begin{cases} \text{【IS曲線】}\ Y = C(Y) + I(r) \\ \text{【LM曲線】}\ \dfrac{M}{P} = L_1(Y) + L_2(r) \end{cases}$$

と表されます．IS曲線とLM曲線が交差する点では，財市場と貨幣市場が同時に均衡するGDPと利子率の組み合わせが実現しており，それぞれ，(　　)⑬，(　　)⑭とよびます．

⑬均衡GDP
⑭均衡利子率

IS-LMモデルを用いると，経済政策がGDPにどのような影響を与えるか，その効果を分析することが可能です．まず，財政政策について説明しましょう．財政政策には拡張的財政政策と，緊縮的財政政策とがあります．財政政策を行うと，IS曲線が以下のように変化します．

財政政策内容	IS曲線のシフト
拡張的財政政策	(　　)⑮シフト
緊縮的財政政策	(　　)⑯シフト

⑮右方
⑯左方

また拡張的財政政策で利子率の上昇を引き起こすことによって（民間）投資を押しのけ，GDPを抑制してしまう効果を，(　　)⑰といいます．

⑰クラウディング・アウト

次に，金融政策について説明しましょう．金融には貨幣供給量（マネーサプライ）を増加させる金融緩和政策と，金融引き締め政策とがあります．金融政策によってLM曲線は以下のように変化します．

財政政策内容	LM曲線のシフト
金融緩和政策	(　　　)❶⁸シフト
金融引き締め政策	(　　　)❶⁹シフト

❶⁸ 右方
❶⁹ 左方

　また貨幣需要の利子弾力性が無限大，つまり経済が(　　　)❷⁰の状態に陥っているとき，拡張的財政政策は(　　　)❷¹ですが，金融緩和政策は(　　　)❷²となります．

❷⁰ 流動性の罠
❷¹ 有効
❷² 無効

4. いま，物価 P が上昇したとします．すると，実質貨幣供給量 (M/P) が（分母が大きくなるので）減少し，LM曲線は (　　　)❷³にシフトします．これに伴って，財市場および貨幣市場を均衡させる GDP は (　　　)❷⁴することがわかります．財市場と貨幣市場を同時に均衡させる GDP と物価の組み合わせを (　　　)❷⁵といいます．

❷³ 左方
❷⁴ 減少
❷⁵ 総需要曲線

問題演習

1 IS-LM分析 ★★ (国Ⅱ 2005 改題)

ある国のマクロ経済が以下のよう示されるとする．

[財市場]
$$Y=C+I+G \quad C=40+0.8Y \quad I=40-20r \quad G=30$$

[貨幣市場]
$$\frac{M}{P}=L \quad L=0.2Y+90-20r \quad \frac{M}{P}=100 \quad P=1$$

Y：GDP，C：消費，I：投資，G：政府支出，r：利子率，L：貨幣需要関数，M：名目貨幣供給量，P：物価水準

政府支出を20増加させると同時に，名目貨幣供給量を50増加させたとすると，GDPはどれだけ増加するか．以下の選択肢のうち，妥当なものを選べ．

1. $\Delta Y=70$
2. $\Delta Y=125$
3. $\Delta Y=145$
4. $\Delta Y=175$
5. $\Delta Y=205$

▶解法の糸口

手順	解き方
❶	財市場の均衡条件 $Y=C+I+G$ に，$C=\sim$，$I=\sim$ を代入してIS曲線を求めます．
❷	貨幣市場の均衡条件 $M/P=L$ に $M=\sim$，$L=\sim$ を代入してLM曲線を求めます．
❸	❶，❷で求めたIS曲線とLM曲線の両辺にデルタ（Δ）をつけます．
❹	変化分で表したIS-LMモデルの利子率の変化分（Δr）を消去します．
❺	❹で求めた ΔY に，政府支出の増加と，名目貨幣供給量の増加を代入すると，政策効果が求まります．

chapter 12 Goods & Money Market and Aggregate Demand

▶ **解答**　**4**

▶ **解説**

【解答の糸口】に従って解いてみよう．

❶ 財市場の均衡条件 $Y=C+I+G$ に，$C=\sim$，$I=\sim$ を代入してIS曲線を求めます．また，政策によって動かす政府支出については代入しないことがポイントです．

$$Y = 40 + 0.8Y + 40 - 20r + G$$

【IS曲線】$Y = 400 - 100r + 5G$

❷ 貨幣市場の均衡条件 $M/P=L$ に $P=\sim$，$L=\sim$ を代入してLM曲線を求めます．また，政策によって動かす貨幣供給量についても代入しないことがポイントです．

$M/P=L$ に，$P=1$，$L=0.2Y+90-20r$ を代入すると，

$$\frac{M}{1} = 0.2Y + 90 - 20r \text{ より，}$$

【LM曲線】$Y = -450 + 100r + 5M$

❸ ❶，❷で求めたIS曲線とLM曲線の両辺にデルタ（Δ）をつけます．

$$\begin{cases} \text{【IS曲線】} & Y = 400 - 100r + 5G \\ \text{【LM曲線】} & Y = -450 + 100r + 5M \end{cases}$$

より，変化分で表したIS-LMモデルは，

$$\begin{cases} \text{【IS曲線】} & \Delta Y = -100\Delta r + 5\Delta G \\ \text{【LM曲線】} & \Delta Y = 100\Delta r + 5\Delta M \end{cases}$$

となります．

❹ これより，利子率の変化分（Δr）を消去するために【IS曲線】と【LM曲線】を足すと，

$$2\Delta Y = 5\Delta G + 5\Delta M$$

となります．よって，

$$\Delta Y = \frac{5}{2}\Delta G + \frac{5}{2}\Delta M$$

となります．

❺ ❹で求めた ΔY に，20の政府支出の増加と，50の名目貨幣供給量の増加を代入すると，政策効果が求まります．

$$\Delta Y = \frac{5}{2}\underbrace{\Delta G}_{20} + \frac{5}{2}\underbrace{\Delta M}_{50} = \frac{5}{2}\times 20 + \frac{5}{2}\times 50 = 50 + 125 = 175$$

したがって，正解は選択肢4となります．

Chapter 13: Labor Market and Aggregate Supply

第13章

労働市場と
総供給

POINT

この章で学ぶ内容

❶ 労働と生産面からみたGDPの関係
生産関数を用いてGDPと労働の関係を学習します．

❷ 労働市場と失業
労働市場において労働供給と労働需要が均衡する点で決定される均衡実質賃金率と労働量および**失業**の種類について学習します．

❸ 総供給曲線
古典派の総供給曲線と**ケインズ派の総供給曲線**について学習します．

❹ 総需要・総供給分析（AD-AS分析）
総需要曲線と総供給曲線を用いて，経済政策を行ったとき，総需要・総供給の両面から物価やGDPにどのような影響を与えるかを考える**AD-AS分析**を学習します．

❺ フィリップス曲線
名目賃金上昇率と失業率との負の相関関係を示す**名目賃金版フィリップス曲線**，インフレ率と失業率との負の相関関係を示す**インフレ版フィリップス曲線**について学習します．

❻ インフレ型総需要・インフレ型総供給曲線
フィリップス曲線とオーケン法則から導かれる**インフレ型総需要曲線**，IS-LM分析から導かれる**インフレ型総需要曲線**を用いて財政・金融政策の効果を分析する手法を学習します．

❼ 合理的期待形成と政策の無効性
経済主体が現時点で入手可能なすべての情報をもとに形成する，来期に関する予測値の形成方法である合理的期待のもとで行動すると，金融政策が無効となる**LSW命題**，財政政策が無効となる**バローの中立命題**を学習します．

この章のポイント

❶ 労働と生産面からみたGDPの関係

マクロ経済学において，GDPをY，生産要素である資本をK，労働をL，その技術的な関係を関数$F(\cdot)$を用いると，$Y=F(K, L)$と表されます．本章では労働市場に注目し，生産関数が労働のみに依存する$Y=F(L)$を考えましょう．

❷ 労働市場と失業

労働市場は，当該の経済に投入される労働量が決定する市場です．労働供給曲線は家計の合理的な行動（予算制約の下での効用最大化行動）から導くことができ，実質賃金率（w/P）が上昇するにつれて**労働供給**は増加します．これを**古典派の第2公準**といいます．一方，労働需要曲線は企業の合理的な行動（技術制約の下での利潤最大化行動）から導くことができ，実質賃金率が増加するにしたがって**労働需要**は減少します．これを**古典派の第1公準**といいます．

失業とは労働市場の超過供給であり，古典派は市場メカニズムによって完全雇用が実現されると考えました．一方，ケインズ派は，名目賃金に，下方硬直性があるため非自発的失業が発生すると考えました．失業の種類には，自発的失業，摩擦的失業，構造的失業などがあり，完全雇用でも発生する失業率は以下のように表されます．

自然失業率＝自発的失業＋摩擦的失業＋構造的失業が存在して発生する失業率

❸ 総供給曲線

古典派では名目賃金率が伸縮的に調整されるので，総供給は物価水準の影響を受けません．このため，縦軸に物価，横軸にGDPをとった平面に**総供給曲線**を描くと，完全雇用GDPの水準で**垂直**になります．

一方，**ケインズ派**（ケインジアン）は，労働市場において名目賃金率（w）に下方硬直性があるため，物価（P）が上昇すると実質賃金率（w/P）は下落し，雇用される労働量（L^D）は増加します．このため，縦軸に物価，横軸にGDP（Y）をとった平面で**右下がり**の曲線として描けます．

❹　総需要・総供給分析（AD-AS分析）

　これまで学習した総需要曲線と総供給曲線を用いて，経済政策を行ったとき，総需要・総供給の両面から物価やGDPにどのような影響を与えるかを考える分析手法を，**総需要・総供給分析（AD-AS分析）**といいます．

❺　フィリップス曲線

　名目賃金上昇率と失業率との負の相関関係を示す曲線を名目賃金版フィリップス曲線，インフレ率と失業率との負の相関関係を示す曲線を**インフレ版フィリップス曲線**とよびます．

　また，M・フリードマンは長期においては，失業率は常に自然失業率に一致するように決定されるという**自然失業率仮説を提唱しました**．

❻　インフレ型総需要・インフレ型総供給曲線

　インフレ型総供給曲線は，フィリップス曲線と**オークン法則**から導くことができ，
$$\pi = \beta(Y - Y_f) + \pi^e, \quad \beta(0) = 0, \quad \beta'(\cdot) > 0$$
と表されます（ただし，Y：GDP, Y_f：完全雇用GDP, π^e：期待インフレ率です）．インフレ型総需要曲線は，IS-LMモデルから導かれ，
$$Y = \alpha(m - \pi) + Y_{-1} + cg, \quad \alpha > 0, \quad c > 0$$
と表されます（ただし，Y：GDP, m：マネー・サプライ増加率，$Y-1$：1期前の

GDP, g：政府支出増加率です）．

　長期均衡においては，（ⅰ）完全雇用GDPが実現する．（ⅱ）期待インフレ率が現実のインフレ率に等しくなり，そのインフレ率は名目マネーサプライ増加率に等しくなる．という特徴があります．

❼ 合理的期待形成と政策の無効性

　経済主体が現時点で入手可能なすべての情報をもとに形成する，来期に関する予測値の形成方法を**合理的期待**とよびます．

　経済主体が，中央銀行の名目マネーサプライの変化率を合理的期待形成によって完全に予測できるとするならば，GDPは完全雇用GDPに等しくなるだけで，マネーサプライを変動させる金融政策は実体経済（GDP）には影響を与えない，これを**金融政策無効性命題**（**LSW命題**）とよびます．

　また財政政策においては，経済主体が合理的に行動するのであれば，政府が歳入を得る手法が，国債であっても増税であっても，それをもとにした財政政策は経済主体の消費には影響を与えない，これを**バローの中立命題**とよびます．

これが理解できれば合格

古典派の第1公準・古典派の第2公準・非自発的失業・自発的失業・摩擦的失業・構造的失業・自然失業率・総供給曲線・総需要・総供給分析（AD-AS分析）・フィリップス曲線・自然失業率仮説・オークン法則・インフレ型総供給曲線・インフレ型総需要曲線・合理的期待形成・金融政策無効性命題・バローの中立命題

POINT

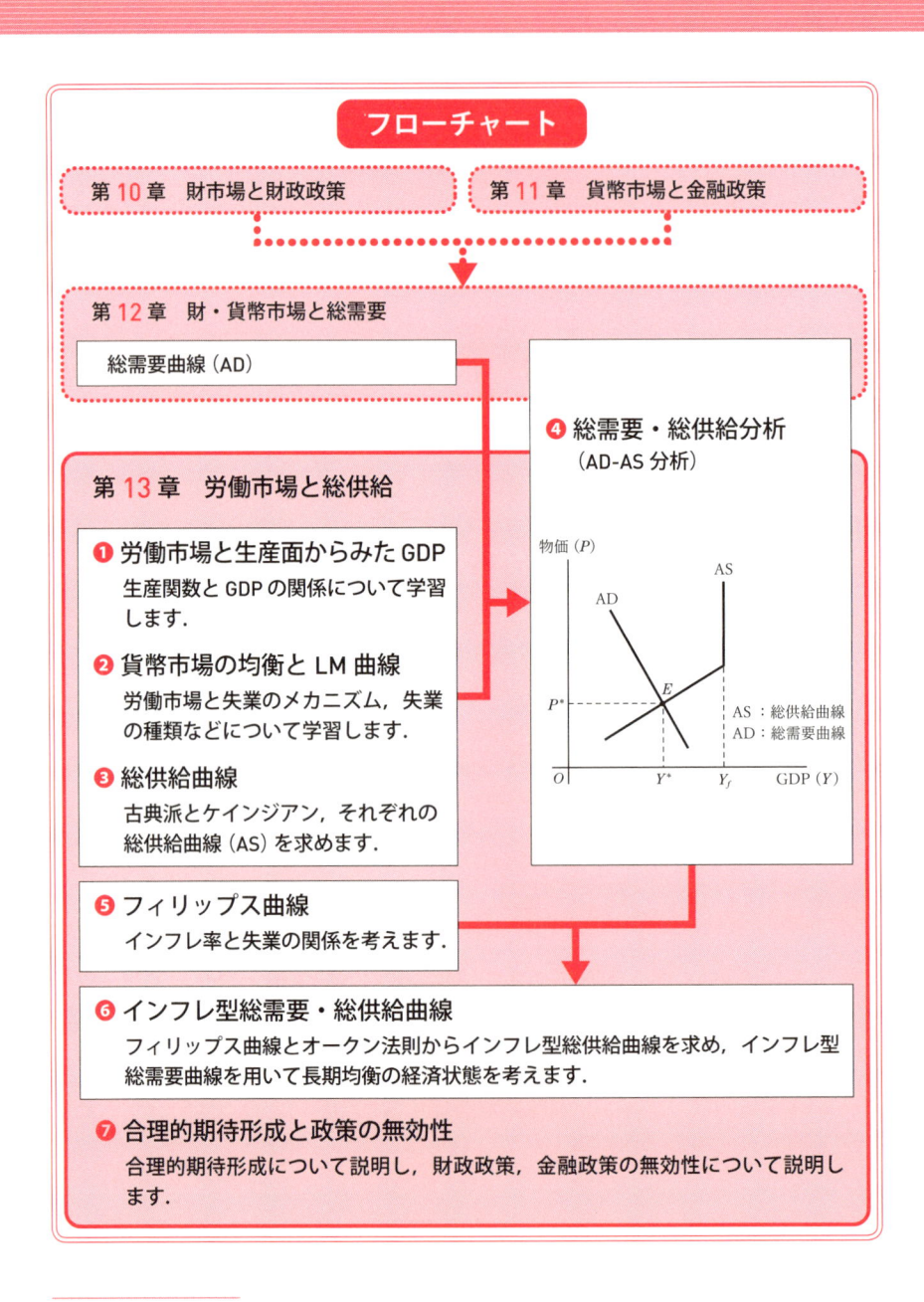

フローチャート

第10章 財市場と財政政策 → 第11章 貨幣市場と金融政策

第12章 財・貨幣市場と総需要
- 総需要曲線 (AD)

第13章 労働市場と総供給

❶ **労働市場と生産面からみたGDP**
生産関数とGDPの関係について学習します．

❷ **貨幣市場の均衡とLM曲線**
労働市場と失業のメカニズム，失業の種類などについて学習します．

❸ **総供給曲線**
古典派とケインジアン，それぞれの総供給曲線 (AS) を求めます．

❹ **総需要・総供給分析（AD-AS分析）**

AS：総供給曲線
AD：総需要曲線

❺ **フィリップス曲線**
インフレ率と失業の関係を考えます．

❻ **インフレ型総需要・総供給曲線**
フィリップス曲線とオークン法則からインフレ型総供給曲線を求め，インフレ型総需要曲線を用いて長期均衡の経済状態を考えます．

❼ **合理的期待形成と政策の無効性**
合理的期待形成について説明し，財政政策，金融政策の無効性について説明します．

はじめに

これまでの議論では，経済の需要サイドに注目し，経済政策の効果等を考えてきました．しかし，供給面の「どのようにGDPが生産されたのか」というメカニズムは説明されませんでした．

第9章でみたように，日本経済を生産面（総供給）からみると2010年には481兆円あまりのGDPを達成しました．しかし，これまでの分析では，総供給（Y^S）を$Y^S=Y(=481兆円)$とだけ考え，481兆円が生み出される背後にある生産メカニズムには触れませんでした．この生産面からみたGDPの背後には，GDPを生み出すべくして投入される労働量が決定されるメカニズムがあるはずです．このメカニズムこそが労働市場です．したがって，マクロ経済の供給面を考える上で，労働市場を考えることはとても重要なのです．

この章では経済の供給面（総供給）について考えることで，第12章で学習した総需要曲線の概念を用いてマクロ経済全体の分析を行い，均衡GDPと物価の決定メカニズムについて学習します．また，物価の変動と失業との関係についても学習します．なお，この章の後半のインフレ型総需要曲線・インフレ型総供給曲線以降の部分では，説明の都合上，若干数学的な部分がありますので注意してください．

1 労働と生産面からみたGDPの関係

GDPは国内で一定期間に生産された付加価値の総額です．この付加価値を生み出すのは，**生産要素**（**資本**や**労働**）と**技術**です．第4章でも学習しましたように，生産要素と生産物の技術的な関係を**生産関数**といいます．個々の経済主体の生産活動にも生産関数を考えることができますが，マクロ経済学においても集計された生産関数を考えることができます．その形状は，GDPをY，生産要素である資本をK，労働をL，その技術的な関係を関数$F(\cdot)$を用いて表すと，

$$Y=F(K,L)$$

と表せます[1]．ここでは労働の動きのみに注目し，マクロ生産関数を労働のみ

図13-1

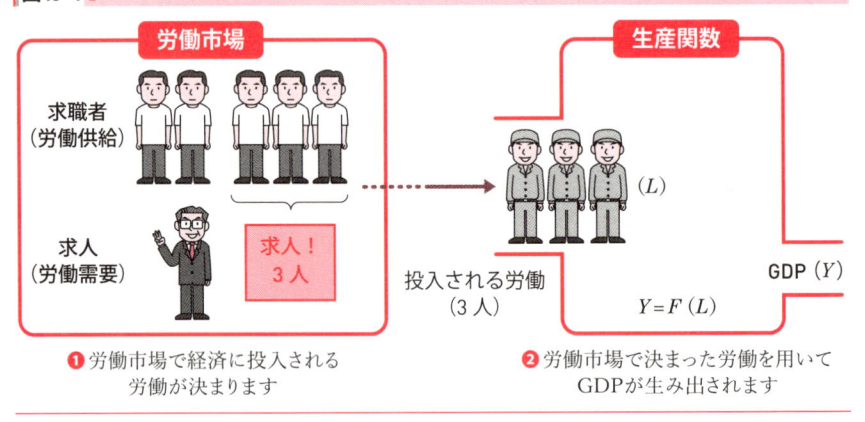

労働市場

求職者（労働供給）

求人（労働需要）

求人！3人

❶ 労働市場で経済に投入される労働が決まります

生産関数

(L)

投入される労働（3人）

$Y = F(L)$

GDP (Y)

❷ 労働市場で決まった労働を用いてGDPが生み出されます

に依存する，

$$Y = F(L)$$

と考えましょう．この生産関数に投入される労働 (L) が決定されるのが**労働市場** (labor market) です．

> **ポイント・チェック** 労働と生産面からみたGDPの関係
>
> ❶ GDPは国内で一定期間に生産された付加価値の総額のことで，この付加価値を生み出すのは，生産要素と技術である
> ❷ 生産関数とは，生産要素と生産物の技術的な関係を示したもの
> ❸ マクロ経済学における生産関数 F は，
> $$Y = F(K, L) \quad [Y：GDP, K：資本, L：労働]$$
> と表せる
> ❹ 労働の動きのみに注目したマクロ生産関数は，
> $$Y = F(L)$$
> と表せ，この生産関数に投入される労働が決定されるのが労働市場である

---

1) 技術を表すパラメータを A で表すことにすると，生産関数は $Y = F(K, L; A)$ と表せますが，この技術が直接与える対象が，労働であるのか資本であるのか，またはその両者であるかによって，以下の3つの状況に分類することができます．
　(1) **ハロッド中立的**（労働節約的）**技術進歩** (Harrod neutral technical progress)：$Y = F(K, AL)$
　(2) **ソロー中立的**（資本節約的）**技術進歩** (Solow neutral technical progress)：$Y = F(AK, L)$
　(3) **ヒックス中立的技術進歩** (Hicks neutral technical progress)：$Y = F(AK, AL)$

図13-2 労働市場

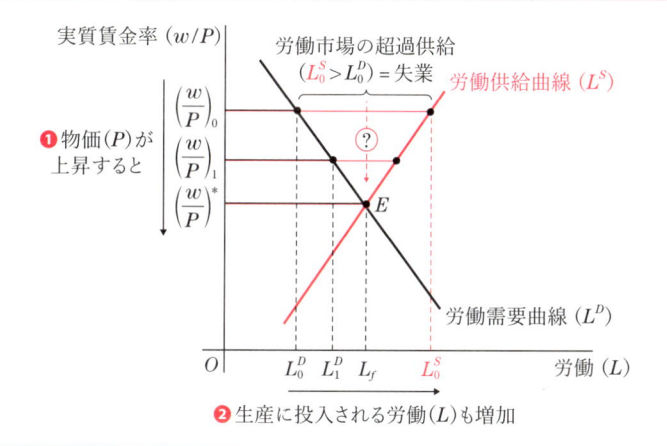

❶物価(P)が上昇すると

労働市場の超過供給
$(L_0^S > L_0^D)$ = 失業

労働供給曲線 (L^S)

労働需要曲線 (L^D)

❷生産に投入される労働(L)も増加

2 労働市場と失業

1 労働市場

　労働市場は，当該の経済に投入される労働量が決定する市場です．すでに本書の第3章で労働供給曲線，第4章で労働需要曲線の導出を行いました．労働供給曲線は家計の合理的な行動（予算制約の下での効用最大化行動）から導くことができ，実質賃金率 (w/P) が上昇するにつれて**労働供給** (labor supply; L^S) は増加します．これを**古典派の第2公準** (second postulate of the classics) といいます．したがって，縦軸に実質賃金率，横軸に労働供給をとった平面に労働供給曲線を描くと右上がりの曲線として描くことができます[2]．これを描いたのが図13-2です[3]．

　これに対して，労働需要曲線は企業の合理的な行動（技術制約の下での利潤最大化行動）から導くことができ，実質賃金率が増加するにしたがって**労働需要**

---

[2] 労働供給が**後方屈曲的** (backward bending) になるケースについては第3章を参照ください．
[3] 図では説明を簡便にするために，労働供給曲線を直線で描いています．

(labor demand; L^D) は減少します．これを**古典派の第1公準** (first postulate of the classics) といいます．図13-2に労働需要曲線を描き加えると，右下がりの曲線として描けます．

労働市場では，均衡実質賃金率 $(w/P)^*$ が決定されます．同時に，労働供給と労働市場が一致し，市場で取引される労働量が決定します．働きたいと思う労働量（労働供給量）と，働いて欲しい労働量（労働需要量）とが一致し，労働市場はクリアー（一掃）されます．クリアーされた労働が生産活動に従事し，付加価値 (GDP) を生み出す要素となります．この状況は図13-2の点 E において実現されています．

> **ポイント・チェック　労働市場の特徴**
> ❶ 労働市場とは，当該の経済に投入される労働量が決定する市場のこと
> ❷ 古典派の第1公準とは，実質賃金率が増加するにしたがって労働需要が減少すること
> ❸ 古典派の第2公準とは，実質賃金率が増加するにしたがって労働供給が増加すること
> ❹ 労働市場では，均衡実質賃金率と労働供給と労働需要が一致し，市場で取引される労働量が決定される

2 失業

しかし，実質賃金率が均衡実質賃金率よりも高止まりしている場合はどうでしょうか．再び図13-2をみてください．図には均衡実質賃金率 $(w/P)^*$ よりも高い水準に実質賃金率 $(w/P)_0$ が描かれています．この仕事に対する対価として，この実質賃金率 $(w/P)_0$ は市場で決定される賃金率（均衡実質賃金率）よりも高いので，家計の労働供給は L_0^S と多く，逆に企業の労働需要は L_0^D と少なくなっています．図では，労働市場において $L_0^S - L_0^D (>0)$ の分の超過供給が発生していることになります．この労働市場の超過供給を**失業** (unemployment) といいます．より厳密にいえば，この賃金水準であれば働く意思があるにもかかわらず仕事に就けないということから，この失業は，**非自発的失業** (involuntary unemployment) とよばれています．

市場原理に従えば，超過供給がある場合，実質賃金率が下方に伸縮的に動いて，この超過供給が解消され，均衡が達成されるはずです．J. M. ケインズ以前の経済学者たち——K. マルクスやケインズが古典派 (Classical school, Classics) とよんだ経済学者たちは[4]，労働市場においても名目賃金率が伸縮的に動いて長期的 (long run) には超過供給 (失業) が解消されると考えました．古典派の世界観では市場メカニズムによって完全雇用 (full employment; Y_f) が実現されると考えます．

　しかし，ケインズは1923年に著した『貨幣改革論』[5]第3章の中で，"In the long run we are all dead."（長期においては，われわれはみな死んでしまう）と述べ，古典派を批判しました．ケインズは，名目賃金率には下方硬直性 (downward rigidity) があるために失業は解消されないと考えました．彼の考え方を支持する経済学者をケインズ派，またはケインジアン (Keynesian) とよびます．

　労働市場の調整機能に対する考え方は，古典派とケインズ派とで異なっている点に注意が必要です．ケインズ派は市場が不完全であるために，政府の役割を重視します．両者の考え方の違いは経済政策に対する考え方にも大きく現れています．古典派は，市場メカニズムを重視し，ルールに基づく経済政策——つまり，市場介入を極力回避するような経済政策を主張します．これに対してケインズ派は，労働市場における名目賃金率の下方硬直性や，市場の失敗など，市場メカニズムには限界があるために，積極的な経済政策を主張します．以下に両者の違いをまとめておきましょう．

		古典派	ケインズ派
労働市場	名目賃金率	伸縮的	下方に硬直的
	失業	完全雇用が実現	非自発的失業が発生
古典派の第1公準		成立する	成立する
古典派の第2公準		成立する	成立しない
総需要曲線		右下がり	右下がり
総供給曲線		垂直	右上がり

---

[4] A. スミス，D. リカード，T. マルサス，J. S. ミルらを古典派経済学者とよびます．
[5] Keynes, J. M. (1923) *A Tract on Monetary Reform*, London: Macmillan.

| 財政政策 | 無効 | 有効 |
| 金融政策 | 無効 | 有効 |

（注）財政政策・金融政策については4で説明されます．

> **ポイント・チェック　失業**
>
> ❶ 失業とは労働市場の超過供給のことで，この賃金水準であれば働く意思があるにもかかわらず仕事に就けないことを非自発的失業とよぶ
> ❷ 古典派は，市場メカニズムによって完全雇用が実現されると考えた
> ❸ ケインズ派は，名目賃金率には下方硬直性があるために失業は解消されないと古典派を否定し，市場が不完全であるために，政府の役割を重視する必要があると考えた
> ❹ 古典派とケインズ派の考え方の違いは，経済政策に対する考え方に現れている
> 　古典派→市場メカニズムを重視し，市場介入を極力回避するような経済政策を主張
> 　ケインズ派→市場メカニズムには限界があるため，積極的な経済政策を主張

3 失業の種類

　ある賃金率の下で働く意思があるにもかかわらず就業できないために発生する失業を非自発的失業といいました．これに対して，この賃金率の下では働く意思が（そもそも）ないために発生する失業を **自発的失業** (voluntary employment) といいます．たとえば，「大学を出たから時給700円の仕事には絶対に就きたくない」といって，就職活動をしない状況は自発的失業といえます．

　労働者 (employee) と **雇用者** (employer) との間に **情報の非対称性** (asymmetric information) が存在する場合にも失業が発生する場合があります．**摩擦的失業** (frictional unemployment) とよばれるものがこれに該当します．この失業は，失業者の求職活動に費用（サーチ・コスト）がかかるために発生します．仮に失業者分の求人があったとしても，失業者が求人をみつけるまでに時間がかかるかもしれませんし，労働条件の折り合いが労働者と雇用者の間で一致しないかもしれません[6]．

---

[6] **労働市場のミスマッチ** (Mismatch) といいます．

摩擦的失業は10人のプレーヤーで10席の「いす取りゲーム」をするようなイメージで考えるとわかりやすいかもしれません．「いす取りゲーム」とは，人数よりも少ないいすを円形に並べて，音楽の鳴っている間はその周りを歩き，音楽が止められると同時にいすを素早く取り合うゲームです．「10人のプレーヤーで10席のいす取りゲームをする」のであれば，誰も座れない人はいませんが，音楽が鳴っている間は，誰もいすに座れません．いすの数を求人数，プレーヤーを求職者と考えると，求人数が10（いすの数），求職者（プレーヤー）が10人の状況でも，音楽が鳴っている間（求職活動中）は失業（いすに座っていない状況）が発生しています．このような求職活動（ジョブ・サーチ）に伴う失業を摩擦的失業とよぶのです[7]．

　また，**産業構造**（industrial structure）が急激に変化した場合にも失業は発生します．経済発展に伴って，主要産業が軽工業から重工業，サービス産業へと移っていくこと（**ペティ＝クラークの法則**）が知られていますが[8]，産業構造の転換期には，大量の失業が発生する場合があります．日本経済は，戦後間もない1950年代から60年代には「糸偏産業」とよばれた繊維産業や織物産業が雇用の多くを吸収していましたが，70年代以降，自動車産業やサービス産業へと国内産業の中心が移り，「糸偏産業」の優位が海外に奪われた結果，雇用が減少して失業が一時的に増加しました．しかし，これは産業構造変化に伴ういわば産業間の労働調整というべき失業です．一方の産業では雇用があり，他方の産業では失業があるという状況の失業を**構造的失業**（structural unemployment）とよびます．

---

[7] 摩擦的失業に関する研究は，後に**サーチ理論**（search theory）として発展していきました．それまで，市場では売り手と買い手が一堂に会して取引が行われることが前提とされていましたが，サーチ理論では取引相手を探すために費用（サーチ・コスト）が掛かるという点に注目し分析を行います．この分野に貢献のあった**P. ダイアモンド**（Peter Arthur Diamond,（米），1940年〜），**D. モーテンセン**（Dale Thomas Mortensen,（米），1939年），**C. ピサリデス**（Christopher Antoniou Pissarides,（ギリシア，英），1948年〜）は，2010年に労働経済におけるサーチ理論に関する功績が称えられノーベル経済学賞を受賞しました．ダイアモンドは経済成長理論における**重複世代モデル**（Overlapping Generation Model; OLGモデル）への貢献でも有名です．

[8] 第9章の2 **4** を参照ください．

図13-3 失業の分類

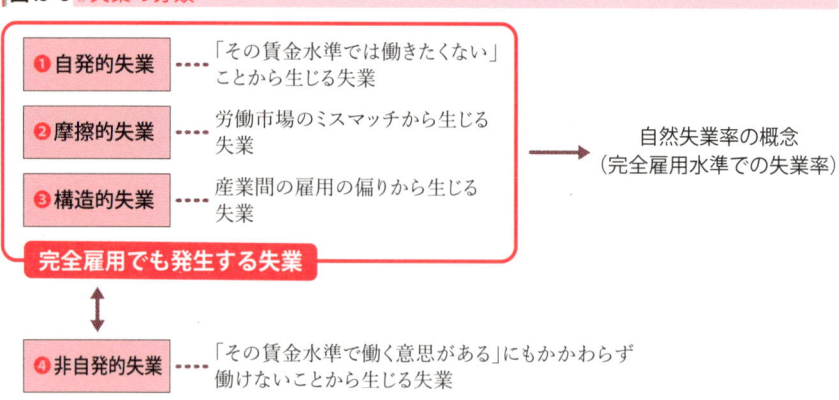

❶ 自発的失業 ···· 「その賃金水準では働きたくない」ことから生じる失業

❷ 摩擦的失業 ···· 労働市場のミスマッチから生じる失業

❸ 構造的失業 ···· 産業間の雇用の偏りから生じる失業

完全雇用でも発生する失業 → 自然失業率の概念（完全雇用水準での失業率）

❹ 非自発的失業 ···· 「その賃金水準で働く意思がある」にもかかわらず働けないことから生じる失業

現在の賃金率で働きたいと思っている求職者と雇用者が雇いたいと思っている求人数とが一致している状況を，「労働市場において均衡が成り立っている」といいますが，自発的失業，摩擦的失業，そして構造的失業は市場均衡が成立していても発生する失業です．

労働市場において完全雇用が実現されていたとしても発生するこれらの失業率の水準を，**自然失業率**(natural rate of unemployment; U_n) とよびます．自然失業率は，**M. フリードマン**や**E. フェルプス**(Edmund Strother Phelps, Jr., (米), 1933年〜) らによって考案されました[9]．自然失業率は，

自然失業率＝完全雇用でも発生する失業率
＝自発的失業＋摩擦的失業＋構造的失業が存在して発生する失業率

と表すことができます．「完全雇用」における「失業」というと，語感からなんとなく矛盾しているような感じを受ける読者もいるかもしれませんが，完全雇用に対する概念は「非自発的失業」であると覚えておくとよいでしょう（図13-3）．

---

[9] Friedman, M. (1968) "The Role of Monetary Policy," *American Economic Review*, Vol. 58, pp. 1–17およびPhelps, E. S. (1968) "Money-Wage Dynamics and Labor-Market Equilibrium," *Journal of Political Economy*, Vol. 76, pp. 678–711を参照ください．E. フェルプスは，マクロ経済政策における異時点間のトレードオフに関する分析が称えられてノーベル経済学賞を受賞しました．

ポイント・チェック　失業の種類

❶ 自発的失業とは，現行の賃金率の下では働く意思がないために発生する失業
❷ 摩擦的失業とは，労働者と雇用者との間に情報の非対称性が存在する場合の失業
❸ 構造的失業とは，産業構造が急激に変化した場合の失業
❹ 自発的失業，摩擦的失業，構造的失業は，市場均衡が成立していても発生する失業である
❺ 自然失業率とは，市場均衡が成立していても発生する失業率の水準のこと
❻ 自然失業率は，
　　自然失業率＝完全雇用でも発生する失業率
　　　　　　　＝自発的失業＋摩擦的失業＋構造的失業が存在して発生する失業率
と表せる

COLUMN 13-❶　ニュー・ケインジアン

「名目賃金率はなぜ下がりにくい」のでしょうか．名目賃金率の下方硬直性を理論的に説明する試みが，ケインズ経済学のミクロ経済学的な基礎づけを重視するニュー・ケインジアンとよばれるグループによって，1970年代後半以降特に盛んに議論されるようになりました．

①相対賃金仮説

J. M. ケインズによると，労働者は，他の労働者と比較して，労働者間に存在する相対的な賃金格差を守るように名目賃金率の下落に抵抗するために，名目賃金率の下方硬直性が生じると説明しました[10]．これを**相対賃金仮説**（relative wage hypothesis）といいます．

②効率賃金仮説

C. シャピロ（Carl, Shapiro, (米), 1955年〜）と **J. E. スティグリッツ**（Joseph Eugene Stiglitz, (米), 1943年〜）らによって提唱された**効率賃金仮説**（effective wage hypothesis）

---

10) Keynes, J. M. (1936) *The General Theory of Employment, Interest, and Money*, Macmillan and Co. Ltd. の Chapter 2 を参照してください．

によれば[11]，生産に投入される労働者の技能や能力は均一ではなく，これらを監督し，怠業者を区別するためには非常に大きな機会費用がかかります．

こうしたことから，均衡賃金率よりも高い名目賃金率で労働者を雇用すれば，もし労働者が怠業して解雇された場合，その労働者は現在よりも低い賃金率で雇用されることになってしまうために，労働者の怠業を阻止することができます．同時に，労働者の怠業の監督にかかる機会費用をも軽減できるために，名目賃金率が均衡賃金率よりも高めに設定されることがあるのです．

また，逆に企業が名目賃金率の切り下げを行えば，一方では労働者の「やる気」を阻害し，生産に悪影響を及ぼし，他方では，熟練労働者を新規採用する際に，マイナス・イメージで評価される可能性も発生してしまいます．こうした生産効率の観点から，名目賃金率が下方硬直的となることが指摘されました．

③暗黙の契約理論

C. アザリアディス (Costas Azariadis, (ギリシア), 1943年～) によって提唱された**暗黙の契約説** (implicit contract theory) では，労働者と雇用者の間に**情報の非対称性**が存在し，「雇用者はリスク（危険）に対して中立的であるが，労働者はリスク回避的である」という仮定が置かれます．たとえば，好況と不況が半々で起こるとして，雇用者は好況期には30万円，不況期には10万円の所得を払う用意があるとします．この期待値 E は，

$$E = \frac{1}{2} \times 30万円 + \frac{1}{2} \times 10万円 = 20万円$$

となります．つまり，雇用者はリスク中立的ですから，期待値で20万円までは払ってよいと考えているのです．これに対して，労働者はリスク回避的なので，好況期に30万円もらえても，不況期に10万円しかもらえないことを回避したいと考えます．労働者は，仮に期待値の20万円よりも低かったとしても，好況不況に関係なく安定的な所得——たとえばコンスタントにもらえる固定的な15万円の所得を好みます．アザリアディスは，こうしたリスクに対する情報の非対称性によって名目賃金率が硬直的となることを説明したのです．

---

11) Shapiro, C. and Stiglitz, J. E. (1984) "Equilibrium Unemployment as a Worker Discipline Device," *American Economic Review*, Vol. 74, No. 3, pp. 433–444 を参照ください．J. E. スティグリッツは情報の非対称性を伴った市場の分析への貢献が称えられて，2001年にノーベル経済学賞を受賞しました．

> **④メニューコスト理論**
>
> **G. マンキュー**（Nicholas Gregory Mankiw, (米), 1958年～）や**G. アカロフ**（George Arthur Akerlof, (米), 1940年～）と**J. イエレン**（Janet Louise Yellen, (米), 1946年～）によって提唱されたメニューコスト理論は，名目賃金率の改定にコストがかかるために，賃金率を据え置く方が合理的であると考える理論です[12]．たとえば，毎日小麦を仕入れるうどん屋さんは，仕入れ値の変動に応じてメニューのうどん価格を変更することはありません．メニューを改定するのに費用が発生するからです．賃金率も同様で，マンキューらは，名目賃金率の硬直性を説明したのです．
>
> 他にも様々な理論がありますが，ニュー・ケインジアンは，家計や企業の合理的な行動から名目賃金率の価格硬直性を説明しようと試みています．

3 総供給曲線

1 古典派の総供給曲線

古典派では労働市場における名目賃金率（w）が伸縮的に変化して，完全雇用L_fを実現するので，

$$L^S = L^D = L_f$$

が常に成り立ちます．したがって総供給（Y^S）は生産関数（$Y=F(L)$）に$L=L_f$を代入した，

$$Y^S = F(L_f) = Y_f$$

となり，総供給はY_f（完全雇用GDP）に一致します．完全雇用GDPとは，当該の経済にある生産要素（ここでは労働）すべてを用いて実現することが可能なGDPです[13]．

古典派の考える世界では，名目賃金率が伸縮的に調整されるので，総供給は

---

12) Mankiw, G. (1985) "Small Menu Costs and Large Business Cycles," *Quarterly Journal of Economics*, Vol. 100, pp. 529–539およびAkerlof, G. and Yellen, J. (1985) "A Near-rational Model of the Business Cycle with Wage andPrice Inertia," *Quarterly Journal of Economics*, Vol. 100, pp. 825–838.
13) 完全雇用GDPについては，第10章の**3**を参照してください．

図13-4 古典派の総供給曲線

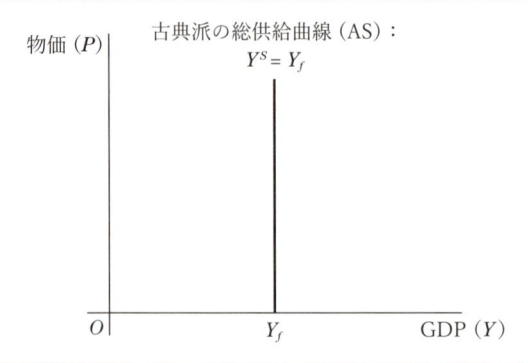

古典派の総供給曲線 (AS)：
$Y^S = Y_f$

（縦軸：物価 (P)、横軸：GDP (Y)、Y_f の水準で垂直）

物価水準の影響を受けません．このため，縦軸に物価，横軸にGDPをとった平面に**総供給曲線**（Aggregate Supply curve）を描くと，完全雇用GDPの水準で**垂直**になります（図13-4）．

> **ポイント・チェック　古典派の総供給曲線の特徴**
>
> ❶ 古典派では労働市場における名目賃金率が伸縮的に変化して，完全雇用L_fを実現するので，$L^S = L^D = L_f$が常に成り立つ
> ❷ 総供給は生産関数FにL_fを代入した
> $Y^S = F(L_f) = Y_f$
>   と表せ，完全雇用GDP Y_fに一致する
> ❸ 総供給曲線は，完全雇用GDPの水準で垂直となる

2 ケインズ派の総供給曲線

一方，ケインズ派の考えでは，労働市場において名目賃金率 (w) に下方硬直性があるため，実質賃金率によって超過供給（失業）は解消されません．しかし，ここで再び図13-2をみてください．実質賃金率 $(w/P)_0$ の下では，$L_0^S - L_0^D (>0)$ の超過供給（失業）が発生していますが，幸いなことに，L_0^Dだけは労働需要と労働供給が一致しており，この分だけは雇用されていることがわかります．つまり，実質賃金率 $(w/P)_0$ の水準でも，L_0^Dだけは生産に従事し，GDPを生み出しています．したがって，

図13-5 ケインズ派の総供給曲線

ケインズ派の総供給曲線 (AS):
$$\begin{cases} Y^S = Y^S(P) & (Y < Y_f) \\ Y^S = Y_f & (Y = Y_f) \end{cases}$$

縦軸: 物価 (P)，横軸: GDP (Y)，Y_f で垂直

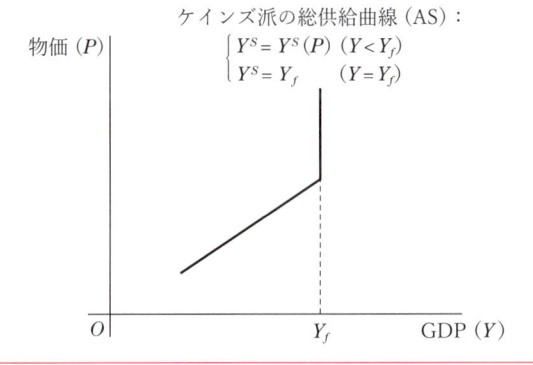

$$Y^S = F(L^D)$$

となり，企業の労働需要に依存して総供給が決定されることになります．

名目賃金率は硬直的でも，物価 (P) が上昇すると実質賃金率 (w/P) は下落し，雇用される労働量 (L^D) は増加します[14]．図13-2では，実質賃金率 $(w/P)_0$ の水準は L_0^D の労働が生産活動に従事していますが，物価が上昇して実質賃金率が $(w/P)_1$ の水準に下落すれば，L_1^D の労働が生産活動に従事できます．しかし，物価が上昇して均衡実質賃金率 $(w/P)^*$ が実現されると，完全雇用 (L_f) が実現され，物価上昇が発生しても雇用は増えません．

したがって，ケインズ派の総供給曲線 (Y^S) は，完全雇用GDPまでは物価 (P) の増加関数となり，縦軸に物価，横軸にGDP (Y) をとった平面で**右上がり**の曲線として描けます（図13-5）．しかし，GDPが完全雇用を実現すると，総供給曲線は完全雇用GDPの水準で垂直となります．これを式で表すと，

$$\begin{cases} Y^S = Y^S(P), dY^S/dP > 0, (Y < Y_f) \\ Y^S = Y_f, (Y = Y_f) \end{cases}$$

となります．

古典派とケインズ派では，労働市場に対する考え方が異なっているため，総

---

[14] つまり，労働需要 (L^D) と物価 (P) の間にはプラスの関係があると考えるのです．つまり，$L^D = L^D(P), dL^D/dP > 0$ という関係です．

供給曲線の形状に違いが現れてくるのです．このため，現下の経済をどのように考えるか——失業のある状況なのか，それとも完全雇用に近い状況なのか——によって，行う経済政策も異なってきます．

> **ポイント・チェック　ケインズ派の総供給曲線の特徴**
>
> ❶ ケインズ派の総供給 Y^S は，
> $$Y^S = F(L^D)$$
> と表され，労働需要 L^D に依存して総供給が決定される
>
> ❷ 総供給曲線は，GDPが完全雇用を実現すると，完全雇用GDPの水準で垂直となり，式にすると，
> $$\begin{cases} Y^S = Y^S(P), dY^S/dP > 0, (Y < Y_f) \\ Y^S = Y_f, (Y = Y_f) \end{cases} \quad [P：物価]$$
> と表せる

4　総需要・総供給分析（AD-AS分析）

第12章で学習した右下がりの総需要曲線と，前節で学習した右上がりの総供給曲線は，以下のように表すことができます．

$$\begin{cases} 【総需要曲線：AD】 Y^D = Y^D(P), \text{（右下がり）} \\ 【総供給曲線：AS】 Y^S = Y^S(P), \text{（右上がり）} \end{cases}$$

経済の需給均衡条件 $Y^S = Y^D$ より，当該経済の均衡物価水準（P^*）と均衡GDP（Y^*）が決定します．これを図示したのが図13-6です．

経済政策を行ったとき，総需要・総供給の両面から物価やGDPにどのような影響を与えるかを考える分析手法を，**総需要・総供給分析**（AD-AS分析）といいます．ここでは総需要曲線・総供給曲線が変化するそれぞれの要因について学習しましょう．

図13-6 ▸ AD-AS均衡

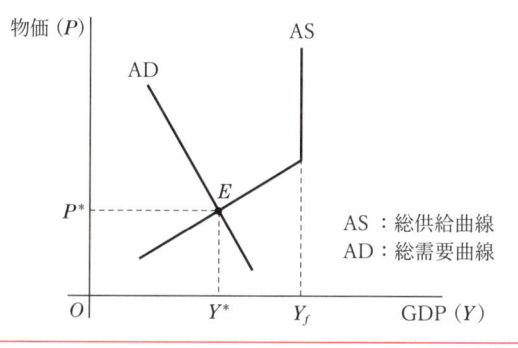

```
物価(P)
          AD        AS

P* -------- E
                    AS：総供給曲線
                    AD：総需要曲線

O          Y*   Y_f      GDP(Y)
```

> **ポイント・チェック** 総需要・総供給分析（AD-AS分析）
>
> ❶ 総需要曲線と総供給曲線は，
>   - 【総需要曲線：AD】$Y^D = Y^D(P)$，（右下がり）
>   - 【総供給曲線：AS】$Y^S = Y^S(P)$，（右上がり）　［P：物価］
>
>   と表される
>
> ❷ AD-AS分析とは，経済政策を行ったとき，総需要・総供給の両面から物価やGDPにどのような影響を与えるかを考える分析手法

1 需要サイドの要因——財政政策や金融政策の効果など

　拡張的財政政策や金融緩和政策を行うと，総需要曲線は右方にシフトします．その結果として，均衡国民所得は増加し，それに伴って均衡物価水準も上昇します（図13-7）．需要サイドの要因によって引き起こされる物価上昇（インフレ）を**ディマンド・プル・インフレ**（demand pull inflation）といいます．総需要曲線が右方にシフトするのは，拡張的財政政策や金融緩和政策だけではありません．家計の限界消費性向の上昇や企業の設備投資の増加などが考えられます．

　また，経済が完全雇用の状況にある場合，総需要の増加は物価水準を上昇させるだけです．完全雇用GDPにおける物価上昇を**真正インフレ**といいます．この場合，拡張的財政政策や金融緩和政策はインフレを引き起こすだけで意味をもちません．

図13-7 ▪ 総需要曲線のシフトとディマンド・プル・インフレ

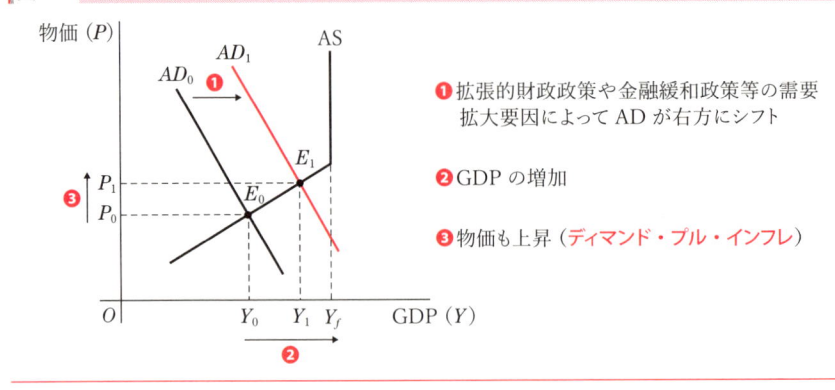

❶ 拡張的財政政策や金融緩和政策等の需要拡大要因によって AD が右方にシフト

❷ GDP の増加

❸ 物価も上昇（ディマンド・プル・インフレ）

ポイント・チェック　需要サイドの要因──財政政策や金融政策の効果など

❶ ディマンド・プル・インフレとは，需要サイドの要因によって引き起こされる物価上昇のこと
❷ 真正インフレとは，完全雇用GDPにおける物価上昇のことで，この場合の拡張的財政政策や金融緩和政策はインフレを起こすだけで意味をもたない

2　供給サイドの要因──生産費用の増加と技術進歩の効果など

　原油価格が高騰したり，労働者に支払う名目賃金率や資本のレンタル費用（資本レント）といった生産費用が上昇したりする場合には，総供給曲線が左方にシフトします（図13-8）．その結果，均衡GDPは減少し，物価が上昇します．これを**コスト・プッシュ・インフレ**（cost push inflation）といいます．

　逆に，経済全体で技術進歩が起こった場合──たとえば，生産性が改善したり，情報化の進展によって電子決済が進み，物流の合理化が進んだりした場合などには，総供給曲線が右方にシフトします．技術進歩が発生した場合には，完全雇用GDPそれ自体も右方にシフトします．その結果，均衡GDPは増加し，物価は下落します．

　総需要・総供給分析を用いると，経済に影響を与える様々な要因──経済政策や生産費用の変化，技術進歩などによって物価がどのように変化するかを考えることができます．しかし，ここで取り上げた「インフレ」の概念は，物価

図13-8 ■ 総供給曲線のシフトとコスト・プッシュ・インフレ

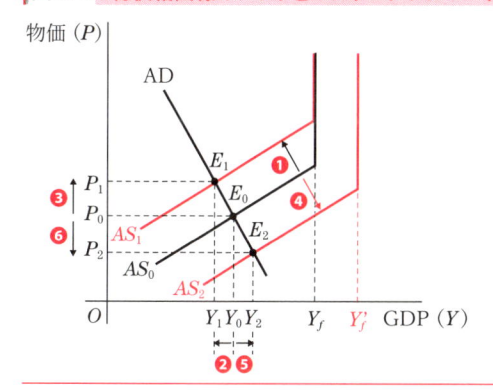

【生産費用の上昇】
❶ 原油価格等の生産費用が上昇すると AS が左方にシフト
❷ GDP が減少
❸ 物価も上昇（コスト・プッシュ・インフレ）

【技術進歩】
❹ 経済に技術進歩が発生すると AS が右方にシフト
❺ GDP が増加
❻ 物価下落

の一時的な上昇にすぎず，時間の経過に伴って断続的に物価が上昇していくという意味で「インフレ」という言葉を使う場合と比べると違和感を感じるかもしれません．

総需要・総供給分析で考えてきた「インフレ」は，物価水準の事前と事後を比較しているので**比較静学的インフレ**といいます．これに対して，時間の経過に伴って物価水準がどのように変化していくかを考える「インフレ」を，**動学的インフレ**といいます．次の節では，後者の動学的インフレについて，詳しくみていくことにしましょう．

ポイント・チェック　供給サイドの要因──生産費用の増加と技術進歩の効果など

❶ コスト・プッシュ・インフレとは，供給サイドの要因によって引き起こされる物価上昇のこと
❷ AD-AS分析で考えてきたインフレは，物価水準の事前と事後を比較しているため，比較静学的インフレという
❸ 動学的インフレとは，時間の経過に伴って物価水準がどのように変化していくのかを考えるインフレのこと

5 フィリップス曲線

1 フィリップス曲線

A. W. フィリップス（Alban William Phillips,（ニュージーランド），1914年～1975年）は，1958年に「1861年から1957年におけるイギリスの失業率と貨幣賃金変化率との関係について」[15]と題する論文を発表しました．この論文の中で，フィリップスは，イギリスの**名目賃金上昇率**（貨幣賃金変化率；$\Delta w/w$）と**失業率**（unemployment rate; U）との間に，**負の相関関係**（逆相関）があることを経験則としてみつけだしました．彼は縦軸にある年の名目賃金上昇率を，横軸にその年の失業率をとった散布図を描いて，両者に負の相関関係があることを導いたのです．図13-9は，彼の論文から引用した，1948年から1957年の名目賃金上昇率と失業率との間にある負の相関関係です．この負の相関関係を，発見した彼の名をとって，（**名目賃金版**）**フィリップス曲線**（Philips curve）とよんでいます．

（名目賃金版）フィリップス曲線を記号で表すと，以下のように書くことができます．

【名目賃金版フィリップス曲線】 $\dfrac{\Delta w}{w} = f(U - U_n), \quad f(0) = 0, \quad f'(\cdot) < 0$

ここで，$f(\cdot)$ は関数を表しており[16]，$f'(\cdot)$ は $f(\cdot)$ を失業率（U）で微分したものです．これが負である（$f'(\cdot) < 0$）ということは，縦軸に名目賃金上昇率（$\Delta w/w$），横軸に失業率（U）をとった平面に描いたフィリップス曲線が右下がりであることを意味しています（図13-10）．

$f(0) = 0$ という条件は，失業率が自然失業率に一致するとき（$U = U_n$ のとき），名目賃金上昇率はゼロ（$\Delta w/w = 0$）となる条件を表しており，図13-10では

---

[15] 詳しくは，Phillips, A. W. (1958) "The Relationship between Unemployment and the Rate of Change of Money Wages in the United Kingdom 1861–1957," *Economica*, Vol.25, No.100, pp.283–299を参照してください．A. W. フィリップスは，1861年から1913年，1913年から1948年，1948年から1957年の3つの期間に分けて，失業率と貨幣賃金率（名目賃金率）との間の負の相関関係を見つけました．

[16] $f(\cdot)$ は微分可能な連続関数で，ここでは生産関数とは無関係なので気を付けてください．

図13-9 1948年から1957年のイギリスの貨幣賃金変化率(名目賃金上昇率)と失業率との関係

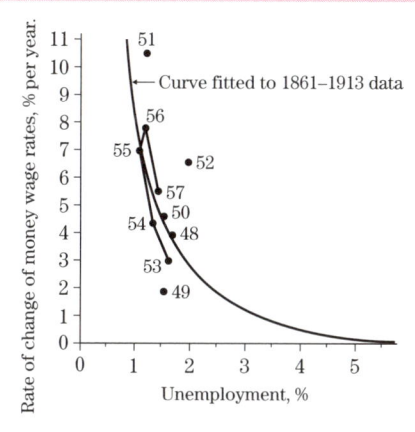

(注)散布図内の数値は，西暦1900年代の下二桁を表しています．
(出所)Phillips (1958) Fig. 10 より引用．

図13-10 名目賃金版フィリップス曲線

名目賃金上昇率($\Delta w/w$)

名目賃金版フィリップス曲線(注)

$$\frac{\Delta w}{w} = f(U - U_n)$$

（右下がり）

失業率(U)

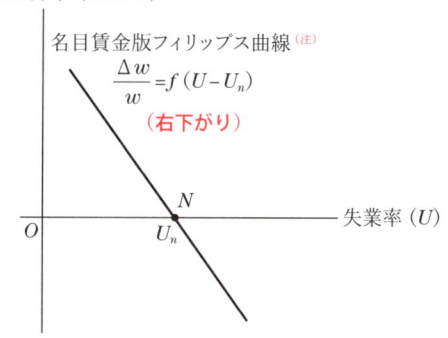

(注)説明の簡便化のため，直線で表しています．

点Eで表されています．

なお，経験則として発見されたフィリップス曲線でしたが，その後，理論的に導出することがわかりました[17]．

---

17) COLUMN 13-❷を参照ください．

第13章 労働市場と総供給 673

ポイント・チェック　フィリップス曲線の特徴

❶ 名目賃金版フィリップス曲線とは，名目賃金上昇率 $\Delta w/w$ と失業率 U との間にある負の相関関係を示したもの

❷ 名目賃金版フィリップス曲線は，
$$\frac{\Delta w}{w}=f(U-U_n),\quad f(0)=0,\quad f'(\cdot)<0 \quad [U_n:自然失業率]$$
と表せる

COLUMN 13-❷　UVアプローチによるフィリップス曲線の導出

いま，市場で労働が取引される前の雇用者（求人者）の「事前的労働需要量」を L^D，労働者（求職者）の「事前的労働供給量」を L^S，そして，市場で労働が取引された後の「事後的労働雇用量」を L とします．

また，失業率を U とし，人手不足の度合いである欠員率（Vacancy）を V と表すことにしましょう．失業率および未充足求人率は，

$$U=（事前的労働供給量 - 事後的労働雇用量）÷事後的労働雇用量 = \frac{L^S-L}{L}$$

$$V=（事前的労働需要量 - 事後的労働雇用量）÷事後的労働雇用量 = \frac{L^D-L}{L}$$

です．

失業率（U）と欠員率（V）との間には負の相関関係があります．縦軸に失業率，横軸に欠員率をとった平面に図示すると，図のような右下がりの曲線として表されます．この曲線は，発見した経済学者 **W. ベバリッジ**（William Beveridge,（英），1879年～1963年）の名をとって，**ベバリッジ曲線**（Beveridge curve）とよばれています[18]．

ベバリッジ曲線と $U=V$ で表される45度線の交点 E においては，失業率と欠員率が一致しており，求職者はジョブ・サーチしているものの，その一方で求人者も新

---

[18] ベバリッジ曲線を用いた労働市場の分析を**UVアプローチ**（UV approach）とよびます．UVアプローチを最初に行った論文は，Dow, J. C. R. and Dicks-Mireaux, L. (1958) "The Excess Demand for Labour: A Study of Conditionsin Great Britain, 1946–1956," *Oxford Economic Papers*, Vol. 10, pp. 1–33 です．

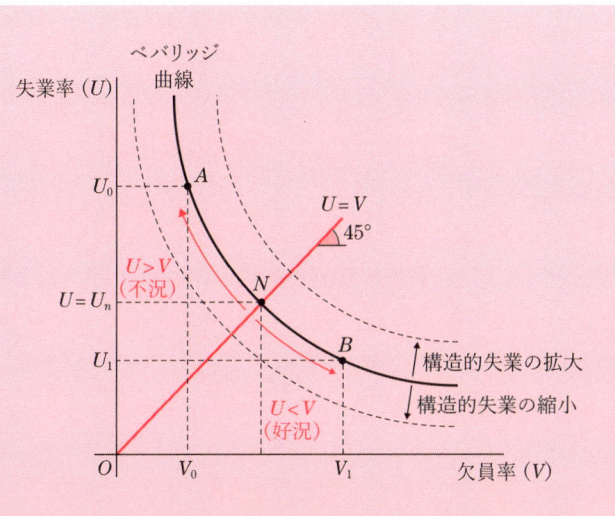

たな労働者を求めており，労働市場におけるミスマッチが発生しています．このミスマッチは，完全雇用の下でも発生する失業です．つまり，点Eにおける失業率は，自然失業率U_nといえます．また，ベバリッジ曲線上の点Aでは失業率が欠員率を上回っており（$U_0 > V_0$），不況の状況にあります．逆に点Bでは失業率が欠員率を下回り（$U_1 < V_1$），経済は好況といえます．また，構造的失業が増加するとベバリッジ曲線は右上方にシフトし，逆に減少すると左下方にシフトします．

さて，労働市場における事前の超過需要関数は，$L^D - L^S$で表せます．$L^D - L^S = (L^D - L) - (L^S - L) = (V - U)L$なので，失業率が上昇すると労働市場における超過供給を引き起こし，名目賃金上昇率は下落します．この結果，名目賃金上昇率と失業率の間の負の相関関係——賃金版フィリップス曲線を導くことができるのです[19]．

2 名目賃金版とインフレ版フィリップス曲線

当初，フィリップス曲線は名目賃金上昇率と失業率との関係を表したものでしたが，後にインフレ率（rate of inflation; π）[20]と失業率（U）の間にも負の相関関係があることが理論的に導かれました．これを**インフレ版フィリップス曲線**

---

[19] ベバリッジ曲線についてわかりやすく説明したものとして，たとえば，浅子和美・倉澤資成・加納悟（2009）『マクロ経済学（第2版）』（新世社）などが参考になります．

[20] インフレ率をしばしばギリシア文字πを用いて表します．πはミクロ経済学では「利潤」を表す記号としても用いられていますので混合しないよう気をつけてください．

といいます．今日，フィリップス曲線という場合，このインフレ版フィリップス曲線を指すことが一般的です[21]．

名目賃金版フィリップス曲線からインフレ版フィリップス曲線を導出する方法はいくつかありますが[22]，ここでは，**古典派の第1公準**から求める方法を用いて説明してみましょう．

古典派の第1公準とは，企業の利潤最大化行動から導かれる関係で，「企業は実質賃金率（w/P）が**労働の限界生産性**（Marginal Product of Labor; MPL）に等しくなるように雇用量を決定する」という関係です．これを式で表すと，$w/P=MPL$となります．この関係から，

$$\frac{\Delta w}{w} = \frac{\Delta P}{P} + \frac{\Delta MPL}{MPL}$$

という関係が導けます[23]．ここで，右辺第1項の$\Delta P/P$はインフレ率（π）であり，$\Delta MPL/MPL$は労働生産性上昇率です．したがって，$\Delta MPL/MPL=g$とすると，名目賃金上昇率とインフレ率との間には，

$$\pi = \frac{\Delta w}{w} - g$$

---

21) 本書でも，以下断りのない限り，フィリップス曲線といった場合，インフレ版フィリップス曲線を指すことにします．
22) **マーク・アップ原理**によって決定されることから導出する方法や，後述する**オークン法則**（Okun's Law）から求める方法などがあります．
23) 時間（t）の変化とともに名目賃金率，物価，労働の限界生産性がそれぞれ変化すると考えると，古典派の第1公準は，$w(t)/P(t)=MPL(t)$となります．両辺を自然対数（ln）をとって整理すると，$\ln w(t) = \ln P(t) + \ln MPL(t)$となります．この両辺を時間（$t$）で微分すると，

$$\frac{d\ln w(t)}{dt} = \frac{d\ln P(t)}{dt} + \frac{d\ln MPL(t)}{dt}$$

となります．第1章で学習した合成関数の微分公式とチェーン・ルールを用いると，上式は，

$$\frac{d\ln w(t)}{dw} \times \frac{dw(t)}{dt} = \frac{d\ln P(t)}{dP} \times \frac{dP(t)}{dt} = \frac{d\ln MPL(t)}{dMPL} \times \frac{dMPL(t)}{dt}$$

となります．ここで，自然対数をその真数で微分したものは真数分の1になる（$d\ln X/dX = 1/X$）ことに注意し，$d\ln X(t)/dt \approx \Delta X$と考えると，上式は，

$$\frac{\Delta w}{w} = \frac{\Delta P}{P} + \frac{\Delta MPL}{MPL}$$

となります．

図13-11 インフレ版フィリップス曲線

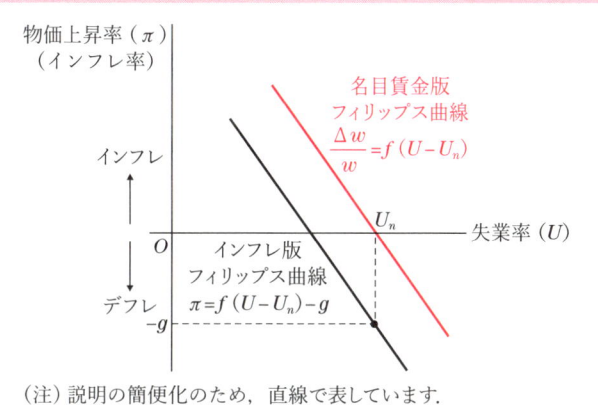

物価上昇率(π)（インフレ率）

名目賃金版フィリップス曲線 $\dfrac{\Delta w}{w} = f(U - U_n)$

インフレ版フィリップス曲線 $\pi = f(U - U_n) - g$

失業率(U)

（注）説明の簡便化のため，直線で表しています．

という関係があるので，インフレ版フィリップス曲線は，

【インフレ版フィリップス曲線】 $\pi = f(U - U_n) - g, \quad f(0) = 0, \quad f'(\cdot) < 0$

となります．これを図示したのが図13-11です．この式からもわかるように，インフレ版フィリップス曲線は名目賃金版フィリップス曲線をgだけ下方にシフトさせたものに等しくなります．

フィリップス曲線の関係が頑健であれば，たとえば，経済がデフレ状況にある場合には，高失業率となって景気が停滞しているはずです．この景気停滞を解消するためには，インフレを引き起こすような政策——たとえば，拡張的財政政策や金融緩和政策を行うことが推奨されます．政策を有効なものとするためにも，インフレ率と失業率との関係を考えることは極めて重要なのです．

ポイント・チェック　名目賃金版とインフレ版フィリップス曲線の特徴

❶ インフレ版フィリップス曲線とは，インフレ率πと失業率Uの間にある負の相関関係を示したもの

❷ インフレ版フィリップス曲線は，
$$\pi = f(U - U_n) - g, \quad f(0) = 0, \quad f'(\cdot) < 0 \quad [U_n：自然失業率]$$
と表せ，名目賃金版フィリップス曲線をgだけ下方にシフトさせたものに等しい

第13章　労働市場と総供給

3 自然失業率仮説

1960年代，アメリカ経済では安定したフィリップス曲線が観察されていました．しかし，1970年代に入ると，高失業率による**景気停滞**(stagnation)と**高インフレ**(inflation)が併発する**スタグフレーション**(stagflation)とよばれる状況が発生しました（図13-12）．フィリップス曲線で表されるインフレ率と失業率との負の関係は，頑健ではなかったのです．

ケインズ派はスタグフレーションに対して有効な政策提言ができませんでしたが，**マネタリスト**(Monetarist)とよばれるグループ[24]は，フィリップス曲線に**期待インフレ率**(expected rate of inflation: π^e)の概念を導入することによって有用な提言を行いました[25]．期待インフレ率とは，人々が形成するインフレの**予測値**(prediction)のことです．スタグフレーションが発生する原因として，M.フリードマンらマネタリストは，人々がインフレに対する予想を行い，それをもとに行動していると考えたのです．

インフレ版フィリップス曲線は，$\pi = f(U-U_n) - g$と書けましたが，ここでは生産性上昇率gを$g=0$ないし，gが$f(\cdot)$に便宜上含まれていると仮定し，フィリップス曲線を$\pi = f(U-U_n)$と仮定しましょう．このとき，実際のインフレ率(π)が，人々が形成する期待インフレ率(π^e)の影響を受けているものと考えると，期待インフレ版フィリップス曲線は，

【**期待インフレ版フィリップス曲線**（短期）】$\pi = f(U-U_n) + \pi^e, f(0) = 0, f'(\cdot) < 0$

と表されます．これを図示したものが図13-13です．ここで「短期」と書いたのは，人々がインフレの予想値を現実のインフレ率と一致させることができないような**短期**(short run)の状況においては，形成する期待インフレ率とインフレ率が異なる（$\pi^e \neq \pi$）からです[26]．したがって，短期の期待インフレ版フィ

---

[24] 貨幣供給量をルールの下で一定に保つ政策を重視する学派で，市場メカニズムを重視する古典派の流れを汲んだ学派です．M.フリードマンはしばしば**マネタリストの総帥**とよばれています．

[25] Phelps, E. S. (1968) "Money-Wage Dynamics and Labor Market Equilibrium," *Journal of Political Economy*, Vol.76, pp.678–711 およびFriedman, M. (1968) "The role of monetary policy," *American Economic Review*, Vol.68, No.1, pp.1–17.

[26] これを**貨幣錯覚**(Money illusion)とよぶこともあります．

図13-12 1960年から1980年までのアメリカ経済

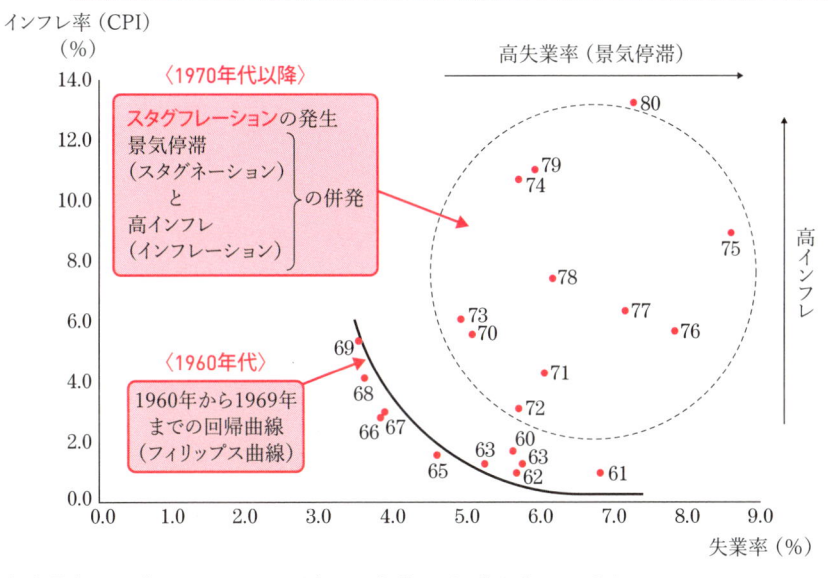

（注）散布図のデータラベルは，西暦1900年代の下二桁を表しています．
（資料）U.S. Bureau of Labour Statistics, U.S. Bureau of Economic Analysis.

図13-13 期待インフレ版フィリップス曲線（短期）

期待インフレ版フィリップス曲線（短期）
$\pi = f(U - U_n) + \pi^e$（右下がり）

インフレ版フィリップス曲線
$\pi = f(U - U_n)$

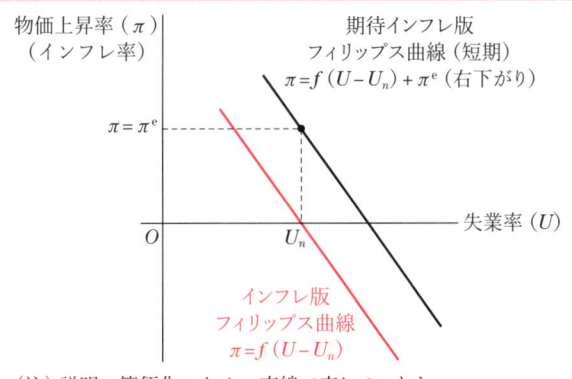

（注）説明の簡便化のため，直線で表しています．

第13章 労働市場と総供給

図13-14 期待インフレ版フィリップス曲線（長期）

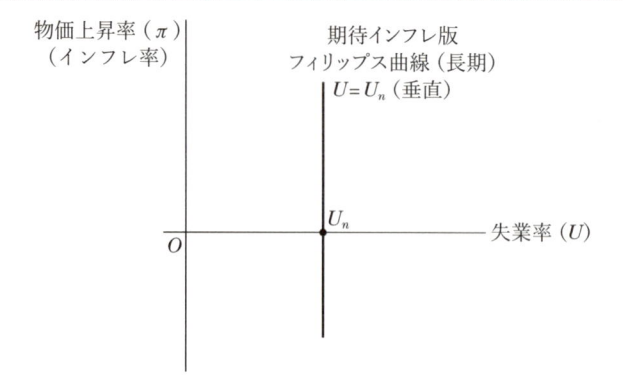

[図：縦軸「物価上昇率（π）（インフレ率）」、横軸「失業率（U）」。U_nを通る垂直な直線が描かれており、「期待インフレ版フィリップス曲線（長期）$U=U_n$（垂直）」とラベルされている。]

リップス曲線は，右下がりで描かれるフィリップス曲線 $\pi = f(U-U_n)$ を，期待インフレ率 π^e だけシフトさせたものとして描かれています．

ところが，時間の経過とともに人々は期待インフレ率を修正していきます．もし，**長期** (long run) において，最終的にインフレ率を完全に予想できるようになったとすれば，期待均衡とよばれる，

【期待均衡】 $\pi^e = \pi$

が成立します[27]．すると，短期の期待インフレ版フィリップス曲線 $\pi = f(U-U_n) + \pi^e$ は，$f(U-U_n) = 0$ となります．$f(0) = 0$ なので，長期においては，

【期待インフレ版フィリップス曲線（長期）】 $U = U_n$

となることがわかります．長期においては，失業率は常に自然失業率に一致するように決定されます．これがM. フリードマンによって提唱された**自然失業率仮説** (natural rate of unemployment hypothesis) とよばれる考え方です．図13-14に描かれているように，長期の期待インフレ版フィリップス曲線は，横軸に垂直な直線となります．

---

[27] 期待形成の方法については，**COLUMN 13-❹**で紹介されていますので参照してください．

> **ポイント・チェック** **自然失業率仮説**
>
> ❶ 期待インフレ率 π^e とは，人々が形成するインフレの予測値のこと
> ❷ マネタリストは，人々がインフレに対する予想を行い行動していると考えた
> ❸ 期待インフレ版フィリップス曲線とは，実際のインフレ率が，人々が期待する期待インフレ率の影響を受けていると考えたフィリップス曲線
> ❹ 期待インフレ版フィリップス曲線（短期）は，
> $$\pi = f(U - U_n) + \pi^e, \quad f(0) = 0, \quad f'(\cdot) < 0 \quad [U_n：自然失業率]$$
> と表せる
> ❺ 期待均衡とは，期待インフレ率を修正していき，最終的にインフレ率を完全に予想できるようになったことで，
> $$\pi^e = \pi$$
> が成立する
> ❻ 期待インフレ版フィリップス曲線（長期）は，
> $$U = U_n$$
> と表され，自然失業率が達成される（自然失業率仮説）

6 インフレ型総需要・インフレ型総供給曲線

　物価上昇に伴う経済現象——たとえば，スタグフレーションなども，フィリップス曲線の概念に若干の拡張を行うことによって考えることができます．ここでは，**インフレ型総供給曲線**（inflation augmented aggregate supply curve）と**インフレ型総需要曲線**（inflation augmented aggregate demand curve）を用いて，インフレ率とGDPの関係を考えましょう．

1 オークン法則とインフレ型総供給曲線

　インフレ型総供給曲線は，フィリップス曲線と**オークン法則**（Okun's law）から導くことができます．オークン法則とは，GDPギャップと失業率ギャップとの間にある負の関係です．GDPギャップは財市場の需給関係，失業率ギャップは労働市場の需給関係を示しているので，財市場と労働市場の関係を表していると考えることができます．

　いま，GDPギャップをGDPと完全雇用GDP（Y_f）との差 $Y - Y_f$ で表し[28]，失

図13-15 インフレ型総供給曲線

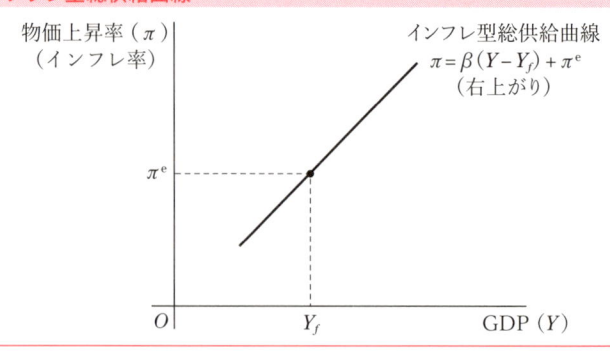

縦軸：物価上昇率（π）（インフレ率）
横軸：GDP（Y）

インフレ型総供給曲線
$\pi = \beta(Y - Y_f) + \pi^e$
（右上がり）

曲線は点 (Y_f, π^e) を通る。

業率ギャップを失業率と自然失業率（U_n）との差 $U - U_n$ で表すことにすると、オークン法則は、

$$U - U_n = h(Y - Y_f), \quad h'(\cdot) < 0$$

と表されます。一方，期待インフレ版フィリップス曲線は $\pi = f(U - U_n) + \pi^e$ と表されましたから、オークン法則を期待インフレ版フィリップス曲線に代入して整理することにより[29]、

【インフレ型総供給曲線】 $\pi = \beta(Y - Y_f) + \pi^e, \quad \beta(0) = 0, \quad \beta'(\cdot) > 0$

を求めることができます。インフレとGDPギャップには正の関係があることがわかります。したがって、縦軸にインフレ率（π）、横軸にGDP（Y）をとった平面にインフレ型総供給曲線を描くと、右上がりの曲線として描くことができます。しかも、この曲線は $\beta(0) = 0$ なので、必ず、点 (Y_f, π^e) を通ります。これを図示したのが図13-15です。

これに対して、インフレ型総需要曲線は、財市場の均衡を表すIS-LMモデルから導くことができます。IS-LMモデルより、GDP（Y）は、実質貨幣供給量（M/P）と政府支出（G）からなる関数 $Y = F(M/P, G)$ で表されます。この式から、

【インフレ型総需要曲線】 $Y = \alpha(m - \pi) + Y_{-1} + cg$

---

[28] GDPギャップという場合、GDPと完全雇用GDP（Y_f）との「差」を完全雇用GDPで除したもの、すなわち、$(Y - Y_f)/Y_f$ と表すのが一般的ですが、ここでは便宜的に「差」をもってGDPギャップとよんでいます。

[29] フィリップス曲線 $\pi = f(U - U_n) + \pi^e$ に、オークン法則 $U - U_n = h(Y - Y_n)$ を代入すると、$\pi = [h(Y - Y_n)] + \pi^e$ となります。$f[h(Y - Y_n)]$ を新しい関数 $\beta(Y - Y_n)$ で置き換えると求めることができます。

図13-16 インフレ型総需要曲線

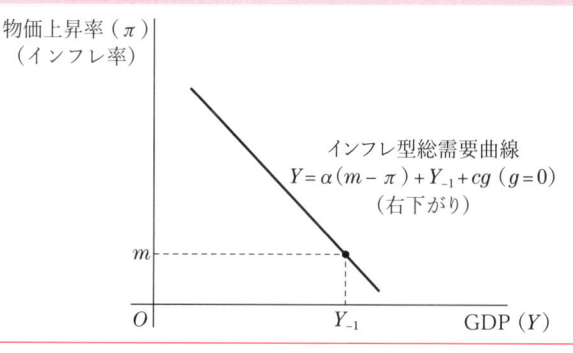

物価上昇率(π)
(インフレ率)

インフレ型総需要曲線
$Y = \alpha(m-\pi) + Y_{-1} + cg \ (g=0)$
(右下がり)

m

O $\quad Y_{-1}$ $\quad$ GDP (Y)

を導くことができます．インフレ率(π)が上昇すると，GDP(Y)は減少することから，インフレ型総需要曲線は，縦軸にインフレ率，横軸にGDPをとった平面に右下がりに描かれます．ここで，αおよびcは正の定数，mは名目マネーサプライ増加率，πはインフレ率，Y_{-1}は1期前のGDP，gは政府支出の増分です．いま，政府支出がない状況($g=0$)を考えると，インフレ型総需要曲線は$Y = \alpha(m-\pi) + Y_{-1}$となるので，必ず点$(Y_{-1}, m)$を通る右下がりの直線となります(図13-16)．

> **ポイント・チェック** **オークン法則とインフレ型総供給曲線**
>
> ❶ インフレ型総供給曲線は，フィリップス曲線とオークン法則から導ける
> ❷ オークン法則とは，GDPギャップ$Y-Y_f$と失業率ギャップ$U-U_n$との間にある負の関係のこと
> オークン法則は，
> $$U - U_n = h(Y-Y_f), \quad h'(\cdot) < 0$$
> と表せる
> ❸ インフレ型総供給曲線は，
> $$\pi = \beta(Y-Y_f) + \pi^e, \quad \beta(0) = 0, \quad \beta'(\cdot) > 0$$
> と表せる
> ❹ インフレ型総需要曲線は，IS-LMモデルから導け，
> $$Y = \alpha(m-\pi) + Y_{-1} + cg$$
> $\begin{bmatrix} Y:\text{GDP},\ m:\text{マネーサプライ増加率},\ Y_{-1}:\text{1期前のGDP}, \\ g:\text{政府支出増加率},\ \alpha>0,\ c>0 \end{bmatrix}$
> と表せる

2 インフレ型総需要曲線とインフレ型総供給曲線

以上より，インフレ型総需要・総供給曲線を用いた均衡を考えることができます．

$$\begin{cases} \text{【インフレ型総需要曲線】} Y = \alpha(m-\pi) + Y_{-1} + cg \\ \text{【インフレ型総供給曲線】} \pi = \beta(Y-Y_f) + \pi^e \end{cases}$$

より，当初，政府支出がない状況（$g=0$）では，図13-17の均衡点$E_0(Y_0, \pi_0)$において短期均衡が求まります．インフレ型総需要・総供給関数を用いると，スタグフレーション発生のメカニズムを説明することができます．

いま，政府が物価水準の下落を企図して，緊縮的な財政政策や緊縮的な金融政策を行ったとしましょう．すると，インフレ型総需要関数は左下方にシフトします（図13-17❶）．ここで同時に石油価格の急騰などのサプライ・ショックが発生すると，インフレ型総供給関数が大きく左上方にシフトします（図13-17❷）．その結果，均衡点は$E_2(Y_2, \pi_2)$へと移ります．インフレ率は$\pi_0 \to \pi_2$へと上昇し（インフレの発生），GDPは$Y_0 \to Y_2$へと減少（景気停滞が発生）し，インフレーションと景気停滞（スタグネーション）が同時に発生する**スタグフレーション**が発生する状況が説明できるのです．

一方，長期均衡においては期待均衡$\pi^e = \pi$が成り立つので，インフレ型総供給曲線からGDPは完全雇用GDPに等しくなります（$Y=Y_f$）．一方，長期均衡においては，GDPは不変（$\Delta Y = 0$）なので，インフレ型総需要曲線より，$Y=Y_f=Y_{-1}$が成り立ちます．$g=0$ならば，長期の期待均衡に加えて，$\pi^e = \pi = m$が成り立ちます．すなわち，長期均衡では，

(ⅰ) **完全雇用GDPが実現する．**

(ⅱ) **期待インフレ率が現実のインフレ率に等しくなり，そのインフレ率は名目マネーサプライ増加率に等しくなる．**

ことがわかります．この状況は図13-18に描かれています．このモデルでは，短期的には拡張的財政政策や金融緩和政策は有効ですが，長期均衡が実現している場合，財政政策や金融政策は長期均衡に落ち着くことから無効になることがわかります．しかし，これまでの説明では，どのように期待均衡が実現されるのか明らかではありませんでした．次の節では，合理的期待形成という考え方を導入することによって，政策の有効性についてより詳しく学習しましょう．

図13-17 インフレ型総需要・総供給曲線を用いたスタグフレーションの説明

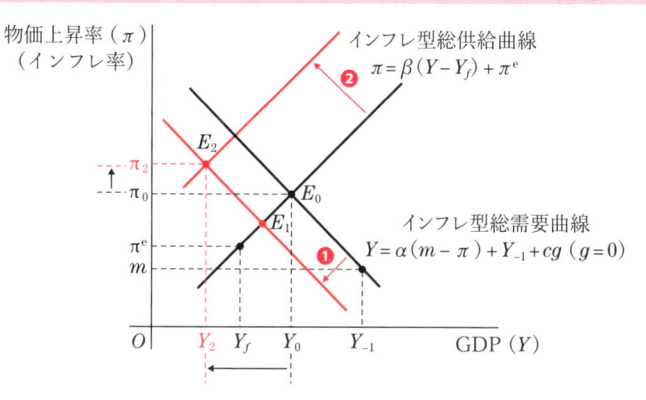

（図：縦軸 物価上昇率 (π)（インフレ率）、横軸 GDP (Y)。インフレ型総供給曲線 $\pi = \beta(Y - Y_f) + \pi^e$ と、インフレ型総需要曲線 $Y = \alpha(m - \pi) + Y_{-1} + cg$ $(g = 0)$。均衡点 E_0、E_1、E_2。π_2, π_0, π^e, m、Y_2, Y_f, Y_0, Y_{-1} が示されている。）

図13-18 インフレ型総需要・総供給曲線の短期均衡と長期均衡

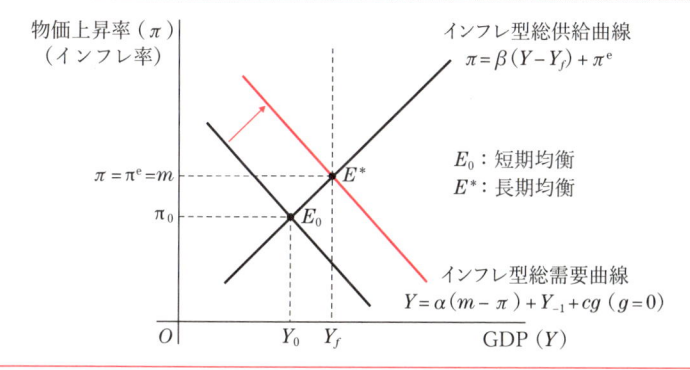

（図：インフレ型総供給曲線 $\pi = \beta(Y - Y_f) + \pi^e$、インフレ型総需要曲線 $Y = \alpha(m - \pi) + Y_{-1} + cg$ $(g = 0)$。E_0：短期均衡、E^*：長期均衡。$\pi = \pi^e = m$、π_0、Y_0、Y_f。）

ポイント・チェック　インフレ型総需要曲線とインフレ型総供給曲線の特徴

❶ インフレ型総需要・総供給関数の均衡点は，短期均衡になっている
❷ 長期均衡では，完全雇用GDPが実現し，期待インフレ率が現実のインフレ率に等しくなり，そのインフレ率は名目マネーサプライ増加率に等しくなる

COLUMN 13-❸ インフレ型総需要曲線の導出

本文で述べましたように，IS-LMモデルから，GDPは実質貨幣供給量と政府支出の関数 $Y=F(M/P, G)$ として表現できます。

この式を全微分すると，

$$dY = \frac{\partial F}{\partial (M/P)} d\left(\frac{M}{P}\right) + \frac{\partial F}{\partial G} dG = \frac{\partial F}{\partial (M/P)} \left[\underbrace{\frac{\partial (M/P)}{\partial M}}_{1/P} dM + \underbrace{\frac{\partial (M/P)}{\partial P}}_{-M/P^2} dP \right] + \frac{\partial F}{\partial G} dG$$

$$= \frac{\partial F}{\partial (M/P)} \left[\frac{1}{P} dM - \frac{M}{P^2} dP \right] + \frac{\partial F}{\partial G} dG = \frac{1}{P^2} \frac{\partial F}{\partial (M/P)} [PdM - MdP] + \frac{\partial F}{\partial G} dG$$

$$= \underbrace{\frac{PM}{P^2} \frac{\partial F}{\partial (M/P)}}_{\alpha \, (+)} \left[\underbrace{\frac{dM}{M}}_{m} - \underbrace{\frac{dP}{P}}_{\pi} \right] + \underbrace{\frac{\partial F}{\partial G}}_{c \, (+)} \underbrace{dG}_{g} = \alpha(m-\pi) + cg$$

となります。ここで，α および c は正の定数，m は名目マネーサプライ増加率，π はインフレ率，g は政府支出の増分です。$dY \approx \Delta Y = Y - Y_{-1}$ と近似すると，

【インフレ型総需要曲線】 $Y = \alpha(m-\pi) + Y_{-1} + cg$

を導くことができます。

7 合理的期待形成と政策の無効性

　人々が「インフレ率の予測（期待インフレ率）をどのように作り出すか」，「期待の形成がどのように政策に影響を与えるか」という疑問に答えるために，ここでは1970年代に台頭してきた**合理的期待**（rational expectation）の概念について考えましょう[30]。

　合理的期待という考え方は，**J. ミュース**（John Fraser Muth,（米），1930年〜2005年）が1961年に書いた「合理的期待と価格変動の理論」という論文[31]に初出されました。しかし，合理的期待は当初，その真価がはっきりと認識されていたわけではありませんでした。その後，**R. ルーカス**（Robert Emerson Lucas, Jr.,（米），1937年〜）が1970年に書いた「期待と貨幣の中立性」という論文や[32]，**T. サージェン**

ト (Thomas John Sargent, (米), 1943年～) と **N. ウォレス** (Neil Wallace, (米), 1939年～) が1973年に発表した「合理的期待とハイパー・インフレーションの動学」という論文[33]によって金融政策無効性が発表されると，その衝撃的な内容とともに一躍注目を集めるようになりました．

この節では，前節で学習したインフレ型総需要・総供給関数を用いて，ルーカス，サージェント，ウォレスらによって考案された**金融政策無効性命題**[34]について説明します．

また，R. バロー (Robert Joseph Barro, (米), 1944年～) は，国債発行による拡張的財政政策は消費を増加させないため無効であるという，**バローの中立命題**を発表しました[35]．この節では，財政政策の無効性についても説明しましょう．

---

30) 合理的期待は**新しい古典派** (new classical economics) とよばれるグループの中心的な概念となっています．新しい古典派は，市場機能を重視したり，経済主体の合理的行動（効用最大化や利潤最大化）を前提としたりする点では，**新古典派** (neoclassical economics) の祖上にあると考えられますが，すべての経済主体が合理的期待を形成するという点で，新古典派よりも合理的な経済主体を考えている点が特徴として挙げられます．また，**代表的個人** (representative agent) とよばれる経済主体を想定したマクロ経済モデルを作成し，その合理的行動の帰結を考える点が特徴です．

31) Muth, J. (1961) "Rational Expectations and the Theory of Price Movements," *Econometrica*, Vol.29, pp.315–335. なお，合理的期待が後の経済理論に革命的な影響を与えたことから，J. ミュースは**合理的期待革命の父** (a father of the rational expectation revolution) とよばれることもあります．

32) Lucas, R. (1972) "Expectations and the Neutrality of Money," *Journal of Economic Theory*, Vol.4, No.2, pp.103–124. なお，R. ルーカスは，合理的期待仮説の理論を発展，応用し，1970年代以降の財政・金融政策などマクロ経済理論に大きな影響を与えたことが称えられて1995年にノーベル経済学賞を与えられました．

33) Sargent, T. J. and Wallace, N. (1973) "Rational Expectations and the Dynamics of Hyperinflation," *International Economic Review*, Vol.14, No.2, pp.328–350. T. サージェントとN. ウォレスはその後も合理的期待に関する多くの研究発表を行いました．中でも，1981年に著した「ある不愉快なマネタリスト算術」と題する論文 (Sargent, T. J. and Wallace, N. (1981) "Some Unpleasant Monetarist Arithmetic," *Federal Reserve Bank of Minneapolis Quarterly Review*, Vol.5, No.3, pp.1–17) は，国債の中央銀行引受けが中央銀行の独自性を損なうという主張で有名です．なお，T. サージェントは，マクロ経済の原因と結果をめぐる実証的な研究に関する功績が称えられて2011年にノーベル経済学賞を与えられました．

34) 彼らのイニシャルをとって，**LSW命題**とよぶこともあります．

1 金融政策の無効性——LSW命題

　合理的期待とは，経済主体が現時点で入手可能なすべての情報をもとに形成する，来期に関する予測値の形成方法の1つです．経済主体が入手できる今期(t期)の情報集合をΩで表すと，経済主体が合理的期待形成を行う場合，来期の期待値は情報集合Ωの下で実現できる来期の数学的期待値に等しくなります．t期の経済変数の値をx_tで示すと，情報集合Ωの下で来期($t+1$期)の期待値x^e_{t+1}は，数学的期待値を示す$E[\cdot]$を用いて，

$$x^e_{t+1} = E[x_{t+1} | \Omega]$$

として表すことができます．

　説明のために，前節で導出したインフレ型総需要関数とインフレ型総供給関数，

$$\begin{cases} \text{【インフレ型総需要曲線】} Y = \alpha(m - \pi) + Y_{-1} + cg \\ \text{【インフレ型総供給曲線】} \pi = \beta(Y - Y_f) + \pi^e \end{cases}$$

を，

$$\begin{cases} \text{【インフレ型総需要曲線】} Y = a(m - \pi) + Y_f + u, \quad a > 0 \\ \text{【インフレ型総供給曲線】} \pi = b(Y - Y_f) + \pi^e + v, \quad b > 0 \end{cases}$$

とします．ただし，aおよびbは定数であり，長期均衡が成り立っている状況($g=0$および$Y_{-1}=Y_f$が成り立っている状況)を想定します．また，uおよびvは，政変，地震，戦争などによって代表される不規則撹乱項としています[36]．期待インフレ率の形成に合理的期待を導入すると，

$$\pi^e = E[\pi | \Omega]$$

となります．【インフレ型総供給曲線】と【インフレ型総需要曲線】とを連立させてYを消去して整理すると，

$$(1 + ab)\pi = \pi^e + abm + bu + v$$

となります．ここで，数学的期待値をとると，

---

[35] Barro, R. J. (1974) "Are Government Bonds Net Wealth?," *Journal of Political Economy*, Vol.82, No.6, pp.1095–1117.

[36] したがって，uおよびvの数学的期待値はゼロという仮定が置かれています．つまり$E[u|\Omega]=0, E[v|\Omega]=0$です．

$$(1+ab)\underbrace{E[\pi|\Omega]}_{\pi^e} = \pi^e + abE[m|\Omega] + b\underbrace{E[u|\Omega]}_{0} + \underbrace{E[v|\Omega]}_{0}$$

なので,

$$\pi^e = E[m|\Omega]$$

となります．これは，「合理的期待仮説の下では，期待インフレ率と名目マネーサプライの増加率の期待値とが等しくなる」ということを意味しています．また，この関係より，【インフレ型総需要曲線】の両辺に数学的期待値をとると,

$$E[Y|\Omega] = a\underbrace{E[m|\Omega]}_{\pi^e} - a\underbrace{E[\pi|\Omega]}_{\pi^e} + Y_f + \underbrace{E[u|\Omega]}_{0} = Y_f$$

となります．これは，「合理的期待仮説の下では，GDPの期待値が完全雇用GDPに等しくなる」ことを意味しています．

今度は【インフレ型総供給曲線】と【インフレ型総需要曲線】とを連立させて π を消去して整理すると，

$$(1+ab)(Y-Y_f) = a(m-\pi^e) + av + u$$

となります．ここで，$m = E[m|\Omega] (= \pi^e)$ とすると，

$$Y = Y_f$$

となります．これは，「経済主体が，中央銀行の名目マネーサプライの変化率を合理的期待形成によって完全に予測できるとするならば，GDPは完全雇用GDPに等しくなるだけで，マネーサプライを変動させる金融政策は実体経済（GDP）には影響を与えない」ことを意味しているのです．このように，人々が合理的期待を形成しながら行動するときに金融政策が無効となることを**金融政策無効性命題**（Monetary policy ineffectiveness proposition）といいます．

もちろん，経済主体が情報を入手するには費用がかかりますし，また限界もあるでしょう．したがって，人々が合理的期待形成を行うという仮定自体ナンセンスであるという反論もあるかもしれません．これは合理的期待形成理論の限界といえるでしょう．しかし，「合理的行動」を期待（人々が形成する「予測」）にまで拡張し，政策効果を分析した点で「新しい古典派」とよばれるルーカス，サージェントらの経済学者は高く評価されています．

> **ポイント・チェック** 金融政策の無効性——LSW命題
>
> ❶ 合理的期待形成とは，経済主体が現時点で入手可能なすべての情報をもとに形成する，来期に関する予測値の形成方法の1つ
> ❷ 経済主体が合理的期待形成を行う場合，来期の期待値 x^e_{t+1} は，
> $$x^e_{t+1} = E[x_{t+1} | \Omega] \qquad [\Omega：情報集合, x_{t+1}：t+1期の経済変数]$$
> と表せる
> ❸ 金融政策無効性命題とは，人々が合理的期待を形成しながら行動するときに金融政策が無効になること

2 財政政策の無効性——バローの中立命題

R・バローは，政府の経済行動である政府支出，徴税，国債発行などを，**異時点間の最適化問題**（intertemporal optimization problem）として考えることで，財政政策の有効性について考えました．バローは，1974年に発表した「国債は純資産なのか？」という論文[37]の中で「経済主体が合理的に行動するのであれば，政府が歳入を得る手法が，国債であっても増税であっても，それをもとにした財政政策は経済主体の消費には影響を与えない」という**バローの中立命題**（Barro equivalence theorem）を展開しました．バローは，D. リカードが1820年に発表した「公債制度論」[38]を，合理的期待の概念を用いて現代に甦らせたのです．中立命題が成り立つと，経済安定化のために総需要を管理するケインズ派の政策は，長期的には無効となってしまいます．

いま，ある時点（t期）での政府の予算制約条件は，歳入と歳出が均衡している状態です．歳入として税（一括税；T）と国債収入，歳出として政府支出（G）の他に，国債の利払いが行われます．つまり，

---

[37] Barro, R. (1974), *op. cit.,* Ricardo, D. (1820) "Essay on the Funding System," in McCulloch, J. R. (1888) *The Works of David Ricardo. With a Notice of the Life and Writings of the Author*, London: John Murray.

[38] Ricardo, D. (1820) "Essay on the Funding System," in McCulloch, J. R. (1888) *The Works of David Ricardo. With a Notice of the Life and Writings of the Author*, London: John Murray（邦訳：玉野井芳郎監訳 (1970)「公債制度論」『リカードウ全集後期論文集——1815–1823年』雄松堂書店）．

表13-1

歳入		歳出	
税収 (T_t)	国債収入 ($B_{t+1}-B_t$)	政府支出 (G_t)	国債の利払い (rB_t)

$$\underbrace{\underbrace{税収}_{\text{政府の借金（負債）}}+国債収入}_{歳入}=\underbrace{政府支出+\underbrace{国債の利払い}_{\text{政府の借金（負債）への利払い}}}_{歳出}$$

という関係があります．ただし，今期の国債収入に対する利払いは必ず来期に行われ，説明を簡単にするために市場利子率はrで常に一定であるとしましょう．

ここで注意をするのは，税や政府支出，そして国債収入はフローの概念なのに対して，国債はストックの概念であるということです．したがって，$t+1$期の国債発行額を$B(t+1)$，t期の国債発行額をB_tとすると，t期の国債収入は$B_{t+1}-B_t(=\Delta B_t)$となります[39]．

また，前期（t期）の国債は次期（$t+1$期）に償還されるとしましょう．国債の利払額はt期の国債発行額B_tに市場利子率rを乗じたrB_tとなります．これをまとめると，表13-1のようになります．

この関係から，t期の**政府の予算制約条件**（government budget constraint）は，

$$T_t+B_{t+1}-B_t=G_t+rB_t$$

となります．この式を変形すると，$B_{t+1}=G_t+(1+r)B_t-T_t$となります．ただし，これはあくまでt期に限定した予算制約条件です．時間を表すtは0期，1期，2期，…，∞（無限）期間まで続いていくので，無限期間の予算制約条件を考えなければなりません．そこで，まず，今期（$t=0$），来期（$t=1$）の2期間からなる経済（2期間モデル）を考えましょう．2期間モデルにおける政府の予算制約条件は，それぞれ，

【今期】 $t=0$のとき：$B_1=G_0+(1+r)B_0-T_0$

【来期】 $t=1$のとき：$B_2=G_1+(1+r)B_1-T_1=G_1+(1+r)[G_0+(1+r)B_0-T_0]-T_1$

---

[39] フローとストックの概念については，第9章のCOLUMN 9-❶を参照してください．

$$= G_1 + (1+r)G_0 + (1+r)^2 B_0 - (1+r)T_0 - T_1$$

となります．来期の政府の予算制約条件$B_2 = G_1 + (1+r)G_0 + (1+r)^2 B_0 - (1+r)T_0 - T_1$の両辺を$(1+r)^2$で除して変形すると，

$$\frac{T_0}{(1+r)} + \frac{T_1}{(1+r)^2} + \frac{B_2}{(1+r)^2} = \frac{G_0}{(1+r)} + \frac{G_1}{(1+r)^2} + B_0$$

となります．しかし，ここで注意しなければならないのは，左辺第3項の$B_2/(1+r)^2$は2期間で完結するこのモデルでは存在しないということです．というのも，B_2は3期目に相当する$t=2$期に存在すべき国債発行額だからです．もし，B_2が正であれば，このモデルでは第3期目のために歳入を行うことになります．これは2期間モデルという性質上あり得ません．また，B_2が負の場合，経済主体が合理的な期待を形成する限り，そのような公債を購入することはあり得ません．したがって$B_2/(1+r)^2 = 0$です[40]．よって，2期間モデルにおける政府の予算制約条件は，

$$\underbrace{\frac{T_0}{(1+r)} + \frac{T_1}{(1+r)^2}}_{\text{2期間の税収の現在価値の和}} = \underbrace{\frac{G_0}{(1+r)} + \frac{G_1}{(1+r)^2} + B_0}_{\text{2期間の政府支出の現在価値の和と今期の国債発行額（負債）}}$$

となります．和を表す記号Σ（シグマ）を用いて表すと，

$$\sum_{t=0}^{1} \frac{T_t}{(1+r)^{t+1}} = \sum_{t=0}^{1} \frac{G_t}{(1+r)^{t+1}} + B_0$$

となります．無限期間の予算制約条件は，上式を$t=0, 1, \cdots, \infty$まで拡張した，

$$\underbrace{\sum_{t=0}^{\infty} \frac{T_t}{(1+r)^{t+1}}}_{\text{無限期間の税収の現在価値の和}} = \underbrace{\sum_{t=0}^{\infty} \frac{G_t}{(1+r)^{t+1}} + B_0}_{\text{無限期間の政府支出の現在価値の和と今期の国債発行額（負債）}}$$

となります．この式は，「今期から無限期間までの税収によって，政府支出と今期の国債発行がまかなわれていること」を意味しています．ここで，無限期

---

40) この条件を**横断性条件**（transversality condition）といいます．またこの条件は，**非ポンジー・ゲーム条件**（no-Ponzi game condition）ということがあります．ポンジー・ゲームとは，1920年代に無限連鎖講（ねずみ講）に似た仕組みで不特定多数の出資者から巨額の資金を集め，破綻をした詐欺師チャールズ・ポンジー（Charles Ponzi,（米），1882年～1949年）の名前に由来しています．

間まで続く家計の予算制約条件を考えます．C_t を t 期の消費，Y_t を t 期の GDP（所得），A_0 を今期（$t=0$）の資産残高とすると家計の予算制約条件は，

$$A_0 + \underbrace{\sum_{t=0}^{\infty} \frac{Y_t - T_t}{(1+r)^{t+1}}}_{\text{今期の資産残高と無限期間の家計の可処分所得の現在価値の和}} = \underbrace{\sum_{t=0}^{\infty} \frac{C_t}{(1+r)^{t+1}}}_{\text{無限期間の家計の消費の現在価値の和}}$$

となります．この式は，政府の予算制約条件より，

$$A_0 + \sum_{t=0}^{\infty} \frac{Y_t - T_t}{(1+r)^{t+1}} = A_0 + \sum_{t=0}^{\infty} \frac{Y_t}{(1+r)^{t+1}} - \sum_{t=0}^{\infty} \frac{T_t}{(1+r)^{t+1}}$$

$$= A_0 + \sum_{t=0}^{\infty} \frac{Y_t}{(1+r)^{t+1}} - \left[\sum_{t=0}^{\infty} \frac{G_t}{(1+r)^{t+1}} + B_0\right]$$

$$= A_0 - B_0 + \sum_{t=0}^{\infty} \frac{Y_t - G_t}{(1+r)^{t+1}}$$

$$= \sum_{t=0}^{\infty} \frac{C_t}{(1+r)^{t+1}}$$

より，

$$A_0 - B_0 + \sum_{t=0}^{\infty} \frac{Y_t - G_t}{(1+r)^{t+1}} = \sum_{t=0}^{\infty} \frac{C_t}{(1+r)^{t+1}}$$

となります．この式の左辺には税収（T_t）が一切現れていません．このことから「政府がどのような手法によって歳入を行ったとしても，家計の消費には影響を与えない」ことがわかります．こうした事態が発生するのは，人々が，「今期の国債発行は来期の増税を意味する」と合理的な期待（予測）をもって行動しているからです．国債発行でファイナンスをしても，増税によってファイナンスをしても，人々が合理的期待の下に行動をする限り，財政政策によって消費が促され，総需要が増加することはないという財政政策の無効性が主張されるのです．

　もっとも，バローの中立命題が成立するためには，いくつかの制約があることを忘れてはなりません．すでにお話ししましたように，経済主体が異時点間の合理的行動を行う場合には，常に合理的な期待形成を行わなければなりません．また，無限期間を考えるということは，経済主体が，次世代までの効用を

考慮して最適化を行っていることが暗黙のうちに前提となっています．これは **異世代間利他主義**（intertemporal altruism）とか**王朝仮説**（dynasty hypothesis）と呼ばれています．私たちが自分の子供や孫のために資産を残すのもこうした動機に基づいています．

> **ポイント・チェック** 財政政策の無効性——バローの中立命題
>
> バローの中立命題とは，経済主体が合理的に行動するのであれば，政府が歳入を得る手法が，国債であっても増税であっても，それをもとにした財政政策は経済主体の消費には影響を与えないという考え

第13章では，均衡GDPと物価がどのように決定するのか，労働市場から総供給曲線（AS）を導出し，第12章で導いた総需要曲線（AD）と合わせて総需要・総供給分析（AD-AS分析）を用いて考えました．また物価の変動に注目して，フィリップス曲線，インフレ型総需要・総供給曲線を学習し，財政政策や金融政策が無効となるケースについて考えました．フィリップス曲線以降の節では，インフレやマネーサプライ上昇率といった「動き」のある世界——**経済動学**（dynamics）を扱ったので，初学者には難しく感じられたかもしれませんが，次の章でも景気循環や経済成長といった経済動学について学習しますので，よく復習しておいてください．

COLUMN 13-❹　様々な期待形成

本文では，合理的期待という期待形成の方法を学習しました．合理的期待形成は，利用可能な情報すべてを用いて期待を形成します．これに対して，**（ⅰ）静態的期待**（static expectation），**（ⅱ）外挿的期待**（extrapolative expectations），**（ⅲ）適応的期待**（adaptive expectations）とよばれる期待形成の方法があります．これらは，予測しようとする変数の過去の値の情報のみに依存しています．そのため，情報を効率的に使用していないという点が合理的期待形成とは大きく異なっています．

当該の変数（たとえば物価など）のt期の値をx_t，$t+1$期の期待（予測値）をx^e_{t+1}で示

すことにしてそれぞれの期待形成の方法について考えてみましょう.

（ⅰ）静態的期待（static expectation）：$x_{t+1}^e = x_t$

静態的期待を形成する場合，人々は，現在の現実値x_tが来期の予測値x_{t+1}^eとして永続すると考えています.

たとえば，今期（$t=0$）のインフレ率π_0が5％であったとすれば，静態的期待形成をする人々は，来期（$t=1$）の（期待）インフレ率π_1^eも5％となると予想します.

（ⅱ）外挿的期待（extrapolative expectations）：$x_{t+1}^e = x_t + \mu(x_t - x_{t-1})$, $\mu > 0$, μは定数

外挿的期待とは，過去からの変数の趨勢（トレンド）が将来に引き伸ばされて，その延長線で来期の予測値x_{t+1}^eが決定されることを意味しています. トレンド部分は変数間の「差」をμ倍した$\mu(x_t - x_{t-1})$で表されています.

たとえば，今期（$t=0$）のインフレ率π_0が5％，前期（$t=-1$）のインフレ率π_{-1}が3％であったとしましょう. 人々が外挿的期待を形成するのであれば，来期（$t=1$）の期待インフレ率π_1^eは，今期のインフレ率π_0の5％に2μ％のトレンドを加え，$5+2\mu$％と予想します.

（ⅲ）適応的期待（adaptive expectations）：$x_{t+1}^e = x_t^e + \lambda(x_t - x_t^e)$, $0 < \lambda < 1$, λは定数

P. ケーガン（Phillip David Cagan,（米）,1927年～2012年）が提唱した適応的期待によれば[41]，来期の予測値x_{t+1}^eは，今期の実現値x_tと予測値x_t^eの差$x_t - x_t^e$によって今期の予測値x_t^eが修正された値として決定されます.

たとえば，今期（$t=0$）の期待インフレ率π_0^eが3％だったとしましょう. しかし，現実には，今期実現したインフレ率π_0が5％であったとします. このとき，期待インフレ率と現実のインフレ率との乖離は2％です. 人々が適応的期待形成を行うとすれば，来期（$t=1$）の期待インフレ率π_1^eは，今期（$t=0$）の期待インフレ率3％に，期待と現実値の乖離2％をλ倍した2λを加えて，$3+2\lambda$％と予想します.

---

41) Cagan, P. (1956) "The Monetary Dynamics of Hyperinflation," In Friedman, Milton ed., *Studies in the Quantity Theory of Money*, Chicago: University of Chicago Press.

内容を理解しているかな？

問題に答えられたらYES！ わからなければNO！

1 労働と生産面からみたGDPの関係

Q1. 生産関数とは何か説明せよ
Q2. マクロ経済学における生産関数を示せ
Q3. 労働市場のみに注目したマクロ生産関数を示せ

ポイント・チェック 労働と生産面からみたGDPの関係
- □① GDPは国内で一定期間に生産された付加価値の総額のことで，この付加価値を生み出すのは，生産要素と技術である
- □② 生産関数とは，生産要素と生産物の技術的な関係を示したもの
- □③ マクロ経済学における生産関数 F は，
  $$Y = F(K, L) \quad [Y：GDP, K：資本, L：労働]$$
  と表せる
- □④ 労働の動きのみに注目したマクロ生産関数は，
  $$Y = F(L)$$
  と表せ，この生産関数に投入される労働が決定されるのが労働市場である

→ No: 本文 p.655 へ戻れ

2 労働市場と失業

1 労働市場

Q1. 労働市場とは何か説明せよ
Q2. 古典派の第1公準と第2公準とは何か説明せよ

ポイント・チェック 労働市場の特徴
- □① 労働市場とは，当該の経済に投入される労働量が決定する市場のこと
- □② 古典派の第1公準とは，実質賃金率が増加するにしたがって労働需要が減少すること
- □③ 古典派の第2公準とは，実質賃金率が増加するにしたがって労働供給が増加すること
- □④ 労働市場では，均衡実質賃金率と労働供給と労働需要が一致し，市場で取引される労働量が決定される

→ No: 本文 p.657 へ戻れ

【2 失業】へ進め！

2 失業

Q1. 非自発的失業とは何か説明せよ
Q2. 失業に関する古典派の考え方を説明せよ
Q3. 失業に関するケインズ派の考え方を説明せよ
Q4. 失業に関する古典派とケインズ派の考え方の違いを説明せよ

ポイント・チェック 失業

- □① 失業とは労働市場の超過供給のことで，この賃金水準であれば働く意思があるにもかかわらず仕事に就けないことを非自発的失業とよぶ
- □② 古典派は，市場メカニズムによって完全雇用が実現されると考えた
- □③ ケインズ派は，名目賃金率には下方硬直性があるために失業は解消されないと古典派を否定し，市場が不完全であるために，政府の役割を重視する必要があると考えた
- □④ 古典派とケインズ派の考え方の違いは，経済政策に対する考え方に現れている
  古典派 → 市場メカニズムを重視し，市場介入を極力回避するような経済政策を主張
  ケインズ派 → 市場メカニズムには限界があるため，積極的な経済政策を主張

No ……▶ 本文 p.658 へ戻れ

3 失業の種類

Q1. 自発的失業，摩擦的失業，構造的失業とは何か説明せよ
Q2. 自然失業率とは何か説明せよ

ポイント・チェック 失業の種類

- □① 自発的失業とは，現行の賃金率の下では働く意思がないために発生する失業
- □② 摩擦的失業とは，労働者と雇用者との間に情報の非対称性が存在する場合の失業
- □③ 構造的失業とは，産業構造が急激に変化した場合の失業
- □④ 自発的失業，摩擦的失業，構造的失業は，市場均衡が成立していても発生する失業である
- □⑤ 自然失業率とは，市場均衡が成立していても発生する失業率の水準のこと
- □⑥ 自然失業率は，
  自然失業率＝完全雇用でも発生する失業率
  　　　　　＝自発的失業＋摩擦的失業＋構造的失業が存在して発生する失業率
  と表せる

No ……▶ 本文 p.660 へ戻れ

【3 総供給曲線】へ進め！

第13章 労働市場と総供給　697

3 総供給曲線

1 古典派の総供給曲線

Q1. 古典派の総供給を示せ
Q2. 古典派の総供給曲線はどのような形状か説明せよ

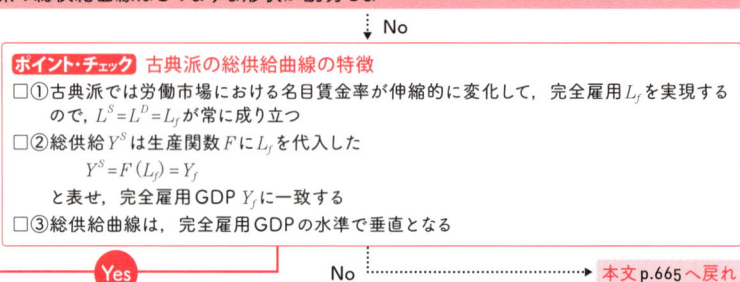

ポイント・チェック 古典派の総供給曲線の特徴

- □① 古典派では労働市場における名目賃金率が伸縮的に変化して，完全雇用 L_f を実現するので，$L^S = L^D = L_f$ が常に成り立つ
- □② 総供給 Y^S は生産関数 F に L_f を代入した
  $$Y^S = F(L_f) = Y_f$$
  と表せ，完全雇用GDP Y_f に一致する
- □③ 総供給曲線は，完全雇用GDPの水準で垂直となる

No → 本文 p.665 へ戻れ

2 ケインズ派の総供給曲線

Q1. ケインズ派の総供給を示せ
Q2. ケインズ派の総供給曲線の形状を説明し，式を示せ

ポイント・チェック ケインズ派の総供給曲線の特徴

- □① ケインズ派の総供給 Y^S は，
  $$Y^S = F(L^D)$$
  と表され，労働需要 L^D に依存して総供給が決定される
- □② 総供給曲線は，GDPが完全雇用を実現すると，完全雇用GDPの水準で垂直となり，式にすると，
  $$\begin{cases} Y^S = Y^S(P),\ dY^S/dP > 0,\ (Y < Y_f) \\ Y^S = Y_f,\ (Y = Y_f) \end{cases}$$
  ［P：物価］
  と表せる

No → 本文 p.666 へ戻れ

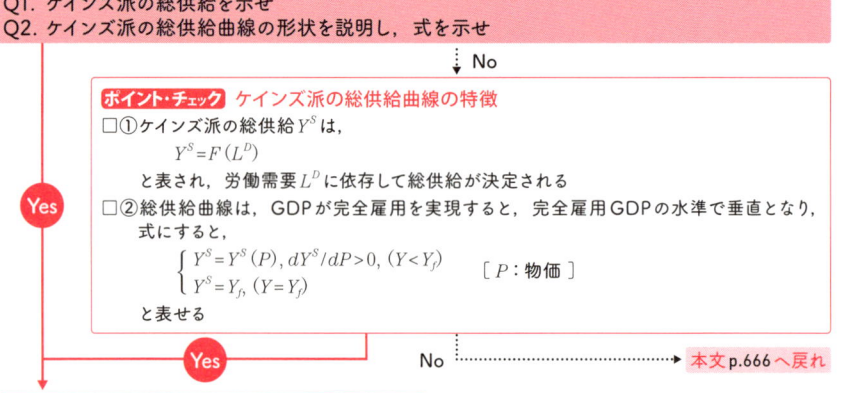

【4 総需要・総供給分析（AD-AS分析）】へ進め！

4 総需要・総供給分析（AD-AS分析）

Q1. 総需要曲線と総供給曲線を示せ
Q2. AD-AS分析とは何か説明せよ

↓ No

ポイント・チェック 総需要・総供給分析（AD-AS分析）

- □ ① 総需要曲線と総供給曲線は，
  $\begin{cases} 【総需要曲線：AD】Y^D = Y^D(P), （右下がり）\\ 【総供給曲線：AS】Y^S = Y^S(P), （右上がり） \end{cases}$　　$[P：物価]$
  と表される
- □ ② AD-AS分析とは，経済政策を行ったとき，総需要・総供給の両面から物価やGDPにどのような影響を与えるかを考える分析手法

Yes ↓　　　　No → 本文 p.668 へ戻れ

1 需要サイドの要因——財政政策や金融政策の効果など

Q1. ディマンド・プル・インフレとは何か説明せよ
Q2. 真正インフレとは何か説明せよ

↓ No

ポイント・チェック 需要サイドの要因——財政政策や金融政策の効果など

- □ ① ディマンド・プル・インフレとは，需要サイドの要因によって引き起こされる物価上昇のこと
- □ ② 真正インフレとは，完全雇用GDPにおける物価上昇のことで，この場合の拡張的財政政策や金融緩和政策はインフレを起こすだけで意味をもたない

Yes ↓　　　　No → 本文 p.669 へ戻れ

2 供給サイドの要因——生産費用の増加と技術進歩の効果など

Q1. コスト・プッシュ・インフレとは何か説明せよ
Q2. 比較静学的インフレ，動学的インフレとは何か説明せよ

↓ No

ポイント・チェック 供給サイドの要因——生産費用の増加と技術進歩の効果など

- □ ① コスト・プッシュ・インフレとは，供給サイドの要因によって引き起こされる物価上昇のこと
- □ ② AD-AS分析で考えてきたインフレは，物価水準の事前と事後を比較しているため，比較静学的インフレという
- □ ③ 動学的インフレとは，時間の経過に伴って物価水準がどのように変化していくのかを考えるインフレのこと

Yes ↓　　　　No → 本文 p.670 へ戻れ

【5 フィリップス曲線】へ進め！

第13章 労働市場と総供給　699

5 フィリップス曲線

1 フィリップス曲線

Q1. 名目賃金版フィリップス曲線とは何か説明せよ
Q2. 名目賃金版フィリップス曲線を示せ

↓ No

ポイント・チェック フィリップス曲線の特徴

- ①名目賃金版フィリップス曲線とは，名目賃金上昇率 $\Delta w/w$ と失業率 U との間にある負の相関関係を示したもの
- ②名目賃金版フィリップス曲線は，
$$\frac{\Delta w}{w} = f(U - U_n), \quad f(0) = 0, \quad f'(\cdot) < 0 \quad [U_n：自然失業率]$$
と表せる

Yes / No → 本文 p.672 へ戻れ

2 名目賃金版とインフレ版フィリップス曲線

Q1. インフレ版フィリップス曲線とは何か説明せよ
Q2. インフレ版フィリップス曲線を示せ

↓ No

ポイント・チェック 名目賃金版とインフレ版フィリップス曲線の特徴

- ①インフレ版フィリップス曲線とは，インフレ率 π と失業率 U の間にある負の相関関係を示したもの
- ②インフレ版フィリップス曲線は，
$$\pi = f(U - U_n) - g, \quad f(0) = 0, \quad f'(\cdot) < 0 \quad [U_n：自然失業率]$$
と表せ，名目賃金版フィリップス曲線を g だけ下方にシフトさせたものに等しい

Yes / No → 本文 p.675 へ戻れ

【3 自然失業率仮説】へ進め！

chapter **13** Labor Market and Aggregate Supply

3 自然失業率仮説

Q1. 期待インフレ率とは何か説明せよ
Q2. 期待インフレ版フィリップス曲線とは何か説明せよ
Q3. 期待インフレ版フィリップス曲線(短期)を示せ
Q4. 期待均衡とは何か説明せよ
Q5. 期待インフレ版フィリップス曲線(長期)を示せ

ポイント・チェック 自然失業率仮説

- ①期待インフレ率 π^e とは，人々が形成するインフレの予測値のこと
- ②マネタリストは，人々がインフレに対する予想を行い行動していると考えた
- ③期待インフレ版フィリップス曲線とは，実際のインフレ率が，人々が期待する期待インフレ率の影響を受けていると考えたフィリップス曲線
- ④期待インフレ版フィリップス曲線(短期)は，
$$\pi = f(U - U_n) + \pi^e, \quad f(0) = 0, \quad f'(\cdot) < 0 \quad [U_n：自然失業率]$$
と表せる
- ⑤期待均衡とは，期待インフレ率を修正していき，最終的にインフレ率を完全に予想できるようになったことで，
$$\pi^e = \pi$$
が成立する
- ⑥期待インフレ版フィリップス曲線(長期)は，
$$U = U_n$$
と表され，自然失業率が達成される(自然失業率仮説)

→ No 本文 p.678 へ戻れ

Yes →【6 インフレ型総需要・インフレ型総供給曲線】へ進め!

第13章 労働市場と総供給 701

6 インフレ型総需要・インフレ型総供給曲線

1 オークン法則とインフレ型総供給曲線

Q1. オークン法則とは何か説明せよ
Q2. オークン法則を示せ
Q3. インフレ型総供給曲線を示せ
Q4. インフレ型総需要曲線を示せ

↓ No

ポイント・チェック オークン法則とインフレ型総供給曲線

□① インフレ型総供給曲線は，フィリップス曲線とオークン法則から導ける
□② オークン法則とは，GDPギャップ $Y-Y_f$ と失業率ギャップ $U-U_n$ との間にある負の関係のこと
オークン法則は，
$$U-U_n = h(Y-Y_f), \quad h'(\cdot) < 0$$
と表せる
□③ インフレ型総供給曲線は，
$$\pi = \beta(Y-Y_f) + \pi^e, \quad \beta(0) = 0, \quad \beta'(\cdot) > 0$$
と表せる
□④ インフレ型総需要曲線は，IS-LMモデルから導け，
$$Y = \alpha(m-\pi) + Y_{-1} + cg$$
[Y：GDP，m：マネーサプライ増加率，Y_{-1}：1期前のGDP，g：政府支出増加率，$\alpha>0, c>0$]
と表せる

Yes → / No → 本文 p.681 へ戻れ

2 インフレ型総需要曲線とインフレ型総供給曲線

Q1. インフレ型総需要・総供給の均衡点は何か答えよ
Q2. 長期均衡の特徴を説明せよ

↓ No

ポイント・チェック インフレ型総需要曲線とインフレ型総供給曲線の特徴

□① インフレ型総需要・総供給関数の均衡点は，短期均衡になっている
□② 長期均衡では，完全雇用GDPが実現し，期待インフレ率が現実のインフレ率に等しくなり，そのインフレ率は名目マネーサプライ増加率に等しくなる

Yes → / No → 本文 p.684 へ戻れ

【7 合理的期待形成と政策の無効性】へ進め！

7 合理的期待形成と政策の無効性

1 金融政策の無効性──LSW命題

Q1. 合理的期待形成とは何か説明せよ
Q2. 金融政策無効性命題とは何か説明せよ

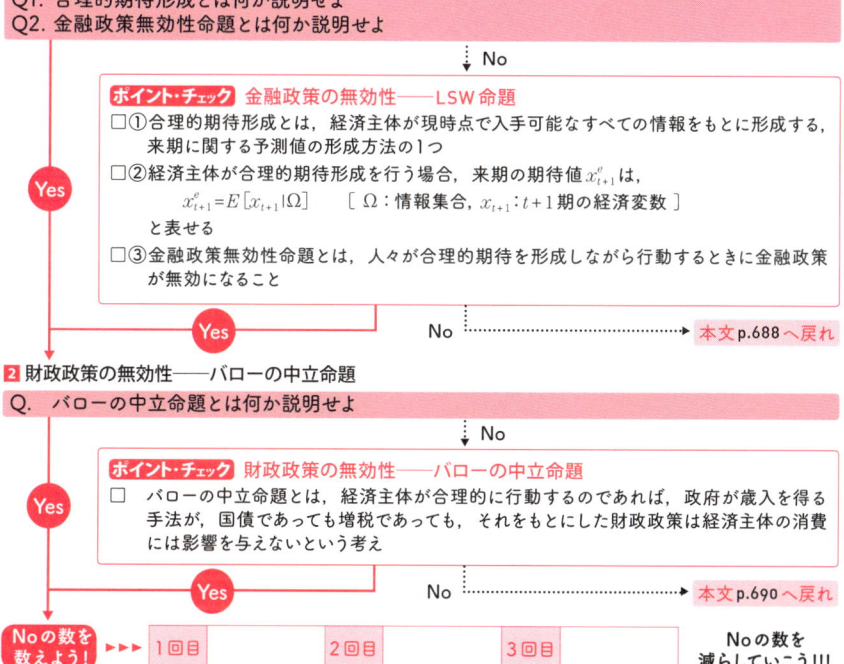

ポイント・チェック 金融政策の無効性──LSW命題

- ① 合理的期待形成とは，経済主体が現時点で入手可能なすべての情報をもとに形成する，来期に関する予測値の形成方法の1つ
- ② 経済主体が合理的期待形成を行う場合，来期の期待値 x^e_{t+1} は，
$$x^e_{t+1} = E[x_{t+1}|\Omega]\quad [\Omega：情報集合, x_{t+1}：t+1期の経済変数]$$
と表せる
- ③ 金融政策無効性命題とは，人々が合理的期待を形成しながら行動するときに金融政策が無効になること

→本文p.688へ戻れ

2 財政政策の無効性──バローの中立命題

Q. バローの中立命題とは何か説明せよ

ポイント・チェック 財政政策の無効性──バローの中立命題

- バローの中立命題とは，経済主体が合理的に行動するのであれば，政府が歳入を得る手法が，国債であっても増税であっても，それをもとにした財政政策は経済主体の消費には影響を与えないという考え

→本文p.690へ戻れ

Noの数を数えよう! ▶▶▶ 1回目　2回目　3回目　　**Noの数を減らしていこう!!!**

第13章 労働市場と総供給　703

用語確認

おぼえたかな？

問題

1. 当該の経済に投入される労働量が決定する市場を（　　①　　）とよびます．家計の合理的な行動によって，実質賃金率が上昇するにつれて労働供給は増加します．これを（　　②　　）といいます．また，企業は合理的な行動によって，実質賃金率が増加するにしたがって労働需要は減少します．これを（　　③　　）といいます．

　失業とは労働市場の（　　④　　）のことで，古典派は（　　⑤　　）によって完全雇用が実現されると考えました．一方，ケインズ派は（　　⑥　　）があるために失業は解消されないと考えました．

　労働市場において完全雇用が実現されていたとしても発生するこれらの失業率の水準を，（　　⑦　　）とよびます．

2. 古典派の総供給曲線は，名目賃金率が伸縮的に調整されるので，総供給は物価水準の影響を受けません．このため，縦軸に物価，横軸にGDPをとった平面に描くと，完全雇用GDPの水準で（　　⑧　　）になります．

　ケインズ派は，労働市場において名目賃金率（w）に（　　⑨　　）があるため，物価（P）が上昇すると実質賃金率（w/P）は下落し，雇用される労働量（L^D）は増加します．このため，縦軸に物価，横軸にGDP（Y）をとった平面で（　　⑩　　）の曲線として描けます．

3. 経済政策を行ったとき，総需要・総供給の両面から物価やGDPにどのような影響を与えるかを考える分析手法

解答

① 労働市場

② 古典派の第2公準

③ 古典派の第1公準

④ 超過供給

⑤ 市場メカニズム

⑥ 名目賃金の下方硬直性

⑦ 自然失業率

⑧ 垂直

⑨ 下方硬直性

⑩ 右上がり

を，（　　　）⑪といいます．

　拡張的財政政策や金融緩和政策など需要サイドの要因によって引き起こされる物価上昇（インフレ）を（　　　）⑫といいます．また，経済が完全雇用の状況にある場合，総需要の増加は物価水準を上昇させるだけです．完全雇用GDPにおける物価上昇を（　　　）⑬といいます．

　一方，生産費用の増加など供給サイドの要因によって引き起こされる物価上昇（インフレ）を（　　　）⑭といいます．

4. 名目賃金上昇率と失業率の間にある負の相関関係を，（　　　）⑮とよびます．また，（　　　）⑯から，インフレ率と失業率の間にある負の相関関係を理論的に導き出すことができ，これを（　　　）⑯とよびます．

　M. フリードマンらマネタリストは，フィリップス曲線に（　　　）⑰の概念を導入しました．

　人々は時間の経過とともに期待インフレ率を修正していきます．もし，長期において，最終的にインフレ率を完全に予想できるようになったとすれば，失業率は常に自然失業率に一致するように決定されます．これを（　　　）⑱といいます．

5. インフレ型総供給曲線は，（　　　）⑲と（　　　）⑳から導出されます．また，インフレ型総需要曲線は（　　　）㉑から導出されます．長期均衡においては，（ⅰ）完全雇用GDPが実現する．（ⅱ）期待インフレ率が現実のインフレ率に等しくなり，そのインフレ率は（　　　）㉒に等しくなる．という特徴があります．

⑪ 総需要・総供給分析（AD-AS分析）
⑫ ディマンド・プル・インフレ
⑬ 真性インフレ
⑭ コスト・プッシュ・インフレ
⑮ （名目賃金版）フィリップス曲線
⑯ インフレ版フィリップス曲線
⑰ 期待インフレ率
⑱ 自然失業率仮説
⑲ フィリップス曲線
⑳ オークン法則
㉑ IS-LMモデル
㉒ 名目マネーサプライ増加率

6. 経済主体が現時点で入手可能なすべての情報をもとに形成する，来期に関する予測値の形成方法を（　　　）㉓とよびます．

　経済主体が，中央銀行の名目マネーサプライの変化率を合理的期待形成によって完全に予測できるとするならば，GDPは完全雇用GDPに等しくなるだけで，マネーサプライを変動させる金融政策は実体経済（GDP）には影響を与えない，これを（　　　）㉔とよびます．

　また財政政策においては，経済主体が合理的に行動するのであれば，政府が歳入を得る手法が，国債であっても増税であっても，それをもとにした財政政策は経済主体の消費には影響を与えない，これを（　　　）㉕とよびます．

㉓ 合理的期待形成

㉔ 金融政策無効性命題

㉕ バローの中立命題

問題演習

1 政策の無効性 ★★★ (国Ⅱ 2005 改題)

ある国の経済が以下のよう示されるとする.

$\pi = \pi^e + \alpha(Y - Y_F)$　　…インフレ型総供給関数

$Y = Y_F + \beta(m - \pi) + \gamma g$　　…インフレ型総需要関数

$\pi = \pi^e$

[π：インフレ率, π^e：期待インフレ率, Y：実質GDP, Y_F：完全雇用GDP, Y_{-1}：1期前の実質GDP, m：名目マネーサプライ増加率, g：政府支出増加率, α：正の定数, β：通貨乗数, γ：政府支出乗数]

この国において，財政政策により政府支出増加率が上昇した場合，インフレ率および実質GDPはそれぞれどのように変化するか．以下の選択肢のうち妥当なものを選べ．

	インフレ率	実質GDP
1.	増加する	増加する
2.	低下する	変わらない
3.	変わらない	増加する
4.	増加する	変わらない
5.	変わらない	低下する

▶ 解法の糸口
❶ 合理的期待形成が財政政策や金融政策などの経済政策に与える影響を思い出してみよう．
❷ インフレ型総供給曲線とインフレ型総需要曲線がどのような形になるか考えてみよう．

▶**解答** **4**

▶**解説**

　期待形成について思い出してみましょう．$\pi = \pi^e$ より，この経済ではインフレ率と期待インフレ率が等しくなっています．つまり合理的期待形成が成り立つ状態にあります．

　合理的期待形成が成り立つ場合，インフレ型総供給曲線 $\pi = \pi^e + \alpha(Y - Y_F)$ は，$\pi^e = \pi$ より，

$$\pi = \pi + \alpha(Y - Y_F)$$

となります．この式から π を消去すると，

$$\alpha(Y - Y_F) = 0$$
$$Y = Y_F$$

となり，インフレ型総供給曲線は完全雇用GDPの水準で垂直に描けます．

　次に，インフレ型総需要曲線を考えてみましょう．財政政策により財政支出増加率が増大するため，インフレ型総需要曲線は右上方へシフトします．これらを図示すると以下のようになります．

　財政政策によってインフレ型総需要曲線は右上方へシフトしてインフレ率は増大しましたが，インフレ型総供給曲線が垂直であるため，実質GDPは変化しません．よって，正解は選択肢4となります．

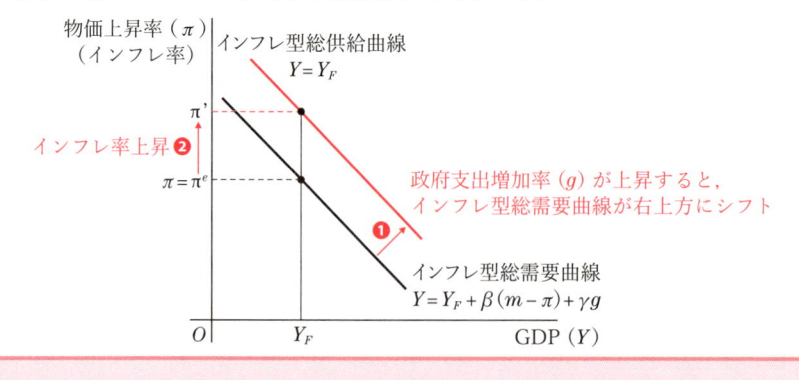

Chapter 14: Business Cycle and
Economic Growth

第 **14** 章

景気循環と
経済成長

POINT

この章で学ぶ内容

❶ 景気循環

GDP・消費・投資・物価・失業率などのマクロ経済を決定する諸変数が，時間とともに変動する現象である景気循環の種類や要因について学習します．

❷ 経済成長

生産要素の増加，または生産技術の改善により，GDPが長期的に変動していく趨勢を経済成長といいます．本章❷では，ハロッド＝ドーマー・モデル，新古典派成長モデルなどの代表的な経済成長理論の特徴について学習します．

この章のポイント

❶ 景気循環

景気循環とは国内総生産（GDP）・消費・投資・物価・失業率といったマクロ経済を決定する諸変数が，時間の経過とともに変動する現象であり，次のような種類があります．

景気変動（波）の名称（別称）	発見者	周期	変動を起こす要因
コンドラチェフ波（技術革新循環）	N. コンドラチェフ	約40年から50年	技術革新
クズネッツ波（建築投資循環）	S. クズネッツ	約15年から25年	建築投資変動
ジュグラー波（設備投資循環）	C. ジュグラー	約7年から10年	民間設備投資変動
キチン波（在庫循環・小循環）	J. キチン	約40カ月	在庫変動

景気循環を発生させる要因が，経済活動の内部にあるのか外部にあるのかによって，景気循環理論は，**❶内生的景気循環理論**と**❷外生的景気循環理論**に大別することができます．具体的には，内生的景気循環理論では私たち経済主体の消費や投資活動の変動，外生的景気循環理論では天候の変化や生産技術の改良・発明などを変動の要因としています．

❷ 経済成長

(1) 経済成長とは何だろう

　N. カルドアの定型化された事実．

(2) 成長会計

　景気循環が短期の変動を表しているのに対して，国内総生産（GDP）が長期的に変化することを**経済成長**といいます．経済成長を促す要因として，**❶生産要素の増加**，**❷生産技術の改善**（技術進歩）の2つが挙げられます．生産要素がどれだけ投入されたかを知ることは比較的容易ですが，生産技術がどれだけ改善されたのかを知るためには，**成長会計**という手法を用います．

　いま，1次同次の生産関数として，**コブ＝ダグラス型生産関数**とよばれる以下の関数を考えましょう．

$$Y = AK^{\alpha}L^{1-\alpha}$$

ここで，Kは資本，Lは労働，Aは生産技術を表しています．また，αは資本と労働，いずれかに振り分けるウェイトを表しておりゼロと1の間の数をとる定数であり，**資本労働比率**とか，資本労働分配率とよばれます．

　生産関数を成長率で表すと，

$$\underbrace{\frac{\Delta Y}{Y}}_{\text{経済成長率}} = \underbrace{\frac{\Delta A}{A}}_{\substack{\text{技術進歩率}\\\text{全要素生産性}\\TFP}} + \underbrace{\alpha}_{\text{資本分配率}} \times \underbrace{\frac{\Delta K}{K}}_{\text{資本成長率}} + \underbrace{(1-\alpha)}_{\text{労働分配率}} \times \underbrace{\frac{\Delta L}{L}}_{\text{労働成長率}}$$

となります．これを**成長会計方程式**とよびます．さらに，成長会計方程式を，

$$\underbrace{\frac{\Delta A}{A}}_{\substack{\text{技術進歩率}\\\text{全要素生産性}\\TFP}} = \underbrace{\frac{\Delta Y}{Y}}_{\text{経済成長率}} - \left(\underbrace{\alpha}_{\text{資本分配率}} \times \underbrace{\frac{\Delta K}{K}}_{\text{資本成長率}} + \underbrace{(1-\alpha)}_{\text{労働分配率}} \times \underbrace{\frac{\Delta L}{L}}_{\text{労働成長率}} \right)$$

に変形することで，目に見えない技術進歩を**全要素生産性**とか**ソロー残差**という形で表現することが可能となります．

(3) ハロッド＝ドーマー・モデル

ハロッド＝ドーマー・モデルでは経済成長率を，❶**現実の経済成長率**(G)，❷**保証成長率**(G_W)，❸**自然成長率**(G_N)の3つに分類されます．

保証成長率は，ISバランスを保証するような成長率です．sを限界貯蓄性向とすると，貯蓄関数(S_t)は，$S_t = sY_t$と表せます．また，投資(I_t)は加速度原理に基づくものとし，その**資本係数**をvとすれば，

$$I_t = v(Y_{t+1} - Y_t) = v \Delta Y_t$$

となります．したがって，ISバランスが成り立つとき，$I_t = S_t$より$v \Delta Y_t = sY_t$が成り立ちます．これを変形すると $\Delta Y_t / Y_t = s/v$ となります．

$$G = \frac{\Delta Y_t}{Y_t} = \frac{s}{v}$$

が成り立つような成長率 $\Delta Y_t / Y_t$ を**保証成長率**(G_W)といい，このときの資本係数を**必要資本係数**(v_W)といい，このとき，

$$G_W = \frac{\Delta Y_t}{Y_t} = \frac{s}{v_W}$$

が成り立っています．

　自然成長率とは，労働（人口）成長率（n）と技術進歩率（g）によって達成される成長率です．

　自然成長率は$G_N = n + g$となります．

　このモデルの特徴として，現実の成長率が保証成長率や自然成長率と等しくなることはない，すなわち，$G = G_W = G_N$となるようなことは極めて難しく，あたかもナイフの刃の上のような不安定な状況下でしか達成されないという，**ナイフエッジ定理**があります．

　そこで，自然成長率と保証成長率が等しくなる，つまり安定的な経済成長が実現できる「**黄金時代の成長経路**」を達成するため，市場に対して政府が介入する余地があることが示されるのです．

$$G = G_W = G_N$$
$$\parallel \quad \parallel$$
$$\frac{s}{v} = n + g$$

（4）新古典派成長モデル

　新古典派成長モデルでは，**規模に関して収穫一定**（1次同次）**の生産関数**$Y = F(K, L)$を仮定します．よって，生産要素をそれぞれ$1/L$倍すると，生産物（GDP；Y）もまた$1/L$倍されます．したがって，

$$\frac{Y}{L} = F\left(\frac{K}{L}, \frac{L}{L}\right) = F\left(\frac{K}{L}, 1\right)$$

となります．1人あたりGDP Y/Lを小文字のyで表し，1人あたり資本K/Lを小文字のkで表すと，生産関数は$y = F(k, 1)$となります．

　新古典派成長モデルでは，1人あたり資本の変化率（$\Delta k/k$）に注目します．1人あたり資本の変化率は，

$$\frac{\Delta k}{k} = \frac{\Delta K}{K} - \frac{\Delta L}{L}$$

となります．

　まず，資本成長率（$\Delta K/K$）について考えてみましょう．財市場において均衡が達成されているとすると，投資（I）と貯蓄（S）が一致します．また，貯蓄はGDP（Y）の関数になっており，GDPが増加するにつれて貯蓄も増加します．限界貯蓄性向（貯蓄率）をsとして，貯蓄関数を，

$$S = sY$$

と特定化しましょう．投資は資本の増分である（$I = \Delta K$）ことに注意すると，

$$\frac{\Delta K}{K} = \underbrace{\frac{I}{K}}_{\substack{需給均衡条件 \\ I=S \\ を利用}} = \underbrace{\frac{S}{K}}_{\substack{S=sY \\ を利用}} = \frac{sY}{K} = \underbrace{\frac{sY/L}{K/L}}_{\substack{分子・分母を \\ Lで割る}} = \underbrace{\frac{sy}{k}}_{\substack{Y/L=y \\ K/L=k \\ を利用}} = \underbrace{\frac{sf(k)}{k}}_{\substack{y=f(k) \\ を利用}}$$

となります．つまり，

$$\frac{\Delta K}{K} = \frac{sf(k)}{k}$$

　次に，労働（人口）成長率（$\Delta L/L$）は常に一定の定数（n）で成長するものとすると，

$$\frac{\Delta L}{L} = n$$

となります．資本成長率（$\Delta K/K$）と労働（人口）成長率（$\Delta L/L$）が求まったので，1人あたり資本の変化率（$\Delta k/k$）は，

$$\frac{\Delta k}{k} = \frac{\Delta K}{K} = \frac{\Delta L}{L}$$

$$= \frac{sf(k)}{k} - n$$

となります．両辺にkを掛けると，

$$\Delta k = sf(k) - nk$$

となります．これを**ソロー＝スワンの基本方程式**といいます．新古典派

chapter 14 Business Cycle and Economic Growth

成長モデルの特徴として，市場メカニズムに任せておけば，保証成長率と自然成長率が一致する，すなわち**均斉成長**が実現するため，**ハロッド＝ドーマー・モデル**のようなナイフエッジの不均衡は発生しません．したがって，政府の介入については否定的な結論を導き出すことができます．

これを理解していれば合格

景気循環・**内生的景気循環理論**・**外生的景気循環理論**・**経済成長**・**成長会計方程式**・**コブ＝ダグラス型生産関数**・**全要素生産性**（ソロー残差）・**ハロッド＝ドーマー・モデル**・**保証成長率**・**自然成長率**・**黄金時代の成長経路**・**ナイフエッジ定理**・**新古典派成長モデル**・**均斉成長**

POINT

フローチャート

❶ 景気循環
コンドラチェフ波・クズネッツ波・ジュグラー波・キチン波
内生的景気循環理論と外生的景気循環理論
}について学習します．

❷ 経済成長
N. カルドアの定型化された事実
成長会計
ハロッド＝ドーマー・モデル
新古典派成長モデル
}について学習します．

はじめに

　第14章では，景気循環と経済成長について説明します．皆さんは，
　　「最近，『景気』よさそうだねぇ」
　　「いやいや，それほどでもないよ」
なんていう会話を耳にしたことがあるでしょう．この会話で用いられている「景気」は，相手の勤務先の「経営状態」のことかもしれませんし，新車を購入したり家を増改築したりして「消費」が増えたのを指して「景気」がいいね，と言っているのかもしれません．

　いずれにしても，普段何気なく使っている「景気」という経済用語は，馴染みのある割にわかりにくい言葉です．

　また，「景気」と似た言葉として「経済成長」という言葉があります．しばしば，景気が「よい・悪い」ということと，経済が「成長する・停滞する」という言葉が混同されて使用されていることがあります．確かに，「景気」も「成長」も，時間の経過とともに変化する経済を考えるという点では同じです．しかし，「景気」が経済活動の循環的な変化を表す言葉であるのに対して，「成長」は経済活動の長期的な趨勢（トレンド）を表す言葉です．前年の経済状況に比べて改善したことをもって「成長した」ということもあって，いささかややこしいのですが，短期的な経済の変動を「景気循環」，一定期間の経済活動の変動をもって「経済成長」というふうに分けて考えるのが一般的です．

　経済学では，こうした時間の経過とともに変動する経済のありようを分析することを，**経済動学**（dynamics）といいます．この章は大きく分けて2つの部分から構成されています．

　1つは，景気循環についてです．景気循環とは何か，どのような循環の種類があるのか，景気を循環させる要因は何なのか，学習していきましょう．

　この章でのもう1つのテーマは経済成長です．経済成長とは何かについて学習し，経済成長の理論を学びながら，私たちの経済の行く末について考えてみましょう．

図14-1 景気循環の模式図

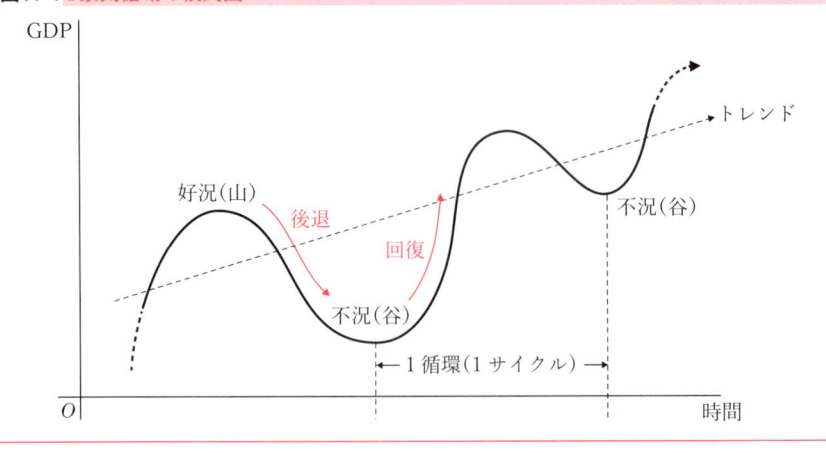

1 景気循環

1 景気循環とは何だろう

　景気循環 (Business cycle) とは国内総生産 (GDP)・消費・投資・物価・失業率といったマクロ経済を決定する諸変数が，時間の経過とともに周期性をもって変動する現象です．特にGDPの短期的な変動を指して景気ということが一般的ですから，ここでもGDPを例にとって説明しましょう．

　図14-1をみてください．GDPが最も高い状況を**好況** (boom) または景気の**山** (peak) といい，最も低い状況を**不況** (recession) または景気の**谷** (trough) といいます．景気の谷から谷までを1循環 (1サイクル) ということが一般的です．好況から不況に向かう状況を景気後退，または単に**後退** (contraction) といい，不況から好況に向かう状況を景気回復，または単に**回復** (expansion) といい，1サイクルを4つの局面に分けて考えることもできます．

> **ポイント・チェック** 景気循環とは
>
> 景気循環とは，GDP・消費・投資・物価・失業率といったマクロ経済を決定する諸変数が，時間の経過とともに周期性をもって変動する現象のこと

2 景気循環の種類

 J. シュンペーター（Joseph Schumpeter,（オーストリア），1883年～1950年）は，これまでの研究から，経済には以下のような循環的な変動（波）があることをまとめました．

景気変動（波）の名称 （別称）	発見者	周期	変動を起こす要因
コンドラチェフ波 （技術革新循環）	N. コンドラチェフ[1]	約40年から50年	技術革新 （innovation）
クズネッツ波 （建築投資循環）	S. クズネッツ[2]	約15年から25年	建築投資変動
ジュグラー波 （設備投資循環）	C. ジュグラー[3]	約7年から10年	民間設備投資変動
キチン波 （在庫循環・小循環）	J. キチン[4]	約40カ月	在庫変動

---

1) **N. コンドラチェフ**（Nikolai Dmitriyevich Kondratiev,（旧ロシア，ソ連），1892年～1938年）が1925年に出版した *The Major Economic Cycles* に初出されましたが，ソ連（とりわけスターリン）が彼の研究に批判的であったために，特に西側諸国の経済学者たちにはあまり認知されていませんでした．この循環を「コンドラチェフ波」と名づけたのは，J. シュンペーターです．シュンペーターが1939年に著した *Business Cycles: A theoretical, historical and statistical analysis of the Capitalist process* において，コンドラチェフの名は一躍有名になりました．シュンペーターについては **COLUMN 14-❻** を参照ください．
2) **S. クズネッツ**（Simon Smith Kuznets,（米），1901年～1985年）が著した Kuznets S. (1930) *Secular Movements in Production and Prices: Their Nature and their Bearing upon Cyclical Fluctuations*, Boston: Houghton Mifflinが初出です．

第14章 景気循環と経済成長 719

図14-2

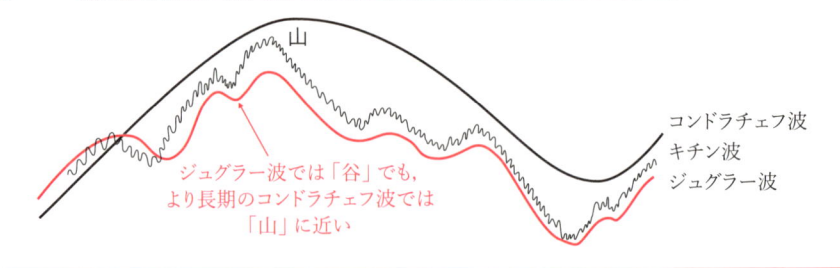

山

コンドラチェフ波
キチン波
ジュグラー波

ジュグラー波では「谷」でも，
より長期のコンドラチェフ波では
「山」に近い

　現実の経済ではこれらの循環が，同時に発生し，複雑な循環をしています．キチン波では景気の底を打っていても，もしかすると，コンドラチェフ波では景気の山にあるかもしれません（図14-2）．ですから，近視眼的にみて好不況を判断することが大事なのか，それとも，長期的な視点で経済の状況を考える方がいいのか，「立ち位置」をはっきりさせることが景気をみる上では極めて重要なのです．

　冒頭の会話のように，「景気の良し悪し」は日常会話において枕詞のように使われていますが，経済をみる人の技量が試されるところでもあるのです．

ポイント・チェック　景気循環の種類

❶ コンドラチェフ波は，技術革新による景気循環で，周期は40〜50年
❷ クズネッツ波は，建築投資変動による景気循環で，周期は15〜25年
❸ ジュグラー波は，民間設備投資変動による景気循環で，周期は7〜10年
❹ キチン波は，在庫変動による景気循環で，周期は40カ月

---

3) **C. ジュグラー**（Joseph Clément Juglar,（仏），1819年〜1905年）が著したJuglar, J. C. (1862) *Des Crises commerciales et leur retour periodique en France, en Angleterre, et aux États-Unis*『仏・英・米における商業恐慌とその周期的な再発』によります．

4) **J. キチン**（Joseph Kitchin,（英），1861年〜1932年）が著したKitchin, J. (1923) "Cycles and Trends in Economic Factors," *Review of Economics and Statistics*, Vol. 5, No. 1, pp. 10–16が初出です．

COLUMN 14-❶　柴田敬と赤松要

　日本においてコンドラチェフ波の研究を行った研究者として，柴田敬（1902年～1986年）と赤松要（1896年～1974年）の名を挙げることができます．柴田敬は，初めて統計データを用いてコンドラチェフ波の実証研究を行った研究者です．

　柴田敬は，近年，世界的にも独創的な研究を行った経済学者として再評価されています．彼は，京都帝国大学で『貧乏物語』で有名なマルクス経済学者，河上肇（1879年～1946年）のゼミにいたことから，マルクス経済学と一般均衡理論を統合させるという，世界的にも独創的な研究も行っています[5]．

　これに対して赤松要は，自らの出身大学である東京商科大学（現在の一橋大学）や，拓殖大学で教鞭をとった国際経済学者で，コンドラチェフ波を動かす要因としてイノベーション，金鉱の発見，戦争などを挙げ，世界経済の動きとして波動をとらえようとした経済学者です[6]．赤松要は，国際経済学の分野に多大な業績があります．中でも，後進国が先進国にキャッチアップしていく様を飛ぶ雁の姿にたとえた**雁行形態的発展論**（flying geese model）は，いまなお国際経済学の教科書に必ず登場する理論として世界的な評価を得ています．

柴田敬
福商会「福商会報」より

赤松要
池尾愛子(2008)『赤松要――わが体系を乗りこえてゆけ』（日本経済評論社）より

---

[5] さらに柴田敬に関心のある読者は，都留重人（2006）『現代経済学の群像』（岩波書店）や，根岸隆（2006）「柴田敬――国際的に評価された最初の経済学者」鈴木信雄編『日本の経済思想2』（日本経済評論社）などを参照ください．

ここで最も短期の景気循環であるキチン波（在庫循環）を観測する方法として，**在庫循環図**とよばれる手法がありますので紹介しましょう．ここで図14-3（ⅰ）をみてください．縦軸に出荷（生産）状況，横軸に在庫状況が描かれています．

　いま，企業の在庫出荷状況が仮に点Aの状況にあったとしましょう．企業は，経済が景気回復局面にあると判断すると，生産活動を活発化させます．その結果，出荷額が増加します（図中点B）．市場の需要が高まれば，企業はそれに応じて迅速に財を供給する必要に迫られますので在庫を増加させます．これを在庫積み増し局面ということがあります（図中点C）．このような状況は，在庫，出荷ともに多い状況で，好況期を表しています．しかし景気後退局面に入ると，需要は伸びませんので，企業は生産減少させます（図中点D）．さらに景気が悪化してくると，企業は在庫を切り崩し始めます．というのも，企業にとって，在庫を保有するということはその分，費用がかかるからです．このような状況は，在庫調整局面とよばれています．出荷も少なく，同時に在庫も少ない不況期を表しています（図中点A）．

　在庫循環図は，企業が市場の動向にどのように対応していたかを事後的に観察することによって景気循環を観測する方法です．図14-3（ⅱ）をみてください．経済産業省の『鉱工業指数統計』を用いて，企業の生産，在庫状況がどのように変化したかを考えてみましょう．図には2009年の第1四半期（2009Q1）[7]から2012年の第4四半期（2012Q4）までの生産，在庫状況（**対前年同期比**[8]）がとられています．2008年9月に発生した**サブプライム・ローン問題**に端を発する**リーマン・ショック**によって世界金融危機が発生すると，各国は積極的な財政政策と金融緩和政策を柱とする経済対策によって，この危機の早期鎮静化を画

---

[6] 赤松要（1965）「世界経済の長期波動と構造変動」『世界経済論』（国元書房）を参照ください．
[7] 四半期（Quarter）とは，1年を4等分したもので，1月から3月を第1四半期，4月から6月を第2四半期，7月から9月を第3四半期，10月から12月を第4四半期とよびます．
[8] 対前年同期比とは，たとえば，2012年の第1四半期と前年同期である2011年第1四半期との比率をとったということで，一般に，その比を100倍したものを指します．つまり，

前年同期比＝（今年ある期の値－前年の同じ期の値）×100

と求めます．「前年同期比」の概念は，日常的に頻繁に耳にする概念です．しっかり覚えておきましょう．

図14-3 (i) 在庫循環図の模式図

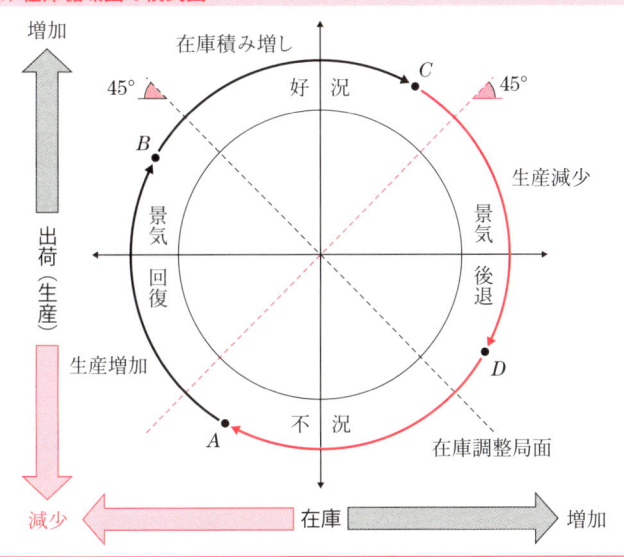

図14-3 (ii) 鉱工業の在庫循環図

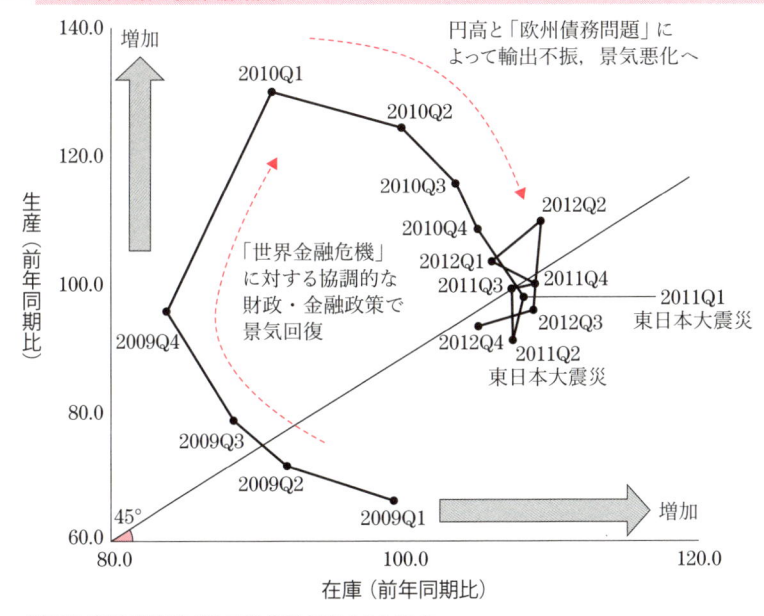

(資料) 経済産業省『鉱工業指数統計』より作成.

第14章 景気循環と経済成長 723

策します．この結果，世界経済は新興国を中心としてV字回復を遂げました．

しかし，日本経済は，国際金融危機が引き金となって生じた欧州債務問題と，円高による輸出不振によって，輸出品を中心とする生産が減少してしまいます．折しも，2011年3月11日に発生した東日本大震災によって，生産拠点が破壊されサプライ・チェーンが分断されると，日本経済はさらに生産が停滞してしまいます．図14-3（ⅱ）の2011Q2における生産の急激な減少は，この状況を反映したものとなっています．その後，欧州経済の停滞，アメリカの財政の崖（fiscal cliff）問題などによって，輸出産業が伸び悩み，2012年を通じて景気低迷が続きました．

このように，在庫循環図は経済の短期的な動きに対して極めて敏感に反応するので，経済の短期的な変動を確認するのに適しています．

COLUMN 14-❷　戦後の景気循環

　景気の山と谷が確定された日付を景気基準日付といい，内閣府経済社会総合研究所が策定し，公表しています．この景気基準日付をもとに，好況や不況の長さが決まります．主要な好況や不況には内閣府の『年次経済財政報告』（いわゆる『経済財政白書』）などから通称が与えられています．第3循環の神武景気，第4循環の岩戸景気，第6循環のいざなぎ景気などがその好例です．1954年に始まった神武景気は，神武天皇[9]のころからいままでで一番長い好況期という意味でつけられました．しかし，1958年に神武景気よりもさらに長期の好況期がくると，神武天皇時代をさかのぼって，天照大神（アマテラスオオミカミ）の天岩戸（あまのいわと）伝説のころからいままでで一番長い好況期という意味で岩戸景気と名づけられました．1965年になると，岩戸景気を上回る長さの好景気が発生し，国造神話からいざなぎ景気とよばれるようになりました．なお，戦後最長の好景気は2002年から始まった第14循環における景気拡張期，通称いざなみ景気ともよばれているようです（2013年8月現在）．

---

[9]『古事記』や『日本書紀』に登場し，初代天皇とされる人物です．天照大神，いざなぎ・いざなみもこれらの書物に登場する神々の名前です．

戦後の景気循環

循環	景気基準日付 谷	景気基準日付 山	景気基準日付 谷	期間 拡張	期間 後退	期間 全循環	名称等
第1循環		1951年6月	1951年10月		4カ月		注：第1循環前に朝鮮特需による特需景気がありました．
第2循環	1951年10月	1954年1月	1954年11月	27カ月	4カ月	37カ月	拡張期：消費・投資景気
第3循環	1954年11月	1957年6月	1958年6月	31カ月	12カ月	43カ月	拡張期：**神武景気** 1956年の『経済白書』に「**もはや戦後ではない**」と書かれました．後退期：なべ底不況
第4循環	1958年6月	1961年12月	1962年10月	42カ月	10カ月	52カ月	拡張期：**岩戸景気** 1960年池田勇人首相が**国民所得倍増計画**を発表
第5循環	1962年10月	1964年10月	1965年10月	24カ月	12カ月	36カ月	拡張期：オリンピック景気 後退期：昭和40年不況
第6循環	1965年10月	1970年7月	1971年12月	57カ月	17カ月	74カ月	拡張期：**いざなぎ景気** 後退期：ニクソン・ショック
第7循環	1971年12月	1973年11月	1975年3月	23カ月	16カ月	39カ月	拡張期：列島改造ブーム 後退期：**オイル・ショック**
第8循環	1975年3月	1977年1月	1977年10月	22カ月	9カ月	31カ月	
第9循環	1977年10月	1980年2月	1983年2月	28カ月	36カ月	64カ月	拡張期：ハイテク景気
第10循環	1983年2月	1985年6月	1986年11月	28カ月	17カ月	45カ月	不況期：**円高不況**
第11循環	1986年11月	1991年2月	1993年10月	51カ月	32カ月	83カ月	拡張期：平成景気（バブル経済）不況期：バブル不況（戦後最長の不況）
第12循環	1993年10月	1997年5月	1999年1月	43カ月	20カ月	63カ月	拡張期：IT景気
第13循環	1999年1月	2000年11月	2002年1月	22カ月	14カ月	36カ月	
第14循環	2002年1月	2008年2月	2009年3月	73カ月	13カ月	86カ月	拡張期：**いざなみ景気**（戦後最長の好景気）

（資料）内閣府経済社会総合研究所景気動向指数研究会「景気基準日付」より作成．

COLUMN 14-❸ 景気動向指数
―― コンポジット・インデックス(CI)とディフュージョン・インデックス(DI)について[10]

　景気動向指数は，生産，雇用など様々な経済活動での重要かつ景気に敏感に反応する指標の動きを統合することによって，景気の現状把握および将来予測に資するために作成された指標です．景気動向指数には，**コンポジット・インデックス（CI）**と**ディフュージョン・インデックス（DI）**があります．CIは構成する指標の動きを合成することで景気変動の大きさやテンポ（量感）を，DIは構成する指標のうち，改善している指標の割合を算出することで景気の各経済部門への波及の度合いを測定することを主な目的としています．

　従来，景気動向指数はDIを中心とした公表形態でしたが，2008年4月以降，CIを中心の公表形態に移行しています．しかし，DIも景気の波及度を把握するための重要な指標であることから，参考指標として引き続き，作成・公表されています．

　CIとDIには，それぞれ，景気に対し先行して動く**先行指数**，ほぼ一致して動く**一致指数**，遅れて動く**遅行指数**の3本の指数があります．景気の現状把握に一致指数を利用し，先行指数は，一般的に，一致指数に数カ月先行することから，景気の動きを予測する目的で利用しています．また，遅行指数は，一般的に，一致指数に数カ月から半年程度遅行することから，事後的な確認に用いています．

　CIとDIは共通の指標を採用しており，2013年現在，先行指数11，一致指数11，遅行指数6の計28系列あります．

		系列名
先行系列	1	最終需要財在庫率指数(逆)
	2	鉱工業生産財在庫率指数(逆)
	3	新規求人数(除学卒)
	4	実質機械受注(船舶・電力除く民需)
	5	新設住宅着工床面積

---

10) 内閣府「景気動向指数の利用の手引」(http://www.esri.cao.go.jp/jp/stat/di/di3.html#link000) より引用．

先行系列	6	消費者態度指数
	7	日経商品指数(42種総合)
	8	長短金利差
	9	東証株価指数
	10	投資環境指数(製造業)
	11	中小企業売上げ見通しD.I.
一致系列	1	生産指数(鉱工業)
	2	鉱工業生産財出荷指数
	3	大口電力使用量
	4	耐久消費財出荷指数
	5	所定外労働時間指数(調査産業計)
	6	投資財出荷指数(除輸送機械)
	7	商業販売額(小売業,前年同月比)
	8	商業販売額(卸売業,前年同月比)
	9	営業利益(全産業)
	10	中小企業出荷指数(製造業)
	11	有効求人倍率(除学卒)
遅行系列	1	第3次産業活動指数(対事業所サービス)
	2	常用雇用指数(調査産業計,前年同月比)
	3	実質法人企業設備投資(全産業)
	4	家計消費支出(全国勤労者世帯,名目,前年同月比)
	5	法人税収入
	6	完全失業率(逆)

　DIの計算方法は以下の通りです．採用系列の各月の値を3カ月前の値と比較して，増加したときには＋（プラス）を，保合い（変化のない）ときには0を，減少したときには－（マイナス）をつけます．その上で，先行，一致，遅行の系列群ごとに，採用系列数に占める拡張系列数（＋の数）の割合（％）をDIとします．

$$DI = \frac{拡張系列数}{採用系列数} \times 100 \,(\%)$$

　(注) ただし，保合い (0) の場合は0.5としてカウントします．

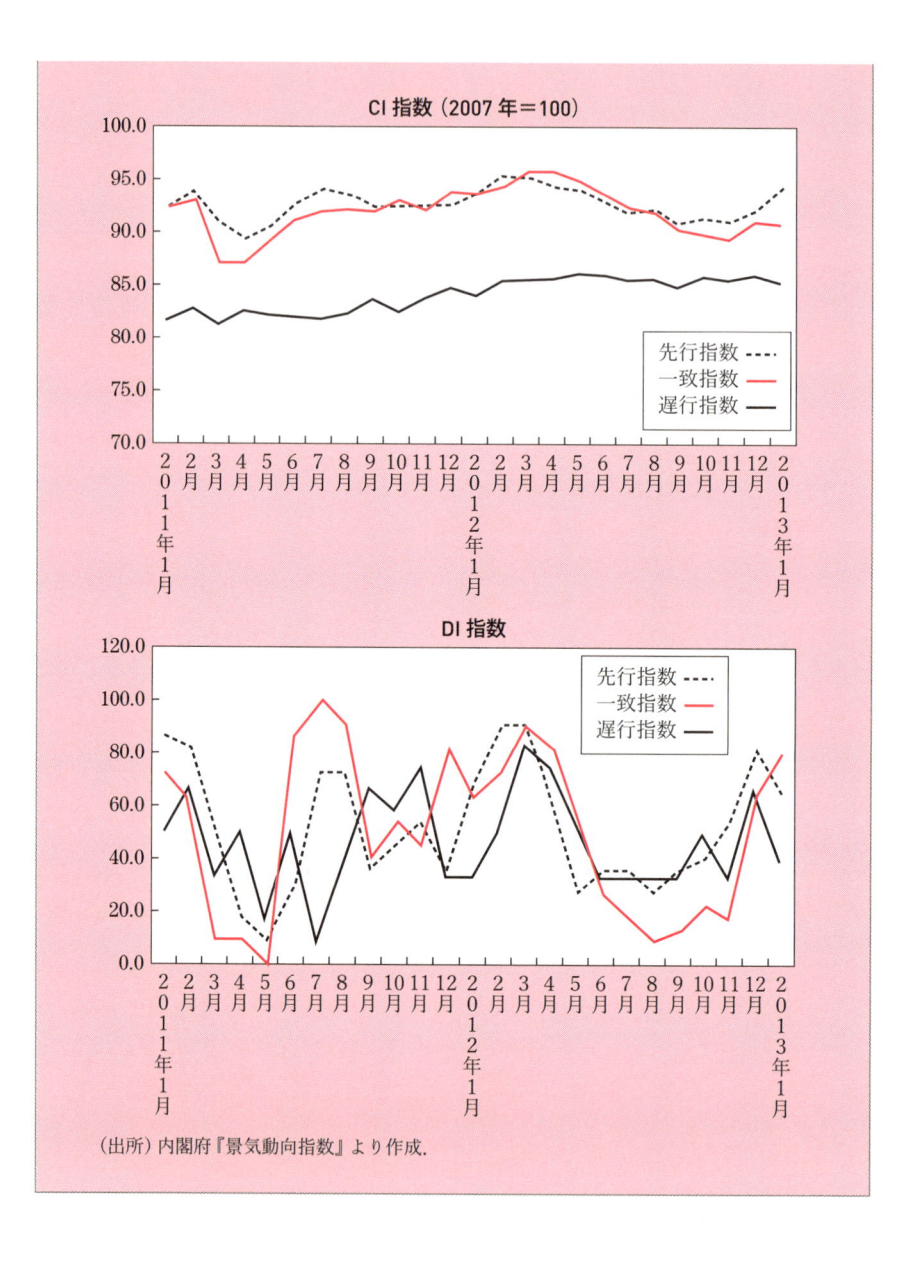

（出所）内閣府『景気動向指数』より作成.

3 景気循環の要因

　景気が一定の周期をもって「循環」する——．それが観測できる事実だとしても，そもそも，景気はなぜ「循環」するのでしょうか．景気を循環させる要因は何でしょうか．その疑問に答えるのが景気循環理論です．

　景気循環を発生させる要因が，経済活動の内部にあるのか外部にあるのかによって，景気循環理論は，❶**内生的景気循環理論**（endogenous business cycle theory）と❷**外生的景気循環理論**（exogenous business cycle theory）に大別することができます．

　内生的景気循環理論は，私たち経済主体の消費や投資活動の変動が，景気循環を引き起こすというものです．ノーベル経済学賞を受賞したP. サミュエルソンとJ. R. ヒックスは，それぞれ個別に，乗数と加速度原理に基づく投資関数が相互に作用しながらGDPが周期的な動きを行うことを明らかにしました[11]．内生的景気循環理論では，経済を変動させる要因が経済内部に存在するため，たとえば，石油ショックのような外部の要因がなかったとしても，不況は発生することになります．

　これに対して，外生的景気循環理論は，景気循環の要因を，天候の変化や生産技術の改良・発明といった経済の外部に求めるものです．こうした考え方はすでに**K. ヴィクセル**（Johan Gustaf Knut Wicksell,（スウェーデン），1851年〜1926年）や，**R. フリッシュ**（Ragnar Anton Kittil Frisch,（ノルウェー），1895年〜1973年）[12] らによって指摘されていました[13]．また，さらに遡れば，W. S. ジェボンズが1879年に発表した「商業恐慌と太陽黒点」と題する論文も，経済活動外の要因（太陽黒点の増減）が景気循環を引き起こすという意味で外生的景気循環理論ということができます[14]．

　しかし，最近の展開としてつとに有名となったのは，1980年代に入って登場した**実景気循環理論**（real business cycle theory）でしょう．

　C. プロッサー（Charles Irving Plosser,（米），1948年〜）[15] や，**F. E. キッドランド**（Finn Erling Kydland,（米），1943年〜），**E. C. プレスコット**（Edward Christian Prescott,（米），

---

11) 詳しくはCOLUMN 14-❹を参照ください．
12) フリッシュは，経済過程の分析に対する動学的モデルの発展と応用が称えられ，1969年，第1回のノーベル経済学賞を受賞しました．

第14章 景気循環と経済成長　729

1940年〜）[16]らは，技術進歩などの生産性ショックが与えられると，それが増幅されて経済の実体面に波及し，経済に循環的な動きが生じることを指摘しました．このモデルでは，代表的個人が最適資源配分を達成しつつも，経済全体としては循環が発生されることが示されます[17]．生産性ショックが不断に発生

---

13) Wicksell, K. (1907) "Krisernas Gata," *Statsøkonomisk Tidsskrift*, Oslo, pp. 255–286（英訳："The enigma of business cycles," *International Economic Papers*, Vol. 3, pp. 58–74）および Frisch, R. (1933) "Propagation problems and impulse problems in dynamic economics," reprinted from *Economic essays in honor of Gustav Cassel*, London: Allen and Unwin Ltd. を参照してください．フリッシュは1933年の論文の中でヴィクセルの論文について言及しています．

> 「……（ヴィクセルは1907年の論文で）技術革新や研究開発の結果は規則的には来ないが，これらの不規則な変化は規則的な循環を引き起こすかもしれないと述べています．ヴィクセルはこれを，『揺れ木馬を小突くと，木馬は小突いた動きとは全く異なった動きをみせる』と，含蓄のある例を挙げて説明しています．」（Frisch (1933) p. 28）

「**ヴィクセルの揺れ木馬**（wooden rocking-horse）」は，外部から与えられたショックによって景気変動が波及するメカニズム（propagation mechanism）を巧みに表現した比喩として，いまもなお生き続けています．

14)「太陽黒点説」とよばれています．ジェボンズについては第11章のCOLUMN 11-❶を参照ください．

15) Nelson, C. R. and Plosser, C. I. (1982) "Trends and Random Walks in Macroeconomic Time Series: Some Evidence and Implications," *Journal of Monetary Economics*, Vol. 10, No. 2, pp. 139–162およびNelson, C. R. and Plosser, C. I. (1983) "Real Business Cycles," *Journal of Political Economy*, Vol. 91, No. 1, pp. 39–69.

16) Kydland, F. and Prescott, E. C. (1982) "Time to Build and Aggregate Fluctuations," *Econometrica*, Vol. 50, No. 6, pp. 1345–1370がリアルビジネスサイクルに関する論文です．キッドランドとプレスコットは，動学的マクロ経済学への貢献（経済政策における動学的不整合性の指摘と，リアルビジネスサイクル理論の開拓）が称えられてノーベル経済学賞を受賞しました．**動学的不整合性**（time inconsistency）とは，現時点で最適な意思決定が将来時点において最適でなくなるために，事前の決定が覆されてしまうという性質です．彼らは，Kydland, F. E. and Prescott, E. C. (1977) "Rules rather than discretion; the inconsistency of optimal plans," *Journal of Political Economy*, Vol. 85, pp. 473–91において金融政策の動学的不整合性を初めて指摘しました．

17) このモデルは大学院1・2年生で学習する**動学的最適化問題**（dynamic optimization）を含むので，詳しくはより上級のテキストを参照してください．なお，動学的最適化問題を解くための数学準備として，中田真佐男 (2011)『基礎から学ぶ動学マクロ経済学に必要な数学』（日本評論社）や，Chiang, A. C. (1999) *Elements of Dynamic Optimization*, Waveland Pr Inc. （邦訳：小田正雄他訳 (2006)『動学的最適化の基礎』シーエーピー出版）などが参考になります．

すると，経済は「ヴィクセルの揺れ木馬」のように絶えず循環を繰り返すことが明らかとなったのです．

> **ポイント・チェック　景気循環の要因**
>
> ❶ 景気循環を発生させる要因は，内生的景気循環理論と外生的景気循環理論に大別することができる
> ❷ 内生的景気循環理論とは，経済主体の消費や投資活動の変動が，景気循環を引き起こしているという理論
> ❸ 外生的景気循環理論とは，天候の変化や生産技術の改良・発明といった経済の外部が，景気循環を引き起こしているという理論
> ❹ 実景気循環理論とは，技術進歩などの生産性ショックが与えられると，それが増幅されて経済の実体面に波及し，経済に循環的な動きが生じることを指摘した理論

COLUMN 14-❹ 乗数・加速度因子相互作用モデル

P. サミュエルソンとJ. R. ヒックスは，**乗数・加速度因子相互作用モデル** (multiplier and accelerator model of business cycle) とよばれる内生的な景気循環理論を提唱しました[18]．彼らはこのモデルを用いて，「消費や投資といった経済内部の変動が，経済に循環的な（周期的な）変動をもたらす」ことを説明しました．今日，マクロ経済学の標準的な教科書では，以下のように説明されています．

いま，t期のGDPをY_t，消費をC_t，投資をI_tと表すことにしましょう．すると，マクロ経済の需給均衡条件は，

$$Y_t = C_t + I_t$$

となります．また，t期の消費C_tは，t期の基礎消費（独立消費）$\bar{C}_t$と[19]，1期前，$t-1$

---

[18] Samuelson, P. A. (1939) "Interaction between the Multiplier Analysis and the Principle of Acceleration," *Review of Economics and Statistics*, Vol.21, No.2, pp.75–78およびHicks, J. R. (1950) *A Contribution to the Theory of the Trade Cycle*, 1956 reprint, Oxford: Clarendon を参照のこと．
[19] 基礎消費とは，GDP（または国民所得）に依存しない消費のことでした．詳しくは第10章を参照してください．

期のGDPであるY_{t-1}に依存する部分とからなり,

$$C_t = cY_{t-1} + \bar{C}_t$$

と表されることにします. また, 投資は, 加速度原理に基づく投資関数,

$$I_t = v(Y_{t-1} - Y_{t-2}) + \bar{I}_t$$

としましょう. ただし$\bar{I}_t$は自発投資とよばれ, GDPの変化に関係なく存在する投資を表しています. すると, この経済は, 以下の連立方程式で表すことができます.

$$\begin{cases} Y_t = C_t + I_t \\ C_t = cY_{t-1} + \bar{C}_t \\ I_t = v(Y_{t-1} - Y_{t-2}) + \bar{I}_t \end{cases}$$

これをY_tについてまとめると, $Y_t = (c+v)Y_{t-1} - vY_{t-2} + \bar{I}_t + \bar{C}_t$となるので, $\bar{I}_t + \bar{C}_t \equiv A$（定数）と定義すると, この経済におけるGDPは,

$$Y_t = (c+v)Y_{t-1} - vY_{t-2} + A \qquad ❶$$

を, Y_tについて解いたもの, ということになります. 経済が均衡状態（定常状態）にあれば, $Y_t = Y_{t-1} = Y_{t-2} = Y^*$と, 各期のGDPはすべて等しくなります. このとき, ❶式は,

$$Y^* = (c+v)Y^* - vY^* + A \qquad ❷$$

が成り立ちますので, Y^*について解いた,

$$Y^* = \frac{A}{1-c} \qquad ❸$$

が成り立ちます. t期のGDPであるY_tが, 定常状態におけるGDPであるY^*からどれだけ乖離しているかを考え, その乖離している部分をy_tと表すことにしましょう. これを式で表すと,

$$Y_t = Y^* + y_t, \quad \text{すなわち,} \quad y_t = Y_t - Y^* \qquad ❹$$

となります. ❸式より, Y^*は既知ですから, ❶式からY_tを求めるためには, y_tを求めればよいということになります. ❶式から❷式を引くと, $Y_t - Y^* = (c+v)(Y_{t-1} - Y^*) - v(Y_{t-2} - Y^*)$ですから, $Y_t - Y^* = y_t$, $Y_{t-1} - Y^* = y_{t-1}$, $Y_{t-2} - Y^* = y_{t-2}$より,

$$y_t - (c+v)y_{t-1} + vy_{t-2} = 0 \qquad ❺$$

が導けます. これを, y_tについて解けばよいのです.

❺式の解y_tの求め方は少し難しいのですが, 一般に, ❺式のy_tをλ^2, Y_{t-1}をλ, Y_{t-2}を1と置いた,

$$\lambda^2 - (c+v)\lambda + v = 0 \qquad ❻$$

という特性方程式の2つの解をλ_1, λ_2としたとき, 解y_tは,

$$y_t = a_1 \lambda_1^t + a_2 \lambda_2^t$$

と表せることが知られていますので[20]，Y_tは❹式より，

$$Y_t = Y^* + y_t = \frac{A}{1-c} + a_1 \lambda_1^t + a_2 \lambda_2^t \qquad ❼$$

となります．$\frac{A}{1-c}$は定数ですから動きませんが，λ_1やλ_2が変化することによって，Y_tもまたtの変化とともに変動します．たとえば，λ_1が1/2，λ_2が1/4という場合には，tの変化（$t=1, 2, 3, \cdots$）とともに，Y_tは小さくなっていくでしょうし，λ_1が4，λ_2が6という場合には，tの変化とともに，Y_tは大きくなっていくでしょう．つまり，Y_tの変化は，λ_1やλ_2がどのような値をとるかに依存しているのです．λ_1やλ_2は，❻式の解です．この解がどのような値をとるか次にみていきましょう．

❻式 $\lambda^2 - (c+v)\lambda + v = 0$ は二次方程式です．この解は，解の公式を用いて，

$$\lambda = \frac{(c+v) \pm \sqrt{(c+v)^2 - 4v}}{2}$$

と表すことができます．平方根の中身である $(c+v)^2 - 4v$（判別式）が正であるならば実数解，負ならば虚数解をもつことになります．以下，λが実数解をもつとき，λが虚数解をもつときに分けて考えてみましょう．

λ が実数解をもつとき

λが実数解をもつときには $(c+v)^2 - 4v > 0$ が成り立たねばなりません．これをvについて解くと，

$$0 < v < (1-\sqrt{1-c})^2 \text{ または } (1+\sqrt{1-c})^2 < v$$

となり，このとき，実数解をもつことがわかります．ここで，$\lambda^2 - (c+v)\lambda + v \equiv f(\lambda)$ と置くと，

$f(1) = 1 - (c+v) + v = 1 - c > 0$

$f(0) = v > 0$

$f(-1) = 1 + (c+v) + v = 1 + c + 2v > 0$

であり，また，解と係数の関係から，

$\lambda_1 + \lambda_2 = c + v > 0$

$\lambda_1 \lambda_2 = v > 0$

なので，

---

[20] この辺の議論をより厳密に理解するためには，差分方程式についての知識が必要ですが，初学者は，「そうなるんだ……」とあまり深く考えずに進んでください．

(**ケースA**) $0<v<(1-\sqrt{1-c})^2$, すなわち, $c+v<2-2\sqrt{1-c}<2$ が満たされれば, λ_1 および λ_2 は, 必ず $0<\lambda_k<1$ の間の数をとります ($k=1,2$). また,

(**ケースB**) $(1+\sqrt{1-c})^2<v$, すなわち, $c+v<2-2\sqrt{1-c}<2$ が満たされれば, λ_1 および λ_2 は, 必ず $1<\lambda_k(<+\infty)$ の間の数をとります.

したがって, ❼式の $Y_t=\dfrac{A}{1-c}+a_1\lambda_1^t+a_2\lambda_2^t$ は, t の変化とともに (**ケースA**) のとき, 単調収束し, (**ケースB**) のとき, 単調発散することがわかります.

λ が虚数解をもつとき

λ が虚数解をもつときには $(c+v)^2-4v<0$ が成り立つので,
$$(1-\sqrt{1-c})^2<v<(1+\sqrt{1-c})^2$$
が成り立たねばなりません. また, このとき, 解 λ_k は,
$$\lambda_k=\alpha\pm\beta i \text{（共役根）}$$
となります (ただし, i は $i^2=-1$ を満たしています). つまり,
$$\lambda_1=\alpha+\beta i$$
$$\lambda_2=\alpha-\beta i$$
です. $|\lambda|=\sqrt{\alpha^2+\beta^2}>0$ とすると, 縦軸に虚軸, 横軸に実軸をとった複素平面上の偏角を θ で表すと, $\alpha=|\lambda|\cos\theta$, $\beta=|\lambda|\sin\theta$ なので,
$$\lambda_1=\alpha+\beta i=|\lambda|\cos\theta+|\lambda|\sin\theta=|\lambda|(\cos\theta+i\sin\theta)$$
$$\lambda_2=\alpha-\beta i=|\lambda|\cos\theta-|\lambda|\sin\theta=|\lambda|(\cos\theta-i\sin\theta)$$
となります. よって, $Y_t=\dfrac{A}{1-c}+a_1\lambda_1^t+a_2\lambda_2^t$ は,
$$Y_t=\dfrac{A}{1-c}+a_1\lambda_1^t+a_2\lambda_2^t=\dfrac{A}{1-c}+a_1[|\lambda|(\cos\theta+i\sin\theta)]^t+a_2[|\lambda|(\cos\theta-i\sin\theta)]^t$$
となります. **ド・モアブルの定理** (de Moivre's theorem)[21] より上式は,
$$Y_t=\dfrac{A}{1-c}+|\lambda|^t[a_1(\cos t\theta+i\sin t\theta)+a_2(\cos t\theta-i\sin t\theta)]$$
$$=\dfrac{A}{1-c}+|\lambda|^t[(a_1+a_2)\cos t\theta+(a_1-a_2)i\sin t\theta]$$

---

21) フランスの数学者**アブラーム・ド・モアブル** (Abraham de Moivre, (仏), 1667年〜1754年) によって導き出された定理で, 整数 n に対して, $(\cos\theta\pm\sin\theta)^n=(\cos n\theta\pm\sin n\theta)$ が成り立つというものです.

λが実数解をもつとき

(ケースA) 単調収束

(ケースB) 単調発散

λが虚数解をもつとき

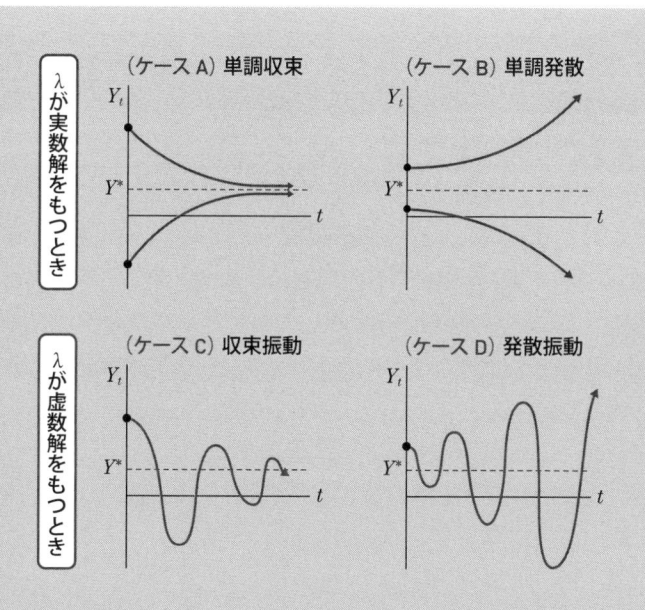

(ケースC) 収束振動

(ケースD) 発散振動

となります．$\cos t\theta$ や $\sin t\theta$ が入っていることからわかるように，$(a_1+a_2)\cos t\theta + (a_1-a_2) i \sin t\theta)$ の部分は，Y_t に循環的（周期的）な変動（振動）を引き起こす部分です．$|\lambda|$ のとる範囲によって，以下の2つのケースに分けることができます．

　（ケースC）$0<|\lambda|<1$ のとき，Y_t は，t の変化とともに**収束振動**します．

　（ケースD）$1<|\lambda|$ のとき，Y_t は，t の変化とともに**発散振動**します．

　消費や投資に時間差（タイム・ラグ）がある場合，「消費や投資といった経済活動によって，循環的なGDPの変動が引き起こされる」ことが導き出されました．なお，（ケースB）や（ケースD）の場合でも，経済学的には無限には発散しないことが後にサミュエルソンによって指摘されました．これを**玉突き台の理論**（billiard table theorem）といいます．しかし，いささか数学的になりました．さらに興味をもった読者は参考文献をあたってみるとよいでしょう[22]．

---

22) 福岡正夫（2008）『ゼミナール経済学入門（第4版）』（日本経済新聞出版社）や，西村和雄（1990）『入門経済学ゼミナール』（実務教育出版）などが初学者にとって参考になります．

2 経済成長

1 経済成長とは何だろう

景気循環が短期の変動を表しているのに対して，国内総生産（GDP）が長期的に変化していく趨勢（トレンド）を**経済成長**（economic growth）といいます．

経済成長に関して**N. カルドア**（Nicholas Kaldor,（ハンガリー），1908年～1986年）は，先進資本主義国の経済成長を観察し，「経済理論家は理論で説明することをきちんとまとめて，定型化することから始めるべきだ」と述べ，以下の6つの**定型化された事実**（stylized facts）を述べました[23]．

❶ 労働生産性は持続的な比率で成長を続けた．
❷ 労働1人あたり資本も持続的な比率で成長を続けた．
❸ 資本の実質利子率ないし収益率が安定していた．
❹ 生産量に対する資本の比率も安定していた．
❺ 資本と労働の国民所得に占める割合が安定していた．
❻ 高成長国の間では「2から5％程度の」成長率のばらつきが観察された[24]．

以降，この定型化された事実を満足するような経済成長理論が構築されることになります．

ポイント・チェック　経済成長とカルドアの定型化された事実

❶ 経済成長とは，GDPが長期的に変化すること
❷ カルドアの定型化された事実
・労働生産性は持続的な比率で成長を続けた
・労働1人あたり資本も持続的な比率で成長を続けた
・資本の実質利子率ないし収益率が安定していた
・生産量に対する資本の比率も安定していた
・資本と労働の国民所得に占める割合が安定していた
・高成長国の間では「2から5％程度の」成長率のばらつきが観察された

---

23) Kaldor, N. (1961) "Capital Accumulation and Economic Growth," in F. A. Lutz and D. C. Hague eds., *The Theory of Capital*, St. Martins Press, pp. 177–222.

2 成長会計

　経済成長を促す要因は何でしょうか．経済成長がGDPの増加を示していることを考えれば，そのGDPがどのようにしたら増加するかを考えればよいはずです．GDPは集計された**生産関数**（production function）から生み出されます．生産関数は，**資本**（capital; K）や**労働**（labor; L）といった**生産要素**（inputs）と，GDPの技術的な関係ですから，GDPが増加する，すなわち経済成長しているときには，

　❶ **生産要素が増加している**か，

　❷ **生産技術が改善している**（**技術進歩**が起こる）

ことになります．

　経済成長が生産要素の増加によってもたらされたのか，それとも生産技術の変化によってもたらされたのか，それを知ることはとても重要です．以下の例を考えてみてください．

　皆さんは1990年代に中国が年率10％を超える高度経済成長を実現したことをご存知でしょう．いまや「世界の工場」とよばれています．一方，日本は中国に遡ること約30年前の1950年代後半から60年代にかけて10％超の高度経済成長を実現しましたが，成長率だけを単純に比較して，「あと30年もすると，中国はいまの日本のようになる」と即断してよいでしょうか．

　答は「ノー」です．労働が増加したり，急激に外国資本が流入したりすると，生産要素が増加しますが，その場合，労働や資本の投入が伸び悩むと急速に成長が鈍化することが観測されています．逆に，技術進歩によってもたらされた成長の場合，長期にわたって成長が持続することが観測されています．経済成長が何によってもたらされたのかを知ることは，いわば経済成長の「質」を考えるということです．経済成長の行く末を考える上でもとても重要なのです．

---

24) Jones, C. and Romer, P. M. (2010) "The New Kaldor Facts: Ideas, Institutions, Population, and Human Capital," *American Economic Journal: Macroeconomics*: Vol. 2 No. 1, pp. 224–245は，カルドアの定型化された事実をコンパクトにまとめています．本書でもこれを参照しています．また，Jones and Romer (2010) では，「新しいカルドアの定型化された事実」として，❶市場規模の拡大，❷成長の加速，❸成長率のばらつき，❹所得並びに**全要素生産性**（TFP）における大きな格差，❺人的資本の増加，❻実質賃金の長期にわたる安定を挙げ，注目を集めました．

しかし，生産要素がどれだけ投入されたかを知ることは比較的容易ですが，生産技術がどれだけ改善されたのかを知ることはそう簡単ではありません．というのも，生産技術は目に見えないからです．

そこで，マサチューセッツ工科大学のR. ソロー（Robert Merton Solow, （米）, 1924年〜）[25]は，生産関数から「目に見えない技術を目に見える形で表現する」という画期的な手法——**成長会計**（growth accounting）を考案しました[26]．

Olaf Storbeck from Düsseldorf, Deutschland, Wikimedia Commonsより

いま，1次同次[27]の生産関数として，**コブ＝ダグラス型生産関数**（Cobb-Douglas production function）とよばれる以下の関数を考えましょう．

$$Y = AK^{\alpha}L^{1-\alpha}$$

ここで，Kは資本，Lは労働，Aは生産技術を表しています．また，αは資本と労働，いずれかに振り分けるウェイトを表しておりゼロと1の間の数をとります．αは**資本労働比率**（capital labor ratio）とか，資本労働分配率とよばれ，生産関数を推計する過程で求まる（0.5とか，1/3とかといった）固有の値です．

生産関数を成長率で表すと，

$$\underbrace{\frac{\Delta Y}{Y}}_{\text{経済成長率}} = \underbrace{\frac{\Delta A}{A}}_{\substack{\text{技術進歩率}\\\text{全要素生産性}\\ TFP}} + \underbrace{\alpha}_{\text{資本分配率}} \times \underbrace{\frac{\Delta K}{K}}_{\text{資本成長率}} + \underbrace{(1-\alpha)}_{\text{労働分配率}} \times \underbrace{\frac{\Delta L}{L}}_{\text{労働成長率}}$$

となります[28]．これを**成長会計方程式**（growth accounting equation）とよびます．成長会計方程式のうち，すでにαは定数としてわかっていますし，経済成長率（$\Delta Y/Y$）も観測することができます．加えて，資本成長率（$\Delta K/K$）や労働成長率（$\Delta L/L$）は，経済にどれだけ資本や投入が追加的に投入されたかを示

---

[25] R. ソローは1987年に経済成長理論への貢献が称えられ，ノーベル経済学賞を受賞しました．
[26] Solow, R. M. (1957) "Technical Change and the Aggregate Production Function," *Review of Economics and Statistics*, Vol. 39, No. 3, pp. 312–320.
[27] k次同次関数については第4章 COLUMN 4-❺を参照してください．

しているので，これらもデータが存在し，個別に求めることができます[29]．こうして考えてみると，成長会計方程式を，

$$\underbrace{\frac{\Delta A}{A}}_{\substack{\text{技術進歩率}\\\text{全要素生産性}\\ TFP}} = \underbrace{\frac{\Delta Y}{Y}}_{\text{経済成長率}} - \left(\underbrace{\alpha}_{\text{資本分配率}} \times \underbrace{\frac{\Delta K}{K}}_{\text{資本成長率}} + \underbrace{(1-\alpha)}_{\text{労働分配率}} \times \underbrace{\frac{\Delta L}{L}}_{\text{労働成長率}} \right)$$

に変形することで，目に見えない技術進歩を，経済成長から資本成長率（×資本分配率）と労働成長率（×労働分配率）を引いた「残り」としてとらえることができるのです．これを**全要素生産性**（Total Factor Productivity; **TFP**）といいます．また，全要素生産性を，発見したソローの功績を称えて，**ソロー残差**（Solow residual）ということもあります．

数値例を挙げて，理解を深めましょう．いま，ある国の生産活動がコブ＝ダグラス型生産関数 $Y=AK^{\alpha}L^{1-\alpha}$ によって表されるとしましょう．この国の経済成長率が5.5％，資本成長率が5.0％，労働成長率が3.0％，資本分配率（α）が0.4のとき，技術進歩率（全要素生産性）はいくらになるでしょうか．成長会計方程式を用いると，

$$\underbrace{\frac{\Delta A}{A}}_{\substack{\text{技術進歩率}\\\text{全要素生産性}\\ TFP}} = \underbrace{\frac{\Delta Y}{Y}}_{5.5\%} - \left(\underbrace{\alpha}_{0.4} \times \underbrace{\frac{\Delta K}{K}}_{5.0\%} + \underbrace{(1-\alpha)}_{1-0.4} \times \underbrace{\frac{\Delta L}{L}}_{3.0\%} \right) = 5.5 - (2.0 + 1.8) = 1.7$$

---

28) 生産関数 $Y=AK^{\alpha}L^{1-\alpha}$ において，GDP（Y），生産技術（A），資本（K），労働（L）は時間（t）の変化に伴って変化するので，それぞれが，時間（t）の関数で表せます．したがって，生産関数は，$Y(t)=A(t)K(t)^{\alpha}L(t)^{1-\alpha}$ となります．両辺に自然対数（ln）をとると，$\ln Y(t) = \ln A(t) + \alpha \ln K(t) + (1-\alpha)\ln L(t)$ と表せ，この両辺を時間（t）で微分すると，

$$\frac{d\ln Y(t)}{dY}\frac{dY(t)}{dt} = \frac{d\ln A(t)}{dA}\frac{dA(t)}{dt} + \alpha\frac{d\ln K(t)}{dK}\frac{dK(t)}{dt} + (1-\alpha)\frac{d\ln L(t)}{dL}\frac{dL(t)}{dt}$$

となります．ここで $\frac{d\ln X(t)}{dX} = \frac{1}{X}$，$\frac{dY(t)}{dt} = \Delta X$（ただし，$X=Y, A, K, L$）と置くと，

$$\frac{\Delta Y}{Y} = \frac{\Delta A}{A} + \alpha\frac{\Delta K}{K} + (1-\alpha)\frac{\Delta L}{L}$$

という成長会計方程式を求めることができます．

29) しかし，実際，生産関数を推計する場合には，資本がどれだけ現実には使われたのかを厳密に計測するために，資本に資本稼働率を掛け合わせたものをデータとして使うことがあります．詳しくは蓑谷千凰彦（2003）『計量経済学（第2版）』（多賀出版）が参考になります．

と求めることができます．

　もちろん，全要素生産性は残差なので，そのすべてを技術進歩とみなすことには注意が必要です．もしかしたら，外部経済[30]などがここに入り込んでいるかもしれませんし，資本や労働以外の生産要素——たとえば土地など——が投入されていたのかもしれないからです．しかし，こうした限界はあるものの，「見えない技術」を「見える形」にしたソローの貢献は，決して色あせるものではありません．

ポイント・チェック　成長会計

❶ 経済成長を促す要因には，生産要素増加と生産技術改善の2つがある
❷ 成長会計とは，生産関数から目に見えない技術を目に見える形で表現する手法
❸ 成長会計方程式は，

$$\underbrace{\frac{\Delta Y}{Y}}_{\text{経済成長率}} = \underbrace{\frac{\Delta A}{A}}_{\substack{\text{技術進歩率}\\ \text{全要素生産性}\\ \text{TFP}}} + \underbrace{\alpha}_{\text{資本分配率}} \times \underbrace{\frac{\Delta K}{K}}_{\text{資本成長率}} + \underbrace{(1-\alpha)}_{\text{労働分配率}} \times \underbrace{\frac{\Delta L}{L}}_{\text{労働成長率}}$$

と表せる
❹ 全要素生産性は，成長会計方程式を変形して，

$$\underbrace{\frac{\Delta A}{A}}_{\substack{\text{技術進歩率}\\ \text{全要素生産性}\\ \text{TFP}}} = \underbrace{\frac{\Delta Y}{Y}}_{\text{経済成長率}} - \left(\underbrace{\alpha}_{\text{資本分配率}} \times \underbrace{\frac{\Delta K}{K}}_{\text{資本成長率}} + \underbrace{(1-\alpha)}_{\text{労働分配率}} \times \underbrace{\frac{\Delta L}{L}}_{\text{労働成長率}} \right)$$

と表せる

COLUMN 14-❺　1人あたり成長率

　経済学では，経済を構成する労働 (L) が国によって異なることから，GDP (Y) や資本 (K) そのものではなく，1人あたりGDP (GDP per capita) や，1人あたり資本

---

[30] 第8章を参照ください．

を考えることがあります．1人あたりGDPは，経済成長の度合いをみる指標としても利用されています．1人あたりGDPと1人あたり資本はそれぞれ，

1人あたりGDP $(y) = \dfrac{Y}{L}$

1人あたり資本 $(k) = \dfrac{K}{L}$

と表せます．このとき，1人あたり経済成長率（$\Delta y/y$）は，

$$\frac{\Delta y}{y} = \frac{\Delta Y}{Y} - \frac{\Delta L}{L}$$

1人あたり資本の成長率（$\Delta k/k$）は，

$$\frac{\Delta k}{k} = \frac{\Delta K}{K} - \frac{\Delta L}{L}$$

と表せます．これを用いると，たとえば，以下のような成長会計の問題も解くことができます．

〈設問〉

いま，ある国の経済がコブ＝ダグラス型生産関数 $Y = AK^{\alpha}L^{1-\alpha}$ をもっており，1人あたり経済成長率が5.0%，1人あたり資本の成長率が5.0%，資本分配率（α）が0.4だったとしましょう．このとき，技術進歩率（全要素生産性）はいくらになるでしょうか．

〈解〉

1人あたり資本の成長率は，

$$\frac{\Delta y}{y} = \frac{\Delta Y}{Y} - \frac{\Delta L}{L}$$

また，成長会計方程式は，

$$\frac{\Delta Y}{Y} = \frac{\Delta A}{A} + \alpha \times \frac{\Delta K}{K} + (1-\alpha) \times \frac{\Delta L}{L}$$

でした．したがって1人あたり資本の成長率は，

$$\frac{\Delta y}{y} = \left(\frac{\Delta A}{A} + \alpha \times \frac{\Delta K}{K} + (1-\alpha) \times \frac{\Delta L}{L} \right) = \frac{\Delta A}{A} + \alpha \times \underbrace{\left(\frac{\Delta K}{K} - \frac{\Delta L}{L} \right)}_{\Delta k/k}$$

となります．（$\Delta K/K - \Delta L/L$）$= \Delta k/k$ であることに注意すると，上式は，

$$\underbrace{\frac{\Delta y}{y}}_{5.0\%} = \underbrace{\frac{\Delta A}{A}}_{\substack{\text{技術進歩率}\\\text{全要素生産性}\\TFP}} + \underbrace{\alpha}_{0.4} \times \underbrace{\frac{\Delta k}{k}}_{5.0\%}$$

なので，技術進歩率（全要素生産性）は $\Delta A/A = 3.0\%$ と求めることができます。

COLUMN 14-❻　J. シュンペーターと創造的破壊

『資本論』を著したK. マルクスが亡くなった1883年，経済学の歴史を変える2人の偉大な経済学者が地上に産声をあげました。1人はJ. M. ケインズ。そして，もう1人がJ. シュンペーター（Joseph Alois Schumpeter，（オーストリア・ハンガリー帝国），1883年〜1950年）です。

シュンペーターは企業者——**アントレプレナー**（entrepreneur）——が，不断に行う**イノベーション**（革新; innovation）こそが，経済成長の源泉であると考えました。彼のいうイノベーションとは，具体的には，❶新しい財の生産（プロダクト・イノベーション），❷新しい生産方法の導入（プロセス・イノベーション），❸新しい販売先の開拓（マーケティング），❹新しい仕入先の獲得（サプライチェーン・マネジメント），❺新しい組織の実現（組織イノベーション）を指します[31]。

アントレプレナーによる不断のイノベーションの結果，経済における新陳代謝が促進され，経済成長が促される過程を，シュンペーターは**創造的破壊**（Creative Destruction）と名づけました。1942年に著した大著『資本主義・社会主義・民主主義』[32]の中で，彼は創造的破壊についてこう述べています。

「内外の新市場の開拓および手工場の店舗や工場からU. S. スチールのごとき企業にいたる組織上の発展は，不断に古きものを破壊し新しきものを創造して，たえ

---

31) 内閣府（2012）『平成24年度 年次経済財政報告』第1章「コラム1-4 イノベーションの定義と分類について」にイノベーションについて詳しい説明があります。

32) Schumpeter, J. A. (1942) *Capitalism, Socialism, and Democracy*, New York Harper（邦訳：中山伊知郎・東畑精一（1995）『資本主義・社会主義・民主主義（新装版）』東洋経済新報社）。

ず内部から経済構造を革命化する産業上の突然変異——生物学的用語を用いることが許されるとすれば——の同じ過程を例証する．この『創造的破壊』(Creative Destruction) の過程こそ資本主義の本質的事実である．それはまさに資本主義を形づくるものであり，すべての資本主義的企業がこのなかに生きねばならぬものである．」
（邦訳書，p.130）

J. シュンペーター

Wikimedia Commons より

COLUMN 14-❼　『東アジアの奇跡』と神話論争

　成長会計が注目を集めた事例として，1990年代に起こった神話論争とよばれる世界的な経済論争があります．1993年，世界銀行 (World Bank) は『東アジアの奇跡——経済成長と政府の役割』と題する研究報告書を発表しました[33]．この中で世界銀行は，政府が市場志向的な経済政策を行って，輸出志向型工業化を導いたことが，日本をはじめ，アジアNIEsやASEANの経済成長に貢献したことを指摘しました．

　これに対して，P. クルーグマンは，1994年にフォーリン・アフェアーズ誌に "The Myth of Asia's Miracle"（邦題「まぼろしのアジア経済」）[34] を発表し，成長会計分析を援用して，世銀報告書の楽観的な見解に警鐘を鳴らしました．彼の主張によれば，アジアの成長は，全要素生産性の上昇を伴わない急速な資本流入や人口増加による

---

33) World Bank (1993) *The East Asian Miracle: Economic Growth and Public Policy*, Oxford University Press（邦訳：白鳥正喜他 (1994)『東アジアの奇跡——経済成長と政府の役割』東洋経済新報社）.
34) Krugman, P. (1994) "The Myth of Asia's Miracle," *Foreign Affairs*, Vol. 73, No. 6, (1994: Nov. / Dec.) pp. 62–78.

ものであり，かつてのソ連がそうであったようにいずれ先細りするというものでした．

　クルーグマンの批判は，過剰に海外からの資本流入に依存するアジア経済の脆弱性を指摘したものとして支持される一方，悲観的にすぎるのではないかという意見，そもそも，成長しているのだから（資本流入でも何でも）いいじゃないかという意見も出て大論争となりました．この論争は，クルーグマンの論文のタイトルにあるMyth（神話）にちなんで，**神話論争**とよばれています．

3 ハロッド＝ドーマー・モデル

　経済成長に関するカルドアの「定型化された事実」について，それを理論的に説明することは可能なのでしょうか．この点に関して，ケインジアンである**R. ハロッド**（Roy Forbes Harrod,（英），1900年〜1978年）と**E. ドーマー**（Evsey David Domar,（米），1914年〜1997年）は，カルドアの指摘に先立つこと30年前に，それぞれ独自に，経済モデルを用いて「市場メカニズムの下で恒常的な成長は可能なのだろうか」という問題に挑んでいました[35]．

　ハロッドは経済成長率を3つに分類し，それぞれ，**❶現実の経済成長率**（Actual growth rate; G），**❷保証成長率**（Warranted growth rate; G_W），**❸自然成長率**（Natural growth rate; G_N）と名づけました．先に用語について説明すれば，以下のようになります．

- **❶現実の経済成長率**（G）：現実成長率とは，通常私たちが「経済成長率」とよんでいるものと同じです．**実際に観察されるGDPの成長率です．**
- **❷保証成長率**（G_W）：保証成長率とは，総需要と総供給が一致する，つまり，**ISバランスが保証されるときに実現される成長率**です．
- **❸自然成長率**（G_N）：自然成長率とは，**労働（人口）成長率（n）と技術進歩率（g）によって達成される成長率**で，$G_N = n + g$ が成り立っています．

---

[35] ハロッド＝ドーマー・モデルに関する基本文献は，Harrod, R. F. (1939) "An Essay in Dynamic Theory," *Economic Journal*, Vol. 44, pp. 14–33 および Domar, E. D. (1946) "Capital Expansion, Rate of Growth, and Employment," *Econometrica*, Vol. 14, pp. 137–147 です．

結論からいえば，ハロッドとドーマーは，**現実の成長率が保証成長率や自然成長率と等しくなることはない**，すなわち，$G = G_W = G_N$ となるようなことは極めて難しく，あたかもナイフの刃の上のような不安定な状況下でしか達成されないという，**ナイフエッジ定理**(knife-edge theorem) を主張しました．

次に，それぞれの成長率についてより詳細にみていきましょう．

❶ 現実の経済成長率 (G)

現実の経済成長率は，GDP (Y) 増加率のことです．これを式で表すと，

$$G = \frac{\Delta Y_t}{Y_t}$$

となります．ただし Y_t は t 期のGDPを表しており，$\Delta Y_t = Y_{t+1} - Y_t$ です．たとえば，2012年のGDPが500兆円，2013年のGDPが510兆円だったとすると，$Y_{t+1} = Y_{2013} = 510$兆円，$Y_t = Y_{2012} = 500$兆円なので，現実の経済成長率 (G) は，

$$G = \frac{\Delta Y_t}{Y_t} = \frac{Y_{t+1} - Y_t}{Y_t} = \frac{Y_{2013} - Y_{2012}}{Y_{2012}} = \frac{510 - 500}{500} = 0.02 = 2\%$$

となります．

❷ 保証成長率 (G_W)

保証成長率は，ISバランスを保証するような成長率です．s を限界貯蓄性向[36]とすると，貯蓄関数 (S_t) は，

$$S_t = sY_t$$

と表せます．また，投資 (I_t) は加速度原理に基づくものとし，その**資本係数** (coefficient of capital)[37] を v とすれば，

$$I_t = v(Y_{t+1} - Y_t) = v\Delta Y_t$$

となります．したがって，ISバランスが成り立つとき，$I_t = S_t$ より $v\Delta Y_t = sY_t$ が成り立ちます．これを変形すると $\Delta Y_t / Y_t = s/v$ となります．

---

[36] ここでは長期を考えているので**貯蓄率**と同義です．長期においては，基礎消費がゼロ，つまり，消費関数が (縦軸に消費，横軸にGDPをとった平面で) 原点を通る直線になることを思い出してください．詳しくは第10章を参照ください．

[37] 資本係数は，$v = K/Y$ で表せます．

$G = \Delta Y_t / Y_t = s/v$ が成り立つような成長率 $\Delta Y_t / Y_t$ を**保証成長率** (G_W) といい，このときの資本係数を**必要資本係数** (v_w) といい，このとき，

$$G_W = \frac{\Delta Y_t}{Y_t} = \frac{s}{v_w}$$

が成り立っています．

❸ 自然成長率 (G_N)

自然成長率とは，労働（人口）成長率 (n) と技術進歩率 (g) によって達成される成長率です．労働（人口）成長率は，労働 (L_t) の変化率ですから，以下のように表すことができます．

$$n = \frac{\Delta L_t}{L_t}$$

と表すことができます．これは，$n = \Delta L_t / L_t = (L_{t+1} - L_t) / L_t = L_{t+1} / L_t - 1$ と表せますので，

$$\frac{L_t}{L_{t+1}} = \frac{1}{n+1}$$

となります．また，ハロッド＝ドーマー・モデルでは，固定投入係数をもつ生産関数——具体的には**レオンチェフ型生産関数** (Leontief production function) [38] が用いられるので，労働と生産量の家計は，生産技術を A_t とすると，$Y_t = A_t L_t$ と書けます（ただし，労働係数を u とすると，$A_t = 1/u$ となります）．$A_t = Y_t / L_t$ なので，技術進歩率 (g) は，

$$g = \frac{\Delta A_t}{A_t}$$

と表せます．これは，$g = \Delta A_t / A_t = (A_{t+1} - A_t) / A_t = A_{t+1} / A_t - 1$ と表せますので，

---

[38] レオンチェフ型生産関数は，生産要素の代替が不可能な生産関数です．$Yt = \min\left[\frac{K_t}{v}, \frac{L_t}{u}\right]$ と書けます．ただし，v は資本係数，u は労働係数です．$\min\left[\frac{K_t}{v}, \frac{L_t}{u}\right]$ は，$\frac{K_t}{v}$ と $\frac{L_t}{u}$ のどちらか小さい方をもって Y_t の値としなさい，という関数です．第9章で学習した産業連関表にもこの生産関数が使われています．

$$g = \frac{A_{t+1}}{A_t} - 1 = \frac{Y_{t+1}/L_{t+1}}{Y_t/L_t} - 1 = \frac{Y_{t+1}}{Y_t} \times \underbrace{\frac{L_t}{L_{t+1}}}_{\frac{1}{n+1}} - 1$$

より,

$$(g+1)(n+1) = \frac{Y_{t+1}}{Y_t}$$

となります.したがって自然成長率 (G_N) は,

$$G_N = \frac{\Delta Y_t}{Y_t} = \frac{Y_{t+1} - Y_t}{Y_t} = \frac{Y_{t+1}}{Y_t} - 1 = (g+1)(n+1) - 1 = gn + n + g$$

となり,gn は無視できるほど小さいとすれば,自然成長率は,

$$G_N = n + g$$

と労働(人口)成長率 (n) と技術進歩率 (g) の和になっていることがわかります.

$$G_n = n + g$$

以上3つの成長率の定義から,それぞれの成長率の関係を考えてみましょう.

【現実の経済成長率 (G) と保証成長率 (G_W) の関係】

(ⅰ) $G\left(=\dfrac{s}{v}\right) > G_W\left(=\dfrac{s}{v_W}\right)$ のとき,すなわち $v < v_W$ のとき

現実の成長率 (G) が保証成長率 (G_W) を上回っているとき,資本係数 (v) は必要資本係数 (v_W) を下回っています.このとき,財市場では超過供給が起こっています.その結果,資本係数が必要資本係数に一致するまで(つまり財市場において均衡が達成されるまで),投資は増加することになります.しかし,投資の増加は,乗数効果によって有効需要を増加させ,ひいてはGDPの増加を促すために,現実の経済成長率はますます保証成長率から乖離上昇してしまいます.

(ⅱ) $G\left(=\dfrac{s}{v}\right) < G_W\left(=\dfrac{s}{v_W}\right)$ のとき,すなわち $v > v_W$ のとき

(ⅰ) とは逆に,現実の成長率 (G) が保証成長率 (G_W) を下回っているとき,

資本係数 (v) は必要資本係数 (v_W) を上回ります．このとき，財市場では超過需要が起こっています．その結果，資本係数が必要資本係数に一致するまで（つまり財市場において均衡が達成されるまで），投資は減少することになります．投資の減少は，（ⅰ）のケースと同様に乗数効果によってGDPの減少を促すために，現実の経済成長率はますます保証成長率から乖離下落していってしまいます．

（ⅲ）$G\left(=\dfrac{s}{v}\right)=G_W\left(=\dfrac{s}{v_W}\right)$ のとき，すなわち $v=v_W$ のとき

この場合，現実の成長率 (G) と保証成長率 (G_W) とが完全に一致しており，したがって，資本係数 (v) も必要資本係数 (v_W) に一致しています．これは，時間経路上の各期において，財市場での均衡を維持しながら成長しているという特異な状況にあり，極めて不安定な状況にあります．

【自然成長率 (G_N) と保証成長率 (G_W) との関係】

（ⅰ）$G_N(=n+g)>G_W\left(=\dfrac{s}{v_W}\right)$ のとき

自然成長率が保証成長率を上回っている状況では，労働の成長速度に比べて資本蓄積の速度が遅いため，労働供給のうち，その一部が雇用されなくなってしまい，失業状態が発生します．

（ⅱ）$G_N(=n+g)<G_W\left(=\dfrac{s}{v_W}\right)$ のとき

逆に，自然成長率が保証成長率を下回っている状況は，現行の労働供給以上の供給がないと（資本過剰になってしまい），財市場を均衡させる保証成長率を実現することができない状況であり，長期的な経済停滞が発生します．

（ⅲ）$G_N(=n+g)=G_W\left(=\dfrac{s}{v_W}\right)$ のとき

自然成長率と保証成長率が等しいとき，経済は安定的な成長を実現することができます．しかし，この状況は極めて不安定な状況であり，J. ロビンソンは，

$$G=G_W=G_N$$
$$\dfrac{s}{v}=n+g$$

が成り立つ理想的な成長を「**黄金時代の成長経路**」と述べました[39]．黄金時代の成長経路とは，それが通常市場では達成しにくいという意味で，ハロッドのいうナイフエッジ定理と同義です．そして，だからこそ，ケインジアンであるハロッドとドーマーの経済成長モデルでは，市場に対して政府が介入する余地があることが示されるのです．

なお，「黄金時代の成長経路」を覚えておくと，ハロッド＝ドーマー・モデルを理解しやすくなります．理解を深めるために，以下のような設問を考えてみましょう．

〈設問〉

ハロッド＝ドーマーの経済成長モデルが，

$aY \leq K$

$bY \leq L$

$Y = C + I$

$C = cY$

$\Delta K = I$

$\Delta L = eL$

で示されるものとします．ただし，YはGDP，Kは資本，Lは労働，aは必要資本係数，bは必要労働係数，Cは消費，Iは投資，cは平均消費性向，ΔKは資本の増分，ΔLは労働の増分，nは労働（人口）増加率とします．

$a = 5.0$，$b = 3.0$，$e = 0.04$のとき，資本の完全利用と労働の完全雇用が同時に維持されるためには，平均消費性向cの値はいくらでなければならないでしょうか．

〈解〉

難しそうな式が並んでいます．しかし，設問をみると，❶ハロッド＝ドーマー・モデルであること，❷「資本の完全利用と労働の完全雇用が同時に維持

---

[39] Robinson, J. (1956) *The Accumulation of Capital*, Macmillan, London（邦訳：杉山清 (1957)『資本蓄積論』みすず書房）．

される」とあるので,「黄金時代の成長経路」の公式を用いて考えればよいことがわかります.「黄金時代の成長経路」は再掲すると,

$$G = \underset{\parallel}{G_W} = \underset{\parallel}{G_N}$$
$$\frac{s}{v} = n + g$$

でしたね.ここで考えなければならないのは,平均消費性向(s),資本係数(v),労働(人口)成長率(n),技術進歩率(g)の値です.まず,技術進歩率(g)に関しては言及がないので,

$$g = 0$$

だとわかります.次に,労働(人口)成長率(n)ですが,設問に $\Delta L = eL$ とあり,これを変形すると $\Delta L/L = e$ となりますから,設問中の e が労働(人口)成長率(n)であることがわかります.$e = 0.04$ なので,

$$n = 0.04$$

であることがわかります.また,資本係数(v)は,$v = K/Y$ でした.これも設問の $aY \leq K$ を $a \leq K/Y$ と変形すれば,設問中の a が資本係数 v であることがわかります.$a = 5.0$ なので,

$$v = 5.0$$

とわかります.ここであらためて,「黄金時代の成長経路」にわかっている数値を代入すると,

$$G = \underset{\parallel}{G_W} = \underset{\parallel}{G_N}$$
$$\frac{s}{5.0} = 0.04 + 0$$

です.ここで,

$$\frac{s}{5.0} = 0.04 + 0$$

の部分に注目しましょう.長期においては限界消費性向と平均消費性向は一致しますので,$s = 1 - c$ です.したがって,

$$\frac{1-c}{5.0} = 0.04 + 0$$

より,平均(限界)消費性向は,$c = 0.8$ となります.

> **ポイント・チェック** ハロッド＝ドーマー・モデルの特徴

❶ ナイフエッジ定理とは，現実の成長率が保証成長率や自然成長率と等しくなることはないという定理
❷ 現実の経済成長率は，GDP(Y)増加率のことで，
$$G = \frac{\Delta Y_t}{Y_t}$$
と表せる
❸ 保証成長率は，ISバランスを保証するような成長率のことで，
$$G_W = \frac{\Delta Y_t}{Y_t} = \frac{s}{v_W}$$
と表せる
❹ 自然成長率とは，労働(人口)成長率と技術進歩率によって達成される成長率で，
$$G_N = \frac{\Delta Y_t}{Y_t} = \frac{Y_{t+1} - Y_t}{Y_t} = \frac{Y_{t+1}}{Y_t} - 1 = (g+1)(n+1) - 1 = gn + n + g$$
と表せ，gn が無視できるほど小さいと考えれば，
$$G_N = n + g$$
と表せる
❺ 黄金時代の成長経路は，
$$G = G_W = G_N$$
$$\parallel \quad \parallel$$
$$\frac{s}{v} = n + g$$
と表せる

COLUMN 14-❽　下村治と国民所得倍増計画

　1960年の池田勇人(1899年〜1965年)内閣の下で，翌年から10年間で国民所得を倍増させる計画が発表されました．**国民所得倍増計画**です．この計画を担ったのが大蔵官僚であった**下村治**(1910年〜1989年)です．1950年代後半，日本は高度経済成長期に入っていました．下村は**神武景気**(1954年〜1957年)で過剰在庫を懸念する**後藤譽之助**(1916年〜1960年)[40]に対して，スエズ危機による輸入原料在庫の一時的停滞にすぎないと反論(**在庫論争**)し，**岩戸景気**(1958年〜1961年)の到来を予測，1969年には**大来佐武郎**(1914年〜1993年)[41]との間で，政府の成長見積もりが小さ

すぎると論争を繰り広げました（成長論争）[42]．成長論争で下村は，ハロッド＝ドーマーの成長理論を駆使して反駁しました．経済政策に近代経済学の理論が援用された嚆矢といってよいでしょう．そして，こうした経済論争を経て，国民所得倍増計画は実施されました．

下村の死後に復刊された『日本経済成長論』には，彼の「成長」に対する考え方が端的に表現されています[43]．

---

[40] 後藤譽之助は経済安定本部（後の経済企画庁）時代より『経済白書』の執筆にかかわりました．中でも，1956年（昭和31年）の白書の結語に記された「もはや戦後ではない」という言葉は流行語にもなりました．今日，この言葉は，「高度経済成長を目前に，日本経済は戦後ではないのだ」というような，明るい将来展望を象徴した言葉として理解されています．しかし，白書を読むと，その含意はむしろ復興需要の減少から成長が鈍化する危険があるという悲観的な意味だったということがわかります．

「戦後日本経済の回復の速やかさには誠に万人の意表外にでるものがあった．それは日本国民の勤勉な努力によって培われ，世界情勢の好都合な発展によって育まれた．しかし敗戦によって落ち込んだ谷が深かったという事実そのものが，その谷からはい上がるスピードを速やからしめたという事情も忘れることはできない．経済の浮揚力には事欠かなかった．経済政策としては，ただ浮き揚がる過程で国際収支の悪化やインフレの壁に突き当たるのを避けることに努めれば良かった．消費者は常にもっと多く物を買おうと心掛け，企業者は常にもっと多くを投資しようと待ち構えていた．いまや経済の回復による浮揚力はほぼ使い尽くされた．なるほど，貧乏な日本のこと故，世界の他の国々に比べれば，消費や投資の潜在需要はまだ高いかもしれないが，戦後の一時期に比べれば，その欲望の熾烈さは明らかに減少した．もはや「戦後」ではない．我々はいまや異なった事態に当面しようとしている．回復を通じての成長は終わった．今後の成長は近代化によって支えられる．そして近代化の進歩も速やかにしてかつ安定的な経済の成長によって初めて可能となるのである．」（経済企画庁（1956）『年次経済報告』より引用）

「もはや戦後ではない」という言葉には，白書の指揮を執った後藤の悲観的な視点が現れているともいえるでしょう．

[41] 大来佐武郎は外務官僚から経済安定化本部（後の経済企画庁）の課長を務め，『経済白書』の執筆や国民所得倍増計画の立案にかかわります．また，後藤譽之助は彼の後輩です．その後，外務大臣を歴任するなど，国際派のエコノミストと知られています．

[42] 脇田成（2008）『日本経済のパースペクティブ──構造と変動のメカニズム』（有斐閣）を参照ください．

[43] 下村治（2009）『日本経済成長論』中央公論新社．

「さて，成長に伴って発生するいろいろの問題を考えるに当たって，成長とか変化というものは，これはダイナミックな生きた変化であって，とくに歴史的な現象として理解しなければならぬものだということを十分に心にとめておく必要があると思います．

……よく均衡のとれた成長あるいはバランスのとれた成長ということがいわれます．長期的な意味で考えれば，均衡のとれた成長，バランスのとれた成長が必要であるのは当然ですが，すべての時点ですべての局面のバランスがとれていなければ，それはアンバランスである，それは望ましくない状態だというように考えると，これはまちがいではないかと思います．

前進をするのに，右足と左足とは，かわりばんこに動く．右足が進むときには左足はとまっているわけですが，右足と左足は仲が悪いわけではなくて，これはかわりばんこに動くというのが進むときの原則であって，右足と左足を一緒にくくって，うさぎ跳びみたいにしたら百メートルもゆけません．

……経済の成長の速度が最近非常に速かったために，いろいろな面でいわゆるアンバランスが出ておりますが，このようないろいろなアンバランスが出てきている点を強調して，これは経済の成長がうまくいっていない証拠である，こういうことが起こるようでは，経済の成長自身に問題があるという意見も多いようです．しかしこれは，私は成長そのものの見方として，少しまちがっているのではないかと思う．……成長や発展は，泰平無事でそこに何も問題がないところから生まれるものではなくて，問題があって，その問題を解決するためにふるい立つところから生まれるものです．……一つの問題を解決すれば，それによって新しい進歩が生まれます．しかし，こうして実現された新しい状態から，さらにまた次の新しい問題が生まれてきます．このように問題の発生なり発見なりと，その解決とが順ぐりに，螺旋的に動くことによって，成長や発展が生まれるわけです．」（pp. 384-387 より引用）

もちろん，高度経済成長期に下村治のような楽観的な見通しをもった論者は決して多くなく，経済論陣を張る彼への批判も多くありました．そのような四面楚歌の状況の中で，日本経済の認識に対して多くの共感をもっていたのが，第11章補論でも登場した**高橋亀吉**（1891年～1977年）です．高橋は下村を「政策的立場から，財政・金融の生きた重要問題に携わり，経済諸現象の生きた姿を，経済統計の上に解釈し，これを数量的に表現した唯一の人」と評価しています．また，高橋はこうも言っています．

> 「下村君と私は，育った時代が違い，したがって分析の手法も違っていた．下村君は数量経済学的な分析に通じ，私は経済評論家としては，経済統計の貧弱極まる時代において，実際の経済の流れの変化を，その徴候時において速く捉えつつ前途を見通す訓練と経験を重ねた者で，およそ半世紀に亘るそうした経験から分析した．しかし，不思議なことに二人の大局観は多くの場合一致したのである[44]．」

下村治

日本政策投資銀行設備投資研究所より

1960年代後半から1980年代初めにかけて，拓殖大学には高橋亀吉（財政学），下村治（経済成長論），赤松要（国際経済学）といった日本を代表する経済学者が集結していました．

4 新古典派成長モデル

　ハロッド＝ドーマー・モデルが構築された1930年代から1940年代は，世界全体を大不況が覆い，経済成長が滞った時代でした．その意味で，「市場メカニズムに任せると成長が滞ってしまう．だからこそ政府の役割が重要である」という彼らのモデルはとても説得力のあるものでした．

　しかし，1950年代から1960年代になると，先進国を中心として安定的な成長が実現されるようになりました．こうした背景から，新しい成長理論を考えようという試みが始まりました．**R. ソロー**や**T. スワン**（Trevor Winchester Swan, （豪），1918年〜1989年）らによる**新古典派成長理論**（Neoclassical growth model）とよばれる新しいモデルです．彼らの名前をとって，**ソロー＝スワン・モデル**とよぶこともあります．

　ハロッド＝ドーマー・モデルでは，資本係数（v）が一定であるという仮定

---

[44] 篠原三代平（2006）『成長と循環で読み解く日本とアジア――何が成長と停滞を生み出すのか』（日本経済新聞社）pp. 113-114より引用．

を置いていました．これは，言い換えると，生産要素である資本と労働に代替性が存在しないということでした．しかし，戦後，それまで人の手（労働）によってなされていた生産工程の多くが機械（資本）にとって代わられるようになると，生産要素の代替性がないというハロッド＝ドーマー・モデルでは経済成長を説明しきれないことが指摘されるようになりました．また，先進国が高度経済成長に入る過程で，「政府の成長政策があったから，不均衡成長が回避された」という主張は，その根拠に乏しいことも研究成果から明らかになってきました[45]．

こうした先進国の経済成長を背景に登場したのが，ソローとスワンによる**新古典派成長理論**（Neoclassical growth model）です[46]．新古典派成長モデルでは，**規模に関して収穫一定（1次同次）の生産関数，**

$$Y = F(K, L)$$

を仮定して生産活動を表します．ただし，Y は GDP，K は資本，L は労働を表しており，生産関数とは，資本と労働の組み合わせ (K, L) に生産技術 $(F(\cdot))$ が加えられて生産物（GDP; Y）が生み出されることを意味しています．また，規模に関して収穫一定（1次同次）とは，生産要素である資本と労働をそれぞれ同じだけ比例的に増加させたとき，生産物もそれに伴って比例的に増加することを意味しています．つまり，資本と労働を2倍，3倍，……と増加させると，GDPもまた2倍，3倍，……と増加するのです．これを記号で書くと，任意の定数 λ [47]に対して，

$$\lambda^1 Y = F(\lambda K, \lambda L)$$

が成り立つとき，この生産関数は規模に関して収穫一定（1次同次の生産関数）で

---

[45] たとえば，官民役割分担研究会 (1993)「市場経済と政府の役割」『フィナンシャルレビュー』11月号，pp. 1–53 などが参考になります．

[46] 新古典派成長モデルに関する基本文献は，Solow, R. M. (1956) "A Contribution to the Theory of Economic Growth," *The Quarterly Journal of Economics*, Vol. 70, No. 1, pp. 65–94. および，Swan, T. W. (1956) " Economic Growth and Capital Accumulation," *Economic Record*, Vol. 32, Issue 2, pp. 334–361 です．

[47] λ はギリシア文字で「ラムダ」と読みます．

[48] 規模に関する収穫については第4章 COLUMN 4-❺ を参照ください．COLUMN 4-❺ では λ の代わりに α が使われていましたが，ここでは，生産関数にすでに α が使われていますので，λ を用いています．

図14-4

（ⅰ）レオンチェフ型生産関数の等量曲線

資本 (K)

$Y = \bar{Y} = \min\left[\dfrac{K}{v}, \dfrac{L}{u}\right]$

$\dfrac{K}{v} > \dfrac{L}{u}$ のとき，$\bar{Y} = \dfrac{L}{u}$
なので，$L = u\bar{Y}$（垂直）
となります．

$\dfrac{K}{v} < \dfrac{L}{u}$ のとき，$\bar{Y} = \dfrac{K}{u}$
なので，$K = u\bar{Y}$（平行）
となります．

$v\bar{y}$

$\dfrac{v}{u}$

$O \quad u\bar{y}$ 労働 (L)

（ⅱ）新古典派生産関数の等量曲線

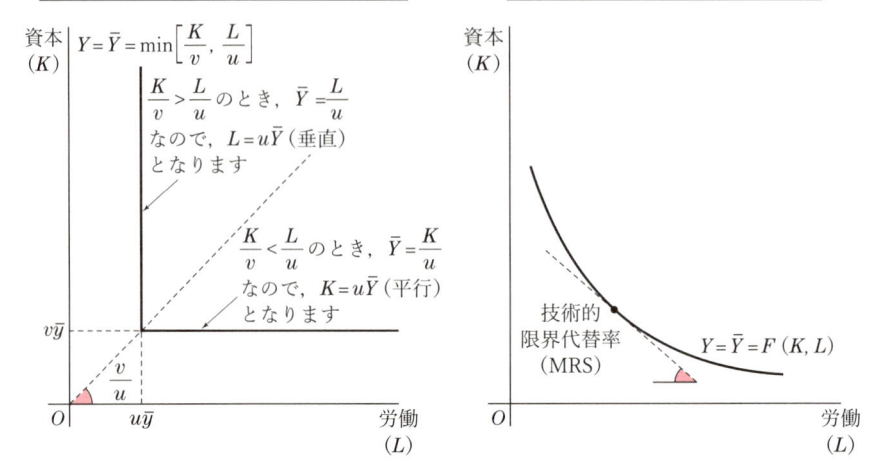

資本 (K)

技術的
限界代替率
(MRS)

$Y = \bar{Y} = F(K, L)$

O 労働 (L)

（注）$\bar{Y}$ は任意の正の定数を表しています．たとえば $\bar{Y} = 5$ とか $\bar{Y} = 100$ とかです．

あるといいます[48]．たとえば，コブ＝ダグラス型生産関数 $Y = AK^\alpha L^{1-\alpha}$ において，資本 (K) と労働 (L) をそれぞれ λ 倍してみましょう．λ は任意の定数です．すると，

$$A(\lambda K)^\alpha (\lambda L)^{1-\alpha} = A\lambda^\alpha K^\alpha \lambda^{1-\alpha} L^{1-\alpha} = A\lambda^{\alpha+1-\alpha} K^\alpha L^{1-\alpha} = \lambda^1 AK^\alpha L^{1-\alpha} = \lambda^1 Y$$

となりますので，コブ＝ダグラス型生産関数は1次同次の生産関数であることがわかります．

また，新古典派生産関数では生産要素の代替が可能です．これは，100個のチョコレートを作るのに，以前は労働5人，資本設備200万円で作っていたのを，たとえば，労働2人，資本設備1,000万円で作ることも可能である，ということを意味しています（数値はあくまで一例です）．これまで学習した用語を用いて言えば，ハロッド＝ドーマー・モデルで用いられたレオンチェフ型生産関数の等量曲線——同じ生産量を作るために必要な生産要素の組み合わせ——はL字型だったのに対し，新古典派生産関数の等量曲線は，なめらかで原点に対して凸の形状をもっている——言い換えれば技術的限界代替率が逓減しているということになります．この対比は図14-4に描かれています．

図14-5 ■1人あたり生産関数

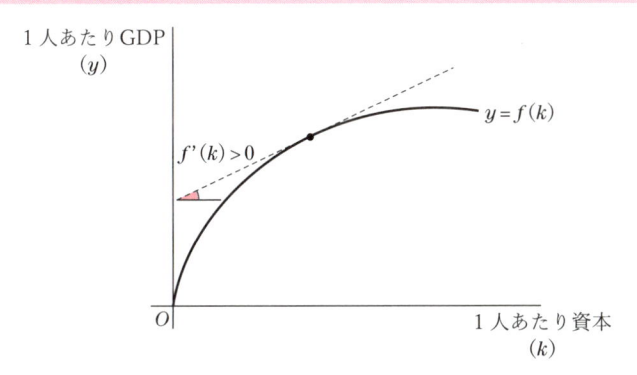

生産関数が規模に関して収穫一定（1次同次）であるという仮定から，生産要素をそれぞれ$1/L$倍すると，生産物（GDP; Y）もまた$1/L$倍されます．したがって，

$$\frac{Y}{L} = F\left(\frac{K}{L}, \frac{L}{L}\right) = F\left(\frac{K}{L}, 1\right)$$

となります．1人あたりGDP Y/Lを小文字のyで表し，1人あたり資本K/Lを小文字のkで表すと，生産関数は$y = F(k, 1)$となります．ここで，生産関数内の1は定数なので変化しませんから，1人あたり生産関数を，

$$y = f(k)$$

と表すことができます．

ただし，$y = f(k)$は，

【性質1】 $f(0) = 0$

【性質2】 $f'(k) > 0$

【性質3】 $f''(k) < 0$

という性質をもっています．この性質を満たすとき，1人あたり生産関数を図に表すと，図14-5のようになります．

【性質1】 は，1人あたり資本（k）がゼロのとき，1人あたりGDPもゼロであるという条件です．投入される生産要素がないときには，産出であるGDPもまたゼロであるという条件に対応しています．これを**桃源郷の不可能性**（impossibility of the Land of Cockaigne）といいます．**【性質2】** は，1人あたり資本（k）が1単位増加したときに，追加的に増加する1人あたりGDP（y）——いわば1

人あたりの限界生産性はプラスであるということ，そして，【性質3】はその増加幅が次第に減少していくことを示しています[49]。

より理解を深めるために，コブ＝ダグラス型生産関数 $Y=AK^\alpha L^{1-\alpha}$ を1人あたり生産関数に変形してみましょう．コブ＝ダグラス関数は1次同次関数なので，$Y/L=(AK^\alpha L^{1-\alpha})/L$ が成り立ちます．$Y/L=y$，$K/L=k$，$1/L=L^{-1}$ であることに注意すると，

$$\underbrace{\frac{Y}{L}}_{y} = \frac{AK^\alpha L^{1-\alpha}}{L} = AK^\alpha L^{1-\alpha} \times \frac{1}{L} = AK^\alpha L^{1-\alpha-1} = AK^\alpha L^{-\alpha} = A\underbrace{\left(\frac{K}{L}\right)^\alpha}_{k} = Ak^\alpha$$

となります．たとえば，コブ＝ダグラス型生産関数が，$Y=K^{2/3}L^{1/3}$ で表されるならば，

$$\underbrace{\frac{Y}{L}}_{y} = \frac{K^{2/3}L^{1/3}}{L} = K^{2/3}L^{1/3} \times \frac{1}{L} = K^{2/3}L^{1/3-1} = K^{2/3}L^{-2/3} = \underbrace{\left(\frac{K}{L}\right)^{2/3}}_{k} = k^{2/3}$$

となります．

ここであらためて，資本（K）と労働（L）という2つの変数をもつ新古典派生産関数（2変数関数）$Y=F(K, L)$ を，1人あたり資本（k）のみの1変数関数に変形させたメリットについて考えてみましょう．主に2つ挙げられます．1つは，技術的なメリットです．1変数関数になったために，図に表すことができるようになり，直感的な理解が容易になったということです．もう1つは，1

---

49) もう少し厳密にいうと，1人あたり生産関数 $y=f(k)$ は，日本人の数理経済学者，**稲田献一**（いなだけんいち）（1925年～2002年）によって考案された**稲田の条件**（Inada condition）とよばれる以下の5つの条件を満たしていなければなりません．
　　【1】$f(0)=0$
　　【2】$f'(k)>0$
　　【3】$f''(k)<0$
　　【4】$\lim_{k\to\infty}f'(k)=0$
　　【5】$\lim_{k\to 0}f'(k)=\infty$
【1】から【3】は本文の【性質1】から【性質3】と同じです．【4】および【5】は，生産関数が原点に近づくにつれてその傾きが無限大になることを保証する条件です．1人あたり資本 k が無限大に近づくにつれて，生産関数の傾きがゼロに近づくような形状を保証するという条件です．

人あたりGDP（y）の変化を追うことが可能になったということです．一般に，1人あたりGDPは経済成長の度合いを表しますので，この変形は経済成長を考える上でとても重要です．

さて，生産関数についての概略を説明し終えたところで，新古典派成長モデルについて説明することにしましょう．新古典派成長モデルでは，1人あたり資本の変化率（$\Delta k/k$）に注目します．1人あたり資本の変化率は，資本成長率（$\Delta K/K$）から労働（人口）成長率（$\Delta L/L$）を引いたものと表すことができます[50]．

$$\frac{\Delta k}{k} = \frac{\Delta K}{K} - \frac{\Delta L}{L}$$

まず，資本成長率（$\Delta K/K$）について考えてみましょう．経済成長が実現される長期においては，財市場において均衡が達成されているとすると，投資（I）と貯蓄（S）が一致します[51]．

$$I = S$$

また，貯蓄はGDP（Y）の関数になっており，GDPが増加するにつれて貯蓄も増加します．限界貯蓄性向（貯蓄率）をsとして，貯蓄関数を，

$$S = sY$$

と特定化しましょう．投資は資本の増分である（$I=\Delta K$）ことに注意すると，

$$\frac{\Delta K}{K} = \underbrace{\frac{I}{K} = \frac{S}{K}}_{\substack{\text{需給均衡条件}\\ I=S \\ \text{を利用}}} = \underbrace{\frac{sY}{K}}_{\substack{S=sY\\ \text{を利用}}} = \underbrace{\frac{sY/L}{K/L}}_{\substack{\text{分子・分母を}\\ L\text{で割る}}} = \underbrace{\frac{sy}{k}}_{\substack{Y/L=y\\ K/L=k\\ \text{を利用}}} = \underbrace{\frac{sf(k)}{k}}_{\substack{y=f(k)\\ \text{を利用}}}$$

となります．つまり，

$$\frac{\Delta K}{K} = \frac{sf(k)}{k}$$

次に，労働（人口）成長率（$\Delta L/L$）は常に一定の定数（n）で成長するものとすると，

$$\frac{\Delta L}{L} = n$$

---

50) COLUMN 14-❺ を参照ください．
51) 財市場の需給均衡条件については第10章を参照してください．

第14章 景気循環と経済成長　759

図14-6

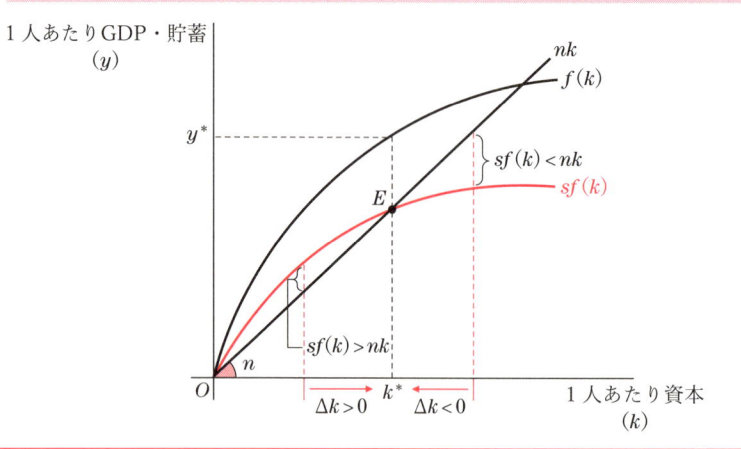

1人あたりGDP・貯蓄 (y)

(グラフ: nk, $f(k)$, $sf(k)$ 曲線、点 E で $sf(k)=nk$、y^*、k^*、$sf(k)<nk$ のとき $\Delta k<0$、$sf(k)>nk$ のとき $\Delta k>0$)

1人あたり資本 (k)

となります.資本成長率 ($\Delta K/K$) と労働(人口)成長率 ($\Delta L/L$) が求まったので,1人あたり資本の変化率 ($\Delta k/k$) は,

$$\frac{\Delta k}{k} = \frac{\Delta K}{K} - \frac{\Delta L}{L}$$

$$= \frac{sf(k)}{k} - n$$

となります.両辺に k を掛けると,

$$\Delta k = sf(k) - nk$$

となります.これを**ソロー＝スワンの基本方程式**といいます.1人あたり生産関数に限界貯蓄性向を乗じた $sf(k)$ と,労働(人口)成長率に1人あたり資本を乗じた nk を図に表すと,図14-6のようになります.

ソロー＝スワンの基本方程式は,以下の3つの状況を説明しています.

❶ $sf(k)=nk$ のとき,$sf(k)$ と nk は図14-6の点 E で交わっています.このとき,1人あたり資本 (k) は $k=k^*$ で変化しません ($\Delta k=0$).

❷ $sf(k)<nk$ のとき,$sf(k)$ よりも nk が上回っています.このとき,1人あたり資本 (k) は減少していくことになります ($\Delta k<0$).

❸ $sf(k)>nk$ のとき,nk よりも $sf(k)$ が上回っています.このとき,1人あたり資本 (k) は増加していくことになります ($\Delta k>0$).

図14-7

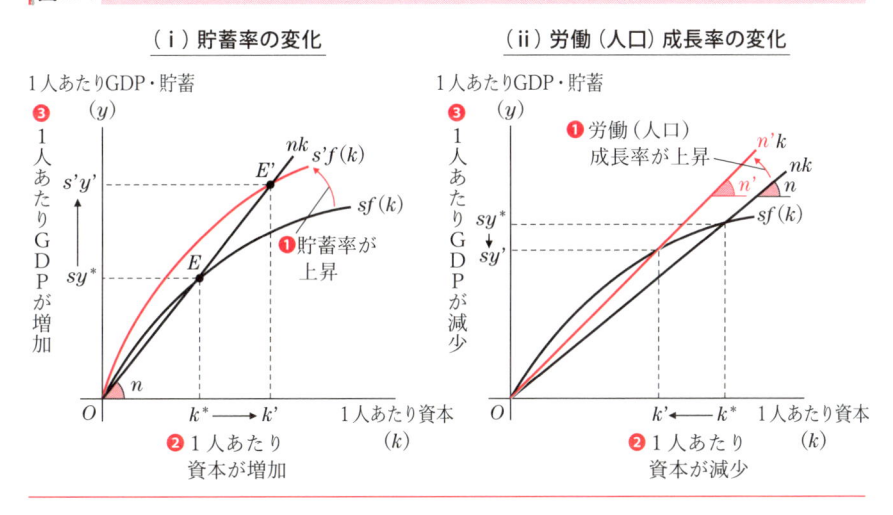

（ⅰ）貯蓄率の変化

縦軸：1人あたりGDP・貯蓄 (y)
横軸：1人あたり資本 (k)

❸ 1人あたりGDPが増加
❶ 貯蓄率が上昇
❷ 1人あたり資本が増加

曲線：nk、$s'f(k)$、$sf(k)$
点：E、E'
値：$s'y'$、sy^*、k^*、k'、n

（ⅱ）労働（人口）成長率の変化

縦軸：1人あたりGDP・貯蓄 (y)
横軸：1人あたり資本 (k)

❸ 1人あたりGDPが減少
❶ 労働（人口）成長率が上昇
❷ 1人あたり資本が減少

曲線：$n'k$、nk、$sf(k)$
値：sy^*、sy'、k'、k^*、n'、n

つまり，いずれの資本レベルから出発しても，最終的には$k=k^*$に収束（convergence）することがわかるのです．$k=k^*$では，1人あたりGDPも$y^*=f(k^*)$にとどまることがわかります．$k=k^*$が実現するとき，この経済は**定常状態**（steady state）にあるといい，定常状態での経済成長を**均斉成長経路**（balanced growth pass）といいます．

新古典派成長モデルでは，限界貯蓄性向（貯蓄率；s）や人口成長率は経済モデルの内部では決定されません．このような変数を**外生変数**（exogenous variable）といいます．貯蓄率がsからs'へと高くなると，$sf(k)$は上方にシフトします．その結果，定常状態における1人あたり資本が増加し，1人あたりGDPも増加します（図14-7（ⅰ））．また，労働（人口）成長率がnからn'へと上昇すると，nkは左方にシフトします．その結果，定常状態における1人あたり資本は減少し，1人あたりGDPも減少することになります（図14-7（ⅱ））．

新古典派成長モデルでは，市場メカニズムに任せておけば，均斉成長が実現するため，ハロッド＝ドーマー・モデルのようなナイフエッジの不均衡は発生せず，したがって，政府の介入については否定的な結論が導き出せることになります．

ポイント・チェック 新古典派成長モデルの特徴

❶ $Y=F(K,L)$（コブ＝ダグラス生産関数）と仮定した1人あたり生産関数は，
$$y=Ak^\alpha$$
と表せる

❷ 資本成長率は，
$$\frac{\Delta K}{K}=\frac{sf(k)}{k}$$
と表せる

❸ 労働（人口）成長率は，
$$\frac{\Delta L}{L}=n$$
と表せる

❹ 1人あたり資本変化率は，
$$\frac{\Delta k}{k}=\frac{\Delta K}{K}-\frac{\Delta L}{L}$$
$$=\frac{sf(k)}{k}-n$$
と表せる

❺ ソロー＝スワンの基本方程式は，1人あたり資本変化率にkを掛けた
$$\Delta k=sf(k)-nk$$
と表せる

COLUMN 14-❾　内生的成長理論

　経済学が現実の経済を対象とする限り，理論研究を主として行う経済学者[52]の関心もまた，タイムリーな経済現象の解明に向かうことはいうまでもありません．資本主義黎明期のアダム・スミス，世界恐慌時におけるJ. M. ケインズはもちろん，経済学者の関心は，現実経済の深奥に潜む法則や真理の解明に向かっています．

　1950年代から1960年代に経済学者の関心が経済成長に向かった背景には，当時，日本やドイツなどが高度経済成長を遂げていた事実があります．本文で登場したR. ソローや宇沢弘文，稲田献一，J. スティグリッツらはこの時期多くの理論的な貢献を行い，新古典派成長理論が確立しました[53]．この時期を経済成長理論の第1ブー

ムということがあります．この時期の成長論の特徴は，与えられた生産技術や貯蓄率を所与として，均斉成長が実現される過程を解明したことにあります．

　第1のブームは，先進国が高度経済成長期から安定成長期に入るとしばらく落ち着いていましたが，1980年代にはいると，韓国，台湾，シンガポール，香港と

---

52) 経済学者を英語でeconomistといいますが，日本における「経済学者」と「エコノミスト」という言葉には微妙なニュアンスの違いがあるように思います．「経済学者」といった場合，主に大学に籍を置き，理論研究や新たな実証手法の構築を主たる業務として行う者を指していることが多く，エコノミストといった場合，官庁や民間の研究所などに籍を置き，すでに確立された計量経済学や統計的手法，経済事情などから現実経済に対する提言をする者を指すことが多いように感じます．そもそも両者を分ける明確な基準があるわけでもなく，また，「自称エコノミスト」も多いのが現実です．本書レベルの経済学（ミクロ経済学・マクロ経済学）の知識もなく経済学者，エコノミストを自称している者も多いというのが，経済学を教える側の人間としては頭の痛い問題です．

53) 経済成長理論の展開について初学者向けに解説した本として，エルハナン・ヘルプマン(2009)『経済成長のミステリー』(大住圭介他訳，九州大学出版会)やチャールズ・I. ジョーンズ(1999)『経済成長理論入門──新古典派から内生的成長理論へ』(日本経済新聞社)があります．またこれまでの成長理論を研究する上では，Barro, R. J. and Sala-i-Martin, X. I. (2003) *Economic Growth*, The MIT Press (邦訳：大住圭介(2006)『内生的経済成長論(1)(2)』九州大学出版会)，Aghion, P. and Howitt, P. W. (1997) *Endogenous Growth Theory*, The MIT Pressおよび，Aghion, P. and Howitt, P. W. (2008) *The Economics of Growth*, The MIT Pressが参考になります．

　F. ラムゼーは，Ramsey, P. F. (1928) "A Mathematical Theory of Savings," *Economic Journal*, Vol. 38, pp. 543–559の中で，**D. キャス**と**T. クープマンス**はそれぞれ，Cass, D. (1965) "Optimum Growth in an Aggregative Model of Capital Accumulation," *The Review of Economic Studies*, Vol. 32, No. 3, pp. 233–240およびKoopmans, T. C. (1965) "On the Concept of Optimal Economic Growth," (*Study Week on the*) *Econometric Approach to Development Planning*, Chap. 4, North-Holland Publishing Co., Amsterdam, pp. 225–287の中で，**最適成長理論**(Optimal Growth Theory)の概念を確立しました．これらのモデルは，**代表的個人**(representative agent)とよばれる経済主体が異時点間の最適な消費を行うことで経済成長のメカニズムを解明したモデルです．読者の皆さんがこれからさらに中級・上級のマクロ経済学を学習する上で重要になってきます．なお，最近の中級以上のマクロ経済学のテキストでは，その多くが経済成長理論から説かれています．詳しくは，齊藤誠(2006)『新しいマクロ経済学──クラシカルとケインジアンの邂逅』(有斐閣)，吉川洋(2000)『現代マクロ経済学』(創文社)，Blanchard, O. J. and Fischer, S. (1989) *Lectures on Macroeconomics*, The MIT Press (邦訳：高田聖治(1999)『マクロ経済学講義』多賀出版)やRomer, D. (2005) *Advanced Macroeconomics*, 3rd ed. McGraw-Hill/Irwin (邦訳：堀雅博他(2010)『上級マクロ経済学』日本評論社)などを参照してください．

いったアジアの新興工業地域 (Newly Industrializing Economies; NIEs) や，ASEAN（東南アジア諸国連合）諸国，ブラジル，ロシア，インド，中国，南アフリカなどの新興国 (BRICS) が高度成長期を迎えると，再び注目を集めるようになります．P. ローマー，R. ルーカス，G. マンキュー，D. ローマー，D. ワイル，G. S. ベッカー，P. アギオン，P. ホーウィット，R. バロー，X. サラ・イ・マーティンらの研究です．これらの研究では，第1ブームでは所与とされた生産技術は，そもそも，人々の日々の経済活動や学習，研究開発を通じて内生的に決まってくるはずであるという視点に立っています．新古典派成長理論では外生的に与えられた生産技術や人口成長率（出生率）などを内生化しようという試みが行われました．

もっとも生産技術の内生化は，すでに，1962年にK. J. アローによる「熟練学習」モデル ("Learn by doing" Model)[54] や宇沢弘文による「人的資本」モデル (Human capital model)[55] などにおいて試みられていました．彼らは，学習や企業内での研修などによって，労働の効率化や熟練化が進むことを明示的にモデルに組み込んだのです．しかし，生産技術を内生化するという試みが注目されるようになったのは，1980年代になってからのことです．P. ローマーが1986年に発表した「収穫逓増と長期成長」[56] や，1988年にR. ルーカスが発表した「経済発展のメカニズムについて」[57] などによって，これまで外生的に与えられてきた生産技術や人口成長率（出生率），生産される財の**品質** (quality)などが内生化され，様々な成長モデルが発表されるようになりました．これを機に，1980年代から1990年代を中心とした，**内生的経済成長理論** (Endogenous economic growth theory) ブームが始まります．成長論の第2のブームです．この時期，理論系の学会では，ミクロ経済学ではゲーム理論，マクロ経済学では内生的経済成長理論が発表の大多数を占めていました．

一方，内生的成長理論に関しては，「古酒を新しい瓶に詰めかえただけだ」と揶揄する向きもあります．しかし，経済主体の合理的な行動から経済成長のメカニズ

---

54) Arrow K. J. (1962) "The Economic Implications of Learning by Doing," *Review of Economic Studies*, Vol. 29, No. 3, pp. 155–73.
55) Uzawa, H. (1965) "Optimum Technical Change in an Aggregative Model of Economic Growth," *International Economic Review*, Vol. 6, No. 1, pp. 18–31.
56) Romer, P. M. (1986) "Increasing Returns and Long-Run Growth," *The Journal of Political Economy*, Vol. 94, No. 5, pp. 1002–1037.
57) Lucas, R. (1988) "On the Mechanics of Economic Development," *Journal of Monetary Economics*, Vol. 22, No. 1, pp. 3–42.

> ムを明らかにしたこと[58]，人的資本などの蓄積過程を明確化したこと，新興国の高度経済成長を理論的に解明しようと試み，計量的な分析手法が次々と考案されたことなどを考えると，少なくとも新しい瓶に詰めかえられた古酒が，新しい消費者の舌を唸らせたことは間違いないでしょう．

5 『成長の限界』と悲観論を超えて[59]

1995年，レスター・ブラウン氏によって発表された報告書は，私たちに大変な衝撃を与えました．

「だれが中国を養うのか？」

センセーショナルなタイトルのこの報告書は，一般向けにわかりやすく書かれていたこともあって，多くの人々に強い印象を与えました．

「高成長が続く中国では，人口増加や，農業環境の変化（農業人口や耕作地の減少，水不足や土地生産性の悪化など）に加えて，高カロリーな食料摂取といった嗜好の変化などがすでに生じており，これらを要因として中国の食料需要は今後ますます増加する．この需要に対して国内供給は追い付かず，他のアジアの先進国（日本や韓国，台湾など）がそうであったように，輸入に依存するようになるであろう．したがって，限りある食料を確保するための『食料争奪戦』が世界規模で発生する[60]．」

ブラウン氏は，中国は2005年には1億トン以上の穀物を純輸入し，2030年にはそれが2億トン以上に膨らむと予測していました．中国の「食欲」によって，輸入に依存する日本の食料確保も危うくなることが懸念されました．しかし現実をみる限り，そうはなっていません．中国はここ30年間，自給率は

---

58) これを「マクロ経済学のミクロ的基礎づけ」といいます．
59) ここの記述は，茂木創 (2011)『食料自給率という幻——誰のための農業政策なのか』(唯学書房) pp.114–117によります．
60) レスター・ブラウン (1995)『だれが中国を養うのか？——迫りくる食料危機の時代』(ダイヤモンド社).

ほぼ100%を達成し続けています．2005年のブラウン予測は幸いにも外れ，2030年の長期予想が実現する可能性は極めて低くなっています[61]．

　悲観的な予測が外れた理由は何でしょうか．それは，「予測」それ自体が，技術的に極めて難しいという点が挙げられます．人口や食料需給の長期予測は，過去のデータをもとに，その趨勢（トレンド）を延長することによって求めます．しかし，データそのものは「その時点」で発生し，観測されるものですから，その時点での様々な環境の変化を受けて，上下にぶれることがあります．食料価格はもちろん，消費者の嗜好の変化や生産量の変動を引き起こす様々な要因――自然環境や投機的な動きなど――の影響を受けます．ですから，こうした推計は，上位推計，下位推計といった，楽観・悲観両方のシナリオを提示するのが一般的です．結果で判断するのは簡単ではありますが，現実をみる限り，ブラウン氏の報告は悲観的すぎたようです．

　環境制約によって成長が停滞するという悲観的なシナリオが外れたケースといえば，1970年代にローマ・クラブという組織が提出した『成長の限界』を思い出す人もいるかもしれません[62]．この報告書では，現在の成長を続けていけば，地球規模での人口増加，自然環境の破壊，化石燃料の枯渇といった様々な行き詰まりが発生し，21世紀の早い段階で世界は破綻するという未来図が描かれました．このときも世界を悲観論が覆いました．

　しかし，未来はここまで悲観する事態にはなりませんでした．なぜでしょうか．

　推計自体が難しいということは先に述べましたが，それ以上に重要なのは，「人間は絶えず学習し，成長していく生物」だという事実です．人間は万物の霊長です．自らの生活スタイルが原因となって引き起こされる環境破壊や生命の危機に対して，手をこまねいて何もしないでいるということはこれまでありませんでしたし，これからもあり得ないでしょう．『成長の限界』が指摘されれば，省エネルギー技術を創造し，生活そのものも環境配慮型のライフスタイ

---

61) これについては，たとえば，厳善平（2009）「格差是正と農民の権利回復――労働力移動に戸籍制限の壁」関志雄・朱建栄『中国経済――成長の壁』（勁草書房）や厳善平（2010）「中国の農産物自給の可能性を探る」『農業と経済』2010年3月号などが参考になります．
62) ドネラ・H. メドウズ（1972）『成長の限界――ローマ・クラブ「人類の危機」レポート』ダイヤモンド社．

ルに変えようと努力していきます．人間が学習をし続ける限り，将来予測できる危機や悲観論に対し，その対処を絶えず考え続けていきます．

　もちろん悲観論には耳を傾けることも大事ですが，だからといって，いたずらにそれを嘆く必要はありませんし，悲観を超えていくことこそが，私たち人類にとって重要な責務だと思います．

　これまでの入門書に比べると，本書は経済学者を数多く掲載いたしました．数えきれない先人たちの英知によって「経済学」は生み出され，今日の姿となりました．経済学の進展もまた，人間の不断の学習によって発展してきたのです．本書を読まれた皆さんが，本書を通じて習得した「経済学」を思考の拠りどころとして——そしてときには習得した「経済学」それ自体にも批判的精神をもって——経済の未来を明るくされることを希望して本書の結びといたします．

COLUMN 14-⑩　T. マルサスとD. リカード

　イギリスの経済学者 **T. マルサス**（Thomas Robert Malthus,（英），1766年〜1834年）は，1798年に著した『人口論』において，「人口増加は幾何級数的である一方で，食料は算術級数的にしか増えない」ために，このまま成長を続ければ，食料不足が発生すると論じ警鐘を鳴らしたことで有名です[63]．

　しかし，自由貿易を推奨する **D. リカード**（David Ricardo,（英），1772年〜1823年）との間で穀物法の是非について，**マルサス・リカード論争**（穀物法論争）を展開したことはあまり知られていないようです．穀物法は1689年から存在していましたが，この条例が論争になったのは，貴族階級や国内産穀物の保護を目的に穀物法が改正された1815年からのことです．この改正穀物法では，穀物価格の下落を防ぐ目的で，一定の価格に達するまでは穀物の輸入を禁止することが決められました．自国の穀

---

[63] T. R. Malthus, (1798) *An Essay on the principle of population; or, a view of its past and present effects on human happiness; with an inquiry into our prospects respecting the future removal or mitigation of the evils which it occasions*, London（邦訳：南亮三郎監修・大淵寛・森岡仁・吉岡忠雄・水野朝夫 (1985)『人口論名著選集1 マルサス人口の原理（第6版）』中央大学出版部）．

T. マルサス　　　　　D. リカード

Wikimedia Commons より　　Wikimedia Commons より

物の安定供給の観点から，穀物輸入に反対するマルサスと，自由貿易が利益をもたらすと考えるリカードの間の論争は1846年に穀物法が廃止されるまで続きました．

　今日，**環太平洋戦略的経済連携協定**（Trans-Pacific Strategic Economic Partnership Agreement; TPP）をはじめとする自由貿易協定の締結については，常に農産物の自由化が議論になります．しかし，すでに遡ること200年以上も昔に，同じような論争がマルサスとリカードの間で展開されていたことを知る人は少ないかもしれません．

　「歴史は繰り返す」（クルチュウス・ルーフス）ということでしょうか．

内容を理解しているかな？

問題に答えられたらYES！ わからなければNO！

1 景気循環

１ 景気循環とは何だろう

Q. 景気循環とは何か説明せよ

ポイント・チェック 景気循環とは
- □ 景気循環とは，GDP・消費・投資・物価・失業率といったマクロ経済を決定する諸変数が，時間の経過とともに周期性をもって変動する現象のこと

No → 本文p.718へ戻れ

２ 景気循環の種類

Q. コンドラチェフ波，クズネッツ波，ジュグラー波，キチン波とは何かそれぞれ説明せよ

ポイント・チェック 景気循環の種類
- □ ①コンドラチェフ波は，技術革新による景気循環で，周期は40〜50年
- □ ②クズネッツ波は，建築投資変動による景気循環で，周期は15〜25年
- □ ③ジュグラー波は，民間設備投資変動による景気循環で，周期は7〜10年
- □ ④キチン波は，在庫変動による景気循環で，周期は40ヵ月

No → 本文p.719へ戻れ

【３ 景気循環の要因】へ進め！

3 景気循環の要因

Q1. 景気循環を発生させる要因は何か説明せよ
Q2. 実景気循環理論とは何か説明せよ

ポイント・チェック 景気循環の要因
- □① 景気循環を発生させる要因は，内生的景気循環理論と外生的景気循環理論に大別することができる
- □② 内生的景気循環理論とは，経済主体の消費や投資活動の変動が，景気循環を引き起こしているという理論
- □③ 外生的景気循環理論とは，天候の変化や生産技術の改良・発明といった経済の外部が，景気循環を引き起こしているという理論
- □④ 実景気循環理論とは，技術進歩などの生産性ショックが与えられると，それが増幅されて経済の実体面に波及し，経済に循環的な動きが生じることを指摘した理論

No → 本文 p.729 へ戻れ

2 経済成長

1 経済成長とは何だろう

Q1. 経済成長とは何か説明せよ
Q2. カルドアが述べた6つの定型化された事実を示せ

ポイント・チェック 経済成長とカルドアの定型化された事実
- □① 経済成長とは，GDPが長期的に変化すること
- □② カルドアの定型化された事実
  - ・労働生産性は持続的な比率で成長を続けた
  - ・労働1人あたり資本も持続的な比率で成長を続けた
  - ・資本の実質利子率ないし収益率が安定していた
  - ・生産量に対する資本の比率も安定していた
  - ・資本と労働の国民所得に占める割合が安定していた
  - ・高成長国の間では「2から5%程度の」成長率のばらつきが観察された

No → 本文 p.736 へ戻れ

Yes →【2 成長会計】へ進め！

2 成長会計

Q1. 経済成長を促す要因を示せ
Q2. 成長会計方程式を示せ
Q3. 全要素生産性を示せ

ポイント・チェック　成長会計

- □① 経済成長を促す要因には，生産要素増加と生産技術改善の2つがある
- □② 成長会計とは，生産関数から目に見えない技術を目に見える形で表現する手法
- □③ 成長会計方程式は，

$$\underbrace{\frac{\Delta Y}{Y}}_{\text{経済成長率}} = \underbrace{\frac{\Delta A}{A}}_{\substack{\text{技術進歩率} \\ \text{全要素生産性} \\ TFP}} + \underbrace{\alpha}_{\text{資本分配率}} \times \underbrace{\frac{\Delta K}{K}}_{\text{資本成長率}} + \underbrace{(1-\alpha)}_{\text{労働分配率}} \times \underbrace{\frac{\Delta L}{L}}_{\text{労働成長率}}$$

と表せる

- □④ 全要素生産性は，成長会計方程式を変形して，

$$\underbrace{\frac{\Delta A}{A}}_{\substack{\text{技術進歩率} \\ \text{全要素生産性} \\ TFP}} = \underbrace{\frac{\Delta Y}{Y}}_{\text{経済成長率}} - \left(\underbrace{\alpha}_{\text{資本分配率}} \times \underbrace{\frac{\Delta K}{K}}_{\text{資本成長率}} + \underbrace{(1-\alpha)}_{\text{労働分配率}} \times \underbrace{\frac{\Delta L}{L}}_{\text{労働成長率}} \right)$$

と表せる

Yes → 【3】ハロッド＝ドーマー・モデル へ進め！

No → 本文 p.737 へ戻れ

第14章 景気循環と経済成長　771

3 ハロッド＝ドーマー・モデル

Q1. ナイフエッジ定理とは何か説明せよ
Q2. 現実の経済成長率，保証成長率，自然成長率を示せ
Q3. 黄金時代の成長経路を示せ

ポイント・チェック　ハロッド＝ドーマー・モデルの特徴

☐ ① ナイフエッジ定理とは，現実の成長率が保証成長率や自然成長率と等しくなることはないという定理

☐ ② 現実の経済成長率は，GDP（Y）増加率のことで，

$$G = \frac{\Delta Y_t}{Y_t}$$

と表せる

☐ ③ 保証成長率は，IS バランスを保証するような成長率のことで，

$$G_W = \frac{\Delta Y_t}{Y_t} = \frac{s}{v_W}$$

と表せる

☐ ④ 自然成長率とは，労働（人口）成長率と技術進歩率によって達成される成長率で，

$$G_N = \frac{\Delta Y_t}{Y_t} = \frac{Y_{t+1} - Y_t}{Y_t} = \frac{Y_{t+1}}{Y_t} - 1 = (g+1)(n+1) - 1 = gn + n + g$$

と表せ，gn が無視できるほど小さいと考えれば，

$$G_N = n + g$$

と表せる

☐ ⑤ 黄金時代の成長経路は，

$$G = G_W = G_N$$
$$\frac{s}{v} = n + g$$

と表せる

【4 新古典派成長モデル】へ進め！

本文 p.744 へ戻れ

4 新古典派成長モデル

Q1. コブ＝ダグラス型生産関数と仮定した1人あたり生産関数を示せ
Q2. 資本成長率，労働（人口）成長率，1人あたり資本変化率を示せ
Q3. ソロー＝スワンの基本方程式を示せ

ポイント・チェック 新古典派成長モデルの特徴

□① $Y=F(K,L)$（コブ＝ダグラス生産関数）と仮定した1人あたり生産関数は，

$$y = Ak^a$$

と表せる

□② 資本成長率は，

$$\frac{\Delta K}{K} = \frac{sf(k)}{k}$$

と表せる

□③ 労働（人口）成長率は，

$$\frac{\Delta L}{L} = n$$

と表せる

□④ 1人あたり資本変化率は，

$$\frac{\Delta k}{k} = \frac{\Delta K}{K} - \frac{\Delta L}{L}$$
$$= \frac{sf(k)}{k} - n$$

と表せる

□⑤ ソロー＝スワンの基本方程式は，1人あたり資本変化率に k を掛けた

$$\Delta k = sf(k) - nk$$

と表せる

おぼえたかな？

問題

1. （　　　）❶とは国内総生産（GDP）・消費・投資・物価・失業率といったマクロ経済を決定する諸変数が，時間の経過とともに変動する現象であり，次のような種類があります．

名称	周期	要因
（　　　）❷	約40年から50年	技術革新
クズネッツ波	約15年から25年	（　　　）❸
ジュグラー波	約7年から10年	（　　　）❹
（　　　）❺	約40カ月	在庫変動

景気循環を発生させる要因が，経済活動の内部にあるのか外部にあるのかによって，景気循環理論は，①（　　　）❻と②（　　　）❼に大別することができます．

2. （　　　）❽が短期の変動を表しているのに対して，国内総生産（GDP）が長期的に変化していく趨勢（トレンド）を（　　　）❾といいます．経済成長を促す要因は，経済成長がGDPの増加を示していることを考えれば，①（　　　）❿の増加，②（　　　）⓫の改善の2つが挙げられます．生産技術がどれだけ改善されたのかを知るためには，（　　　）⓬という手法を用います．これによって求められる技術進歩を（　　　）⓭とか（　　　）⓮とよびます．

3. ハロッド＝ドーマー・モデルでは経済成長率を，①現実の経済成長率（G），②（　　　）⓯（G_W），③（　　　）⓰（G_N）

解答

❶ 景気循環

❷ コンドラチェフ波
❸ 建築投資変動
❹ 民間設備投資変動
❺ キチン波

❻ 内生的景気循環理論
　（❼と順不同）
❼ 外生的景気循環理論
　（❻と順不同）

❽ 景気循環
❾ 経済成長
❿ 生産要素
⓫ 生産技術
⓬ 成長会計
⓭ 全要素生産性（⓮と順不同）
⓮ ソロー残差（⓭と順不同）

⓯ 保証成長率
⓰ 自然成長率

の3つに分類します．このモデルの特徴として，$G=G_W=G_N$となるようなことは極めて難しく，あたかもナイフの刃の上のような不安定な状況下でしか達成されないという，（　　）⑰があります．

そこで，（　　）⑱と（　　）⑲が等しくなる，つまり安定的な経済成長が実現できる「（　　）⑯」を達成するため，市場に対して（　　）⑲が介入する余地があることが示されるのです．

4. 新古典派成長モデルでは，（　　）⑳の生産関数$Y=F(K, L)$を仮定するため，1人あたりの生産関数$y=F(k, 1)$に書き直すことができます．新古典派成長モデルでは，財市場の需給均衡条件から資本の成長率を，

$$\frac{\Delta K}{K} = \frac{sf(k)}{k}$$

と置きます．また労働（人口）成長率（$\Delta L/L$）は常に一定の定数（n）で成長するものとすると，

$$\frac{\Delta L}{L} = n$$

と置くことができます．1人あたり資本の成長率は，

$$\frac{\Delta k}{k} = \frac{\Delta K}{K} - \frac{\Delta L}{L} = \frac{sf(k)}{k} - n$$

両辺にkを掛けると，

$$\Delta k = sf(k) - nk$$

となります．これを（　　）㉑といいます．

新古典派成長モデルの特徴として，（　　）㉒に任せておけば，（　　）㉓と（　　）㉔が一致する，（　　）㉕が達成されます．

⑰ ナイフエッジ定理

⑱ 黄金時代の成長経路
⑲ 政府

⑳ 規模に関して収穫一定（1次同次）

㉑ ソロー＝スワンの基本方程式
㉒ 市場メカニズム
㉓ 保証成長率（㉔と順不同）
㉔ 自然成長率（㉓と順不同）
㉕ 均斉成長

第14章 景気循環と経済成長　775

問題演習

1 成長会計 ★★（特別区 2002 改題）

いま，ある国の経済がコブ＝ダグラス型生産関数 $Y=AK^\alpha L^{1-\alpha}$ をもっており，1人あたり経済成長率が5.0%，1人あたり資本の成長率が3.0%，資本分配率（α）は1/3とする．このとき，技術進歩率（全要素生産性）はいくらになるか．以下の選択肢のうち妥当なものを選びなさい．

技術進歩率

1. 1%　　2. 2%　　3. 3%　　4. 4%　　5. 5%

▶ **解法の糸口**

1人あたり資本の成長率は，

$$\frac{\Delta y}{y} = \frac{\Delta Y}{Y} - \frac{\Delta L}{L}$$

また，成長会計方程式は，

$$\frac{\Delta Y}{Y} = \frac{\Delta A}{A} + \alpha \times \frac{\Delta K}{K} + (1-\alpha) \times \frac{\Delta L}{L}$$

でした．したがって1人あたり資本の成長率は，

$$\frac{\Delta y}{y} = \left(\frac{\Delta A}{A} + \alpha \times \frac{\Delta K}{K} + (1-\alpha) \times \frac{\Delta L}{L}\right) - \frac{\Delta L}{L} = \frac{\Delta A}{A} + \alpha \times \underbrace{\left(\frac{\Delta K}{K} - \frac{\Delta L}{L}\right)}_{\Delta k/k}$$

となります．$(\Delta K/K - \Delta L/L) = \Delta k/k$ であることに注意すると，上式は，

$$\frac{\Delta y}{y} = \frac{\Delta A}{A} + \alpha \times \frac{\Delta k}{k}$$

となるので，これを $\Delta A/A$ について解くことで技術進歩率を求めることができます．

▶解答　4

▶解説

1人あたり資本の成長率は，

$$\frac{\Delta y}{y} = \frac{\Delta Y}{Y} - \frac{\Delta L}{L}$$

また，成長会計方程式は，

$$\frac{\Delta Y}{Y} = \frac{\Delta A}{A} + \alpha \times \frac{\Delta K}{K} + (1-\alpha) \times \frac{\Delta L}{L}$$

と表すことができました．したがって1人あたり資本の成長率は，

$$\frac{\Delta y}{y} = \left(\frac{\Delta A}{A} + \alpha \times \frac{\Delta K}{K} + (1-\alpha) \times \frac{\Delta L}{L}\right) - \frac{\Delta L}{L} = \frac{\Delta A}{A} + \alpha \times \underbrace{\left(\frac{\Delta K}{K} - \frac{\Delta L}{L}\right)}_{\Delta k/k}$$

となります．$(\Delta K/K - \Delta L/L) = \Delta k/k$ であることに注意すると，上式は，

$$\frac{\Delta y}{y} = \frac{\Delta A}{A} + \alpha \times \frac{\Delta k}{k}$$

となりますので，これを書き換えると

$$\frac{\Delta A}{A} = \frac{\Delta y}{y} - \alpha \times \frac{\Delta k}{k} = 5.0 - \frac{1}{3} \times 3.0 = 4$$

となり，正解は選択肢4となります．

2 ハロッド＝ドーマー・モデル ★★

ハロッド＝ドーマーの経済成長モデルが，

$$6Y \leq K \qquad 2Y \leq L \qquad Y = C + I$$
$$C = cY \qquad \Delta K = I \qquad \Delta L = 0.03L$$

で示されるものとする．ただし，YはGDP，Kは資本，Lは労働，aは必要資本係数，bは必要労働係数，Cは消費，Iは投資，cは平均消費性向，ΔKは資本の増分，ΔLは労働の増分，nは労働（人口）増加率とする．

いま，2%の技術進歩により資本の完全利用と労働の完全雇用が同時に達成されたとする．このとき平均消費性向はいくつになるか．以下の選択肢のうち妥当なものを選びなさい．

平均消費性向
1. 0.65　　2. 0.7　　3. 0.75　　4. 0.8　　5. 0.85

▶ 解法の糸口

❶ハロッド＝ドーマー・モデルであること，❷「資本の完全利用と労働の完全雇用が同時に維持される」とあるので，「黄金時代の成長経路」の公式を用いましょう．

「黄金時代の成長経路」の公式

$$G = G_W = G_N$$
$$\parallel \quad \parallel$$
$$\frac{s}{v} = n + g$$

▶**解答** 2

▶**解説**

❶ハロッド＝ドーマー・モデルであること，❷「資本の完全利用と労働の完全雇用が同時に維持される」とあるので，「黄金時代の成長経路」の公式を用いて考えればよいことがわかります．「黄金時代の成長経路」の公式は，

$$G = G_W = G_N$$
$$\frac{s}{v} = n + g$$

で表されました（平均貯蓄性向 (s), 資本係数 (v), 労働（人口）成長率 (n), 技術進歩率 (g)）．技術進歩率 (g) に関しては2％と問題文に記載されているため，

$g = 0.02$

です．

労働（人口）成長率 (n) は，設問に $\Delta L = 0.03L$ とあり，これを変形すると $\Delta L/L = 0.03$ となるので，0.03が労働（人口）成長率 (n) であることがわかります．

$n = 0.03$

また，資本係数 (v) は，$v = K/Y$ でした．これも設問の $6Y \leq K$ を $a \leq K/Y$ と変形すれば，設問中の6が資本係数 v であることがわかります．$a = 6.0$ なので，

$v = 6.0$

とわかります．

ここであらためて，「黄金時代の成長経路」の公式にわかっている数値を代入すると，

$$G = G_W = G_N$$
$$\frac{s}{6.0} = 0.03 + 0.02$$

となります．長期においては限界消費性向と平均消費性向は一致しますので，$s=1-c$です．したがって，

$$\frac{1-c}{6.0}=0.03+0.02$$

という関係から，平均（限界）消費性向は，$c=0.7$となり，正解は選択肢2となります．

あとがき

　本書を読了した皆さん，経済学についてどのような感想を持たれたでしょうか．

　「ずいぶんと重たい本だったなぁ」なんていう声も聞こえてきそうです．

　「はしがき」にも書きましたように，本書には，これまでの入門書にはない，様々な工夫が凝らしてあります．その分，ずっしりと重い作りになりましたが，本書を読み終えた皆さんは，入門から初級レベル程度の経済学の知識が身についているはずです．

　これから皆さんが進むべき道は，2つあります．1つは，本書よりもさらに詳しい経済学の教科書に挑戦することです．ミクロ経済学，マクロ経済学はもとより，財政学，金融論，国際経済学の入門書などにも挑戦できるはずです．

　もう1つは，皆さんの関心のある特定のテーマについて，本書を通じて得た経済学の知識をもとに考えることです．たとえば，「各国の所得格差について調べたい」と感じたら，各国の個別統計，制度，社会保障政策，歴史など様々な角度から考えなければなりませんが，本書で取り上げたジニ係数などは，このテーマの文献には必ず出てきますから，きっと役立つはずです．皆さんが関心をもっているテーマを深く掘り下げるための基礎的な経済学の知識をお伝えできたとすれば，本書の目的は十分に遂げられたといってよいでしょう．

　企画からほぼ2年をかけ，本書は完成しました．夏・春の長期休暇は言うに及ばず，あるときは雪に埋もれるほくほく線の中で図表を描き，またあるときは滞在先のニューヨークやクアラルンプールに向かう機内で筆を走らせました．ジャカルタとシンガポール出張の際には大量の校正原稿と資料を持参し，帰国後直ちに出版社に投函しましたし，このあとがきも，経済制裁解除に注目があつまる2013年11月，テヘランでの国際会議に向かう飛行機の中で書いています．

どの章もミクロ経済学やマクロ経済学を基本としつつも，特色のある仕上がりになっていると思います．中でも，本書の特徴の1つになっている経済学者のエピソード(COLUMN)や，第11章補論の「近代貨幣史の概略――金本位制から管理通貨制度へ」には，特に私の思い入れが強く感じられることでしょう．

　私は，「経済学入門」と銘打ちながら，その実，「ミクロ経済学・マクロ経済学入門」でしかないような教科書に対して少なからぬ疑問を感じてきました．ミクロ経済学やマクロ経済学が現代経済学の基本であることに異論をはさむ余地はありませんが，「経済学入門」という以上，財政学，金融論，経済政策論のみならず，経済学史，経済学説史，近代貨幣史，経済哲学や経済人類学といった分野を将来的に学習する読者を想定し，幅広い経済学の世界へ橋渡しをすることが求められていると常々考えていました．「経済学をいろいろな角度から学んで欲しい」，そういう思いをCOLUMNをはじめとする様々なエピソードに込めました．統一感を持たせながらも広範な経済学の入門として，「間口」の確保には随分と苦労しました．これまで，入門書の段階ではあまり注目をされなかった赤松要，下村治，高橋亀吉ら日本の経済学者たちを取り上げたのも，そういう思いによるものです．

　経済学を教えていて驚くのは，世界に冠たる経済大国となった日本で経済学を学んでいる学生の多くが，優れた経済哲学を持った日本人の名前すら知らずに卒業していくことです．新興国の多くは，日本の経済発展を教科書として目標に掲げています．にもかかわらず，日本人の経済思想・哲学がどこか軽んじられている現状は，決して望ましいとは言えません．日本人として，これまでの日本の経済的成功にもっと誇りを持つべきではないでしょうか．控えめというか，自虐的というか，これまでの経済学教育では，日本の経済学が軽んじられていた気がします．教壇に立つ人間として，大いに反省しなければならない，そういう思いが，コラムや補論の執筆につながっています．

　すでに多くの優れた教科書が洋の東西を問わず存在しています．その中で執筆された本書は，先達の名著を正の外部性として享受させていただいています．しかし，そこに何か付加価値を加えなければ，「古酒を新しい瓶に移

し替えただけ」のものになってしまいます．「はしがき」にも述べましたように，本書の付加価値(特徴)は，標準的な教科書よりも多い図表，コラム，補論，問題演習など，経済学への興味と理解を助ける様々な仕掛けにあります．

　取材や執筆のほとんどが，長期休暇と日々の教学と研究の合間をぬって行われました．コラムに書く小栗忠順(上野介)の足跡をたどるために，休日を返上して横須賀の造船所跡地を訪ね，小栗終焉の地，高崎市倉渕町水沼で開催されました田村房夫先生(元 大東文化大学理事長)の勉強会にも参加させていただきました．いささか余談になりますが，田村先生との出会いは，私が中学3年生のとき，父に連れられてお伺いしたのが始まりでした．当時，『阿Q正伝』などを読み始めた自分に父が危険を察知したのか定かではありませんが，先生の部屋で，貨幣数量説についてのお話を拝聴しました．先生は易しくお話しくださったのですが，全くのチンプンカンプンで，14歳の自分は，「経済学だけは絶対にやるまい」と心に誓ったのです(先生，本当に申し訳ございません!)．その人間が，今こうして経済学の教科書を書いているのですから，人の出会いとは不思議なものです．おそらく，先生とのお付き合いが，経済学への思い込みを氷解させていったのでしょう．今だから心より申し上げられます．

　「経済学をやっていて，本当に良かった」と．

　渋沢栄一に関するコラムを書く際には，埼玉県深谷市血洗島の生家跡地や渋沢栄一記念館，東京都北区の渋沢資料館にも足を運び，地元での評価や専門家に話を伺いました．渋沢栄一の肉声による「道徳経済合一説」のレコードを聞いた時には，何とも言えない感銘を受けました．もしお近くにお住まいの読者がいらっしゃいましたら，ぜひ一度足をお運びください．
　また，前掲の第11章補論を書く際には，日本銀行貨幣博物館に幾度となく足を運びましたし，「欲望の二重一致」の記述を確認するために経年劣化したS. ジェボンズの『貨幣及び交換機構』(英語)を取り寄せて読みかえしました．I. フィッシャーのコラムを書く際には，既存の概念にとらわれない彼

の天才的業績に胸を打たれました．

　こうした一連の作業を通じ，私自身，入門書を作る過程においては，特定の専門領域を究明することとはまた違った能力が必要となることを痛感しました．それは私にとって新鮮で素晴らしい経験でした．

　一方，様々な制約から入れることのできなかった領域もあります．消費者行動の理論においては，選好関係から無差別曲線を導出すべきだったかもしれませんし，顕示選好理論について触れてもよかったかもしれません．数学を使うゲーム理論や，マクロ経済学における経済動学などについても本書では言及できませんでした．初学者にはこうした部分はあえて省いて説明することで，直観的で，全体像的な理解が得られると考えたからです．もし，こうした領域に関心のある読者がいれば，巻末に掲載された**リーディングリスト**に個別にあたってみるとよいでしょう．

　最後に，本書の作成過程においては，多くの方々のご尽力を得ました．本書の校正稿を丁寧に読んでいただきました松谷泰樹先生（中央大学経済研究所），高橋宏幸先生（拓殖大学非常勤講師）には，この場をお借りして感謝申し上げます．松谷先生は有益な助言と改善点の指摘だけでなく，折に触れ心温まる励ましの言葉をいただきました．高橋先生は本書の草稿段階で作成されたレジュメと空所補充問題を実際に講義で使用していただき，学生の反応を確認してくださいました．両先生におかれましては，誤植の指摘や有益なご提案を賜りました．

　執筆過程においては，前田和輝君・笠原浩平君・荒幡優君・川島尚希君（拓殖大学茂木ゼミナール卒業生）に多大な協力をいただきました．本書における誤謬は筆者に帰すものではありますが，「内容を理解しているかな？」，「用語確認」，「問題演習」などは，彼らの柔軟な発想がなければ作成できませんでした．前田君は，無茶な私の要求を，私の想像していたものと寸分たがわぬ形で原稿にしてくれました．また，笠原君は本書の草稿をもとに学習し，在学中に経済学検定試験（ミクロ・マクロ）で全国1,086人中18位（偏差値72.7, 評価S）という高いスコアを獲得したのみならず，中小企業診断士試験「経済学・経済政策」の科目合格も果たしてくれました．加えて，荒幡君，川島君は根気のいる校正作業を夜遅くまで手伝ってくれました．彼らの尽力なくし

ては，本書の上梓は不可能だったでしょう．深くお礼申し上げます．

　幸い，例年私の講義には300名程度の履修者がおりますが，本書の草稿を用いた講義の学生アンケート（教員の講義評価）では，4.6（5段階評価）という高評価を受けることができたことも執筆の大きな励みとなりました．名前は挙げられませんが，受講生のみなさんにも感謝したいと思います．

　私が高崎経済大学・慶應義塾大学大学院（修士課程・博士課程）で経済学を学んで，早いもので20年が経ちました．私自身，これまで幾度となく経済学の難解さに挫折し，勉強をあきらめかけました．そのような中，温かくも厳しく自分を支えてくださいました高崎経済大学時代の恩師，吉野文雄先生（拓殖大学教授），理論研究の奥深さと面白さを教えてくださいました慶應義塾大学大学院時代の恩師，故・大山道広先生（慶應義塾大学名誉教授），そして，アジア経済の面白さを教えていただきました渡辺利夫先生（拓殖大学学事顧問・元・総長・東京工業大学名誉教授）の御三方の先生におかれましては，これまでの学恩に感謝申し上げたいと存じます．大山先生，渡辺先生という経済学会の泰斗から直接教えを受けることができましたのは，一研究者として僥倖でした．そしてこの出会いも，吉野先生との出会いがなければありませんでした．

　吉野先生との出会いは私が学部1年の時まで遡ります．3，4年生対象のゼミの参加を許されて，ミクロ経済学やマクロ経済学，経済数学や統計学などを学びながら，河上記念財団（現：みずほ記念財団）の論文コンテストやヤンマー農機主催の論文コンテストに挑戦し，入賞することができました．思い起こせば，本格的に学者を意識し始めたのは，このころからかもしれません．その後も吉野先生には公私にわたりお世話になっておりますが，吉野先生との出会いがなければ経済学者としての第一歩を踏み出すことはできなかったといってよいでしょう．重ねてお礼申し上げます．

　また，日本学術振興会の共同研究でご一緒していただいている木村正信先生（金沢星稜大学教授）には，共同研究の合間に相談にのっていただきました．思えばその多くは相談というよりも愚痴だったかもしれません．にもかかわらず，先生は嫌な顔一つせずお付き合いくださいました．なんとお礼申し上げてよいやらわかりません．

さらに，常に私の先を歩まれ，ご専門とされる分野にて業績・成果を挙げていらっしゃいます，荒井崇氏（法務省），大泉啓一郎氏（日本総研上席主任研究員），柴田聡氏（財務省），薛軍先生（中国・南開大学教授），釣雅雄先生（岡山大学大学院社会文化科学研究科准教授），松長昭氏（元・笹川平和財団中東イスラム基金），横田一彦先生（早稲田大学大学院教授）の諸氏からは，常に刺激的な提案と知的興奮の機会をご提供いただきました．彼らに共通するのは常にタイムリーな社会現象や経済現象を研究対象とされ，次々と成果を挙げられている点です．私が平素より尊敬し，目標としている方々です．なかなか追い付けずにいる自分としては，不甲斐ない気持ちと羨望の溜息しかありませんが，諸氏の後ろ姿に対する私の憧憬が，執筆の原動力になったことは疑いございません．加えて，同郷の八木尚志先生（明治大学政経学部教授）におかれましては，すでにすぐれた教科書をご執筆されていらっしゃいまして，後輩として大変参考にさせていただきました．

　本書は幅広い読者層を対象としておりますが，私がこれまで担当してきた専門学校等での各種試験（公務員試験，中小企業診断士試験，証券アナリスト試験等）対策講座における講義経験や，社会人を対象としたセミナーでの講演活動も，本書の作成に生かされています．本書では講義の臨場感を可能な限り筆に込めました．これまでの教育経験を生かしたいと考えたからです．中小企業診断士講座でお世話になりました故・村井信行先生，証券アナリスト講座等でご一緒させていただいた故・信夫修先生におかれましては，本書の完成前にご永眠されてしまい，大変残念な思いでございます．ここに謹んで哀悼の意と感謝の言葉を奉げたいと存じます．また，伊藤恵司先生（教育企画センター）には公務員講座等で大変お世話になり，感謝いたしております．資格試験の対策講座では，講義の質が合格者数という形で明確に現れます．加えて，講義に対する受講生の評判や批判も大学の評価以上に厳しいのが一般的です．こうした厳しい評価環境の中で自らの講義の研鑽をつめたことは，今となっては私の財産です．

　郷里群馬でも，企業実務の観点から経済学の活用法について検討する機会を得られました．女屋満氏（前橋商工会議所），木部美春氏（中小企業診断士），神道克幸氏・橋本勉氏（群馬県商工会連合会）には定期的な会合を開いていただ

き，企業の課題について経済学的アプローチができないか検討を重ねる機会を持つことができました．また，山口憲二先生（いわき明星大学教授）とは，地元の金融企業を中心とした経済学の講義でご一緒させていただきました．重ねて感謝申し上げます．

さらに，厳しい環境にある「農業分野においても経済学の知識をもとにした競争力の強化が必要である」と現役の専業農家からお言葉をいただいたことも，励みになりました．特に，坂井良介氏（専業酪農家），丸岡弘明氏（専業椎茸栽培農家）の両氏との継続的な交流は，一般向けの経済学教育の重要性を再認識させられる大きな契機となりました．坂井氏とは種牛の後代検定について家畜改良事業団までご一緒していただきました．そこでは，日本の農業の先端技術が今まさに生産者，研究者の不断の努力によって生み出されるその瞬間に立ち会うことができました．

他にも，講演やセミナー，審議会等，新聞・テレビ等での意見交換を通じて，多くの方々から経済学に対する期待と建設的なご意見を賜りました．日本貿易会賞受賞時にお会いし，お話をお伺いした中谷巌先生（三菱UFJリサーチ&コンサルティング理事長・多摩大学名誉学長・一橋大学名誉教授），天野正義氏（日本貿易会専務理事），川北吉孝氏（PHP研究所理事），高橋亀吉賞を受賞した際にお話ししていただいた行天豊雄氏（国際通貨研究所理事長），正田修氏（日清製粉グループ本社名誉会長相談役），柴生田晴四氏（東洋経済新報社相談役・元 代表取締役社長），学部学生時代からお世話になっております石井學先生（育英短期大学学長・元 高崎経済大学学長・高崎経済大学名誉教授），千葉貢先生（高崎経済大学地域政策学部教授），郷里において経済分析に基づくビジネス情報を発信する機会を与えてくださいました中川伸一郎氏（群馬テレビ報道制作局制作部），淵上詩乃氏（群馬テレビアナウンサー），金子一男氏・須藤拓生氏（上毛新聞社）にお礼申し上げます．

また，紙幅の都合で名前を挙げることができなかった多くの皆様にも，この場をお借りして感謝申し上げます．

唯学書房の村田浩司氏には，遅れがちな原稿を根気よく待っていただいただけでなく，自由に執筆させていただきましたこと，深くお礼申し上げま

す．日本人が書いたものでこれだけ厚い経済学の入門書は，現在のところ類書がないと思いますが，それも村田氏のご英断なくしては成しえませんでした．

「先生，ページ数や周囲の声を過剰に気にせず，まずは納得いくものを書いてください」

その言葉がどれだけ心強く，励みになったのか計り知れません．ありがとうございました．

最後になりますが，本書を最後まで執筆することができましたのは，健康管理に細心の注意を払ってくれた妻，詩（うた）の献身的な尽力によるものです．私の執筆活動の機会費用は，家族サービスによって得られる効用そのものだったかもしれません．これまでの労に感謝したいと思います．

      2018年9月　真新しい八王子キャンパスの研究室にて
                  茂木　創

リーディングリスト

　日本語訳のある代表的なテキストのみをリストアップしました．ご参照ください．

【経済学入門】

❶ 伊藤元重（2009）『入門 経済学（第3版）』日本評論社．
❷ G. マンキュー（2008）『マンキュー入門経済学』（邦訳）足立英之，柳川隆，石川城太，小川英治，地主敏樹，中馬宏之，東洋経済新報社．
❸ J. スティグリッツ，C. ウォルシュ（2012）『スティグリッツ 入門経済学（第4版）』（邦訳）藪下史郎，東洋経済新報社．

【ミクロ経済学】

1. 初級

❶ 西村和雄（1995）『ミクロ経済学入門（第2版）』岩波書店．
❷ 八田達夫（2008）『ミクロ経済学（Ⅰ）（Ⅱ）（プログレッシブ経済学シリーズ）』東洋経済新報社．
❸ G. マンキュー（2013）『マンキュー経済学Ⅰ ミクロ編（第3版）』（邦訳）足立英之，柳川隆，石川城太，小川英治，地主敏樹，中馬宏之，東洋経済新報社．
❹ J. スティグリッツ，C. ウォルシュ（2013）『スティグリッツ ミクロ経済学（第4版）』（邦訳）藪下史郎，秋山太郎，蟻川靖浩，大阿久博，木立力，宮田亮，清野治，東洋経済新報社．
❺ P. クルーグマン，R. ウェルス（2007）『クルーグマン ミクロ経済学』（邦訳）大山道広，石橋孝次，塩澤修平，白井義昌，大東一郎，玉田康成，東洋経済新報社．

2. 中級

❶ 荒井一博（2012）『ミクロ経済理論（第2版）』有斐閣アルマ．

❷ 奥野正寛（2008）『ミクロ経済学』東京大学出版会．
❸ 武隈愼一（1999）『ミクロ経済学（増補版）』新世社．

3. 上級
❶ 西村和雄（1990）『ミクロ経済学』東洋経済新報社．
❷ J. M. ヘンダーソン，R. E. クォント（1973）『現代経済学——価格分析の理論』（邦訳）小宮隆太郎，創文社．
❸ H. ヴァリアン（1986）『ミクロ経済分析』（邦訳）斎藤隆三，三野和雄，勁草書房．

【マクロ経済学】

1. 初級
❶ 中谷巌（2007）『入門マクロ経済学（第5版）』日本評論社．
❷ 福田愼一，照山博司（2011）『マクロ経済学・入門（第4版）』有斐閣アルマ．
❸ G. マンキュー（2005）『マンキュー経済学II マクロ編（第2版）』（邦訳）足立英之，柳川隆，石川城太，小川英治，地主敏樹，中馬宏之，東洋経済新報社．
❹ J. スティグリッツ，C. ウォルシュ（2007）『スティグリッツ マクロ経済学（第3版）』（邦訳）藪下史郎，清野一治，秋山太郎，宮田亮，蟻川靖浩，大阿久博，木立力，東洋経済新報社．
❺ P. クルーグマン，R. ウェルス（2009）『クルーグマン ミクロ経済学』（邦訳）大山道広，石橋孝次，塩澤修平，白井義昌，大東一郎，玉田康成，蓬田守弘，東洋経済新報社．

2. 中級
❶ 齊藤誠，岩本康志，大田聰一，柴田章久（2010）『マクロ経済学（New Liberal Arts Selection）』有斐閣．
❷ 二神孝一，堀敬一（2009）『マクロ経済学』有斐閣．

3. 上級
❶ 齊藤誠（2006）『新しいマクロ経済学——クラシカルとケインジアンの邂逅（新版）』有斐閣．

❷ D. ローマー（2010）『上級マクロ経済学』（邦訳）堀雅博，岩成博夫，南條隆，日本評論社.

【経済数学】

❶ 水野勝之（2004）『テキスト経済数学（第2版）』中央経済社.
❷ A. C. チャン，K. ウエインライト（2010）『現代経済学の数学基礎（上）（下）』（邦訳）小田正雄，高森寛，森崎初男，森平爽一郎，シーエーピー出版.
❸ E. ドウリング（1996）『例題で学ぶ入門・経済数学（上）（下）』（邦訳）大住栄治，川島康男，シーエーピー出版.

（注）初級・中級の区別は主に数学を使用するか否かによっていますが，中級レベルのテキストでも，本書で説明された数学的知識で読むことは可能です.

索引

用語索引

ア行

逢引のジレンマ　300
アウトプット（産出）　042
赤字国債（特例国債）　621
アジア国際産業連関表　419
新しい古典派　687
アドバース・セレクション（逆選択）　355
アナウンスメント効果　539
アブソープション　394
暗黒の木曜日　561
アンチ・コモンズの悲劇　353
アントレプレナー　742
暗黙の契約説　664
いざなぎ景気　724
いざなみ景気　724
意思決定　093
異時点間の効用最大化　125
異世代間利他主義　694
一物一価の法則　044
一括税　473
一致指数　726
一般会計　479
稲田の条件　758
井上財政　561
イノベーション　742
岩戸景気　724
インセンティブ（誘因）　010, 043, 524
インター・バンク市場　539
インプット（投入）　042
インフラストラクチャー　250
インプリシット・デフレーター　390
インフレ型総供給曲線　681, 682
インフレ型総需要曲線　681, 682
インフレ・ギャップ　460
インフレ版フィリップス曲線　675
ヴィクセルの揺れ木馬　730
ヴェブレン効果　456
売りオペレーション（売りオペ）　541
エージェント　357
エコノミクス　007, 008
エッジワース・ボックス　208
エンゲル曲線　118
オイル・ショック　725
黄金時代の成長経路　749
欧州債務問題　724
王朝仮説　694
大きな政府　483
大隈財政　555
大蔵省兌換証券　550
オークン法則　676, 681
オープン市場　539
翁―岩田論争（マネーサプライ論争）　545
オファー・カーブ　112

カ行

買いオペレーション（買いオペ）　541
（海外）直接投資（FDI）　428
外貨準備増減　426
会計年度　479
外債　554
外生的景気循環理論　729

外生変数　019
外挿的期待　694
開拓使官有物払下げ事件　555
外部経済　332
外部効果　332
外部性　332, 475
外部性の内部化　338
外部不経済　333
開放経済　470
価格　039, 093
価格受容者（プライステイカー）　044
価格消費曲線　112
価格設定者（プライスメイカー）　237
価格調整過程　066
下級財　119
角谷の不動点定理　207
拡張的財政政策　462, 477, 618
学派　032
家計　040, 093
(加重)限界効用均等の法則　109
可処分所得　394, 465
寡占市場　045
加速度原理　587
価値尺度機能　509
価値尺度財（ニュメレール）　334, 511
貨幣ヴェール観　520
貨幣錯覚　042
貨幣市場　448
貨幣需要　514
貨幣需要の所得弾力性　522, 609
貨幣需要の利子弾力性　524, 607
貨幣乗数　544
貨幣数量説　515
貨幣の中立性　520
貨幣の物神性　513

貨幣の流通速度　517
貨幣法　557
可変費用　154
下方硬直性　659
カルネアデスの板　305
為替レート　470
雁行形態的発展論　721
間接費用　151
完全競争市場　044
完全雇用　659
完全雇用GDP　458
完全情報　354
完全性の原則　480
官房学　481
管理通貨制度　550, 562
機会費用　152
企業　040, 149
企業物価指数　393
危険愛好者　527
危険回避者　527
技術進歩　057
技術的限界代替率　173
基準割引率および基準貸付利率　539
希少性　009
基数的効用　098
帰属計算　387
基礎消費　451
期待インフレ版フィリップス曲線（短期）
　　678
期待インフレ版フィリップス曲線（長期）
　　680
期待インフレ率　616, 678
期待価格　070
期待均衡　680
キチン波　719

ギッフェン財	049, 115	金融引き締め政策	625
規範分析	013	金輸出解禁	561
規模に関して収穫一定（1次同次）の生産関数	755	金輸出禁止	558
		金輸出再禁止	561
規模に関する収穫	169	クールノー均衡	273
規模の経済性	333	クールノー＝ナッシュ均衡	274
逆需要関数	238	クールノー・モデル	269, 270
逆選択（アドバース・セレクション）	355	クズネッツの逆U字仮説	408
キャピタル・ゲイン	388	クズネッツ波	719
キャピタル・ロス	388	クモの巣モデル	069
救命ボートの倫理	305	クラウディング・アウト	620
供給	020, 039	グリーンGDP	388
供給関数	056	計画経済	040
供給曲線	057, 160	景気循環	718
供給の弾力性	058	景気の谷	718
協業	506	景気の山	718
協力ゲーム	294	経済厚生	195
極限定理	291	経済人類学	510, 514
寄与度	404	経済政策	032, 459
寄与率	404	経済成長	403, 736
金解禁論争	561	経済成長率	403
均衡GDP	456	経済動学	717
均衡価格	041, 061	経常収支	395, 426, 470
銀行の銀行	533	経費膨張の法則（ワグナー法則）	482
緊縮財政	461	契約曲線	211
緊縮的財政政策	477, 618	ケインジアン	659
均斉成長経路	761	ケインズ型消費関数	451
金本位制	550, 557	ケインズ・サーカス	593
銀本位制	556	ケインズ派	659
金融緩和政策	625	ゲーム・ツリー	296
金融恐慌	559	ゲーム理論	269, 293
金融工学	530	限界革命	279
金融システムの安定	533	限界効用	095
金融政策決定会合	539	限界効用逓減の法則	096
金融政策無効性命題	687, 689	限界収入	240

限界消費性向　451
限界生産性　168
限界生産物価値　170
限界代替率　100
限界代替率逓減の法則　101
限界貯蓄性向　467
限界費用　155
限界費用価格形成原理　252
限界便益　334
限界輸入性向　470
現金残高方程式　520
現実の経済成長率　744
建設国債の原則　621
限定性の原則　480
ケンブリッジ方程式　516, 520
厳密性の原則　480
公開市場操作　538, 541
公開の原則　480
効果のラグ　478
交換機能　509
交換経済　507
交換の利益　507
交換方程式　516
好況　718
公共財　344, 475
公共選択学派　484
恒常所得仮説　454
厚生経済学の第1基本定理　215
厚生経済学の第2基本定理　216
合成の誤謬　468
構造的失業　661
公定歩合操作　538
購買可能領域　105
公平性　212, 476
後方屈曲的な労働供給曲線　124

効用関数　094
効用最大化行動　107
効用指標　094
効率性　211
効率賃金仮説　663
合理的期待　686
合理的な選択　093
コースの定理　340
コール市場　539
国際金融危機　724
国際収支表　426
国債整理基金特別会計　621
国際通貨基金　387
国際統一商品分類　397
国際標準産業分類　397
国際復興開発銀行　387
国内需要圧力仮説　472
国内純生産　384
国内所得　385
国内総固定資本形成　378
国内総支出　378
国内総生産　380
『国富論』　064, 482
国民経済計算　409
国民経済計算体系　409
国民純福祉　388
国民所得　385
国民所得勘定　409
国民所得倍増計画　725, 751
国民総幸福量　390
国民総生産　384
国民貸借対照表　426
穀物法論争（マルサス・リカード論争）　767
国立銀行条例　551
誤差脱漏　426

コスト・プッシュ・インフレ　670
ゴッセンの第2法則　109
固定資本減耗　384
固定費用　154
古典派　340, 659
古典派の第1公準　658
古典派の第2公準　657
古典派の二分法　520
コブ＝ダグラス型生産関数　382
個別供給関数　056
個別需要関数　051
コマーシャル・ペーパー　542
コモンズの悲劇　353
子安貝　512
雇用　042
混合戦略ゲーム　310
コンソル　526
コンドラチェフ波　719
コンポジット・インデックス（CI）　726

サ行

サーチ理論　661
サービス　039
財　039
財・貨幣市場の同時均衡　612
債券市場　448
西郷札　553
在庫循環図　722
最後の貸し手　533
財市場　040, 093
最終需要　415
最終生産物　381
歳出　479
財政　475
財政政策　448, 459

財政年度　479
財政の崖　724
財政法第4条　621
財政法第5条　561, 622
最大化問題　028
最大多数の最大幸福　468
最適成長理論　763
財投債　479
歳入　479
財の差別化　237
債務不履行（デフォルト）　533
裁量的財政政策　477
先物取引　049
サブプライム・ローン問題　722
サプライサイド・エコノミー　396
サプライサイド経済学　484
サプライ・チェーン　724
差別化　044
産業革命　509
産業集積　332
産業連関表　412
産出（アウトプット）　042
三面等価の原則　394
ジェボンズ・パラドクス　509
自給自足　470, 506
資金循環表　426
資源　009
資源配分機能　475
士魂商才　557
資産効果　455
資産選択（ポートフォリオ）　526
市場　032
市場価格　041, 061
市場供給関数　056
市場経済　040

市場需要関数　051
市場占有率　046, 236
市場の失敗　475
自然失業率　662
自然失業率仮説　680
事前承認(議決)の原則　480
自然成長率　744
自然独占　250, 475
市中消化　620
市中消化の原則　623
死重的損失　203
失業率　672
実景気循環理論　729
実行のラグ　478
実質　041
実質GDP　390
実質賃金率　093, 123
実証分析　013
私的限界費用曲線　334
私的財　345
自動安定化装置(ビルト・イン・スタビライザー)　473, 477
ジニ係数　405
支配戦略　298
支配戦略均衡　299
自発的失業　660
支払機能　509
シフト　050
資本　041
資本係数　588, 745
資本市場　042
資本収支　426
資本ストック　041
資本の限界効率　584, 585
資本労働比率　738

社会的限界費用曲線　334
社会的総余剰　196
社債　542
奢侈品　119
借款債引受け(乗換)　623
従価税　205
重商主義　481
囚人のジレンマ　297, 301
従属変数　015
重農主義(フィジオクラシー)　481
従量税　203
ジュグラー波　719
シュタッケルベルグ均衡　286
シュタッケルベルグの不均衡　284, 289
需要　020, 039
需要関数　048
需要曲線　050
需要の価格弾力性　052
需要の交差弾力性　120
需要の法則　048
準公共財　345
純粋公共財　345
純粋戦略ゲーム　310
準線形の効用関数　334
純要素所得　384
上級財　119
乗数・加速度因子相互作用モデル　731
消費　009, 039, 378
消費者　040
消費者物価指数　393
消費者余剰　196
消費の三大仮説　454
情報の完全性　044
情報の非対称性　355
序数的効用　098

所得効果　120
所得再分配機能　475
所得消費曲線　118
指令経済　040
新貨条例　550
神功皇后札　553
新古典派　687
新古典派成長理論　754, 755
新古典派の投資関数　588
真正インフレ　669
神武景気　724
信用乗数　544
神話論争　744
垂直的公平　476
水平的公平　476
数量調整過程　068
スタグフレーション　484, 678
ストック　379
スノッブ効果　455
スミスの4原則　482
スルツキー分解　120
正貨　550
征韓論　553
税金　385
政策金利　539
生産　009, 039
生産可能性フロンティア　349
生産関数　166, 376, 377, 655, 737
生産技術　149
生産者　039
生産者余剰　198
生産性　057
生産要素　041
生産要素市場　041
正常財　119

静態的期待　694
成長会計　737, 738
成長会計方程式　738
成長論争　752
製品差別化　045
政府関係機関予算　479
政府最終消費支出　378
政府支出　378
政府支出乗数　467
政府短期証券　623
政府の銀行　533
政府の予算制約条件　691
制約条件　028
制約付き最適化問題　028
世界恐慌　561
セカンド・ベスト政策　253
積の微分　027
絶対所得仮説　452
説明変数　015
ゼロ・サム・ゲーム　307
線形　018
線形計画法　302
選好　099
先行指数　726
戦後恐慌　559
潜在GDP　458
先導者　284
全要素生産性　737, 739
戦略型ゲーム　297
総供給　376
操業停止点　164
総収入　149
総需要　377
総需要管理政策　462
総需要曲線　631

索引　799

総需要・総供給分析（AD-AS分析） 668
相対価格　105
相対所得仮説　455
相対賃金仮説　663
総費用　149
総費用曲線　154
租税関数　474
租税乗数　468
ソロー残差　739
ソロー＝スワンの基本方程式　760
ソロー＝スワン・モデル　754
ソロー中立的（資本節約的）技術進歩　656
損益分岐点　164

タ 行

代替効果　120
代替財　115
代替率　100
代入法　020
代表的個人　763
太陽黒点説　509
高橋財政　561
兌換紙幣　551
太政官札　550
他の事情にして一定の仮定　206
単一性の原則　480
短期　158
小さな政府　482
蓄銭叙位令　510
遅行指数　726
地租改正　553
中央銀行　532
中央銀行引受け（日銀引受け）　561, 620
中間財　409
中間生産物　381

中級財　119
中立財　119
超過供給　062, 065
超過供給価格　067
超過需要　062, 065, 461
超過需要価格　067
長期　158
重複世代モデル　661
直接費用　151
貯蓄関数　590
貯蓄の所得弾力性　599
貯蓄パラドクス　467
追随者　284
定型化された事実　736
定常状態　761
ディフュージョン・インデックス（DI） 726
ディマンド・プル・インフレ　669
適応的期待　694
デフォルト（債務不履行）　533
デフレ・ギャップ　461
転移効果　483
展開型ゲーム　297
伝統的金融政策　538
動学的インフレ　671
動学的最適化問題　730
動学的不整合性　730
投機的動機　521
桃源郷の不可能性　757
投資　378
投資関数　583
投資乗数　468
投資の利子弾力性　597
道徳経済合一説　558
道徳的危険　356

投入（インプット）　042
投入係数表　417
等利潤曲線　275
等量曲線　173
トービンの q　589
独占　236
独占禁止法　048, 245
独占市場　045
独占的競争　236
独占的競争市場　045
独占利潤　236, 243
特別会計　479
独立変数　015
特例国債（赤字国債）　621
富の保蔵機能　509
ド・モアブルの定理　734
取引動機　521
取引費用　153, 340
トロッコ問題　306

ナ行

内生的景気循環理論　729
内生的成長理論　762
内生変数　019
ナイフエッジ定理　745
ナッシュ均衡　297
南北問題　305
日銀引受け（中央銀行引受け）　561, 620
日銀理論　545
日本銀行　532, 555
日本銀行政策委員会　539
日本銀行兌換券　557
日本銀行法　532, 562
日本標準産業分類　397
ニュメレール（価値尺度財）　334, 511

認知のラグ　478
ノン・アフェクタシオンの原則　480

ハ行

ハーヴェイロードの規定概念　477
パーシェ式　391
ハーフィンダール・ハーシュマン・インデックス　047
貝貨　512
ハイパワードマネー　543
配分　405
発券銀行　533
バブル経済　463
パレート係数　407
パレート最適　405
パレート最適な資源配分　211
パレート法則　407
バローの中立命題　485, 687, 690
ハロッド中立的（労働節約的）技術進歩　656
ハロッド＝ドーマー・モデル　744
バンコール　387
バンドワゴン効果　455
反応関数　272
ピーコック＝ワイズマン効果　483
比較静学的インフレ　671
『東アジアの奇跡』　743
非競合性　344
非協力ゲーム　294
ピグー効果　456
ピグー税　337
ピグー補助金　338
非自発的失業　658
被説明変数　015
ヒックス中立的技術進歩　656
必需品　119

非伝統的金融政策　538, 542
1人あたり成長率　740
非排除性　344
費用　010, 039
費用関数　150
標準型ゲーム　297
標準国際貿易商品分類　397
費用逓減産業　251
ビルト・イン・スタビライザー（自動安定化装置）　473, 477
比例税　473
ファースト・ベスト政策　253
ファンダメンタルズ　463
フィジオクラシー（重農主義）　481
フィッシャー式　583, 616
フィッシャーの交換方程式　517
付加価値　380
不完全競争　236
不完全競争市場　044, 045
不完全情報　354
不況　718
複占市場　269
双子の赤字　396, 484
物価指数　391
部分均衡分析　206
富本銭　510
プライステイカー（価格受容者）　044
プライスメイカー（価格設定者）　237
プラザ合意　396
フリー・ライダー　345, 348
プリンシパル　357
プリンシパル・エージェント関係　357
ブレトン・ウッズ計画　478
フロー　379
プロクルステスの寝台　459

分業　506
分配　405
平均可変費用　157
平均消費性向　452
平均費用　156
平均費用価格形成原理　253
閉鎖経済　470
ベースマネー（マネタリーベース）　543
ペティ＝クラークの法則　400
ベバリッジ曲線　674
ベルトラン均衡　283
ベルトラン＝ナッシュ均衡　283
ベルトラン・モデル　269, 280
便益　010, 334
包絡線　159
ホーキンス＝サイモン条件　418
ポートフォリオ（資産選択）　526
ボーリー的複占　289
補完財　116
保証成長率　744
補助金　385
ポリティカル・エコノミー　008

マ行

マーク・アップ原理　676
マーシャルの k　519, 520
マーシャルの外部性　251, 333
マーシャルの調整過程　067
マクシミン原理　308
マクロ経済学　032, 376
摩擦的失業　660
マスグレイブ＝ミラー指標　474
松方財政　555
松方デフレ　555
マネーサプライ統計　536

マネーサプライ論争（翁—岩田論争） 545
マネーストック統計 536
マネタリーベース（ベースマネー） 543
マネタリスト 484, 678
マルサス・リカード論争（穀物法論争） 767
マンハッタン計画 309
見えざる手 064
ミクロ経済学 032
ミニマックス原理 308
民間最終消費支出 378
無差別曲線 099
無担保コール・オーバーナイト（翌日物）・レート 539
明治通宝札 551
名目 041
名目GDP 390
名目賃金上昇率 672
（名目賃金版）フィリップス曲線 672
名目賃金率 122
明瞭の原則 480
メニューコスト理論 665
モデル 014
もはや戦後ではない 752
モラル・ハザード 356, 534

ヤ 行

夜警国家論 482
ヤマアラシのジレンマ 304
山田羽書 535
誘因（インセンティブ） 010, 043, 524
輸出 394
輸出ドライブ効果 472
輸入 394
輸入関数 470
預金準備率操作 538, 540

欲望の二重一致 507
予算制約条件 104
余剰 195
余剰分析 195
予備的動機 521

ラ 行

ラーナーの独占度 249
ライフ・サイクル仮説 454
ラグランジュ関数 030
ラグランジュ乗数法 030, 110
ラスパイレス式 391
ラチェット効果 455
ラッファー・カーブ 484
リーマン・ショック 722
利潤 149
流動性 521
流動性選好説 521
流動性の罠 524
留保価格 196
両性の闘い 300
量的緩和政策 542
リンダール均衡 347
リンダール・メカニズム 347
累進課税制度 476
レーガノミクス 396
レオンチェフ型生産関数 746
レオンチェフ逆行列 418
レッセ・フェール 482
劣等財 119
レモン 355
労働 041
労働市場 042, 093, 657
労働市場のミスマッチ 660
ローマ・クラブ 766

ローレンツ曲線　407

ワ 行

ワグナーの4大原則9小原則　483
ワグナー法則（経費膨張の法則）　482
和同開珎　510
割引現在価値　526
ワルラスの調整過程　065
ワルラス法則　548

英数字

45度線分析　457
AD-AS分析（総需要・総供給分析）　668
CI（コンポジット・インデックス）　726
DI（ディフュージョン・インデックス）　726
E-V分析　530
FDI（（海外）直接投資）　428
GDPギャップ　463
GDPデフレーター　390
IS曲線　583, 590
ISバランス　449, 590
LM曲線　602
LSW命題　687
UVアプローチ　674
X非効率性　253

人名索引

ア 行

A. アインシュタイン　309
赤松要　721, 754
G. アカロフ　355, 665
P. アギオン　764
C. アザリアディス　664
R. アレン　121
K. J. アロー　064, 356, 358, 764
A. アンドウ　454
J. イエレン　665
池田勇人　751
石橋湛山　559
伊藤博文　551
稲田献一　758
井上準之助　559

K. ヴィクセル　729
M. ヴェーバー　337, 506
T. B. ヴェブレン　456
N. ウォレス　687
宇沢弘文　764
F. Y. エッジワース　207
大来佐武郎　751
大隈重信　554
小栗忠順（小栗上野介）　552, 563
尾高惇忠　557
J. オッペンハイマー　310
B. オリーン　333

カ 行

T. カーライル　339
R. カーン　594
角谷静夫　207

N. カルドア　594, 736
カルネアデス　305
M. カレツキ　594
河上肇　721
神田孝平　008
J. キチン　719
F. E. キッドランド　729
R. ギッフェン　049
D. キャス　763
E. キヨッソーネ　554
T. クープマンス　763
A. クールノー　270
S. クズネッツ　400, 408, 454, 719
C. クラーク　397
栗本鋤雲　552
P. クルーグマン　530, 743
J. M. ケインズ　011, 340, 386, 519
F. ケネー　481
R. コース　153, 340
H. H. ゴッセン　096
後藤譽之助　751
C. コブ　382
N. コンドラチェフ　719

サ行

T. サージェント　686
西郷隆盛　553
L. サマーズ　358
P. サミュエルソン　010, 351, 386, 595, 731
X. サラ・イ・マーティン　764
W. S. ジェボンズ　278, 508
T. シェリング　302
柴田敬　721
渋沢栄一　552, 557
下村治　751, 754
W. シャープ　530
C. シャピロ　663
C. ジュグラー　719
H. シュタッケルベルグ　286
J. シュンペーター　719, 742
勝田主計　558
ショーペンハウアー　304
M. ショールズ　530
H. スカーフ　291
G. スティグラー　352
J. E. スティグリッツ　355, 663
R. ストーン　387, 594
M. スペンス　355
アダム・スミス　007, 064, 152, 482
P. スラッファ　594
E. E. スルツキー　121
T. スワン　754
R. ゼルテン　274
R. ソロー　595, 738, 754
W. ゾンバルト　337

タ行

P. ダイアモンド　661
高橋亀吉　559, 753, 754
高橋是清　561
P. ダグラス　382
太宰春台　008
A. タッカー　302
E. チェンバレン　245
A. C. チャン　110
P. A. M. ディラック　309
D. デフォー　506
G. デブルー　064
J. デューゼンベリー　455
寺内正毅　558

J. トービン　527, 589, 595
E. ドーマー　744
G. ドブリュー　291
アブラーム・ド・モアブル　734

ナ行

J. ナッシュ　274
I. ニュートン　026
J. ノイマン　293, 309
W. ノードハウス　351

ハ行

J. ハーサニ　274
H. パーシェ　392
G. ハーディン　305, 353
F. A. ハイエク　534
イブン・バットゥータ　512
V. F. パレート　207
R. バロー　485, 690, 764
R. ハロッド　477, 594, 744
A. ハンセン　595
A. ピーコック　483
A. C. ピグー　339, 455, 519
C. ピサリデス　661
J. R. ヒックス　121, 594, 617, 731
A. G. B. フィッシャー　397
I. フィッシャー　518
A. W. フィリップス　672
M. フェルドシュタイン　396, 484
E. フェルプス　662
H. フォックスウェル　339
J. ブキャナン　484
福澤諭吉　008
P. フット　306
レスター・ブラウン　765

O. フランクス　305
R. ブランバーグ　454
M. フリードマン　454, 484, 548, 662, 678
R. フリッシュ　729
E. C. プレスコット　729
S. フロイト　305
C. プロッサー　729
G. S. ベッカー　764
W. ペティ　400
W. ベバリッジ　674
F. ベルトラン　280
J. ベンサム　468
P. ホーウィット　764
A. ボーリー　289
マルコ・ポーロ　512
K. ポランニー　510
堀江帰一　559

マ行

H. マーコウィッツ　530
A. マーシャル　008, 067, 519
R. マートン　530
R. B. マイヤーソン　010
R. マスグレイブ　475
松方正義　555
K. マルクス　506
T. マルサス　339, 767
G. マンキュー　665, 764
J. ミード　333, 387, 594
三野村利左衛門　552
J. ミュース　686
M. ミラー　530
J. S. ミル　468, 482
K. メンガー　279
D. モーテンセン　661

F. モディリアーニ　454, 595
O. モルゲンシュテルン　293
A. モンクレチアン　008

ヤ行

吉原重俊　555

ラ行

A. ラーナー　249, 594
G. W. ライプニッツ　026
H. ライベンシュタイン　253
J. L. ラグランジュ　026
E. ラスパイレス　392
A. ラッファー　396, 484
F. ラムゼー　763
D. リカード　486, 767

R. ルーカス　686, 764
R. レーガン　396
W. レオンチェフ　412
D. ローマー　764
P. ローマー　764
M. ローレンツ　407
L. C. ロビンズ　009
J. V. ロビンソン　010, 011, 594

ワ行

J. ワイズマン　483
D. ワイル　764
A. H. G. ワグナー　482
R. E. ワグナー　484
L. ワルラス　065, 278
ジグミ・シンゲ・ワンチュク　390

索引　807

茂木 創（もてぎ・はじめ）

拓殖大学国際学部准教授．専門は国際経済学．1972年群馬県太田市生まれ．慶應義塾大学大学院経済学研究科後期博士課程修了．日本経済学会，日本国際経済学会，日本経済政策学会，アジア政経学会，日本マクロエンジニアリング学会（会長）ほかに所属．第24回高橋亀吉記念賞佳作（2008年），第5回日本貿易会賞優秀賞（2010年）ほか受賞．中国社会科学院世界経済・政治研究所客員研究員（財務省開発経済学研究派遣研究者），群馬県産業教育審議会委員，群馬県農政審議会委員等を歴任．群馬テレビ『ビジネスジャーナル』コメンテーター．なお，本書は『上毛新聞』(2014年5月25日付) において紹介された．
著書に『食料自給率という幻』（単著：唯学書房，2011年），『東アジア長期経済統計「財政」』（共著：勁草書房，2008年）などがある．

エンサイクロペディア 現代経済学入門

2014年3月28日　第1版第1刷発行
2018年9月28日　第1版第2刷発行

著者 ───── 茂木創

発行 ───── 有限会社 唯学書房
　　　　　　〒113-0033
　　　　　　東京都文京区本郷1-28-36 鳳明ビル102A
　　　　　　TEL 03-6801-6772　FAX 03-6801-6210
　　　　　　E-mail yuigaku@atlas.plala.or.jp
　　　　　　URL http://www.yuigaku.com

発売 ───── 有限会社 アジール・プロダクション

装幀 ───── 米谷豪

印刷・製本 ── 中央精版印刷株式会社

©MOTEGI Hajime 2014 Printed in Japan
ISBN 978-4-902225-86-0 C3033

乱丁・落丁はお取り替えいたします。
定価はカバーに表示してあります。